인도
불교
철학

역사와
철학으로 배우는
인도 불교
사상의 모든 것

인도 불교 철학

The Golden Age of Indian Buddhist Philosophy

얀 웨스터호프 지음
강병화 · 유경 옮김

불광출판사

이 세상과 이 세상을 초월한 영역에서,

반야바라밀을 넘어,

완벽한 열 가지 모습으로 빛나는

지혜의 여신, 당신께 찬탄을!

(반야 찬가에서, Pandey 1994: 125)

감사의 글

인도 불교 사상의 역사에 대해 많은 것을 가르쳐 주신 선생님, 동료, 친구들에게 감사의 말씀을 전하고 싶습니다. 특히 David Seyfort Ruegg, Jay Garfield, Mattia Salvini, Dan Arnold, Jonathan Gold, Jonardon Ganeri, Tom Tillemans, Greg Seton, Parimal Patil 님께 감사를 드립니다. 이 책의 일부 자료가 발표된 King's College London의 Buddhist Studies Research Seminar, 그리고 제4장에 대해 자세한 논평을 해주신 Mark Siderits 님께도 깊은 감사를 드립니다.

이들의 논평은 이 책을 개선하는 데 큰 도움이 되었습니다. 남아 있는 실수가 완전히 독창적이라고 주장할 수는 없지만, 그래도 전적으로 제가 한 일입니다. 마지막으로, 집필하는 동안 지지와 인내를 보여준 아내 Yuka Kobayashi와 딸 Sophie에게도 고마움을 전하고 싶습니다.

목
차

서론

아비달마

대승

유가행파

디그나가와 다르마끼르띠 학파

서론

아비달마

유가행파

디그나가와 다르마끼르띠 학파

학파 및 사상가 도표

다음 두 도표는 이 책에서 다루는 주요 학파와 사상가들을 한눈에 파악할 수 있도록 하기 위한 것이다. 간결성을 위해 이 책에서 보조적인 역할만 하는 학파와 사상가는 생략했다. 두 도표 모두 '지하철 노선도' 형태를 취하고 있는데, 각 선은 학파를, 각 정류장, 즉 원은 그 기원의 대략적인 연대를 나타낸다. 선 사이의 연결은 개별 학파 간의 연결을 나타낸다. 명시적인 '환승'이 없는 경우에도 공간적 근접성은 개념적 친연성을 보여준다. 즉, 딴뜨라와 여래장이 유가행파 노선의 양쪽에 위치하는 것은 우연이 아니다.

첫 번째 도표는 단순히 각기 다른 학파를 대표하는 여러 개의 선으로 구분되어 있다. 두 번째 도표에서는 간결성을 위해 모든 학파의 이름은 생략하고, 대신 사상가들의 이름과 이 학파들과 관련된 몇 가지 주요 텍스트를 각 선 위에 겹쳐 놓았다. 오른쪽에는 이 책에 등장하는 주요 비불교 사상가들의 이름이 나열되어 있다.

이 도표들은 이 책의 논의를 보완하기 위한 것이지, 대체하기 위한 것이 아니다. 개별 사상가들의 연대, '학파'를 구성하는 요소, 이들 학파가 서로 어떻게 연결되어 있는지, 어떤 사상가가 어떤 학파와 연관되어 있는지 등이 상당히 불확실하다는 점을 감안할 때, 도표가 제공하는 정보는 사실이 아니라 하나의 지침으로 받아들여야 한다. 불행히도 인도 불교 사상의 역사는 두 개의 도표로 요약할 수 있는 것보다 훨씬 더 복잡하다. 그럼에도 불구하고, 이 도표들이 나타내는 단순화된 그림이 인도 불교철학 발전의 복잡성을 탐색하는 데 도움이 되기를 바란다.

인도 불교의 주요 학파

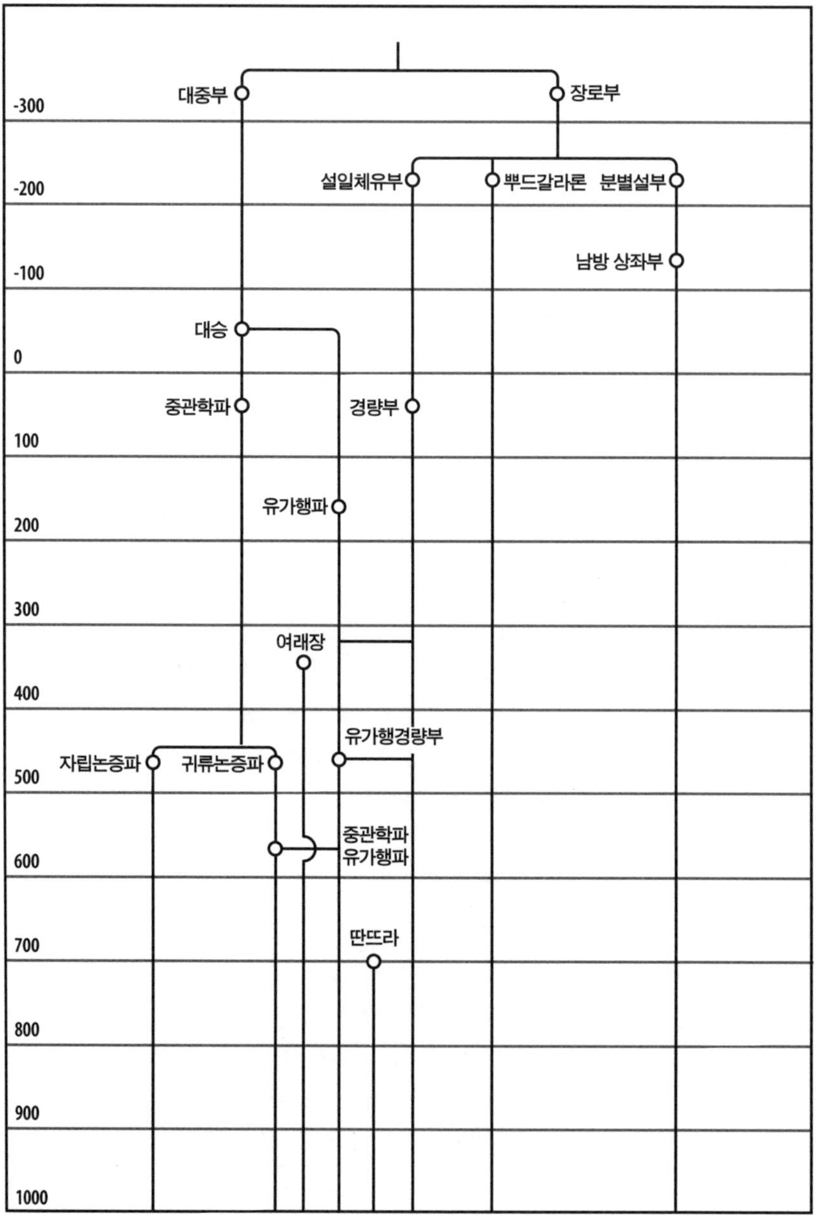

철학 학파 도표

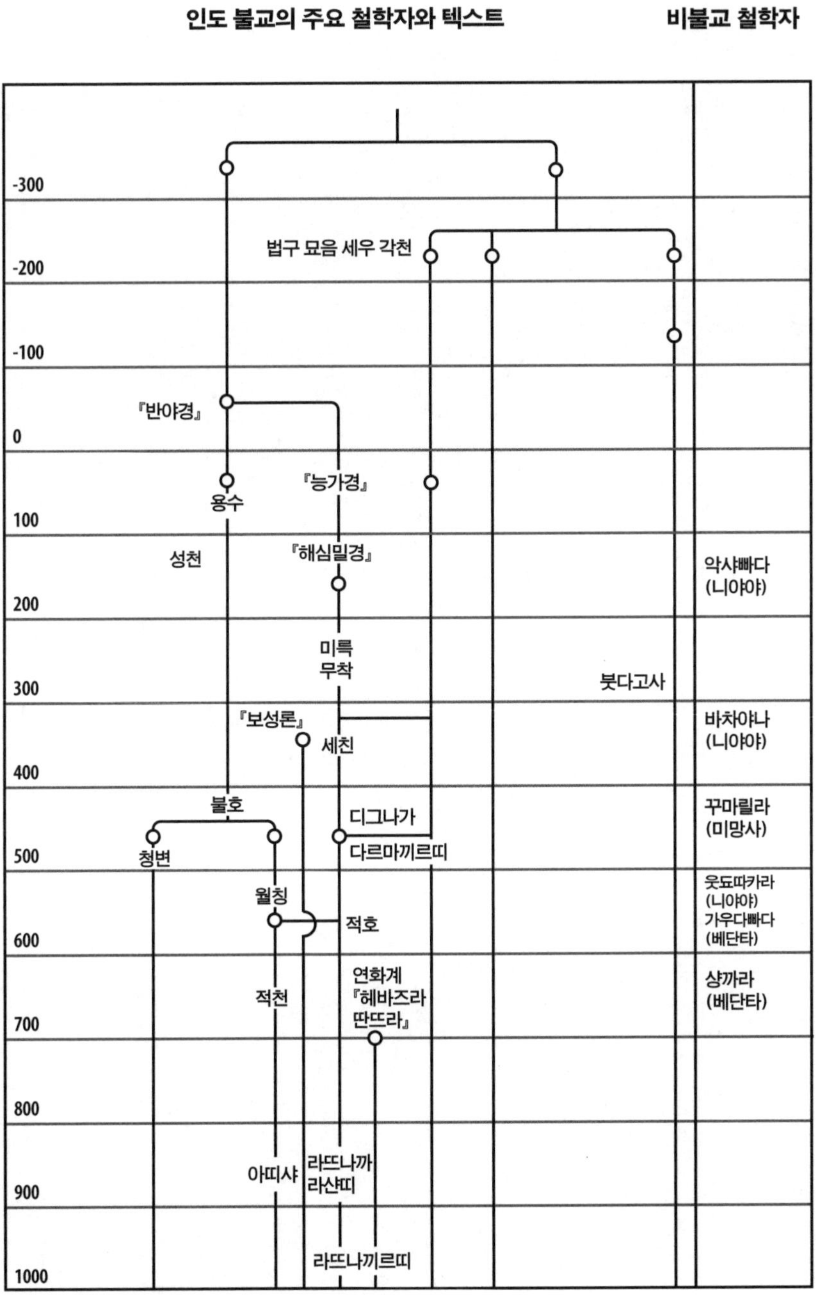
인도 불교의 주요 철학자와 텍스트
비불교 철학자
-300
-200
-100
0
100
200
300
400
500
600
700
800
900
1000
법구 묘음 세우 각천
『반야경』
용수
『능가경』
성천
『해심밀경』
미륵
무착
붓다고사
『보성론』
세친
불호
디그나가
청변
다르마끼르띠
월칭
적호
적천
연화계
『헤바즈라
딴뜨라』
아띠샤
라뜨나까
라샨띠
라뜨나끼르띠
악샤빠다
(니야야)
바차야나
(니야야)
꾸마릴라
(미망사)
웃됴따카라
(니야야)
가우다빠다
(베단타)
샹까라
(베단타)

사상가와 텍스트 도표

서론

> 현대의 역사가에게 불교는 모든 면에서 몹시 짜증이 날 만한 현상임에 틀림이 없으니, 그저 이 종교가 역사가들을 위해 창시된 것은 아니라고 둘러댈 수 있을 뿐이다.[1]

인도의 불교철학: 항상 굴러가는 수레바퀴

수레바퀴: 불교의 교리에 대한 은유

불교의 모든 은유 중 가장 유명한 것은 의심의 여지없이 붓다의 가르침, 교법을 수레바퀴로 묘사한 대목이다. 그 최초의 가르침은 지금에 와서 '교리의 수레바퀴를 굴리는 교설'(轉法輪經, *dharma-cakra-pravartana-sūtra*)이라고 알려지게 되었다. 왜 가르침을 수레바퀴에 비유해야 하는지 명확히 다가오지 않을 수 있는데, 이러한 점은 이 문제를 꽤 상세히 논의했던 몇몇 불교학자들에게도 마찬가지였던 모양이다. 세친은 가르침의 구체적인 실현을 '법의 수레바퀴'(法輪)라고, 즉 공에 대한 첫 번째 직접적이고 비개념적인 통찰인 이른바 '견도'(見道, *darśana mārga*)라고 설명한다.[2] 견도는 빠르게 움직이고,[3] 명상 수행자를 더 가까이 영적 깨달음으로 인도하

---

1 Conze 1980: 15.

2 *Abhidharmakośa* 6: 54c: *dharmacakraṃ tu dṛṅmārgaḥ* (見道說名爲法輪)라는 게송을 논에서는 *tatsādharmyāddarśanamārgo dharmacakram* (如世間輪有速等相 見道似彼故名法輪)라고 설명한다. Pradhan 1975: 371: 4–5, Poussin and Pruden 1988–90: 3.995.

3 설일체유부 이론에 따르면, 견도는 15찰나 동안만 지속되는데, 16번째 찰나에는 '수도'(修道, *bhāvanā mārga*)로 이어진다. Poussin and Pruden 1988–90: 3.996;

며, 그 아래에 깔린 번뇌를 으스러뜨리기 때문에, 마치 바퀴 같다고 여겨지는 것이다. 설일체유부의 스승 묘음(妙音)은 고귀한 팔정도를 수레바퀴로 간주하는데, 팔정도의 일부는 바퀴살에, 다른 일부는 바퀴통과 바퀴테에 해당하기 때문이라고 한다.[4] 이후 티베트 주석가들은 그 속성이 수레바퀴인 전륜성왕(轉輪聖王, *cakravartin*)을 언급하면서 수레바퀴 은유를 설명한다.[5] 왕의 영토가 나라에서 나라로 확장되듯이, 부처님의 가르침도 스승에서 제자로 계승된다는 것이다.[6]

인도의 불교 사상: 영속과 변화

수레바퀴의 분명한 특징은 바퀴가 정적인 면과 동적인 면의 조합으로 이루어져 있다는 데 있다. 360도 회전을 한 뒤, 바퀴는 다른 장소로 이동하면서도 원래의 위치로 돌아온다. 이런 점에서 이는 인도에서 불교 사상이 발전한 양상과 유사하다. 어떤 의미에서 보면, 불교 사상은 항상 변함없는 모습으로 유지되니, 이는 다양하게 전개된 교학들이 (반드시 명확한 것은 아니지만) 붓다의 본래 가르침의 어떤 요소에서 그 기원을 찾을 수 있기 때문이다. 또 어떤 의미에서 보면, 불교의 메시지가 전달되는 방식은 다양한 대중과 시대에 따라 끊임없이 변하기 때문이다. 아래의 논의에서는 불교철학이 변화하는 모습을 설명하는 동시에 불교철학이 붓다의 통

Bhikkhu Dhammajoti 2009: 451 참조.

4 Pradhan 1975: 371: 7 – 9, Poussin and Pruden 1988 – 90: 3. 996.

5 이러한 생각은 아마도 군주의 전차 바퀴가 왕국의 영토들 위를 굴러다니는 모습의 이미지에서 유래했을 것이다. 그러한 군주 또한 손에 수레바퀴의 표식을 가지고 태어난다고 한다. Stutley and Stutley 1977: 58 참조.

6 Cabezón 1994: 37.

찰이라는 단 하나의 원천에서 도출된 기획으로서 얼마나 일관된 것인지를 살펴봄으로써, 이 두 가지 측면에 모두 충실하고자 한다.

게임으로서의 철학

철학을 이해하기 위한 체험적 장치로서의 게임

인도에서 불교철학의 발전은 천오백 년 이상 지속된 복잡다단한 현상이고, 인도의 철학 및 문화사라는 더 넓은 맥락에 자리한, 학파·사상가·텍스트·개념이라는 복합적인 그물망으로 이루어져 있다. 이 같은 복잡다단한 현상을 이해하려면, 인간에게는 단순한 모델이 필요하다. 그러한 모델 중 하나가 게임이다. 철학은 때때로 게임에 비유되기도 하며,[7] 실제로 이 둘 사이에는 비슷한 점이 많다. 선수와 팀(철학자와 그 학파), 규칙(논증술의 규범), 시합(사상가 또는 학파 간의 대결), 승리와 패배(성공한 논쟁과 실패한 논쟁)이 있고, 일련의 게임들을 통한 발전이 있는 것이다. 철학이 게임과 같지 **않은** 측면을 나열하는 것은 쉬운 일이다(게임에서는 철학과 달리 누가 이겼는지가 보통은 명확하다, 철학은 세계의 근본적인 특징에 관한 것이지만 게임은 이런 점과는 상관이 없다 등등). 그렇지만 인도의 불교철학에 대한 나의 해설 구조를 설명하기 위해 게임이라는 사례를 이해의 수단으로 사용할 수 있을 만큼, 둘 사이에는 유사점도 충분히 많다.

게임을 구성하는 네 가지 요인

나는 먼저 철학 발전의 역동성을 구성하는 여러 요인을 설명

7 Huizinga 1949: 146–57.

할 것이다. 즉, **논증, 텍스트, 명상수행, 역사적 배경**이라는 네 가지로 구분할 수 있다. 논증이 플레이어가 게임에서 사용하는 기술에 해당한다면, 사상가는 플레이어에, 논쟁은 실행되는 게임에 해당한다고 할 수 있다. 명상법의 영향이 (좀 거칠게 말하면) 플레이어의 내적 상태와 이 내적 상태가 그들이 게임을 하는 기법에 영향을 미치는 방식으로 비유될 수 있다고 한다면, 역사적 배경은 장소·온도·습도 등의 조건과 같은 기능을 한다.

게임을 내레이션하기

일단 요소들이 갖춰지면, 게임에 대한 내레이션을 시작할 수 있다. 우리의 내러티브는 주로 다양한 팀(철학 학파들)의 성과 중 하나를 다룰 것이며, 이 큰 틀 안에서 개별 플레이어(특정 철학자), 실행한 게임에 대한 자신의 설명(텍스트), 그러한 게임 내에서의 특유한 움직임(개별 학파의 특징적 개념)을 살펴볼 것이다.

내레이션이 기반으로 삼는 원천

실제 내러티브를 시작하기 전에 어떤 원천을 기반으로 할지를 고려하는 것이 중요하다. 게임의 역사를 다룰 때는 유명한 시합에 대한 기록이나 설명, 일련의 규칙에 대한 비교, 플레이어 인터뷰 등을 기반으로 삼을 수 있다. 불교철학의 역사라는 맥락에서, 우리가 기반하는 자료는 대개[8] 텍스트다. 이러한 텍스트는 한편으로는 불교 경전처럼 근본 텍스트가 있고(또 현재 탐구하고 있는 맥락에

근본 텍스트와 주석서

8 내가 '대개'라고 말한 이유는 (고대 그리스와 로마 등) 다른 고대 철학 전통과는 달리 불교철학 전통은 살아있는 전통이기 때문이다. 이 게임은 계속 실행되고 있고, 이 점이 불교철학 학자에게는 여러 면에서 도움이 된다. 하지만 현재의 관행이 고대 인도의 철학 관행이 어떠했을지에 대한 몇 가지 힌트를 줄 수 있다고는 해도, 약 천 년에 걸친 지적인 발전과 개념사로 인해 현재의 철학 전통은 고대 인도의 앞선 전통과 구분된다는 점을 잊어서는 안 된다.

서는 대부분 대승 경전이다),[9] 또 다른 한편으로는 어떤 식으로든 근본 텍스트의 의미를 해설하거나 확장하는 주석 텍스트가 있다. 이러한 텍스트는 직접적인 주석서일 수도 있고, 근본 텍스트군의 의미를 요약해 해설하려는 저술일 수도 있다. 이 모두는 그렇기에 점점 더 많은 주석서 층들로 이루어진 교학 피라미드의 기반을 형성하면서, 더 많은 주석과 해설을 유도할 수 있다.

고대 인도의 철학 논쟁

물론 시합에 대한 설명은 시합 그 자체와는 상당히 다르며, 주석이 시합에 대한 설명에 해당할 수 있다면, 실제 시합은 고대 인도에서 일어난 철학 논쟁에 해당한다. 이러한 맥락에서 보면, 게임과 비교하는 것은 지적인 관중들이 지켜보는 고대 인도의 스포츠가 무엇으로 구성된 것인지를 설명하는 데 아주 적절하다. 안타깝게도 이러한 논쟁들을 기록한 주석서는 야유를 퍼붓는 상대방 앞에서 주장을 펼치는 사람이 어떤 텍스트에 대한 자신의 해석을 제시하는 논쟁 형태로 대개 이루어져 있다. 저자는 특정 구절이 무엇을 의미하는지에 대한 자신의 견해를 제시한 다음, 자신의 해석을 훼손시키려는 (실재하는 또는 상상 속의) 대론자의 반론에 대한 답변을 제시할 것이다. 논쟁의 맥락을 이해한다면, 고대 인도에서 철학을 하는 것이 실제로 어떤 의미였는지 이해하는 데 도움이 될 것이다.

학설강요서

근본 텍스트와 그 주석서 외에도 현재 논의에 유용한 일군의 자료들이 하나 더 있다. 이는 고대 인도인들이 자신들을 둘러싼 다양한 철학적 사상을 어떻게 이해했는지에 대한 통찰을 제

9 사실 불교 딴뜨라도 이러한 근본 텍스트에 포함되어야 한다. 하지만 불교 딴뜨라의 철학적 토대는 현재 그다지 잘 연구되지 않았고, 그래서 이번 설명에서는 딴뜨라 텍스트를 가끔씩만 언급할 것이다.

공하는, 각종 불교적 또는 비불교적 견해를 설명하는 학설강요서(doxography)다. 이 텍스트들은 철학적 견해들이 어떻게 연속적으로 발전했는지를 이야기해주는 역사적 내러티브를 제시하지 않고, 사상가·텍스트·개념을 철학 학파별로 배열하고는 그 모두보다 옳고 우월하다고 간주되는 특정 입장에 반대하면서 자신들의 논의에 착수한다. 이는 단순히 여러 학파를 서로 대립시키는 방식으로 이루어질 수도 있고, 아니면 여러 학파가 하나의 참된 이론에 어느 정도로 가까이 근접해 있는지 그 위계를 나눠 배열하는 식으로 이루어질 수도 있다. 학설강요서 형식으로 제시하는 방식은 여러 철학 '팀들' 사이의 시합을 한 눈에 볼 수 있게 해 준다. 그렇지만 이는 항상 특정 철학적 어젠다를 염두에 두고 구성된다는 점을 감안해야 한다.

게임에 대한 게임의 견해

게임 내레이션을 위해 어떤 종류의 자료를 사용할 수 있는지 살펴본 뒤, 마지막으로 고려해야 할 사항은 게임을 바라보는 게임의 관점이다. 오랜 역사를 지닌 복잡한 게임의 역사를 내레이션할 때, 우리는 우리 자신의 관점에서, 또 우리 자신의 역사적 위치에서 내레이션을 진행한다. 사실, 달리 어떻게 내레이션을 할 수 있을까? 그렇지만 게임 플레이어들은 자신이 참여했던 활동의 성격에 대해 나름의 관점을 가지고 있었을 것이다. 만약 이들의 가정이 우리가 이 게임을 내레이션하는 데 사용하는 가정과 상당히 다르다면, 그러한 차이들을 명확히 할 필요가 있으며 또한 그로 인해 우리의 내러티브에 문제가 발생하는지 여부를 밝힐 필요가 있다.

게임을 결정하는 요인들

부분적 그림으로서의 불교철학의 역사

현대 서양어로 된 다양한 불교철학의 역사가 있으며, 그중 일부는 이 분야의 저명한 학자들에 의해 집필되었다.[10] 그런데 어떤 목적에서 또 다른 불교철학의 역사를 쓰는 것일까? 가장 분명한 이유는 불교철학이 이천오백 년에 걸쳐 있는 방대한 주제를 담고 있으며, 아시아의 거의 모든 나라에서 중요한 지적 발전의 원인이기 때문이다. 따라서 이 주제에 대한 어떤 연구서도 기껏해야 일부 주요한 발전만을 기술하는 부분적인 스냅샷에 그칠 수 있고, 여타의 많은 주제에 대해서는 거의 언급하지 않거나 누락할 수 있다. 이러한 스냅샷은 항상 저자에게 가장 두드러져 보이는 부분의 결과이고, 그러므로 서로 다른 역사서들은 불교철학 사상의 복잡한 역사 가운데 서로 다른 측면들을 제시할 것이다. 이 책도 다르지 않다. 그렇다면 이 책이 설명하고자 하는 불교철학 역사의 핵심적인 측면은 무엇인가?

다뤄지는 기간 : 아비달마에서 다르마끼르띠까지

우선 여기서는 역사적 붓다에서 현재에 이르기까지 모든 불교 문화를 통해 불교 사상이 발전해 온 전체 모습을 다루려는 것이 아니라, 특정 중요한 장소와 시기에 초점을 맞추려고 한다. 즉, 아비달마 텍스트들이 구성되던 시기(서력기원 초기 무렵)부터 다르마끼르띠 시대(서기 6세기 또는 7세기)까지 인도 불교철학의 황금시대를 다루며, 또한 다르마끼르띠 시대부터 인도 아대륙에서 불교의 학문적 전통이 끝나는 13세기 초까지의 시기를 다소 제한적으

10 Conze 1962, Zotz 1996, Guillon 1997 참조.

로나마 살펴본다. 이러한 시간적·공간적 범위 내에서 불교철학의 발전이 주로 **논증·텍스트·명상수행**이라는 세 가지 핵심 요인에 의해 어떻게 영향을 받았는지 설명하려 한다.[11] 이 세 가지 요소는 각각 중요한 방식으로 불교철학의 형태를 결정했다.

사회적·경제적·정치적 요인들

위에서 언급한 네 번째 요인인 역사적 배경에 대해서는 가끔씩만 언급할 것이다. 이는 인도 불교철학의 역사를 이해하는 데 사회적·경제적·정치적 요인에 대한 고려가 중요하지 않다고 생각하기 때문이 아니다. 그러한 요인들이 불교의 역사를 전체적으로 형성해 가는 데 기여했다는 점은 의심의 여지가 없다.[12] 그렇지만 정치적 차원을 크게 강조할 경우 오늘날의 정치적 취향이 역사에 나타난 인도의 지적인 과거를 이해하는 데에 영향을 미치거나 혹은 그것을 왜곡할 수도 있음을 간과해서는 안 된다. 이를 보여주는 특히 명백한 사례 두 가지가 인도철학의 아리안적 기반에 대한 프라우발너의 이론[13]과 마르크스주의 노선을 따른 루벤의 인도철학사이다.[14]

---

11 이 셋을 세친과 같은 불교 논사들이 구분한 세 가지 인식 수단(*pramāṇa*)과 함께 나열해 볼 수 있다(Gold 2015a: 100). 즉, 추론(*anumāna*), 경전적 증언(*āgama*), 명상수행의 결과로 일어나는 지각(*yogipratyakṣa*)이라고 이해되는 지각(*pratyakṣa*)이 그것들이다. 불교 사상 내에서 인식 수단의 가짓수에 대한 전반적인 합의가 이루어지지 않았다는 점에 유의하자. 월칭은 니야야가 제시한 네 가지 인식 수단을 받아들이는 것으로 보이고, 디그나가는 지각과 추론이라는 두 가지로 제한하며, (적어도 실체론적 의미에서 이해한다면) 용수는 이 모두를 거부하는 것처럼 보인다.

12 Ling 1973 참조.

13 Frauwallner 1939.

14 Ruben 1954. 프라우발너와 루벤식 접근법의 배경에 대한 훌륭한 논의는 Franco 2013: 6–16 참조.

또한 일반적으로 **불교라는 종교**의 발전에 영향을 미쳤을 수 있는 사회적·경제적·정치적 사건이 특히 **불교철학**의 역사를 설명하는 데 얼마나 관련이 있는지 판단하기 어려운 경우가 많다. 사회적·경제적·정치적 요인들에 관한 수많은 정보를 보유하고 있는 시기와 장소의 경우(가령, 계몽주의 시대 이후의 유럽)에도 이러한 요인들의 관점에 기대어 해당 시기의 철학 사상의 역사를 쓰는 일은 쉽지 않아 보이며, 철학 사상의 내용을 밝히는 데 있어서도 그 중요도는 제한적일 것 같다. 고대 인도의 경우, 이러한 문제에 대한 우리의 지식은 극히 제한적이고 단편적이며, 사회·경제·정치가 인도의 철학사에 어느 정도 영향을 미쳤다는 사실을 부정하는 것은 어리석은 일이지만, 큰 확신을 가지고서 잠재적 상관관계를 확립하는 것 역시 어려운 일이다.[15] 이러한 영향은 논쟁·텍스트·명상수행보다 덜 결정적으로 보이기 때문에, 여기서는 단지 몇 가지 경우에서 이러한 역사적 요인들과의 연관성을 언급할 것이다.

a. 논증

철학사의 추동자로서 논증

철학사를 곰곰이 살펴본다면, 철학의 전체 발전을 추동하는 것은 논증이라고 생각해도 무리가 아니다. 특정한 철학적 질문에는 특정한 답이 있고, 또 철학자들은 이러한 답을 뒷받침하는 논증을

---

15 고대의 인도철학과 정치적 요인들 사이의 잠재적 상관관계에 대한 최근의 흥미로운 연구는 Bronkhorst 2011a, Eltschinger 2013, Walser 2015 참조.

제시한다. 가장 성공적인 논증을 하는 사람이 가장 성공적인 철학 이론을 만들어내는데, 그렇다면 이 이론은 다양한 반박과 반론을 불러올 것이고, 그중 가장 좋은 이론이 가장 악명 높은 이론이 되는 식으로 이야기가 진행된다. 이 같은 그림은 어떤 철학 전통의 역사를 설명하기에는 너무 단순하지만, 논증과 논증 간의 경쟁이 철학 발전의 핵심 추동력 중 하나라는 근본적인 통찰을 담고 있다. 인도 불교철학의 맥락에서 볼 때, 불교철학의 설명 틀뿐만 아니라 내용까지도 비불교 학파와의 상호작용에 의해 중요한 방식으로 영향을 받은 수많은 사례가 있다. 그렇다면 불교 전통 내의 논증 교류에만 초점을 맞출 것이 아니라, 불교도들이 고전 인도철학의 다른 학파의 주창자들과 벌인 논쟁에 초점을 맞추는 일도 중요하다. 로저 잭슨은 인도에서 불교 사상이 발전하는 3단계 모델을 제안했다.[16] 첫 번째 단계(대략 불교가 존재한 첫 3세기) 동안에 불교는 다양한 비불교 학파(자이나교, 짜르바까(順世派), 아지비까(邪命外道) 학파 등)와 교파 간 토론에 참여하여 자신의 교리적 입장을 보다 정확하게 정립했다. 그 후 불교도들이 주로 불교도들과 논쟁하는 두 번째 단계(대략 기원전 3세기 아쇼까 시대부터 시작)가 뒤따른다. 주로 학파 간 논쟁이 벌어졌던 이 시기에는 전통적인 학설강요서상에서 구별되는 네 가지 불교 학파의 기반이 확립되었다. 그런데 이 논쟁의 목적은 불교를 비방하는 자들에 맞서 불교의 진리를 확립하는 것이 아니라, 붓다의 말씀에 대한 그릇된 해석을 반박하는 일이었다. 세 번째 단계에서 불교도들은 다시 외부로 눈을 돌리는

불교철학의 발전: 3단계

16 Jackson 1993: 99 – 107.

것처럼 보인다. 수 세기에 걸쳐 인도의 철학 학파들은 오래된 논쟁을 다시 한 번 다루는 데 사용될 수 있는 보다 진일보한 철학적 기법을 많이 개발했지만, 이번에는 새로운 관점에서 다루었다.[17]

비불교적 학파들과의 논쟁

인도의 철학 학파들은 특정 세계관 중 어느 하나의 타당성을 전제하지 않는 방식으로 서로 논쟁하기 시작했고, 일련의 공유된 논리적 및 인식론적 가정을 비롯해, 양측이 모두 수용할 수 있는 전제를 바탕으로 전체적인 논증 교류를 시도했다.[18] 불교철학의 발전에 끼친 비불교적 논증의 영향은 분명 첫 번째 단계와 두 번째 단계에서 가장 두드러지게 나타났다. 서력기원 원년부터 천 년 동안의 시기에 초점을 맞추는 본 연구는 비불교 논증과의 상호작용이 불교철학의 발전에 어떤 영향을 미쳤는지 알아보기 위해 주로 세 번째 단계를 살펴볼 것이다. 불교 내부 논쟁이 상당히 복잡하게 진행된 기간이 있었지만, 그래도 친숙한 불교적 가정들을 모두 합의된 대로 받아들이면서 불교도들은,

> 돌연 짜르바까 유물론자들에 대항하여 과거와 미래 삶의 존재를, 유물론자들과 미망사에 대항하여 해탈의 가능성을, 바이셰시까에 대항해서는 보편자에 대한 부정을, 니야야학파에 대항해서는 창

---

17 흥미로운 점은, 인도불교가 티베트로 전래된 이후에는 서로 논쟁할 다른 학파의 지지자가 사실상 없었기 때문에, 학파 내 논쟁이 거의 완전히 우세한 두 번째 단계가 부활한다는 것이다.

18 물론 이 일은 참가자들이 기대했던 것만큼 순조롭게 진행되지는 않았다. 예를 들어, 용수의 『광파론(*Vaidalyaprakaraṇa*)』에서 논의된 논쟁에서 사용된 규칙의 지위를 놓고 니야야와 중관학파의 의견이 불일치한 경우와 비교해 보라(Westerhoff 2018).

조자 신에 대한 거부를, 상키야와 자이나에 대항해서는 찰나론을, 사실상 모두에 대항해서는 무아(*anātman*) 이론을 옹호하는 자신들을 발견했다.[19]

이전에는 단순히 가정했던 주장에 대해 논증을 제공해야 할 필요가 있게 되었는데, 이는 논증의 역동성이 어떻게 인도 불교철학 배후의 추동력으로 작용하는지를 보여주는 분명한 예다. 그러나 논증이 전부는 아니다. 특히 종교적 배경을 바탕으로 발전한 철학의 경우, 성전은 그 역사가 형성되는 방식에 영향을 미치는 또 다른 핵심 요소다.

b. 성전

중요한 의미에서 성전, 즉 이 경우에 불교 경전은 철학 논법의 목표를 제시한다. 경전에 담긴 주장은 불교철학 텍스트에서 논증되고 분석되며 확장되어야 할 주장이다. 하지만 그렇다고 해서 불교철학의 기획이 단순히 이미 확립된 결론에 대한 논증을 제공하려고 하는 것은 아니다. 우선, 어떤 텍스트를 경전으로 간주할 것인가는 다양한 불교 경전이 증언하듯이 간단한 문제가 아니다. 둘째, 권위 있다고 여겨지는 텍스트들의 맥락 내에도, 해석 가능한(不了義, *neyārtha*) 텍스트와 확정적(了義, *nītārtha*) 텍스트를 구분하는 불

불교철학이 변주한 원천으로서의 해석 가능한 것과 확정적인 것의 구분

19 Jackson 1993: 105.

교의 해석학적 구분은 해당 불교의 입장에 따라 놀라울 정도의 다양한 변주를 허용한다. 만약 문자 그대로 받아들여야 하는 붓다의 특정 발언이 있고, 또 해석이 필요한 발언이 있다고 할 경우, 어떤 발언을 어떤 범주에 넣을 것인지에 따라 해석하는 입장들 사이에 상당한 차이가 발생할 수 있다. 그러므로 불교 교리에 대한 특정 해석을 뒷받침하기 위해 특정 텍스트 또는 텍스트군을 강조하는 일은 (논증 교류의 역동성과 함께) 인도의 불교철학이 나아간 경로를 형성한 두 번째 핵심 요소로 이해되어야 한다.

c. 명상수행

마지막으로 불교 텍스트는 단순히 읽기 위한 것이 아니라, 그에 따라 수행해야 하는 것임을 명심해야 한다. 특히 불교 텍스트는 점진적인 (또는 어쩌면 돌연한) 인지적 전환을 일으키기 위한 일련의 지침들로 구성되어 있는데, 이러한 전환은 깨닫지 못한 상태에서 깨달은 상태로 가는 마음의 변화를 의미한다. 불교가 발전하는 과정에서 이후에 정전으로 간주되는 새로운 텍스트들이 등장했다는 점에서, 불교 정전의 성립이 일종의 열린 결말인 채로 이루어졌다는 지적이 있기도 하다.[20] 이러한 개방성으로 인해, 논증 교류가 상호 열린 채로 자연스럽게 이루어졌으며, 이는 불교 사상이

---

20 이 텍스트들이 실제로 나중에 저술된 것인지, 붓다 당시에 작성된 뒤 숨겨져 있었는지, 아니면 우리가 살고 있는 세계가 아닌 다른 영역에서 만들어진 것인지는 여기서 해결할 필요가 없는 복잡한 문제다.

역동적으로 발전하는 데 중요한 기여를 했다. 그러나 여기에는 개방성과 관련된 또 다른 원천이 있다. 붓다(와 이후의 불교 스승들)는 경험적 수준에서 자신의 가르침에 대한 특정한 통찰을 개발하기 위해 제자들이 실천해야 하는 일련의 명상법을 가르쳤다. 이러한 기법들을 실천하며 수행자들에게는 다양한 내적 경험 상태가 일어나게 되었는데, 이러한 상태가 무엇인지, 일상적 경험과 어떤 관련이 있는지, 구제론적으로 효과가 있는 이유는 무엇인지 등의 물음에 답하면서, 그에 따른 현상학을 적절한 틀 안에서 개념화할 필요가 있었다. 불교가 발전하는 동안, 불교 수행자들이 사용한 명상법이 정교해지고 늘어남에 따라, 이를 설명하기 위해 사용된 철학적 틀도 계속 발전했다. 따라서 불교철학 발전의 상당 부분은 명상 상태의 현상학을 설명해야 할 필요성에 부응한 것으로 이해될 수 있다.

명상 경험을 분류할 필요성

예를 들어, 어떤 주어진 입장이 비불교도의 특정 논증에 대한 반응이었기 때문이라거나, 막 유행하는 텍스트에 주로 등장하기 때문이라거나, 명상 현상학의 특정 항목을 설명하는 데 필요했기 때문이라거나 하는 식의 단 하나의 이유만으로 특정 입장이 발생했다고 주장하면서, 논증·텍스트·명상수행이라는 세 가지 요인을 무 자르듯이 딱 구분하는 일은 일반적으로 불가능하다. 이 요인들은 서로 중첩되고 서로 영향을 미치기에, 이 셋은 서로 다른 중력을 가진 세 개의 물체에, 또 불교철학의 궤적은 이 셋 사이에서 움직이는 입자의 궤적에 해당한다고 생각하는 것이 가장 좋을 것이다. 가령, 하나에 더 가까이 접근하면 이에 의해 더 끌리게 되고, 그러면 다른 중력장으로 더 많이 움직이게 되는 식으로 말이다.

중력으로서의 세 가지 요인

철학 개념의 굴절적응

이 세 가지 요인의 관계를 '**굴절적응**'(exaptation)이라는 진화론적 개념의 관점에서 생각해봐도 좋겠다. 굴절적응이란 어떤 특징이 한 가지 목적(체온 조절을 위한 새의 깃털)을 위해 진화적으로 개발되었지만, 이후 다른 목적(이 경우는 비행)을 위해 사용하게 된 경우를 말한다. 마찬가지로 특정 개념이 특정 교리적 입장, 논증, 명상 경험에서 비롯되었을 수 있지만, 나중에 다른 텍스트 구절을 해명하거나, 전혀 다른 논증을 뒷받침하거나, 더 많은 형태의 명상을 개념화하는 데 도움이 될 수 있다. 불교철학의 발전에서 특히 성공적이었던 개념은 가장 높은 수준의 굴절적응적 기능성을 보여준 개념, 다시 말해 특정 교리적·변증법적·명상적 맥락에서 비롯되었지만, 상당히 다른 맥락에서 유용하게 사용될 수 있는 개념이었다고 말해도 무리가 아니다. 이러한 방식으로 이해한다면, 세 가지 요인 간의 관계를 통해서, 시간이 지남에 따라 인도에서 인도철학이 발전해온 우여곡절을 더 잘 파악하는 법을 더 쉽게 알 수 있을 것이다.

게임 내레이션: 재료를 구성하는 방법

인도철학사를 구성할 때의 문제

철학의 역사를 구성하는 방법에는 여러 가지가 있다. (서양철학의 역사에서 흔히 볼 수 있듯이) 사상가들의 계승으로, 혹은 철학 텍스트의 상속으로, 혹은 철학 학파의 진행으로, 혹은 철학 관념의 연속으로 이해할 수도 있다.

각각의 접근법에는 단점이 있다. 고대 인도 사상가들을 다룰 때는 이들이 언제 살았는지, 어떤 저술을 남겼는지, 심지어 경우에 따라서는 동명이인이 몇 명이나 있었는지도 불분명한 경우가 많다.[21] 텍스트에만 초점을 맞춘다면 텍스트의 연대 측정과 텍스트 간 선후 관계 설정이 간단하지 않은 경우가 많기 때문에, 역사적 진행 과정을 확정하는 것이 꼭 쉽지만은 않다. 인도와 티베트 역사가들이 선호하는 방법인 학파별로 불교 사상의 역사를 구분하는 학설강요서식 접근법은 여러 학파 간의 일견 명확해 보이는 구분이 사후적으로 배치된 것이라는 문제에, 또 논의의 대상이 되는 개별 사상가들은 그들이 속한 것으로 추정되는 특정 학파에 그렇게 손쉽게는 자신을 귀속시키지 않았을 것이라는 문제에 직면해 있다. 우리는 분명 학설강요서식 구분을 넘나드는 수많은 인도의 불교 철학자들을 찾아볼 수 있다. 세친은 아비달마와 유식학에 중요한 공헌을 했고, 디그나가와 다르마끼르띠는 중요한 유식학 사상가였지만, 일반적으로 논리-인식론 학파로 간주되는 별도의 학파를 형성하기도 했다. 잘 알려지지 않은 6세기 때 저자인 깜발라(Kambala)는 중관학파와 유가행파를 아우르는 위치를 점하고 있는 것으로 보인다. 마지막으로, 개념으로만 구성된 불교 사상의 역사, 즉 개념사를 집필하는 것은 매혹적인 기획이 되겠지만, 이는 현재

---

21 Dasgupta(1922: 1.62)는 "유럽철학사가 쓰여진 방식으로 인도철학사를 쓰려고 시도하는 일은 거의 불가능하다"고 지적한다. 다스굽타의 방법론적 성찰은 여전히 적절하지만, "그들[즉, 인도철학자들] 사고의 모든 독립성은 그들이 소속된 학파의 신조에 의해 제한되고 속박되었다"(63)는 그의 견해는 Ganeri 2011 등 현대의 논의에 비추어 재고될 필요가 있다.

가능한 것보다 훨씬 더 많은 문헌학적이고 철학적인 토대를 전제로 하는 작업이다.

통합적인 구성

네 가지 학파

철학사를 구성하는 각 원칙의 장단점을 알고 있기 때문에, 본 불교철학의 역사는 통합적인 접근법을 채택한다. 우리는 아비달마-중관학파-유가행파-디그나가와 다르마끼르띠라는 전통적이고 개연적인 역사적 순서에 따라 이들 간의 상호관계에 주목하면서 불교 사상사를 구성하고,[22] 또 이들을 명확하게 구별하는 것이 얼마나 어려운지 논의한다.[23]

불교도와 비불교도 간의 논쟁

불교 사상 학파와 비불교 고전 인도 철학 사이의 다양한 철학적 상호작용을 논의하지 않고는 인도의 불교 사상에 대한 어떤 설명도 온전하지 않을 것이다. 이들 논쟁의 양과 범위는 방대해, 이와 같은 간결한 역사 서술의 한계 내에서는 선별적으로 접근해야 한다. 여기서는 불교 학파와 비불교 학파 사이의 세 가지 논쟁, 즉 중관학파와 니야야, 유가행파와 베단타, 디그나가 및 다르마끼르띠 학파와 미망사 사이의 논쟁을 자세히 살펴볼 것이다.

핵심 사상가들

우리는 네 학파를 구분하는 일반적인 학설강요서식 틀과 역사적인 틀 안에서 각 학파의 핵심 사상가들을 논의할 것이다. 하지만 이들 중 상당수가 학설강요서식 구분을 넘나드는 저술을 했

---

22 2장(pp.211-4, 226-40)에서는 중관학파와 아비달마 사이의 관계, 3장(pp.399-429)에서는 유식학과 아비달마와 중관학파 사이의 관계, 4장(pp.511-31)에서는 디그나가 및 다르마끼르티의 이론과 다른 세 학파의 이론 간의 관계를 논의한다.

23 구별하는 문제는 중관학파와 유가행파의 방식을 결합하려 한 시도를 검토할 때 특히 흥미로워진다(예를 들어, Garfield and Westerhoff 2015에 실린 Westerhoff, Shulman, Gold, and Blumenthal의 에세이 참조). 디그나가 및 다르마끼르띠의 이론과 다른 세 학파의 이론 간의 관계를 검토할 때도 그렇다.

다는 점과, 때때로 전통적인 관점에서 합쳐진 두 명 이상의 역사적 인물을 다루고 있을 수도 있다는 점은 분명하다. 개별 사상가들을 살펴보는 동안, 핵심 저작, 저자가 명확하게 밝혀진 철학 논서(*śāstra*), 다양한 철학 전통과 관련된 중요한 경전, 즉 이후 보다 전문적인 논서에서 정교화되는 철학적 견해의 본질을 구성하는 것으로 여겨지는 텍스트에 대해서도 설명할 필요가 있다. 안타깝게도 개별 텍스트들의 연대, 저자, 상호 관계, 범위는 명확하지 않은 경우가 많다. 마지막으로, 각 학파의 철학적 관점을 이해하는 데 꼭 필요한 핵심 개념을 실질적으로 논의할 필요가 있다. 우리의 목표는 각 구성 원칙의 한계를 드러내는 동시에, 이 원칙들을 병치시켜 불교 사상의 역사에 대한 유익한 설명을 도출하는 것이다.

핵심 텍스트

핵심 개념

게임의 원천

a. 불교철학의 기반

모든 불교철학이 기원한 주요 원천은 당연히 붓다의 가르침이다. 서력기원 원년부터 천 년 동안 인도 불교사의 맥락에서 볼 때, '붓다의 가르침'이란 초기 불교의 교설뿐만 아니라, 대승 경전은 물론이고 딴뜨라 같은 다양한 다른 텍스트도 포함하는 의미로 받아들여진다. 전통적으로 이 모든 텍스트는 붓다에 의해 쓰인 것으로 간주된다. 그 붓다가 고대 인도에 살았던 육신을 가진 석가모니

초기 교설과 대승 경전

붓다인지, 아니면 전혀 다른 시공간에 존재했던 또 다른 현신인지에 상관없이 말이다. 이 텍스트들은 고대 인도에서 불교가 전개됨에 따라 점차 알려지게 되었는데, 최초의 대승 경전은 서력기원 초기쯤에, 최초의 불교 딴뜨라는 3세기쯤에 등장했다. 대승불교 전통은 이러한 텍스트가 비록 후대에 나오긴 했지만 여전히 정통성을 갖는다고 본다. 이 전통은 대승의 텍스트에 담긴 내용 또한 모두 붓다의 가르침이라고 주장한다. 다만 그 가르침이 붓다 입멸 후 먼 미래에 나타날 중생들에게만 도움이 될 것이기 때문에 석가모니 붓다 당시에는 그 모든 내용이 공표되지 않았다고 한다.

붓다의 '원래 가르침'

현대 불교학 일부에서는 붓다의 '원래 가르침'[24]을 결정하고는, 이후 세대가 장식으로 추가했던, 역사적으로 덧씌워진 부분과 그것을 분리하여, 초기의 단단한 개념적 실체와 후기의 푹신한 솜털 같은 허구를 구별하는 데 큰 관심을 갖고 있다.[25] 이는 불교 전통 자체가 채택한 접근법이 아니다. 비록 어떤 불교 사상가도 그 모든 텍스트를 진본으로 간주하지는 않지만, 이후 불교의 발전을 두고 붓다 가르침의 본래적 명확성을 다소간 흐리게 하는 모호한 힘으로 이해하는 경우는 고대 인도 텍스트에서 찾아볼 수 없다.[26]

---

24 Gombrich 2009, Siderits 2010.

25 이 같은 접근법은 붓다의 생애에 대한 전통 기록이나 후대의 불교 거장들의 전기와 같은 전승 기록에서 '역사적 핵심'을 추출하려는 시도에서도 발견된다. 이러한 시도는 불교의 경우 특히 문제가 된다고 생각된다. 자세한 논의는 pp.70-88 참조.

26 인도의 학술적 주석 전통에 대한 현대의 불신은 역사적 붓다의 가르침에 대한 주석에만 국한되지 않는다. Kalupahana(2008: 517)는 중세 이후의 주석가들이 용수, 세친, 디그나가 저작의 의미를 잘못 이해했으며, 이들의 메시지는 주석 전통의 개념적 틀에 얽매이지 않고 직접 읽음으로써 재발견될 필요가 있다고 주장한다.

불교철학의 역사를 논의할 목적이라면, 어떤 철학적 입장이 '붓다의 원래 사상'의 일부를 이루고, 어떤 철학적 입장이 붓다의 원래 메시지에서 벗어난 후대의 학문적 발전인지 구분하려고 하는 것은 별로 도움이 되지 않는다. 그러므로 아래에서는 이러한 구분을 시도하지 않는다. 사실 이러한 구분이 의미 있는지도 의문이다. 이후 논의의 다양한 예에서 볼 수 있듯이, 붓다의 가르침에는 다양한 개념적 씨앗이 담겨 있는데, 이 씨앗은 나중에 특정 개념을 저마다 강조하는 다양한 전통들과 만나면서 다양한 철학적 전통의 발전 과정 속에서 싹을 틔운다.[27] 각 전통은 해당 전통이 발전시켜 온 철학적 방식을 통해 두드러지는 특징적 개념에 집중함으로써, '붓다가 실제 가르친 것'이라는 자신만의 이미지를 만들어낸다. 다양한 전통의 강조점이 각 전통이 발전한 시대의 지적 요구와 상황에 맞게 형성되었으며, 설법할 때 붓다가 가르침을 받는 때·장소·대중이 적절한지를 중요하게 여겼다는 점을 고려한다면, 후대의 가르침이 초기 경전에서 보이는 논의를 넘어선다는 이유로, 진위에 대해 논쟁하는 것은 받아들이기 어렵다. 원래의 가르침을 강조하는 식의 접근법은, 교법을 설명하는 일이 구제론적으로 효과가

'원래 가르침'을 구성하는 다양한 방식들

27 이러한 사실은 불교철학 내 여러 학파의 발전을 특정 사상 및 특정 학파와 연관지을 때 고려되어야 한다. 각 학파는 선별된 경전과 주석 자료를 통해 특정 아이디어를 거꾸로 추적함으로써 붓다의 가르침에 뿌리를 둔 자신들만의 '개념 계통'을 만들었다. 따라서 특정 저자 및 텍스트를 특정 학파와 연관지을 때는 이러한 연관성이 주로 소급적으로 계통을 만드는 이러한 과정의 결과일 수 있다는 점과, 저자 자신은 특정 학파와 자신을 동일시하지 않았을 수도 있다는 점을 인식할 필요가 있다. 자신들이 옹호하는 주요 개념의 측면에서 불교 철학자들을 분류하는 데는 유용한 장치일 순 있지만, 각 철학자를 특정 학파와 확정적으로 연관짓는 생각은 많은 경우 학설강요서상의 허구다.

있으려면 대중의 믿음과 선입견에 맞게 이루어져야 함을 간과하고 있는 것이다.

철학 활동의 틀: 논쟁·주석·학설강요서

따라서 경전은 불교적 맥락에서 볼 때 **철학을 하는** 활동이 일어나는 기반을 형성한다. 우리는 다양한 형태의 지적 표현 방식들을 시간을 들여 검토할 필요가 있는데, 이는 이러한 방식들이 고대의 인도철학 저작을 만들어낸 철학 활동의 외형과 내용을 형성했기 때문이다. 여기에는 인도철학 활동이 벌어진 세 가지 주요 틀, 즉 논쟁·주석·학설강요서가 포함된다.

이 세 가지는 대부분의 독자들이 익히 알고 있는 현재 서양철학의 형태에도 어느 정도 존재한다. 철학 강연 뒤의 질문은 논쟁의 관점에서 가장 잘 설명될 수 있다. 즉, 질문은 청중이 반론을 제기하는 것이고, 강연자는 자신의 입장을 **방어**하는 방식으로 응답하는 것이다. 철학사의 주요 저작(칸트의 『순수이성비판』, 비트겐슈타인의 『논리철학논고』 등)은 '~에 대한 주석'이라는 2차 문헌을 낳았고, 철학사는 종종 해당 소견을 가진 사상가들이 조직한 학설강요서로 이해될 수 있다.

고대 인도철학에서 이러한 형태의 표현 방식은 때때로 다소 빈약해 보일 수 있는 현대의 표현 방식보다 더 정교하고 더 영향력이 있다. 고대의 인도 철학자들이 무엇을 어떻게 했는지 이해하려면, 이러한 표현 방식의 구조와 그 목적에 대해 어느 정도 이해하는 것이 중요하다.

b. 논쟁

공개논쟁

인도인의 지적 삶에서 논쟁의 중요성은 아무리 강조해도 지나치지 않다. 공개 논쟁은 철학적 교류의 가장 중요하고 두드러진 형태였다. 논쟁은 많은 대중을 매료시켰던, 지적인 관중들이 지켜보는 스포츠였는데, 때로는 통치자의 입회하에 열리기도 했다.[28] 그 리스크는 컸다. 학자의 경력을 좌우할 뿐만 아니라, 추종자들에게도 결정적 영향을 미칠 수 있었다. 논쟁에서 패배한 학자는 대론자의 입장을 받아들여야 했을 뿐만 아니라, 모든 제자들을 개종시켜야 했다는 내용도 흔히 접할 수 있다. 때로는 훨씬 더 위험할 수도 있다(물론 이러한 이야기를 액면 그대로 받아들일 수는 없지만 말이다). 논쟁에서 패배한 상대는 혀를 자르거나 심지어 자살해야 할 수도 있었다.[29] 7세기 초 인도를 여행한 중국의 학자 현장(玄奘)은 인도의 논쟁에 대해 이렇게 말했다.

> 승려들의 지적 능력을 시험하기 위한 토론 집회가 종종 열린다. 이는 수승한 자와 열등한 자를 구별하고, 아둔한 자를 배척하고 총명한 자를 장려하기 위한 것이다. 미묘한 말을 숙고하고, 세련된 어법과 재빠른 웅변술로 훌륭한 이론을 빛나게 할 수 있는 사람은 화려한

---

28 왕실의 논쟁 후원에 대한 자세한 논의는 Bronkhorst 2011a: 175 – 9 참조.

29 Eckel 2008: 10, 13 – 14. 다양한 역사서에 따르면, 논쟁에서 패배한 사람에게 가해진 고문도 마찬가지로 끔찍하고 독창적이었다고 한다. 혀를 자르고 추방하는 것 외에도 패배한 대론자는 '석재 착유기에서 으깨지고'(Verardi 2014: 26), '기름에 튀겨지고'(211), '도끼로 머리가 잘리고', '나무 절구에 던져져 가루로 갈리는'(209) 등의 일을 당했다.

장식을 단 코끼리를 타고, 앞뒤를 따르는 수많은 시종을 거느릴 수 있다. 그러나 이론을 헛되이 가르치거나, 얼마 안 되는 원리들을 장황하게 설명하면서 논쟁에서 패배하거나, 귀에나 듣기 좋은 언어로 가르침을 왜곡하는 사람들은 얼굴에는 황토나 분이 칠해지고 몸에는 먼지가 뿌려진 채로 광야로 쫓겨나거나 도랑에 버려진다. 이런 식으로 선과 악이 구별되고, 지혜로운 자와 무지한 자가 드러난다.[30]

논쟁 매뉴얼

이러한 기록을 읽다 보면, 실로 "토론자들은 고전 시대 인도의 록스타나 스포츠 영웅이었다"[31]는 인상을 받게 된다. 1세기경에 논쟁을 진행하기 위한 최초의 명시적인 매뉴얼이 작성되었다. 논쟁은 두 명의 참가자 중 한 명이 포기할 때까지 토론을 벌이는 비공식적인 아이디어 교환이 아니라, 어떤 대답을 할 수 있는지, 어떤 이유를 제시할 수 있는지, 대론자가 어떤 불공정한 속임수를 사용할 수 있는지, 가장 중요한 것은 논쟁자가 논쟁에서 졌을 때 어떻게 말해야 하는지에 대한 규칙이 있는 고도로 공식화된 행사였다.

니야야: 세 가지 종류의 논쟁

첫 1세기 동안 최초의 형태로 작성된 논리와 논쟁에 관한 매우 영향력 있는 텍스트인 『니야야수뜨라(*Nyāyasūtra*)』는 논쟁의 형태를 다음 세 가지로 구분한다. 승리가 주된 목적은 아니지만 논쟁의 대상이 되는 사안에 대한 진실 규명을 목표로 하는 올바른 논쟁(*vāda*), 양쪽 모두 승리에 대한 욕망이 주된 목표인 까다로운 쟁론(*jalpa*), 자신의 입장을 증명하려 하지 않고 대론자가 틀렸다는 점

30 Li 1996: 58.

31 Eckel 2008: 15.

을 증명하는 일만을 목표로 하는 파괴적인 언쟁(*vitaṇḍā*)이 그것이다. 올바른 논쟁만이 참된 결론을 내리는 것으로 끝나지만, 까다로운 쟁론과 파괴적인 언쟁은 대론자가 더 이상 할 말이 남지 않는 순간 끝난다. 철학의 도구로 간주될 수 있는 것은 오직 첫 번째 올바른 논쟁뿐이고, 나머지 둘은 주로 대중 공연으로 간주될 때 일어나는 변질된 버전에 불과하다. 그런데 올바른 토론은 공동의 탐구를 위한 수단일 뿐만 아니라, 철학을 가르치기 위한 도구이기도 하다. 이러한 형태로 토론은 티베트 승원 교육(인도의 모델을 직접 차용)에서 오늘날까지 계속되고 있다.[32]

철학서에 미치는 영향

우리는 논쟁이라는 관행이 인도철학의 저작 구조에 상당한 영향을 미쳤다는 사실을 발견했다. 이를 보여주는 아주 분명한 예는 세친의 『유식이십론(*Viṃśikā*)』이다. 이 저작은 세친이 모든 것은 본성상 정신적일 뿐이라고 말하는 구절로 시작된다. 그러나 이 텍스트는 이 주장을 더 자세히 설명하고 이 입장을 입증하는 논증을 제시하는 대신, 직관에 반하는 이 입장에 대해 대론자가 제기하는 반론으로 바로 넘어간다. 세친은 이러한 반론에 대응함으로써 이 주장을 더 발전시킨다. 서력기원 원년부터 천 년 동안의 모든 인도철학 텍스트가 논쟁 분야와의 연관성을 그렇게 명확하게 보여주는 것은 아니지만, 독립된 저작이든 주석서든 거의 모든 텍스트에서 대론자(또는 반드시 서로의 견해에 동의하지는 않는 일군의 대론자들)에게 약간의 공간이 주어져 있음을 알 수 있다. 그런 다음, 저자는 그 기회를 이용하여 대론자들 한 명 한 명에게 대답함으로써 자신의

논쟁과 세친의 『유식이십론』

32 Perdue 1992, 2014.

견해를 보다 깊이 설명한다.

철학적 라이벌에 대한 응답으로서의 텍스트

인도 불교철학의 발전과 관련하여 논쟁이 끼친 영향은 위에서 구분한 세 가지 요소 중 첫 번째 요인인 논증이 어떻게 불교철학의 내용을 형성시켰는지를 보여주는 분명한 사례가 된다. 서력 기원 원년부터 천 년 동안의 불교철학 텍스트들은 역사적 붓다의 말씀을 단순히 설명하기만 한 것이 아니라, 철학적 라이벌의 주장에 대응한 것이기도 하다. 이러한 텍스트들의 목표는 붓다의 근본적인 통찰이 가진 진리를 확립하는 것이지만, 이는 비불교 학파의 지지자들이 제기한 실제 또는 가상의 비판에 답하는 방식으로 이루어진다. 불교철학이 근본적으로 다른 세계관을 옹호하는 반대 입장과 상호작용하면서 발전하지 않았다면, 오늘날의 불교철학은 존재하지 않았을 것이다.

c. 주석

주석은 고대 인도의 철학 텍스트에서 매우 중요한 부분을 차지한다. 인도철학 텍스트들 간의 상호관계는 나무 형태로 시각화될 수 있는데, 맨 아래에는 소수의 '뿌리 텍스트'가 있고, 그 위에는 주석 줄기, 가지, 잎사귀로 계속 확장되는 구조로 이루어져 있다.

경전의 특징

나무의 맨 아래에는 특정 주제를 다루는 데 있어 극도의 간결성(*laghutā*)과 완전성(*kṛtsnatā*)의 이상을 예시하려는 텍스트인 경전이 있다. 경전의 간결성과 완전성을 추구하는 과정 가운데 고대 인도 전통에서 이론적 텍스트의 세 번째 이상으로 여겨졌던 명료성

(*vaiśadya*)이 희생되는 경우가 자주 있었다.[33] 경전은 일련의 짧고, 종종 운율로 구조화된 문장으로 자료를 제시하는데, 이는 흔히 매우 큰 개념 구조를 암기하는 데 도움이 되는 형식이다. 사실 경전을 두고 짧다고 말하는 것은 상당히 과소평가하는 일이며, "전보처럼 간결한 문서라도 경전에 비하면 장황할 것이다."[34] 경전은 간결성과 완전성을 얻었지만 명료성을 잃었는데, 애초 경전 형식의 텍스트는 그 자체로 이해되도록 고안된 것이 아니다. 경전은 압축을 풀어야 읽을 수 있는 컴퓨터 파일이나, 강의 유인물의 글머리 기호에 비유할 수 있다. 후자의 경우 글머리 기호가 발표자의 구두 프레젠테이션을 동반하도록 되어 있듯이, 경전의 경우도 마찬가지로 스승의 구두 설명에 의해 해명될 수 있다. 압축된 경전 형식을 설명을 통해 확장하는 일은 문자로 기록된 주석을 통해서도 제공될 수 있다. 인도의 교학적 맥락에서는 다양한 유형의 주석을 구별할 수 있다. '브리띠'(*vivṛti*) 또는 '비바라나'(*vivaraṇa*)라고 불리는 유형의 주석이 거의 문법적 문제에만 초점을 맞춘다는 사실은 경전들이 대개 수수께끼 같은 스타일로 작성되어 있다는 것을 나타낸다. 이러한 주석은 경전에 쓰인 단어를 구분해 표시하고(데바나가리 문자로 쓰인 범어에서는 띄어쓰기를 하지 않는다), 모호하거나 전문적인 용어의 의미를 동의어로 설명하며, 문법적 복합어, 특히 인

여러 유형의 주석

비바라나

33 Ganeri 2010: 192–3. 붓다의 교설도 경전으로 불리지만, 이 같은 경전 개념에는 포함되지 않는다.

34 Maurer 1981: 8–9. 문법서의 저자들과 관련하여 잘 알려진 속담에 따르면, 이들이 경전을 공식화할 때 반 음절만큼이라도 축약할 수 있다면, 아들이 태어날 때처럼 기뻐한다고 한다(*ardha-mātrā-lāghavena putrotsavaṃ manyante vaiyākaraṇāḥ*). Kielhorn, Abhyankar, and Abhyankara 1960–2: 122.

도의 교학적 문헌의 저자들이 사랑하는 긴 명사 복합어를 분석해, 이러한 분석을 바탕으로 경전의 의미를 어떻게 해석해야 하는지를 설명한다.[35]

브하샤

두 번째 종류의 주석인 브하샤(論, *bhāṣya*)는 다소 높은 추상적인 수준에서 작동한다. 그 목적은 개별 경전을 연결하여 정합적인 전체 논증을 형성하는 것이다. 이를 위해 경전들의 순서에 전체적인 구조를 부과한다. 이 일은 함께 속하는 작은 단위로 경전을 그룹화하고, 서로 다른 주제에 대한 논의 사이에 구분점을 설정하는 것으로 이뤄진다. 주제별 그룹으로 분류된 후에는 이러한 그룹마다에 알맞은 방식으로 개별 경전들을 보다 구체적으로 설명하는 것이 가능해진다. 또한 브하샤는 변증법적 내러티브에 따라 경전을 구조화하려고 시도하는데, 이를 위해 일부 경전은 텍스트 자체의 주장(*siddhānta*)으로, 다른 경전은 대론자가 제기한 반론(*pūrvapakṣa*) 또는 논증을 위해서만 제기된 가설로 특정한다. 매우 간결한 경전 세트에 구조를 부여하는 방식은 분명 상당히 유연하다. 저자가 스스로 말하고 있는지, 즉 자신의 견해를 밝히고 있는지, 아니면 저자가 동의하지 않는 대론자의 입장을 대변하고 있는지는 대개 텍스트에서는 나타나지 않는다. 이러한 식별 작업은 대체로 주석에서 이루어지는데, 그렇기에 한 텍스트 안에 있는 각

---

35 이 네 가지 기능은 경전의 요점에 대해 제기할 수 있는 반론에 대한 답변과 함께, 일반적으로 텍스트를 '주석하는'(*vyākhyāna*) 데 속하는 다섯 가지 기능을 구성한다(Tubb and Bose 2007: 3–5). 이 다섯 가지 기능이 철학적 텍스트에만 국한되지 않는다는 점에 유의하자. 예를 들어, 시적 텍스트에 대한 주석에서도 이 다섯 가지 주제에 대한 정보를 제공하는 것이 당연하다고 생각된다.

부분의 화자를 누구로 보느냐에 따라 하나의 텍스트도 매우 다른 방식으로 해석될 수 있다.

따라서 구분이나 구조화, 또는 반론이나 답변의 표시가 없는 뿌리 텍스트들의 간결함 덕분에, 매우 다양한 주석적 접근이 가능해지는 동시에, 그 텍스트들을 다양한 방식으로 구조화할 수 있게 된다.

이 단계에서 세 번째 종류의 주석, 즉 바르띠까(復註, *vārttika*) 바르띠까 의 필요성이 생긴다. 이것은 주석(즉, 브하샤)에 대한 주석으로, 기본 경전 세트에 대한 다양한 주석적 접근법이 존재함을 전제로 한다. 바르띠까는 하위주석으로서, 여러 주석의 특정한 해석적 선택지를 놓고 서로 평가하고 비교해, 그중에서도 자신이 주석하고 있는 브하샤가 다른 주석들보다 우월함을 확립하는 역할을 한다.

주석들의 위계는 하위주석들의 수준을 넘어 확장될 수 있다. 하나의 텍스트(즉, 기본 경전 세트)와 기본적으로 관련이 있는 주석 활동은 결국은 어떤 균형점에 이를 것이라, 즉 지금까지 제기된 이 텍스트에 대한 다양한 해석 가능성이 탐색되고 또 이 텍스트를 어떻게 이해해야 하는지에 대한 일종의 합의가 도출될 것이라 예상할 수 있다. 그럼에도 이 단계에서는 지금까지 획득된 결론에 만족하지 못하는 저자, 즉 이전의 누적된 수사학적 층들을 우회하여 근본적으로 새로운 텍스트 독해를 확립하려는 저자도 찾아볼 수 있다.[36]

---

36 예를 들어, 근대 초기 인도에서는 가장 오래된 철학 텍스트인 『니야야수뜨라』와 『바이셰시까수뜨라』에 대한 신규 주석을 작성하는 데 새로운 관심이 일어났다 (Ganeri 2011).

까리까

경전-주석 스타일의 장르에 매료된 인도의 철학 저술가들은 '까리까'(頌, *kārikā*)라고 불리는 새로운 텍스트를 만들었다. 까리까는 통상의 경전 텍스트와 형식적으로 매우 유사했지만, 철학적 주제에 대한 새롭고 간결하며 완전한 논의를 제시했다. 경우에 따라 까리까는 이 새로운 경전에 대한 자신만의 주석을 작성하여 압축된 경전 형식으로 제시된 요점을 산문으로 확장하는 기회로 삼기도 했다.

불교 주석

고전 인도철학의 핵심인 뿌리 텍스트 및 주석의 체제는 불교 철학자들도 채택했다. 물론 불교는 여섯 가지 정통 철학(*darśana*)의 기반이 되는 빠딴잘리(Patañjali)의 『요가수뜨라』, 까나다(Kaṇāda)의 『바이셰시까수뜨라』 등과 같은 종류의 근본 경전을 갖지 않았다. 불교의 가장 중요한 텍스트적 기반은 붓다의 교설인데, 이도 또한 '수뜨라'(*sūtra* | 또는 빨리어로 숫따(*sutta*))라고 불린다. 불교 경전은 인도 고전철학 경전의 압축된 전보 스타일과는 형식적으로 아주 다르다는 사실에도 불구하고, 많은 주석 활동의 대상이 되었다.[37]

불교 까리까와 그 자체 주석

하지만 현재 논의에서 더욱 중요한 것은 후대 철학자들이 특정 경전(주로 대승 경전)의 철학적 메시지라고 생각한 부분을 간결한 형태로 표현하기 위해 작성한 독립적인 경전 스타일의 저작, 즉 불교의 까리까이다. 이러한 까리까는 종종 자체 주석(自註)과 함께 제공되었다. 이러한 까리까-주석의 복합서가 어떻게 작성되었는지에 대해서는 거의 알려진 바가 없다. 하지만 한 역사적 기록은 세친이 하루 동안 어떻게 강의했는지, 그리고 어떻게 그날

37 Ganeri 2011: 113.

의 강의 내용을 운문 형태로 요약하고 다시 그 운문들을 배열하여 『아비달마구사론본송』을 만들었는지를 설명함으로써 세친이 그의 유명한 저작인 『아비달마구사론본송』을 저술한 방식을 이야기해 준다.[38] 이 경우, 상세한 구두 설명이 일련의 경전에서 간결하게 표현되기 전에 선행했을 것이며, 경전에 대한 세친 자신의 주석(自註)이, 경전에서 압축되어야 할 바로 그 강의 내용을 표현했다고 볼 수 있는 가능성도 없지 않다.[39] 때로는 스승이 일련의 경전을 직접 작성했다고 알려진 경우도 있다(예를 들어, 적천이 『입보리행론』을 처음 가르쳤다고 하는 방식이다).[40] 일반적으로 텍스트/주석 복합서를 배우는 순서(먼저는 경전, 다음은 주석)가 두 항목이 작성된 순서의 역순이라고 가정하는 것은 일반적으로 타당해 보인다.

주석 관행과 저자의 의도

경전의 아주 간결한 스타일로 인해, 주석가마다 매우 다른 해석을 내놓을 가능성이 높다. 조나단 가네리는 『바이셰시까수뜨라』의 두 게송에 대한 두 가지 다른 주석의 예를 들어 이를 설명한다.[41] 첫 번째 주석은 첫 번째 게송을 베단타 대론자의 견해를 표현

주석의 상충되는 해석

---

38 아래 pp.316–8 참조.

39 뿌리 텍스트와 주석 사이의 교리적 긴장으로 인해 문제가 약간 복잡해진다(아래 pp.317–8 참조). 세친이 자신의 구술 설명에서 뿌리 텍스트를 먼저 어떤 한 방식으로 해석하고, 그 후 자신의 『아비달마구사론(*Abhidharmakośabhāṣya*)』에서는 다른 방식으로 해석했는지 여부는 알 수 없다. 어쨌든 『아비달마구사론본송』의 저술에 대한 역사적 내러티브와 긴장관계에 있는 것 외에도, 『아비달마구사론본송』의 모든 게송이 애초에 독립된 저술로 작성되었다는 생각은 『아비달마구사론』의 주석 없이는 일부 게송을 이해할 수 없다는 사실과도 잘 맞지 않는다.

40 Paul Williams의 Crosby and Skilton 1995에 대한 서문(ix–x)과 위의 책 pp.271–2 참조.

41 Ganeri 2011: 111.

하는 것으로 읽고, 두 번째 게송은 텍스트 자체의 견해를 제시하는 것으로 이해하는 반면, 두 번째 주석은 첫 번째 게송을 수뜨라 자체의 견해로, 두 번째 게송을 불교 대론자의 견해로 이해한다! 이 같은 차이가 있다는 것은 서로 상충되는 여러 해석을 평가해 가장 좋은 해석을 선택하는 바르띠까(復註) 스타일의 주석이 필요하다는 점을 보여준다. 결국, 이러한 평가는 적어도 특정 텍스트가 가장 잘 이해되어야 하는 방식에 대한 해석적 합의, 즉 최선의 경우 저자가 원래 텍스트에서 전달하고자 했던 의미에 가능한 한 가깝게 접근할 수 있다는 합의로 이어진다고 볼 수 있다.

불임성과 자의성

이런 식으로 이해한다면, 주석의 생산에 중점을 두는 철학 전통은 불임성(不姙性)과 자의성(恣意性)이 기묘하게 결합한 사례를 보여주는 것으로 간주될 수 있다. 이 철학적 기획의 주된 목표는 어떤 개념적 발견이나 혁신이 아니라, 고전 인도철학 학파의 근본 경전이든 혹은 붓다의 교설이든 간에, 과거로부터 전해 내려오는 일련의 텍스트의 의미를 이해하고 충실하게 재생산하는 것이기 때문에 불임이다. 이렇게 하는 과정에서 동일한 텍스트에 대해 매우 상이하고 때로는 모순적인 독해가 발생하는데, 이러한 상이함은 이 전통이 해명하고자 하는 바로 그 텍스트의 불투명성에서 주로 기인하기 때문에 자의적이다. 이러한 불투명성으로 인해 우리는 제안된 여러 해석 중 어떤 해석이 뿌리 텍스트의 '진정한 의미'를 표현하는 것인지 결정할 수 없다. 따라서 우리는 아마도 저자가 진정으로 말하고자 하는 바를 알아낼 수 있다는 희망이 거의 없는 채로, 한 텍스트에 대한 다양한 오해들 사이에서 성공적으로 길을 찾지 못하는 상황에 놓이게 된다.

텍스트의 진정한 의도? 『아비달마구사론본송』의 예

그러나 주석 전통을 저자의 의도에 집중하는 공동 작업으로 보는 것은,[42] 처음에는 그럴듯해 보이지만, 고대 인도철학에서 주석 작업의 복잡성을 전혀 설명할 수 없다는 점이 밝혀졌다. 특히 세친의 『아비달마구사론본송』과 그 주석인 『아비달마구사론』의 경우가 이를 보여주는 명확한 예다. 뿌리 텍스트는 설일체유부(Sarvāstivāda)의 관점에서 아비달마의 형이상학에 대한 포괄적인 설명을 제시한다. 반면에 『아비달마구사론』은 일반적으로 라이벌인 경량부의 입장에서 쓰였다고 간주되는데, 텍스트에 제시된 설일체유부의 입장을 빈번하게 비판하기 때문이다.[43] 흥미롭게도, 또 다른 불교 철학자인 중현(衆賢, Saṃghabhadra)은 세친의 『아비달마구사론본송』에 대해 『순정리론(順正理論, *Nyāyānusāra*)』이라고 불리는 별도의 주석서를 썼다. 중현은 설일체유부의 정통에 부합하는 주석서를 작성함으로써 세친의 잘못된 해석을 바로잡았다.[44] 또 다른 텍스트 『현종론(顯宗論)』에서 중현은 자신이 주석을 쓴 동기에 대해 다음처럼 언급했다.

> 경전 스승(經主)의 [즉, 세친의] 언설이 합리적인 논증과 경전의 권위를 따른다면, 나는 그대로 전하되 반박하지 않을 것이다.
> [하지만] 그의 언설이 어떤 방식으로든 아비달마(對法)의 기본 취지나 경전과 모순된다면, 나는 더 면밀히 검토해 제거하기를 서원한다.

---

42 불교철학 저작과 관련하여 저자의 의도라는 개념에 대한 자세한 논의는 Garfield 2015: 322–6 참조.

43 추가적인 논의는 아래 pp.316–8 참조,

44 Cox 1995: ch. 3 참조.

> 경전 스승의 잘못된 설명과는 달리, 나는 올바른 해석을 제시할 것이며, 우리 학파가 받아들이는 교리의 진정하고 비범한 의미를 나타낼 것이다.[45]

중현의 목적은 세친이 『아비달마구사론본송』을 저술할 때 세친이 의도한 바를 해설하는 데 있지 않았다. 왜냐하면 중현은 『아비달마구사론본송』에 대한 세친의 이해가 잘못되었다고 여겼기 때문이다. 중현의 목적은 붓다의 교설과 (설일체유부) 아비달마 텍스트에 부합하는 해석을 내놓는 것이다. 그러나 주석가에게 자신이 주석하는 텍스트를 저술한 사람의 의도를 찾으려는 노력조차 기대할 수 없다면, 인도의 철학 주석가들이 이루려고 했던 것은 무엇이었다고 생각해야 할까?

과거와 현재를 연결하는 것으로서의 주석

조나단 가네리[46]는 주석의 목적이 동시대의 독자층과 과거의 철학 텍스트 사이에 연결고리를 만드는 일이라는 제안을 내놓았다. 이 제안은 인도의 철학자들이 주석 장르에 대해 느낀 매력을 더 잘 이해할 수 있게 해주며, 고대 인도의 저자들이 했던 것처럼, 주석 맥락에서 철학을 한다는 것이 어떻게 불임성이나 자의성에 빠지지 않고 진행될 수 있는지를 설명해준다. 흔히 독립적인 논서라고도 생각될 수 있는 많은 인도 철학 저술이 이전 저술에 대한 주석의 형태로 작성되었다는 것은 흥미로운 사실이다.[47] (주로 경

---

45 Cox 1995: 55 – 6.

46 Ganeri 2011: 102.

47 Tubb and Bose 2007: 2 – 3 참조.

전의 문법을 풀기 위한 주석의 경우처럼) 주석하고 있는 뿌리 텍스트와 불가분의 관계에 있는 텍스트에서부터 주석된 저술을 독립된 논증을 위한 틀로 사용하는 주석에 이르기까지 다양한 주석 형태가 존재한다.[48] 이렇게 이어지는 양상의 후반부에서도 저자는 고대 텍스트의 렌즈를 통해 자신의 생각을 설명하려고 시도하는데, 이는 이전 저작들과 연결지으며 자신의 생각이 그 연속선상에 있음을 강조하면서 일어난다. (중현이 주석한 예에서 분명히 알 수 있듯이) 이러한 시도는 단순히 저자의 생각을 밝히는 것이 아니라, 과거로부터 계승되어 온 개념적 배경을 바탕으로 현재의 철학적 입장을 설명하기 위한 것이다. 주석의 대상이 되는 텍스트는 철학 활동의 도구가 된다. 이렇게 생각한다면, 인도의 주석 활동을 철학적 고고학의 시도가 아닌 창조적 기획으로 이해할 수 있다. 주석 전통의 목적은 단순히 철학적으로 다르게 말하는 것이 아니라,[49] 철학적 통찰을 동시대의 대중을 위해 재개념화하는 것이었다. 이로써 주석 전통은 계승되어 온 정통성을 반복하는 불임성에서 벗어날 수 있다. 그리고 이러한 재개념화에는 일련의 철학적 입장들을 체계적 방식으로 재고하는 일이 수반되기 때문에, 자의적이라는 비난은 별로 효과가 없다. 이러한 비난은 주석 작업의 목표가 뿌리 텍스트의 유일무이한 진정한 의미를 재발견하는 데 있다는 (이제는 지나치게 단순화된 것으로 보이는) 가정에 근거하기 때문이다.

창조적 기획으로서의 주석 활동

48 Ganeri 2011: 111.

49 물론 주해를 주된 목적으로 삼는 주석도 있지만, 명심해야 할 중요한 점은 주해는 보편적이지 않으며, 주석적 방식으로 수행되는 철학의 주요한 특징도 아니라는 것이다.

경전에 대한 주석으로서의 불교철학

인도 불교 철학자들의 저술에서 주석 활동의 중요성은 위에서 언급한 세 가지 주요 요인 중 두 번째인 성전의 영향력을 분명히 보여준다. 불교철학은 단순히 논증이 이끄는 대로 어디로든 가고자 하는 욕망에 의해 추동되는 지적 기획이 아니라, 붓다의 메시지를 분석하고 설명하며 옹호함으로써 윤회하는 중생으로부터 해탈에 도달하려는 목표를 도와주는 것이다. 주석 활동에 집중해 왔다는 것은 불교의 1차 텍스트인 경전, 즉 초기 불교 및 대승 경전뿐만 아니라 그에 못지않은 권위를 부여받은, 역사적 붓다 석가모니 이외의 저자들이 쓴 후기 텍스트와도 불교철학이 연결되어 있다는 증거가 된다. 주석에 집중했다고는 해도 대개 생각하는 것보다는 철학으로서의 불교 사상이 발전하는 데 제약이 되지는 않았다. 한편으로 보면, 그 철학적 결론이 기본 불교 교리의 형태를 띠며 처음부터 고정되어 있는 것도 사실이다. 그렇기에 우리는 개별 철학자들이 완전히 독창적인 철학적 메시지를 내놓을 것으로 기대하지 않는다. 그러나 다른 한편으로 보면, 초기 불교 텍스트에서도 철학 개념의 양이 너무 풍부하여, 그 해석에서 강조하는 바가 다르면 매우 다른 철학적 설명으로 이어질 수 있다는 점도 분명하다. 따라서 주석 철학 전통이 본질적으로 불임이라는 생각은 전혀 사실이 아니다. 각각의 주석 작업은 특정한 대중을 위해 텍스트의 메시지를 새롭게 해석하는 것이기에, 철학적 해석의 결과는 그 대상이 되는 대중만큼이나 독창적이고 유일무이한 잠재력이 있다.

d. 학설강요서

뿌리 텍스트와 그 위에 쌓여온 주석이라는 학문적 건축물 외에도, 고대 인도철학 사상을 이해하는 데 중요한 또 다른 원천은 학설강요서 텍스트다. 이러한 학설강요서는 다양한 철학 학파의 견해를 개괄적으로 보여준다. 물론 반론까지 검토하는 철학 텍스트라면, 어느 정도는 학설강요서라고 말할 수 있는데, 왜냐하면 저자의 입장 이외의 것도 기술하기 때문이다. 그런데 학설강요서 텍스트를 하나의 장르로 만들어주는 것은 라이벌의 견해를 단순히 어떤 철학적 입장에 대한 한 사람만의 실제 또는 가상의 반론으로 취급하는 것이 아니라, 특정 집단이나 사상가와 연관시킨다는 데 있다. 반론은 외따로 등장하지 않고 서로 관련된 믿음들의 집단 배경에서 나오는데, 이런 배경에서 반론자가 제기하는 바로 그런 종류의 비판이 등장하는 것이다. 이 차이를 잘 보여주는 예는 다양한 교리적 입장에 대한 반론과 답변으로 구성된 아비달마 텍스트인 『까타밧뚜(論事, *Kathāvatthu*)』(이 텍스트에 대한 자세한 논의는 pp.117-24 참조)와 이에 대한 붓다고사(佛音, Buddhaghosa)의 주석이다.[50] 『까타밧뚜』 자체의 반론은 붓다의 가르침에 대한 설명들을 체계적으로 반론한 내용의 모음집에 지나지 않을 수 있다. 그 뒤에 붓다고사의 주석은 이 반론들이 여러 라이벌 아비달마 학파들로부터 나온 것으로 식별하였고, 그럼으로써 이 텍스트를 초기 아비달마의 질의

반론의 목록집 vs 학설강요서

50 이 주석서인 『까타밧뚜 주석(*Kathāvatthuppakaraṇa-aṭṭhakathā*)』(Law 1969)은 다양한 교리적 입장들을 초기 불교의 특정 학파들과 연결하고 있기 때문에 특히 흥미롭다. 붓다고사의 저술과 사상에 대한 자세한 내용은 Law 2007, Heim 2014 참조.

응답서에서 학설강요서 텍스트로 읽을 수 있게 바꿔놓았다.

학설강요서에 대한 불교의 관심

인도의 맥락에서 철학 학설강요서들은 주로 중관불교와 자이나교에서, 또 얼마 뒤에는 베단타에서 생겨났다. 왜 불교도들이 특히 학설강요서에 관심을 가져야 했는지는 흥미로운 질문이다. 두 가지 답이 바로 떠오른다. 첫째, 불교도들은 자이나교와 마찬가지로 인도철학계에 처음 들어온 사람들이었다. 따라서 이들의 체계에는 고전 인도철학의 여러 분파들을 특징짓는 베다 텍스트와 근본 경전이라는 토대가 없었다. 그러므로 불교도들은 그들이 옹호하는 철학적 입장이 다른 어떤 체계와도 공유되지 않는다는 점을 강조해야 했다. 독립적인 교리적 지위를 주장하기 위해서는 불교가 당시 현존하던 인도철학 체계의 단순한 변종으로 이해되지 않는 것이 중요했다. 학설강요서식 논의를 통해 불교도들은 자신들의 체계가 얼마나 유일무이하고 또 다른 철학적 접근법과 얼마나 다른지 설명할 수 있었다.

유일무이성을 확립하기

반실체론

둘째, 우리는 아래에서 일부 불교철학이 실체론적 가정(현상들이 자성(*svabhāva*)으로 인해 존재한다는 가정. 자세한 논의는 pp.226-40 참조)을 반박하는 데 많은 노력을 기울인다는 사실을 보게 될 것이다. 실제로 실체론적 가정을 하는 것은 철학적 오류의 핵심 원천으로, 또 우리를 윤회에 가두는 궁극적 원인으로 간주된다. 학설강요서식 접근법은 비불교도뿐만 아니라 라이벌 불교 학파들까지 포함하는 여러 철학적 이론화에 실체론적 가정이 어떻게 만연해 있는지, 또 이러한 가정이 어떻게 반박될 수 있는지를 보여주기 위한 자연스러운 틀을 제시한다.

학설강요서의 유형

인도의 학설강요서 저작들은 세 가지 주요 유형으로 나뉠 수 있다.[51] 첫 번째 유형은 옹호하는 사람과 질문을 하는 한 명 이상의 대담자 간의 대화 형식을 취하고 있는데, 대담자는 비판하는 관점에서 자신의 입장을 견지하는 옹호자에게 도전한다. 여기서 대론자나 대론자들의 역할은 분명 옹호자의 역할에 종속되며, 그 역할은 옹호자의 체계를 가능한 한 명확하게 드러내는 데 있다. 두 번째 유형은 논의를 분할하여, 대론자가 첫 번째 부분에서 자신의 입장을 기술하고(*pūrvapakṣa*), 두 번째 부분에서는 대론자의 입장을 반박하면서 옹호자의 견해를 기술하는 방식(*uttarapakṣa*)이다. 이 두 번째는 여전히 단 하나의 올바른 학파를 도출하는 방식으로 여러 학파를 기술하는 유형이지만, 단순히 옹호자가 자신의 입장을 논의하기 위한 실마리를 제공하는 방식이 아니라, 대론자에게 대론자 자신의 체계를 일관성 있는 방식으로 기술할 수 있는 기회를 제공한다. 마지막으로 세 번째는 다른 학파에 비해 어느 한 학파의 우월성을 옹호하지 않고 단순히 여러 학파의 가르침을 제시하는 유형이다.

1. 옹호자와 대담자

2. 설명과 반박

3. 위계를 나누지 않는 제시 방식

두 번째 학설강요서 유형의 주요 사례는 청변(清辯, Bhāviveka)의 『중관심론송(中觀心論頌, *Madhyamakahṛdayakārikā*)』과 그 자주(自註)다.[52] 청변은 자신의 철학적 입장을 기술하는 세 개의 장에 이

두 번째 예: 청변

51 Qvarnström 1999: 174에 따름.

52 불교 학설강요서의 시작은 디가니까야의 『사문과경(沙門果經, *Sāmaññaphalasutta*)』와 맛지마니까야의 『무희론경(無戲論經, *Apaṇṇakasutta*)』 같은 텍스트뿐만 아니라, 『범망경(梵網經, *Brahmajālasutta*)』과 『수뜨라끄리땅가수뜨라(*Sūtrakṛtāṅgasūtra*)』에서 각각 62개 또는 363개의 견해(*dṛṣṭi*) 목록에서도 이미 찾아볼 수 있다. 인도의 다른 학설강요서 저작으로는 성천(Āryadeva)의 『오류를 파괴하는 논리논증의 성립(*Skhalitapramathanayuktihetusiddhi*)』(*'khrul*

어, 다음 여섯 개의 장에서 두 라이벌 불교 학파인 성문승과 유가행파의 견해를 논의한 다음, 네 가지 비불교 철학 체계인 상키야·바이셰시까·베단타·미망사에 대해 설명한다.

학설강요서적 위계 구조

이러한, 그리고 다른 인도 학설강요서 텍스트들이 내용을 설명하는 순서는 역사적 순서가 아니라는 점에 주의할 필요가 있다. 학설강요서 저작의 저자들은 초기 사상가들부터 시작하여 이들의 사상이 이후 시대에 어떻게 변화되고 확장되었는지를 논의하면서, 철학 학파들의 발전을 추적하는 데 관심이 없었다. 청변의 이 저작이 가장 명확한 사례는 아니지만, 이는 이러한 유형의 학설강요서가 '최악의' 견해(학설강요서가 옹호하는 입장에서 가장 멀리 떨어져 있다고 간주되는 견해)를 먼저 논의하는 방식으로, 개념적으로 정교한 정도의 위계에 따라 체계들을 어떤 식으로 그룹화하는 경향이 있는지를 보여준다. 성문승과 유가행파의 입장에 대한 논의 순서가 이를 잘 보여준다. 중관학파의 관점에서는 물질적 실체를 상정하는 전자가 유가행파의 관념론보다 올바른 입장에서 더 멀리 떨어져 있다고 보는데, 왜냐하면 유가행파는 중도(中道)라는 올바른 견해로 가는 디딤돌로 간주되기 때문이다. 따라서 아비달마 입장이 먼저 논의되고, 그 다음에 유가행파가 논의된다. 이와 유사한 방식으로, 베단타의 관점에서 쓰여진 14세기 마다바(Mādhava)의

---

pa bzlog pa'i rigs pa gtan tshigs grub pa)과 청변의 『중관보등론(中觀寶燈論, *Madhyamakaratnapradīpa*)』의 두 번째 장이 있다. 디그나가는 『집량론(集量論, *Pramāṇasamuccaya*)』에서 자신이 작성한 니야야, 바이셰시까, 상키야 체계에 대한 '고찰'(*parīkṣā*)을 언급한다(Hattori 1968: 9; Eckel 2008: 20). 불행히도 이러한 저작들은 사라진 것으로 보인다. 인도의 학설강요서 전통은 이후 티베트의 교학에서 계속되었지만, 주로 다양한 불교 학파를 차별화하는 데 국한되었다.

학설강요서인 『전철학강요(全哲學綱要, *Sarvadarśaṇasamgraha*)』[53]는 유물론적 짜르바까(順世派) 체계가 가장 저급한 철학적 접근법이라는 논의로 시작하여, 불교의 입장에 대한 논의로 이어지며,[54] 바이셰시까·니야야·샹끼야·요가 같은 고전 인도철학의 여러 학파를 거쳐 베단타 관점에 대한 설명으로 마무리된다.

세 번째 예: 하리바드라

세 번째 유형의 학설강요서를 보여주는 전형적인 예로는 자이나교 승려 하리바드라(Haribhadra | 8세기경)가 저술한 『육파철학집성(六派哲學集成, *Ṣaḍḍarśanasamuccaya*)』을 들 수 있다. 하리바드라는 불교·니야야·상키야·바이셰시까·자이나교·뿌르바미망사(Pūrvamīmāmsā)의 교리를 기술하는데, 이 여섯 학파는 그들 각각의 창시자나 관련된 천신(*devatā*)에 따라 구분된다.[55] 두 번째 유형의 예와는 달리, 하리바드라의 학설강요서는 반박을 목적으로 하여 라이벌 견해들을 제시하지 않는다. 이 학설강요서는 여섯 학파의 교리를 설명하지만 그중의 하나가 더 우월하다고 주장하지 않는다. 이는 자이나교의 '다양한 측면의 교리'(*anekāntavāda*)를 표명한 것으로 볼 수 있는데, 이는 결국 서로 다른 모든 철학 논의에는 해탈에 접근하는 데 도움이 되는 중요한 통찰이 포함되어 있다는 견해로

---

53 Cowell and Gough et al. 2006.

54 불교의 입장을 '두 번째로 최악인 이론'으로 순위를 매기는 것은 종종 불교와 베단타를 아주 유사하거나 심지어 동일한 철학 체계로 생각하는 인식 때문에 이상하게 느껴질 수 있다(Ingalls 1954; Nakamura 1983: 131–265; Qvarnström 1989: 101–4; 1999: 175–6 참조). 그러나 이러한 인식은 베단타가 자신의 이론이 단순히 불교의 파생물이 아니라 그 자체로 독립된 설명임을 보여주기 위해, 자신의 가르침과 불교의 가르침 간 교리적 차이를 강조하는 데 더욱 동기를 부여했을 것이다.

55 자세한 논의는 Qvarnström 1999 참조.

이어진다. 따라서 어떤 창시자를 추종하여 특정 철학 체계를 선택하는 것은 도움이 되지 않는다. 하리바드라는 다음처럼 지적한다.

> 나는 마하비라를 좋아하지도, 카필라 등을 싫어하지도 않는다. 해야 할 일은 합당한 말을 하는 사람을 포용하는 것이다. 어떤 결점도 없고, 모든 선한 덕을 가진 이라면, 그것이 브라흐마든 비슈누든 마헤슈바라든 나는 경배한다![56]

학설강요서와 구제론

이러한 태도는 학설강요서의 구성 방식이 단순히 소극적인 방식을 통해서 자신의 견해를 벌충하고 더 잘 설명하기 위한 장식인 것이 아니라, 철학적 방법론의 필수적인 부분이라는 것을 정당화한다. 만약 철학적 탐구의 목적이 구제론적이라면, 또 다른 사고체계가 구제론적으로 효과적인 요소를 포함하고 있다면, 학설강요서식 연구가 해탈을 향한 길의 일부를 이루는 것이다.

게임에 대한 게임의 견해

여기에 제시된 인도 불교철학의 역사에 대한 설명은 21세기 서구

---

56 *Lokatattvanirṇaya* 1: 38: *pakṣapāto na me vīre na dveṣaḥ kapilādiṣu* | *yuktimad vacanaṃ yasya tasya kāryaḥ parigrahaḥ* || *yasya nikhilāś ca doṣa na santi sarve guṇāś ca vidyante* | *brahmana viṣṇur vā maheṣvaro vā namas tasmai*, Qvarnström 1999: 180, 188.

인의 관점에서 나온 것이다. 모든 관점이 그렇듯, 이 관점도 현상에 대한 중립적인 견해를 제시하지 않으며 고정된 일련의 가정을 전제로 한다. 이러한 가정은 어떤 관점이라도 피할 수 없는 특징이지만 기술되는 전통의 일부 가정들과 충돌할 때 문제를 일으킬 수 있다. 내가 주장하고자 하는 바는 불교 사상을 현대 역사학을 통해 기술할 때 이러한 충돌이 발생하는데도 이 문제가 충분히 자주 또는 충분히 명확하게 논의되지 않았다는 것이다. 관점의 일부를 이루는 상충되는 가정을 버리는 것이 해결책이 될 수는 없다(왜냐하면 특정한 가정 없이는 그런 관점이라는 것이 존재할 수 없기 때문이다). 다만 적어도 이러한 충돌이 있음을 인식하고 적절한 방법을 찾는 것이 중요하다.

과거의 존재에 대한 충돌하는 가정들

여기서 언급한 '충돌'은 과거의 존재에 대한 서로 다른 가정들과 관련이 있다. 이러한 가정들은 현대 철학사가의 관점과 연구 대상인 고대 철학자의 관점이 근본적인 수준에서 충돌하는 지점을 나타낸다.

선의의 원칙

한편으로 우리는 연구 대상인 고대 인도 자료들과 관련해 선의의 원칙을 취할 것이다. 이는 우리가 이들 자료들에 대한 잘못된 믿음을 최소화하고, 의심스러운 경우 해당 자료의 내용이 정당하다는 가정 하에 해석을 시도하며, 해당 입장을 단순하지만 파괴적인 반론에 노출시키는 해석에 대해서는 의심하는 것을 의미한다. 그러나 불교의 역사에 대한 불교도들의 설명을 검토함에 있어서 이러한 가정을 너무 오랫동안 유지하기는 어려울 것 같다.

용수의 수명

두 가지 간단한 예를 살펴보자. 첫째, 인도와 티베트의 전통 불교사에서는 용수가 수 세기에 걸쳐 아주 오랫동안 살았다고 기록하고 있다. 현대 역사가들은 이것을 영웅담 같은 허구로, 즉 '용수'라는 이름의 저자들이 몇 세기 간격으로 저술한 다양한 텍스트가 존재한다는 사실을 설명하기 위한 허구로 보고 무시할 가능성이 높다. 전통 역사에 따르면, 이 텍스트들 전부를 모두 동일한 사람이 썼는데, 왜냐하면 그는 매우 오랜 기간 동안 살았기 때문이다.

날란다 전통

둘째로, 용수가 날란다(Nālandā) 대학에서 가르쳤다고 주장하는 전통 자료들이 발견되었지만, 가장 믿을 만한 고고학적 증거에 따르면, 날란다는 용수의 추정 활동 시기보다 몇 세기 뒤에나 설립되었다. 현대 불교 역사가들은 고대 인도의 주요 불교 철학자 대부분을 하나의 교육 기관과 연관시키는, '날란다 전통'이라는 가공의 계보를 구축하려고 시도하는 것으로 보인다.[57] 따라서 현대 불교 철학 역사가들은 전통 역사 기록에서 상술하는 조작된 어젠다 중심 역사의 번다한 가지들을 잘라낼 수 있어야 한다. 그 뒤에 숨겨진 실제 역사적 사실에 도달할 수 있으려면 말이다.

실제로 존재했다는 방식

이런 식으로 접근할 때의 문제는 전통 불교 역사가들을 (오히려 관대함 없이) 사기꾼이나 아둔한 사람으로 취급하게 된다는 데 있을 뿐만 아니라, 그것의 기반이 되는 중심 가정, 즉 '실제로 존재했던' 일련의 역사적 사건이라는 관념이 불교 사상사에서 두드러지

---

57 '날란다 전통'에 대한 현대적 의견은 Geshe Ngawang Samten 2011 참조. Walser 2005: 78에서는 "용수와 날란다를 연관짓는 것은 날란다의 교육과정에서 중요했던 텍스트인 『비밀집회딴뜨라(*Guhyasamājatantra*)』의 전승 계보에 용수를 위치시키는 것과 관련된 티베트불교 자료에 국한되어 있다"고 지적한다. 『비밀집회딴뜨라』 전승의 '고귀한 계보'에서 용수와 다른 중관학파 스승들이 차지하는 위치는 사실 수많은 역사학적이고 철학적인 관심을 불러일으키는 복잡한 문제다. 이 문제에 대해서는 아래 pp.281-4의 월칭에 대한 논의에서 더 자세히 설명한다.

게 특징적인 몇몇 기본 관념들과 상충한다는 것이다.

불교 정전(正典) 형성의 역사를 살펴보면, 논의 중인 이 문제에 대한 첫 번째 아이디어를 얻을 수 있다. 초기 불교 역사 이래로 불교도들은 어떤 텍스트를 붓다의 말씀(佛說, *buddhavacana*)으로 간주해 즉각 권위를 부여해야 하는지, 또 어떤 텍스트는 보다 제한적인 방식으로만 권위를 부여해야 하는지에 대해 고민해왔다. 역사적 실재론이라는 현대적 관점에서 본다면, 역사적 붓다가 깨달음을 얻은 후, 입멸하기까지 50여 년 동안 말씀한 언설의 사례 전부 또는 대부분을 진실하고 유일한 불설로 간주해야 한다고 말하고 싶을 것이다.[58] 그러나 매튜 캡스타인은 다음처럼 적절하게 언급했다. 경전 형성

> 하지만 불교 전통의 그 누구도 실제로 그렇게 경직된 입장을 고집했음을 시사하는 증거는 없다. 시공간적으로 확정적인 석가모니의 언설 행위만이 아니라, 그렇지 않은 언설 행위도 불설의 반열에 넣는 것을 인정하려면 이러한 견해가 유연해져야 한다.[59]

그리고 실제로 이러한 '유연화'를 불교도들의 논의 가운데 찾아볼 수 있다. 『대반열반경(大般涅槃經, *Mahāparinibbānasutta*)』에서는 어떤 가르침이 정말 붓다의 말씀인지 여부를 결정하는 과정에서 네 가

---

58 여기서는 붓다가 정말로 무엇을 말씀했는지 우리가 어떻게 알 수 있냐는 질문이 괄호로 묶여 있다. 나는 '붓다가 가르친 내용을 어떻게 우리가 사후적으로 재구성할 수 있는가'라는 인식론적 질문보다는, '붓다의 가르침은 무엇이라고 할 수 있는가'라는 존재론적 지점에 관심을 두고 있다.

59 Kapstein 2000: 124.

지 '대권위'(決定說, *mahāpadeśa*)를 열거하는 모습을 볼 수 있다.[60] 이 네 가지 권위란 붓다, 원로 비구 공동체, 학식 있는 장로 비구로 구성된 소규모 공동체, 단 한 명의 학식 있는 비구를 말한다. 만약 누군가가 이 넷 중 어느 하나로부터 가르침을 들었다고 주장하면, 승가 공동체는 이 가르침이 경전 및 비구와 비구니를 위한 승가 규범인 율(律, *vinaya*)에 부합하는지 여부를 조사해야 한다. 또한 때로는 진위 여부에 대한 추가적인 기준, 즉 그 가르침이 사물의 존재 방식(法性, *dharmatā*)과 부합해야 한다는 기준이 발견되기도 한다.

진위 여부의 기준

경과 율에 부합하는지가 실질적으로 가장 큰 역할을 하는 기준임은 분명하다. 네 가지 대권위를 준거로 삼는 것은 이러한 방식으로 가르침을 평가하는 데 있어 주로 진입 기준에 해당한다. 가르침이 사물의 존재 방식에 부합하는지에 대한 판단은, 불교도들의 경우 사물의 존재 방식에 대한 종합적인 언급은 반드시 붓다의 가르침을 참조하여 결정되어야 한다는 사실에 의해 저해된다. 그렇기 때문에 불설(佛說)이 될 수 있는 핵심 자격 기준은 이론적으로 연대를 산정할 수 있는 역사적 붓다의 발화라는 '딱딱한' 기준이 아니라, 적절한 의미에서 붓다의 여타 가르침들과 '같은 말씀의' 가르침이라는 '부드러운' 기준이라는 것을 알 수 있다. 이는 어떤 텍스트를 정전에 속하는 것으로 간주할 것인지에 대한 질문을 역사적인 것에서 해석학적인 것으로 바꾼다. 우리는 이제 붓다가 실제로 그것을 말했느냐의 여부 대신에, 어떤 텍스트가 (올바르게 이해되었을 때) 그 동일한 것을 의미하는지에 관심을 갖게 된다.

불설에 대한 역사적이고 해석학적인 이해

60 Bikkhu Anālayo 2014: 73.

그리고 우리는 붓다의 말씀을 역사적 발화로 엄격하게 이해하는 방식과, 전자의 메시지와 부합하는 다른 역사적 맥락의 가르침도 포함하도록 확장시켜 생각하는 방식을 결합시킴으로써 그럭저럭 논의를 마무리하려 했을 수도 있다. 하지만 불교의 사례에서는 해석학적 불설과 역사적 불설이 융합되어 있다는 것을 발견할 수 있다. 『발각정심경(發覺淨心經, *Adhyāśayasañcodanasūtra*)』이라는 대승 텍스트에서는 "미륵이여, 모든 선설(善說)은 붓다께서 하신 말씀이다"[61]라고 지적한다. 이 개념은 대승 텍스트들[62]에서 흔히 발견되는데, 매튜 캡스타인은 이를 다음처럼 잘 요약했다.

> 사실, 관련 텍스트를 실재론적 관점에서 읽는다면, 현대적 감성으로는 이상해 보일지 모르지만, 중앙아시아와 동아시아 전역에서 현재까지도 경전을 대하는 대승적 태도의 두드러진 특징은 다음과 같다는 결론에 도달하게 된다. 불설에 대한 규범적 교리 기준을 충족하는 그 어떤 텍스트도 역사적인 붓다 석가모니가 직접 가르친 진정한 불설임에 틀림없다는 것이다.[63]

하지만 일단 이런 식으로 이해하게 된다면, 현대의 실재론적 역사 이해와는 멀어지게 된다. 붓다가 어떤 법을 설했을 때, 불교적 개

---

61 여기서 '선설'(*subhāṣita*)이란 번뇌를 제거하고 열반의 이점을 제시하는 의미 있는 진술을 말한다.

62 청변(Eckel 2008: 61)은 심지어 "베단타에서 선설된 모든 것은 붓다가 가르친 것"(*vedānte ca hi yat sūktaṃ tat sarvaṃ buddhabhāṣitam*)이라고 언급한다.

63 Kapstein 2000: 125.

념에서 중요한 것은 실제 일어난 날짜로 기록된 사건들이 아니라, 이 법의 내용을 제대로 이해한다고 할 때 붓다가 가르쳤을 내용이 무엇일지다. 게다가 역사에 대한 우리의 공통된 이해를 주도하는 과거에 대한 실재론적 개념은 불교에서 옹호하는 다양한 철학적 입장과도 잘 맞지 않는다.

1. 현재론

이러한 아이디어 중 첫 번째는 현재론으로, 아비달마의 경량부에서 지지하는 현재 순간만이 실재한다는 견해다. 이 입장을 받아들인다면, 과거(또는 미래)는 분명 존재하지 않으며, 그 모든 역사는 결국 과거가 현재에 남긴 흔적에 근거한 이론일 뿐이다. 모든 사실을 설명할 수 있는 서로 모순된 복수의 이론은 존재할 수 있지만, 다른 모든 이론을 배제하고 이러한 이론 중 하나를 검증할 수 있는 과거에 대한 사실은 존재하지 않는다. 이러한 견해에 따르면, '실제로 있었던 그대로의' 과거는 존재하지 않는 대상이다.

개념적 가탁으로서의 과거

하지만 설일체유부 아비달마가 그랬듯이, 과거와 미래는 존재하는데, 단지 그 효과성이 없다는 점에서 현재와 구별된다는 주장을 받아들인다고 해도, 이는 일련의 역사적 사건들을 그 순수한 형태로 우리에게 제공하기에는 충분하지 않을 것이다. 아비달마 이론에 따르면, 실제로 존재하는 것(또는 존재했거나 존재할 것)은 근본적이고 순간적인 정신적이고 물리적 존재자들, 즉 법(*dharma*)들의 복잡한 상호작용이기 때문이다. 우리가 경험하는 세계, 그리고 역사적 주장을 확인하는 맥락에서 우리가 호소하는 과거의 세계는 기저를 이루는 실재에 덧붙여진(假託) 가장 높은 수준의 개념적 덧씌우개에 불과하다.

2. 세계에 대한 공통된 지각의 부재

이로써 두 번째 아이디어에 이르게 되는데, 이는 후기 불교 문헌에서 더욱 두드러지게 나타난다. 즉, 심지어 현재에도 모든 관찰자에게 단일한 형태의 지각 대상은 존재하지 않는다는 견해다. 이 견해는 불교 전통의 역사 중 한 에피소드인 무착과 미륵보살의 만남에서 생생하고 인상적으로 드러난다. 이를테면, 수년간의 간청 끝에 마침내 미륵이 무착에게 나타났을 때, 미륵은 자신이 실은 항상 무착의 곁에 있었지만, 무착의 지각이 청정하지 못해 자신을 볼 수 없었다고 말했다. 무착이 의심스러워하자 미륵은 무착에게 자신을 업고 마을을 돌아다니게 하여 자신의 주장을 시험해 보라고 했다. 그리고 이야기는 계속 이어지는데, 실제로 사람들은 그들이 가진 지각 능력의 청정함에 따라 미륵 대신 다른 것을 보았다. 아무도 미륵을 온전히 보지 못했고, 대부분은 아무것도 보지 못했고, 일부는 무착이 늙은 개를 어깨에 메고 있는 것을 보았고, 오직 한 사람만이 (이 이야기의 한 번역본에 따르면 매춘부만이) 미륵의 발을 볼 수 있었다. 이 이야기는 분명 어떤 철학적인 요점을 담고 있는데, 이는 전통적인 불교 우주론과 관련하여 세 잔의 물이라는 비유로 표현되는 요점이다. 여기서는 인간이 물 한 잔을 본다면, 아귀계에 다시 태어난 중생은 고름이나 피, 혹은 이와 유사한 부정한 물질이 담긴 잔을 보고, 지옥계의 중생은 녹은 금속이 담긴 잔을 본다고 주장한다. 이 예가 정확히 어떤 철학적 영향을 미쳤는지는 상당한 논쟁의 대상이 되었지만, 핵심 요점은 분명하다. 윤회계에 머무는 (우리 같은) 중생들을 살펴보면, 우리가 경험하는 실재는 기껏해야 부분적으로 마음으로부터 독립적인 실재에 의해 결정될 뿐이고, 우리의 지각 및 인지적 설정 상태에 의해 크게 영향을 받는데, 이는 결국 자신이 지은 업의 결과다. 이것이 의

업의 조건화에 의존하는 지각

미하는 바는 인간계처럼 일정한 영역 내에서조차 경험적 수준에서 공유되는 실재가 존재하리라고 기대할 수 없다는 것이다. 왜냐하면 (무착의 이야기에서 명백히 드러나듯이) 깨달은 정도에 따라 존재들은 더 혹은 덜 '청정해진' 지각 능력을 갖기 때문이다. 따라서 현재가 관찰자 집단이 공유하는 업의 잠재력과 같이 객관적이지 않은 상호주관적인 요인에 크게 의존하는 것으로 간주된다면, 불교 문헌의 저자들이 과거에 대해 서로 비슷한 견해를 택한 것은 놀랄만한 일이 아니다. 어떤 사건에 대한 역사적 기록을 제공한다는 것은 단순히 '실제로 일어난 일'에 대한 기록으로만 이루어질 수는 없고, 해당 사건을 지각한 사람들의 지각 능력, 그리고 아마도 그 역사적 기록을 전해 받을 사람들의 지각 능력도 고려해야 하는 일이다.

방금 설명한 두 가지 철학적 입장은 불교 전통 내에서 상당한 내부 논쟁의 대상이었으며(전자는 주로 설일체유부와 경량부 사이에 이루어진 아비달마 불교 내부의 논의고, 후자는 유가행파와 관련이 있다), 다양한 논증에 의해 옹호되었다. 이 두 가지 철학적 요점은 불교의 역사 개념에 대한 미묘한 설명을 전개하는 데 똑같이 중요하지만 그 성격은 다소 다르다. 해당 입장들은 매우 명시적으로 언급되어 있음에도 불구하고, 전통적인 불교 설명에서 이 입장들을 뒷받침하는 직접적인 논증을 찾기는 어렵다. 그 이유는 당시 불교도들에게는 이 입장들이 충분히 명백해 보였거나, 이 입장들이 (깨달은 이의 초자연적인 힘과 관련된 가정처럼) 똑같이 명백한 다른 가정으로부터 직접 도출되었기 때문일 수 있다. 여기서 우리의 목적은 무엇보다도 역사(특히 불교의 역사)에 대한 불교의 설명이 무엇인지를 타당하게 설명하는 것이지, 그 진실성을 옹호하는 것이 아니다. 따라서 두 입장이 철학적 논증에 의해 어떻게 뒷받침될 수 있는지는 여기서 해결할 필요가 없다.

3. 초역사적 활동

현대 역사가에게 특히나 어렵게 느껴질 수 있을 전통 불교사의 한 측면은 여러 인물들이 몇 세기에 걸쳐 활동하는 것처럼 보이는 일이 대수롭지 않게 일어난다는 것이다. 이를 설명하는 한 가지 방식은 일부 불교 스승들의 수명이 비정상적으로 길었다는 것으로, 흔히 이들이 생명을 연장하는 연금술 수행에 통달했다는 주장과 대체로 관련이 있다. 현대 불교 역사가의 입장에서 보면 고대 인도의 불로장생약 같은 것보다도 더 호소력이 없을 또 다른 설명도 있다. 깨달은 이는 비물질적인 신비로운 형태를 취할 수 있는데, 이 때문에 이 혼탁한 세계에서 사라진 뒤에도 때때로 출현할 수 있다는 주장이 그것이다. 티베트의 역사가 따라나타(Tāranātha | 1575–1634)는 이 아이디어를 활용해, 아마도 대략 서기 1000년을 앞둔 무렵에 작성되었을 딴뜨라 저술을 1세기 또는 2세기에 살았던 중관학파의 스승들이 작성했다고 설명한다.[64] 그는 이 스승들이 신비한 형태를 취해, 실제로는 후대에 지어진 논서를 작성해서는, 이를 그 작성 당시에 살았던 제자들, 말하자면 스승들의 육신이 사라졌을 때도 태어나지 않았을 제자들에게 가르칠 수 있었다고 주장한다. 역사상의 인물이 물질적 육체가 없는 깨달은 이로부터 가르침을 받았다는 설명의 또 다른 예로는 앞서 논의한 무착이 미륵보살로부터 가르침을 받았다는 경우다. 물론 이러한

스승들의
신비로운 출현

64 Wedemeyer 2007: 20. 따라나타는 이 스승들이 비드야다라(持明, *vidyādhara*, *rig pa 'dzin pa*), 즉 '지식 보유자'의 형태를 띤다고 언급한다.

예들은, 역사(특히 철학사)를 인간 행위자들의 상호작용으로만 구성된 것으로 간주한다면 설명하기 매우 어렵다. 그러나 여러 자료에서 충분히 알 수 있듯이, 그러한 것은 불교식 역사 이해가 아니다.

가르침으로서의 역사

불교철학의 역사는 불교 스승들의 삶, 즉 붓다의 삶뿐만 아니라 그 이후에 등장한 승려·성인·현자들의 삶과 복잡하게 관계되어 있다. 불교 텍스트는 때때로 이러한 스승들의 경우 이들의 삶에 있었던 사실(이들에게 일어난 사건들)과 이들의 가르침 활동(이들이 일으킨 붓다의 가르침의 홍포) 사이에 아무런 실질적인 차이가 없다는 생각을 언급하기도 한다. 현대의 티베트불교 스승인 딜고 키엔체 린포체는 티베트에 불교를 소개한 가장 중요한 인도불교 스승 중 한 명에 대해 다음과 같이 언급한다.

티베트 저자들의 사례

> 웃디야나(Uddiyana)의 영광스러운 스승이자 법왕인 구루 연화생(Padmasambhava)은 삼세에 걸쳐 승리자들의 활동을 구현한 유일한 화신이다. 중생이 실재를 지각하는 방식에 따라, 그의 몸·말·마음의 세 가지 신비로운 삶의 이야기는 헤아릴 수 없이 많이 존재한다.[65]

방금 이야기 했던, 각기 다른 업의 잠재력을 가진 중생들은 서로 다른 세계를 지각한다는 점과 관련시켜 보면, 이 언급은 불교 스승들의 삶이 이들이 겪은 실제 사건이 아니라, 다른 이를 인도하기 위해 그들이 천명한 가르침으로 이해된다는 점을 강조하는 것

65 딜고 키엔체 린포체(Dilgo Khyentse Rinpoche)의 서문, Ye shes mtsho rgyal(1993: 1).

이다. 붓다의 생애에 대한 대승불교의 설명에 비교되는, 초기 불교 문헌들에 등장하는 붓다의 생애에 대한 설명들 사이에 보이는 차이점들을 언급하면서 따라나타도 자신이 쓴 붓다의 전기에서[66] 같은 점을 지적한다. 데이비드 루엑은 따라나타의 결론을 다음처럼 요약한다.

> 붓다의 행위가 당시 그 주변에 살면서 필요한 자격을 갖춘 모든 중생에게, 심지어 사견을 가진 이, 육사외도(Tīrthikas), 동물들에게까지도 나타난 것은 소승의 체계 또는 성문승 체계와 관련이 있다. 특히 대승 수행을 한 이들에게 붓다의 행위가 어떤 방식으로 나타났는지에 관해서는 대승 경전에 자세히 이야기되어 있다. 따라서 일반적으로 이러한 문제에 관해서는 여러 가지 버전이 있으며, 특히 각 경우에 있어서 가피의 많고 적음과 관련하여 큰 차이가 있다. 결과적으로 두 체계가 실질적으로 모순되는 것은 아니지만, 붓다의 생애를 묘사하는 두 가지 방식을 혼동하지 않도록 해야 한다. 이 두 가지 체계 중에서 대승의 체계가 훨씬 더 정교하고, 상상할 수 없는 지혜의 영역에 속하며, 최고의 제자만이 접근할 수 있고, 고도로 비밀스러운 행위에 관한 것이다. 그럼에도, 모든 중생들에게 일반적으로 알려진 붓다의 생애 사건들, 그 생애의 기간, 그 사건들의 순서, 붓다가 방문한 장소 등은 소승의 체계와 관련이 있다. 그러나 이는 대승의 체계는 아니다. 대승의 체계는 그 범위가

---

66 *bcom ldan 'das thub pa'i dbang po'i mdzad pa mdo tsam brjod pa mthong bas don ldan sogs*.

상상도 할 수 없기 때문에, 이 체계 안에서는 장소·시간·행위와 관련하여 어떤 사안이 정확히 이러저러했다고 확정하기 어렵다.[67]

따라나타 주장의 핵심은 대승 경전에 묘사된 붓다의 행위는 특정한 업의 잠재력을 가진 대중을 위해 나타난 행위인 반면, 초기 경전에 묘사된 붓다의 행위는 여러 제자 집단을 위해 나타난 행위라는 것이다. 이 때문에 불교 스승들의 삶을 익숙한 역사적 실재론의 배경에서 설명하기는 어렵다.[68] 제5대 달라이 라마가 다시 연화생을 언급하며 다음처럼 언급했듯이 말이다.

그대는 영겁을 찰나로, 찰나를 영겁으로 바꾸면서
각 중생의 눈에 맞는 화신을 나투시네.
그러니 그대의 삶을 두고 보통의 현자나 성자의 삶처럼
달과 년을 헤아리는 것은 우스운 일이네![69]

동일한 사건에 대해 다양한 버전으로 설명하기

불교 역사가의 과제는 불교 스승들의 생애 이야기에서 다양한 기적적인 사건들뿐만 아니라, 더 구체적으로 말하면 동일한 사건들의 다양한 버전을 설명하는 일이다. 전통 기록은 세 가지 아이디

---

67 Ngawang Gelek Demo 1971: 2-3.

68 Conze(1962: 232)는 "공식 기독교와 달리 불교는 역사적 종교가 아니며, 아무것도 창시한 적 없는 '창시자'의 삶에서 일어난 어떤 사건의 역사성과도 무관하게 그 메시지는 유효하며, 단지 영원부터 이미 존재해 온 다르마를 전달했을 뿐이다"라고 언급하고 있다.

69 O rgyan gling pa의 1755년 북경판 *Padma bka' thang* 간기에서. Kapstein 2015: 12 참조.

어를 결합하여 이 문제를 해결한다. 다양한 중생들이 가진 업의 잠재력에 의해 결정적으로 영향을 받는 실재에 대한 견해라는 아이디어, 가르침으로서의 역사라는 아이디어, 일련의 차등적 가르침이라는 아이디어가 그 셋이다.[70] 서로 모순되는 듯 보이는 붓다의 가르침들을 해명하기 위한 잘 알려진 설명 장치는 이 가르침들이 서로 다른 대중, 즉 이해의 잠재력과 배후 가정이 서로 다른 청자들로 이루어진 대중에게 주어진 가르침이었다는 점을 지적하는 것이다.[71] 붓다가 각각의 대중에 맞춰 가르침을 전달했듯이, 깨달은 스승 또한 사실 그 자체가 바로 가르침이 되는 자신의 삶의 사건들을 이를 경험하는 대중에게 맞춰 전달할 수 있다.

하지만 사건은 오직 단 하나의 방식만으로도 발생할 수 있으며, 역사는 그것을 기록하는 일이라고 상정하는 역사적 실재론의 입장에서 벗어났다고 해서, 불교 역사가들이 어떤 설명도 다른 설명만큼 좋다고 하는 철저한 상대주의를 수용하는 것은 아니라는 점을 언급해 둘 필요가 있다. 예를 들어, 따라나타는 인도 불교사의 바로 첫머리에 초기 교법의 역사에 대한 이전 설명들에 오류가 많았다고 언급하면서, 자신의 저작은 이러한 이전 역사의 결함을 제

상대주의 피하기

---

70 Westerhoff 2009: 89–90 참조.

71 월칭은 용수의 『육십송여리론(六十頌如理論, *Yuktiṣaṣṭikā*)』 게송30을 주석하면서 다음처럼 설명한다. "지적으로 교육을 받지 못한 중생들에게 실재에 대한 견해, 즉 공에 대해 알려주면, 이들은 완전히 혼란스러워한다. 따라서 고귀한 이들은 처음에는 공에 대해 가르치지 않는다. 습관적인 자기집착이 동기가 되어 진리를 쫓는 사람들은 사물에 애착하는 경향이 있으므로, 먼저 '모든 것이 존재한다'고 가르친 다음, 이들이 욕망하는 대상을 올바르게 설명해야 하니, 이들은 자신들이 욕망하는 사물의 본성을 분석하는 것을 즐기기 때문이다." Loizzo 2007: 180–1.

거하기 위한 것이라고 명시하고 있다.[72] 물론 이는 (근본적으로 실재하는 대상에 대한 이론이 됐든, 객관적으로 실재하는 과거의 존재에 대한 견해가 됐든) 궁극적 실재에 대한 비판이 세속적 수준의 주장에 영향을 미치지 않도록 하려는 불교 사상 전반의 노력과 밀접한 관련이 있다. 실재론적 설명이 거부되어야 한다는 것이 다양한 비실재론적 설명들 사이에서 합리적인 선택을 할 수 없다는 것을 의미하지는 않는다.

관대함과 자연주의 사이의 긴장

앞선 언급을 보면, 그 선의의 원칙으로 인해 우리는 불교철학의 역사를 기술하는 것과 관련해 흥미로운 입장에 놓이게 됨을 알 수 있다. 선의의 원칙을 취한다는 것은 우리가 다루는 텍스트가 최대한 합리적이라고 여기고, 텍스트의 저자가 제시한 논증들이 방어될 수 있다는 가정에서 출발해야 한다는 것을 뜻한다. 이를 통해 우리는 그 텍스트의 결론 중 많은 부분이, 혹은 대부분이 방어될 수 있다는 전제에서 추론할 수 있다. 위에서 주장했듯이, 그 중요한 결론 중 일부는 일반적으로는 과거를, 그리고 특별히는 불교철학의 역사를 이해하는 방식에 중대한 영향을 미친다. 그러나 이에 따른 결과는 불교철학의 역사를 쓸 때 대개 그 배경에서 작동하는 21세기 서구 자연주의의 가정과 직접적으로 충돌한다. 이 단계에서는 마찬가지로 달갑지 않은 두 가지 선택지에 직면하게 된다. 첫 번째는 자연주의적 가정을 버리는 것이고, 두 번째는 불

72 Chimpa and Chattopadhyaya 1970: 5, 350. pp.187 – 8 또한 참조할 수 있는데, 여기서 따라나타는 불호(佛護, Buddhapālita)가 월칭으로 다시 태어났고 청변이 용수의 직제자라고 하는 중관학파의 연대기를 일축한다. 그는 이러한 견해는 "'비합리적이고 근거가 없다"고 말하며 "비판 능력을 가진 사람이라면 어떻게 이 모든 것을 믿을 수 있겠는가"라고 묻는다.

교 철학자들이 주장한 주요 전제들 중 일부가 거짓이며 이에 근거한 결론이 잘못되었다고 가정하는 것이다. 첫 번째 선택은 우리가 세계에 대해 사고하는 데 성공적으로 사용하는 몇 가지 중요한 개념적 도구를 박탈하는 것으로 보인다. 두 번째 선택은 고대 인도의 학자들이 제시한 결론의 상당 부분을 합리적으로 방어할 수 없기 때문에, 이들이 불교 사상사 연구에서 이룬 체계적 가치의 대부분을 상실하게 만든다.

자연주의적 가정을 괄호 치기

나는 선의의 원칙을 단념하거나 현재 사용하고 있는 개념적 틀을 포기할 것(애초에 실패할 가능성이 높은 시도)이 아니라, 우리가 가지고 있는 몇 가지 자연주의적 가정을 잠시 괄호로 묶어두어서 이 문제를 해결하자고 제안한다. 이는 우리의 세계관이 불교의 역사를 설명하는 것과 관련된 주장들(인간의 최대 수명, 과거의 객관적 존재에 대한 주장 등)과 충돌할 때, 그러한 세계관에 기대지 않고도 어디까지 분석을 진행할 수 있는지 알기 위해 일시적으로 그러한 세계관을 보류한다는 것을 의미한다.

이런 면에서 본다면, 또한 불교 저술가들이 발전시킨 역사 기술에 대한 견해를 고려한다면, 용수의 수명이나 '날란다 전통'의 구성원과 같은 문제에 관한 전통적인 역사 기록을 무시하거나, 손쉬운 역사적 가공으로 간주한다면 문제의 복잡성을 온전히 다룰 수 없다는 점이 분명해진다.

불교사의 구제론적 목적

불교 전통에서 우리가 발견할 수 있는 바와 같이, 불교사의 목적은 과거에 대해 사실적으로 보고하는 것이 아니라, 구제론적 목적을 충족하는 것이다. 여기에는 여러 가지 이유가 있다.

특정한 사건에 대한 기술은 충분히 청정한 지각을 가진 목격자에게 그 사건이 어떻게 보였는지를 알려주는 것으로 간주될 수 있다. 이러한 이유로 불교 역사가는 그러한 주장을 뒷받침할 역사적 증거가 부족하다고 해서 크게 걱정하지 않을 것이다. 사실 그는 우리가 (현재 우리의 상태로, 즉 업과 관련하여 현재의 성향을 가진 채로) 그곳에 있었다고 하더라도 미혹이 덜한 인지 능력을 가진 다른 관찰자는 보았을 것을 보지 못했을 것이라고 주장할 수도 있다. 그렇다면 이 같은 역사적 내레이션의 목표는 청정한 지각의 관점에서는 사건이 어떻게 보이는지를 청자에게 알려줌으로써 그들 스스로 이러한 지각을 낳을 수 있게 하는 동기로 작용하는 것이다.

또는 역사적 설명은 방편(*upāya*)의 표현, 즉 숙련된 수단의 표현으로 생각할 수 있다. 사건들은, 객관적 입장에서 관찰한 대로 이런 식으로 일어났기 때문이 아니라, 이런 식으로 기술하는 것이 설명을 듣는 이들의 해탈에 도움이 되기 때문에, 특정한 방식으로 관련지어진다.

불교사의 이 같은 구제론적 차원을 고려에 넣는다면, 전통 불교의 역사적 내러티브에서 21세기 서구 자연주의적 세계관과 모순되는 것처럼 보이는 모든 요소를 제거한 다음, 그 나머지 부분에서 사실이라는 것의 낱알들을 어떻게든 뽑아내려고 애쓰지 않을 것이다. 대신, 이러한 세계관의 일부를 괄호로 묶어둔다면, 어째서 역사적 내러티브가 그런 방식으로 제시되는지를,[73] 어째서

---

73 티베트인의 관점에서 볼 때, 전기(*rnam thar*)는 해탈의 길을 가는 수행자가 불교의 길을 따라 어떻게 나아가야 하는지에 대한 지침서로서 단순히 일대기를 기술한 것일 뿐만 아니라, 어떻게 살아야 하는지 그 규범을 제시한 것으로도 이해된다. "남탈(*rnam thar*)이란 수행의 계보 또는 계통(*brgyud*)의 창시자가 수 세기에 걸쳐 각 세

불교 텍스트에서 묘사되듯 방대한 마음 수행을 견딘 사람에게는 세상이 이런 식으로 보인다고 가정하고 싶은지를, 어째서 이런 특정한 방식으로 내러티브를 구성하는 것이 해탈에 도움이 되는 정신적 태도를 만들어낸다고 여기는지를 탐구할 수 있게 된다.

다시 용수의 경우를 살펴보면, 모든 주요 인도불교 사상가들이 '날란다 전통'에 속해 있으면서 연속성을 가진다는 생각은 불교철학 프로젝트가 통일성을 띤다는, 또 이들 철학자들이 제안한 다양한 체계가 모두 동일한 핵심 메시지를 정교화한 것이라는 생각을 의미하는 것으로 이해될 수 있다. 용수의 전기에서 그의 긴 수명과 관련된 요소들은 이러한 수명을 가능하게 한다고들 하는 딴뜨라 기법의 맥락에서 이해되어야 하는데, 이러한 기법은 현대 서양 해부학에서 익숙한 신체 개념과는 매우 다른 신체 개념에 기초한다.

이러한 내러티브들을 단순히 후대 저자들의 사후적 계보 구축 시도로, 또는 딴뜨라 기법의 효능 광고로 볼 것이 아니라, 많은 불교 저술가들 스스로가 이러한 내러티브에 묘사된 세계가 청정한 지각을 가진 일부에게는 이런 식으로 나타난다고, 또 이러한 설명에 제시된 예를 따름으로써 해탈에 도움이 되는 정신적 자질을 얻을 수 있다고 믿었을 것이라는 점을 염두에 두는 것이 중요하다. 단지 불교 사상가들이 실제로 일어난 과거와 같은 것이 존재한다는 가정에 상당한 반론을 제기한다는 이유를 들어, 이러한

대의 제자들에게 보내는 삶의 방식에 대한 개인적인 영감의 메시지다"(Chodrung-ma Kunga Chodron 2013: 19).

설명을 후대의 경건한 가공물로 본다거나, 실제로 일어난 일을 모호하게 만드는 명백한 종교적 또는 정치적 어젠다의 선동물로 간주하는 것은 이론적으로 볼 때 만족스럽지 못하다. 과거가 객관적으로 존재한다는 가정은 경험적으로 확인할 수 있는 주장이 아니라, 역사학자들이 활용할지 말지 선택할 수 있는 이론적인 상정이자, 논증에 의해 뒷받침될 수도 있고 훼손될 수도 있는 철학적인 테제다. 불교 철학자들은 자신들의 논증이 이런 가정을 성공적으로 비판했다고 확신했다. 이 때문에 불교의 경우와, '신화 뒤에 숨겨진 사실'이나 종교적 내러티브의 역사적 근거를 밝히려는 다른 많은 사례들 사이에 차이가 발생한다. 이러한 사례들에서 객관적 과거라는 아이디어는 보통 문제시되지 않지만, 불교의 경우에서는 문제시된다. 이러한 이유로, (우리에게는 직관적으로 보일지 모르지만) 과거의 객관성이 반박할 수 없을 만큼 자명하다는 확신을 가진 채로 단순히 과거에 대한 객관성 가정을 도입한다면, 불교 전통의 중요한 측면을 이해하지 못할 위험이 있다.

이론적 상정물로서의 과거의 존재

1

아비달마

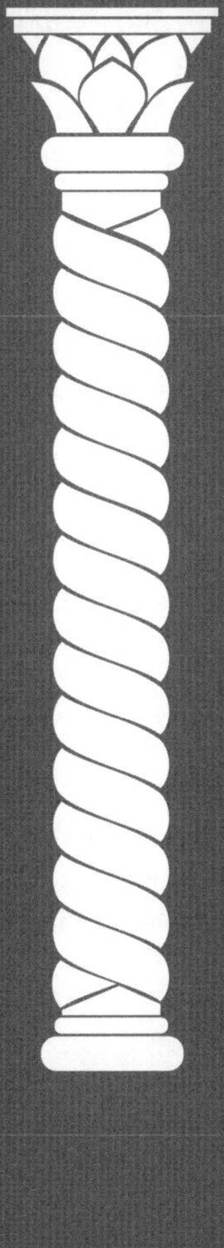

아비달마 개관

하트의 왕은 흰토끼에게 "처음부터 시작해서 끝까지 계속 가세요. 그런 다음 멈추세요"라는 유명한 말을 했다. 우리는 인도의 불교 사상에 대한 설명을 이런 식으로는 하지 않을 것이다. 우선 우리는 다르마끼르띠 시대(6-7세기) 이전의 사상가들에게 초점을 맞추고자 한다. 물론 불교는 인도불교의 학술적 전통의 종식으로 보기에 충분히 중요한 사건인 12세기 사원 대학들의 파괴 때까지 인도에서 계속 발전했다.[1] 하지만 다르마끼르띠 이후 오백 년 내지 육백 년 동안에 해당하는 시기의 사상가들에 대해서는 피상적으로 훑어보는 정도에 그칠 것이다. 이것은 다르마끼르띠 이후의 기간에 대해서는 철학적 관심이 덜해서가 아니라,[2] 지면상의 이유 때문이다. 인도 불교 사상의 마지막 오백 년에 대해서는 그 자체로 한 권의 책이 필요하다.

또한 우리는 이천오백 년에 걸쳐 불교적 사유가 흘러나온 바로 그 원천이 되는 사건인 역사적 붓다 석가모니의 깨달음으로부터 시작하지도 않을 것이다. 붓다의 깨달음은 불교 경전의 첫 번째 꾸러미, 즉 경장(經藏)을 구성하는 일련의 교설 또는 경전을 생

---

1 이후 인도 아대륙에서 불교가 완전히 사라지지는 않았지만(예를 들어, 이탈리아 선교사 로베르토 드 노빌리(Roberto de Nobili)는 17세기 초 타밀인들 사이에서 불교도를 발견했지만(Rajamanickam 1972), 인도에서 학술적 불교철학은 날란다(Nālandā)와 비끄라마쉴라(Vikramaśīla) 같은 위대한 학문 중심지가 파괴된 후에는 살아남지 못했다.

2 일부 불교 역사가들은 그렇게 생각했다. Chimpa and Chattopadhyaya 1970: 255-6 참조.

산하는 스승으로서의 삶의 시작점에 해당한다. 두 번째 꾸러미인 율장(律藏)은 붓다가 세운 승단의 규칙과 규정, 그리고 각 규칙을 도입하게 된 구체적인 상황에 대한 자세한 설명으로 구성되어 있다.[3] 따라서 율장은 특히 비구 및 비구니 승단의 생활 조건에 대한, 또 더욱 일반적으로는 붓다 당시 인도 사회에 대한 역사적 정보가 풍부한 광산과도 같다.

아비달마: 세 번째 꾸러미

인도의 불교 사상이 어떻게 발전했는지에 대한 설명은 세 번째이자 마지막 꾸러미인 아비달마장(對法藏), 즉 논장(論藏)으로 시작한다. 아비달마 텍스트는 근본적으로 붓다의 가르침을 그가 남긴 교설에 기록된 대로 체계화하고 논리정연하게 확장하려는 시도다.

경전을 체계화하기

붓다가 가르친 방식을 고려할 때, 이러한 체계화가 필요하다는 점은 분명하다. 붓다는 깨달음과 입멸까지 50년 동안 수많은 교설을 가르쳤는데, 모든 교설은 각 대중의 능력과 배후 가정에 맞춰져 있었다. 그 결과 그의 교설에는 반복이 많았고, 어떤 경우에는 매우 개략적으로 다루어지지만 또 다른 경우에는 훨씬 더 자세하게 다루어지는 주제들도 있었으며, 서로 다른 가르침들 사이의 긴장이나 모순이 발견되는 지점들 또한 있었다. 아비달마의 목적은 경전을 구성하는, 대중에 맞춘 일련의 설명에서 붓다의 가르침에 대한 포괄적이고 체계적인 설명으로 나아가는 데 있었다. 이렇게 하는 과정에서 논증을 신중하게 검토하고, 교리적 입장을 체계화하고, 모호한 구절에 대한 주석을 제공하고, 가상 및 실제 반론에 대응하는 과정이 시작되었다. 이는 이후 인도의 모든 불교철

3 율장 문헌에 대한 훌륭한 연구는 Prebish 1994 참조.

학 활동을 특징짓는 계기가 되었다.

'아비달마'라는 용어

아비달마 텍스트의 내용을 살펴보기 전에 이 '*abhidharma*'라는 용어에 대해 간략히 살펴보자. '*abhidharma*'는 접두사 '*abi*'와 명사 '*dharma*'로 이루어져 있다. 접두사를 어떻게 이해하느냐에 따라 이 합성어를 해석하는 방법은 둘로 나뉜다. '*abhi*'는 '~에 대해' 또는 '~에 관해'를 의미할 수 있는데, 이럴 경우 아비달마는 다르마(붓다가 경전에서 설한 가르침)를 대상으로 하는 가르침, 즉 교법에 대한 가르침이다. 또는 '*abhi*'는 '더 높은'이라는 의미를 가질 수 있는데, 이럴 경우 아비달마는 다르마보다 더 높거나 다르마를 뛰어넘는 가르침이 될 수 있다. 아비달마가 경전의 가르침을 넘어설 수 있는 한 가지 방법은 포괄성의 측면에서다. 빨리어 주석 전통에서는 경전이 불교 사상의 주요 개념을 오직 부분적으로만(*ekadesen' eva*, 아마도 경전이 설해진 특정 상황에서 그 대중에게 필요한 부분으로만 제한되기 때문일 것이다) 설명하는 데 반해, 아비달마는 주요 개념을 전체적으로 설명하고 있다는 생각을 찾아볼 수 있다.[4]

아비달마 작성의 동기

아비달마 텍스트, 즉 논장은 다른 두 꾸러미인 경장 및 율장과는 상당히 다르다. 이러한 차이를 고려해 볼 때, 아비달마 텍스트들이 작성된 동기가 무엇이었고, 또 아비달마 텍스트가 경장 및 율장 텍스트로부터 받았던 영향은 무엇이었는지를 규명하는 것

---

4 Ronkin 2005: 26. 흥미로운 점은 경전의 가르침과 아비달마의 가르침 간의 구분도 발견된다는 데 있는데, 전자는 때때로 단순히 '사태를 설명하는 하나의 방식'(對機說法, *pariyāya-desanā*)으로 기술되는 반면, 후자는 더 이상 설명을 필요로 하지 않는다(非對機說法, *nippariyāya-desanā*)고 한다는 점에서 그렇다. 이렇게 이해하는 것은 아비달마의 틀이 궁극적 진리의 수준에서 사태의 존재 방식을 기술한다는 아이디어와 부합한다.

은 흥미로운 주제라고 할 수 있다. 우리는 아비달마의 작성 동기를 적어도 세 가지로 구분할 수 있다. 논모의 확장, 문답 형식으로 작성된 텍스트의 확장, 포괄적인 존재론적 이론의 개발이 그것이다.

a. 논모

'논모'(論母, *mātṛkā* | 어원적으로는 '모체'(matrix) 및 '어머니'(mother)라는 용어와 관련 있다)라는 용어는 경전에서 발견되는 용어와 주제의 목록을 나타낸다. 애초에 이 논모는 매우 단순했는데, 가령 네 가지 수준의 명상 상태(四靜慮, *jhāna*), 다섯 가지 집합체(五蘊, *skandha*), 여섯 가지 감각의 기반(六處, *āyatana*), 열여덟 가지 인지 요소(十八界, *dhātu*) 등의 목록으로 구성되어 있었다. 논모가 기억을 돕는 연상 기호 역할을 했다는 점은 분명했다. 이러한 목록을 만든 것은 교설의 개별 부분을 하나로 통합해 기억하게 하는 데 도움이 되었다. 목록들은 더 정교해지면서 극도로 복잡하고 포괄적인 형태로 변화했으며, 아비달마의 중핵으로 여겨지기도 하는데,[5] 이는 사실상 논모의 꾸러미인 '논모장'(摩得勒伽藏, *mātṛkāpiṭaka*)이라고 불린다. 그러므로 아비달마는 이 세계가 어떻게 구성되어 있는지에 대한, 또 이 세계에서 해탈로 가는 길이 어떻게 구성되어 있는지에

기억증대기법으로서의 논모

5 아비달마와 논모 사이의 연관설을 논의하고 있는 현대 학자들의 종합적인 목록은 Bhikkhu Anālayo 2014: 22, n.26 참조.

대한 불교의 개념을 포괄적으로 설명하기 위해, 경전에서 이미 제공된 논모를 상세히 설명하는 프로젝트로 이해될 수 있다.

명상 상태의 지도로서의 논모

아비달마가 논모를 발전시킨 또 다른 동기는 초기 불교의 명상수행에서 찾을 수 있다. 명상은 사적이고 내적인 작업이지만, 명상을 통해 수행된 관찰과 성취된 결과는 사람들 사이에 소통될 수 있어야 한다. 명상 수행자는 사적인 경험 세계에 갇혀 있어서는 안 되며, 자신이 마주한 현상들을 자신보다 먼저 같은 종류의 기법을 사용한 명상 수행자들이 관찰한 결과와 연관시킬 수 있어야 한다. 그러기 위해서는 자신이 마주칠 수 있는 그 모든 정신적 현상들이 무엇인지, 그 모든 정신적 현상들이 서로 어떤 관련이 있는지, 그 모든 정신적 현상들이 해탈의 길과 어떤 관련이 있는지를 설명해줄 지도가 필요하다. 아비달마의 정교한 목록은 그러한 지도, 즉 소통할 수 없는 정신적 사건의 혼돈 속에서 길을 잃지 않고 내적 경험의 세계를 횡단할 수 있게 해주는 지도를 제공한다.[6] 동시에 이러한 논모가 있기에 지식과 식별 사이의 선순환 고리가 만들어진다. 즉, 어떤 정신적 현상을 찾아야 하는지 알면 더 많은 현상을 구별할 수 있으므로, 논모의 세부 사항이 증가하여 더 미세한 구별이 가능하게 되는 것이다.

논모와 아비달마가 연관되어 있음은 명백하지만, 어느 정도까지 논모가 아비달마와 단독으로 연관되는 것인지는 불확실하다. 예를 들어, 빨리어 주석 전통은 논모를 율장과 구체적으로 연

---

6 Ronkin 2005: 29－30과 4장 참조; Gethin 1992: 165.

관시킨다.[7] 율장과 관련하여 언급될 때 논모는 또한 더 긴 텍스트의 요약본 역할을 한다. 일부 승려는 율장을 암송할 수는 없더라도, 여전히 그 요약본은 암송할 수 있을 것이다.[8]

논모와 구전 문화

그러므로 논모를 (그리고 보다 일반적으로 말해 목록에 대한 인도철학의 애정을) 무엇보다도 구전 문화의 특징으로 간주하는 편이 합리적이다.[9] 논모를 통해 서로 다른 곳에서 논의되는 주제를 구조화하고 긴 텍스트의 간결한 버전을 제공함으로써, 문자로 기록하는 것에 의지하지 않더라도 자료를 유지하는 일이 쉬워졌다. 그러므로 논모는 아비달마 전통을 탄생시킨 하나의 핵심적 요소가 아니라, 아비달마 전통의 일반적인 배경으로 간주되어야 한다.

b. 문답 형식

문답과 논쟁

아비달마 텍스트 작성의 두 번째 동기는 교리 문답 스타일로 작성된 텍스트를 확장시키는 데에서 찾을 수 있다. 이러한 텍스트는 불교와 비불교 학파 간의 논의가 자연스럽게 그 선례가 된다고 볼 수 있다.[10] 이 경우 질문은 불교 이론에 대한 대론자의 도전이 되

7 Bhikkhu Anālayo 2014: 22 – 4.

8 그러나 다른 해석에 대해서는 Ronkin 2005: 27 – 8 참조. 그녀는 이 맥락에서 논모라는 용어가 일종의 요약본이 아니라, 가르침을 설명하는 와중에 정교하게 다듬어진 '일련의 핵심 단어'를 의미한다고 주장한다.

9 Bhikkhu Anālayo 2014: 24 – 5.

10 Ronkin 2005: 30.

고, 답변을 통해 불교도는 응답할 수 있다.[11] 이러한 형식은 원래 불교 승려가 브라만 대론자와 논쟁할 때 실제로 직면할 수 있는 질문에 대한 예시 답변을 제시하는 데 사용되었을 수 있지만, 이 틀은 그러한 즉각적으로 실용적인 용도를 넘어 쉽게 확장될 수 있다. 문답 형식은 순전히 가상의 답변을 논의하는 데 사용될 수도 있다. 이는 한편으로는 논쟁에 유용할 수 있고, 다른 한편으로는 학생이 논쟁의 맥락과는 별개로 자료에 대해 더 깊이 이해할 수 있게 해준다. 이 경우 질문은 일련의 문제 또는 연습 문제로 기능할 수 있다. 이러한 질문은 텍스트에 제시된 것과 비슷한 수준의 답변을 만들어내기 위해 노력하는 과정을 통해 주어진 자료의 복잡한 내용을 마침내 이해하게 될 것을 학생들에게 요구한다. 그러므로 아비달마 텍스트는 문답 형식으로 작성된 초기 텍스트의 틀을 채택하여 불교 교리 전체를 개괄적인 형태로 제시하려는 의도로 쓰인 것일 수 있다. 그럼에도 불구하고 논모의 경우와 마찬가지로, 문답 형식이 아비달마 문헌의 고유한 특성이 아니라는 점에 유의해야 한다. 율장이나 다른 문제를 다루는 텍스트도 이런 식으로 작성되어 있으니,[12] 문답 형식이 어떤 식으로든 아비달마가 논의하는 주제하고만 특별히 연관되어 있을 이유는 없다.

이해를 돕기 위한 목적으로서의 문답

---

11 이 문답 형식을 도입한 초기 경전들의 예에 대해서는 『유명대경(有明大經, *Mahāvedallasutta*)』 및 『유명소경(有明小經, *Cūḷavedallasutta*)』과 『분별경(分別經, *Vibhaṅgasutta*)』의 구분 참조.

12 Bhikkhu Anālayo 2014: 27–8.

c. 종합적 이론을 제공하기

마지막으로 언급해야 할 동기는 붓다의 가르침 전체를 종합적이면서도 간결하게 제시하고자 하는 의도다. 아비달마는 논모를 논의하는 것을 통해, 또한 가능하고 실제로 제기되기도 하는 반론을 숙고하는 것을 통해 단순히 경전 내용을 명료하게 하고 확장하기보다는 전체 불교적 세계관을 최대한 종합적으로 제시하기 위해 애썼다. 일부 저자는 이렇게 함으로써 아비달마가 구제론적 도구로서 불교 본원의 목표에 대한 통찰을 상실했다고 말했다. "[교리가] 그 자체로 목적이 된 것 같다."[13] "아비달마 텍스트는 마지막 단계에서 … 그 자체 목적이 교리 문제를 분석하고 정교화하는 데 있는 복잡한 철학적 논서가 되었다."[14] 구제론과 철학 간의 이러한 대립은 다소 인위적으로 보인다. 철학적 문제가 충분히 심도 있게 고찰될 때, 종종 주요한 질문들에 진전을 이루기 전에 여러 가지 부수적인 질문이 먼저 다루어져야 한다. 부수적인 질문은 그 자체로 상당히 복잡할 수 있으며, 또 다른 질문에 대한 답을 전제로 할 때도 있다. 이 단계에서는 원래의 문제가 시야에서 사라진 것처럼 보일 수 있지만, 이는 예를 들어 집을 설계하는 동안 발생하는 상당히 기술적인 건축 문제에 대한 논의가 특정 집을 짓는 일과는 별 관련이 없는 상황 그 이상도 이하도 아님을 나타내는 것과 같다. 아비달마 분석의 심오함은 초기의 불교 학파가 이룬 개념

그 자체로 목적이 된 분석?

13 Tilakaratne 2000: 12; Bhikkhu Anālayo 2014: 117.

14 Cox 2004: 4.

적 천착의 깊이를 나타내는 것으로 봐야지, 불교 프로젝트의 구제론적 차원을 잃어버린 학문적 타락의 징후로 보기는 어렵다. 초기 불교 사상가들이 아비달마 논의에서 발생한 다소 기술적인 문제 각각에 대한 해결책이 실제로 존재할 것이라고 믿었던 사실은 이러한 점을 잘 보여준다. 그 이유는 소위 말하는 붓다의 전지성(全知性)이다.

붓다의 전지성

불교도들은 붓다가 깨달음을 통해 보편적인 지식을, 즉 개별적인 사실 각각에 대한 지식이 아니라 모든 사물의 본성에 대한 종합적인 통찰을 얻었다고 가정한다.[15] 이러한 전지성은 아비달마가 답하려고 애쓰는 실재의 근본적인 본성과 관련된 모든 질문에 대해 답을 가지고 있다[16]는 것을 의미한다. 빨리어 전통에 따르면 아비달마를 거부하는 사람은 붓다의 전지성을 거부하는 것이고, 따라서 그러한 사람은 승가 공동체의 화합에 위협이 된다. 빨리어

붓다의 전지성을 나타내는 것으로서의 아비달마

---

15 불교 경전에는 이러한 아이디어와 상충되는 부분들이 있다. 예를 들어, 붓다는 자신에게 전지성을 귀속시키는 사람들은 자신을 잘못 전하는 것이라 주장한 바 있다거나(Majjhimanikāya 71, Bhikkhu Bodhi 2001: 587–8), 초기 버전에서 예상치 못한 문제가 발생하여 붓다가 승단 규정을 자주 조정했다는 사실이 있는 부분들이다. 이것이 불교 전통이 전지성 문제에 대한 견해를 바꿨다는 증거인 것인지, 아니면 해탈을 얻는 데 필요한 모든 사실을 아는 전지성과 철학적 초지식의 한 형태로서의 전지성을 구분하여 설명할 수 있는지 여부는 여기서 결정할 수 없다. 하지만 주목할 점은, *Siṃsāpasutta*(Samyutta Nikāya 56:31, Bhikkhu Bodhi 2000, 1857–8)에서 붓다는 숲 속의 잎에 비하면 자신이 손에 들고 있는 잎은 아주 적다는 것에 비유하여, 자신이 알고 있는 것에 비하면 자신이 가르친 것은 아주 적다고 이야기했다는 것이다. "그러니 비구들이여, 내가 직접 알고는 있지만 그대들에게 가르치지 않은 것들은 많고, 내가 그대들에게 가르친 것들은 적다."

16 불교철학의 후기 발전 단계에서는, 범부로서는 검증할 수 없는 문제(*atyantaparokṣa*)에 대해 붓다가 표명한 내용이 왜 권위 있다고 간주되어야 하는지 그 논증을 제시하기 시작했다. 아래 pp.473–4 참조.

전통은 이러한 방식으로 아비달마와 붓다의 전지성을 분명하게 연결시킨다.[17] 이러한 이유로 인해, 아비달마 논서들을 작성한 동기 중 하나는 존재의 본성과 해탈의 길에 대한 붓다의 전지한 지식을 대신할 수 있는 모종의 대안을 개발하기 위해서였다고 볼 수 있다. 이 정도면 아비달마의 '*abhi*'가 어떻게 교법을 뛰어넘는 또는 그 위에 있는 가르침을 의미할 수 있는지 분명해진다. 초기 불교 경전의 교법이 붓다의 전지한 마음에 대한 특정한 관점, 그러니까 교설이 설해진 맥락과 대중의 능력에 따라 결정된 특정한 관점에 항상 해당한다고 가정한다면, 아비달마는 이를 뛰어넘거나 그 이상으로 나아가 종합적인 그림을 제시하고자 했다. 이것은 "초기 불교의 가르침에 원래 담겨 있던 것보다 더 많은 의미를 부여했을 수도 있는 교리"[18]를 받아들이는 일이라는 비난을 받을 수 있다. 이런 비난에 대해 아비달마 논사들은 비록 경전에서는 붓다가 전하고자 했던 의미들 가운데 일부분만 드러나 있지만, 붓다의 마음속에는 그 의미들이 완전한 형태로 존재했다고 대답할 것이다. 이들에게 아비달마의 목적은 추가적인 의미를 부여하는 것이 아니라, 항상 존재했던 의미를 끌어내고 체계화하는 것이다.

붓다의 초자연적인 지위와 그 귀결에 대한 견해

지적할 만한 부분은 붓다의 전지성에 대한 이러한 믿음이 불교 사상 전반에 흥미로운 방식으로 영향을 미친, 붓다의 초자연적인 지위에 대한 보다 일반적인 견해의 표현이라는 점이다. 일부 빨리어 자료는 붓다가 보살일 때, 즉 깨달음을 얻기 이전에 이

17 Bhikkhu Anālayo 2014: 126.

18 Ronkin 2005: 249.

미 모든 것을 알았다고 주장한다.[19] 이 견해에 따르면, 붓다는 깨달음의 경험을 통해 비범해진 범부가 아니라, 역사적인 붓다의 생애 이전에 이미 오랜 시간 동안 비범한 속성을 가졌던 존재로 개념화된다. 붓다를 여러 측면에서 초인간적인 존재로 보는 이러한 견해는 붓다의 전지한 마음의 통찰력을 집약해 담아내기 위한 아비달마의 포괄적인 설명을 통해 표현되었다. 뿐만 아니라 이러한 견해는 보살로서의 붓다라는 깨달음 이전의 특별한 자질에 초점을 맞춤으로써, 아라한의 이상을 뛰어넘는, 초기 불교의 구제론적 목표인 보살의 이상을 강조하는 대승의 흥기에 기여하기도 했다. 더욱이 붓다를 시간과 공간을 초월하는 존재로 보는 견해는 불성 이론이나 일부 정토 교리에서 발견되는 준신론적(quasi-theistic) 형태의 불교와 같은 이후의 발전에 대해 토대를 제공한다. 초자연적 붓다라는 개념의 기원이 역사적 붓다의 열반 이후에 나타난 일종의 정서적 욕구에 대한 반응이었는지,[20] 아니면 또 다른 이유로 생겨난 것인지 여부는 여기서 결론지을 수 없다. 비록 특별히 철학적이지는 않지만, 이 개념이 이후 불교철학의 발전에 놀라운 결과를 가져왔다는 점은 주목할 필요가 있다.

아비달마의 작성 동기와 세 가지 요인

방금 설명한 아비달마 텍스트의 작성 동기가 앞서 언급한 불교철학에 영향을 미친 세 가지 요인과 어떻게 노선을 같이 하는지

19 Bhikkhu Anālayo 2014: 121.

20 Bhikkhu Anālayo(2014: 126)는 이를 두고 "스승이 세상을 떠난 시점에 제자들의 정서적 필요에 대한 어느 정도의 반응"이라고 설명하며, "불교 제자들의 신생 공동체가 외부와의 경쟁에서 생존을 보장하기 위해 절실히 필요한 확신감"을 제공했다고 말한다.

는 지적할 필요가 있다. 첫째, 아비달마 텍스트의 작성은 불교 경전의 영향, 그리고 특히 붓다의 교설에서 발견되는 논모를 명확히 설명하려는 의도로부터 영향을 받았다. 둘째, 아비달마 텍스트는 분명 논쟁과 논증술로부터 영향을 받았다. 이 텍스트들은 경전에서 옹호하는 입장에 대한 실제 및 가상의 반론에 답하며 잘못된 해석을 교정하려 한다. 셋째, 논모에 대한 해설과 종합적인 이론을 제공하려는 시도에서 중요한 부분은 명상 수행자가 명상 중에 마주칠 법한 상태와 현상에 대한 설명인 '명상 수행자의 로드맵'을 제공하는 것으로 볼 수 있다. 그러므로 아비달마는 (불교 사상 전반과 마찬가지로) 단순히 논증 중심의 철학으로 이해되어서는 안 되며, 서로 잘 어울리는 일련의 붓다의 가르침들 안에 위치하는 동시에, 그 가르침 가운데 일부를 구성하는 기법들에서 비롯되는 명상 경험들도 고려하는 개념적 기획으로 이해되어야 한다.

진위 여부의 문제

아비달마는 왜 불설인가?

아비달마 논서들을 살펴볼 때면, 곧장 복잡한 개념적 문제에 직면하게 된다. 이는 곧 어떻게 하면 종교 텍스트라는 권위 있는 지위를 확립할 수 있는지의 문제다. 이 문제는 경전의 경우에도 이미 일부 발생하지만, 여기서는 단지 주어진 교설이 실제로 붓다의 말씀인지 여부가 문제다. 아비달마의 경우 이 문제는 더 포괄적인데, 그 이유는 아비달마 텍스트 전체에 영향을 미치기 때문이다. 아비달마 텍스트들을 후대의 가공물이 아니라 붓다의 진정한 말씀(佛說, *buddhavacana*)으로 간주할 수 있는 근거는 무엇인가?

불교 대장경을 구성하는 세 가지 꾸러미(藏) 중에서 아비달마는, 즉 논장(論藏)은 분명 눈에 띈다. 처음 두 꾸러미를 통해서는 교설이 설해진 상황을 명확하게 파악할 수 있다. 즉, 붓다가 다양한 대중에게 설한 가르침인 경장(經藏)과 비구(와 그 이후에는 비구니도 포함하는) 공동체의 삶을 구성하기 위해 제정한 일련의 규정인 율장(律藏)을 통해서는 그렇다. 아비달마는 이와는 달리 붓다가 경전에서 가르친 주제에 대한 자세한 목록과 분류를 제공하는 상당히 기술적인 논서로 이루어져 있다. 아비달마 텍스트의 진본성을 확립하기 위해 다양한 전략이 사용되었다. 아비달마의 설일체유부는 아비달마 텍스트에는 붓다 이외의 저자가 있었는데, 그 저자가 교설 곳곳에 흩어져 있는 주제들을 보다 체계적인 형태로 정리했다고 믿었다(그렇지만 이 학파는 자신들의 『발지론(發智論, *Jñānaprasthāna*)』은 적어도 붓다가 생전에 인증한 것으로 간주했다). 그래서 아비달마 텍스트는 경전과 같은 의미에서는 불설로 간주될 수 없지만, 앞에서 살펴본 기준에 따라서는 붓다의 말씀에 포함될 수 있다. 즉, 붓다의 가르침에 부합하므로 진본으로 간주해야 한다는 것이다. 게다가 아비달마의 모든 주제는 붓다 자신의 가르침에서 논의된 것들로, 그 순서가 다를 뿐이다. 『사의경(四依經, *Catuḥpratisaraṇasūtra*)』은 다음과 같은 해석학적 규칙을 제시한다. "사람이 아니라 교리에 의지해야 하며, 말소리가 아니라 의미에 의지해야 하며, 해석이 필요한 교설(*neyārtha*)이 아니라 문자 그대로 받아들여질 수 있는 교설(*nītārtha*)에 의지해야 하며, 담론적 인지(*vijñāna*)가 아니라 직접적

진본성을 확립하기 위한 전략

인지(*jñāna*)에 의지해야 한다."[21] 아비달마에서 가르치는 교리와 그 의미를 고려할 때, 이는 붓다의 말씀으로 간주되어야 한다. 작성자가 붓다가 아니었고, 처음 발화한 말소리가 붓다의 것이 아니라고 하더라도 말이다. 이와 관련하여 아비달마는 단순히 경전을 재조합한 것이 아니라, 아비달마의 기초가 되는 원본 논모가 실제로 붓다의 가르침이었기 때문에 아비달마는 단지 그 가르침의 확장이라는 주장도 있다.

아비달마의 초자연적 기원

남방 상좌부(上座部, Theravāda) 전통은 아비달마가 초인간 영역에서 기원한 것으로 간주하는 유일한 학파라는 점에서 독특하다. 이들의 설명에 따르면, 붓다의 어머니 마야(摩耶, Mahāmāyā) 부인이 미래의 붓다가 태어난 지 7일 만에 세상을 떠났기 때문에, 붓다는 나중에 법을 가르쳐서 효도를 표현할 방법을 찾아야만 했다. 애초에 마야 부인은 미래의 붓다를 낳을 정도로 엄청난 선업을 쌓은 인물이었다. 그래서 그녀는 삼십삼천(三十三天)이라는 천계에 다시 태어났다.[22] 붓다는 우기 안거 중 어느 날, 이 신성한 세계로 가서 그녀에게 아비달마를 가르쳤는데, 이로 인해 그녀는 깨달음으로 가는 첫 번째 주요 단계인 흐름에 들어감(預流)을 성취했다. 보석으로 장식된 계단을 통해 다시 지상으로 내려온 후, 그는 이 가르침을 사리불(Śāriputra)에게 반복하여 전하였는데, 사리불은 500명의 제자들에게 이 가르침을 전달했다. 아비달마가 초인간적

21 Bronkhorst 2009: 177.

22 이 이야기에는 사소한 문제가 있다. 남방 상좌부 전통은 붓다의 어머니가 삼십삼천이 아니라 도솔천에서 다시 태어났다고도 주장하기 때문이다. Bhikkhu Anālayo 2014: 163 – 4 참조.

인 영역에서 유래했다는 이러한 아이디어는 흥미롭게도 『반야경』을 용(*nāga*)의 세계에서 가져왔다는 믿음과 유사하다.[23] 용의 세계의 경우와 마찬가지로, 삼십삼천도 지상에서는 더 이상 접할 수 없는 가르침이 보존된 보관소 역할을 하는 것으로 보인다.[24]

아비달마 학파들

열여덟 개 학파

사실 단일한 아비달마라는 것은 존재하지 않는다. 오히려 다양한 아비달마 전통이 존재한다. 붓다의 입멸 후 수 세기 동안 그의 제자들은 전통적으로 볼 때 열여덟 개 학파로 나누어졌다. 이 분열의 동기가 무엇인지는 여전히 논란의 여지가 있다. 하지만 학파 간 의견 불일치의 근거가 철학적인 것이었을 뿐만 아니라, 계율에 대한 서로 다른 이해도 수반하는 것이었음은 분명하다. 따라서 그 불일치는 승려가 따라야 할 규칙에 대한 의견 불일치인 경우가 많았을 것이다. 열여덟 개 학파로의 분열을 계기로, 경전(經), 승단 규칙(律), 아비달마(論)의 세 가지 꾸러미(三藏)를 전승하는 전통도 나

23 아래 pp.197-8 참조. 사실 불교 사상의 세 가지 학파, 즉 아비달마 · 중관학파 · 유가행파(디그나가와 다르마끼르띠의 학파를 이와 동일한 의미에서 학파로 간주해야 하는지는 논쟁의 여지가 있다. 아래 4장, pp.494-511 참조)가 전통적인 설명에 따르면 모두 초인간적인 신비한 기원을 갖는 것으로 간주된다는 점은 흥미롭다. 즉, 아비달마는 삼십삼천의 세계에서, (『반야경』을 따르는) 중관학파는 용의 세계에서, 유가행파는 미래불인 미륵의 세계에서 비롯되었다.

24 Bhikkhu Anālayo 2014: 150.

누어지게 되었다. 각 학파의 삼장이 서로 얼마나 달랐는지는 이들 각각의 정전 텍스트 모음집이 대개는 더 이상 존재하지 않기 때문에 말하기 어렵다. 두 학파의 정전은 여전히 온전히 남아 있는데, 남방 상좌부의 것은 빨리어로, 설일체유부의 것은 한문 및 티베트어로 보존되어 있다. 이 두 정전 간의 가장 큰 차이점은 서로 다른 텍스트로 이루어진 아비달마 모음집, 즉 논장(論藏)에 있다. 서로 다른 모든 학파들은 각자의 고유한 삼장(三藏)을 갖고 있었을 것으로 보이는데, 각 학파들의 철학적 견해는 삼장 중에서도 논장을 통해 가장 명확하게 이해될 수 있다. 안타깝게도 남방 상좌부와 설일체유부를 제외한 모든 학파의 견해는 후기 텍스트에서 발견되는 이들 학파의 입장에 대한 인용과 주해에 의존하여 부분적으로만 재구성될 수 있다. 이 논의에서는 남방 상좌부와 설일체유부에 더해, 대중부(大衆部, Mahāsamghika), 뿌드갈라론(補特伽羅論, Pudgalavāda), 경량부(經量部, Sautrāntika) 등 다섯 학파에 대해 살펴볼 것이다. 특히 설일체유부를 논의하는 데 중점을 둘 것인데, 이는 설일체유부가 그 이후 인도에서 불교철학 사상이 발전하는 데 큰 영향을 미쳤기 때문이다. 남방 상좌부(Theravāda | 더 정확히 말하면, 우리가 오늘날 'Theravāda'라고 부르는 것의 교리적 전신)는 기원전 3세기에 스리랑카로 전래되었다. 인도 아대륙에서 이 학파의 중요성은 그 후 곧 쇠락하기 시작했고, 기원전 2세기경부터 이들의 문헌은 인도의 철학 논의와 별개로 발전하여, 이후 인도 아비달마 전통의 발전에 거의 영향을 미치지 못했다. 하지만 빨리어 아비달마에는 남방 상좌부 정전에 속하는 『까타밧뚜(論事, *Kathāvatthu*)』라는 텍스트가 있는데, 이 텍스트는 남방 상좌부 선대들의 논의를 다른 불

여기서 논의된 다섯 개 학파

교 학파와 연관시키고 있기 때문에, 또 초기 인도 불교철학 논쟁의 중요한 기록이 되기 때문에 더 자세히 살펴보려고 한다.

분열의 이유

초기 인도불교가 정확히 언제 여러 학파로 분열되었는지, 각 학파들 간의 본질적인 차이는 정확히 무엇이었는지, 심지어 이들 여러 학파들을 몇 개로 구분해야 하는지조차도 모두 여전히 만족스럽게 해결되지 않은 문제다. 사실, 다양한 불교 학파에 대한 정보가 단편적이고 대개는 간접적이라는 점을 고려할 때, 이러한 문제들이 해결될 가능성은 거의 없다. 다행스러운 점은 앞으로 논의할 다섯 학파 간의 관계는 대략적인 논의로도 현재의 목적에는 충분하리라는 것이다.

두 번째 결집에서의 분열

첫 번째 중요한 분열은 붓다가 입멸한 지 약 백 년 후에 바이샬리(毘捨離城, Vaiśāli)에서 열린 두 번째 결집에서 일어났다. 역사적 붓다의 입멸 이후 이러한 결집(*saṃgīti* | 말 그대로는 '합송'(合誦))은 여러 차례 열렸는데, 여기서 승려들은 함께 삼장(三藏)을 암송하고는 그 내용을 동의하고 확정했다. 첫 번째 결집은 붓다의 입멸 직후 라자그리하(王舍城, Rājagṛha)에서 열렸던 것으로 전해진다. 두 번째 결집에서는 두 학파, 즉 대중부(大衆部, Mahāsamghika)와 장로부(長老部, Sthaviranikāya)로의 분열이 일어났다. 분열의 원인이 무엇인지는 설명에 따라 다르다. 한 설명에 따르면, 그 이유는 10가지

승단 규칙

승단 규칙(예를 들어, 식사 후 우유를 마셔도 되는지, 승려가 금·은을 받아도 되는지 등)의 지위에 대한 논쟁 때문이었다고 한다. 10가지 규칙을 받아들이지 않은 이들은 대중부 승려들이었다. '큰 모임'이라는 이 명칭은 이들이 실제로 다수였기 때문에, 또 스스로 그렇게 생각했기 때문에 선택되었을 수 있다. 다른 설명에 따르면, 분열은 실제

로 승단 규율의 차이에서 비롯된 것이 아니라, 대천(大天, Mahādeva)이라는 대중부 승려가 주장한 아라한의 본성에 대한 다섯 가지 논쟁적인 테제(五事)에서 비롯된 것이라고 한다. 이 테제들은 모두 아라한이 해탈한 상태임에도 불구하고, 여전히 특정 한계(예를 들어, 의심(猶豫)에 빠질 수 있다거나, 성적인 꿈을 꾼다(餘所誘)는 등)에 처해 있다고 가정한다. 대중부는 아라한의 능력에 이 같은 제약이 있다는 생각을 받아들인 반면, 장로부 사람들은 그렇지 않았다고 한다.[25] 아라한의 본성

장로부는 이후에 설일체유부와 뿌드갈라론(補特伽羅論, Pudgalavāda | 'Vātsīputrīya'라고도 한다), 그리고 세 번째 그룹인 분별설부(分別說部, Vibhajyavāda | '구별의 이론'(分別論))라는 세 가지 주요 학파로 다시 분열했다. 장로부의 후신으로 오늘날에도 현존하는 유일한 학파는 남방 상좌부(Theravāda | '상좌들의 이론')이지만, 장로부와의 관계가 딱히 명확한 것은 아니다. 남방 상좌부는 분별설부의 후신일 수도 있지만,[26] 불교 학파의 표시로서 'Theravāda'라는 용어는 확실히 20세기 이전에는 일반적으로 사용되지 않았다. 마지막으로 경량부는 아마도 설일체유부에서 발전한 것으로 여겨지는데, 설일체유부가 아비달마 논서에 중점을 두는 것에 동의하지 않고, 이를 경전에 중점을 두는 것으로 대체했다(따라서 '경전을 따르는 자들'이 이들의 학파명이다).

---

25 대천의 테제(大天五事)를 비호의적으로 해석해 본다면, 그 자신이 이 다섯 가지 테제에서 언급된 모든 결함에 적용된다는 것과 오직 아라한과에 대한 자신의 주장을 보호하기 위해 이 테제들을 사용했다는 것이다.

26 Conze 1962: 32, 119 – 20.

a. 대중부

대중부(大衆部, Mahāsaṃghika)는 인도불교 사상의 발전을 연구하는 데 있어 특히나 흥미로운데, 왜냐하면 이 학파는 대승 학파들이나 중관학파, 그리고 정도는 덜해도 유가행파에서 더욱 발전한 다양한 아이디어를 포함하고 있었기 때문이다. 다행히도 대중부 정전의 일부가 전하는데, 그 아비달마가 한역본으로 현존한다.[27] 대중부의 교리를 연구하면, 대승이 초기 불교의 전통과 급진적으로 단절된 것이 아니라, 상대적으로 중요도가 덜했지만 초기 불교의 텍스트에 이미 존재했던 특정 아이디어에 초점을 맞춰 이를 발전시킨 것임을 분명히 알게 된다.[28]

대중부 사상에는 후기 불교 자료에서 발견되는 환영주의(迷妄說) 교리를 미리 보여주는 특정 요소들이 있다. 우리는 이미 대중부가 인정하는 아라한 능력의 한계에 대해 언급했다. 이는 아라한이 어떤 문제에 대해 무지하다거나, 불확실하다거나, 다른 사람으로부터 무언가를 배울 수 있다거나 하는 인식론적 한계에 관한 것이 대부분이다. 이는 단순히 초기 불교의 이상적 인물을 원시 대승이 폄하하는 것이라 생각해서는 안 되며, 두 가지 주요한 결

아라한의 한계

---

27 불교 사상의 역사가 전개되면서 대중부 역시 다양한 하위 학파로 분열되었다. 우리는 세 가지 주요 갈래를 구별할 수 있는데, 설출세부(說出世部, Lokottaravāda), 계륜부(雞胤部, Kaukkutika | 다시 다문부(多聞部, Bahuśrutīya)와 설가부(說假部, Prajñaptivāda)로 나누어짐), 제다부(制多部, Caitya)가 그들이다(Conze 1962: 195에서는 이 세 가지를 넷으로 세분한다). 이 장에서는 대중부의 다양한 세부 지파 간의 차이점은 대체로 무시할 것이다.

28 대중부의 핵심 입장들에 대한 명확한 설명은 Bareau 2013: 55 – 83 참조.

과를 초래하는 것으로 간주되어야 한다. 첫째, 이는 아라한과의 이상을 우리 주변 세계의 맥락에 묶어둔다. 괴로움으로부터 해탈했다고 주장할 수 있기 위해, 소개받기 전에 누군가의 이름을 이미 알고 있거나, 여행 중에 길을 묻지 않아도 되는 등의 이러저러한 마법적 능력을 발휘할 필요는 없다. 둘째, 이는 아라한의 모습과 전지한 붓다의 모습을 구별짓는다. 이상의 결과

붓다에게 전지성을 부여하는 것은 불교 역사의 아주 초기에 일어났으며, 대중부뿐만 아니라 장로부 역시 그렇게 생각했다.[29] 이 전지성의 범위가 어디까지인지(해탈과 관련된 문제만 포함되는지, 아니면 알 수 있는 모든 것이 포함되는지), 또 애초에 이 교리의 동기가 무엇인지 대해서는 상당히 불분명하다. 일부 연구자는 전지성이 다른 교파에게 형이상적으로 뒤처지지 않으려는 의도의 결과라고 주장하지만,[30] 한편으로는 확실히 달성할 수 있는 목표로 간주되는 아라한과의 성취와 역사적 붓다의 성취가 동등하다고 주장하기가 꺼림칙했던 데에 그 원인이 있다고 추정해 볼 수도 있다.[31] 전지한 붓다

말하자면, 아라한을 지상으로 끌어내리고, 특히 붓다의 전지성을 강조함으로써 붓다와의 차이를 역설한 것이다. 이는 붓다를 역사적 인간에서 초월적 존재, 즉 불완전하지 않고 초세간적이며 세속적 불순물에 오염되지 않은 전지한 존재로 격상시키는 데 도 초세간적 존재로서의 붓다

---

29 Warder 2000: 211 – 12, Bhikkhu Anālayo 2014: 117 – 27.

30 Bhikkhu Anālayo 2014: 123 – 4에서는 전지성이 자이나교의 창시자인 마하비라(Mahāvīra)에 기인한다고 언급한다.

31 붓다는 도움 없이 깨달음을 얻었지만, 후대의 아라한들은 붓다의 가르침을 통해 깨달음을 얻었다는 사실을 제외하고도 말이다(Warder 2000: 211).

움이 되었다. 물론 붓다가 전지하다는 입장은 정전 텍스트에서 말하는 붓다와 상충된다. 왜냐하면 거기서는 붓다가 병에 걸렸고, 아무것도 받지 못한 채 탁발을 다녔으며, 당시에는 예견하지 못했던 (따라서 미래를 내다볼 수 없었던) 결과를 가져올 승단 규칙을 변경하는 등 다양한 불완전한 모습을 언급하고 있기 때문이다. 붓다를 역사적 인물로 여긴다면, 이에 대응하는 방법 중 하나는 붓다가 육안으로 보이는 존재 그 이상이라고 주장하는 것이었다. 역사적 붓다는 단지 허구, 즉 세속의 존재들에게 가르침을 전하고자 세상에 투영된 환영(迷妄)에 불과한 존재였다.[32] 그의 물질적 몸(色身, *rūpakāya*)은 실재하는 몸이 아니라, 법을 가르치기 쉬운 방식으로 이루어진 화현한 몸(化身, *nirmāṇakāya*)이다. 그의 삶과 마찬가지로 붓다가 입멸하고 열반에 드는 것은 단지 드러나는 모습(假現)에 불과하다. 붓다는 정말 사라진 것이 아니기에, 우리는 그의 대자비가 미래에 더 많은 화신을 보내어 중생들을 깨달음으로 인도하리라 기대할 수 있다.[33]

환영에 불과한 붓다

붓다가 초월적 본성을 가진다는 아이디어의 도입은 나타난 세계의 실재성을 존재론적 관점에서 평가 절하하는 현상으로 이어졌을 것이다. 만약 세상에 나타난 붓다의 모습이 보이는 모습과는 다른 또 다른 별개 실재의 현현일 뿐이라면, 여타의 세속적 현상 역시 신뢰하기 어려운 것이 된다.

두 유형의 공성

또한 대중부는 공성(空性) 개념의 범위도 확장했다. 장로부

32 이러한 견해에 대한 장로부의 비판은 아래 pp.122-3 참조.

33 Bareau 2013: 60-1, Conze 1962: 197.

의 초점은 인격체가 비인격적 요소(*dharma*)로 남김없이 환원될 수 있다는 사실에 해당하는 인격체의 공성(人無我, *pudgalanairātmya*)에 맞춰져 있었지만, 대중부는 공성 개념에 법의 공성(法無我, *dharmanairātmya*)도 포함된다고 생각했다. 『보적경(寶積經, *Kāśyapaparivarta*)』은 전자를 흰개미가 나무 조각에 뚫은 공성에, 후자를 빈 공간의 공성에 비유하여 그 차이를 설명한다.[34] 흰개미 구멍의 공성은 주변에 있는 나무와 같은 무언가의 공하지 않음에 근거하는 반면, 공간의 경우는 그러한 주변 바탕이 필요하지 않다. 마찬가지로, 인격체의 공성은 실질적으로 존재하는 법을 배경으로 하여 공식화되지만, 현상의 공성은 법도 공성의 영역에 포함시켜 이 개념을 일반화한다.[35] 대중부의 하위 학파인 설가부(說假部, Prajñaptivāda)에게 있어서 이것이 의미하는 바는 인격체라고 여겨지는 바탕을 함께 형성하는 오온 같은 현상은 궁극적으로는 법과 같은 더 작은 구성요소에 근거하여 구별되는 것이 아니라 그들 서로 간의 상호관계에 따라 구별된다는 것이다.[36] 공성은 존재론적 계층 구조의 상위 수준에만 적용되고 하위층에는 적용되지 않는 개념이 아니라, 그 요소들 간의 상호의존성 때문에 존재하는 모든 것에 다 스며있다.

---

34 Conze 1962: 198.

35 Takakusu(1975: 122–3)는, 모든 법은 "명목상 또는 한낱 명칭"(*ākhyātimātra* or *nāmamātra*)일 뿐인 것으로 간주되어야 한다는 것을 일설부(一說部, Ekavyāvahārikas)의 교의에 넣는다. "모든 요소는 단지 명칭일 뿐이며 실재하지 않는다."

36 Walser 2005: 221. 또한 222, 230 참조.

대중부의 이제설은 붓다의 가르침의 주된 목적인 깨달음과 열반조차 환영과 같은 것으로 간주하면서 세속제의 차원으로 격하시킨 것이었다. 또한 그들의 공성 개념은 인격체에 대해서뿐만 아니라 모든 법에 대해 적용되는 확장된 것이었다. 대승의 전신으로 흔히 간주되는 대중부는 이런 면에서 중관학파의 이론과 개념적인 차원에서 직접적으로 연결되는 측면을 갖는다. 실제로 중관학파의 창시자인 용수는 대중부와 특히 긴밀하게 접촉했을 수 있다. 최근 조셉 월서는 용수가 생애의 일부 기간 동안 안드라 프라데시(Andhra Pradesh)에 있는 대중부 승원에서 대중부 비구로 살았을 수도 있다고 주장했다.[37] 월서는 또한 용수의 주요 저작인 『근본중송(根本中頌, *Mūlamadhyamakakārika*)』에 보이는 입장과 논증이 대중부(및 정량부(正量部, Sāṃmitīya))와 대승 사이의 유사점을 부각하기 위한 방식으로 전개되었다고 주장한다.[38] 그에 따르면 이것은 설일체유부에 대한 비판을 통해 이 아비달마 학파와의 차이점을 강조함으로써 새로운 대승 운동의 생존을 보장하기 위한 것이었다. 중관학파의 아이디어를 새로운 개념적 혁신이라기보다 대중부 텍스트에 이미 존재했던 개념이 발전한 것으로 해석한다면,

대중부와 중관학파

---

37 Walser 2005: 89. 초기 불교의 여러 학파들 간의 이론적 차이는 다른 측면에서 보면 그리 크게 갈라지지는 않는 것 같다. Lamotte(1988: 519)는 "다른 학파 구성원들 간의 관계는 친절하고 원만했다"고 지적했고, Warder(2000: 208-9)는 "자신들의 이론적 저술에서 서로의 테제를 비난하더라도 … 상이한 학파의 승려들이 동일한 거주지(住處, *vihāra*)에서 공존하며 조화롭게 생활했던 것으로 밝혀졌으며, 유행승들은 멀리 있는 공동체들 사이에서 숙소를 구할 때 학파 소속 문제로 어려움을 겪지 않았다"고 언급했다.

38 Walser 2005: 266.

대승에 회의적인 대중에게 대승적 견해의 권위를 강조하는 한 가지 방법이 될 것이기 때문이다.

대중부와 유가행파

후대 중관학파의 아이디어와 유사하다는 점 외에도, 대중부 이론에는 또한 후대 유가행파의 이론에서 완전히 만개했다고 여겨질 수 있는 다양한 개념적 씨앗이 포함되어 있다. 대중부는 깊은 명상 집중 상태에서도 존속하는 근본식(根本識, *mūlavijñāna*)을 인정하는데, 이는 현재 상태에서는 정념(煩惱)에 의해 더럽혀져 있지만,[39] 본래는 청정한 의식[40]이라고 한다. 이러한 의식은 나무의 뿌리가 그 가지를 지탱하는 것처럼, 개별 감각 능력들과는 구별되며 그 토대 역할을 한다.[41] 이 의식과 이후 유가행파에서 핵심적인 역할을 할 알라야식(*ālayavijñāna*) 개념의 유사성은 간과되기 어렵다.

근본적인 의식

의식의 빛나는 특성

대중부에 따르면 의식은 또한 자연적으로 빛난다고 한다. 이는 요가 수행자들이 논의하는 의식의 재귀성(自證, *svasamvedana*)과 매우 유사한 개념이다. 이러한 자연적인 빛나는 특성(照明性)은 의식이 다른 것을 파악할 수 있게 할 뿐만 아니라, 의식 그 자신도 파악할 수 있게 해준다. 마음의 조명성과 내재적인 순수성에 대한 이러한 아이디어는 사실 빨리어 경전에서 그 기원을 찾을 수 있다. 『앙굿따라니까야』에서 붓다는 "비구들이여, 마음은 밝게 빛나

---

39 이 『사택염(思擇焰, *Tarkajvāla*)』(Eckel 2008: 117, 312)에서 청변은, 마음은 본성상 빛난다(自性清淨, *prakṛtiprabhāsvara, rang bzhin gyis 'od gsal ba*)는 견해를 일설부(대중부의 하위 학파)의 것으로 본다.

40 Silburn 1955: 237; Conze 1962: 132; Kimura 1927: 152.

41 Bareau 2013: 80.

지만 번뇌의 더러움에 더럽혀져 있다"[42]고 지적한다. 이는 불교철학 사상에서 오랜 역사를 지닌 개념이다. 이 빛나는 특성은 대중부나 유가행파의 저술에서뿐만 아니라 후대의 딴뜨라에서도 마음의 원인으로 간주된다.[43]

불성 마지막으로, 대중부의 아이디어 중 일부는 이후의 대승 텍스트에서 더욱 발전된 불성(佛性) 개념과 가까워 보인다. 한역본으로만 전해지며, 세친의 저술이라고 여겨지는 『불성론(佛性論, *Buddhasvabhāvaśāstra*)』에서 이들의 견해는 다음과 같은 특징을 보인다.

> 분별설부[44]의 교리를 살펴보면, 이들은 '공성'(*śūnyatā*)이 지혜로운 이든 어리석은 이든 모든 인간의 기원이라고 설한다. 왜냐하면 이러한 부류의 인간은 모두 동일한 '공성'에서 생겨났기 때문이다. 이 '공성'은 붓다의 본성(*buddha-svabhāva*)이며, 이 붓다의 본성이 대열반(*mahānirvāṇa*)이다.[45]

대중부의 주장으로 보이는 이 구절은, 공성(*śūnyatā*)이 모든 존재의 보편적 속성이라는, 또 이러한 공성은 해탈과 동일한 것으로 모든

---

42 1.6.1, *pabhassaram idam bhikkhave cittaṃ tañ ca kho āgantukehi upakkilesehi upakkiliṭṭhaṃ*, Bhikkhu Bodhi 2012: 97, 1597-9 참조.

43 성천(Āryadeva)은 자신의 『수행을 통합하는 등불(*Caryāmelāpakapradīpa*)』에서 빛나는 특성에서 생기한 의식이 바로 마음(心, *citta*)과 마나스(意, *manas*)라고 말하는 『즈냐나사뭇짜야딴뜨라(*Jñānavajrasamuccayatantra*)』의 구절을 인용하고 있다(*yat prabhāsvarodbhavaṃ vijñānaṃ tad eva cittaṃ mana iti | tan-mūlāḥ sarva-dharmāḥ*, Wedemeyer 2007: 401).

44 여기서는 대중부를 의미한다. Kimura 1927: 152 참조.

45 Kimura 1927: 151.

존재에서 발견되는 깨달은 본성에 해당한다는 아이디어를 보여주고 있다. 이러한 견해에서 보면, 모든 존재가 이미 붓다와 동일하다는 견해까지는 단 한 걸음만 내딛으면 될 뿐이다. 이는 모든 존재에게 해탈을 성취할 잠재력이 있기 때문이 아니라, 비록 지금은 무지에 가려져 있지만 붓다의 깨달은 마음이 이미 그 모든 존재 안에 현전해 있기 때문이다.

이처럼 여러 면에서 대중부는 대승과 유사하다. 중요한 점은 대중부는 당연히 대승이 아니었고, 대승이 동의하지 않는 다양한 입장을 받아들였다는 것이다. 하지만 흥미로운 점은 후대 대승 학파의 주요 입장 가운데 얼마나 많은 부분이 대중부의 테제에 이미 존재했는가 하는 것이다. 이것은 불교철학의 발전이 자율적인 사상가들의 독창적인 혁신에 의해 이루어졌던 것이 아니라, 강조되는 개념의 점진적 변화, 즉 때가 무르익으면 매우 독특한 철학적 입장으로 이어지게 되는 변화에 의해 이루어졌다는 사실을 보여준다. 하지만 이런 변화는 반드시 불교 전통의 연속성에 근거를 두고 진행되었으며, 이를 통해 자신들의 주장이 불설로서의 정통성을 갖는다는 것을 보여주고자 했다.

불교철학
혁신의 원천

b. 장로부: 남방 상좌부

위에서 언급했듯이, 장로부(上座部, Sthaviranikāya) 아비달마는 남방 상좌부 전통으로 넘어가 계승되었기에, 다른 아비달마 학파들에 비해 그 이후 인도 불교철학의 발전에 미친 영향이 매우 제한적이었다. 이러한 이유로 본 논의에서는 장로부 아비달마에 대해 깊이 언급하지는 않을 것이다. 하지만 장로부 논장의 7론 중 마지막인 『까타밧뚜(論事, *Kathāvatthu*)』는 예외로 하겠다.

『까타밧뚜』

『까타밧뚜』란 이른바 '논쟁의 요점들'이라고 할 수 있다. 이 저술은 전통적으로 기원전 3세기 빠딸리뿌뜨라(華氏城, Pāṭaliputra)에서 열린 제3차 결집이 끝날 무렵, 목갈리뿟따띳사(目犍連子帝須, Moggaliputtatissa)가 작성한 것으로 알려져 있다.[46] 이 결집은 아쇼까(阿育王, Aśoka) 황제가 부패한 승려들의 승단 공동체를 추방하기 전에 열린 것으로 알려져 있다. 그 후 목갈리뿟따띳사는 소수의 승려 집단을 소집해 빨리어 삼장과 그 주석서를 암송했다(이렇게 해서 이 버전의 삼장과 주석서가 권위 있음에 동의했다). 그런 뒤 『까타밧뚜』가 붓다의 가르침에 대한 해석들 가운데 틀렸다고 판단되는 것들을 반박하는 형식으로 작성되었다.

남방 상좌부 전통에서는 붓다가 아닌 다른 저자가 작성한 것이 분명한 이 텍스트를 불교 정전에 포함시키더라도 아무런 문제가 없다고 봤다. 자신의 교리가 잘못 이해될 수 있는 다양한 방식을 예상하면서 이 텍스트의 기본 구조를 실제로 붓다 스스로가 작성했다고 이들은 주장했다.

이 텍스트는 전통적으로 23품으로 나누어져 있으며, 각 품은 다양한 논란의 여지가 있는 요점(총 219개)을 한 번에 하나씩 다루고 있는데, 남방 상좌부의 견해와는 대조적인 초기 불교 학파들의

46 이 결집에 대한 기록은 빨리어 자료에만 나타나기 때문에, 그 역사성에 의문이 제기되고 있다.

견해가 뒤따라온다. 안타깝게도 어떤 학파가 어떤 입장을 취했는지에 대한 정보는 다소 빈약하다. 『까타밧뚜』는 이를 전혀 제공하지 않으며, 그 주석도 "학파의 이름에 대해 가르쳐줄 의지나 능력이 없다."[47] 이에 대해서는 두 가지 가능한 이유가 떠오른다. 첫째, 특정 견해와 특정 저자 혹은 집단의 연결은 『까타밧뚜』의 저자와 독자에게는 명백한 것이었기 따로 언급할 필요가 없었을 수 있다. 둘째, 『까타밧뚜』는 학설강요서식 매뉴얼이 아니라, 무엇보다도 붓다의 가르침에 대한 올바른 해석을 기술하는 체계적 저술로 이해되어야 하는 것이었을 수 있다.

남방 상좌부에 반하는 견해에 대한 반박

일반적으로 『까타밧뚜』는 제기된 다양한 논쟁 요점(*kathā*)에 대한 남방 상좌부의 올바른 응답을 확립하려고 한다. 이를 위해 대론자의 해석이 아니라 자신들의 해석을 뒷받침하는 관련 경전 구절을 인용하거나, 대론자의 입장에 담긴 함의를 이끌어낸다. 이 경우, 대론자의 입장에 대론자 자신이 부인하는 어떤 함의가 있음을 보여주려 하는 것이다. 따라서 예를 들어, 천계에 사는 천신들이 불교의 길을 실천하지 않는다는 주장과 관련해,[48] 남방 상좌부는 자신들의 대론자(주석에 따르면 정량부) 또한 천신들에게 도덕적 결함이 있다는 것을 부인한다고 지적한다. 그러나 (삼보(三寶)에 대한 믿음이 없는 등의) 그러한 결점이 없는데도, 대론자는 천신들이 불교의 길을 따른다는 것을 어떻게 일관되게 부인할 수 있을까? 우리는 여기서 불교철학을 이루고 있는 두 가지 힘, 즉 붓다의 주장과 일관성을

---

47 Aung and Davids 1915.

48 Aung and Davids 1915: 71 – 6.

유지하기 위해 노력하는 힘과 자신의 논증적 입장 안에서의 일관성을 유지하기 위해 노력하는 힘, 이를테면 모순되는 진술을 인정하지 않기 위해 노력하는 힘을 분명히 확인할 수 있다.[49]

정통성에 대한 옹호?

하지만 이러한 설명은 『까타밧뚜』가 남방 상좌부의 정통성을 확립하기 위한 정돈되고도 단계적인 시도였다는 오해를 불러일으킬 수 있다. 이는 이 텍스트의 여러 부분에서 드러나는데, 가령 저자 자신의 입장이 논의가 끝나는 지점에 결론처럼 있지 않다는 것이다. 예를 들어, 18품은 역사적 붓다가 실제로 인간이었냐는 질문에 대한 논의로 시작된다. 주석은 여기서 대론자의 입장이 붓다는 도솔천(전통적으로 싯다르타 왕자로 다시 태어나기 전 마지막으로 태어난 것으로 여겨지는 장소)을 결코 떠난 적이 없다는 것임을 알려준다. 대신 붓다는 지상에 살았던 신이한 존재를 만들어냈지만, 사실 이 존재는 평범한 인간이 아니라, 인간의 모습을 한 신기루였다는 것이다. 이러한 생각에 대해 『까타밧뚜』는 먼저 붓다의 생애에서 일어난 사건들을 나열하고, 두 번째로 붓다가 특정한 장소에 머물렀다고 말하는 다양한 정전의 진술을 나열하는데, 이는 아마도 유령이 이러한 일을 했을 리 없다고 생각해서일 것이다. 그런 뒤 대론자는 (주석에 따르면, 방광파(方廣派, Vetulyaka)) 붓다를 "세상에 태어나 세상에서 자랐지만, 세상을 극복한 후 세상에 물들지 않은 채 머무는 이"[50]로 기술하는 경전 구절로 응답하고는, 이에 따라 붓다

---

49 『까타밧뚜』는 인도의 불교철학이 발전하던 비교적 초기 단계에서 불교도들이 사용한 논리적 기법을 보여주는 흥미로운 사례다. 자세한 논의는 Aung and Davids 1915: xlviii–li 참조.

50 Aung and Davids 1915: 324. 이 구절은 『쌍윳따니까야』 3.94(Bhikkhu Bodhi

는 육체적인 존재로는 살지 않았을 것이라고 주장한다. 이것으로 이 문제에 대한 논의는 끝난다. 특정 정통성을 옹호하려는 저술에서 이러한 구절이 등장한다면 참으로 이상할 것이다. 이는 『까타밧뚜』의 저자가 지지하는 입장이 분명 아니라는 점을 감안한다면, 어떻게 대론자의 이 말이 마지막 발언이 될 수 있을까? 이 수수께끼 같은 사실을 설명할 수 있는 방법은 적어도 두 가지다. 하나는 오늘날 우리가 가지고 있는 텍스트를 아쇼까 당시에 목갈리뿟따띳사가 처음부터 끝까지 작성했을 가능성은 거의 없다는 것이다. 언급된 여러 학파 중 일부는 이 시점보다 수백 년 후에야 생겨났을 수 있다. 따라서 『까타밧뚜』는 그 역사 동안 여러 번 증보되었을 가능성이 높다(사실, 이와 같이 비교적 그 편성이 불명확한 저술에서는 전체 구조의 균형을 깨뜨리지 않고도 이 같은 증보가 쉽게 이루어질 수 있다). 이 경우, 대론자가 제기한 추가적인 반론들은 관련 품에 덧붙여졌지만, 동시에 이 새로운 반론을 반박하는 남방 상좌부의 응답은 작성되지 않았을 수도 있다. 또 다른 가능성[51]은 학생들로 하여금 특정 질문이나 문제에 대해 (가끔은 모순되지만) 다양하게 답변하는 방식을 익히게 함으로써 그들의 이해를 심화시키는 것이 『까

텍스트 증보

교육 도구로서의 『까타밧뚜』

2000: 950)에서 따왔다.

51 Cousins 1984: 67, n.2에서는 다음처럼 언급한다. "전 세계의 영적 전통에서 스승은 제자가 더 큰 깨달음을 유도하거나 당면한 주제에 대해 더 깊고 넓은 관점을 갖도록 하기 위해 교수법의 일부로 모순처럼 보이는 방식을 자주 활용했다. 빨리어 정전에는 이러한 방법을 보여주는 명시적인 사례가 많이 있다. (실제로 『까타밧뚜』의 많은 부분은 학파 간 논쟁보다는 이러한 측면에서 더 잘 이해할 수 있다.) … 이러한 모든 '모순'이 다양한 텍스트 층이나 역사적 층을 나타낸다고 보고서 분석하려 시도하는 것은 어리석은 일이다. 이러한 특징은 처음부터 존재했을 것이다."

타밧뚜』의 목적 중 하나였을 수 있다는 것이다. 만약 그렇다면 『까타밧뚜』가 학파의 공식적인 입장을 제시함으로써 논쟁점들을 해결하지 않은 것은, 시간이 갈수록 점점 층들이 쌓여가면서 생겨난 결함이 아니라 이 텍스트의 교육적 접근법을 따른 것이라고 볼 수 있다. 학생은 질문을 해결하는 다양한 방식에 맞닥뜨림으로써, 자신의 지적 및 명상적 자원을 동원해 문제를 해결할 수 있도록 촉구받는다. 이러한 과정을 통해 학생들은 아비달마 텍스트가 제시하는 문제 해결의 '모범 답안'을 그저 받아들이기만 하지 않고, 문제를 더 잘 이해하고 꿰뚫어 보는 능력을 갖추게 될 것이다.

철학 개념의 보관소로서의 『까타밧뚜』

전반적으로 볼 때, 인도 불교철학의 발전을 이해하는 데 있어 『까타밧뚜』가 갖는 주된 가치는 후대에 정교한 철학적 이론으로 발아할 수 있는 다양한 입장을 간략하게 제시하고 있다는 점에서 찾을 수 있다.

가현설

한 가지 예로, 이미 언급한 바와 같이 붓다는 진짜 인간이 아니라 세상에 투영된 현현이라고 하는 붓다에 대한 가현설(假現說) 개념을 들 수 있다. 이 개념은 이후 『법화경(法華經, *Saddharmapuṇḍarīkasūtra*)』[52]에 반영되어 있는데, 여기서 붓다는 "여래는 수명이 끝이 없으며 영원히 지속된다. 비록 여래는 열반에 들어간 적이 없지만, 열반에 들어가는 모습을 보인 것은 가르침을 받아야 할 사람들을 위해서다"라고 선언했다.

환영에 불과한 가르침

『까타밧뚜』 18.2품에서는 환영 같은 붓다의 본성으로 인해, 붓다는 실제로 법을 가르친 것이 아니라는 아이디어를 제시한다. 『근본중송』 25:24b게송의 "붓다는 누구에게도 법을 가르친 적이 없다"는 말과 유사하

---

52 *Saddharmapuṇḍarīkasūtra* XV, Conze 1995: 142, Kern 1963: 302.

다는 것을 알아차리지 못하기는 어렵다.[53] 22.4품에서는 아라한이 꿈과 같은 대체 인지 상태에서 해탈을 얻을 수 있다고 제안한다. 이 견해와, 깨어 있는 상태의 의식과 꿈 사이에는 근본적이고 존재론적인 차이가 없다는 이후 유가행파의 요점 사이에 흥미로운 궤적을 그어볼 수 있다. 실제로, 이 품의 대론자가 믿는 것처럼 불교의 길이 향하는 목표인 해탈이 깨어 있는 상태뿐만 아니라 꿈의 상태에서도 가능하다면, 두 상태의 기본 본성이 실제로는 다르지 않다고 가정하는 것이 타당해 보인다. 이러한 예를 더 드는 것은 어렵지 않다. 11.6품에서는 붓다들이 공간의 모든 방향에 존재한다는 주장을 하며(주석자에 따르면 대중부의 입장이다), 21.6품에서는 붓다와 그 제자들이 초자연적인 힘(*siddhi*)을 가지고 있다는 견해를 제기하는데, 이는 나중에 불교 딴뜨라 발전에서 매우 중요한 아이디어가 된다.

꿈과 실재

딴뜨라

『까타밧뚜』에 온갖 견해가 제기되어 있다는 점을 고려할 때, 환영과 같은 붓다, 우주의 모든 곳에 머무는 붓다, 영적 깨달음과 관련된 신비한 힘 등과 같은 온갖 공상적 일탈에 맞서 불교의 정통성을 지키는 것이 이 텍스트 자체의 입장이라고 간주하는 경향이 있을 수 있다. 내가 생각하기에 이것은 바람직하지 못한 경향이다. 비록 『까타밧뚜』의 입장이 대론자의 입장보다 더 상식적으로 보일 수 있지만, 우리는 이러한 입장들의 역사에 대해 잘 알고 있는 바가 없기 때문에, 각 경우에 어떤 견해가 더 우선하는지 결

정통과 일탈

---

53 *na kva cit kasyacit kaścid dharmo buddhena deśitaḥ*. 일부 학자들은 이를 『근본중송』의 마지막 게송이라고 본다. Siderits and Katsura 2013: 304 – 5 참조.

정할 수 없다. 단순히 『까타밧뚜』에 나온 견해가 그 반대 견해보다 21세기 독자들의 상식과 더 많이 들어맞는 것 같다는 이유만으로 『까타밧뚜』가 지지하는 입장에 더 큰 교리적 충실성을 부여하는 것은 분명 만족스러운 일은 아니다.

c. 장로부: 뿌드갈라론

뿌드갈라론(補特伽羅論, Pudgalavāda)의 입장을 명확하게 이해하려면, 먼저 나머지 아비달마 학파들이 주장하는 무아 이론에 대해 언급할 필요가 있다.

자아에 대한 환원주의

붓다의 무아설에 대한 아비달마 주류의 해석은 인격체를 환원주의적으로 해석하는 것이다. 인격체 또는 자아는 궁극적으로 존재하지 않는다고 여겨지지만, 그렇다고 해서 인격체나 자아에 대한 모든 언급이 거짓이라거나 무용하다고 말하는 것은 아니다. 오히려 이런 식으로 말하는 것은 그 밖의 것, 즉 다섯 가지 신체적-심리적 구성요소들(蘊, *skandha*)에 대해 말하는 잘못된 방식이다. 이러한 구성요소들은 근본적인 실재 수준에서 존재하는 것이고, 인격체나 자아라는 개념은 여기에 거짓으로 덧붙여져 있는 것이다. 일반적으로 말해, 아비달마는 전체에 대한 환원주의적 입장을 지지하는데, 인격체에 대한 환원주의는 그 특수한 사례다. 중간 크기의 물건에서부터 몇 개의 법으로 구성되는 복합체에 이르기까지, 복합체 또는 전체는 실제로 존재하지 않는다. 존재하는 유일한 것은 기저를 이루는 부분인 법(*dharma*)으로, 이것이 실재의

부분-전체론적 환원주의의 특별한 사례

기초를 구성한다. 전체는 존재에 추가되는 부분이 아니며, 전체에 대해 말하는 것은 특별한 방식으로 배열된 부분들에 대해 말할 때 사용되는 편리한 약칭일 뿐이다.

무아 이론의 기원: 교리적 기원과 명상적 기원

전체가 존재함을 부정하는 주된 이유는 가장 그럴듯한 대안, 즉 전체와 부분이 둘 다 근본적으로 실재한다는 견해가 여러 가지 문제를 일으키기 때문이다. 전체는 하나이고 부분은 다수이기 때문에 둘은 동일한 존재가 될 수 없으며, 또 어떤 것도 하나이면서 동시에 다수일 수도 없고, 이 둘이 별개라고 말하는 것 역시 타당하게 들리지 않는다. 우리는 결코 부분과 분리된 전체를 만나는 것이 아니며, 또 만약 전체가 조립된 부분들이 있는 바로 그 자리에 있다면 전체는 공간을 차지해야 한다. 이 경우, 전체의 오른쪽과 왼쪽 부분이 생기게 되며, 이제 부분-전체 관계의 문제는 원래의 대상과 대상의 부분이 아닌, 전체와 전체의 부분으로 반복되는 것처럼 보인다. 이러한 난점을 피하는 가장 타당한 방법은 전체가 존재함을 거부하고 부분, 즉 법(法)만이 실재의 부분을 구성한다고 가정하는 식이라고 아비달마는 주장한다.

인격체도 이 일반적인 설명에서 예외는 아니다. 신체적 구성요소와 마음을 구성하는 정신적 사건들의 연속으로 이루어져 있는 대상으로서의 인격체 역시 우리 자신을 이루는 신체적 및 심리적 구성요소들이 상호작용하는 복합체에 대해 말하기 위해 사용되는 허구다.

실체적으로 존재하는 자아는 존재하지 않는다는, 즉 아뜨만은 존재하지 않는다는 테제는 불교의 철학적 세계관의 핵심에 위치하며, 인도 사상의 비불교 학파들과 의견이 갈리는 핵심

포인트다.[54] 붓다는 이러한 실체적 자아를 다섯 가지 심리적-신체적 구성요소 중 어느 것에서도 발견할 수 없다고 분명히 밝혔다. 실제로 아뜨만의 부재(無我)는 불만족(苦, *duḥkha*) 및 비영속성(無常, *anitya*)과 함께 모든 실재를 특징짓는 '세 가지 인장'(三法印, *trilakṣaṇa*) 중 하나다. 명상 수행자는 다섯 가지 구성요소 배후에 숨어 있는 자아가 존재하지 않는다는 사실을 깨닫기 위해 이를 하나하나씩 살펴보며, 이 깨달음은 구제론적으로 심오한 영향을 미친다. 즉, 결국은 괴로움의 원인인 감각적이고 정신적인 경험에 대한 갈증(渴愛, *tṛṣṇa*)을 극복하는 데까지 이르게 된다.

무아 이론: 논증을 통한 뒷받침

불교철학의 역사에는 무아 이론의 교리적이고 명상적인 기원뿐만 아니라, 이를 뒷받침하는 상세한 논증도 포함되어 있다. 인격체의 무아성(人無我, *pudgalanairātmya*)에 대한 논증은 무아 이론의 원래 의도와 전혀 다른 방향으로 전개되었다는 주장이 있기도 하다. 이러한 논증은 실체적 자아가 존재하지 않는다는 것을 입증하기 위한 것이지만, 붓다의 교설에는 붓다가 실체적 자아가 존재한다는 생각과 존재하지 않는다는 생각을 모두 거부하는 명시적인 구절들이 있다.[55]

구제론 vs 이론 구축

때때로 이러한 논증은 무아 이론을 공식화하려는 붓다의 목적이 실천적이고 구제론적이었다는 가정에 근거하는 반면, 후대의 불교 저자들은 그 자체로 철학적 이론 구축에 관심이 없었던 가르침에 형이상학적인 구조를 구축하려고 시도

54 Bhattacharya 1973.

55 *Sabbasāvasutta*, Majjhimanikāya I, 2, Bhikkhu Bodhi 2001: 92–3.

했다.[56] 본서는 '붓다가 진짜 무엇을 가르쳤는지'를 규명하려는 것이 아니며, 또 애초에 그러한 프로젝트 이면에 놓인 방법론적 전제들에 대해 다소 회의적이다.[57] 하지만 후대에 가서 논증을 통해 무아 이론을 뒷받침한 이유가 실천적이고 구제론적인 목적에 있지 않다고 여길 필요는 없다는 점도 알아두는 편이 좋겠다. 인도 불교의 저자들은 무아 이론을 지성을 통해 이해하는 것과 명상을 통해 깨닫는 것 사이에 차이가 있음을 분명히 한다. 오직 후자만이 갈애와 괴로움의 기원을 사라지게 만들 수 있다. 하지만 이러한 깨달음을 이루려면, 또 이것이 올바른 이해의 깨달음임을 보장하기 위해서는,[58] 우선 해당 견해에 대한 명확하고 상세한 개념을 개발하는 일이 꼭 필요하다. 이를 위해서는 무아 이론을 논증을 통해 뒷받침하는 일이 필수적이다. 따라서 실체적 자아가 존재하지 않음을 뒷받침하는 논증은 대론자에 대항해 불교의 견해를 옹호하고자 하는 이들에게만 중요한 것이 아니라, 논쟁을 하지 않는 명상 수행자에게도 똑같이 중요하다. 이러한 면에서 불교의 근본 개념이 갖는 명상적 측면과 논증적 측면은 서로를 뒷받침한다.

명상과 논증의 상호 뒷받침

인격체론자

뿌드갈라론('인격체론')이라는 용어는 장로부에서 발전한 일련의 학파들을 가리키는데, 이들은 인격체(個我, *pudgala*)의 존재를 인정하는 것이 특징이다.[59] 두 개의 주요 학파는 기원전 280년경에

56 Gombrich 2009: 166.

57 서론 pp.70-88에서 내가 언급한 내용 참조.

58 예를 들어, 이미 경험적으로 알고 있는 그 어떤 대상과도 다른, 언표 불가능한 자아가 존재한다는 견해가 아니다. Oetke 1988: 163 - 4 참조.

59 이 학파에 대한 포괄적인 설명은 Priestley 1999 참조.

생겨난 독자부(犢子部, Vātsīputrīya | 창시자 Vatsīputra의 이름을 따서 명명되었는데, 일부 설명에 따르면 그는 사리불의 제자였다)와 기원전 100년경에 등장한[60] 정량부(正量部, Sāmmitīya | 창시자 Saṃmata의 이름을 따서 명명된 것 같다)[61]이다. 이들은 인격체가 존재한다고 믿었기에, 자아의 존재를 부정하는 붓다의 무아(*anātman*) 교리와 긴장 관계에 있었던 것으로 보인다. 불교의 반대자들은 실제로 뿌드갈라론자가 붓다의 핵심 가르침을 설명하지 못한다고 생각했다. 하지만 이들을 붓다의 가르침을 명백히 잘못 해석했던 사소한 이단 학파로 간주하는 실수를 범해서는 안 된다. 첫째, 다른 불교 학파들은 이들을 두고 비불교도(外道, *tīrthika*)로 간주하지 않았고, 초기 불교 열여덟 개 학파 중 하나에 포함시켰다. 둘째, 이들의 반대자들은 뿌드갈라론자를 상세하게 대응할 가치가 있을 만큼 충분히 중요한 학파로 여겼음에 틀림없다. 『까타밧뚜』의 첫 번째 품과 세친의 『아비달마구사론』 마지막 품에는 이들의 입장에 대한 길고 복잡한 반박 주장이 담겨 있다.[62] 마지막으로, 이들은 초기 불교에서 매우 인기 있는 분파였던 것으로 보인다. 인도를 방문했던 중국인 순례자들의 보고를 신뢰할 수 있다면, 7세기 당시 인도 불교 승려의 4분의 1이 이 학파에 소속되어 있었다.[63]

다른 학파들 사이에서의 이들의 위상

---

60 Bareau 2013: 153.

61 Conze 1962: 123.

62 하지만 두 텍스트가 동일한 뿌드갈라론 사상의 형태나 발전 단계를 다루고 있는지는 알 수 없다. 일부 뿌드갈라론 텍스트가 한역본으로 전해지긴 하지만, 뿌드갈라론의 관점에서 뿌드갈라론의 입장을 명확하게 이해하기란 매우 어려운 일이다.

63 Conze 1962: 123.

뿌드갈라론자들이 옹호하고자 했던 입장은 정확히 무엇이었을까? 이들은 스스로를 불교도라고 생각했고(다른 사람들도 그렇게 생각했다), 따라서 뿌드갈라에 대한 이들의 개념은 브라만교의 아뜨만 개념과 분명 같지 않다. 다른 한편으로, 이들은 또한 뿌드갈라가 다섯 가지 신체적-심리적 구성요소를 합친 것에 지나지 않는다는 점을 부정하고 싶어 하는데, 이는 불교에 반대하는 이들의 입장이다. 뿌드갈라론자들에게 "인격체는 실재하는 것이자 궁극적인 사실로 알려져 있다".[64] 인격체는 궁극적으로 실재하는 무언가에 단순히 개념적으로 덧붙여진 것이 아니다. 이런 식으로 뿌드갈라론자들은 중도라는 불교의 친숙하고 전통적인 주제에 호소하며, 영혼이 불멸한다고 믿는 것도 아니고, 인격체라는 것을 단지 명목상의 지위에 불과한 것으로 부정하는 입장도 아닌 어떤 입장을 옹호할 수 있었다. (말할 필요도 없이, 이들의 불교 반대자들은 중간 입장을 구성하는 것에 대해 다른 견해를 가지고 있었고, 뿌드갈라론자들이 영원주의적 극단(常邊) 쪽으로 너무 나가버렸다고 생각했다.) 뿌드갈라론자들이 인격체 개념을 어떤 용도로 봤는지는 상당히 명확하다. 인격체란 이번 생을 관통하면서(유아·성인·노인에게 동등하게 존재함)뿐만 아니라, 여러 생에 걸쳐 있으면서도(업의 씨앗을 뿌리는 자와 그 결과를 수확하는 자가 동일하도록 보장함) 단일한 유정의 연속성을 제공하는 것이어야 한다. 기억이 어떻게 작동하는지 설명할 때와, 불교의 구제론(윤회에 갇힌 자가 나중에 열반을 얻는 자와 어떻게 동일한지 보여줌)을 설명할 때도 똑같이 유용할 수 있다.

뿌드갈라 개념

이론적 용도

---

64 *Kathāvatthu* I.1.VIII, Aung and Davids 1915: 51.

뿌드갈라의 표현 불가능성

뿌드갈라론의 입장을 자세히 평가하기 어렵게 만드는 한 가지 이유는 이들이 인격체의 본성을 표현할 수 없다(不可說, *avaktavya*)고 생각한다는 데 있다. 이는 이들이 지지하는 아비달마의 형이상학에 근거한다면 이해가 된다. 왜냐하면 아비달마에게 궁극적으로 실재하는 것은 오직 개별적인 법들뿐이기 때문이다. 뿌드갈라론에게 있어 인격체는 어떤 특정한 법(예를 들어, 오온을 구성하는 법)과 동일하지 않으며, 법들의 집합에 단순히 투사된 것도 아니다. 하지만 동시에 인격체는 "실재하고 궁극적인 사실이라는 의미에서는"[65] 존재한다고 가정되지만, "실재하고 궁극적인 사실이라는 의미에서는 인식되지 않는다". 즉, 여타의 실재하고 궁극적인 것들이 인식되는 방식으로는 인식되지 않는 것이다. 아비달마 논사의 존재론적 틀이 궁극적으로 존재하는 것에 대한 논의의 기초를 이룬다고 한다면, 뿌드갈라론의 입장은 단지 그런 것은 언어로 표현할 수 없다는 것이다. 왜냐하면, 아비달마가 보는 실재의 후보나 비실재의 후보 모두 뿌드갈라론자의 인격체 이해와 부합하지 않기 때문이다. 아비달마 논사가 볼 때, 궁극적으로 실재하는 것은 오직 법뿐이고, 만약 인격체가 법이 아니라면 궁극적으로 실재할 수 없다. 그렇기는 하지만 단순히 언표할 수 없는 존재자라는 것으로 어떻게 정신적 연속성, 업의 책임성 등을 설명할 수 있는지 이해하긴 어렵다. 연속성 혹은 책임성의 잠재적 담지자에 대해 말할 때 우리는 뭔가를 표현할 수 있을 것 같고, 또 그렇게 착각을 한다. 하지만 우리는 사실상 아무것도 표현하지 못한다. 분명

---

65 Kathāvatthu, I.1.I, Aung and Davids 1915: 9.

상당히 모호해 보이는 뿌드갈라론이 얼마나 논리적으로 성공적이었길래 당시 인도의 불교 문화 내에서 그렇게 홍성할 수 있었는지를 설명하는 것은 특히나 어렵다.

존재하는 것처럼 보이는 인격체를 설명하기 위한 뿌드갈라

최근 카펜터는 이러한 우려 중 적어도 일부는 해결할 수 있는 방식으로 뿌드갈라론의 입장을 설명하기 위해 주목할 만한 시도를 했다.[66] 그녀는 뿌드갈라론자와 그 반대자들 사이에 벌어진 논쟁의 핵심은 불교의 환원주의적 입장이 어떻게 인격체가 존재하는 것처럼 보이는 상황을 설명할 수 있는지에 대한 문제라고 주장한다. 아비달마의 설명에 따르면, 실재의 가장 근본적인 수준에 존재하는 것들은 빠르게 생겨났다가 사라지는 법들의 인과적 네트워크일 뿐이다. 아비달마 존재론의 핵심 과제는 세계에 대한 궁극적인 수준의 이론에서 출발해서, 지속되는 인격체나 중간 크기의 물건 등이 포함된 세계의 나타난 이미지에 도달하는 것이다. 이 점멸하는 법들의 광대한 네트워크가, 어떻게 일상적으로 익숙한 테이블이나 의자를 구성한다고 여겨질 수 있는 별개의 인과적 하위 네트워크들로 분해될 수 있는지 설명해야 할 필요가 분명히 있다. 이는 특히나 어려운 과제인데, 왜냐하면 발생하는 인과적 사건 중 일부는 한 대상을 그 이후의 단계와 연결하는 인과적 사건이거나, 그 대상 자체의 구성요소 간의 인과적 사건이거나, 그 대상을 별개의 대상과 연결하는 또 다른 인과적 사건일 수 있기 때문이다. 물리적이고 정신적인 법들의 흐름으로 간주되는 인격체의 경우, 인과적 사건은 하나의 정신적 상태(가령, 빨간색에 대한 지각)

아비달마의 네트워크 견해의 과제

66 Carpenter 2015.

를 그 후속 상태(다음 순간의 빨간색에 대한 지각)와 연결할 수 있거나, 한 인격체 내의 다양한 물리적이고 정신적인 상태들을 연결할 수 있거나(내 망막의 특정 사건은 빨간색을 지각하는 마음 찰나(心刹那)의 원인이 된다), 여러 인격체를 연결할 수 있다(내가 내 팔을 드는 것은 당신의 지각의 원인이 된다). 한 인격체를 인과적으로 연결된 하위 네트워크라고 식별하려면, 인격체들을 서로 구분할 수 있는 방법이 있다고 전제하지 않은 채, 앞의 두 경우의 인과관계를 마지막 경우와 구별할 방법이 필요하다. 이렇게 할 수 없다면, 내가 인과적으로 상호작용하는 모든 사람을 어떻게든 나의 일부로 간주해야 할 것이지만, 이는 세계 그 자체가 나타난 이미지를 통해 우리에게 보이는 방식과 부합하지 않는다. 왜냐하면 나타난 이미지는 개별적 인격체들로 나뉘어져 있는 것처럼 보이기 때문이다.

특별한 인과적 연결이라고 설명되는 뿌드갈라

뿌드갈라론의 제안을 이해하기 위한 한 가지 방법은 이 문제를 해결할 방법을 제시해 보는 것이다. 만약 인과적 연결의 구조 측면에서 인격체가 무엇인지 적절하게 설명할 수 없다면, 한 인격체-찰나를 그 후속 인격체-찰나와 연결하는 인과적 연결과 그 인격체-찰나들 서로를 연결하는 인과적 연결이 어떤 식으로든 특별하다고 상정해야 한다. 나의 물리적 상태가 나의 정신적 상태의 원인이 되는 것과 나의 물리적 상태가 너의 정신적 상태의 원인이 되는 것 사이에 중요한 차이가 있는 이유는 하나의 인과적 연결은 특별하고 또 나에게 연결되어 있지만, 다른 인과적 연결은 나와 너 사이에 작동하는 것이고 또 여타의 인과적 상호작용과 구분될 수 없기 때문이다. 따라서 뿌드갈라론자가, 인격체가 궁극적으로 실재한다고 주장할 때 말하고자 하는 바는 한 인격체를 단일화하는 특수한 종류의 인과적 연결은 다른 것으로 환원될 수 없다는 점이다. 특히 단지 특수한 패턴으로 배열되어 있는 보통의 인과적 관계가 아니라는 것이다. 인격체라는 인과적 연결은 궁극적으로 인과적으로 관련된 서로 함께하는 요소들로서 유일무이하게 존재하며, 따라서 인격체가 뿌드갈라론의 존재론에서 특권적인 위치를 차지하도록 보장한다. 하지만 이는 여전히 틀림없는 무아 이론이자, 환원주의적 인격체론이며, 비불교 학파에서 옹호하는 영구적인 아뜨만 개념과는 매우 거리가 먼 설명이라는 점에 유의하자. 뿌드갈라론적 의미에서 볼 때 인격체의 중핵이라는 것은 존재하지 않으며, 단지 아주 빠른 속도로 생겨났다가 사라지는 신체적이고 정신적인 법들의 네트워크, 즉 영구적이고 불변하는 자아라는 잘못된 개념이 부과된 네트워크가 있을 뿐이다. 하지만 인격체는 특수한 종류의 네트워크이며, 이 때문에 개별자(가령, 찻잔을 구성하는 인과적 네트워크)라고 잘못 개념파악되는 여타의 인과적 네트워크와 구별되어야 한다. 이런 식으로 생각한다면, 뿌드갈라론의 설명이 아비달마 존재론의 친숙한 틀로는 왜 표현될 수 없는지도 분명해진다. 이러한 점들로 인해 인과적 연결의 틀에서 서로 연결되는, 궁극적 수준에 존재하는 찰나적 법들이 가능하게 되는 것이다. 하지만 이 틀은 단일하며, 그 구성원 사이에 유지되는 (연결 패턴이 아니라) 연결 유형의 측면에서 보면 그 부분 중 어느 것도 다른 부분과 다르지 않다. 이것이 바로 뿌드갈라론자들이 옹호하고자 하는 입장이다.

아비달마적 관점에서 인격체를 환원주의적으로 설명하기 위해 특권적 연결에 대한 뿌드갈라론의 가정이 정말로 필요한지 여부는 복잡한 문제이자, 여기서는 해결할 수 없는 문제다. 하지만 뿌드갈라론자의 대론자가 인격체들 간의 구별성, 그리고 인격체와 다른 사물 간의 구별성을 설명하기 위해 사용할 수 있는 다양한 개념적 도구를 가지고 있다는 점은 주목해볼 필요가 있다.[67]

대안적 해결책

단일한 정신적 사건에서 시작하여 그 원인과 결과들을 살펴본 다음, 원인들의 원인과 결과들의 결과를 순차적으로 탐색함으로써 전체 인과 네트워크를 파악할 수 있다. 서로 다른 방향으로 뻗어나가는 원인-결과 사슬들 중 일부는 다른 사슬보다 서로 더 큰 범위로 연결될 것이다(예를 들어, 내 혀나 코에서 일어난 사건은 후각이나 미각 사건이 연쇄적으로 일어나는 원인이 될 것이며, 이는 또한 서로에게 인과적으로 영향을 미칠 것이다). 하나의 사건으로 시작하여 인과적 네트워크를 구성할 때, 추가 사건들을 포함시키기 위해 우리는 두 가지 원칙을 적용할 수 있다.

최대한으로 연결된 인과적 네트워크

하나는 가능한 한 많은 사건들을 포함하여 네트워크를 최대한 크게 만드는 원칙이고, 다른 하나는 포함된 다른 사건들 간의 연결을 최대한 많이 만들어 네트워크를 최대한 연결된 상태로 만드는 원칙이다. 이 두 원칙은 서로 다른 방향으로 작용하지만, 이 둘이 최적으로 균형 잡힌 네트워크(네트워크를 더 크게 만들면 전반적인 인과적 연결성은 줄어든다)가 인격체의 가능한 후보라고 주장할 수 있다. 왜냐하면 어떤 인격체라는 것은 그것이 서로에 대해 원인이 되는 한 무리의 정신적이고 신체적인 사건들이라는 점에 의해서, 그리고 그러한 사건들이 내적으로 서로 복잡하게 얽혀 있다는 점

67 아래에 개괄된 아이디어들은 Siderits 2003: 3장을 기반으로 한다.

에 의해서 특징지어지기 때문이다. 나의 신체적 상태는 당신의 정신적 상태의 원인이 될 수 있긴 하지만, 내 신체적 상태와 내 정신적 상태 간의 인과적 연결은 내 신체적 상태와 당신의 정신적 상태 간의 인과적 연결보다 훨씬 더 복잡하다.

이 단계에서 뿌드갈라론자의 대론자는, 전체 인과 네트워크 안에서 윤회하는 존재로서의 어떤 하위 네트워크들을 (방금 주장했듯이) 인격체라는 개념 없이 순전히 구조적인 수단을 통해 분리해 낼 수 있다고 하더라도, 전체 인과 네트워크 안에 있으면서 구조적으로 구별되는 여타의 수많은 유형의 하위 네트워크들이 아니라 꼭 어떤 하나의 특정한 하위 네트워크 집합을 강조해야 하는지 불분명하다는 주장에 여전히 답을 해야 한다. 인격체라는 개념이 사전에 존재하지 않았다면, 최대한 연결되고 최대한 포괄적인 이 네트워크에 우리가 초점을 맞출 방법은 없지 않았을까? 그러나 인격체라는 개념은 우리가 이 구조에서 얻어내려 하는 것이지, 집어넣으려 하는 것이 아니다.

이 비판에 대한 가능한 답변은 윤리적 고려 사항을 언급하는 것이다. 괴로움의 감소, 나아가 제거가 불교의 전반적인 목표라고 가정하고, 더욱이 이 목표가 어떤 개인적 목표와도 동일하지 않으며, 따라서 인격체라는 개념을 전제로 하지 않는다고 볼 때, 우리는 위에서 언급한 방식으로 구조적으로 분리된 인과적 복합체가 특별한 이유는 이 목표를 달성하려는 데 있어 도구적 역할을 하기 때문이라고 주장할 수 있다. 이런 식으로 분리된 복합체는 자신의 행동을 분석하고 통제하고 수정할 수 있기 때문에, 이런 특징이 없는 다른 복합체보다 괴로움을 최소화하는 목표를 달성하는 데

윤리적 고려 사항

더 적합하다.

물론 뿌드갈라론자가 이에 대응할 수 있는 방법은 다양하지만,[68] 이 논의를 여기서 더 전개하기에는 지면이 부족하다. 하지만 지금은 뿌드갈라론의 이론이 상당히 정교하고 체계적으로 발전했을 수 있다는 점, 그리고 방금 말한 것과 같은 주장이 고대 뿌드갈라론 철학자들에 의해 제기되었다면, 이들 학파가 당시 불교 내부의 철학적 논의에 상당한 영향력을 행사했던 것은 그리 놀랄 일이 아니라는 점만 말해두겠다.

대체 자아?

이들의 입장에 내재된 체계상의 이해관계에도 불구하고, 뿌드갈라론을 불교적 비판에서 자유로운 자아 또는 인격체 개념을 개발하려고 시도한 (또는 적어도 이들의 대론자들에게는 시도했다고 보이는) 불교의 가르침 중 하나로 간주하는 것도 의미 있는 일이다.[69] 유가행파의 근본의식(阿賴耶識) 개념은 때때로 뒷문을 통해 실체적 자아 개념을 다시 도입한 것이 아니냐는 비난을 받았다. 이러한 비난은 근본의식이 뿌드갈라론의 인격체 개념과 마찬가지로 실

근본의식

---

68 뿌드갈라론자는 다음과 같은 우려를 제기할 수 있다. 괴로움을 줄이는 데 가장 적합한 인과적 복합체이기에 결과론적 이유로 인격체 개념을 도입하는 것은 정당하다는 입장과 애초에 인격체 개념이 바로 윤회하는 존재의 괴로움의 원인이 된다는 생각 간에 어떤 긴장감이 있다는 것이다(Carpenter 2015: 38, n.61). 두 번째 질문은 환원주의적 주장을 따를 경우, 왜 인격체로 간주되는 복합체(또는 더 일반적으로 말하면 생명체에 해당하는 복합체)가 특정한 윤리적 영향력을 미친다고 가정해야 하는가 하는 것이다. 불교도들은 소를 죽이는 업의 결과가 흙으로 만든 소를 부수는 업의 결과보다 더 나쁘다고 주장할 것이다. 그러나 이에 대한 이유는 무엇일까? 둘 다 단순히 구조적 특징에서 차이가 있는 인과적 복합체일 뿐인데 말이다. (Priestley 1999: 66 참조.)

69 Conze 1962: 122, Bhikshu Thích Thiên Châu 1999: 138–41; Collins 1982: 230–44 참조.

체적인 자아를 믿는 사람들이 그러한 자아에게 부여하는 몇 가지 이론적 기능을 충족시키기 위해, 즉 이번 삶의 정신적 연속성, 여러 생에 걸쳐 유지되는 연속성, 그리고 업의 작동을 설명하기 위해 채택된 것이 아니냐는 의견에 근거한다. 무아 이론을 지지하는 사람들은 이러한 개념이 숨겨진 자아처럼 보일 뿐만 아니라, 실제 자아처럼 기능한다고도 지적할 것이다. 이후 여래장이라는 불성 이론에 대해서도 비슷한 비난이 제기되었는데,[70] 불성 이론에서는 현재는 무명에 가려져 있지만 깨달음을 얻으면 완전히 드러나게 되는, 깨달아 있는 중핵이 모든 존재에게 있다고 상정한다. 비불교 학파가 상정하는 영구적이고 초월적인 아뜨만과의 유사성이 여기에서는 훨씬 더 쉽게 드러날 수 있다.[71] 뿌드갈라·알라야식·여래장 개념이 사실상 붓다의 가르침과 모순되는지, 아니면 이미 붓다의 가르침이 내포하고 있던 아이디어를 구체화시키는 정당한 방식인지는 현재 논의의 범위를 벗어나는 문제다. 그럼에도 불교 철학의 역사에서 무아 이론의 발전과 동시에, 적어도 표면적으로는 자아와 유사해 보이는 존재자를 도입하는 다른 방향의 지적 흐름도 존재한다는 사실을 명심할 필요가 있다.[72] 불성

70 3장 pp.375-86 참조.

71 일부 불교 저자들조차 불성을 언급할 때 아뜨만이라는 용어를 사용했다는 사실이 이를 보여준다. 하지만 무아 이론과 여래장이 서로 모순관계에 있다는 사실을 명백히 드러내려면 (Jones 2014의 논의처럼) 더 자세한 논의가 필요하다.

72 설일체유부의 맥락에서 본 실체론에 대한 논의는 아래 pp.147-9 참조.

d. 장로부: 설일체유부

우리에게는 설일체유부(說一切有部, Sarvāstivāda)가 아쇼까 통치 시기인 기원전 3세기 중반에 별개의 학파로 확립되었다고 믿어도 좋을 증거가 있다.[73] 설일체유부는 7세기경까지 지배적인 아비달마 학파로 남아 있다가, 결국은 뿌드갈라론의 인기에 밀려 대체되었다.[74]

설일체유부 아비달마

『발지론』

설일체유부 아비달마는 남방 상좌부 아비달마와 마찬가지로, 일곱 개의 개별 텍스트로 구성되어 있는데, 그렇지만 개별적인 텍스트들은 동일하지 않다. 이 중 가장 중요한 것은 가다연니자(迦多衍尼子, Kātyāyanīputra)의 저작으로, 붓다 입멸 후 1-3세기 사이에 작성된 것으로 추정되는 『발지론(發智論, *Jñānaprasthāna*)』이다. 설일체유부 아비달마는 '여섯 개의 발을 가진 아비달마'(『육족론(六足論, *ṣaṭpādābhidharma*)』)라고도 불리는데, 여기서 『발지론』은 몸으로, 나머지 여섯 개의 텍스트는 그 발로 여겨진다는 사실을 보면 『발지론』의 중요성을 알 수 있다. 이 텍스트는 궁극적인 것에 대한 앎(승의지(勝義智, *paramārthajñāna*))의 토대 또는 출발점으로 간주되기 때문에 '앎의 기초'라는 이름이 붙었다.[75] 이 텍스트는 설일체유부 가운데 정통파로 간주되는 카슈미르(迦濕彌羅) 설일체유부의 관점을 대변한다는 점에서 중요하게 여겨진다.

---

73 이 전통 자체는 조금 더 늦은 시기에 자리 잡았다(기원전 2세기 초엽. 최초의 비문 증거는 서기 1세기부터)(Bhikkhu Dhammajoti 2009: 55–6).

74 Lamotte 1988: 543.

75 Bhikkhu Dhammajoti 2009: 94–5.

두 번째로 매우 중요한 설일체유부 텍스트는 까니슈까(迦膩色迦, Kaniṣka) 왕 시대 동안 카슈미르 설일체유부 승려들이 결집해 편찬한 것으로 알려진 거작(巨作) 『아비달마대비바사론(阿毘達磨大毘婆沙論, *Abhidharmamahāvibhāṣa*)』(줄여서 『비바사론』)이다.[76] 카슈미르 설일체유부 승려들은 '비바사사'(毘婆沙師, Vaibhāṣika), 즉 '주석가'라고 불리기도 했는데, 이는 카슈미르 설일체유부에게 있어서 『비바사론』이 갖는 권위가 얼마나 대단한 것이었는지를 보여준다. 『비바사론』은 『발지론』의 구조를 따르는데, 이는 『비바사론』이 그 주석서 역할을 하기 때문이다. 하지만 이 저작은 주석서라기보다는 초기 불교의 다양한 관점, 즉 단지 정통 설일체유부의 교의뿐만 아니라, 다른 설일체유부 스승들의 관점과 라이벌 불교 학파들의 교리까지 포함하는 백과사전으로 이해하는 것이 가장 좋다. 『비바사론』은 대체로 네 명의 위대한 설일체유부 스승(법구(法救, Dharmatrāta), 각천(覺天, Buddhadeva), 묘음(妙音, Ghoṣaka), 세우(世友, Vasumitra))의 입장을 나열하는데,[77] 세우의 입장을 최고로 선언할 때가 많다.

『비바사론』

'일체가 존재한다는 이론'인 설일체유부는 그 이름에서 이미 자신의 핵심 가정을 말하고 있다. 설일체유부는 다소 직관적이지 않은 찰나성 이론을 설명했다. 이를테면 모든 법은 존재의 스크린에서 아주 잠깐 점멸할 뿐이지만, 그 점멸하는 속도로 인해, 실재

'일체가 존재한다'와 이 입장에 대한 논증

76 Cox 1995: 33, Bhikkhu Dhammajoti 2009: 103.

77 설일체유부의 위대한 네 스승의 연대는 확정되지 않았다. 기원전 2세기(법구의 경우)부터 1세기 및 2세기(묘음의 경우)까지의 범위가 제안되었다(Bhikkhu Dhammajoti 2009: 139–40, n.28).

가 시간적으로 확장되는 것처럼 보이는 일종의 영화 같은 현실에 우리가 살고 있다고 보는 견해인데, 이는 과거·현재·미래가 모두 존재한다는 더 직관적이지 않은 이론에 의해 뒷받침된다.

1. 증언

설일체유부는 이 세 시간대가 존재함을 뒷받침하기 위해 여러 가지 논증을 제시한다. 첫 번째 논증은 증언에 근거한 논증이다. 붓다는 해탈을 얻으려 노력한 동기 중 하나가 지금은 사라진 물질적 사물에 대한 혐오감의 경험이라고 설했기 때문에, 우리는 물질적 존재에 대한 환멸이라는 현재 상태를 불러오는 이 인과적 효과를 설명하기 위해, 이러한 사물이 어떤 식으로든 존재한다고 가정해야 한다.[78]

2. 의식에는 현재 존재하는 대상이 필요하다

두 번째로 살펴볼 점은 의식의 찰나들(心刹那)은 이 의식의 찰나들이 향해 있는 대상에 근거해야 한다는 관찰에 근거한다. 만약 과거의 존재자가 존재하지 않는다면, 이 존재자에 대한 생각은 그 대상이 없으므로 존재할 수 없을 것이다.[79] 이 논증의 바탕에 있는 아이디어는 찰나성 이론과 함께 할 때 특히 강력해진다. 이런 이론에서는 모든 정신적 상태는 과거의 대상에 대한 것이다. 왜냐하면 정신적 과정에는 시간이 걸리고, 이 과정이 완료될 때 관찰 대상은 이미 사라지게 될 것이기 때문이다. 따라서 내용이 있는 생각을 하는 것이 불가능할 것이다.

---

78 "과거 물질이 존재하기 때문에 학식 있는 성문들은 과거 물질에 대해 혐오감을 느끼게 된다", *yasmāt tarhy asty atītaṃ rūpaṃ tasmāc chrutāvān ārya-śrāvako 'tite rūpe 'napekṣo bhavati* (以過去色是有故 應多聞聖弟子衆於過去色勤脩厭捨), *bhāṣya* on *Abhidharmakośa* 5:25a, Pradhan 1975: 295: 11-12, Poussin and Pruden 1988-90: 3. 806. 또한 Bhikkhu Dhammajoti 2009: 63 참조.

79 또는 그렇지 않다면, 의식은 대상 없이도 저절로 일어날 것이다. Bhikkhu Dhammajoti 2009: 161-2 참조.

이러한 논증의 특정한 버전은 불교도들이라면 당연히 마음이 다양한 자기성찰적 능력을 가지고 있다고 가정하기를 원한다고 지적한다(예를 들어, 우리는 정신적 갈망의 사례가 일어나는 때를 알 수 있다). 또한 설일체유부는 정신적 사건(心, *citta*)이 다른 마음과 동시에 일어날 수 없다고 주장하며,[80] 만약 갈망이 갈망을 인식하는 마음과 동시에 일어날 수 없다면, 갈망은 그 인식하는 마음에 비해 과거에 일어났어야 하며, 올바르게 인식된 것이라면 존재해야 한다는 것이다.

3. 업의 책임성

세 번째 논증은 업의 책임성을 설명해야 한다는 필요에 근거한다. 업의 흔적은 나중에 결과를 낳는다고 한다. 그러나 내가 전생에 한 행위가 지금 열매를 맺을 수 있다면, 이는 과거 행위가 어떤 의미에서 여전히 존재해야 한다는 것을 시사한다. 그렇지 않다면 지금 효과를 낳을 수 없을 것이다.

4. 상호 의존적인 세 시간대

마지막으로 과거·현재·미래는 서로 연결된 개념이다. 만약 과거(와 미래)가 존재하지 않는다고 한다면 현재의 존재를 이해하기가 어려워진다. 현재가 과거와 미래 사이에 끼어 있다고 이해하지 않는다면, 어떻게 현재를 이해할 수 있을까? 그리고 만약 세 시간대가 서로 존재적으로 의존한다고 믿는다면, 과거와 미래가 존재하지 않는 상황에서 어떻게 현재만 존재할 수 있을까?[81] 이 경우 시간적 과정으로 생각되는 의존적 발생(緣起)의 전체 과정이 성립될 수 없는데, 이는 불교 사상의 전체적인 틀에 분명 해로운 결과

80 Bhikkhu Dhammajoti 2009: 61, 225.

81 Bhikkhu Dhammajoti 2009: 63.

를 초래할 수 있다.

가능한 대응

설일체유부의 대론자가 이러한 논증들에 그리 어렵지 않게 대응할 수 있다는 점을 언급할 필요가 있다. 증언에 기반한 논증은 해석 가능한 가르침(不了義教)과 확정적 가르침(了義教)이라는 친숙한 이론에 호소함으로써 반박할 수 있다. 단지 붓다가 과거 존재자의 존재에 호소했다고 해서 불교 철학자들이 이러한 존재자를 존재론적으로 진지하게 받아들여야 하는 것은 아니다. 이것은 숙달된 수단(方便)의 표현으로 언급된 것일 수 있다. 의식에 대상이 필요하다는 생각은 이러한 대상이 항상 존재해야 한다는 또 다른 가정에 전적으로 의존한다. 이는 바로 경량부 논사들에 의해 부정되는데, 이들은 특별한 경우 의식적인 상태가 존재하지 않는 대상을 향해 있을 수 있다고 주장하기 때문이다.[82] 마지막으로, 업의 책임성이라는 개념은, 예를 들어 업의 종자 이론에서 그랬듯이, 업의 잠재력을 현재 찰나로 이동시키는 방법을 찾아냄으로써 설명될 수 있다. 과거에 한 행위는 마음 흐름(心相續)의 한 찰나에 업의 종자를 남기고, 그 다음 찰나로 '복사'되는데, 이런 과정은 과거에 한 행위가 현재 찰나에 업의 열매(業果)를 낳을 때까지 이어진다. 또한 설일체유부는 세 시간대의 존재를 부정하는 것에 대한 귀류법의 일부로 세 시간대의 상호의존성 논증을 사용했는데, 이 논증은 적어도 시간의 내재적 존재를 고려할 때 중관학파에 의해 받아들여지곤 했다.

세 시간대가 존재함을 뒷받침하려면 고려해야 할 여러 가지

82 Bhikkhu Dhammajoti 2009: 63 – 5. 아래 pp.172-3의 논의 참조.

문제가 있어 보이지만, 설일체유부가 극복해야 할 주요 과제는 과거와 미래의 존재자에게는 현재의 존재자가 가진 힘이 없다는 사실을 설명할 필요가 있다는 점이다. 현재의 물 한 잔은 갈증을 해소할 수 있지만, 과거나 미래의 물은 그럴 수 없다. 설일체유부는 이를 '효과성'(*kāritra*) 이론으로 설명한다. 과거와 미래의 대상은 모두 존재하지만, 오직 현재의 대상만이 효과성을 소유하고 있으며, 이러한 이유로 과거와 미래의 대상은 할 수 없는 기능을 수행할 수 있다는 것이다. 경량부 대론자들은 존재적 상태와 인과적 상태를 분리하려는 이러한 시도의 문제점을 재빨리 알아차렸다. 이들은 완벽하게 존재하지만, 효과를 낳을 수 없는 사물의 수많은 예가 있다고 지적했다. 어두운 방에 있는 사람은 시각적 능력이 있지만, 이 능력은 효과를 낳지 못한다. 어떤 시각적 인상도 생산하지 못하기 때문이다.[83] 이에 대해 설일체유부는 효과성에는 다양한 의미가 있으며, 그중 일부라도 있다면 그 대상은 존재하는 것으로 간주될 수 있다고 응답한다. 어두운 방에 있는 사람은 앞을 볼 수 없기 때문에, 눈이 일시적으로 시각적 인상을 생성할 수 있는 능력(*sāmarthya*)을 결여한다. 하지만 그 시각 시스템은 여전히 존재하는데, 왜냐하면 시각 시스템이 그 자신의 후속 찰나를 낳는데(取果, *phalapratigrahaṇa*) 효과가 있기 때문이다. 시각 시스템의 매 찰나는 다음 찰나를 생성하며(그러므로 시각 시스템은 어두운 동안에도 지속되며 그래서 다시 불이 켜지면 볼 수 있는 것이다), 이러한 이유로 매 찰나

효과성 개념

효과성 없는 현재 존재?

---

83 Bhikkhu Dhammajoti 2009: 126.

는 효과를 낳는 것이다.[84]

'일체가 존재한다'에 대한 다양한 해석

일체가 존재한다는 교리를 어떻게 이해해야 하는지에 대해 내부적으로 상당한 논쟁이 있었음에 틀림없다. 왜냐하면 설일체유부의 주석서에는 가능한 해석이 네 가지나 나열되어 있는데, 각각은 설일체유부의 대스승(四大論師) 중 한 명과 관련되어 있고, 또 각각은 특별한 예를 들어 설명되고 있다.[85]

1. 법구

첫 번째는 법구의 설명으로, 시간에 따른 법의 상태 변화를 황금 그릇(金器)을 녹여 다른 황금 제품을 만드는 데 비유한다. 이 설명은 유이(類異, *bhāva-anyathātva*)라는 측면에서, 즉 '존재 방식의 차이'라는 측면에서 기술된다. 법의 기저 실체(法體 | 가령 금)는 동일하게 유지되지만, 시간적 속성의 측면에서 그 존재 방식은 변한다(예를 들어, 금 조각이 처음에는 그릇 모양이었다가 그 다음에는 동상 모양이 되는 식이다). 이 같은 접근법의 문제점은 우리가 이제 시간적 속성의 변화가 무슨 뜻인지 알아야 한다는 것이다. 이 경우에는 마치 두 차원의 시간을 상정해야 하는 것처럼 보인다. 즉, 이에 따라 어떤 존재자가 먼저는 과거성이라는 속성을 가지고 그런 뒤 현재성이라는 속성을 가진다는 식이다. 이것은 그다지 매력적이지 않다. 왜냐하면 이 경우에 우리는 또 다른 세 번째 수준의 시간 개념을 필요로 하게 되는데, 이에 따라 두 번째 수준의 시간 개념이 변

---

84 중현이 지적했듯이, "만약 어떤 유위법이 그 자신의 과(果)를 산출하는 원인의 역할을 한다면, 이를 [자신의] 공능을 [발휘하고 있다고] 한다. 만약 [다른 상속의] 과를 낳는 데 도움이 되는 조건의 역할을 한다면, [자신의] 공능을 [발휘하고 있다고] 한다. 즉 효과성/작용을 [발휘하고 있다고] 한다"(Bhikkhu Dhammajoti 2009: 130).

85 Bhikkhu Dhammajoti 2009: 119–20.

하면서 결국은 계층구조 전체가 변하게 되기 때문이다. 그것이 아니라면, 여기서 호소하는 '변환'(轉)이라는 개념 자체가 비시간적이라고 생각해야 할 필요가 있다. 이러한 개념들이 존재하는 것은 맞지만(예를 들어, 하나의 수학 방정식을 다른 방정식으로 변환하는 것을 생각해 보라), 변환이 시간적 속성과 관련된 변화라는 개념을 설명하는 데 어떻게 도움이 될지는 안타깝게도 분명하지 않다.

두 번째는 묘음의 설명으로(묘음은 상이(相異, *lakṣaṇa-anyathātva*), 즉 '특성의 차이'로 기술한다), 시간적 속성에 대한 관계적 관점을 제시한다. 그는 한 남자가 세 명의 여성에게 애착할 수 있는 것과 마찬가지로, 하나의 법도 과거·현재·미래라는 서로 다른 특성(*lakṣaṇa*)을 동시에 가질 수 있다고 주장한다. 바람둥이의 예에서 여성에 따라 애착의 강도가 각각 다를 수 있는데, 이를 시간적 경우에 대입하면, 가령 과거의 법이 현재가 됨에 따라 과거와의 연결은 약해지고 현재와의 연결은 강해진다고 주장할 수 있는 것이다. 이러한 견해는 세 가지 시간적 속성이 상호 양립할 수 없다고 생각한다면 문제가 될 수 있다. 즉, 현재 존재하는 것은 아무리 미세한 정도라도 결코 과거나 미래가 될 수 없다고 생각한다면 말이다. 하지만 삼원색 시각 이론에 따르면, 우리는 빨강·파랑·초록을 동시에 혼합해서 봄으로써 구별 가능한 모든 색을 볼 수 있다. 그렇다면 모든 시간적 속성에는 현재·과거·미래가 혼합되어 있다고 이해할 수는 없을까? 시간을 이런 식으로 이해한다면, 예를 들어 최근 과거와 먼 미래를 구별하는 것도 가능한데, 그럼으로써 전자는 과거와는 관계가 강하고 현재와는 관계가 약한 시간이고, 후자는 미래와는 관계가 훨씬 강하고 현재와는 훨씬 관계가 약한 시간이

2. 묘음

라고 주장할 수 있게 된다.

3. 세우 세우와 관련된 세 번째 설명(위이(位異, *avasthā-anyathātva*), 즉 '상태의 차이'라고 한다)도 시간적 속성을 관계적 방식으로 설명하지만, 묘음과는 다른 모델을 사용한다. 주판의 알이 내재적인 차이에 의해서가 아니라 다른 알과 비교하여 특정한 위치에 놓이는 것에 의해 다양한 숫자를 나타내는 것과 마찬가지로, 시간적 속성 간의 차이는 상태 중 하나에 불과해 관계의 측면에서는 설명될 수 있지만, 실체의 차이로는 설명될 수 없다. 이 설명을 이해할 수 있는 한 가지 방식은 어떤 대상을 그 기능과의 관계 속에서 이해하는 것이다. 현재의 불은 그 기능과 연결되어 있기 때문에 현재하며 그러므로 가열할 수 있고, 가열할 수 없는 불은 과거이거나 미래다. 이 설명에 따르면, 현재의 불은 과거의 불과 내재적으로 다르지 않지만(주판에서 천에 해당하는 셈이 백에 해당하는 셈보다 더 큰 알이 아닌 것과 같다), 둘 사이의 차이는 관계적인 측면에서 설명될 수 있다.

4. 각천 마지막은 각천의 설명으로, 한 가족 구성원의 역할은 단선적인 것이 아니라 관계적이라고 하면서 시간적 속성에 대한 관계적 이해를 이어간다. 이 설명은 대이(待異, *anyathā-anyathātva*), 즉 '차이의 차이'로 기술된다. 가령, 같은 사람이 한 사람에게는 어머니로, 다른 사람에게는 딸로 불리는 것처럼, 존재자는 다른 시간대에 따라 시간적으로 지정된다. 마찬가지로, 어떤 것이 현재에 상대해서는 과거일 수 있고, 아주 먼 과거에 상대해서는 미래일 수 있다.

주목할 만한 점은 (가장 오래되었을 가능성이 높아 보이는) 첫 번째 설명을 제외하고는 모든 설명이 실체의 변화를 함축하지 않고 관계적인 측면에서 시간성을 규정한다는 데 있다. 설일체유부는 이

중에서 세 번째인 세우의 설명을 가장 만족스러운 것으로 선택했다. 이 설명은 시간적 속성을 특정 상태(位, *avasthā*)로 이해하는데, 이 맥락에서 보면 이는 현상의 효과성(*kāritra*)이다. 주판의 알이 주판의 틀과 상대해 어디에 놓여 있는지에 따라 그 숫자 값이 달라지듯이, 사건의 시간적 상태는 사건이 효과성과 어떤 관계를 맺는지에 따라 달라진다.

실체론의 한 형태로서의 일체가 존재함

여러 학파의 대론자들은 설일체유부의 세 시간대 존재 개념을 비판해 왔으며,[86] 이 개념이 찰나성 교리에 대한 기묘한 해석으로 보이는 것도 사실이다. 왜냐하면 이제는 결국 어떤 불변하는 기저 토대(모든 현상의 지속적인 존재)가 존재하는 것처럼 보이기 때문인데, 이 기저 토대(法體)가 현재의 존재자를 형성하기 위해 '작용'(功能, *kāritra*)이라는 효과성을 띨 때 변환되는 것이다. 흥미로운 점은 설일체유부의 초시간적 존재 개념이 일반적으로 불교 사상의 중심 특징인 무아적, 비실체론적 그림에 반하는 불교철학 개념 중 하나로 간주될 수 있다는 것이다. 뿌드갈라론의 인격체 설명은 분명 이와 같은 범주에 속하는 다른 예시인데, 유가행파의 근본의식과 불성(如來藏, *tathāgatagarbha*) 이론 같은 후대의 개념도 마찬가지다. 이러한 '실체론적' 흐름이 모두 비슷한 이유로 도입되었다고 꼭 전제하고 싶지는 않지만, 이들 사이에는 여전히 공유되는 어떤 측면이 있을 수 있다. 위에서 언급했듯이, 불교철학의 역동성은 단순히 논증이 이끄는 대로 따라가면서 결정되는 것이 아니라, (특정

---

86 *bhāṣya* on *Abhidharmakośa* 5: 27, Pradhan 1975: 297 – 300, Poussin and Pruden 1988 – 90: 3. 810 – 16, Dhammajoti 2009: 5장, 또한 Aung and Davids 1915: 242 참조.

종교적 세계관의 세부사항을 설명한다고 주장하는 여느 철학적 노력과 마찬가지로) 근본 텍스트의 핵심 교의와의 연결을 필요로 한다. 물론 이러한 근본 텍스트를 정확히 어떻게 해석해야 하는지, 또 무엇이 '핵심'에 해당하는지는 그 자체로 논쟁의 여지가 있는 문제다. 그러나 텍스트는 다양한 방식으로 해석될 수 있지만, 그렇다고 어떤 방식으로든 해석할 수 있는 것은 아니라서, 붓다가 아뜨만의 한 형태를 믿으라고 했다는 식으로 붓다의 가르침을 해석하는 것은 불교 공동체에서 받아들여지지 않았을 가능성이 높다.[87]

수사학적 전략으로서의 실체론

이러한 '실체론적' 동기의 도입을 설명하는 한 가지 방법은 이를 단순히 이단적 견해와 벌인 불장난이라고 이해할 것이 아니라, 수사학적인 전략이라고, 말하자면 특정 철학 텍스트에 대한 관심을 끌기 위한 시도라고 이해하는 것이다. 표면적으로는 불교의 핵심 교의와 모순되는 것처럼 보이는 어떤 불교 텍스트는 동료 불교 저자들의 비판을 불러올 (따라서 관심을 끌) 가능성이 더 높으며, 만약 그 모순이 단지 겉보기에만 그렇다는 점을 보여줄 수 있다면 그 텍스트가 혁신적이자 권위 있다고 간주될 기회로는 훨씬 더 나을 것이다.[88]

실체론과 포용주의

다소 온건한 관점(방금 언급한 관점을 꼭 배제하는 것은 아니지만)은 '실체론적' 견해의 설명을 포용주의적 시도로 간주하는 것이다. 이는 불교 교리가 보다 널리 이해되도록 하기 위해, 비불교

---

87 하지만 특정한 여래장 텍스트들은 여기에 아주 가까워졌는데, 심지어 불교의 입장을 설명하는 데 아뜨만이라는 용어를 사용했다(Jones 2014). 아래 pp.378-81 참조.

88 중관학파의 저자들도 공성 이론을 설명할 때 이와 유사한 전략을 추구했다는 의견이 있었는데, 실제로는 그렇게 하지 않으면서 허무주의적(따라서 비불교적) 견해를 수용하는 양 보이게 했다는 것이다.

적 관점의 개념 틀 내에서 불교 교리를 제시하는 것을 의미한다. 이러한 발상과 밀접한 관련이 있는 것이 불교 교리는 단계적 가르침이라는 발상이다. 붓다는 대중의 선입견에 따라 자신의 설법을 조정했다고 여겨지며, 이후의 불교 사상가들은 이 기법을 받아들였다고 주장한다. 따라서 '실체론적' 견해도 불교 교리를 가르치는 한 형태로 이해될 수 있는데, 이후에는 공성의 가르침을 포괄적으로 이끌어내는 보다 적절한 설명으로 대체되어야 한다는 것이다.

인과성의 중심적인 역할

인과성은 설일체유부에서 중심적인 역할을 하는데, 사실 이 학파는 설인부(說因部, hetuvāda), 즉 '원인 이론'이라는 이름으로도 알려져 있다. 궁극적으로 존재하는 법의 내재적 본성(自性, *svabhāva*)은 인과적으로 만들어지는 것이기에,[89] 설일체유부에서는 이를 인과적으로 효과를 낳을 수 있는 능력이 존재한다는 표식으로 여긴다. 인과적 효과성은 현재의 표식인 작용(*karitrā*)보다 더 포괄적인 개념이다. 과거와 미래의 존재자는 작용이 없지만 여전히 존재하는데, 왜냐하면 과거와 미래라는 정신적 인지의 대상(所緣, *ālambana*)으로 기능할 수 있다는 점에서 인과적으로 효과를 낳을 수 있기 때문이다.[90] 그러므로 인과성과 효과를 낳을 수 있는 능력은 설일체유부 존재론의 중심에 놓여 있다. 즉, 어떤 것이 인과적으로 효력이 있다는 것을 증명할 수 없다면, 그것이 존재한다는

인과성과 존재

---

89 엄밀히 말하면, 이는 조건지어진 법(有爲法)에만 적용되지만, 유위법은 아비달마 존재론의 가장 큰 부분을 구성한다. 그렇지만 인과적으로 생성된 것이 아닌 조건지어지지 않은 법(無爲法)도 여전히 인과적 힘을 가지고 있다(Bhikkhu Dhammajoti 2009: 164).

90 Bhikkhu Dhammajoti 2009: 72: "인지될 수 있다는 사실은 인지되는 대상의 존재론적 상태가 참이라는 것을 필연적으로 함의한다", 147.

것을 전혀 증명할 수 없다.

원인과 결과의 동시성

이 맥락에서 가장 논란이 되는 개념은 원인과 결과가 동시에 발생한다(俱有因, *sahabhū-hetu*)는 설일체유부의 발상이다. 이들은 어떤 경우에는 원인과 결과가 순차적으로 발생하지 않고 동시에 발생한다고 주장하는 것이다. 이러한 경우는 한 번에 서로를 상호적으로 생성하는 네 가지 광대한 요소(四大) 또는 동일한 찰나에 함께 발생하는 정신적 사건(心, *citta*)과 이에 부수하는 사건(心所, *cittānuvarttin*)이다. 인과성을 이런 식으로 보는 것은 전혀 직관적이지 않다. 우리가 관찰하는 대부분의 인과성의 경우, 원인이 먼저 발생하고 결과가 나중에 발생한다. 설일체유부는 두 가지 예를 들어 원인과 결과가 동시인 이유를 설명한다. 첫째는 불과 조명의 예다. 불과 조명은 하나가 다른 하나의 원인이 되는 별개의 것이지만, 첫 번째 것이 존재하게 될 때 그 즉시 두 번째 것이 수반된다. 둘째는 서로를 지지하는 갈대 다발의 예다. 각각의 갈대가 똑바로 서 있는 원인은 다른 갈대들이 똑바로 서 있음이지만, 모든 갈대가 동시에 똑바로 서 있기 때문에, 원인과 결과는 모두 동시에 발생하는 것이 된다.[91]

인식론

동시적 인과성 이론은 설일체유부의 인식론에서 가장 큰 역할을 한다. 이들의 지식 이론에 따르면, 감각 기관(根), 감각 대상(境), 지각(識)은 모두 동시에 존재한다. 앞의 두 가지는 그 결과인 후자의 원인이기 때문에, 이 설명은 원인과 결과가 시간적으

91 유가행파의 논사들도 근본의식과 염오법들 사이의 동시적인 인과관계를 뒷받침하기 위해 같은 예를 사용한다. Bhikkhu Dhammajoti 2009: 160 참조.

로 동시에 일어날 수 있다고 전제한다. 이 때문에 결국 설일체유부는 실재론적 인식론을 지지하게 된다. 동시적 인과성 이론이 없다면, 찰나성을 전제로 하는 인식론은 필연적으로 표상주의적 방향으로 밀려날 수밖에 없다. 감각 기관과 감각 대상이라는 원인이 발생한 직후에 결과인 지각이 일어난다면, 지각이 존재할 때 이미 원인은 사라졌을 것이다. 지각이 어떤 대상을 가진다고 가정하려면, 더 이상 존재하지 않는 대상을 대신할 수 있는 시뮬라크르(simulacre) 같은 것(가령, 표상)을 상정해야 한다.[92] 남방 상좌부는 마음-찰나와 물질-찰나가 서로 다른 속도로 움직일 수 있다는 발상을 도입하여 이 문제를 해결하려 했다(하나의 물질-찰나는 16마음-찰나 동안 지속한다고 생각했다). 키가 작은 사람이 같은 시간 동안 키가 큰 사람보다 더 많이 걸으면, 키가 큰 사람과 함께 걸을 수 있다. 이와 같이 마음-찰나의 길이가 물질-찰나보다 짧으면, 한 물질-찰나가 둘 이상의 마음-찰나 존재 동안 지속할 수 있다. 이 접근법의 문제는 그 어느 것도 한 찰나(*kṣaṇa*)보다 오래 지속되지 않는다는 아비달마의 주장과 잘 맞지 않는다는 것이다. 이러한 주장이 모든 찰나에 적용된다는 점을 감안하면, 한 종류의 찰나가 다른 종류의 찰나보다 오래 지속된다는 주장을 어떻게 뒷받침할 수 있을지 알기 어렵다.[93]

찰나성과 표상주의

찰나의 가변적 속도

---

92 *Abhidhammatthasaṅgaho*, IV. 8, Bhikkhu Dhammajoti 2007a: 174; Kim 1999 참조.

93 현장에 따르면, 정신적 현상만이 찰나적인 것이지, 물질적 대상은 더 오래 지속된다는 가정은 정량부에 의해서도 만들어졌다고 한다(Bhikkhu Dhammajoti 2007a: 174).

동시성과 실재론

한편으로, 인과의 동시성은 실재론적 인식론을 가능하게 한다. 인지되는 대상과 인지하는 사고가 동시에 존재하기 때문이다.[94] 『아비달마순정리론(阿毗達磨順正理論, *Abhidharma-nyāyānusāra-śāstra*)』에서 중현은 이것이 지각이 어떻게 작동하는지 이해하는 유일한 합리적인 방식이라고 주장한다. 만약 지각이 일어나는 시점에 지각의 대상이 이미 사라졌다면, 이 지각은 원인 없이 혹은 순전히 지각 자신을 원인으로 하여 일어나는 것처럼 보일 것인데, 왜냐하면 이 지각에는 대상이 없기 때문이다. 게다가 지각이 일어날 때 두 가지가 똑같이 부재한다는 점에서 보면, 시각적 지각이 소리가 아니라 시각적 대상을 지각한다고 말하는 것이 어떻게 더 정당하다고 할 수 있을까?[95] 다른 한편으로, 만약 현재로 지각되는 대상이 실제로는 현재하지 않고 과거라면, 어떤 과거의 대상이 여기서 지각된 것인지 결정하는 기반은 무엇인가? 만약 과거의 대상이 모두 똑같이 존재하지 않는다면, 어떤 지각 대상이든 시각적 지각의 대상으로 기능할 수 있을 것처럼 보인다.[96]

경량부의 동시적 인과성에 대한 비판

그럼에도 불구하고, 다른 불교 사상 학파, 특히 경량부는 원인과 결과가 동시에 존재할 수 있다는 발상이 정합적인지 의문을 제기했다.[97] 경량부는 소의 두 뿔의 경우처럼, 두 가지가 동시에 발생할 때, 어느 것이 어느 것의 원인인지 결정할 수 없다고 주장했

---

94 Bhikkhu Dhammajoti 2009: 243.

95 Bhikkhu Dhammajoti 2007a: 137, 또한 153 참조.

96 Bhikkhu Dhammajoti 2007a: 140.

97 중관학파 사상의 맥락에서 인과의 동시성에 대한 논의는 Westerhoff 2009: 120 – 1 참조.

다. 왼쪽 뿔이 오른쪽 뿔의 원인일까, 아니면 그 반대일까? 더욱이 씨앗과 새싹, 도공과 항아리, 불과 재 등 우리가 일상적으로 경험하는 인과성을 생각해 보면, 인과성은 정확히 동시적이지 않아 보이고, 오히려 원인이 먼저 존재하고 그 후에야 결과가 발생하는 것을 관찰할 수 있다. 설일체유부는 첫 번째 반론에 훌륭히 대응한 것으로 보인다. 즉, 두 개의 뿔은 전혀 인과적으로 연관되어 있지 않고, 대신 공통의 원인, 즉 소를 가진다는 것이다. 한쪽 뿔이 부러져도 다른 쪽 뿔이 그에 의해 손상되지 않는데, 이는 서로가 인과관계에 있지 않다는 것을 나타낸다.[98] 두 번째로, 설일체유부는 자신들의 불빛과 갈대 다발의 예를 반복해 언급할 수 있다. 모든 인과성의 사례가 원인과 결과의 동시성을 수반하는 것은 아니지만, 그중 일부는 그렇다.[99] 물론 이러한 예들(과 시소의 양쪽 끝, 또는 납덩이와 이것이 만들어내는 쿠션의 함몰 등의 유사한 예)[100]이 얼마나 성공적인지는 논쟁의 여지가 있다. 불빛(light)과 불빛의 조명의 경우, '불빛'이라는 용어가 불꽃(flame)을 유지하고 지속시키는 모든 것(예를 들어, 오일 램프, 심지, 기름)을 가리키는 것인지, 아니면 불꽃 그 자체를 가리키는 것인지 명확하게 하는 것이 중요하다. 이 논쟁의 맥락에서는 후자를 의미하는 것 같다.[101] 그러나 이 경우 조명은 불빛의

설일체유부의 대응

98 Bhikkhu Dhammajoti 2003: 37.

99 이런 식으로 주장함으로써 설일체유부는, 동시적 인과성은 모든 것이 동시에 일어난다는 것을 함의한다는 흄의 지적을 피할 수도 있다. 만약 오직 일부 원인과 결과만 시간적으로 동시에 발생하는 것이라면, 인과적 연쇄는 여전히 시간적으로 확장될 수 있다.

100 Westerhoff 2009: 121.

101 Bhikkhu Dhammajoti 2003: 38-9에서는 중현의 논의를 인용하고 있는데, 이 논

결과가 아니라, 단지 속성이라고 보여진다. 마치 물체의 형태가 그렇듯 말이다. 동시적이라고 보이는 것은 속성을 결과로 간주하는 특정한 개념화 방식 때문인 것 같다. 갈대 다발의 경우에도 마찬가지로, 상황을 재개념화하면 동시적 인과성처럼 보이는 것이 사라질 수 있다고 역시 주장할 수 있다. 만약 갈대가 모두 함께 서 있다는 사실을 결과로, 또 땅, 갈대들의 표면 구조 등을 원인으로 간주한다면, 원인과 결과는 더 이상 동시적인 것이 아니라고 밝혀질 것이다.

직접 지각과 자기인지

지각과 지각 대상이 동시적이라는 설일체유부 이론의 분명한 이점은 이를 통해 지각 과정의 결과가 가지는 '생생함과 무매개성'[102]을 설명할 수 있다는 것이다. 지각이 우리에게 직접적인 듯 나타나는 이유는 지각되는 외부 존재자와 이를 지각하는 정신적 사건 사이가 시간적으로 직접(즉, 동시적으로) 연결되어 있기 때문이다. 표상주의 지각 이론은, 엄밀히 말하면 '직접 지각'이 존재하지 않기 때문에, 지각의 무매개성을 환영에 불과하다고 생각해야 하는 난관에 직면한다. 우리에게는 지각된 대상의 대용물이 알려질 뿐인데, 경량부의 경우에 이것은 이전에 존재한 대상에 대한 현재의 상기다. 경량부 논사들은 지각 작용이 자기인식이라고 주

의에서 설일체유부는 "등불(lamp)이 처음 발생할 때 빛이 없는 등불의 존재는 지각되지 않는다. 빛이 없이 등불이 존재함은 결코 지각된 적이 없다"고 주장하고 있다. 불이 켜지지 않은 오일 램프를 흔히 접하기 때문에, *Mūlamadhyamakakārikā* 7: 8–12, *Vigrahavyāvartanī* 34–9, *Vaidalyaprakaraṇa* 6–11 등의 구절에서 *pradīpaḥ*, *agniḥ*, *mar me ni mun pa* 같은 용어들은 등불의 불꽃을 지칭하는 것으로 추정해야 한다.

102 Bhikkhu Dhammajoti 2007a: 159.

장함으로써 이 난제를 해결한다.[103] 마음은 지각 대상을 파악하는 동시에 마음 그 자체도 지각하기 때문에, 우리는 지각적으로 무매개적인 인상을 갖는 것이다. 즉, 무매개성이란 대상과 매개물 없이 접촉하는 것이 아니라, 지각 작용 그 자체와 매개물 없이 접촉하는 것을 말한다. 반면, 설일체유부는 재귀적으로 알아차린다(自證, *svasaṃvedana*)고 하는 경량부의 발상을 받아들이지 않는다.[104]

재귀적 알아차림의 문제는 이후 유가행파의 논의에서 매우 중요해진다. 설일체유부는 어떤 것이 나에게 직접적으로 경험된다(*idaṃ me pratyakṣam iti*)고 알아차리는 것은 외부 대상이 분명 존재한다는 것을 나타낸다고 본다. 지각은 핵심적인 인식 도구(*pratyakṣaṃ pramāṇānāṃ gariṣṭham*)로서 지각과 인과적으로 동시에 대상이 존재함을 확증한다.[105] 유가행파 논사들은 경량부 논사들처럼 재귀적 알아차림을 받아들였고,[106] 그럼으로써 경험은 우리에게 생생하고 직접적으로 나타나는 것이라고 하는 반론에 대한 대응책을 보유하게 되는데, 그렇지만 어쨌든 유가행파의 설명에는 외부 대상이 전혀 등장하지 않는다.

존속하는 인격체라는 것은 존재하지 않지만, 불교도들은 여 자성
전히 업을 설명할 방법을 찾아야 한다. 생에서 생으로, 혹은 심지

---

103 Bhikkhu Dhammajoti 2007a: 159.

104 Bhikkhu Dhammajoti 2007a: 109–10, 141.

105 Bhikkhu Dhammajoti 2007a: 141. 산스크리트어 인용문은 세친의 *Vijñapti-mātratāsiddhi* 15와 16 게송에 대한 세친 자신의 주석(自註)에서 따온 것이다(Ruzsa and Szegedi 2015: 150–2).

106 위의 책 pp.184–5 참조.

어 찰나에서 찰나로 이동하는 자아가 없다면, 긍정적인 또는 부정적인 업의 잠재력이 어떤 다른 정신적 흐름이 아니라 실제로 원래 발생한 정신적 흐름에 부착(依付)되어 있다는 것을 어떻게 확신할 수 있을까? 여러 불교 학파들은 이 문제를 다양한 방식으로 설명하려고 했다. 방금 살펴봤듯이, 설일체유부는 일체가 존재한다는 교리인 *sarva*(일체)-*asti*(존재)-*vāda*(주장)라는 학파의 명칭에 반영된 독창적인 아이디어를 생각해 냈다. 이들은 법이 존재하지 않는 미래에서 생겨나서 존재하게 되었다가, 과거가 되면서 다시 비존재로 사라지는 것이 아니라고 주장한다. 오히려 법은 세 시간대 모두에 존재한다. 노골적으로 비현실적인 이 견해(어제의 불이나 내일의 불로 오늘의 밥을 지을 수 없다)를 납득시키기 위해, 이들은 몇 가지 용어를 추가적으로 도입해야 했다. 이들은 세 시간대를 관통해 지속하는 불변의 본질을 나타내기 위해, 사물을 구별하는 근거가 되는 '자성'(自性, *svabhāva*)이라는 용어를 사용했다. 그러나 과거의 불과 현재의 불은 동일한 자성을 가지지만, 오직 현재의 불만이 '효과성'(*kāritra*)을 가질 수 있는데, 이러한 효과성은 원인과 조건에 의해 생성되는 속성으로, 이에 의해 법은 실제로 기능을 수행할 수 있다. 이는 흥미로운 점인데, 법의 자성은 실제로 지각되는 속성에서는 발견되지 않기 때문이다. 즉, 불의 밝음·열·파괴력 등은 현재에 나타나는 것이지만, 불의 밝음 등의 속성은 불의 무시간적 본질의 일부가 될 수 없다는 것이다.

자성과 효과성이라는 두 개념의 관계는 간단하지 않다. 한편으로 이 둘은 동일한 것일 수 없는데, 왜냐하면 자성은 세 시간대에 걸쳐 존재하는 반면, 효과성은 현재에만 존재하기 때문이다. 그렇다고 이 둘은 완전히 별개일 수도 없는데, 왜냐하면 불을 불로 만드는 것은 열과 같은 내재적 속성을 불이 소유하기 때문이다. 그러나 만약 내재적 속성이 자성에서 완전히 제거되고 불의 효과성과만 관련된다고 한다면, 불의 '내재적 속성'이 여전히 어떤 역할을 하는지는 명확하지 않다. 이에 걸맞게, 아비달마 문헌에서는 "이 둘이 동일하거나 다른지 확실하게 말할 수 없다"[107]고 지적하고 있다.

아비달마의 법 개념

법이라는 개념은 통상 어원학적으로 어근 '*dhṛ*'(지니다, 보유하다)에 근거해 '그 자신의 특성을 지니는 것'[108]이라고 정의된다. 이 '자신의 특성'(自相, *svalakṣaṇa*)은 유일무이하며, 법이 존재하는 한 변하지 않는 것으로, 흔히 법의 자성(*svabhāva*)과 동일시된다.[109]

아비달마 텍스트에는 법을 법으로 만드는 두 가지 중요한 기준이 있다.

1. 부분-전체론적 독립성

첫 번째는 **부분-전체론적(mereological) 독립성**이다. 부분을 가지는 것은 부분으로부터 그 본성을 빌릴 뿐이며, 그러한 것은 법으로 간주하기에 충분히 근본적이지 않다. 세친은 그 부분들이 분리되었을 때 사라지는 것이라면 이는 법이 아니라고 지적한다. 항아리가 깨지면 조각들만 남고, 전차가 분해되면 더 이상 전차는 존재하지 않고 오직 나무 부분들만 남을 뿐이다.[110] 항아리와 전차는 따라서 법이 아니다.

2. 개념적 독립성

두 번째 기준은 첫 번째 기준보다 추상적이다. 이 기준은 물

107 Frauwallner 1995: 199.

108 *svalakṣaṇa-dhāraṇāt dharmaḥ*, Bhikkhu Dhammajoti 2009: 19.

109 Bhikkhu Dhammajoti 2009: 19, 123; Williams 1981: 242.

110 *Abhidharmakośa* 6:4, Poussin and Pruden 1988–90: 3.910–11.

체의 물리적인 부분이 아니라 개념적인 부분과 관련이 있다. 즉, **개념적 독립성**이라는 기준이다. 세친은 만약 사물이 마음에 의해 해체되었을 때 사라진다면 그것 또한 법으로 간주될 수 없다고 지적한다. 그가 제시한 예는 물 원자의 예다. 이러한 부분 없는 입자는 부분-전체론적으로 단일하기 때문에, 첫 번째 기준에 의해 배제되지 않는다. 그러나 물 원자는 모양·색깔·점성 등 다양한 성질을 가진다. 이 물 원자를 마음속으로 분해한다면, 물은 남지 않고 물의 특성을 통틀어 특징짓는 속성들의 집합체만 남게 된다. 이보다 더 엄격한 기준에 따라 법의 본성에 적합한 유일한 존재자는 속성 개별자(개별화된 속성 또는 '트롭'(trope)이라고도 한다)인 것처럼 보인다. 즉, 속성 개별자란 (저기에 있는 저 파란색과는 다른) 여기에 있는 이 파란색, 여기에 있는 이 원형 모양 등을 말한다.[111]

법을 부분-전체론적으로 독립되어 있을 뿐만 아니라 개념적으로도 독립적인 것으로 이해하는 방식은 설일체유부 아비달마에만 국한되지 않는다. 남방 상좌부 문헌[112]에서는 전차·집·주먹이 결합된 부분들에 의존해 지칭되지만, 시간과 공간도 마찬가지로 해와 달의 순환에 의존해 지칭된다는 것을 배울 수 있다. 전차는 부분-전체론적으로 그 부분들에 의존하지만, 해와 달의 순환은 시간과 공간의 부분-전체론적 부분이 아니다. 오히려 다른 개념에서 파생된 복잡한 개념이며, 구성요소 개념으로 나누어지면

---

111 『비바사론』에서는 "이 존재자 자체가 존재자의 특성이고, 특성이 존재자 자체다. 왜냐하면 특성이 법 자체와 분리되어 설명될 수 없다는 것은 모든 법에 해당하기 때문이다"(Bhikkhu Dhammajoti 2009: 19)라고 언급한다.

112 Walser 2005: 242 – 3.

전차가 분해될 때처럼 사라진다. 부분-전체론적 독립성만으로는 어떤 것이 법으로 인정받기에 충분하지 않다. 물질의 복합체가 법으로서 자격을 갖추지 못하는 이유와 개념의 복합체가 법으로서 자격을 갖추지 못하는 이유는 같은 것이다.

법이라는 개념(과 자성에 의해 법이 존재한다는 개념)은 '실체적으로 존재하는 것'(實有, *dravyasat*)과 '명칭으로만 존재하는 것'(假有, *prajñaptisat*)이라는 핵심적인 아비달마적 구분을 확립하는 데 있어 꼭 필요하다. 야소미뜨라(稱友, Yaśomitra)는 『아비달마구사론』을 주석하면서 "절대적 존재자로서 존재한다는 것은 내재적 특성으로서 존재한다는 것"[113]이라고 지적한다. 이 자상(*svalakṣaṇa*)이라는 것은 법의 자성으로, 바로 개별화된 속성을 말한다. 우리가 일상에서 마주치는 중간 크기의 물건이라는 것은 이러한 속성이 집합된 것을 근거로 마음이 만들어낸 가탁물이다.[114] 어떤 가탁물은 항아리로, 또는 전차로, 또는 사람으로 간주될 것이다. 실과 가

지칭된 존재자의 존재론적 지위가 정확히 무엇인지는 아비달마에서 의견이 분분한 주제다. 가장 극단적인 경우, 명칭은 한낱 말 이상의 의미를 갖지 않는 편리한 약칭으로, 별다른 존재론적 영향이 없다고 여겨진다. 이 관점에 따르면, 근본적으로 실재하는 존재자만이 존재하기 때문에 '두 가지 진리'(二諦)라는 구별은 결국 단 하나의 진리만 존재하는 것으로 귀결된다. 두 가지 진리 가유의 존재적 지위

---

113 *paramārthena sat svalakṣaṇa sat ity arthaḥ*, Wogihara 1990: 889; Bhikkhu Dhammajoti 2009: 19 참조.

114 이후 디그나가의 사상에서 자상 개념이 발전한 것에 대해서는 아래 pp.438-9 참조.

라고 할 때는 다른 종류의 존재자를 말하는 것이 아니라, 동일한 존재자를 바라보는 두 가지 다른 방식을 뜻하는 것이다. 『비바사론』[115]에서는 다음처럼 지적한다.

> 참으로 단 하나의 진리, 절대 진리만 있다 … 두 가지 진리는 실재하는 존재자에 의거해서가 아니라, 관점의 차이에 의거해서 성립한다. 실재하는 존재자의 관점에서는 절대 진리라는 단 하나의 진리만 있고, 관점의 차이에 의거해 두 가지 유형의 [진리]가 성립된다.

이러한 관점의 차이는 누가 보느냐에 달려있다. 즉, 궁극적 진리는 깨달은 존재(聖者, *āryas*)가 세상을 보는 방식이고, 세속적 진리는 보통의 존재들이 세상을 이해하는 방식을 반영한다.[116]

반면, 5세기 논사 중현은 명목상의 존재자에 제한된 존재론적 지위를 부여한다. 실체적 존재자와 마찬가지로 세상에 대한 지식을 습득하는 역할을 한다는 것이다. 그는 다음처럼 말한다.

> 어떤 사물에 대한 생각이 [다른 사물에] 의존하지 않고 생겨나면 이 사물은 실유(實有)다. [다른 사물에] 의존하여 생겨나면 그 사물은, 예를 들어 물단지나 군대처럼, 가유(假有)다.[117]

115 Bhikkhu Dhammajoti 2009: 66.

116 Bhikkhu Dhammajoti 2009: 67.

117 Walser 2005: 212.

이러한 이해에 따르면, 실체적 대상은 비매개적 방식으로 그 자신에 대한 인식을 낳는다. 하지만 대부분의 경우 인식은 매개적 방식으로만 만들어진다. 즉, '물단지'라고 인식하려면 물단지를 이루고 있는 점토를 이미 알고 있어야 하고, '군대'라고 인식하려면 개별 병사를 인식해야 한다. 반면 법을 인식하기 위해서는 다른 것에 의존할 필요가 없다. 중현이 보기에 명목상의 대상은 단지 말뿐인 것이기도 하지만 세상의 대상을 알아가는 데 중요한 역할도 하는 것이다.[118]

e. 장로부: 경량부

경량부(經量部, Sautrāntika)가 설일체유부로부터 발전했으며, 또한 이 학파가 인도-티베트불교철학의 다양한 학파를 설명하는 후대의 학설강요서에서 (설일체유부 또는 비바사사(毘婆沙師, Vaibhāsika)와 함께) '하승'(下乘)의 두 학파 중 하나로서 상당히 중요하게 다루어졌다는 점은 일반적으로 인정된다. 이 학파의 이름을 보면, 경전이 이 학파의 추종자들에게 특히 중요한 역할을 했다는 사실을 알 수 있다. 또 세친의 『아비달마구사론』에 대한 주석가인 야쇼미뜨라는 경전은 권위가 있다고 여기지만, 주석서(論, *śāstra*)는 그렇지 않

118 디그나가가 이후에 발전시킨 존재론적 이원론은 자상(*svalakṣaṇa*)과 공상(*sāmānya-lakṣaṇa*)이라는 측면에서 본다면 이러한 이해에 더 가깝다. 둘 다 존재한다고 여겨지지만, 전자만이 근본적이라고 간주된다. 아래 pp.438-9 참조.

논서보다는 경전에 대한 강조

다고 간주하는 사람들로 경량부를 정의한다.[119] 이 중 첫 번째 설명보다는 두 번째 설명을 통해 더 많은 것을 알 수 있는데, 왜냐하면 모든 불교도들이 붓다의 교설을 권위 있다고 간주할 것으로 예상하는 것은 합리적이기 때문이다. 여기서 '샤스뜨라'(*śāstra*)라는 용어는 아비달마 논서를 가리키는 것으로 이해해야 하며, 따라서 경량부가 거부했다고 여겨지는 것은 바로 이 논서들이다. 경량부의 경우, 아비달마는 경전에 비해 파생적인 것이 아니라, 전혀 권위가 없다고 주장한다. 하지만 이를 통해 경량부가 어떤 입장을 지지했는지에 대해서는 아직 아무것도 알 수 없으며, 실제로 비대승 불교의 두 번째 주요 분파로 간주되는 이 학파의 견해에 대한 정보도 극히 제한적이다. 경량부의 논서는 전해지지 않으며,[120] 별도의 법통(法統)이 존재했던 것 같지도 않다. 여기서 '학파'라는 용어는 교리적 구별을 의미하지, 경량부가 다른 학파와는 다른 독자적인 승단 규칙을 보유했으리라는 사실을 의미하는 것이 아니다. 이들의 입장에 대한 대부분의 정보는 세친의 『아비달마구사론』를 통해서 얻은 것인데, 이 저작은 경량부의 관점에서 서술된, 설일체유부의 교리를 설명하는 뿌리 텍스트에 대한 주석으로 알려져 있다. (『아비달마구사론』에서 세친이 이 용어를 사용하기 전에는 그 존재가 입증되

이용할 수 있는 정보의 제한

---

119 *ye sūtraprāmāṇikāḥ na tu śāstraprāmāṇikāḥ*, Swami Dwarikadas Shastri 1970: 15.

120 Walser 2005: 229. Bareau(2013: 204)는 이를 두고 다음처럼 간결하게 말했다. "우리는 이들의 영역에 대해 아무것도 알지 못하며 … 이들의 문헌에 대해서도 아무것도 아는 바가 없다."

지 않았긴 해도) 세친이 최초의 경량부였을 것 같지는 않다.[121] 그러나 "문헌적 증거가 없는 반아비달마적 소승 전통"[122]인 초기 경량부의 견해가 세친의 입장과 어떻게 관련될 수 있는지, 그리고 때때로 '경량부' 입장으로 분류되기도 하는[123] 디그나가와 다르마끼르띠의 입장과도 어떻게 부합할 수 있는지[124]는 논란의 여지가 있는 문제다.[125]

설일체유부의 시간 견해에 대한 거부

하지만 (적어도 세친의 설명에 따를 때) 비교적 분명해 보이는 것은 경량부가 '설일체유부'라는 이름 그대로의 교리, 즉 사물이 세 시간대 모두에 존재한다는 생각에 동의하지 않았다는 점이다.[126] 일부 학자들은 경량부가 설일체유부의 확고한 입장, 즉 요인들이 세 시간대 모두에 **존재한다**는 입장을 거부한다는 특징적인 관점 이외에는 잘 정의된 일련의 교리적 입장을 갖고 있지 않았던 집단으로 보인다고 주장했다.[127] 지금까지는 경전을 특별히 강조하고 설

---

121 Willemen, Dessein, and Cox 1998: 109.

122 Gold 2015a: 5, Kritzer 2003a: 210. 규기(窺基)는 세 명의 경량부 스승을 언급한다. 붓다 입멸 후 약 100년 후에 살았던 것으로 추정되는 경량부의 창시자인 꾸마라라따(童受, Kumāralāta), 슈리라따(室利羅多, Śrīlāta), 세친과 동일한 것으로 추정되는 세 번째 스승이 그들이다(Poussin1928–9: 221–2).

123 아니면 적어도 '유가행경량부'라는 이상한 혼종으로 분류된다. 인도와 티베트의 학설강요서는 또한 '경전을 따르는'(*āgamānuyāyī*) 경량부와 '추론을 따르는'(*yuktyānuyāyī*) 경량부라는 범주를 언급하는데, 전자는 세친이 논의한 부류의 경량부를, 후자는 디그나가와 다르마끼르띠의 체계를 가리키는 것이다.

124 Jackson 1993: 112.

125 Singh 1984, 1995. 하지만 Hayes 1986에서 제기된 매우 비판적인 고찰에 유의할 필요가 있다.

126 Bareau 2013: 206, *bhāṣya* on *Abhidharmakośa* 5: 27, Pradhan 1975: 297–300, Poussin and Pruden 1988–90. 3. 810–16.

127 Willemen, Dessein, and Cox 1998: 109.

일체유부의 초시간적 존재 이론을 거부한다는 공감대를 통해 집결한 넓은 범위의 입장들을 가리키기 위해 '경량부'라는 용어를 쓰는 것이 가장 만족스러울 듯하다.

비유사 비유사(譬喩師, Dārṣṭāntika) 학파는 아비달마 논서에서 설일체유부의 전통에 동의하지 않는다고 기술된다. 이 학파는 경량부와 밀접한 관련이 있었지만, 그 관계의 정확한 성격은 거의 밝혀진 바가 없다. 비유사는 초기 학파를 나타내고 또 경량부는 여기서 갈라져 나온 것으로 볼 수도 있다.[128] 그러나 야소미뜨라는 비유사가 경량부의 특정 유형이지, 그 반대가 아니라고 주장한다.[129] 문제는 좀 더 복잡한데, 이 학파들이 언급될 때 '비유사'라는 용어에는 흔히 경멸하는 의미가 담겨 있는 것처럼 보이지만, '경량부'라는 용어의 경우에는 이러한 함의가 나타나 있지 않다는 사실 때문이다.[130] '예시'를 의미하는 '*dṛṣṭānta*'에서 유래된 이들 학파의 명칭은 "붓다의 가르침을 대중화하기 위해 시와 다른 문학적 장치를 사용하며 적극적으로 노력했고 … 불교 교리를 입증할 때 직유와 우화를 활용하는 데 특히 능숙했다"[131]는 가정에서 비롯된 것이다.

만약 경량부의 주장대로 설일체유부의 설명을 받아들일 수 없다면, 과거와 미래의 존재자는 어떤 상태일까? 세친의 『아비달마구사론』에 나오는 경량부의 설명에 따르면, 모든 것은 한 찰나
찰나성 동안만 지속된다. 과거와 미래의 존재자는 어떤 실질적인 방식으

128 Willemen, Dessein, and Cox 1998: 108.

129 Cox 1988: 70, n.4.

130 Willemen, Dessein, and Cox 1998: 109.

131 Bhikkhu Dhammajoti 2009: 74.

로도 존재하지 않을 뿐만 아니라,[132] 현재 또한 시간적 두께를 가지고 있지 않다. 매 찰나는 존재하게 된 즉시 사라진다. 따라서 찰나성 이론은 세상의 모든 구성요소, 즉 정신적이든 물질적이든 모든 법은 한 찰나(*kṣaṇa*) 동안만 지속되며, 발생 후 즉시 소멸한다고 주장한다. 영속한다고 보이는 것은 매우 유사한 찰나들이 빠르게 연이어 생겨났다 사라지는 사실로 인해 발생하는 겉보기 현상일 뿐이다. 생기와 소멸이 서로 빠르게 연속하며 이어지기 때문에 우리는 대개 이러한 찰나를 찰나라고 지각할 수 없고, 다만 시간을 관통해 존속하는 대상이 그 밑에서 떠받치고 있는 변화라고만 할 뿐이다. 이러한 독특한 영화적 개념은 세상을 삼차원적 투사로 여긴다. 개별적인 법들은 영화의 프레임들처럼 서로 잇달아 이어진다. 하지만 우리의 지각은 이 법들 각각을 구별하는 데 필요한 순간적인 판별력을 갖고 있지 않기 때문에 각각의 법들을 구별하지 못하고 모호하게 이어지는 것으로 인식한다.

실재에 대한 영화적 개념

세친의 찰나성 논증[133]은 모든 것이 무상하다는 아이디어를 첫 번째 전제로 삼고 있는데, 물론 이는 붓다가 말한 존재의 세 가

세친의 찰나성 논증

---

132 월칭은 『명구론(*Prasannapadā*)』에서 『근본중송』 22:11을 주석하면서, 경량부에게 과거와 미래는 공하지만, 다른 것들은 그렇지 않다(*tathā sautrāntika mate 'tītā anāgataṃ śūnyam anyad aśūyam*, Poussin 1913: 444: 15)고 언급하고 있다. 과거와 미래가 공하다는 것은 궁극적으로 실재하는 방식이 아니라, 개념적으로 구성하는 힘(*prajñapti*)에 의해서만 과거와 미래가 존재한다는 것을 의미한다. 경량부가 과거와 미래의 존재를 부정한다고 해서 우리가 과거와 미래에 대해 의미 있는 말을 할 수 있다는 것을 부정하는 것은 아니다. 다만 그런 말이 어떤 존재론적인 의미를 갖는다는 것을 부정하는 것이다.

133 파괴의 자발성에 근거한 찰나성 논증에 대한 자세한 논의는 Siderits 2007: 119–23; von Rospatt 1995, section II.II.D(pp.178–95) 참조.

지 표식(三法印) 이론에 의해 잘 뒷받침되는 입장이다.[134] 모든 것이 결국 소멸한다면, 개개의 경우에 무엇이 이런 결과를 가져오는 것일까? 각 대상이 외부의 원인에 의해 존재에서 비존재로 이동하는 것일 수 있고, 아니면 각 대상이 외부의 영향 없이 스스로 소멸하는 것일 수 있다. 일단 그 존재의 힘이 소진되면, 각 대상은 그저 사라진다. 첫 번째 가능성은 외부 원인(벽돌, 열, 뇌의 종양)의 영향으로 인해 창문이 깨지고 꽃이 시들고 사람이 죽는 등 세계의 나타난 이미지와 가장 밀접하게 부합하는 듯 보인다. 그러나 외부 원인들이 비존재의 원인이라고 개념화하기는 어렵다. 불교에서처럼 비존재는 단순히 언어를 실체화한 것이라고 생각하지 않고, 비존재는 실재하는 대상이라고, 즉 존재론적 일등 시민이라고 가정하지 않는 한 말이다. 이 논증의 두 번째 전제는 따라서 개별 비존재들은 인과관계에 참여할 수 있는 것들이 아니라는 주장이다.[135] 어떤 것이 다른 어떤 것의 비존재를 야기할 때, 인과적으로 존재하게 되는 **것**은 없다.

이 상황을 이해하는 한 가지 방법은, 부재는 단지 언어에 기반한 구성물이기 때문에 그 어느 것도 소멸하지 않았다고 주장하는 것이다. 창문이 파편으로 **변환**되었을 뿐이지, 존재하지 않게 된 것은 없다. 우리는 단지 변환된 사물에 새로운 방식으로 이름을

---

134 모든 것은 무상하다는 뜻이 모든 것은 (또는 사실상 그 어떤 것도) 찰나적이라는 뜻을 수반하는 것은 물론 아니다. 또 von Rospatt(1995: 14)은 "찰나성 이론이 불교의 시작이나 심지어 붓다 자신에게까지 거슬러 올라갈 수 없다는 점은 의심할 여지가 없다"고 지적한다. 많은 불교 개념과 마찬가지로, 찰나성 이론도 붓다 자신의 가르침에 존재하는 개념적 씨앗에서 비롯된 열매로 생각하는 것이 가장 좋다.

135 Bareau 2013: 208, Kritzer 2003a: 206.

붙인 것뿐이다. 그렇지 않으면, 어떤 x가 (다른 어떤 것으로 변환된 것이 아니라) 실제로 소멸했다고 하더라도 그 원인이 발생시킨 것은 x를 뺀 전체 사태거나, 아니면 x를 구성하는 일련의 찰나들 중 마지막 찰나다.[136] 두 경우 모두에서 비존재적 사물이 인과적 사슬에서 역할을 한 것은 없다.

사물이 실제로 소멸한다는 가정을 고수한다면, 두 번째 가능성인 외부의 영향 없이 모든 것이 결국 자기파괴된다는 가정을 따라야 한다. 이러한 자기파괴는 일정 시간이 지난 후 또는 대상이 존재하게 된 직후에 일어날 수 있다. 다시 말하면, 첫 번째 가능성이 더 그럴듯해 보인다. 여기서 각각의 개별 대상은 코일 스프링에 의해 에너지가 공급되는 한 계속 똑딱거리는 개별 시계처럼 취급되지만, 에너지가 소진되면 시계는 멈춘다. 각 사물에는 내부 과정이 있어 이 과정이 끝나면 그 사물은 존재하지 않게 된다. 그러나 이러한 시계의 이미지를 아비달마의 근본적인 법에 적용하기에는 어려움이 있다. 이것이 이 논증에 필요한 세 번째 전제, 즉 법은 변하지 않는다는 전제다. 왜냐하면 법의 내적 변화는 내적 부분들의 상호작용의 관점에 의해 이해될 수 없고(법에는 부분이 없기 때문이다), 또한 속성의 연속적인 획득과 상실로 생각될 수도 없기 때문이다. 왜냐하면 속성을 얻고 잃는 사물이라면 적어도 하나의 개별자와 하나의 속성으로 구성되는, 존재론적으로 복합적인 것이어야 하지만, 법은 이런 종류의 대상이 될 수 없기 때문이다. 세

---

136 von Rospatt 1995: 185, 그리고 보다 일반적으로는 section II.D; Gold 2015a: 108–9 참조.

상키야에 대한 비판

친은 근본적인 수준의 변화에 반대하는 자신의 논증을 상키야의 전변(轉變, *pariṇāma*) 이론을 비판하는 맥락에서 명확하게 설명한다. 여기서 논의되고 있는 상황은, 마치 바나나가 녹색을 잃고 노란색을 얻을 때처럼, 속성을 획득하고 상실해도 변하지 않는 배후 존재자가 있다는 상황이다. 그러나 만약 이 배후 존재자가 예화(instantiation)의 관계로 이러한 속성과 연결된다면, 동일한 배후 존재자는 먼저 '속성 x를 예화하는' 속성을 가진 다음, '다른 속성 y를 예화하는' 속성을 가지게 되고, 따라서 변할 것이다. 하지만 만약 배후 존재자가 변하지 않고, 또 변화하는 속성 집합에 전혀 영향을 받지 않는다면, 배후 존재자는 어떠한 존재론적 역할도 하지 않는 것으로 보인다. 차라리 존재하지 않는 것이 더 나을 수도 있는데, 그렇다면 그러한 배후를 상정할 동기가 여전히 남아 있는지에 대한 의문이 생긴다. 변하지 않는 존재자와 변하는 존재자를 연결한다는 것은 간단히 말해 불가능해 보인다.[137]

그러나 이 경우, 그리고 만약 법이 변하지 않는다면, 우리는 다른 대안을 선택할 수밖에 없다. 즉, 파괴는 사물의 내적 본성의 결과이며, 이 파괴는 사물이 생성된 즉시 일어난다는 것이다. 왜냐하면 지연의 원인이 될 수 있는, 어떤 메커니즘을 위한 존재론적 여지가 없기 때문이다.

세 유형의 찰나성 논증

불교철학의 전통에서는 찰나성을 확립하기 위해 개발된 적어도 세 가지 논증을 구분할 수 있다. 방금은 첫 번째 논증을 살펴봤는데, 이를 **파괴의 자발성**에 근거한 논증이라고 부를 수 있겠다.

---

137 Gold 2015a: 30 – 1 참조.

다른 두 가지 논증, 즉 **인지의 찰나성**에 근거한 논증과 **변화**에 근거한 논증은 나중에 논의하겠다.[138] 세 가지 논증 모두 불교철학의 여러 단계에서 다른 모습으로 다시 등장한다.[139]

위에서 언급했듯이, 인도에서 불교철학이 발전하는 데 영향을 미친 요인에 따라, 인도 불교철학에서 찰나성 이론이 인기를 얻게 된 원인으로, 적어도 세 가지 주요 이유, 즉 논증적·교리적·명상적 고려에 근거한 이유를 구분할 수 있다. 이 중 어떤 것이 가장 영향력이 큰지는 판단하기 어렵지만, 각각 중요한 역할을 한다. 방금 우리는 파괴의 자발성 개념에 근거한, 찰나성을 입증하는 중요한 논증의 예를 살펴봤다. 이제 찰나성 교리가 중요해지는 데 기여한 다른 두 가지 요인을 살펴보겠다.

찰나성의 교리적 근거

교리적으로 볼 때, 찰나성 이론은 모든 존재의 특징인 '세 가지 인장'(三法印)이라는 붓다의 가르침에 의해 뒷받침된다. 즉, 모든 존재는 괴롭고, 자아가 없으며, 무상하다는 것이다. 분명, 무상성은 찰나성보다 그 의미가 더 포괄적이다. 그래서 모든 것이 무상하다는 것은 대상이 한 찰나 이상 지속된다는 견해(가령, 모든 것은 1분 동안 지속하다가 사라진다는 견해)와 완벽하게 양립할 수 있다. 그러나 찰나성 이론은 모든 것의 무상성을 설명할 수 있는 합당한 방법이다.

찰나성 이론에 영향을 미친 명상적 요인

정확히 이런 식으로 무상성을 설명할 수 있는 이유는 명상수행의 결과에 근거했기 때문일 수 있다. 이러한 발상에는 수행자

---

138 Feldman and Phillips 2011: 17에서는 네 가지로 구분한다. 여기서는 이들이 인과적 효과성에 근거한 논증과 변화에 근거한 논증이라 부른 것을 하나로 묶는다.

139 이러한 논증이 취할 수 있는 다양한 형태에 대한 포괄적인 논의는 von Rospatt 1995: 122–95 참조.

의 주의력을 다듬고, 몸과 감각, 기타 정신적 상태를 면밀히 살피는 데 기반하는 특정한 명상법('마음챙김의 토대'(念處, *smṛti-upasthāna*) 등)은 이러한 상태의 발생과 소멸에 주의를 기울이는 일을 포함하고, 그래서 결국은 그 찰나성을 깨닫는 데까지 이어진다는 생각이 깔려있다. 『아비달마구사론』에서 세친은 몸을 원자의 집합체이자 찰나의 연속으로 지각한다면, 몸과 관련된 마음챙김의 토대(身念處)가 실현된다고 지적한다.[140] 이처럼 깨닫는다면 우리를 윤회 속에 머물게 하는 물질적 대상, 감각, 정신적 상태를 향한 불선한 정서적 태도에서 벗어날 수 있게 된다. 세친은 『대승장엄경론(*Mahāyānasūtrālaṃkāra*)』을 주석하면서, 명상 수행자들은 조건지어진 현상(有爲法)의 발생과 소멸에 주의를 기울일 때, 그 현상이 매 찰나마다 소멸하며 찰나적인 예화들로 사라지는 것을 지각한다고 명시적으로 언급한다. 그렇지 않으면 이들은 환멸(厭惡)을 느끼지 못해 번뇌에서 벗어나 해탈을 얻지 못할 것이니, (그래서 번뇌에서 벗어나지 못한 채로) 마치 죽음에 이르러서야 소멸을 경험하는 범부처럼 말이다.[141] 애착의 대상이 될 만큼 충분히 오래 머무는 것은 존재하지 않는다. 따라서 세친은 모든 법의 찰나성을 경험적 수준에서 깨닫게 되면, 이러한 법의 집합체에 대한 애착과 혐오를 일

찰나성에 대한 깨달음에 담긴 구제론적 함의

---

140 *sāmāhitasya kila kāyaṃ paramāṇuśaḥ kṣaṇikataśca paśyataḥ kāyasmṛtyupasthāṇaṃ niṣpannaṃ bhavati* (傳說 在定以極微剎那 各別觀身名身念住滿), Pradhan 1975: 341:14 – 15, Poussin and Pruden 1988 – 90: 3. 926.

141 *manaskāreṇa ca yogināṃ | te hi saṃskārāṇām udayavyayaumanasikurvantaḥ pratikṣaṇaṃ teṣāṃ nirodhaṃ paśyanti | anyathā hiteṣāmapinirvidvirāgavimuktayo na syur yathānyeṣāṃ maraṇakālādiṣu nirodhaṃ paśyatāṃ*, Lévi 1907: 150: 3 – 5

으키는 기반이 소멸한다고 주장한다. 만약 우리가 사물의 무상함을 더 거친 수준(가령, 모든 사람은 반드시 죽는다는 사실)에서만 깨닫는다면 이러한 일은 일어나지 않는다. 슈미트하우젠은[142] 이러한 명상경험을 숙고한다면, 두 번째 인장이 말하는 무상함에 대한 일반적인 주장(諸行無常)을 보편적 찰나성이라는 보다 근본적인 아이디어의 관점에서 이해하게 될 수 있다고 제안한다. 이는 구제론적으로 볼 때 효과가 있다고 여겨지는 명상수행에 존재론적 근거를 확립하려는 시도가 그 이유였을 수 있다. 만약 명상 수행자가 모든 법이 빠르게 상속하는 찰나로 나뉘어져 있다고 지각함으로써 번뇌로부터 벗어날 수 있다면, 그것은 분명 그러한 깨달음이 그로 하여금 세상을 있는 그대로 볼 수 있게 해주기 때문이라는 생각이다. 찰나성에 대한 깨달음은 세상과의 정서적 얽매임을 완화하는 치료적으로 유용한 믿음이 아니라, 평범한 존재에게는 보이지 않는 깊은 수준에서 세상이 어떻게 작동하는지에 대한 이해다.

분명히 말하자면, 찰나성에 대한 깨달음은 오랜 명상을 거친 수행자만이 얻을 수 있기 때문에, 불교 철학자들은 이 같은 직접 경험을 통해서는 알 수 없는 이들에게 온 세상이 찰나의 상속으로 구성되어 있다는 주장을 납득시키기 위한 논증들을 또한 내놓았다. 그럼에도 불구하고, 논증에 성공하더라도 이러한 모든 논증은 찰나성 이론이 참이라는 것을 입증하는 데 그칠 뿐이지, 경험적 수준에서 통찰하도록 하지는 못하며(영화 필름이 빠르게 이어지는 정지된 프레임으로 구성되어 있다고 믿는다고 해서 그 프레임들을 볼 수 있는 것은 아 믿음 vs 깨달음

142 Schmithausen 1973: 197.

닌 것과 마찬가지다), 구제론적으로 효과가 있다고 여겨지는 것은 경험적 수준에서의 통찰뿐이다.

지각 이론

찰나성 이론은 경량부의 지각 설명에 직접적인 영향을 미친다. 지각은 시간적으로 연장되는 대상을 필요로 하는 것처럼 보이는데, 방금 제시한 논증은 그처럼 연장되는 대상은 존재하지 않는다는 점을 보여준다. 지각은 시간 안에서 일어나기 때문에, t라는 찰나에 존재하는 어떤 법에 대한 지각이 가장 빨리 일어날 수 있는 때는 t 다음 찰나다. 하지만 t 다음 찰나에 법은 이미 존재하지 않게 된다. 그러나 무언가를 지각할 때, 우리는 아마도 존재하는 무언가를 지각할 것이다. 설일체유부는 과거의 대상은 지금은 효과를 낳을 수 없지만 여전히 존재한다는 가정을 통해 이 문제를 해결했다. 반면에 경량부는 과거나 미래의 존재자와 같이 존재하지 않는 대상을 지각할 수 있다고 봤다.[143] 설일체유부와 의견이 불일치하는 지점은 주로 모든 지각에 대해 별도의 대상-지지 조건(所緣緣, *ālambana-pratyaya*)이 존재해야 하는지에 대한 경량부의 견해에 있는데, 설일체유부는 긍정하고 경량부는 부정한다. 경량부가 제시하는 설명 이면의 기본 아이디어는, 한 정신적 찰나 t에서 대상이 포착은 되지만, 이 대상에 대한 앎이 생겨나는 것은 아니라는 것이다.[144] 이 찰나 t는 후속 찰나인 t'의 원인이 되는데, 이

존재하지 않는 대상을 지각하기

143 비유사도 빙빙 도는 횃불에 의해 만들어진 원, 명상에서 지각된 대상, 꿈, 주술로 만들어진 대상, 불임 여성의 아들과 같은 모순된 대상 등 환영에 불과한 대상에 대한 인지를 존재하지 않는 대상에 근거한 지각에 포함시킨다(Cox 1988: 49).

144 Bhikkhu Dhammajoti 2007b: 245 – 72.

t'는 t에서 파악된 대상에 대한 추론적 인식을 낳는다.[145] t'에서 대상-지지 조건(所緣緣)은 더 이상 존재하지 않고, 그래서 이 대상-지지 조건(所緣緣)은 인과적으로 t'의 원인이 되는 것도 아닌데, t'는 오히려 직전 조건(等無間緣, *samanantara-pratyaya*) t에 의해 일어난다.[146] t'에서 외부 대상에 대한 인식은 상(相) 또는 형상(行相, *ākāra*)의 형태를 띠며 나타난다. 이 형상은 대상을 포착하는 구체적인 방식으로도 이해될 수 있으며, 또한 그렇게 해서 포착된 대상과 상응하는 존재자로도 이해될 수 있다.[147] 이러한 형상(*ākāra*)은 다양한 이론적 기능을 충족한다. 그 하나는 각각의 인식 사례들을 구분해 주는 것이다.[148] 인식이 일어난 시점에는 그 인식의 대상이 이미 존재하지 않기 때문에, 외부에 존재하는 인식 대상에 따라 인식들을 구분하는 것이 불가능하다. 모든 인식 에피소드는 대상-지지 조건(所緣緣)이 없기 때문에, 각각의 형상을 통해 서로를 구별할 수 있다. 게다가 형상은 우리가 직관적으로 진실하다고 간주하는 존재하지 않는 대상(꽃병과 같은 찰나적인 현상에 대한 지각으로서, 우리가 인식을 획득할 때 이미 사라진 것 등)에 대한 지각과 그렇지 않은 대상(신기루 등)에 대한 지각을 구별하는 역할을 할 수 있다. 두 경우 모두 대상-지지 조건이 없지만, 후자의 경우 애초에 대상이 없었기 때문에 형상은 대상을 닮을 수 없지만, 전자의 경우 닮을 수 있다.[149]

형상과 그 기능

145 Bhikkhu Dhammajoti 2007a: 158 – 2.

146 Bhikkhu Dhammajoti 2007b: 248.

147 Kellner 2014: 289.

148 Krishnamacharya 1942: 26 – 7.

149 "경량부의 개념은 형상이 외부 대상과 정확히 상응한다는 것이다. 이로 인해 진정

과거와 미래를 지각하기

세친은 『아비달마구사론』에서 과거와 미래의 대상이 인지되는 경우, 인지의 대상-지지(所緣, *ālambana*)가 더 이상 존재하지 않더라도(혹은 아직 존재하지 않더라도), 과거나 미래의 현상은 "인지의 대상이 되는 방식으로 존재한다"고 하는데, 이는 과거에 존재했음 또는 미래에 존재할 것임이라는 특징을 가진다.[150] 따라서 이러한 특징을 가지는 인지는 과거에 대상이 존재했던 방식과 닮아 있어서, 마찬가지 경우로 대상이 없는 환영 지각과는 달리 대상-지지 없이도 그러한 지각의 정확성을 뒷받침한다.[151] 이런 식으로 과거의 대상을 지각할 때, 우리의 지각은 이 대상이 존재했음을 상기하는 데로 향하게 된다. 어떤 미래의 대상을 지각할 때 우리의 지각은 이 대상이 존재할 것임을 예기하는 것이다. 우리는 지각의 시점에 이 대상 자체가 존재한다고 가정할 필요가 없다.[152]

열반에 대한 경량부의 견해

존재하지 않는 존재자를 지각할 수 있는 능력은, 우리가 어떻게 과거와 미래를 유의미하게 지시할 수 있는지 설명하기 위해

한 지각(*pratyakṣa*) 경험에서 인지적 오류의 가능성이 허용되지 않는다"(Bhikkhu Dhammajoti 2007b: 254).

150 *yadā tad ālambanaṃ tathā asti kathaṃ tad ālambanam abhūt bhaviṣyati ceti* (彼有如成所緣 如何成所緣 謂曾有當有), Pradhan 1975:299:25, Poussin and Pruden 1988-90: 3.815.

151 Cox 1988: 66-7. 이러한 관점에서 볼 때, 과거의 대상이 계속 존재한다는 설일체유부의 설명은 문제가 될 수 있는데, 왜냐하면 그렇게 되면 우리는 (실제로는 그렇지 않지만) 그러한 대상을 현재 존재하는 것으로 경험한다고 가정할 수도 있기 때문이다.

152 이 부분에서 경량부의 대론자들은, 우리가 여기서 다루고 있는 것은 존재하지 않는 것에 대한 지각이 아니라, 이를테면 비정신적인 어떤 것이라고 잘못 간주되는 존재하는 것에 대한 오지각, 즉 정신적 현상이라고 주장함으로써 반대한다(Cox 1988: 67). 또한 Bhikkhu Dhammajoti 2007b: 255 참조.

서뿐만 아니라, 어떻게 열반과 같은 그 밖의 부재와 인식론적으로 접촉할 수 있는지 보여주기 위해서도, 경량부의 인식론에서 중요하다. 경량부는 설일체유부나 장로부와 의견을 달리하면서 열반은 단지 부재(非有, *abhāva*)에 불과하며, 근본적으로 존재하는 것(實體, *dravya*)이 아니라고 주장했다.[153] 이러한 점에서 열반은 사물이 움직일 수 있게 하는, 또 다른 부재인 장애(*sapratigha*(有對)-*dravya*)가 없는 공간에 비견될 수 있다. 열반이 작용할 업의 잠재력이 없음을, 또 재생의 필연성이 없음을 의미한다는 점에서 말이다.[154] 경량부는 꺼진 불꽃이 존재론적 지위를 갖지 못하듯이, 해탈도 그렇다[155]고 지적하면서 열반을 두고 불꽃이 '꺼지는 것'이라고 개념화한다. 이는 분명 어떻게 열반을 인식할 수 있는가 하는 질문으로 이어지는데, 특히나 열반은 우리의 지각 체계에 어떤 인과적 영향을 행사할 수 없기에 그렇다. 왜냐하면 부재는 인과력이 없기 때문이다. 따라서 존재하지 않는 존재자와 인식론적 접촉을 설명할 수 있는 지각 이론이 경량부에 필요한 것이다.

정신적 연속성과 업

모든 불교 학파와 마찬가지로, 경량부도 업의 연속성을 설명할 방법이 필요했다. 이를 위해 이들은 '소의신'(所依身, *āśraya*)이라는 개념을 도입하는데, 이는 한 인격체를 구성하는 육체적이고 정

---

153 Bhikkhu Dhammajoti 2007a: 472, 478.

154 Bareau 2013: 206. 초기 불교에서 열반과 공간의 개념화를 비교하려면 Conze (1962: section III.3.1) 참조.

155 Kritzer(2003a: 206)는 경량부와 비유사에서 "설일체유부가 실재한다고 말하는 많은 존재자들은 그 지위가 한낱 명칭(假名, *prajñapti*)일 뿐인 것으로 환원되는 경향이 있다"고 언급한다.

신적 찰나들의 연속체다.[156] 비록 각 찰나는 아주 단기적이지만, 개별 찰나는 행위의 선하거나 불선한 행위의 흔적(習氣, *vāsanā*)에 의해 (은유적 표현을 사용하면) '훈습'될 수 있다. 이러한 업의 냄새는 그 찰나의 후속 찰나로 전달되고, 이 이후로 계속 전달되어 나중에 마침내 업의 열매를 맺는다.[157] 모든 찰나는 업의 인과성이 작동하는 데 토대가 되는 '미세한 마음'(細心, *sūkṣmacitta*)이라는 연속 상태를 구성한다.[158] 인격체의 마음 흐름 속의 선한 씨앗 중 일부는 계속 잔존해 파괴되지 않고, 대신 추가로 건전한 법을 일으킬 것이다.[159] 이러한 아이디어는 이후 대승에서 훨씬 더 중요해질 개념인 불성 이론, 즉 각각의 정신적 흐름에 존재하는, 파괴될 수 없고 오염에 물들지 않는 본질이 현재는 숨겨져 있지만, 불도(佛道)가 향상되면서 드러날 것이라는 개념을 미리 보여주는 것으로 여길 수 있다.

경량부와 유가행파의 유사점

앞서 설명한 입장은 나중에 유가행파에서 더 자세히 설명될 아

156 유가행파의 논사들은 깨달음의 과정이란 정신적 연속체에 포함되어 있는 불선한 잠재력이 제거되는 것임을 설명하기 위해 '기체의 변환'(轉依, *āśraya-parāvṛtti*)이라는 용어를 사용했다. 아래 pp.377-8 참조.

157 Conze 1962: 141-3, Bareau 2013: 206.

158 Bareau 2013: 209; Warder 2000: 400. 와더는 대부분의 아비달마 학파가 일종의 의식 찰나들의 연속체가 존재함을 가정한다고 지적한다. 업이 이어진다는 것을 설명할 필요성 외에도 불교측 설명이 해결해야 할 또 다른 문제는 깊은 명상적 몰입(滅盡定) 기간 이후에 의식이 연속되는 것이다. 비유사는 이 점과 관련해 미세한 의식(細心) 개념에 기댄 것처럼 보인다(Kritzer 2003a: 204).

159 "경량부와 유가행파 모두 선천적인 선한 법은 결코 파괴될 수 없다고 주장한다. 이 선한 법은 '연속체' 내에서 손상되지 않은 채로 '종자'의 형태로 남아 있으며, 새로운 선한 법은 유리한 조건에서 이 선천적인 선한 법으로부터 생겨날 것이다"(Conze 1962: 133. 또한 Jaini 1979:246-7 참조).

이디어와 상당히 유사해 보인다.[160] 경량부의 찰나성 이론의 결과로 나온 표상주의적 입장은, 자연스레 어떤 관념론적 입장으로 확장될 수 있다. 만약 (이후 유가행파가 실제로 그랬듯이) 세계에 대한 지각이 표상된 대상이라는 별도의 수준을 상정하는 일 없이, **단지** 이러한 표상들만을 가지고 설명될 수 있다면 말이다. 만약 존재하지 않는 대상을 지각할 수 있다고 한다면, 물질적 대상 같은 것이 존재하지 않음에도, 우리가 어떻게 물질적 대상의 세계에 살아가고 있는 양 보일 수 있는지 이해하기가 훨씬 더 쉬워진다. 경량부의 정신적 연속 상태라는 개념은 유가행파의 노선을 따라 근본의식(阿賴耶識) 이론으로 발전한 것으로 볼 수 있으며, 정신적 연속체 내의 영구적이고 선한 요소에 대한 개념은 명백히 여래장 이론과 관련이 있다.

경량부의 연속으로서의 유가행파?

이로 인해, 경량부가 설일체유부에서 갈라져 나온 시점부터 시작되는 어떤 아이디어 노선이 존재하는 것처럼 보이게 된다. 이러한 노선은 나중에 세친에 의해 받아들여져 『아비달마구사론』에서 설일체유부의 입장을 비판하는 데 활용되었고, 다양한 유가행파 사상의 맹아 역할을 했으며, 그 이후에는 적어도 유가행파와 밀접한 관련이 있는 체계인 디그나가와 다르마끼르띠의 체계에 통합되었다.

하지만 유가행파가 경량부로부터 발아했다는 추정에 회의적일 만한 타당한 이유들이 있다. 가장 큰 난점은 세친 이전에 존재했을 것으로 여겨지는 경량부의 유형에 대한 명확한 개념이 없다

160 Kritzer 200a3: 207 참조.

는 것이다. 월서[161]의 지적대로, 이들은 "어떤 비문이나 사본도 없으며, 지리적 혹은 물리적 위치를 찾을 만한 어떤 흔적도 남기지 않았다." 경량부에 대한 믿음과 관련된 대부분의 정보는 세친의 『아비달마구사론』에서 나왔다. 세친은 이들의 입장을 정확하게 보고했을까? 세친의 입장을 비교할 원본 문헌이 없기 때문에 가타부타 말할 수는 없다. 최근에는 세친이 『아비달마구사론』을 저술할 당시에 경량부의 입장을 지지했다기보다는, 사실상 유가행파였다는 주장이 제기되었다.[162] 이 주장은 주로 세친이 설일체유부에 반대하며 제시하는 상당량의 경량부 입장이 이미 초기 유가행파 논서인 『유가사지론』에서 찾아볼 수 있다는 사실에 근거하고 있다. 이 주장을 받아들인다면 위에서 언급한 '발아' 모델의 대안을 제시할 수 있다. 만약 세친이 실제로 유가행파의 입장을 유지하면서 경량부의 입장을 설명했다면, 그는 두 가지 목표를 염두에 두고 그렇게 했을 가능성이 높다. 첫째는 유가행파의 입장과 아주 흡사한 특정 입장이 비대승 경전에 강력한 근거를 두고 있다는 점을 보여주기 위함이다. 그렇다면 이러한 견해의 정통성이 초기 불교의 자료에 의해 뒷받침된다는 점을 강조할 수 있다. 이 입장을 '경량부'(경을 따르는 자)라고 지칭한다면, 이러한 메시지를 더욱 명시적으로 전달할 수 있다. 즉, 검토 중인 견해들이 대승적 왜곡이 아니라, 비대승의 맥락 내에도 깊게 뿌리 박혀 있다는 것이

아비달마와 대승을 잇는 가교로서의 경량부

161 Walser 2005: 229.

162 Kritzer 1999, 2003b. 크리처의 입장에 대한 비판은 Bhikkhu Dhammajoti 2007b: 2 참조.

다. 둘째, 유가행파의 견해는, 결과적으로 **경전에 근거한**('경량부') 입장에 이미 어느 정도 암묵적으로 언급되어 있는 내용을 단지 상세히 설명한 것으로 여겨질 수 있다. 따라서 세친이 설명한 경량부의 입장은, 유가행파를 (아비달마 논서가 아니라) 붓다의 교설이라는 권위에 연결시키고 또 이미 맹아적으로 포함되어 있는 개념들의 대승식 정교화를 기대하면서, 비대승과 대승을 잇는 철학적 가교로서 기능했을 것이다.

위에서 언급했듯이, 불교철학의 발전은 단지 대론자보다 더 나은 논증을 개발하려는 열망에 의해서만 결정되는 것이 아니다. 여기에는 주장한 결론이 붓다가 실제 설하고자 했던 내용과 일치한다는 것을 입증하는 일도 필요하다. 따라서 세친이 붓다가 승인한 가르침으로서의 유가행파의 권위를 뒷받침하기 위한 수단으로서 경량부를 구성한 일은, 비대승 비판자들에 맞서 대승의 입장을 옹호하는 사상가가 취할 수 있는 합리적인 조치로 보일 것이다.[163] 하지만 이런 입장의 즉각적인 결과는 경량부와 유가행파 사이의 유사성은 관심을 잃게 될 것이라는 점이다. 왜냐하면 경량부의 입장이 일부러 유가행파와 비슷해 보이도록 설명되었을 수 있기 때문이다. 더욱이 경량부에 대해 알고 있는 주요 정보가 초기 경량부 논사들의 실제 생각과는 다른 목적으로 작성되었다면, 아

---

163 이와 같은 시도가 용수에 의해서도 이루어졌는데, 그는 다른 아비달마 학파들보다는 한 학파와의 유사성을 강조하는 방식으로 자신의 중관 논증을 발전시켰다고 주장했다. 다시 말하지만, 그 목적은 비주류 대승의 견해가 주류 비대승의 견해와 같은 방향으로 논증적으로 움직인다는 점을 지적함으로써 비주류 대승의 견해가 전승될 가능성을 높이는 것이었을 거다. 자세한 내용은 2장 3절 참조.

비달마 학파의 하나로서 경량부에 대해 우리가 확실하게 말할 수 있는 것은 거의 없다.

2

대승

대승의 흥기와 불교철학과의 관계

대승: 새로운 발전

이 책에서 다루고 있는 기간 동안 불교에서 일어난 가장 중요한 발전은 대승이 등장한 일이다. 대승 운동은 엄청난 양의 새로운 (혹은 대승에서 말하기로, 이전에는 알려지지 않았던) 경전, 새로운 영적 이상(이를테면, 아라한과의 추구보다 우월한 열망으로 여겨지는 보살이라는 이상)을 가져왔고, 또 이는 흥미진진한 새로운 철학적 발전으로 나타났다. 한편의 아비달마와 다른 한편의 중관학파나 유가행파 간의 중요한 구분점은 이들이 보통 다른 유형의 불교와 연관되어 있다는 데 있다. 뒤의 둘은 대승의 철학 학파지만, 아비달마 철학은 경멸적인 언사로는 '소승'(小乘, Hīnayāna | '작은 수레')에, 중립적으로 말하면 성문승(聲聞乘, Śrāvakayāna)에 속한다.

대승은 무엇이 아닌가

대승이 언제 시작되었는지, 또 그 발달을 이끈 원인이 무엇인지는 아직 상당히 불명확하다.[1] 하지만 대승이 무엇이 아니었는지에 대해서는 어느 정도 합의가 이루어지고 있다. 대승은 비구와 비구니로부터 권력의 균형을 이동시키려는 재가자 운동[2]이나 불탑신앙 집단[3]도 아니었으며, 로마 가톨릭과 개신교 사이의 분열처럼 서로 다른 불교 학파들 간의 교리적 분열[4]의 결과도 아니었다. (대승이 점점 더 광범위한 지지를 얻고 있던 서력기원 원년부터 천 년 동안의 시기 가운데 중반 무렵에, 즉 대승 흥기 후 수 백년이 지났을 무렵에) 대승의 초기

---

1 이 문제를 다룬 최근의 연구에 대한 조사는 Drewes 2010, 55–65, 66–74 참조.

2 이 입장은 특히 Przyluski 1934, Lamotte 1954, Hirakawa 1990과 관련이 있다.

3 Hirakawa 1963.

4 Silk 2002.

지지자들의 대다수는 출가자였다.[5] 불탑신앙은 대승에만 국한되지 않았으며,[6] 교리적인 이유로 승단 공동체가 분열된다는 생각은 불교에서는 낯설다. 전통적으로 볼 때 이러한 분열은 일정한 공동체가 따라야 하는 승단 규칙에 대한 차이로 인해 발생했다. 어떤 규칙을 채택할지에 대한 차이는 승단 집단이 기능하는 데 큰 지장을 줄 수 있는 반면, 명상수행에 대한 개별 승려의 신념은 그렇지 않은 경향이 있다는 점을 고려한다면, 이는 그리 놀라운 일이 아니다.

텍스트 운동으로서의 대승

초기 대승을 역사적 증거나 고고학적 증거와 연결하는 일의 어려움 때문에, 일부 사람들은 대승이 당시 불교의 사회적 및 제도적 체제에 대한 대안을 개발하는 일 없이, 계시받은 대승 경전을 해설하고 전승하는 데 초점을 맞춘 순수한 텍스트 운동이라고 주장하게 되었다.[7] 이는 인도불교의 발전에서 볼 수 있는 대승 경전의 수가 많은 이유를 잘 설명해준다. 대승 경전들의 수가 많아진 것은 붓다의 가르침에 대한 일종의 계시가 계속되었기 때문으로, 여기에는 붓다의 생전 가르침이 아닐 수 있는데도 권위 있게 여겨지는 텍스트들의 등장도 동반되었다.[8] 대승이 생산한 놀랍도

---

5 Schopen 1997: 31–2.

6 Sasaki 1999: 191–3; Schopen 2005.

7 Drewes 2007: 101–43.

8 이 텍스트들이 불설로 간주되어 지위가 보장되는 방식은 각기 다르다. 일부는 붓다가 생전에 가르쳤지만, 일군의 보살들이 보관하도록 주어졌는데, 이들은 천계에 머문 뒤 그 텍스트들을 지상으로 다시 가져왔다고 전한다(Harrison 1990 참조). 어떤 경우에 경전은 처음에 그러한 천계에서 가르쳐졌던 것으로 나타날 것이다. 또 어떤 경우에 붓다는 명상적 몰입(禪定) 중에 수행자에게 나타날 것이다. 그래서 명상에서 나올 때 수행자는 그 가르침을 전파하고 설명할 것이다(Harrison 1978: 43, 52–4).

록 많은 텍스트 문헌들은 그 자체로 대승을 '경전 숭배'[9] (또는 좀 길지만 더 정확히 말하면, 다양한 경전에 대한 다양한 숭배의 집합체)라고 보는 생각을 정당화하는 듯 보일 수 있다.

붓다에 대한 대안적 시각

방대한 대승 경전군 밑에 깔려 있는 통일된 개념적 특징을 파악하는 것이 가능하다고 한다면, 한 가지 두드러진 특징은 붓다의 정체에 대한 색다른 시각이다. 붓다는 반열반(般涅槃, *parinirvāṇa*) 이후 완전히 사라진 것이 아니라, 어떤 의미에서는 여전히 현존하면서 중생들이 깨달음을 얻도록 돕는 존재로 간주된다. 대자비심으로 영원히 행위하는 깨달은 존재로서의 붓다라는 개념은 아라한의 이상보다 더 바람직한, 본받아야 할 이상이라고 여겨지기 시작했고,[10] 보살 또는 붓다가 될 자로서 붓다 이전 존재에 대한 관심으로도 이어졌다. 그 전생은 자타카 이야기로 기록되어 있는데, 여기서는 미래의 붓다가 대자비심으로 종종 자신의 목숨까지 버려가며 다른 중생을 돕는 것으로 묘사된다. 이와 함께 붓다가 그랬듯이 언젠가는 자비로운 깨달은 존재가 되겠다는 보살의 이상을 따르려는 어떤 의지가 생겨났다.[11] 붓다에 대한 이러한 변화된 개

9 Schopen 2005.

10 불교 발전의 비교적 초기 단계부터 붓다의 깨달음과 제자인 아라한의 깨달음은 구별되었다. 붓다는 아라한에게는 없는 전지성 같은 특정 능력을 소유하는 것으로 묘사된다. 또한 대승은 아라한의 성취가 붓다의 성취에 미치지 못한다고 주장하는데, 이는 아라한이 번뇌적 장애(煩惱障, *kleśāvaraṇa*)만 극복했을 뿐, 실재의 본성에 대해 근본적으로 잘못 이해하는 일과 관련이 있는, 보다 미세한 인지적 장애(所知障, *jñeyāvaraṇa*)는 극복하지 못했기 때문이라고 한다. 대승은 아라한의 이상을 부정하지 않고서 스스로를 더 높은 목표인 불성에 이르는 길이라고 제시했지만, 이 길은 아라한이라는 보다 제한된 목표를 추구하는 이들도 나아갈 수 있는 길이다 (Harrison 1987 참조).

11 Williams 2009: 20.

념은 대승에서 보살의 이상이 중요해지고, 자비라는 자질이 강조되며, 대승 텍스트가 풍부해지는 원천으로 간주될 수 있다. 붓다와 아라한 간의 중요한 차이점은, 전자는 전지한 존재로 여겨졌고, 붓다가 될 존재인 보살은 그렇기에 아라한보다 더 많은 지식을 필요로 할 것이라 생각되었다는 데 있다. 보살들이 더 배워야 할 지식은 이들의 요구에 특화된 새로이 등장한 경전들을 통해 제공되었다.

대승과 중관학파 및 유가행파 사이의 연관성

하지만 지금까지 대승과 중관학파 및 유가행파의 철학적 발전 사이의 연관성이 무엇인지는 밝혀진 바가 없다. 일부 학자들은 그러한 연관성이 오히려 약하다고 주장해 왔다. 그들은 용수가 정말로 대승불교도가 맞느냐는 의문을 제기했으며, 또 대승 학파의 명칭과 소승 학파의 명칭을 결합시킨 '유가행경량부'라는 명칭으로 디그나가와 다르마끼르띠의 학파를 묘사하는 것이 사실상 가능하다면 대승과 소승 사이의 차이는 그다지 크지 않았을 것이라고 지적했다. 물론 대승과 중관학파 및 유가행파 사이의 역사적 연관성은 부정하기에는 너무 명백해 보인다. 그렇지만 이들 간의 연관성이 역사적 우연 그 이상인지의 여부는 살펴볼 만한 점이다. 특정 사상가들의 철학에 그다지 큰 영향을 주지는 않고, 단지 그 사상가들 및 그들의 학파들과 관련을 맺게 된 어떤 종교적 발전이 대승이었던 것일까?[12] 아니면 대승의 사상과 후대에 중관학파 및

12 Snellgrove(1987: 90)는 공성 이론과 대승의 보살 이상, 자비심에 대한 대승의 강조 사이에는 체계적인 연관성이 없다고 본다. "그러나 보살 이상과 모든 개념의 공성이라는 두 가르침의 결합은 아마도 이러한 텍스트들에서 아주 우연히 일어났을 것이다. 아주 극단적인 철학적 견해가 이 불완전한 세상 어디에든 있을 법한 가장 높은 도덕적 열망에 어떤 영향을 미칠지 즉각 알아차리지 못한 채로 말이다". Bronkhorst(2009: 118)도 중관학파와 유가행파의 원인이 되는 주요한 개념적 혁

유가행파 텍스트에서 발전한 사상 사이에 보다 근본적인 연관성이 있는 것일까? 종교적·교리적·구제론적 결과 외에, 대승이 미친 어떤 특정한 철학적 영향이 있는 것일까?

대승 견해의 철학적 귀결

사실, 방금 언급한 대승 텍스트들에 보이는 붓다에 대한 견해의 변화는 이 경전들에서 우리가 발견하는 세계에 대한 불교적 비전 확장의 특수한 사례이다. 일반적으로는 구제론적 목표가 보다 포괄적이 되었고, 정토에 거주하는 '천상'의 붓다가 포함되는 등 우주론적 설명이 보다 광범위해졌으며, 새롭고 강력한 수행법들에 대한 설명이 붓다의 말씀으로 간주되는 등 가르침의 범위가 보다 넓어졌다.

이처럼 확장된 비전에는 불도에 대한 대승 이전의 관점도 통합되어 있는데, 특히 성문(聲聞, *śrāvaka*)과 벽지불(辟支佛, *pratyekabuddha*)이라는 관념도 포괄되고 승인된다.[13] 그런데 그 이전의 개념들을 대승이라는 더 넓은 영역에 포함될 특별한 사례로 제시하려면, 이 개념들을 탈존재화할 필요가 있었다. 깨닫지 못한 자의 세속적인 세계 개념은 물론이고, 아비달마 교학의 일부로서 궁극적인 수준에서 사물이 어떻게 존재하는지에 대한 궁극적인 진리를 설명한다고 주장하는 법 이론 역시 실용적이고 도구적인 가치는 있지만 근본적인 실재성은 없다고, 즉 근본적으로는 환

실재를 탈존재화하기

신들이 "그[즉, 대승의] 주요한 열망과는 아무런 관련이 없었다"고 주장한다.

13 성문과 벽지불은 아라한과라는 목표에 도달하는 방식에 따라 구별된다(성문은 스승에게 의지하고, 벽지불은 그렇게 하지 않고 마지막 생(最後身)일 때 대신 의존적 발생(緣起)의 원리를 관한다). 더욱이 벽지불은 자신이 얻은 바를 다른 존재에게 가르쳐주지 않으므로, '홀로 깨달은 자'라는 이름이 붙은 것이다.

영에 불과하다고 여겨져야만 했다. 아비달마의 개념과 이론이 대승의 비전과 상충되지 않고 그 일부를 형성한다고 생각하려면 말이다. 세계를 대하는 불교의 견해가 더 포괄적으로 발전함에 따라, 보다 제한적이고 때로는 모순되는 대승 이전의 개념은 완전하고 궁극적으로 참된 설명으로 간주될 수 없게 되었고, 단지 '어떤 면에서'만 참으로 받아들여졌다. 나타난 그대로의 세계와 초기의 불교 법 이론이 분석한 세계는 한낱 환영에 불과한 실재로 간주되어야 했다. 그나마 실재라고 간주되기 위해서라면 말이다.

연결 지점을 구성하는 것으로서의 환영주의

내가 주장하고자 하는 바는, 대승 경전과 중관학파 및 유가행파의 철학적 발전 사이의 가장 좋은 연결 지점을 형성하는 것은 바로 이러한 광범위한 환영주의적 세계관이라는 것이다.[14] 물론 초기 환영주의적 관점은 대승 경전 이외의 불교에도 존재하며,[15] 또 중관학파나 유가행파라는 지극히 복잡한 철학 체계에는 단순히 세계가 마술쇼와 같다는 생각보다 훨씬 더 많은 것이 있다.[16] 그런데 이 철학적 텍스트들이 발전시킨 부분이 대승 경전의 어떤 사상이었는지, 또 붓다의 말씀으로 간주되는 텍스트들을 통해 자신들의 철학적 관점을 뒷받침하기 위해 무엇을 참조했는지 곰곰

---

14 Bronkhorst(2009: 122－3)가 이와 아주 유사한 주장을 한 적이 있다.

15 예를 들어, 위의 책 p.46 참조.

16 중관학파와 유가행파의 핵심이 되는 새로운 사상이 무엇인지 생각해 볼 때, 보살의 이상, 자비심의 개발 등이 가장 먼저 떠오르는 것은 분명 아니다. 하지만 위에서 제시한 요점은 그 윤리적 견해가 보살의 이상을 중심에 놓고 전개되는 것과 마찬가지로, 세계에 대한 환영주의적 견해도 붓다의 본질에 대한 비전의 확대에서 비롯된 것으로 이해될 수 있으며, 동시에 중관학파와 유가행파가 발전시킨 철학적 비전에서 중요한 역할을 한다는 것이다.

이 생각해 본다면, 환영주의적 세계관이 중요한 위치를 차지한다는 것을 알 수 있다. 방금 언급했듯이, 이러한 견해가 발생할 수 있었던 개념상의 이유 외에도, 환영주의적 견해는 초기 대승불교도들의 명상수행에 그 토대를 두고 있다. 대승 전체가 명상수행을 반영한 결과로 생겨났다는 이론은 사실일 가능성이 낮지만,[17] 우리는 관행자(觀行者)의 명상수행이 바로 이 세상에 현존하는 붓다에 대한 지각을 가져다준다는 텍스트상의 증거를 가지고 있다. 2세기 또는 그 이전의 대승 경전으로, 일명 『반주삼매경』이라 불리는 『시방현재불실재전립정경(十方現在佛悉在前立定經, *Pratyutpanna-buddha-saṃmukhāvasthita-samādhi-sūtra*)』은 수행자가 현존하는(*pratyutpanna*) 붓다와 대면(*saṃmukhāvasthita*)할 수 있는 명상의 한 형태(*samādhi*)를 가르친다. 일련의 명상 수련을 마친 후, 명상하는 보살은

> 천안을 얻었음에도 여래를 보지 않고, 천이의 범위를 얻었음에도 정법을 듣지 않으며, 신통력을 얻었음에도 1찰나에 세계로 가지 않는다. 하지만 발타라(Bhadrapāla)여, 보살은 바로 이 세계에 머무르면서 세존인 아미타여래를 보고 그러한 세계에 자신이 있다고 생각하면서 법을 듣는다.[18]

---

17 Drewes 2010: 61 – 2.

18 *lha'i mig thob pas de bzhin gshegs pa mthong ba yang ma yin | lha'i rna ba'i khams thob pas dam pa'i chos nyan pa yang ma yin | rdzu 'phrul gyi stobs thob pas 'jig rten gyi khams der skad cig tu 'gro ba yang ma yin gyi | bzang skyong | byang chub sems dpa' de 'jig rten gyi khams 'di nyid na gnasbzhin du | bcom ldan 'das de bzhin gshegs pa tshe dpag med de mthong zhing bdag nyid 'jig rten kyi khams de na 'dug ba snyam du shes la | chos kyang nyan to*, Harrison 1978:

이 텍스트는 이 경우 붓다를 본다는 것은 아주 멀리 있는 사물을 볼 수 있게 해주는 '천안'(*divyacakṣuḥ*)과 같은 세속적인 인식의 초능력에 의지하는 것이 아니고, 어떤 먼 세계에 있는 붓다를 보기 위해 떠나는 마술적 여행에 의지하는 것도 아님을 분명히 한다. 그렇다면 붓다의 본성이, 즉 한편으로는 이 세계에 현존하지만 다른 한편으로는 수행자가 명상적 몰입(禪定)에서 나올 때 사라지는 그 본성이 실제로 무엇인지를 묻는 것은 흥미로운 질문이 된다. 이 경은 이에 대해 다음과 같이 명확히 설명한다.

이 세계에 현존하는 붓다를 봄

> 그는 '여래는 어디서 왔을까? 내가 어디로 간 것일까?'라고 생각하면서 여래는 어디서 온 것이 아님을 알게 되었다. 자신의 몸도 어디로 간 것이 아니었음을 이해한 뒤, 그는 '이 세 가지 세계(三界)는 오직 마음일 뿐이다. 왜 그러한가? 내가 정신적으로 사물을 어떻게 구성하든 그것들은 그렇게 나타나기 때문이다'라고 생각했다.[19]

사물이 나타난 그대로가 아니라는 환영주의적 입장은 (그래서 이 경우에는 정신적으로 구성된 매우 다른 실재를 갖고 있다) 특정한 명상 경험들

정신적으로 구성된 것으로서의 세계

---

43. 이 구절은 '천상의' 무량광(Amitābha) 붓다의 한 형태인 무량수(Amitāyus) 붓다를 언급하고 있지만, 같은 경전의 다른 구절에서는 어떤 붓다라도 이러한 유형의 명상수행의 대상이 될 수 있음을 분명히 하고 있다는 점에 유의하자.

19 *de 'di snyam du | de bzhin gshegs pa 'di ga zhig nas byon tam || bdag ga zhing tu song tam | snyam pa las des de bzhin gshegs pa de gang nas kyang ma byon par rab tu shes so || bdag gi lus kyang gang du yang ma song bar rab tu 'du shes nas | de 'di snyam du | khams gsum pa 'di dag ni sems tsammo || de ci'i phyir zhe na | 'di ltar bdag ji lta ji ltar nram par rtog pa de lta de ltar snang ngo*, Harrison1978: 46.

을 이해하기 위해 여기서 유발된 것으로 보인다. 붓다가 이 세계에 실제로 현존한다고 명상 수행자가 경험하는 것을 설명하기 위해서는, 세상에 대한 일상적 지각도, 명상 이후의 경험도, 그리고 붓다가 이 세상에 현존하지 않는다고 보는 아비달마 수행자의 세상에 대한 명상을 통해 훈련된 지각조차도, 명상 경험을 훼손시킬 수 없는 것으로 간주할 필요가 있다. 왜냐하면 앞에 나온 두 종류의 지각은 이 세계의 실제 모습에 근거하지 않기 때문이다. 세계를 이처럼 보는 방식은 (즉, 대부분의 사람들에게 대부분의 시간 동안 세계가 나타나는 방식은) 환영에 기반하고 있어 존재하는 것에는 아무런 영향을 미치지 못한다. 따라서 환영주의적 세계관은 이 경전에서 설명하는 초기 대승의 명상 수련을 하는 수행자가 세상을 이해하는 방식과 자연스레 일맥상통한다.

이제 대승과 그 이후에 나온 인도의 불교철학이 어떻게 개념적으로 연결될 수 있는지 살펴봤으니, 대승의 두 주요 학파 중 첫 번째인 중관학파로 들어갈 준비가 된 셈이다.

중관학파

중관학파는 불교철학에서 가장 당혹스럽고 (그리고 가장 흥미로운) 분파 중 하나다. 중관학파의 텍스트에 대한 얕은 지식으로는 이들의 교리가 정확히 어떤 의미인지 명확히 알 수 없다. 데이비드 루엑은 이를 다음과 같이 잘 지적했다.

> 중관학파를 두고 허무주의, 일원론, 비합리주의, 이론 혐오증, 불가지론, 회의주의, 비판주의, 변증법, 신비주의, 무우주론, 절대주의, 상대주의, 유명론, 치료적 가치를 지닌 언어 분석 등이라는 식의 다양한 설명이 있었다.[20]

루엑이 이처럼 언급한 뒤로도 해체주의, 양진주의, 존재론적 비토대주의 같은 다른 여러 '~주의'나 '~론'이 등장하여 중관학파를 해석하는 선택지가 훨씬 더 넓어졌다.

사실 중관학파를 대할 때의 당혹감은 창시자의 전기에서 이미 시작된 것 같다. 우리는 이 학파가 인도의 승려이자 철학자이며 인도 지성사가 배출한 두세 명의 위대한 사상가 중 한 명인 용수에 의해 창시되었다는 것을 알고 있다. 약간 과장한다면, 확실한 대목은 바로 여기서 끝난다. 용수에 관해서는 그가 언제 살았는지, 인도의 어디에서 대부분의 시간을 보냈는지, 어떤 텍스트를 썼는지, 심지어 애초에 용수가 몇 명이나 있었는지도 불분명하다. 용수의 생애

용수의 일대기는 다양한 기록을 통해 접할 수 있는데, 이 기록들은 전기적으로 볼 때 아주 상세한 내용으로 가득 차 있다. 그러나 용수는 이러한 전기로 접하기 이전에 이미 불교 사상의 역사에 들어와 있었다. 전통적인 설명에 따르면, 중관학파의 발생은 역사적 우연이 아니라, 역사적 석가모니 붓다가 이미 예견한 발전이었다. 용수(Nāgārjuna | 그냥 '나가'(Nāga)라고도 함)는 대승 경전과 딴뜨 예언

20 Ruegg 1981: 2.

라의 여러 곳에서 언급된다.[21] 그중 가장 유명한 것은 『능가경(楞伽經, *Laṅkāvatārasūtra*)』에서의 예언이다.[22] 붓다는 문수사리 보살에게 다음처럼 설한다.

> 남쪽에 있는 베달리(Vedalī)에는 슈리만(Śrīmān)이라고 하는 널리 알려진 비구가 있을 것인데, 그는 장차 나가(Nāga)로 불릴 것이다. 그는 존재와 비존재의 입장을 깨뜨리면서 세상에 무상(無上)의 대승을 가르칠 것이다. 그는 환희지[첫 번째 보살지]라는 단계에 도달하여 안락국(Sukhāvatī)이라는 청정한 경계에 왕생할 것이다.[23]

다른 문헌들에서는 용수가 역사적인 붓다가 입멸한 지 400년 후에 태어날 것이라고 하거나, 그가 600년 동안 살 것이라는 등 세부적인 내용이 추가되어 있지만, 이 예언을 특히 흥미롭게 만드는 지점은 용수가 첫 번째 보살지(初地)를 성취할 것이라고 말하고 있는 내용이다.[24] 이 초지를 성취하려면 공성에 대한 깨달음이 필요하다. 이를 통해 보면, 용수는 자신이 말하는 내용을 알고 있을 뿐만 아니라, 그 내용을 직접 깨달았다는 것을 알 수 있다.

---

21 Walser 2005: 66, 71 – 3.

22 그렇지만 이 경의 초기 버전에는 이 대목이 포함되어 있지 않다. Walser 2005, n.29, p.293 참조.

23 d*akṣiṇāpathavedalyām bhikṣuḥ śrīmān mahāyaśāh* |
nāgāhvayah sa nāmnā tu sadasatpakṣadārakaḥ ||
prakāśya loke madyānam mahāyānamanuttaram |
āsādya bhūmiṃ muditāṃ yāsyate 'sau sukhāvatīm ||
10:165 – 6, Vaidya 1963: 118, Suzuki 1932: 239 – 40

24 또한 MacDonald 2015: 11 – 12, n.34 · 35 참조.

용수의 생애에 대한 자세한 내용의 대부분은 구마라집·부뙨·따라나타 같은 후대 저자들의 다양하고 다채로운 기록을 통해 전해지는데, 이 기록들은 놀랍게도 서로 일치하는 부분이 거의 없다. 장윤화는 공통된 주제에 대해 간결하게 설명하며 다음과 같이 지적한다.

> 그는 브라만 가문 출신으로 신통을 통달했고, 젊은 시절 낭만적인 삶을 살았다. 세속적인 삶을 포기하고 불교 승가에 입문한 뒤, 설산에서 대승 경전을 공부하고는 바다 밑 용궁으로 가서 더 중요한 대승 경전을 구해와 샤따바하나(Sātavāhana) 왕조 왕의 마음과 지지를 얻었다. 이 자료들은 또한 그가 생의 마지막 날까지 남인도에 정착했다고 말한다. 그는 수백 년 동안 장수했다.[25]

이 대목 중 일부는 좀 더 언급해 볼 만하다. '낭만적인 삶'이란 구마라집의 기록에 보고된 용수의 출가 전 시기를 말하며, 그의 전기에서 주된 주제인 신통력의 통달과 관련이 있다. 용수와 친구들은 투명 물약을 구해 아무도 모르게 왕실 하렘에 들어가 후궁들과 함께 즐겼다고 한다. 왕은 이 사실을 알고는 몹시 언짢아했다. 왕은 함정을 파 투명 인간이 모래에 남긴 발자국을 보고는 병사들을 보내 이들의 머리가 있을 곳을 향해 칼을 겨누게 한다. 칼이 닿지 않는 왕의 바로 뒤에 서 있던 용수를 제외하고는 모두 죽임을 당한다. 하마터면 목숨을 잃을 뻔한 뒤로, 용수는 '욕망이라는 관념

---

25 Yün-Hua 1970: 140-1.

에 혐오를 품고서'[26] 비구가 된다.

신통적 요소

앞서 언급한 신통력과의 연관성은 용수의 전기에서 중요한 부분을 차지한다. 실제로 그는 영적인 성취와 신통력을 발휘하는 것으로 유명한 84명의 싯다(*siddha*) 중 한 명으로 꼽힌다. 신통과 관련된 요소는 그의 생애 초기부터 이미 등장한다. 처음에 단명할 것이란 예언으로 인해, 부모는 그를 일곱 살 때 유명한 날란다 승원에 보내 공부하도록 했다. 그곳에서 승원장인 라훌라바드라(Rāhulabhadra)는 그에게 만뜨라 암송을 통해 수명을 연장하는 법을 가르쳤다고 한다. 용수는 딴뜨라 수행에 매우 능숙해졌는데, 다른 무엇보다도 불로장생의 약을 얻었다.[27] 부뙨에 따르면, 용수는 600년 동안 수명을 연장할 수 있었다. 이 기간이 지난 후에도 그는 자연사하지 않고, 한 왕의 아들이 자신을 참수하도록 했다. 왕의 수명과 용수의 수명이 각자의 장수 수행을 통해 어떻게든 연결되어 있었기 때문에, 왕자는 자신이 왕위를 계승할 수 없을 것이라고 당연히 염려했던 것이다.

일부 전기에 따르면, 용수는 기근이 닥쳤을 때 승원 공동체에 식량을 대기 위해 금을 만드는 묘약을 발견했다고 한다. 다른 기록에는 이런 이야기가 나온다. 용수가 목동의 도움을 받아 강을 건널 때였다. 용수는 그들을 공격하는 것처럼 보이는 악어들의 환영을 만들어냈다. 목동이 강을 무사히 건너게 해주자 용수는 목동의 소원을 들어주기로 했다. 목동이 왕이 되기를 원하자 용수는

26 Walleser 1990: 28.

27 Walleser 1990: 9.

그를 왕으로 변신시키면서 코끼리 떼와 군대, 왕의 온갖 소유물도 함께 만들어냈다. 샬라반드하(Śālabandha)라는 이름의 이 왕은 나중에 제자가 되었고, 용수는 그를 위해 『보행왕정론(寶行王正論, *Ratnāvalī*)』을 지었다.[28]

위에서 언급한 용수의 생애 이야기에서 두 번째로 중요한 반복적인 모티브는 그의 이름에서 이미 분명하게 드러난다. 즉, 그와 용과의 관계다. 용수(龍樹)로 한역된 '나가르주나'(Nāgārjuna)라는 이름은 '나가'(龍, *nāga*)와 '아르주나'(樹, *arjuna*)라는 두 명사의 합성어다. 나가는 신화 속에 나오는 뱀 같은 생명체[29]로, '보가바띠'(Bhogavatī, longs spyod can)라고 불리는 수중 도시에, 혹은 지하에, 혹은 산속 동굴에 자리한 궁전 같은 수중 거처에 살고 있다. 나가는 종종 인간의 몸통과 뱀이 감겨진 형태의 하체를 한, 반은 뱀이고 반은 인간인 존재로 묘사되며, 빼어나게 아름답기로 유명하다. 나가는 엄청난 부의 수호자이며(때론 머리에 보석이 박혀 있다고 한다), 현명하고 강력하다. 나가와 반야

부뙨에 따르면, 아르주나란 '세속적인 힘을 얻은 사람'을 가리킨다. 하지만 구마라집의 기록에 따르면, 이 용어는 일종의 나무의 이름으로, 나가르주나의 어머니는 나무 아래에서 그를 낳았다고 한다.[30] 세 번째 기록에 따르면, 나가르주나라는 이름의 후반부

---

28 Dowman 1985: 115.

29 아삼(Assam) 동부의 여러 부족을 통칭하여 '나가스'(*nāgas*)라고 부르기도 한다.

30 Walleser 1990: 30. 석가모니 붓다의 경우도 그랬다. 이 '두 번째 붓다'와 역사적 붓다의 유사성은 전통 기록에서 자주 강조된다. 따라나타에 따르면, 그의 몸은 붓다 육신의 특징인 32개의 상서로운 징표(三十二相)로 장엄되어 있다(Lama Chimpa

는 활쏘기로 유명한 『마하바라타』의 빤다바(Pāṇdava) 형제를 가리키는데,[31] 이는 아르주나가 화살을 쏘는 것처럼 나가르주나가 대승을 안정적으로 홍포할 수 있기 때문이라고 한다.[32]

그렇다 하더라도, 나가르주나와 나가와의 관계야말로 그의 생애 이야기에서 가장 중요한 부분을 차지한다. 그의 전기들에는 백단향 가득한 곳에서 나가들의 왕의 시종인 두 여성이 그의 가르침을 경청하는 이야기가 있다.[33] 그런 뒤 나가르주나는 온갖 보석과 보화가 넘쳐나는 바다 아래 궁전으로 간다. 나가들이 가진 귀중한 소유물 중에서 가장 중요한 것은 불경 중에서도 희귀한 보물인 『지혜의 완성 경전』(반야경류)이다. 이 경전들은 역사적인 붓다가 나가들에게 보관을 맡겼다고 전해진다. 그 내용은 너무 미묘해서 잘못 이해되기 쉬웠다. 이러한 이유에서 이 경전들은 그 의미를 정확하게 설명할 수 있는 올바른 해석자를 기다려야 한다. 물론 그 해석자는 이 경전들을 인간계로 가져오는 나가르주나다.

반야경류

반야경류는 다양한 길이로 된 아주 영향력 있는 일련의 불교 텍스트들이다. 대개 그 길이가 제목에 표시되어 있으므로, 『팔천송반야경』, 『이만오천송반야경』, 『십만송반야경』 같은 형식의 제목을 갖고 있다. 이 같은 제목은 두 가지 오해를 살 수 있다. 첫째,

---

1970: 110–11). 용수는 또한 티베트 도상학에서 (무착, 가랍도제(dGa' rab rdo rje), 연화생(Padmasambhava)의 현신인 구루 샤꺄셍게(Guru shakya seng ge)와 더불어) 정수리에 살이 상투처럼 솟아 있는 붓다의 정계상(*uṣṇīṣa*)을 가진 것으로 묘사되는 몇 안 되는 인물 중 한 명이다.

31 MacDonald 2015: 2. 7, n.13.

32 Tsonawa 1985: 4.

33 Walleser 1990: 10.

일반적으로 산문으로 되어 있음에도, 운문으로 되어 있다고 생각할 수 있다. 그럼에도 불구하고, 그 분량은 32음절(8음절 4구로 된 게송, 즉 슐로까(*śloka*)) 단위를 얼마나 포함하고 있는지에 따라 측정된다. 예를 들어, 『팔천송반야경』은 영어 번역으로 약 110,000개 단어에 해당하는 분량인데, 지금 읽고 있는 이 책의 분량 정도다. 두 번째로 잘못 생각할 수 있는 점은, 예를 들어, 『십만송반야경』 버전은 『이만오천송반야경』 버전보다 4배 많은 분량이기 때문에, 역시 4배나 많은 정보를 담고 있다고 생각하는 것이다. 사실 이 경전들 가운데 더 긴 버전은 더 많은 정보를 담고 있다는 점에서 다른 것이 아니라, 짧은 버전에서 부분적으로만 제공하는 목록을 전부 상세히 설명한다는 점에서 다르다.[34] 200항목 정도의 긴 목록을 하나씩 훑어보면서 "x는 공이며, 공 자체는 x다"라는 주장을 설명한다. 짧은 버전은 이러한 목록을 축약하여 제공하기도 하고, 때로는 첫 번째 요소와 마지막 요소만을 언급하기도 한다.

텍스트들의 다양한 길이

그 이름에서 알 수 있듯이, 반야계 텍스트는 경전이다. "이와 같이 나는 들었다"라는 관습적인 말로 시작하여 역사적인 붓다가 제자들(사리불 등)과 보살 대중 앞에서 설법한 내용을 설명하는 것을 목적으로 한다. 이 경전들은 보살이 깨달음을 얻기 위해 따라야 할 수행법을 설명한다. 그 수행의 핵심 요소는 여섯 가지 완성

반야계 텍스트의 내용

보살의 수행

34 반야계 텍스트들은 아비달마적 아이디어에 대해 아주 비판적이지만, 목록(論母, *mātṛkā*)을 좋아하는 점은 모두 같았다. 이후에 반야경류 문헌이 발전하는 모습을 이해하려면, *mātṛkā*가 '모체'를 의미한다는 점, 또 모니어 윌리엄스(Monier-Williams)에 따르면 '신통력이 부여된 문자로 쓰여진 특정 다이어그램의 별칭'을 나타낼 수도 있다고 한 점을 모두 명심할 필요가 있다(Conze 1978: 5－6).

(六波羅密), 즉 보시(*dhāna*)·지계(*śīla*)·인욕(*kṣānti*)·정진(*vīrya*)·선정(*dhyāna*)·지혜(*prajñā*)를 개발하는 일이다. 특히 최종적 완성인 지혜의 완성이 중요시된다. 지혜의 완성이 다른 모든 완성을 포괄하는 것으로 여겨지기 때문이다.

공성

이 최종적 완성의 개념적 핵심은 공성의 실현, 즉 모든 현상에는 실체가 없음을 이해하는 것이다. 공성 개념이 반야계 텍스트들의 주된 주제라는 사실에도 불구하고, 이 텍스트들은 모든 것이 실로 공하다는 주장을 입증할 만큼의 많은 논증을 제시하지도 않으며, 잠재적인 반론들을 논의하지도 않는다. 반야경류의 주장을 뒷받침하는 일련의 논증을 제공하고, 그 내용을 설명하며, 그 철학적 타당성을 입증하는 것이 용수의 목표였다.

반야계 문헌의 발전

반야경 계열 텍스트들의 조성(또는 적어도 경전화)은 텍스트의 확장에 이어 텍스트의 축약이 뒤따르는 과정이라고 규정할 수 있다. 반야계 텍스트들의 발전 단계는 크게 네 부분으로 나눌 수 있다. 즉, 초기 단계, 확장 단계, 축소 단계(각각 약 2세기 동안 진행됨), 마지막인 딴뜨라 단계가 그것이다.[35] 가장 이른 단계(기원전 100년에서 기원후 100년경)에는 반야계 텍스트들의 최초기 층, 즉 『팔천송반야경(*Aṣṭasahāsrikaprajñāpāramitā*)』의 한 부분이 등장한다. 『팔천송반야경』은 그 연대가 기원전 100년까지 거슬러 올라갈 수 있지만,[36]

1. 초기 단계

---

35 Conze 1978: 1–16에 따라 나누었다.

36 Conze 1994. 비록 여기까지 거슬러 올라가는 반야계 텍스트의 현존 필사본은 없지만, 최근에 발견된 간다리어로 자작나무 껍질에 쓰여진 『팔천송반야경』의 필사본은 47-147년경으로 거슬러 올라갈 수 있다(Falk and Karashima 2011–12; Karashima 2012–13). 이 필사본 자체는 초기 텍스트의 사본으로 보이는데, 이는 초기 반야계 텍스트의 연대를 서력기원의 시작 이전으로 산정한 콘즈의 가정에 타

두 세기에 걸쳐 확장되어 가면서 조성되었을 가능성이 높다. 이를 통해 대승 텍스트를 처음으로 문자로 기록한 시기와 빨리어 정전을 경전화한 시기가 같다고 추정할 수 있다.[37]

2. 확장 단계

두 번째 단계(100-300년) 동안에는 반야계 텍스트가 확장되었는데, 그 결과로 18,000, 25,000, 100,000[38]게송 등으로 된 반야경류 저작들이 만들어졌다(125,000게송 길이의 버전에 대한 언급도 있다). 이 모든 저작들은 모두 실질적으로 동일한 텍스트지만, 중복되는 목록들이 설명되는 정도에 따라 차이가 난다. 같은 시기에 반야계 텍스트들에 대한 주석서가 작성되기 시작했는데, 그중 가장 중요한 것은 『이만오천송반야경』에 대한 용수의 방대한 주석인 『대지도론(大智度論, *Mahāprajñāpāramitā-upadeśa-śāstra*)』이었다. 지금은 산실된 범어 원전은 훨씬 더 길었을 것으로 추정되는데(100,000게송), 이 저작을 한역한 구마라집은 첫 번째 장만을 전문 번역하고 나머지 89개의 장에 대해서는 발췌해 번역했다.

3. 축소 단계

세 번째 단계(300-500년)에서는 반야경류 문헌들의 확장 경향이 반전된다. 이 단계에서 반야경류 문헌들이 독해하기 어려워졌다는 것은 충분히 그럴법한 일이었다. 왜냐하면 텍스트 그 자체의 난해함과 엄청난 반복으로 인해, 주요 요점에 초점을 맞

당성을 더하고 있다.

37 전통 기록에 따르면, 빨리어 정전은 기원전 32-35년 스리랑카 왕 밧따가마니(Vaṭṭagāmaṇī)의 통치 기간에 경전화되었다고 한다(Gómez 2002: 59).

38 이 마지막 버전은 보관을 위해 용들에게 주어졌는데, 그렇지만 부뙨에 따르면 다른 영역에 보관된 버전과 비교할 때 축약된 버전일 뿐이다. 즉, 신들의 왕의 영역에는 10,000,000게송 버전이 있고, 간다르바들의 왕의 영역에는 1,000,000,000게송 버전이 있다고 한다(Conze 1978: 18, n.1).

추는 것이 어려워졌기 때문이다. 유명한 주석가 하리바드라(Haribhadra)를 믿을 수 있다면, 무착 수준의 학자들조차도 이 텍스트들을 다루는 데 어려움을 겪으며 "반복이 너무나 많고, 논증이 무엇인지 구별할 수 없으며, 심오하기 때문에 더 이상 그 의미를 확정할 수 없다"[39]고 했다. 그러니 이 단계에서 짧은 버전이 등장하는 것은 놀라운 일이 아니다. 이 중 두 가지가 가장 유명한 불교 텍스트들인데, 하나는 거의 모든 대승 전통에서 중요한 역할을 하는 저작인 소위 '반야심경'(『반야바라밀다심경(般若波羅蜜多心經, *Prajñāpāramitāhṛdayasūtra*)』)이고, 다른 하나는 '금강경'(『금강반야바라밀다경(金剛般若波羅蜜多經, *Vajracchedikāprajñāpāramitāsūtra*)』)이다. 이 두 텍스트는 모두 상당히 짧지만(전자의 영역본은 한두 쪽에 쉽게 들어갈 정도다), 반야계 텍스트들의 축약본은 모든 버전 중 가장 짧은 버전인 『한 글자에 담긴 지혜의 완성(*Ekākṣarāprajñāpāramitāsūtra*)』에서 극단적인 형태로 나타났다. 보통의 서문과 결론을 제외하면, 이 텍스트는 '아'(A)라는 글자로만 이루어져 있다. '아'라는 소리가 범어 음절의 첫 번째 소리일 뿐만 아니라, 명사나 형용사 앞에 접두사로 붙어서 부정사를 만들 수 있다는 점을 감안한다면, 조금 덜 특이해 보일지는 모르겠다. 아비달마가 가정하는 다양한 범주를 부정하는 것이 반야계 텍스트가 중점을 두는 분야임을 감안할 때, 반야경류의 본질을 '아니다'라는 말로 집약해 담아낸다는 아이디어가 꼭 무리한 것만은 아니다.

대승 학파 모두에게 중요한 텍스트

반야계 텍스트들이 중관학파와 특히 밀접한 관계에 있긴

39 Conze 1955: 13.

하지만, 꼭 중도(中道)의 지지자들만이 관심을 가지는 것은 분명 아니다. 기원전 100년경부터 12세기에 소멸할 때까지 인도 불교의 전 역사에 걸쳐 반야경류 문헌들은 계속 등장했으며, 인도의 여러 대승 학파의 다양한 논사들에 의해 연구되고 요약되며 주석되었다. 이 중 가장 유명한 것은 『현관장엄론(現觀莊嚴論, *Abhisamayālaṃkāra*)』인데, 전통적으로 무착의 스승인 미륵(Maitreyanātha)이 지었다고 알려져 있다. 『현관장엄론』은 『이만오천송반야경』을 273게송의 목록으로 만든 것으로, 인도와 티베트에서 반야계 텍스트에 대한 이해를 주도했다. 『현관장엄론』의 일부분들을 반야계 텍스트 자체에 삽입한 하이브리드 버전은 5-6세기경에 등장했다.

반야경류는 인도 (및 그 너머에서) 불교철학이 발전해 온 양상을 추적할 수 있게 해주는 실마리가 된다. 인도의 모든 대승불교 학파는 어떤 식으로든 반야계 텍스트들을 설명하려고 노력했는데, 이는 각각의 학파들이 자신의 특정한 철학적 입장이야말로 반야계 텍스트들의 공성 이론에 대한 가장 좋은 설명이라는 것을 보여주기 위해 애쓴 것이라고 해도 지나친 일반화는 아닐 것이다. 유가행파의 모든 위대한 스승들은 반야계 텍스트에 대한 주석을 작성했다. 미륵의 『현관장엄론』 외에도, 무착은 『금강경』에 대한 주석을, 세친은 (적어도 티베트 전통에 따르면) 『십만송반야경』에 대한 주석을, 디그나가는 『팔천송반야경』에서 논의된 주요 주제를 요약한 『반야바라밀다원집요의론(般若波羅蜜多圓集要義論, *Prajñāpāramitāpiṇḍārthasaṃgraha*)』을 저술했다. 특정 철학 학파들 내에서만 중요하게 취급되었던 여타의 대승 경전과는 달리, 인도의 모든 아비달마 학파 이후로 반야계 텍스트들은 불교 사상을 해석하는 데 있어서 보편적으로 중요했다.

4. 딴뜨라 단계

반야계 텍스트들의 마지막 발전 단계(600-1200년)에는 딴뜨라적 사고방식에서 영감을 받은 다양한 저작들이 등장한다. 이 저작들에서는 반야의 본질을 하나의 진언이나 주문으로 환원하려는 시도를 볼 수 있다. 이러한 시도는 이미 『금강경』에서 찾아볼 수 있는데, 여기서는 반야 진언(아제 아제 바라아제 바라승아제 모지 사바하(*gate gate pāragate pārasamgate bodhi svāhā*))에 이 텍스트를 집약해 담아내고 있다. 이 텍스트 중 일부에서는 인격화된 반야를 찾아볼 수도 있는데, 여기에는 그녀를 숭배하기 위한 구체적인 의식이 동반된다. 그녀는 일반적으로 팔이 네 개인 여성의 형태로 묘사되는데, 대개 안쪽 팔은 법을 가르치는 제스처로, 바깥쪽 팔은 (바로 반야계 텍스트) 책과 (진언의 반복을 위해) 염주를 들고 있다.

반야경류의 특성에 대해 간략하게 설명했으니 이제는 용수의 전기로 돌아가 보자. 우리는 서로 다른 요소가 서로 다른 방향으로 당기지는 않을까 궁금할 수 있다. 한편으로는 연금술사이자 마술사, 다른 한편으로는 대승의 입장을 옹호하기 위해 논서를 작성한 비구이자 철학자가 있다. 현대의 불교학자들도 이에 대해 의문을 품고 있으며, 행여 똑같은 이름을 가졌지만 서로 다른 시대에 살았던 별개의 인물들을 다루고 있을지도 모른다고 제안했다.[40]

---

40 이 시점에서 두 가지 주장을 구분하는 것이 중요하다. 하나는 논란의 여지가 없는데, 즉 인도 역사의 과정에서 많은 저자들이 '용수'(Nāgārjuna)라는 이름을 썼다는 것이다. 그렇지만 이들이 모두 중관학파 스승의 필명으로 활동했거나, 자신들의 저술을 두고 중관학파 스승인 용수가 저술했다고 주장했다는 것을 의미하지는 않는

문헌에는 적어도 세 명의 용수가 등장한다. 첫 번째이자 가장 자주 언급되는 용수는 1-2세기에 살았던 철학자다. 그는 또한 유명한 불교 대학인 날란다(Nālandā)와 자주 연결되지만, 이렇게 연결 짓기에는 좀 어려움이 있다.[41] 용수가 살았다고 추정되는 시기보다 상당히 늦은 425년 이전에는 날란다가 주요한 승원 시설로 존재했다는 증거가 없다. 더욱이 중국인 순례자 현장(玄奘)과 의정(義淨)은 모두 날란다에서 시간을 보냈는데, 둘 모두 용수를 유명한 동문으로 언급하지 않았다.[42] 철학자 용수

두 번째 용수는 400년경에 살았을 것으로 추정되는 딴뜨라 스승이며,[43] 세 번째 용수는 연금술사로 7세기경에 살았을 것으로 추정된다.[44] (의학서의 저자인 네 번째 용수에 대한 언급도 가끔 발견된다.)[45] 다른 용수들

이처럼 용수를 셋으로 나누면서 용수가 지었다고 하는 100여 점이 넘는 저술을 구분할 수 있게 되었다. 모든 철학 저술은 첫 번째 용수가 지었다고 간주되고, 딴뜨라 및 연금술 관련 저술은 나머지 두 용수가 지었다고 여겨진다. 전통적인 불교 설화에서는 용

다(Walser 2005: 69 참조). 다른 주장은 논란의 여지가 있는데, 여기서는 전통적인 전기들 속 중관학파 저자에게 보이는 다양한 모습(철학적, 연금술적, 의학적, 딴뜨라적 측면)이 한 사람이 아니라, 여러 사람에게 적용되는 것으로 이해되어야 한다고 말한다.

41 하지만 나가와 연결된다는 점에서 흥미롭다. 불교 대학 날란다(Nālandā)와 탁실라(Takṣaśīla)는 모두 나가의 이름을 따서 명명된 것으로 추정되는데, 전자는 난다(Nanda)의 이름을 따서, 두 번째는 탁샤카(Takṣaka)의 이름 따서 명명되었다. Walker 1968: 2. 107.

42 Walser 2005: 78.

43 Lindtner 1982: 11, n.12.

44 Walser 2005: 69, 75 – 9, Eliade 1969: 415 – 16.

45 Winternitz 1968: 3. 547, 552 – 3.

수가 연금술 실험으로 수명을 600세까지 연장할 수 있었다고 주장하기 때문에, 이처럼 다양한 분야로 이뤄진 상당한 수의 저술이 수 세기에 걸쳐 저술되었을 수 있다는 사실을 설명하는 데 특별한 어려움이 없다고 본다.

'여러 명의 용수' 설명의 이점

용수가 여러 명이라는 이 이론에는 몇 가지 이점이 있는데, 가장 큰 이점은 21세기 표준의 자연주의적 세계관과 충돌하는 요소에 호소하지 않고도 용수의 생애에 대한 다양한 기록에서 대부분의 모티브를 설명할 수 있다는 점이다. 하지만 용수의 생애에 대한 전통 기록에서 우리가 마주치게 되는 곤란함(신통력에 대한 언급, 긴 수명, 다양한 분야의 저작물, 삶과 관련된 시간과 공간의 혼란)은 이러한 기록들을 들여다보기 위해 선택된 특정한 관점의 산물이라는 점을 유념해야 할 것이다.

용수의 생애에 대한 전통적 주장의 정합성

위에서 인용한 『능가경』의 예언에서 봤듯이, 용수는 첫 번째 보살지(初地)를 획득한 것으로 여겨진다. 보살이 영적 성취의 다양한 경지 또는 수준에 올라갈 때, 보살은 첫 번째 보살지에 도달했을 때의 특징인 공성에 대한 직접적인 깨달음 외에도 다양한 능력을 얻는다. 첫 번째 경지에는 100겁 동안 살 수 있고, 100가지 형태의 몸을 신통으로 창조할 수 있으며, 100가지 종류의 가르침을 가르치는 능력이 포함된다.[46] 이러한 가정에 근거한다면, 용수의 다양한 신통력에 대한 설명을 포함하여 수명이나 탄생지를 통제할 수 있고 기적을 일으킬 수 있다는 등의 전통적인 전기는 딱 예

46 보살지가 더 높을수록 이 숫자가 증가하는 것이 특징이다. 보살의 경지들은 깨달음에 근거해 서로 구분되는 것이 아니다. MacDonald 2015: 2. 356 참조.

상할 수 있을 법한 설명이라는 것을 분명히 알 수 있다.[47] 용수의 전기가 환상적이거나 혼란스럽거나 기적적인 모습으로 보인다면, 이는 그가 평범한 인간이었다고 생각할 때, 또 그러한 인간으로서의 생애 동안 일어난 일에 대해 일련의 객관적인 진실들이 존재한다고 가정할 때라야 생겨난다. 앞서 언급했듯이, 이러한 접근에 따르는 어려움은 이 방식이 불교철학의 핵심 주장과 부합하지 않는다는 데 있다. 내 주장은, 우리가 현대의 역사학에 근거하여 전통 기록을 '바로잡으려' 하기보다는 모순되는 가정들을 잠정적으로 괄호로 묶음으로써, 불교 사상의 복잡다단함에 대한 보다 미묘한 이해를 얻을 수 있다는 것이다.

호머의 경우와 닮은 용수의 저술들

용수에게 귀속되는 저술의 수는 많지만(티베트 정전에 따르면 100편 이상), 모든 저술이 똑같이 중요한 역할을 하는 것은 아니다. 여기에는 용수를 유명하게 만든 고도로 이론적인 저술뿐만 아니라, 지극히 실용적인 텍스트도 포함되어 있다. 예를 들면, 티베트 정전에 보존된 『두흐빠요가라뜨나말라(*Dhūpayogaratnamālā*)』에는 용수가 만든 것으로 여겨지는 향 제조 레시피가 포함되어 있다.[48]

그의 가장 중요한 단일 저작은 450게송으로 된 『근본중송(*Mūlamadhyamakakārikā*)』으로, 『일리아드』가 호머에 대해 그렇듯, 용수와 본질적으로 연결되어 있다고 여겨진다. 즉, 이 두 저작을

47 Yün-hua 1970: 151-2.

48 McHugh 2012: 267, n.6, Laufer 1896. 의정의 말을 믿는다면, 용수는 치아 위생에 대한 조언도 했다. 그에 따르면, 자신이 만난 인도의 승려들은 "호엽목(胡葉木)의 거친 뿌리를 씹곤 했다 … 치아를 단단하게 하고 입 안에 향기를 풍기게 하며 음식 소화를 돕거나 속쓰림을 완화한다 … 이는 용수보살이 택한 장수를 보장하는 수단이다"(Yün-hua 1970: 28). 또한 Takakusu 1896: 34-5 참조.

언급할 때는 해당 텍스트의 저자를 언급하는 셈이다.

철학 저술: 중관이취육론

용수의 중심 저작은 크게 세 가지 범주로 나눌 수 있는데, 전문적인 철학 저술, 편지, 찬가가 그것이다. 전문적인 철학 저술에는 중관이취육론, 즉 '추론에 관한 여섯 가지 텍스트'(*rigs pa'i tshogs drug*)라고도 불리는 여섯 가지 주요 텍스트가 포함되며,[49] 『근본중송』 외에도 공성 개념에 관한 두 가지 짧은 저술인 『육십송여리론(*Yuktiṣāṣṭikā*)』(*Sixty Verses on Reasoning*)과 『공칠십론(*Śūnyatāsaptati*)』(*Seventy Stanzas on Emptiness*), 공성 이론에 의해 제기된 복잡한 문제에 대한 문답 형식의 논의인 『회쟁론(*Vigrahavyāvartanī*)』(*Dispeller of Disputes*), 비불교 니야야학파에 의해 논의된 논리 및 논쟁과 관련된 16개의 '범주'에 대한 비판인 『광파론(*Vaidalyaprakaraṇa*)』이 있다. 여섯 번째 텍스트인 『비야브하라싯디(*Vyavyhārasiddhi*)』는 후대 저자들이 인용한 몇 구절을 제외하고는 더 이상 존재하지 않는 것으로 보인다.[50]

편지

용수는 또한 왕에게 보내는 두 개의 조언 편지를 썼는데, 이 편지들은 형이상학적인 논의도 포함하고 있지만 주로 윤리적인 문제를 다룬다. 『보행왕정론(*Ratnāvalī*)』(*Jewelled Garland*)과 『권계왕송(*Suhṛllekha*)』(*Friendly Letter*)이 바로 그것이다. 또한 이 편지들은 용수를 시공간 안에 좀 더 확고하게 위치시킬 수 있게 해준다. 텍스트 자체에는 이 편지들이 전달된 왕의 이름이 나와 있지 않은

---

49 이 외에도, 더 짧지만 그럼에도 흥미로운 일련의 저작들이 용수의 저작으로 여겨지는 경우들이 종종 있다. 간결한 논의는 Ruegg 1981a: 26–30 참조.

50 Lindtner 1982: 94–9.

데, 그렇지만 티베트어 역본과 한역본을 통해서는 명승공덕왕(明勝功德王, bDe spyod)과 찬따까(Chantaka)라는 이름을 알 수 있다. 이러한 이름을 가진 왕들에 대한 기록이 전해지지는 않았지만, 이 용어들은 개별 왕을 지칭하는 것이 아니라 샤따바하나(Sātavāhana) 왕조 또는 그 주요 장소 중 하나를 지칭하는 것일 수 있다.[51] 샤따바하나 제국은 오늘날 안드라 프라데시(Andhra Pradesh)의 아마라바티(Amaravati) 주변에 기반을 두고 기원전 230년부터 기원후 220년까지 4세기 반 동안 지속되었다. 조셉 월서는 용수가 연꽃 위에 앉은 붓다의 이미지를 언급한 『보행왕정론』의 한 구절과,[52] 이와 같은 이미지가 동부 데칸(Deccan)의 샤따바하나 왕조 말기에만 가능했다는 사실을 근거로, 용수가 야즈냐 쉬리 사타카르니왕(Yajña Śrī Sātakarṇi | 약 175-204년경)의 통치 기간에 이 글을 작성했다고 주장했다.[53] 이러한 추론에 내재된 불확실성은 분명하지만, 그럼에도 용수의 철학적 활동을 인도 역사에서 연대를 측정할 수 있는 몇몇 사건과 연결시켜온 지금까지의 시도 중 가장 좋은 시도라는 점에서 가치가 있다.

용수와 샤따바하나 왕조

마지막으로 용수의 찬가는 붓다와 붓다의 초월적인 본성에 관한 짧은 텍스트들로, 궁극적 실재에 대한 긍정적 묘사가 홍

찬가

51 Walser 2005: 63 – 5. 또한 Ruegg 1981a: 26 – 7, n.59 참조.

52 "온갖 귀한 재료로 붓다의 이미지를 조성해야 할 것이니, 비율은 훌륭하고, 아름다운 모습으로 연꽃 위에 앉아 있으며, 온갖 귀한 재료로 장엄되어야 한다", rin chen kun las bgyis payi | sangrgyas sku gzugs dbyibs mdzes shing | legs par bris pa padma la | bzugs pa dagkyang bgyid do stsol (坐寶蓮花上 好色微妙畫 一切金寶種 汝應造佛像), Walser 2005: 80, Hahn 1982a: 78, Hopkins 1998: 124 – 5.

53 Walser 2005: 61, 86.

미롭다. 예를 들어, 『무가유찬(無可喩讚, *Niraupamyastava*)』에서는 '법신'(*dharmamayakāya*)은 지복(*śiva*) · 견고(*dhruva*) · 상주(*nitya*)라는 특징을 가진다고 묘사하는 것을 볼 수 있다. 이러한 특징들은 궁극적 실재가 공하다는 용수의 개념과는 적어도 일정 부분 긴장 관계에 있는 듯 보이지만, 일부 대승 경전에서 설하는 불성(*tathāgatagarbha*) 이론과 용수의 사상을 연결하는 흥미로운 지점이기도 하다. 반야경류에서 설하는 보편적인 공 개념과 주로 '교리라는 수레바퀴의 세 차례 굴림'(아래 pp.373-4 참조)에 속하는 경전들 내의 불성 개념 간의 정확한 관계가 무엇인지는 그 이후로 불교 주석가들이 자신의 해석학적 역량을 쏟아 부었던 문제다. 주요 해석학적 선택지는 이 개념들이 서로 긴장관계에 놓여 있는 것처럼 보이기는 하지만 어떻게든 서로 양립하기에 같은 수준의 진리에 속할 수 있다는 것이거나, 아니면 이 개념들이 서로 모순되기에 둘 중 하나는 잠정적인 가르침(不了義, *neyārtha*)의 범주에 속하고 다른 하나만 붓다의 확정적 입장(了義, *nītārtha*)을 표현한 것으로 간주될 수 있다는 것이다.[54]

---

54 Ruegg 2010: 176, n.32 참조. 이후에 이 문제를 다룬 티베트의 논쟁에 대한 논의는 Brunnhölzl 2007: 43 - 55 참조.

반야의 가르침

용수의 중관 교설에 접근하는 좋은 방법은 반야계 문헌 내의 중요한 특정 주제들을 살펴보고 그 주제들이 그의 저술에서 어떻게 철학적으로 전개되었는지를 검토하는 것이다. 반야계 문헌은 방대하고 그 가르침은 복잡하다. 그럼에도 몇 가지 반복되는 주제를 확인할 수 있다. 그중에서도 특히 중요한 것은 다음과 같다.

첫째, 아비달마 프로젝트에 대한 비판
둘째, 환영주의 교리
셋째, 모순에 대한 명시적인 수용

a. 아비달마 프로젝트에 대한 비판

반야경류에서 언급되는 인물은 역사적 붓다인 석가모니뿐만 아니라, 보통 다양한 보살과 붓다의 제자인 사리불(舍利弗, Śāriputra)이다. 이 '교리의 사령관'(法將, *dhammasenāpati*)은 이들 텍스트에서 '열등한 지식의 대표자'[55]로 규정되며, 이는 초기의 불교 학파와 특히 아비달마에 대한 태도를 표명하는 것이다. 반야계 텍스트들은 초기 불교의 깨달은 수행자들인 아라한과 벽지불의 이상을 비판하고, 대신 보살의 이상에 초점을 맞추는 경우가 많다. 『팔천송반

초기 불교의 구제론적 이상에 대한 비판

55 Conze 1978: 6.

야경』[56]은 이들 간의 차이를 다음처럼 설명한다.

> 보살은 아라한과 벽지불에 속한 이들이 수행하는 것과 같은 방식으로 수행해서는 안 된다. 그렇다면 아라한과 벽지불은 어떻게 수행하는가? 이들은 '오직 자신 하나만을 길들이고, 오직 자신 하나만을 평정하며, 오직 자신 하나만을 최종 열반에 이르게 하겠다'고 결심한다. … 보살은 결코 이런 식으로 수행해서는 안 된다. 그와는 달리 다음처럼 수행해야 한다. '나 자신도 진여에 들게 하고, 온 세간이 제도될 수 있도록 모든 중생도 진여에 들게 하며, 헤아릴 수 없는 중생 세간을 열반으로 인도할 것이다'.

여기서 비판되는 것은 아라한과 벽지불이 얻은 깨달음의 타당성이 아니라 그 깨달음의 한정된 범위이다. 『이만오천송반야경』은 아라한과 벽지불을 반딧불에, 보살을 태양에 비유한다.[57] 둘 다 깨달음의 불빛을 피웠지만, 전자의 빛은 자신 주변만 밝히는 반면, 후자의 빛은 잠재적으로 온 세상을 밝힐 수 있다.

초기 불교의 형이상학적 가정에 대한 비판

반야계 텍스트는 또한 아비달마의 형이상학적 교리, 특히 근본적으로 존재하는 법 개념을 거부하기 시작했다. 그 간결한 예시로는 『반야심경』을 들 수 있는데, 여기서는 이 문제들을 다음처럼 설명한다.

56 Conze 1994: 163.

57 Conze 1955: 33.

오, 사리불이여, 심오한 반야에서 수행하고자 하는 고귀한 가문의 아들이나 딸은 다음처럼 관해야 한다.

그는 오온을 올바르게 보고는 오온의 내재적 본성(*svabhāva*)이 공하다고 본다 …

그러므로 사리불이여, 공에는 물질도 없고, 느낌도 없고, 개념도 없고, 형성력도 없고, 의식도 없다.

시각도 없고, 청각도 없고, 후각도 없고, 촉각도 없고, 지각도 없으며, 형상도 없고, 소리도 없고, 냄새도 없고, 맛도 없고, 감촉도 없고, 법도 없다.

시각의 영역부터 마음의 영역까지도 없고, 법의 영역도 없고, 정신적 의식의 영역도 없으며,

앎도 없고, 무지도 없고, 파괴도 없고, 늙음과 죽음의 파괴까지도 없고, 괴로움도 없고, 발생도 없고, 소멸도 없고, 길도 없으며,

인지도 없고, 얻음도 없고, 얻지 못함도 없다.

이 구절은 아비달마의 존재론적 기획의 핵심을 이루는 모든 범주를 부정하고 있다. 관자재보살은 붓다의 영감을 받아, 오온[58]으로 잘 드러나는, 명(名, *nāma*)과 색(色, *rūpa*)이라는 핵심 이분법부터 시

58 반야계 텍스트들에서 보이는 환영주의의 기원을 추적하는 과정에서 알 수 있는 흥미로운 점은 Saṃyuttanikāya(22: 95(3), Bhikkhu Bodhi 2000: 951－2)에서 붓다가 오온을 다섯 가지 환영의 비유로 설명했다는 것이다. 여기서 붓다는 물질(色)을 거품 덩어리에, 느낌(受)을 물거품에, 지각(想)을 신기루에, 의지적 형성물(行)을 바나나 나무줄기에, 의식(識)을 마법의 환영에 비유했다. 또한 Bhikkhu Ñāṇananda 1974: 5－7 참조. 용수의 『보리심이상론(菩提心離相論, *Bodhicittavivaraṇa*)』 게송12-13에서 이 비유를 인용하고 있다. Lindtner1982: 188－9, 259－60 참조.

작하여 십이처·십팔계·십이연기를 거쳐, 사성제와 심지어 깨달음 자체에 이르기까지 아비달마 체계의 핵심 범주들을 하나하나 짚고는 그 어느 것도 공성에는 존재하지 않는다고 언명한다.

아비달마의 존재론적 토대에 대한 거부

이러한 언명이 얼마나 급진적이었는지는 아무리 과장해도 지나치지 않다. 법 이론은 근본적인 수준에서 실재가 어떻게 구성되어 있는지를 말하는 불교의 표준 설명으로, 맨 밑바닥에 무엇이 존재하는지, 그리고 이에 근거한 현상학이 무엇인지를 설명하는 이론이었다. 이 법 이론의 모든 것이 거부된다면, 반야계 텍스트의 청중들(우리는 이들이 아비달마 이론에 대해 잘 훈련받았을 것이라 상상해야 한다)은 과연 무엇이 남아 있는지 궁금해 했을 것이다. 만약 남은 것이 있다면 말이다.

b. 환영주의 교리

남아 있는 것은 우리가 보는 그대로가 아닌 세계, 즉 환영과 유사한 단지 덧없는 창조물에 불과한 세계인 것 같다. 『팔천송반야경』에서 천신들은 역사적인 붓다의 제자 중 한 명인 수보리(須菩提, Subhūti)에게 묻는다.

> 천신들: 마법의 환영과 같은 존재, 그것은 단지 환영이 아닙니까?
>
> 수보리: 저 존재들은 마법의 환영과 같고, 꿈과 같습니다. 마법의 환영과 존재는 서로 다른 것이 아니며, 꿈과 존재도 그러하기 때문입니다. 모든 법은 마법의 환영과 같고, 꿈과

같습니다. 수다원부터 불과에 이르기까지 다양한 성자의 부류도 역시 마법의 환영과 같고, 꿈과 같습니다.

천신들: 완전히 깨달은 붓다도 마법의 환영과 같고, 꿈과 같다는 말씀입니까? 불과도 마법의 환영과 같고, 꿈과 같다는 말씀입니까?

수보리: 열반조차도 마법의 환영과 같고, 꿈과 같습니다. 다른 것은 말할 필요도 없습니다!

천신들: 대덕 수보리여, 열반조차도 환영과 같고, 꿈과 같다는 말씀입니까?

수보리: 설령 그보다 더 뛰어난 것이 있다고 하더라도, 그것 역시 환영과 같고, 꿈과 같다고 말할 것입니다. 환영과 열반은 서로 다른 것이 아니며, 꿈과 열반도 그러하기 때문입니다.[59]

모든 존재자에게 적용 가능한 포괄적 환영주의

반야경류에서 제시하는 환영주의는 포괄적이다. 여기서 보게 되는 것은 종교적으로 초월적인 어떤 세계의 진정으로 실재하는 상태를 강조하기 위해, 우리의 일상 환경을 한낱 외현의 상태로 격하시키는 세계관이 아니다. 오히려 모든 존재, 모든 법, 여러 단계의 깨달은 수행자, 붓다, 심지어 열반까지 포함해 존재 전체가 본성상 환영으로 여겨진다. 심지어 중생을 해탈로 이끄는 과정조차도 마치 마법사가 이전에 만들어놓은 환영을 해체하는 것에 비유된다. 애초에 코끼리가 존재하지 않았기 때문에, 마술사가 코끼리를 사라지게 했다고 할 수 없듯이, 마찬가지로 반야계 텍스트들에

59 Conze 1994: 98–9.

서는 해탈로 인도되는 존재 자체가 없다고 주장한다.[60]

이 환영주의 교리는 반야계 문헌 전반을 관통하지만, 그렇게 직관적이지 않은 입장에 비해서는 오히려 놀랍게도, 이 텍스트들은 **왜** 모든 것이 환영에 불과하다고 믿어야 하는지에 대한 어떤 논거도 사실상 제시하지 않는다. 일부 학자들은 이러한 환영주의 교리의 기원이 일련의 철학적 논증의 결론이 아니라, 명상적 몰입(禪定)에서 경험하는 특정한 정신 상태를 반영한 것이라고 제안했다.[61] 그렇다면 이 텍스트들은 명상 수행자에게 이 세계가 나타나는 특정한 방식을 반영하여, 관련된 수행이 어떤 상태로 이끌어야 하는지를 설명함으로써 가이드를 하는 역할을 할 것이다. 때때로 이러한 맥락에서 모든 감각 지각과 모든 정신 활동이 중단되는 고도의 명상 상태인 '소멸의 성취'(滅盡定, *nirodhasamāpatti*)가 언급되기도 한다.[62] 이렇게 모든 정신 활동이 중단된 상태에 들어 있는 명상 수행자에게 세계가 어떤 식으로든 나타나는지, 그리고 그것이 그렇게 전적으로 환영에 불과한 존재자로 나타날 수 있는지는 답하기 어려운 문제다. 하지만 환영일 뿐이라고 경험하는 일이 '소멸의 성취'(滅盡定)와 특별히 연결되지 않더라도, 반야계 텍스트들의 관점에서 세계를 묘사하는 핵심에 일련의 명상 경험이 있다고 생각한다면, 이는 반야바라밀(*Prajñāpāramitā*)의 기원과 목적을 이해하는 데 도움이 될 수 있다.

환영주의와 명상 경험

---

60 Conze 1994: 90.

61 Schmithausen 1973: 181.

62 Poussin 1937: 191; Frauwallner 1956: 353–4; Staal 1975: 88.

명상 현상학을 존재론화하기

반야계 텍스트들의 환영주의(뿐만 아니라, 명상수행이 불교철학을 형성하는 요인으로 보이는 다른 사례들)를 이해하는 한 가지 방법은 명상 현상학을 존재론화해보는 것이다. 세계는 명상 수행자에게 특정한 방식으로 나타나기 때문에, 또 명상을 통한 인지는 특히 신뢰할 만한 앎의 경로로 간주되기 때문에, 세계는 명상 수행자가 경험하는 방식으로도 존재해야 한다. 이러한 아이디어에는 확실히 어느 정도의 진실이 있다. 하지만 특히 중관학파의 맥락에서는 미묘한 방식의 차이가 있다는 점을 이해하는 것이 중요하다. 반야계 텍스트들의 아이디어는 명상 경험은 본래 인식론적으로 우월하기 때문에, 또 깨달음의 길로 나아가는 데 핵심적인 역할을 하는 해당 명상 상태가 구제론적으로 효과적이기 때문에, 명상 수행자의 현상학적 주장도 권위 있는 존재론적 주장으로 간주되어야 한다는 생각인 것 같다. 그런데 중관학파는 이 주장의 몇 가지 핵심 전제에 동의하지 않을 것이다. 이들은 본질적으로 궁극적 실재에 대한 앎으로 인도하는 인식론적 도구가 없다고, 또 더 나아가 어떤 이론이 (구제론적으로 효과를 낳는 일도 포함해) 효과를 낳으려면 그 이론이 궁극적 진리여야 한다고 믿는 것은 잘못이라고 본다. 실체가 없는(無自性, *niḥsvabhāva*) 전차가 나무를 운반하는 기능을 수행할 수 있듯이, 공한 이론, 즉 궁극적 실재에 근거하지 않는 이론도 해탈로 인도할 수 있는 것이다. 특정한 명상 상태와 경험이 구제론적으로 효과적이라고 해서, 이 특정한 명상 상태와 경험이 세계의 가장 근본적인 작동 방식을 정확히 반영한다고 볼 필요는 없다. 특정한 명상 상태와

궁극적 실재에 근거할 필요가 없는 명상 현상학

경험이 갖는 효과는 여타의 비표준적인 현상학적 상태들[63]이 아니라 왜 그러한 상태와 경험이 함양되어야 하는지를 주장하기에 충분한 이유가 된다. 궁극적 진리에 대한 어떠한 주장과도 상관없이 말이다. 그러므로 우리는 명상 현상학의 '존재론화'가 불교 사상에서 일어났으며, 이를 통해 인도 불교철학의 발전 가운데 많은 부분을 해명할 수 있지만, 불교 철학자 자신들(특히 그들 중 중관학파)이 공도 공하다는 이론을 분명히 설명할 때 마침내 그 존재론화를 넘어선다는 것을 알아야 한다.

환영주의와 여러 불교 학파의 발전

또한 환영주의적 세계관이 여러 불교 학파의 발전에 다소간 다른 역할을 한다는 점에 주목할 필요가 있다. 이 세계가 환영이라는 발상의 초기 형태를 이미 일부 정전 경전에서 발견할 수 있는데, 붓다는 "감각적 즐거움은 무상하고 공허하고 거짓이고 기만적이다. 또 환영에 불과하고, 어리석은 자들의 헛소리다"[64]라고 설했다. 현상을 물거품,[65] 비눗방울, 신기루, 바나나 나무의 속 빈 줄기 등에 비유하는 이러한 가르침의 당면한 목표는 수행자가 이러한 실체 없는 것들에 대한 애착과 혐오를 없애도록 하는 데 있다. 반야계 텍스트들은 마치 나사를 더 빠듯하게 조이는 것처럼, 다섯

63 명상 수행자와 조현병 환자가 창조한 상태 사이의 흥미로운 비교는 Beyer 1988: 84 참조. "요가 수행자는 자신의 마법적 힘의 기초를, 자신의 이해에 두고 있고 그래서 자신의 통제와 자신의 현실에 두고 있다. 조현병 환자의 힘은 통제가 아니라 혼돈에 기초한다."

64 *Āneñjasappāyasutta*, Majjhimanikāya 106: *aniccā bhikkhave kāmā tucchā musā mosadhammā māyākatam etaṃ bhikkhave bālalāpanam*, *Bhikkhu Bodhi* 2001: 869.

65 *Phenasutta*, Saṃyuttanikāya 22:95, Bhikkhu Bodhi 2000: 951 – 5.

가지 심리적-신체적 구성요소(오온)에서 열반, 심지어는 붓다에 이르기까지 환영주의 교리를 확장했다. 대승이 발전해 가는 과정에서 이 포괄적인 환영주의가 인기를 끌었던 이유는 어렵지 않게 알 수 있다. 환영주의가 함의하는 바 중 하나는 비대승 불교 학파들의 구제론적 목표가 실체가 없다는 것이다. 또 다른 하나는 윤회하는 존재와 해탈이 근본적으로 동등하다는 것이다. 이 두 가지 함의 모두 실재의 본성은 환영에 불과하다는 통찰을 획득한 수행자에게 열반을 얻으려면 윤회를 떠나야 한다는 생각은 터무니없어 보일 수밖에 없다는 사실을 수반한다. 이러한 견해는 모든 존재에 대한 자비로 모든 존재를 해탈시키는 데 성공할 때까지 윤회하는 존재로 머무르는 수행자, 즉 보살의 이상을 강력하게 지지하는 데로 이어진다. 궁극적인 수준에서 윤회와 열반의 구별이 없다면, 보살이 해탈을 얻기 위해 벗어나야 할 대상은 존재하지 않는다. 보살은 대자비심으로 통찰력을 기르면서 중생을 돕기 위해 윤회에 머물 수 있다. 그러다가 마침내 모든 중생이 해탈하면, 그때 보살은 윤회를 열반으로, 보살을 붓다로 변환시키는 인지적 전환을 할 수 있다.

환영주의와 보살의 이상

이쯤 되면 반야의 세계관이 일관성이 있는지 의구심이 들지 모르겠다. 한편으로 반야의 세계관은 아비달마의 모든 범주를 거부하는, 전혀 아무것도 존재하지 않는다는 견해인 것처럼 보인다. 다른 한편으로 반야의 세계관은 보살, 환영에 불과한 외현과 붓다 그리고 열반에 대해 말하고 있는데, 이 모든 것들이 어떤 식으로든 존재한다고 여기는 것처럼 보인다. 이러한 입장들이 어떻게 함께 갈 수 있을까?

반야 입장의 일관성

c. 모순에 대한 명시적 수용

반야계 텍스트들은 모순(또는 적어도 겉으로 보기에는 모순)으로 가득하다. 반야는 어떻게 모든 앎(一切智)을 성취하는가? 우리는 "성취하지 않는 그만큼 성취한다"[66]고 배운다. 법은 어떻게 존재하는가? "존재하지 않기 때문에 존재한다."[67] 반야의 심오함은 무엇으로 이루어져 있는가? "어떤 것에 의해서도, 그 누구에 의해서도 개발될 수 없으며, 개발될 것도 없다. 반야에는 그 어떤 것도 완벽해진 바가 없다."[68]

에드워드 콘즈는 반야계 문헌들을 연구한 가장 중요한 서양 학자 중 한 명인데, 그는 이 난해한 상황을 다음처럼 간결하게 요약한다.

> 수천 줄에 달하는 반야바라밀은 다음 두 문장으로 요약될 수 있다. 1. 보살이 되어야 한다. … 2. 보살, 모든 앎, '존재', 지혜의 완성, 성취 같은 것은 존재하지 않는다. 이 두 가지 모순된 사실을 모두 받아들인다면 완벽해질 수 있다.[69]

보살은 존재하지 않는다

어떤 의미에서 보면, "보살 같은 것은 존재하지 않는다"는 주장은 초기 불교에서도 별 이견 없이 받아들일 수 있다는 사실을 아는

66 Conze 1994: 136.

67 Conze 1994: 87.

68 Conze 1994: 191.

69 Conze: 1978: 7-8.

것이 중요하다. 말하자면 초기 불교는 (보살을 포함해) 각 인격체라는 것은 심리적-신체적 집합체인 온(蘊)들의 가변적 연합(shifting coalition)에 덧붙여진 것(假託)에 불과하다고 보기 때문이다. 그러나 반야계 텍스트는 이보다 더 나아간다. 위에서 살펴봤듯이, 그 목표는 법에 근거한 더 높은 층의 외현을 거부하는 것뿐만 아니라 법 자체도 거부하는 것이다. '보살 또는 보살법'(*bodhisattvaṃ vā bodhisattvadharmaṃ vā*)이라는 문구는 부정해야 할 대상으로 자주 등장하는데, 이를테면 이는 자성(*svabhāva*)에 의해 존재하는 인격체라는 의미에서의 보살뿐만 아니라. 아비달마에서 인정된, 보살이라고 함께 묶여 지칭될 수 있는 법들의 집합체도 부정하는 것이다.[70]

반야의 입장에 대한 논증의 개발

따라서 반야계 텍스트들이 불교 철학자들에게 다음과 같은 만만찮은 과제들을 남겼다는 것은 분명해 보인다. 첫째는 여기서 말하고 있는 바가 정확히 무엇인지 확정하는 일이고, 둘째는 여기서 말하는 것이 왜 참인지 그 정당성을 제시하는 일, 즉 단순히 붓다의 말씀(*buddhavacana*)이라는 권위를 내세우지 않으면서 정당성을 제시하는 일이다. 반야계 텍스트들의 이 놀라운 진술을 뒷받침하는 논증을 제시하는 것이 가능하기는 할까?

반야계 텍스트들의 철학적 입장을 체계적인 방식으로 발전시킨 최초의 불교 철학자는 용수였다. 그는 그 결론에 대한 논증을 개발하고, 당면하거나 잠재적인 반론에 대한 답변까지 숙고했다. 하지만 방금 논의한 세 가지 주제가 그의 텍스트에서 어떻게 나타나는지 살펴보기 전에, 먼저 흥미로운 역사적 사실을 살펴봐

---

70 이 점에 대해서는 Schmithausen 1977: 45 참조.

야 한다. 만약 용수의 역할이 정말로 (문자 그대로 혹은 은유적으로) 반야계 텍스트들의 재발견자이자 해설자의 역할로 이해되어야 한다면, 우리는 그가 자신의 저술에서 반야계 텍스트들(과 대체로 대승 텍스트들)을 아주 명시적으로 언급하고 자주 인용할 것으로 예상할 수 있다. 실제로는 전혀 그렇지 않다. 물론 여기서 문제는 무엇이 용수의 진짜 저술이라고 여기느냐에 따라 어느 정도 달라진다는 것이다. 만약 『대지도론』을 용수의 저술이라고 가정한다면, 그가 반야 전통과 관련이 있다는 점은 상당히 분명하며, 또 용수의 저술로 보는 것이 타당해 보이는 다른 텍스트들에도 어느 정도 대승에 대한 언급이 포함되어 있다. 『권계왕송』은 왕에게 관자재보살과 초월적인 아미타불을 본받으라고 권하고 있으며, 『보행왕정론』의 네 번째 장은 대승의 덕을 명시적으로 찬탄하고 있다. 그럼에도 불구하고 중관이취육론의 다른 다섯 저술에, 특히 『근본중송』에 초점을 맞춰본다면 상황은 좀 달라진다. 용수가 여기서 유일하게 그 이름을 언급하는 경전은 『화가전연경(化迦旃延經, *Kātyāyanāvavāda* | *Kaccānagottasutta*에 해당하는 범어)』이다.[71] 그 외에도 그 출처를 명시적으로 밝히지 않은 삼장의 다양한 다른 경전을 인용하고 있다.[72] 이를 근거로, 일부 20세기 불교학자들은 용수와 대승의 연관성에 의문을 제기해야 한다고 주장했다.[73] 『근본중송』에

71 *Mūlamadhyamakakārikā* 15:7에 인용된 Samyutta Nikāya 12.15(Bikkhu Bodhi 2000: 544).

72 Warder 1973: 79-81.

73 Warder 1973, Kalupahana 1991: 5-8 참조. Ruegg 1981a: 6-7, Lindtner 1982: 21, n.67와 Bronkhorst 2009: 136는 여전히 확신하지 못한다.

서 보인 용수의 목표는 반야계 텍스트의 해설자나 더 일반적으로 대승의 홍포자가 되는 것이 아니라, 단지 아비달마 저작들이 초기 불교라는 구조물에 쌓아 올린 과도한 학문적 덧씌우개를 논파하는 데 있을 뿐이었다는 것이다. 용수가 논박하고 있는 대상은 과거·현재·미래의 존재자들이 계속 존재한다는 견해나 (삼장 중 경장에는 언급되지 않은 용어인) 자성(*svabhāva*) 개념 같은 철학적 입장인데, 이는 역사적 붓다의 순수하고 위조되지 않은 가르침을 회복시키기 위한 것이다.

역사적으로 오염되지 않은 불교를 재발견하겠다는 발상[74]뿐만 아니라, 용수(와 붓다)를 '경험주의 철학자'[75]로 규정하는 것은 모두 이러한 '기본으로 돌아가자'는 외침의 창시자들이 생각했던 것보다는 현대의 지적 관심에 더 큰 빚을 지고 있다. 그렇긴 해도 이 견해에는 타당해 보이는 몇 가지 측면이 있다. 용수의 저작에서 찾아볼 수 있는 증거에 따르면, 그는 자신을 몽매한 아비달마 이단자들에 대항해 '새로운' 대승의 신조를 수호하는 혁신가나 옹호자로 생각하지 않았음이 분명하다.[76] 『근본중송』과 여타의 저작

용수는 자신을 철학적 혁신가로 여기지 않았다

74 Schayer 1931: ix는 불교에 대한 이 같은 '프로테스탄트적' 개념을 올바르게 비판한다. "빨리어 문헌학이 대승의 철학적 기초를 밝히는 데 그다지 기여하지 못했다는 데에는 그 나름의 이유가 있다. 종교의 역사에서 원본만이 진짜이고, 그 이후의 모든 것은 '변질'이라는 잘못된 생각은 처음부터 연구의 과정 · 방향 · 방법에 영향을 미쳤다."

75 Warder 1973: 85, 87.

76 그러한 자기 정체성의 기초를 형성할 수 있었던 대승의 집단 정체성 개념은 발전하는 데 오랜 시간이 걸렸다. '대승'(Mahāyāna)이라는 용어가 사용된 가장 오래된 사례는 최초의 대승 텍스트가 등장한 지 몇 세기 후의 인도 비문에서만 발견된다. Williams(2009: 28)는 "1세기 또는 2세기의 승려에게 대승은 가시적인 단체로서는 거의 드러나지 않았다"고 지적한다.

에서 용수가 하려 했던 일은 자신이 생각하는 붓다의 말씀에 담긴 진정한 의미를 설명하는 것이었다. 그는 이 의미가 반야계 텍스트와 삼장 중 경장에 표현되어 있다고 봤기에, 이러한 텍스트의 통일된 철학적 비전을 설명하고, 이러한 텍스트에 없거나 명시되지 않은 논거를 제공하며, 자신이 잘못되었다고 여기는 아비달마의 각종 해석에 맞서 방어를 위한 노력을 했다. 그래도 우리는 여전히, '왜 그는 아비달마와 반야계 텍스트들을 나란히 명시적으로 인용하지 않았을까?' 하고 자문해 볼 수 있다. 대체 왜 『근본중송』의 모든 인용문은 초기 불교 텍스트의 것만이 등장할까?

『근본중송』의 귀경게

첫째, 얼마 전 콘즈[77]가 지적한 일이 있지만, 초창기 학자들이 간과한 사실은 『근본중송』의 모두에 있는 붓다 찬탄의 귀경게(*nāmaskāra*)가 분명 『이만오천송반야경』의 한 구절에서 왔다는 점이다. 하지만 흥미로운 점은, 이 인용구를 구성하는 문구들 대부분은 초기 불교 경전에서 개별적으로 등장하는 것들이지, 여기에서처럼 합쳐진 형태로 등장하는 것들은 아니라는 것이다.[78] 따라서 이 귀경게는 흥미로운 이중 기능을 수행한다. 한편으로는 이 핵심 논서의 맨 처음에 반야계 텍스트의 한 부분을 배치함으로써, 용수가 자신의 저술을 위치시키고자 하는 지적 계통이 어디에 있는지 분명한 신호를 전달하는 것이다. 다른 한편으로는 억지로 이해시키려 하지 않는 것이다. 용수가 여기서 사용한 용어들은 모두 삼장 중 경장에 등장한다. 그 이유 및 대승 텍스트를 명시적으로 언

77 Conze 1975: 595, n.11.

78 Walser 2005: 170–83.

급하는 대목은 없지만, 비대승의 인용문이 『근본중송』에 널리 등장하는 이유를 두고 월서[79]는 용수 시대에 대승 운동이 처한 특수한 역사적 상황을 꼽는다. 소수 학파로서 대승은 대다수의 아비달마 논사들에게 자신들의 해석을 받아들이도록 장려하는 노력을 했다는 것이다. 만약 그러한 노력을 대승 경전을 언급하면서 했더라면 분명 그것은 별 소용이 없었을 것이다. 비록 이러한 것들이 대승적 해석의 우월성을 명시적으로 지지하긴 했지만, 아비달마 논사들은 그러한 것들을 권위 있는 것으로 받아들이지 않았다. 따라서 용수는, 대승의 결론을 주장함에 있어서, 아비달마 논사와 대승불교도 모두 권위 있다고 인정할 수 있는 텍스트만을 명시적으로 참조하는 전략을 세웠다. 우리는 여기서 불교도들이 나중에 비불교 대론자와 논쟁할 때 직면하게 될 문제의 상대적으로 온화한 형태를 엿볼 수 있다. 분명히 그러한 논쟁에서는 두 당사자가 서로의 정전을 인정하기 않기 때문에 경전의 권위에 대한 언급을 할 수 없었다. 그러나 불교의 경우에는 그러한 공유된 정전이 있었고, 용수는 아비달마에서 권위 있다고 여기는 삼장 텍스트를 대승식으로 해석할 수 있다는 점을 증명하기 시작했다. 이 과정을 보면 뻐꾸기의 탁란이 생각날 수도 있지만, 용수와 같은 사상가에게 상황이 이런 식으로 보였을 것이라고 믿을 이유는 없다. 그의 목표는 붓다가 가르친 진정한 의미라고 자신이 생각하는 것을 끌어내는 것이었고, 가능한 한 많은 동료 종교가들을 설득할 수 있는 방식으로 그렇게 하는 것이었다.

---

79 Walser 2005: ch. 5.

용수 사상의 핵심 주제

이렇게 용수와 아비달마 간 관계의 본질에 대해 간략히 살펴봤으니, 이제 위에서 언급한 반야계 문헌의 핵심 주제들이 용수의 저술에서 어떻게 다뤄지고 있는지의 문제로 돌아가겠다.

a. 용수와 아비달마 프로젝트에 대한 비판

용수가 비판하는 아비달마 프로젝트에는 두 가지 분명한 영역이 있다. 하나는 용수가 보살의 이상으로 대체한 것으로, 성문이나 벽지불의 단계를 획득하는 것을 불도의 목표로 삼는 관념이다. 다른 하나는 법을 궁극적으로 실재하는 존재자로 보는 아비달마의 형이상학이다. 용수는 『보행왕정론』에서 왕에게 조언을 하면서, 대승(그리고 대승이 가르치는 보살의 이상)이야말로 삼장 중 경장이 대상으로 하는 존재들보다 더 높은 영적 능력을 가진 존재들을 대상으로 하는 붓다의 가르침에 해당한다고 아주 명시적으로 지적하고 있다.

> 마치 문법의 대가가 제자들에게 알파벳까지 가르치는 것과 같이,
> 붓다께서도 배울 준비가 된 이들이 다가갈 수 있는 교리를 가르치셨습니다.
> 어떤 이들에게는 악행에서 벗어나도록 교리를 가르치셨고,
> 어떤 이들에게는 덕행을 쌓도록,

어떤 이들에게는 이원성에 근거한 [가르침을] 가르치셨습니다.
어떤 이들에게는 이원성을 뛰어넘는 심오한 [교리를 가르쳐 이러한 가르침을] 무서워하는 이들을 두려움에 떨게 만드셨습니다.
이는 바로 자비와 공성의 핵심으로, 깨달음을 획득하는 수단입니다.
그러므로 지혜로운 이라면 대승에 대한 혐오감을 없애고 완전한 깨달음을 획득하기 위해 특별한 믿음을 일으켜야 합니다.[80]

아비달마에 대한 용수의 지지

교리라는 것이 이처럼 향상의 단계를 거쳐왔다는 생각(인도철학과 학설강요서의 공통된 주제)에 따르면, 2차 문헌에서 흔히 볼 수 있는, 말하자면 용수의 목적이 '아비달마를 논파하는 것'이라는 발상을 좀 더 미묘한 방식으로 따져볼 필요가 있다는 것을 알 수 있다. 용수는 『보행왕정론』의 또 다른 구절에서 왕에게 57개의 윤리적 결함 목록을 피하려면 "이 목록을 확실히 깨달아야 한다"고 조언한다.[81] 이 목록은 한 아비달마 텍스트에서 유래했다고 보는 것이 가

---

80 *yathaiva vaiyākaraṇo mātṛkām api pāṭhayet* (如毘伽羅論 先教學字母) |
buddho 'vadat tathā dharmaṃ vineyānāṃ yathākṣamaṃ
(佛立教如此 約受化根性) ||
keṣāṃcid avadad dharmaṃ pāpebhyo vinivṛttaye (有處或說法 令彼離衆惡) |
keṣāmcit puṇyasiddhyartham keṣāṃcid dvayaniḥśritam
(或爲成福德 或具依前二) ||
dvayāniśritam ekeṣām gāmbhīraṃ bhīrubhīṣaṇaṃ (或爲遣此二 甚深怖劣人) |
śūnyatākaruṇāgarbham ekeṣāṃ bodhisādhanam (或深悲爲上 爲他成菩提) ||
iti sadbhir mahāyāne kartavyaḥ pratighakṣayaḥ (是故聰明人 應捨憎大乘) |
prasādaś cādhikaḥ kāryaḥ samyaksaṃbodhisiddhaye (當起勝信受 爲得無等覺) ||
Ratnāvalī 4: 94 –7, Hahn 1982a: 128 –31, Hopkins 1998: 147, 게송394 –7.

81 Hopkins 1998: 149.

장 타당하다.[82] 또 여기에 제시된 7개의 교만 목록[83] 역시 아비달마 자료들에서 유래했으며, 이후 세친의 『아비달마구사론』에 수록되었다.[84] 따라서 용수의 태도는 아비달마의 가르침을 전면적으로 거부하는 일과는 거리가 멀다. 이러한 맥락에서 보면, 그는 아비달마의 주제 목록(*mātṛkā*) 중 하나를 면밀히 학습할 것을 명시적으로 권하고 있는 것이다. 사실 아비달마의 교리를 **그냥** 거부할 이유는 없었을 것이다. 아비달마 교리라는 것도 결국은 초기 불교 붓다의 경전에 담긴 가르침을 체계화하고, 해설하며, 발전시키려는 시도라서, 용수가 이러한 설명 중 일부(심지어는 매우 핵심적인 설명)를 잘못된 것으로 간주했다는 것이 그 전부를 거부했으리라는 것을 의미하지는 않기 때문이다. 이에 대해 명확히 말하는 것은 어렵지만, 용수가 특정 아비달마의 입장을 받아들이거나 지지한 데에는 정치적(또는 대승이 즐겨 사용하는 용어로는 '능숙한'(*upāya*)) 차원이 있었을 수 있다. 비록 설일체유부와 남방 상좌부 두 학파만이 온전히 전해짐에도 불구하고, 우리는 인도불교의 대승 이전의 여러 학파에는 각자의 아비달마 텍스트가 있었더라도 개념적으로는 겹친다는 것을 알고 있다. 용수가 채택한 특정 아비달마의 입장들 중 일부는 그가 머물던 승원의 아비달마에서 옹호하는 입장이었다고 가정하는 것도 꼭 무리한 생각은 아니다. 용수가 삼장의 경전들을 언급했던 일과 마찬가지로, 이 정전을 언급한 일은 비대승 동료

82 Walser 2005: 226 – 7.

83 Ratnāvalī 5: 7 – 12, Hahn 1982a: 134 – 7, Hopkins 1998: 150 – 1, 게송407 – 12.

84 *bhāṣya* on *Abhidharmakośa* 5.10(Pradhan 1975: 284 – 5, Poussin and Pruden 1988 – 90: 3. 784 – 5).

승려들의 눈에 대승의 견해가 합당하다는 것을 강조하는 데 도움이 되었을 것이다.[85]

용수가 공격하는 아비달마의 핵심 형이상학적 개념은 자성(自性, *svabhāva*), 즉 내재적 본성이라는 개념이다. 그의 공성 이론은 단순히 모든 존재가 내재적 본성을 결여하고 있다는 것을 의미한다. 초기 불교의 가르침에서 공성의 교리는 주로 인격체의 무아성(人無我, *pudgalanairātmya*)으로 설명되는데, 여기서는 '나', '나를', '나의 것'과 같은 개념이 가리키는 영구적이고 자기충족적인 인격성의 중핵은 존재하지 않는다고 주장한다. 중관학파로 인해 공의 영역은 확장되어 비인격적인 모든 것을 포함하게 되었으며, 인격체의 무아성뿐만 아니라, 모든 법의 무아성(法無我, *dharmanairātmya*) 또한 중요한 위치를 차지하게 되었다. 법이 공하다는 발상은 전혀 간단하지 않다. 인격체는 실체적인 영혼이나 아뜨만을 소유하는 것으로 간주될 수 있지만, 다른 존재들은 명백한 의미에서는 그렇지 않다. 그렇기 때문에 공한 존재, 즉 인격체와 비인격체가 모두 무엇을 결여하고 있는지에 대한 보다 일반적인 개념이 필요한데, 이것이 바로 자성이라는 개념이다. 용수는 자성을 두 가지 중요한 속성을 통해 규정한다. 바로 우연적이지 않음(無作, *akṛtrimaḥ*)과 다른 것에 의존하지 않음(不待異法成, *nirapekṣaḥ paratra*)이다.[86] 아비달

인격체와 법의 공성

자성

85 이에 대해서는 Walser 2005: 225–63 참조. 그는 "용수의 논증들은 누구를 공격하는지가 아니라, 누구와 동맹을 맺는지의 관점에서 검토되어야 한다"(226)고 올바르게 지적한다.

86 *Mūlamadhyamakakārikā* 15:2.

마의 자성 개념을 상기해 본다면,[87] 어떤 대상은 다음 조건일 때 자성을 속성으로 가진다. 즉, 애초에 이 대상을 존재하게 만든 것을 제외하고 이 속성이 다른 것에 의존하지 않는다면 말이다. 따라서 전차는 동시발생적으로 존재하는 구성요소로부터 그 본성을 빌려오기 때문에 자성에 의한 전차가 아니다. 물·불 등과 같은 보편적인 요소(四大, *mahābhūta*)는 다른 어떤 것으로부터 자신의 본성을 얻어오지 않는다. 사대(四大)는 자성에 의해 그 본성을 가지는 것이지만, 아비달마는 사대가 인과적으로 만들어진다는 것을 아무런 어려움 없이 받아들인다. 그러나 우리는 방금 용수가 의존적인 존재는 자성에 의해 존재하는 것일 수 없으며, 인과적으로 만들어진 법은 당연히 이 법을 존재하게 한 원인과 조건에 의존한다고 말하는 것을 봤다. 아비달마와 용수가 자성에 대해 말할 때 이들은 상당히 다른 것을 의미한 것처럼 보이는데, 그렇다면 반야계 텍스트까지 거슬러 올라가는 용수의 자성에 대한 거부가 정말로 아비달마가 염두에 둔 자성을 거부한 것인지, 아니면 다른 것을 거부한 것인지 의문이 들 수 있다.

용수가 인과적으로 만들어지는 것과 자성을 갖는 것이 양립할 수 없다고 여기는 반면, 아비달마 논사들은 이 둘 사이에 모순이 없다고 본다. 그 이유는 인과 개념이 서로 달랐기 때문이다. 이를 알기 위해서는 자성에 반대하는 용수의 인과 논증을 좀 더 자세히 살펴볼 필요가 있다.

용수의 논증은 시간에 대한 몇 가지 중요한 가정에 기반하고

---

87 위의 pp.155-7 참조.

있다. 첫째는 **현재론**이다. 이는 과거도 미래도 아닌 현재 찰나만 이 존재한다는 관념이다. 둘째는 **찰나성**이다. 이는 어떤 것도 시간적 '두께'를 갖지 않기 때문에, 모든 존재는 일단 발생하면 한 찰나 동안만 지속되고는 그 직후 사라진다고 보는 견해다. 인과적 과정은 순차적으로 일어난다. 먼저 어떤 원인(가령, 불꽃)이 있고, 나중에 결과(폭발)가 발생하는 식이다.[88] 그러나 이는 그 인과관계가 항상 하나의 관련 대상을 결여하고 있음을 의미한다. 원인이 존재할 때는 결과가 아직 존재하지 않고, 또 결과가 존재할 때는 원인이 이미 존재하지 않게 된다. 현재론과 찰나성이라는 공동 전제로 인해, 실재 전체가 현재 찰나에 압축되어 버렸기 때문에, 또 인과관계에는 적어도 연속되는 두 찰나가 필요하기 때문에, 이 관계의 한 관계항은 항상 존재하지 못할 것이다. 이는 마치 인과성이 존재하지 않는다는 것을 나타내는 것처럼 보이는데, 왜냐하면 두 관계항이 없다면 두 장소의 관계가 존재할 수 없기 때문이다. 하지만 이 세상은 속속들이 인과적인 모습을 띠며 나타나기에, 이 중관 논사는 이를 설명할 방법을 찾아야만 한다. 그는 원인과 결과가 동시에 존재할 수는 없지만, 결과라는 관념이라면 가능하다고 제시함으로써 그렇게 한다. 원인이 존재할 때 결과는 예기에 의해 충족되고(불꽃이 번쩍일 때 우리는 폭발을 예상한다), 결과가 발생했을 때 원인은 기억에 의해 충족된다(폭발이 일어날 때 우리는 불꽃을 기억한다). 이 의미는 필연적으로 인과관계는 개념적으로 구성되는 관계항

자성에 반대하는 인과 논증

인과관계는 본질적으로 개념화를 수반한다

88 가령, 질이 시소에서 내려가면 잭이 올라가는 식으로, 때때로 원인과 결과가 동시에 일어나는 경우가 이따금 있다. 그러나 이러한 경우는 현재 논의에서는 자세히 다룰 여지가 없는 여러 가지 복잡한 문제를 야기한다.

하나를 포함하고 있으며, 그렇다면 인과관계는 마음과 독립적인 방식으로 성립하는 객관적인 관계가 될 수 없다는 것이다. 더욱이 인과적으로 만들어지는 존재는 본질적으로 인과적으로 만들어진 속성을 가지는데, 그렇게 만들어지지 않았다면 존재하지 않을 것이다. 만약 내 앞에 있는 찻잔이 일련의 원인과 조건에 의해 생겨난 것이 아니라면, 이것은 그 찻잔이 아닐 것이다. 그러나 이는 그러한 존재의 본질이 개념적 구성을 수반하며, 그런 어떤 것도 자성에 의해 존재하는 것일 수 없음을 의미하는데, 왜냐하면 이 말은 그 대상이 그 자체로 존재하는 것이 아니라 개념화하는 마음처럼 다른 것에 의존하고 있음을 뜻하기 때문이다. 이런 이유로 인과적으로 만들어진 모든 것은 공할 수밖에 없다.

자성과 인과관계에 대한 아비달마와 중관학파의 견해

이제 우리는 아비달마 논사들이 원인을 갖는 것과 자성을 갖는 것이 양립할 수 있다고 보았던 반면, 어째서 용수는 원인을 갖는 것과 자성을 갖는 것이 양립할 수 없다고 보았던 것인지를 더 쉽게 이해할 수 있게 되었다. 설일유체부의 경우, 자성을 갖는 속성이 무시간적으로 법에 적용된다는 것을 떠올릴 수 있을 것이다. 어떤 법이 현재에 존재하든, 과거에 존재했든, 아직 존재하지 않든, 이 법의 자성은 존재한다. 유일하게 변하는 것은 이 법의 효과성이다. 하지만 이 경우 인과적 생성이나 소멸은 자성의 존재론적 지위에 영향을 미치지 않으며, 따라서 그러한 인과관계가 자성의 '자족성'이나 '자기존재'를 훼손한다고 생각할 동기는 거의 없는 것 같다. 물론 앞서 살펴봤듯이, 모든 아비달마 학파가 이처럼 존재가 연속한다는 기이한 발상을 받아들인 것은 아니다. 경량부는 법이란 찰나적 현상으로, 그 배경에 지속하는 자성이 없다고 생각했다. 오히려 법은 존재하지 않게 되자마자 자신과 유사한 찰나적 후속 법의 원인이 된다고 제시했다. 현재 찰나에만 그 효과성을 획득하는 부단한 자성을 가진 하나의 불-법(fire-*dharma*)이 아니라, 매찰나마다 다음 찰나의 원인이 되는 일련의 불-법들이라는 것이다.

아비달마식 법이 되기 위한 기준(따라서 자성을 갖는 기준)은 어느 시점에 이르러 분석에 근거하는 방식으로 공식화되었다. 어떤 것이 물리적으로나 개념적으로 분해되더라도 사라지지 않는다면, 그것은 법이라 할 수 있다. 개별적인 불-법이 발생되었다는 사실은 이것이 존재하는 한, 이 두 가지 방법을 통해서는 더 기본적인 구성요소로 분해될 수 없다는 사실과 충돌하지 않는다. 또한 부분들을 가지는 대상에 자성이 존재한다고 할 수 없는 이유는 그러한 본성을 가지지 않는 대상들으로부터 자신의 본성을 빌려오기 때문이라는 사실을 기억할 필요가 있다. 따라서 전차는 차축·바퀴 등으로부터 자신의 본성을 빌리는 것이지, 그 자체로 전차인 것이 아니다. 찰나적인 불-법의 경우도 이런 식으로 자신의 원인에서 자신의 본성을 빌린다고 말할 수는 없을 것인데, 왜냐하면 이 찰나적인 불-법의 원인도 또한 어떤 불-법이기 때문이다. 이 불-법은 어떤 불-법이 아닌 것에 의존하지 않는 것 같다. 그러나 인과성 개념에 대한 아비달마식 개념을 중관학파식 개념으로 바꾸면, 이전에는 자성을 소유하는 데 아무런 문제가 없다고 여겨지던 대상이 갑자기 더 이상 그렇지 않게 된다. 중관학파는 마음의 손길이 없었다면 애초에 인과관계가 존재하지 않았을 것이기 때문에, 인과적으로 만들어진 존재에는 이제 개념적으로 구성된 요소가 포함되어 있다고 주장한다. 경량부의 찰나적 법들은 그 본성상 원인에 의해 생겨난다. 그리고 만약 우리가 이것이 의미하는 바를 제대로 이해한다면, 그 본성을 분해했을 때 결국 거기에는 제거되면 그 법을 사라지게 만드는 요소가 있다는 것을 깨닫게 된다. 만약 불-법이 인과적으로 만들어지지 않았고, 따라서 궁극적으로 우리의 개념화에 의존하지 않는다면, 불-법은 존재하지 않을 것이다. 아비달마와 중관학파는 서로 다른 자성 개념을 운용한 것이 아니며, 따라서 서로 다른 얘기를 한 것이 아니다. 하지만 이들은 서로 다른 인과성 개념을 운용했고, 그래서 이 점은 애초에 무엇을 자성을 갖는 존재로 간주할지에 대한 견해에 영향을 미쳤다.

자성에 반대하는 부분-전체론 논증

자성에 반대하는 용수의 두 번째 주요 논증은 인과성 개념에 근거한 것이 아니라, 전체와 부분이 같은지 다른지 하는 문제에 근거한다. 논증의 구조는 친숙할 것이다. 전체는 궁극적으로 실재하는 대상(實, *dravya*)이 될 수 없고 개념적으로 구성된 것(假, *prajñapti*)일 수밖에 없음을 보여주기 위한 아비달마 논증들이기 때문이다.[89] 이 논증들의 논거는 전체가 궁극적으로 실재한다면, 전체와 부분의 관계를 명확히 정의할 수 있어야 한다는 것이었다. 그러나 전체가 부분과 동일하다는 가정과 전체는 부분과 구별되는 별개의 존재자라는 가정 모두 문제를 일으킨다는 점이 드러났다. 이에 근거해 아비달마 논사는 전체는 그 자체로 존재자가 아니라, 말하자면 부분이 존재할 때와 같은 의미로 존재하는 것이 아니라, 한낱 부분에 개념적으로 덧붙여진 것(假託)일 뿐이라고 추론한다.

89 위의 pp.157-61 참조.

용수는 이제 이 논증을 법의 수준으로 확장하는데, 즉 아비달마 논사의 부분-전체론적 논증에 따라 궁극적 실재라고 도출된 존재자에게 이를 적용하는 것이다. 물론 그는 법이 되는 첫 번째 기준(부분-전체론적 단일성)과 관련해서는 그렇게 할 수 없는데, 왜냐하면 법은 부분을 가지지 않기 때문이다. 대신 그는 두 번째 기준에, 즉 궁극적으로 실재하는 대상은 물질적으로 분해할 때뿐만 아니라 개념적으로 분해할 때에도 단일해야 한다는 생각에 초점을 맞춘다.

법은 자신의 개념적 부분들과 같은가, 아니면 다른가?

지금 용수가 하는 질문은 개념적 전체로서의 법이 그 부분과 동일한지 아니면 구별되는지 하는 것이다. 물-요소(水大) 같은 '네 가지 보편적 요소'(*mahābhūta*) 중 하나를 법으로 간주한다면, 우리는 자연스럽게 이 법을 두고 여러 가지 속성(축축함, 끈끈함)을 갖는 하나의 개별자(법)로 규정하고자 할 것이다. 이 법은 자신의 속성과 구별되는 것일까 아니면 하나의 동일한 것일까? 둘이 별개라고 가정해 보자. 이 경우, 한편으로는 하나의 개별자와 이 개별자에 부착되는 다양한 속성이 있게 된다. 이 개별자의 본성은 무엇일까? 만약 자신의 모든 속성과 구별된다면, 이 개별자는 단지 자신의 모든 속성이 제거되었을 때 남게 되는 것, 일반적인 철학 술어로는 **벌거벗은 개별자**로 불리는 것일 뿐이다. 이 벌거벗은 개별자는 자신의 내재적 본성에 의한 것, 다시 말해 자성에 의한 것인가? 만약 그렇다면, 한 물-법(water-*dharma*)에는 두 개의 자성 혹은 본성이 딸려 있을 것이다. 이를테면, 벌거벗은 개별자라는 본성과 물의 구체적 특징 혹은 자상(*svalakṣaṇa*), 즉 축축함이라는 본성이 그 둘이다. 그러나 어떤 것도 두 가지 본성을 가질 수 없는데, 왜냐하면 한 사물의 본성은 다른 것들과는 달리 그것을 그것으로 만드는 것이기 때문이다. 그래서 벌거벗은 개별자는 그 자신의 본성에 의해 그것인 것이 아니라고 말하는 편이 안전할 것이다. 하지만 이는 단지 벌거벗은 개별자는 자신의 본성을 다른 것으로부터 빌린다는 것을 의미할 뿐이지, 어떤 속성도 없는 대상이라는 이기이한 발상을 통해 존재론적 맨 밑바닥에 도달한 것은 아니기에, 우리는 분석을 이어가야 한다. 벌거벗은 개별자라는 것은 결국 다른 것의 속성이 될 것이다. 즉, 벌거벗은 개별자에 축축함이란 속성이 부착되는 것과 같은 방식으로, 원래의 벌거벗은 개별자라는 속성이 훨씬 더 벌거벗은 개별자에 부착되리라는 것이다. 이 단계에서 당연히 이 논증 전체를 계속 이처럼 반복할 수 있는데, 이렇게 되면 우리는 계속 더 벌거벗어 가는 개별자들로 무한히 하강하는 바람직하지 않은 전망과 마주하게 될 것이다.

속성-개별자로서의 법

이런 종류의 문제는 우리가 애초에 잘못된 쪽으로 방향을 잡았음을 암시하는 것일 수 있다. 우리는 오히려 법, 즉 전체는 자신의 속성, 즉 부분과 구별되지 않는다고 말해야 했었다. 물론 이 둘이 말 그대로 동일하다고 하는 것은 말이 안 된다. 왜냐하면 법은 하나지만 속성은 여럿이며, 어떤 것도 하나이면서 여럿일 수 없기 때문이다. 그러나 우리는 속성이 부착되는 형이상학적 응축 핵으로서의 인격체라는 개념 자체가 애초에 잉여의 산물이라고 주장함으로써 이 아이디어를 설명할 수 있다. 그 대신, 물-요소(water-element)는 법 자체가 아니라, 그저 공존하는 속성-개별자, 즉 이른

바 트롭(trope)[90]의 집합일 뿐이라고 말할 수 있다. 그렇다면 이러한 속성-개별자가 실재하는 법이 될 것이다. 물-요소라는 것은 단지 개념적 구성물일 뿐이다. 집합을 구성하는 축축함-트롭과 끈끈함-트롭 등은 존재하지만, 개체로서의 물-요소라는 법은 전차라는 것이 자신의 부분들에 덧붙여지는 것과 같은 방식으로 단지 여기에 덧붙여진 것일 뿐이다.

속성-개별자들은 어떻게 서로 구분되는가?

용수는 이제 이 모든 서로 다른 개별화된 속성이 구별되도록 만드는 것이 무엇인지에 대한 질문을 제기한다. 겉으로 보기에 대답은 명백해 보인다. 개별화된 속성은 특정한 시공간 위에서 속성이 발현한 것이기 때문에 개별화된다는 것이다. 두 개의 축축함-트롭을 서로 구별하는 것은 하나는 지금 여기에 있는 축축함이고, 다른 하나는 저기에 있는 축축함이라는 점이다. 그러나 만약 개별화된 속성이 가정할 수 있는 유일한 근본적인 범주라고 한다면(그리고 아비달마의 법의 경우 이는 사실이다), 이것을 가지고 공간적 속성과 시간적 속성을 비롯해 그 모든 속성을 설명해야 하기 때문에 문제가 보기처럼 간단하지 않다. 이는 곧 '어떤 한 장소에 있는 존재'와 '어떤 한 시간에 있는 존재'가 모두 트롭이라는 말이 되는 것이다. 이렇게 되면, 이 트롭들은 다른 트롭들에 대해 특권적 개별자로서의 지위를 상실하게 된다.

이 문제를 해결하는 한 가지 방법은 다음과 같다. 하나의 트롭을 다른 트롭과 구별하기 위해 실제로는 특별한 속성이 필요하지 않다. 사실, 우리는 하나를 다른 하나와 구별하기 위해 어떤 트

---

90 위의 pp.157-9 참조.

롭이 어떤 트롭인지 전혀 알 필요가 없다. 트롭은 단독 상태로 존재하는 것이 아니라, 다른 트롭과 복합된 상태로 존재한다. 그렇다면 우리는 세속적으로 '개별자'라고 이름을 붙인 한 복합체에서 어떤 다른 트롭들과 함께 발현하는지 확인하여 각각의 트롭을 간단히 개별화할 수 있다. 이는 모든 트롭의 경우마다 다를 것이다.

이 절차가 우아해 보이긴 하지만 결정적인 약점이 있다. 트롭은 더 이상 그 자신의 내적 본성이나 속성에 따라 개별화되는 것이 아니라, 함께 발현하는 다른 트롭과 관련해 개별화된다. 이는 각 트롭이 자신의 종류가 되기 위해 다른 트롭들에 의존한다는 것을 의미한다. 모든 축축함-트롭이 하나로 합쳐지지 않는 것은 축축함-트롭이 아니라 다른 트롭들의 존재 때문이다. 이런 경우, 트롭은 더 이상 자성의 소유자로 간주될 수 없다.

따라서 법의 부분과 전체의 관계를 설명하는 모든 방식은 문제가 많은 결론을 낳거나, 자성을 법에 귀속시킬 수 없는 입장에 이르게 되는 것 같다.

변화에 근거한 논증

마지막으로 살펴볼 자성에 반대하는 용수의 논증은 우리 주변의 사물이 변화한다는 관찰을 출발점으로 삼고 있다. 우리가 관찰하는 세계는 정적이지 않다. 오히려 그것은 지속적으로 자신의 속성을 바꾸는, 존재하게 되기도 했다가 존재하지 않게 되기도 하는 사물들에 의해 특징지워진다. 용수는 이러한 사실과 자성의 잠재적 존재 사이에 충돌이 있다고 본다. 그는 다음처럼 지적한다.

> 변화가 관찰되기에 사물의 자성은 존재하지 않는다. … 만약 자성이 발견된다면, 무엇이 변할 수 있겠는가? 사물 자체의 변화도 다

른 것의 변화도 알맞지 않다. 젊은이는 늙지 않고, 노인도 늙지 않는 것과 같다.[91]

발생과 소멸로서의 변화

트롭 수준에서 문제를 살펴보도록 하자. 만약 물이 지금 뜨겁다가 나중에 차가워진다면, 이러한 변화를 어떻게 설명할 수 있을까? 뜨거운 물이라는 트롭들의 집합체에 내재된 열-트롭들이 다른 것으로 바뀌었다고 제안하는 방법이 하나 있다. 이러한 트롭들이 열을 자신의 본성으로 가진다는 점을 고려하면 이는 불가능해 보인다. 열-트롭들이 무엇인지의 핵심이라면, 어떻게 다른 것으로 변할 수 있을까? (이 점이 바로 (내재적으로) 젊은이는 늙을 수 없다는 용수 발언의 요점이다.) 오히려 일어날 수 있는 일은 열-트롭들이 존재하지 않게 되고 여타의 다른 트롭들이 대신 그 자리에 생겨나는 것이다. 이 경우에는 이러한 다른 트롭들이 생겨나는 원인이 무엇이냐는 문제가 발생한다. 분명 같은 종류의 트롭도 아니고(그렇지 않다면 변화가 없을 것이다), 어떤 원인 없이 다른 트롭이 생겨났다는 가정도 만족스럽지 않다. 그런데 어쨌든 변화가 있으려면, 두 가지 가능성 중 하나가 만족되어야 하는 것 같다. 모든 트롭이 자신과 똑같은 트롭을 낳을 뿐이라면, 모든 것은 항상 동일할 것이다. 이미 나이 든 사람이 노인으로 변할 일은 없을 것이다.

---

91 *bhāvānām niḥsvabhāvatvam anyathābhāvadarśanāt* (諸法有異故 知皆是無性) |
[…]
kasya syād anyathābhāvaḥ svabhāvo yadi vidyate (若諸法有性 云何而得異) ||
tasyaiva nānyathābhāvo nāpy anyasyaiva yujyate (是法則無異 異法亦無異) |
yuvā na jīryate yasmād yasmāj jīrṇo na jīryate (如壯不作老 老亦不作壯) ||
Mūlamadhyamakakārikā 13: 3a, 4b – 5

재조합으로서의 변화

마지막으로 고려할 수 있는 가능성은 트롭이 실제로 영구적이어서 존재하게 되거나 사라지는 것이 아니며, 변화는 단지 이러한 트롭들의 국지적인 재배치로 설명될 수 있다는 것이다. 뜨거운 물이 식는다면, 열-트롭들은 변하거나 사라지는 것이 아니라 다른 곳으로 이동할 뿐이다. 이러한 제안의 난점은 영구적인 트롭들이 끊임없이 변화하는 조합으로 배열되는 이유를 설명하지 못한다는 데 있다. 어떤 반발력의 발생과 소멸처럼, 트롭들의 내부에서 진행되는 어떤 일도 일어날 수 없다. 왜냐하면 이런 일이 일어난다고 하면, 이 트롭들은 확실히 영구적이지 않고 변화할 것이기 때문이다. 하지만 우리가 애초에 설명하고자 하는 바는 바로 이러한 변화 개념인데, 자성에 의해 존재하는 존재자들을 포함하는 이론은 변화를 설명하는 데 상당한 어려움에 직면하는 것 같다.

반야계 텍스트들의 주장에 대한 논증적 뒷받침

지금까지 우리는 용수가 인과성·부분성·변화 같은 다양한 개념들이 포함된 여러 가지 논증들을 활용해, 아비달마 프로젝트의 존재론적 측면 및 그에 따른 자성에 의해 존재하는 법이라는 중심 개념에 대한 반야계의 비판을 뒷받침하는 모습을 봤다. 앞에서 살펴본 논증들이 용수의 텍스트에서 볼 수 있는 자성에 반대하는 논증 전부인 것은 분명 아니며, 또 그를 따르는 중관학파 문헌에서 볼 수 있는 논증 전부인 것도 아니다. 하지만 이 논증들은 반야계 경전들에서 제기된 일련의 주장들을 뒷받침하는 논증 방식을 대표하는 샘플이 될 뿐만 아니라, 그 자체로도 철학적 논증으로서 상당한 체계적 잠재력을 가지고 있다.

b. 용수의 사상 속에 나타난 환영주의

우리는 위에서 반야계 텍스트들이 철저한 환영주의 이론을 설명한다고 언급했다. 불도(佛道)를 구성하는 거의 모든 개념에 대해 이러한 개념은 실재하지 않는다고 말하는 반야계 텍스트를 발견할 수 있다. 그러나 거기에서 설명하는 이론은, 예를 들어 베단타에서 볼 수 있는 일종의 외현/실재 구분을 지지하는 이론이 아니다. 이 이론의 목적은 우리 주변에서 접하는 세계가 모두 공하고 따라서 환영에 불과하지만, 유일한 실재 세계로서 이 세계와 분리된 또 다른 세계가 존재한다는 것을 보여주는 것이 아니다. 반면에, 아비달마의 설명은 이러한 외현/실재 구분을 지지하는 것으로 이해될 수 있다. 즉, 부분으로 이루어진 대상은 외현이지만, 유일한 실재 존재는 개별적인 법들이라는 것이다.

'외현 vs 실재'라는 견해가 아님

용수는 자신의 저술에서 반야의 환영주의적 은유를 자주 사용한다. 『근본중송』 17장의 결론에서 그는 다음처럼 언급한다.

31. 마치 스승께서 신통력으로 마법적 존재(變化人)를 꾸며내고, 그 마법적 존재가 또 다른 마법적 존재를 꾸며내는 것처럼,
32. 마법적 존재의 형태를 가진 행위자(作者)와 그 행위자가 수행한 행위(業)에 관해서는 한 마법적 존재가 두 번째 마법적 존재를 꾸며내는 것과 같다.
33. 번뇌·행위·몸·행위자·과보는 모두 간다르바의 도시와 같고,

신기루·꿈과 같다.[92]

유령 마술사를 만들어내고 그 마술사가 다시 또 다른 유령을 만들어냈다는 붓다의 아주 신이한 솜씨를 보여준 예는 행위도 근본적으로 실재하지 않으며, 행위를 일으키는 주체도 실재하지 않는다는 주장을 예를 들어 설명하는 것이다. 자성이 없는 존재들은 다른 존재에 의해 생겨날 수 있으며, 또 이 점은 일반화될 수 있다. 즉, 외현/실재 시나리오에서는 외현이 결국 실체에 근거를 두는 것과는 달리, 이 경우에 외현이라는 것은 모든 점에서 비실체적인 존재자다. 부분을 가지는 존재자의 기초가 되는 법은 부분을 가지는 존재자 자체보다 더 실재하는 것이 아니다. 비불교 및 불교 비평가 모두 이러한 논증들 때문에 중관을 허무주의라고 성급하게 비난한 것도 그리 놀라운 일은 아니다.[93] 예를 들어, 무착은 중관학파 논사들이 대승 경전의 의미를 잘못 이해했다고 비난한다. 그는 「보살지(菩薩地, *Bodhisattvabhūmi*)」에서 다음처럼 주장하고 있다.

존재론적 허무주의라는 비난

그러므로 이해하기 어렵고, 심오한 공성과 연관되어 있으며, 직접

92 *yathā nirmitakaṃ śāstā nirmimītārddhisaṃpadā* | *nirmito nirmimītānyaṃ sa ca nirmitakaḥ punaḥ* || *tathā nirmitakākāraḥ kartā yat karma tatkṛtam* | *tadyathā nirmitenānyo nirmito nirmitas thatā* || *kleśāḥ karmāṇi dehāś ca kartāraś ca phalāni ca* | *gandharvanagarākārā marīcisvapnasamnibḥāḥ* || (如世尊神通 所作變化人 如是變化人 復變作化人 如初變化人 是名爲作者 變化人所作 是則名爲業 諸煩惱及業 作者及果報 皆如幻與夢 如炎亦如嚮), Siderits and Katsura 2013: 191. "간다르바의 도시"라는 것은 실제로는 존재하지 않지만, 허공에 보이는 도시로, 인도에서 실재하지 않는 외현을 보여주는 대표적인 예다.

93 이 점에 대한 더 자세한 논의는 Westerhoff 2016a 참조.

> 적이지 않은 의미를 나타내는 대승과 관련된 경전들을 들은 일부의 사람들은 있는 그대로의 실재를 기술한 그 의미를 알지 못한다. 이들은 한낱 추론(尋思, *tarka*)을 통해 얻은 타당성 없는 견해를 가지고는 '이 모든 것은 실제로는 단지 명칭에 불과하다. 사태를 이런 식으로 보는 자는 사태를 올바르게 본다'고 말한다. 그런 자들에게는 명칭의 근거가 되는 주어진 사물(唯事, *vastumātra*)이 존재하지 않기 때문에 어떤 식으로든 명칭이 존재하지 않는다. 그러나 어떻게 실재가 한낱 명칭에 불과할 수 있을까? 이런 방식으로 실재와 명칭 모두 거부된다. 명칭과 실재를 거부하기 때문에 이들은 가장 극단적인 허무주의자(最極無者, *pradhāna nāstika*)로 알려져 있다.[94]

하지만 중관학파는 허무주의적 입장과 거리를 두기 위해 세심한 주의를 기울인다. '중도의 추종자'라는 그 이름에서 알 수 있듯이, 이들은 실체적으로 존재하는 존재자를 상정하는 극단뿐만 아니

---

94 *ato ya ekatyā durvijñeyān sūtrāntānmahāyānapratisamyuktāṃ gambhīrāṃ śūnyatāpratisamyuktānābhiprāyikārthanirūpitāṃ śrutvā yathābhūtaṃ bhāṣitasyārthamavijñāyāyoniśo vikalpyāyogavihitena tarkamātrakeṇa ivaṃ dṛṣṭayo bhavanty evaṃ vādinaḥ | prajñaptimātram evasarvam etat tattvam | yaś ca ivaṃ paśyati sa samyak paśyatīti | teṣāṃ prajñaptyadhiṣṭhānasya vastumātrasyābhāvātsaiva prajñaptiḥ sarveṇa sarvaṃ na bhavati | kutaḥ punaḥ prajñaptimātraṃ tattvaṃ bhaviṣyatīti | tad anena paryāyeṇa tais tattvam api prajñaptir api tad ubhayam apy apavāditaṃ bhavati | prajñaptitattvāpavādāc ca pradhāno nāstiko veditavyaḥ* (如有一類聞說難解大乘相應空性相應 未極顯了密意趣義甚深經典 不能如實解所說義 起不如理虛妄分別 由不巧便所引尋思起如是見立如是論 一切唯假是爲真實 若作是觀名爲正觀 彼於虛假所依處所實有唯事 撥爲非有 是則一切虛假皆無 何當得有一切唯假是爲真實 由此道理彼於真實及以虛假二種俱謗都無所有 由謗真實及虛假故 當知是名最極無者), Wogihara 1930-6: 1.46. Willis 1979: 161, Engle 2016: 81-2 참조.

라 허무주의라는 극단도 아울러 거부한다는 사실을 강조한다. 용수는 전차나 물단지 같은 사물이 근본적으로 실재하지도 않고 또한 근본적으로 실재하는 것에 근거하지도 않지만, 전차나 물단지 등은 여전히 나무나 물을 운반하는 등 다양한 기능을 수행할 수 있다는 사실을 역설한다. 화폐 경제는 통화 가치의 보증인 역할을 하기 위해 내재적으로 가치 있는 무언가를 필요로 하지 않고, 단지 경제적 교환에 참여하는 사람들의 믿음과 기대에 의존하여 기능할 수 있다. 마찬가지로 사물 역시 자신이 기능할 수 있기 위해 자성에 의해 존재하는 무언가에 근거할 필요는 없다. 충분히 많은 사람들이 함께 명칭을 부여하는 과정에 참여하는 한, 그렇게 지칭된 존재자는 계속 존재할 것이다. 일상적 존재자의 기능적 효과성을 짚고 있는 바로 이 지점은 중관학파에게 특히나 중요한데, 왜냐하면 이들이 자주 직면하게 되는 것이 바로 도덕적 허무주의라는 비난이기 때문이다. 만약 대론자의 주장대로 중관학파가 일체의 존재를 거부한다면, 이들은 업의 잠재력도 받아들이지 않을 것이다. 그러나 업의 잠재력을 받아들이지 않는다면, 보통 사람들을 도덕적으로 행동하게 할 주된 동기가 사라지는 듯 보인다. 이타주의의 미덕을 아직 확신하지 못하는 사람들에게 자신들의 부덕한 행위가 업의 결과로 인해 그들의 이기적인 욕망에 해가 될 것이라고 설득하지 않는다면, 어떻게 이들을 제지할 수 있겠는가? 여기에다 중관학파가 근거하는 반야계 텍스트들이 보살·붓다·해탈조차 공하다고 본다는 사실까지 더한다면, 여기서 우리가 다루고 있는 것이 과연 불교가 맞는지 묻는 것도 무리는 아니다. 그러므로 중관학파에게는 자성이 없는 존재(일체가 존재하는 방식)와 비존재(예

기능에는 자성이 필요하지 않다

도덕적 허무주의라는 비난

를 들어, 허공의 꽃과 불임 여성의 아들 같은 것은 존재하지 않음)를 구별하는 일, 그리고 자성의 부재로 규정되는 공성이 기능적 효과성의 공성까지 수반하는 것은 아니라는 점을 강조하는 일이 필수적이다. 존재가 비실체적이라는 사실은 존재 서로가 상호작용할 수 없음을 의미하는 것이 아니다. 이러한 이유에서 윤회하는 존재, 불도, 불도의 목표인 해탈은 중관학파의 세계관에서 확고한 지위를 차지한다.

c. 모순과 용수의 사상

용수의 저술을 그냥 가볍게 읽으면, 모순되는 진술이 그 철학의 본질적인 부분을 이루고 있는 것이 아닌가 하는 인상을 받을 수 있다. 그는 테트라레마(tetralemma), 즉 4구부정(*catuṣkoṭi*)이라는 특정 형태의 논증을 사용한다. 이것은 네 가지 가능성들을 서로 겹치지 않게 또 남김없이 다 열거한 다음 네 가지(四句) 모두를 거부하는 방식이다. 『근본중송』의 다음 사례를 살펴보자. 4구부정을 설명하기

> '공하다'고 말하거나, '공하지 않다'고 말하거나, 둘 다라거나, 어느 쪽도 아니라고 말하지 말아야 한다. 오직 가르침을 위한 목적으로만 말해야 한다.[95]

---

95 2:11 *śūnyam iti na vaktavyam aśūnyam iti vā bhavet | ubhayaṃ nobhayaṃ ceti prajñaptyarthaṃ tu kathyate* (空則不可說 非空不可說 共不共叵說 但以假名說), Siderits and Katsura 2013: 247.

사물이 공하다는 견해를 거부할 때, 이는 사물이 공하지 않다고 말하는 것을 의미하지 않는가? 둘 다 부정하는 것은 모순되어 보인다. 그러나 우리가 어떻게 해서든 그렇게 한다고 해도, 용수는 두 가지를 모두 거부하는 것도 거부해야 한다고 지적한다. 이런 난해한 구절을 어떻게 이해해야 할까? 더욱이 모순은 4구부정 형식의 논증에만 국한되지 않는 것 같다. 『근본중송』의 25장 말미에 용수는 다음과 같이 지적한다. "모든 것에 대한 인지의 적멸, 즉 실체화의 적멸은 지복(吉祥)이다. 붓다께서는 그 누구에게 그 어떤 법도 가르친 바가 없다."[96] 붓다의 가르침을 설명하려고 25개의 장에서 밀도 높은 논의를 펼친 끝에(용수는 『근본중송』의 첫머리에서 붓다를 '스승들 중 최고'(諸說中第一)라고 칭송한다), 우리는 이제 붓다가 아무것도 가르치지 않았다는 것을 알게 된다. 우리는 한 문장이 주장을 하면, 다음 문장이 이어서 부정하기 시작하는 반야계 텍스트의 영역에 다시 들어선 듯 보인다.

비고전적 논리

일부 현대 해석자들은 용수가 모순을 용인하는 비고전적 논리를 채택했을 수 있다는 제안을 하면서 용수의 주장에서 모순이 발생하는 당혹스러운 상황을 해결하려고 노력했다.[97] 이러한 해석에 어떤 전문적인 독창성이 없는 것은 아니지만, 용수가 이러한 게송들을 지었을 당시 염두에 두었던 바를 합리적으로 재구성하

---

96 *sarvopalambhopaśamaḥ prapañcopaśamaḥ śivah | na kva cit kasyacit kaścid dharmo buddhena deśitaḥ* (諸法不可得 滅一切戲論 無人亦無處 佛亦無所說), Siderits and Katsura 2013: 304.

97 Priest and Garfield 2002, Garfield and Priest 2009, Priest and Routley 1989 참조. 또한 "후기 중관학파에게 … 모순은 금기였다"(96)는 사실을 고려하면서 양진주의(dialetheism)를 논의한 부분에 대해서는 Tillemans(2009) 참조.

려는 시도라기보다는 특정한 중관학파의 아이디어를 더 발전시킨 해석으로 보인다. 용수 자신의 저술이나 그의 인도 주석가들의 저술에서 이들이 비고전적 논리를 발전시키려 했다거나, 그가 논리 법칙의 하나인 모순 배제의 원칙에 도전했다는 명확한 증거는 찾을 수 없다.[98] 이런 점에서 중관학파가 해명을 시작한 반야계 텍스트들의 모순을 단지 표면상의 모순으로 이해해야지, 실제 모순으로 이해해서는 안 된다.

그러나 모순되는 듯 보이는 이러한 진술들이 도대체 무엇인지 이해하는 데 도움이 되는 또 다른 해석학적 장치가 있다. 이 장치는 역사적 지위가 명확히 입증된 두 가지 진리(二諦) 이론이다. 이 교리는 대부분의 불교철학 체계 내에서 어떤 형태로든 나타나긴 하지만, 아마도 중관학파가 이를 가장 잘 활용했을 것이다. 이 교리는 두 가지 종류의 진리(또는 두 가지 종류의 실재. 범어 *satya*(諦)는 둘 다 지칭할 수 있다)가 구별되어야 한다고 주장하는데, 일상적 현실의 세속적 진리(俗諦, *saṃvṛtisatya*)와 궁극적 진리(眞諦, *paramārthasatya*)가 그것이다. 여기서 진리와 거짓이 아니라, 두 가지 종류의 진리를 다루고 있다는 점에 유의할 필요가 있다. 세속적 진리와 궁극적 진리는 모두 고유한 용도가 있지만, 이 둘의 구제론적 효과성은 다르다. 세속적 진리는 내적인 속세의 목표(비행기를 만들고, 원주율의 값을 계산하는 등)를 달성할 수 있게 해주는 반면, 궁극적 진리는 윤회로부터 해방되기 위해 깨달아야 하는 것, 즉 실재의 궁극적인

두 가지 진리 이론

98 Ruegg 1969: 384.

본성을 설명하는 진리다.[99]

그렇다면 우리는 이 구별을 사용하여 모든 부정이 동일한 진리와 관련된 것은 아니라고 주장함으로써, 위에서 제시된 것과 같은 4구부정의 사례들에서 역설이 발생하지 않게 할 수 있다. 제대로 이해한다면, 용수가 말하고 있는 바는 사물이 **세속적으로** 공하다고 주장해서는 안 된다는 것이다. 왜냐하면 사물과의 일상적인 상호작용은 사물이 자성에 의해 존재한다는 그릇된 가정에 의존하는 것이기 때문이다. 또한 사물이 **궁극적으로** 공하지 않다고 말해서도 안 된다. 왜냐하면 중관학파의 추론을, 즉 사물에 대한 궁극적 진리를 드러내기 위해 고안된 추론을 사물에 적용할 때, 사물이 자성에 의해 존재한다는 말은 입증되지 않기 때문이다. 만약 이 두 가지를 주장하지 않는다면, 우리는 분명 둘 다 주장하지 않는 것이다. 둘 다 거부하는 것은 어떨까? 이러한 거부를 통해 실재가 무엇인지에 대한 궁극적 진리에 도달한다고 가정한다면, 우리는 그렇게 할 수 없다. 용수가 공에 대한 이러한 주장은 "오직 가르침을 위한 목적으로만" 하는 것이라고 말할 때, 그는 '공하다', '공하지 않다'는 등의 이러한 주장이 가장 근본적인 수준에서 세계가 무엇인지에 대해 무언가를 말해준다는 관념을 거부하고 있는 것이다. 중관학파는 대론자가 가질 수 있는 특정한 오해를 반박하기 위해서만 이를 주장한다.

마찬가지로, 궁극적 진리의 차원에서는 붓다도 없고, 법도 없

---

99 이 두 가지 진리의 특성이 서로 일치하는지 여부는 중관학파의 해석에서 복잡한 문제다. 몇 가지 논의를 보려면, Siderits 2007: 200–4 참조.

으며, 법을 듣는 자도 없기 때문에 **궁극적으로는** "붓다께서 그 누구에게 그 어떤 법도 가르친 바가 없다"는 데 동의할 수 있다. 이는 모두 세속적 수준에서만 유효한 가탁일 뿐이고, 그래서 이러한 이유로 붓다가 가르치지 않았다고 말하는 것은 **세속적으로는** 거짓이다.

삽입 방법

그러므로 진리를 두 가지로 구별하는 것은 용수의 저술과 반야계 문헌에서 보이는 외견상의 모순적 진술들을 이해할 수 있는 효과적인 수단이 된다. 이처럼 해석하는 데 따른 단점은 해당 경전과 주석이 불완전하다는 점을 전제해야 한다는 데 있다. 경전과 논서에서 'x는 존재하지 않는다'고 할 때, 그 진정한 의미는 궁극적 실재의 수준에서는 x가 존재하지 않긴 해도, 세속적 실재의 수준에서는 여전히 x에 대해 이야기하는 것이 가능하다는 것이다. 이러한 견해는 정당하며, 후대의 티베트 학승 쫑카빠(1357 – 1419)는 이 같은 '삽입 방법'을 강조하면서 이를 뒷받침하기 위해 『능가경』의 한 구절을 제시하고 있다.[100] 붓다는 대혜 보살에게 다음처럼 언급한다. "대혜여, 모든 현상은 본질에 의해 만들어진 것이 아니라고 생각하기에, 나는 모든 현상이 만들어진 것이 아니라고 설한다."[101]

궁극적으로 실재하는 시뮬라크르

이 방법을 너무 광범위하게 적용할 때 발생하는 어려움은 반야계 문헌이나 중관학파의 저술에서 발견되는 부정이 일종의 학술적 부수현상에만 관련이 있지, 일상적 경험에서 친숙한 존재자와는 관련이 없는 듯 보이기 쉽다는 점이다. 『반야심경』에서 물질

---

100 Tsong kha pa 2002: 3: 188, 또한 215 – 23 참조.

101 *svabhāvānutpattiṃ saṃdhāya mahāmate mayā sarvadharmā anutpannā ity uktāḥ*, Candrakīrti's *Prasannapadā*, Poussin 1913: 504: 5 – 6에서 재인용.

은 존재하지 않는다고 말할 때, 이는 **궁극적으로 실재하는** 물질을 의미한다. 『팔천송반야경』에서 보살은 존재하지 않는다고 말할 때, 이는 **궁극적으로 실재하는** 보살을 의미한다. 용수가 『회쟁론』에서 내게는 어떤 테제도 없다고 말할 때, 그가 의미하는 바는 **궁극적으로 실재하는** 테제다. 그렇다면, 먼저 궁극적으로 실재하는 이 이상한 시뮬라크르라는 것이 과연 무엇인지(궁극적으로 실재하는 테제를 주장하는 것과 그냥 테제를 주장하는 것의 차이점은 무엇일까?), 또는 그런 것이 존재하지 않는다는 것이 왜 문제가 되는지 (만약 궁극적으로 실재하는 물질이 존재하지 않는다면, 한낱 물질이 그와 똑같이 불교의 길이 초월하라고 가르치는 애착을 일으킬 수는 없지 않을까?) 자문해 볼 수 있을 것이다.[102]

이와 같은 우려가 제기된다면, 삽입의 방법이 외견상의 모순들을 해소하는 데뿐만 아니라, 중관학파의 다양한 부정을 궁극적 영역으로 제한함으로써 이 모순들을 순치하는 데까지 아마도 과도하게 적용되어서일 것이다. 그러나 물론 이것 자체가 용수의 저술들과 이 저술들이 해명하고자 했던 반야계 텍스트들을 이해하기 위한 핵심 해석학적 원리로서 두 가지 진리의 구별을 비판하는 것은 아니다.

---

102 이러한 '삽입 방법'에 대한 현대 티베트의 비판은 Lopez 2006: 58 – 60 참조.

주석가들

지금까지 우리는 반야계 문헌에서 중관학파의 기원을 살펴보고, 용수의 저작에서 일련의 핵심 주제들이 이어지는 모습을 추적했다. 이제는 『근본중송』이 작성된 시점부터 인도에서 학술적 불교가 마침내 사라지기까지 대략 천 년 동안 인도의 중관학파에 어떤 일이 있었는지 살펴보고자 한다. 이러한 발전을 통해 눈부시게 철학적으로 복잡다단하고 방대한 문헌들이 생산되었으니, 한 장의 일부분을 할애해 이를 설명하는 것은 어리석은 일처럼 보일 수 있다. 그러나 우리가 할 수 있는 일은 적어도 주요 장면들의 일부라도 시야에 들어오기를 바라면서 파헤쳐 놓은 고고학 발굴 현장의 모습처럼 개념들의 횡단면을 짚어내는 것이다. 그러한 횡단면 중 하나로 활용할 수 있는 것은 이 학파의 근본 텍스트인 『근본중송』에 대한 일련의 주석들이다. 진정한 인도의 학술적 방식을 통해, 중관(中觀)을 어떻게 이해해야 하는지를 놓고 다양한 방식으로 해석하고 구상해 본 노력은, 용수의 주요 저술에 담긴 의미를 명확히 밝히기 위해 지어진 주석들에서 가장 많이 이루어졌다.

『근본중송』의 주석서들

그 중요성에 걸맞게, 『근본중송』은 고대 인도에서 자주 언급된 저작이다. 알려진 주석서들 중에서는 월칭(月稱, Candrakīrti)의 『명구론(明句論, *Prasannapadā*)』 단 하나만이 범어 원본으로 보존되어 있다. 초기 주석서인 『무외소(無畏疏, *Akutobhayā* | 용수 자신의 주석(自註)으로 여겨지기도 함)』, 불호(佛護, Buddhapālita)의 주석, 청변(淸辯, Bhāviveka)의 『반야등론(般若燈論, *Prajñāpradīpa*)』은 모두 티베트어로 여전히 전해지며, 청목(靑目, Piṅgala)과 안혜(安慧, Sthiramati)의 주

석은 한역본으로 보존되어 있다. 제바설마(提婆設摩, Devaśarman), 덕실상(德吉祥, Guṇaśrī), 덕혜(德慧, Guṇamati | 안혜의 스승), 라후라바드라(羅睺羅跋陀羅, Rāhulabhadra)의 주석 등 네 가지는 가끔 인용되는 경우를 제외하고는 산실되었다.[103] 덕혜와 안혜 같은 유가행파의 대가들이 『근본중송』에 대한 주석서를 지었다는 점은 특히 흥미롭다. 이는 용수의 주요 저술이 특정한 종파적 지향만을 가진 논서가 아니라, 다양한 지향의 사상가들과 관련이 있는 대승의 근본 텍스트로 생각되었다는 점을 나타낸다.

이번 논의에서는 '중관학파 주석가들 중 위대한 3인'[104]에 초점을 맞출 것인데, 이 세 명은 중관학파의 사상이 인도에서 발전하는 과정 동안 불러일으킨 다양한 해석을 이해하는 데 중요한 논사들이다. 불호·청변·월칭이 바로 그들이다.

a. 불호

『무외소』 불호(佛護, Buddhapālita)와 그의 주석을 논의하기 위해서는 먼저 다소 수수께끼 같은 초기 텍스트인 『무외소』를 살펴볼 필요가 있다. 이 주석서는 용수 이후 중관학파의 가장 초기 층에 속하는 영향력 있는 저술이다. 이 시기의 다른 중요한 저술로는 용수의 직계 제자로 여겨지는 성천(聖天, Āryadeva)의 저술이 있지만, 그는 스승의

103 또한 무착이 부분적으로 주석한 것에 대한 한역본인 『순중론(順中論)』이 있다.

104 Huntington 1986: 17.

저작에 대한 어떤 주석도 작성하지 않았다. 이미 4세기 인도에서는 『무외소』를 용수 자신의 것으로 돌리는 전통이 있었는데, 이 전통은 이 텍스트가 얼마나 높은 평가를 받았는지를 보여주는 것이다.[105] 이 텍스트와 불호 자신의 주석(후대의 주석과는 달리 구체적인 제목이 없이 그냥 *Buddhapālitavṛtti*, 즉 '불호의 주석'이라 불린다) 사이의 관계는 흥미롭다. 한편으로 『무외소』가 불호의 주석 분량의 절반에 불과하며 용수의 논증을 직접적으로 주해하는 데 그치는 반면, 불호는 종종 그 논증을 확장해 더 많은 양의 분석을 제공한다. 다른 한편으로 불호는 『무외소』를 극도로 자유롭게 차용하고 있다. 실제로 두 주석의 마지막 다섯 장은 사실상 동일하다. 전체적으로 볼 때, 불호의 주석 중 약 1/3은 『무외소』에서 바로 가져온 것이다. 여기서 특이한 점은 차용 분량의 정도가 아니라, 불호가 용수의 『근본중송』에 대한 이 초기 주석에서 많은 구절을 인용하고 있다는 점을 어디에서도 적시하지 않는다는 사실이다. 헌팅턴[106]은 『무외소』가 용수의 뿌리 텍스트와 제대로 분리된 저작으로 간주되지 않은 채, 이 뿌리 텍스트와 함께 다소 유동적인 형태로 전승된 설명 노트, 즉 용수 자신의 뿌리 게송에 대한 구전 설명으로 전해 내려

불호의 주석과 『무외소』와의 관계

105 『무외소』를 용수의 저술로 돌리는 것에 대해 여러 차례 문제 제기가 있었는데, 여기서는 주로 성천의 게송을 인용하고 있기 때문이다. 그러나 이 점이 얼마나 결정적 증거인지는 분명하지 않다. 첫째, 『무외소』 텍스트가 전승되는 방식이 다소 유동적이었던 것으로 보이기 때문에, 이 인용문들이 후대에 삽입된 것일 가능성을 배제할 수 없다. 또한 용수가 자신의 제자 중 한 사람의 저술을 인용했을 수 있다는 것도 전혀 불가능한 일은 아니다. 왜냐하면 특히 성천이 '*ācārya*'('스승')라는 용어로 언급되지 않고, 좀 더 겸손한 '*bhadanta*'('존자', 불교 승려를 지칭할 때 사용되는 용어)로 언급된 텍스트 표현이 등장하기 때문이다.

106 Huntingdon 1986: 149.

오던 노트였던 것이 그 이유라는 흥미로운 제안을 했다. 만약 이게 사실이라면, 불호 자신이 인용하고 있는 이전 주석자를 알리고 있지 않은 것은 그리 놀라운 일이 아닐 것인데, 왜냐하면 그는 단지 뿌리 텍스트 자체와 함께 유래했다고 간주되는 해설 전통을 선택하고 있기 때문이다.

이 텍스트의 역사가 흥미로운 이유는 불호의 주석을 통해서 용수의 뿌리 텍스트에 대한 비교적 초기의 주석 층으로 어느 정도 거슬러 올라갈 수 있다는 점을 보여주기 때문이다. 불호의 일대기에 대한 정보는 거의 없다. 그의 연대는 대략 470-540년경으로 추정할 수 있는데, 다른 위대한 인도 철학자들처럼 그도 인도 남부에서 태어난 것으로 보인다. 티베트 전통에서는 그를 용수의 직제자로 간주하는데, 이를 인정하려면 용수의 수명이 엄청나게 길었거나, '제자'의 범위를 상당히 폭넓게 잡아야 할 것이다. 예를 들어, 따라나타는 용수가 지상의 몸을 떠난 후 제자들을 가르치기 위해 비드야다라(持明, *vidyādhara* | '지식보유자')의 모습을 취했을 수 있다는 가능성을 명시적으로 제기한다.[107] 이런 식으로 이들은 비록 인간의 모습으로 만나진 않았더라도 여전히 용수의 직제자로 간주될 수 있다.

불호의 생애

현존하는 불호의 유일한 저작은 용수의 『근본중송』에 대한 주석이다. 티베트 전통에서는 그를 경전이나 딴뜨라에 대한 여러 주석서의 저자로 간주하지만, 이 주석서들은 현재 전해지지 않는

---

107 *rig pa 'dzin pa'i lus nyid kyis* […] *skal ldan rnams la bstan ba yang yin srid de*, Wedemeyer 2007: 20.

것 같다.[108]

불호는 자신의 주석에서 용수의 논증을 분석하고 확장하면서 오로지 귀류법(*prasaṅga*)의 방법론으로만 그렇게 하는데, 말하자면 이는 용수의 논증이 대론자의 가정에서 어떻게 모순을 찾아내는지 보여주는 것이다. 불호 당시에 이미 해석상에 현저한 차이가 발생하는 단계에 도달한 것이다(청변의 연대는 약 500-570년으로 추정되는데, 그는 불호의 해설 방법론을 심하게 비판했다). 그러나 『무외소』와 불호의 주석 사이의 텍스트적 관계가 매우 가깝다는 것은 주지의 사실이고, 또 불호가 용수의 논증을 귀류법의 용어 외에는 다른 방식으로 설명하지 않았기 때문에, 불호를 단지 개별 주석가로서가 아니라 불호 자신보다 상당히 이전에 일어난 중관학파의 논증을 이해하는 한 전통의 대표자로 생각하는 것이 더 정당하다고 느껴질 수 있다.[109] 불호의 주석

b. 청변

남인도 출신으로 추정되는 또 다른 스승인 청변(淸辯, Bhāviveka)은 아마도 6세기 초 불호와 활동 시기가 겹칠 가능성이 높지만, 두 사

108 Tsonawa 1985: 14.

109 그렇다고 해서 불호의 해석이 후대의 해석보다 철학적 정확성이 더 높다는 주장으로 이해되어야 하는 것은 아니다. 특정 주석 전통이 더 오래되었다고 해서 그것이 반드시 저자의 의도를 더 정확하게 표현한다거나 체계적 타당성이 더 크다는 것을 의미하지는 않는다. 그러나 이후의 상호작용에 대한 미묘한 그림을 그리려면, 이러한 다양한 해석적 접근 방식의 역사를 알고 있는 것이 중요하다.

람이 만난 적이 있는지에 대한 정보는 없다.[110] 단 하나의 텍스트 만 남긴 불호의 경우와는 달리, 청변은 다양한 저작이 보존되어 있다.

『반야등론』

가장 관심을 끄는 저술은 『근본중송』에 대한 매우 상세한 주석이자, 인도 철학계에 상당한 주목을 받았던 것으로 보이는 『반야등론(般若燈論, *Prajñāpradīpa*)』(*Lamp of Wisdom*)이다. 이 주석에 대한 적어도 두 개의 하위주석이 작성되었는데, 하나는 관서(觀誓, Avalokitavrata)의 방대한 저작(티베트의 주석서 모음집인 주소부(註疏部, *bsTan gyur*)에서 가장 길다)이고, 다른 하나는 더 이상 현존하지 않는 구나닷따(Guṇadatta)의 저작이다.

청변의 주석은 불호의 주석을 비판한 것과 해설을 위한 새로운 논증 수단을 중관학파에 도입한 것으로 가장 잘 알려져 있다. 불호는 용수의 논증을 설명할 때 독자에게 귀류(*prasaṅga*) 논증, 즉 대론자의 테제 중 일부를 잠정적으로 채택하여 시작하는 논증을 제시하는데, 이는 대론자의 테제로부터 모순이 도출될 수 있음을 보여주기 위한 것이다. 이는 적어도 한 가지 중요한 점에서 서양의 귀류법(reductio ad absurdum) 논증과 다르다는 점에 유의할 필요가 있다. 서양의 귀류법의 경우는 가설적 전제(예를 들어, 소수는 유한

귀류의 방법론

하다)로 시작하여 이로부터 모순을 도출하는 것이다. 결과적으로

110 청변에 대한 전기적 정보는 많지 않지만, 그의 사후 세계에 관한 한 가지 주목할 만한 사실은 티베트 전통에서는 그가 나중에 판첸라마로 다시 태어났다고 여긴다는 점이다(판첸라마의 계보에는 초대 판첸라마(1385-1438) 이전의 다양한 인도 현자들이 포함되어 있다). Bhāviveka는 'Bhāvaviveka' 또는 'Bhavya'라고도 불린다. 'Bhāviveka'를 택한 것은 현재 활용할 수 있는 대부분의 증거가 이를 뒷받침하고 있기 때문인데, 그렇지만 이 문제가 확실히 해결된 것은 아니다. Ames 2009 참조.

그렇다면 원래의 진술을 거부할 수 있을 뿐만 아니라, 가설적 가정의 부정(소수는 무한하다)이 입증된 것으로 볼 수 있다. 귀류 논증은 첫 번째 단계는 수행하지만, 두 번째 단계는 수행하지 않는다. 즉, 모순을 일으키는 가설은 분명 거부하지만, 그렇다고 해서 그 가설의 부정이 채택되도록 하지도 않는다.

추론의 구성을 통한 파괴적인 작업을 보완하기

청변은 대론자의 주장에서 어떻게 모순을 도출할 수 있는지 보여주는 것으로 용수의 논증을 단순히 설명해서는 안 된다고 주장한다. 오류가 있는 견해를 제거해서 기반을 닦는 것이라고 할 때 가장 잘 이해될 수 있는 이러한 파괴적인 작업 이외에도, 중관학파 논사라면 자신만의 입장을 구축하고는 이에 대한 완전한 삼단논법적 증명을 제공해야 한다는 것이다. 용수의 사상을 어떻게 설명해야 하는지를 놓고 둘 간의 생각 차이의 대비는 이미 『근본중송』의 바로 첫 게송에 대한 이들의 언급에서 볼 수 있다. 여기서 용수는 다음처럼 말하고 있다.

> 자신으로부터든, 다른 것으로부터든, 이 양자로부터든, 원인이 없이든, 발생한 존재자는 어디에도 존재하지 않는다.[111]

예시: 자기인과의 부재

용수가 첫 번째 종류의 발생, 즉 그 자신으로부터의 발생[112]을 거

---

111 *na svato nāpi parato na dvābhyāṃ nāpy ahetutaḥ* (諸法不自生 亦不從他生) | *utpannā jātu vidyante bhāvāḥ kvacana kecana* (不共不無因 是故知無生), Siderits and Katsura 2013: 18.

112 여기서 용수가 염두에 둔 입장 중 하나는 상키야가 옹호하는, 원인에 결과가 이미 존재한다는 입장(因中有果論, *satkāryavāda*)일 가능성이 높다. 자기인과에 대한 자세한 논의는 Westerhoff 2009: 99 – 104 참조.

부한 것에 대해 언급하면서 불호는 다음처럼 지적하고 있다.

> 우선, 존재자는 자기 자신으로부터 발생하지 않으니, 그러한 발생은 무의미하기 때문이고 그 발생에는 끝이 없을 것이기 때문이다. 왜냐하면 스스로 존재하는 존재자가 다시 발생할 아무런 이유가 없기 때문이다. 존재자가 존재하는 상태임에도 불구하고 다시 발생한다면, 발생하고 있지 않는 일은 결코 없을 것이다. 이것 역시 받아들여지지 않는다.[113]

자기인과의 모순된 귀결

용수는 앞의 게송에서 왜 존재자가 자신으로부터 발생하지 않는지에 대한 어떠한 이유도 제공하지 않았다. 우리는 여기서 불호가 지지 논증을 제공하는 것을 통해 어떻게 용수의 주장을 뒷받침하는지 분명히 알 수 있다. 이 논증은 귀류다. 즉, 약간 다른 자기인과 개념들로부터 두 가지 모순된 결과를 도출하는 방식인 것이다. 첫째, 인과는 존재하는 원인이 아직 존재하지 않는 결과를 낳는 과정이다. 자기인과가 전제하듯이 원인과 결과가 동일한 것이라면, 원인이 있을 때 결과가 이미 존재하므로, 사실상 인과관계가 일어나지 않아도 되는 것이다. 둘째, 대론자는 사물이 보이는 것과 달리 실제로는 더 짧게 지속된다고 생각할 수 있다. 사물은 빈번하게 존재에서 사라지지만, 직전 찰나에 존재한 것에 의해 즉시 거의 동일한 복사본으로 대체된다는 것이다. 만약 이 사물이 다음 찰나에 생성되는 것의 유일한 원인인 경우, 이 시나리오는 자기인과의 한

113 Ames 2003: 46.

형태로 설명될 수 있을 것이다. 이 경우의 난점은 무언가가 어떻게 해서 소멸할 수 있는지 설명하기가 어렵다는 데 있다. 원인으로 필요한 모든 것이 이전에 존재하는 사물뿐이라면, 자기복사의 조건이 항상 충족되기 때문에 모든 것이 영구적이어야 한다.

이 두 가지 시나리오 중 어느 것도 인과가 어떻게 발생하는지 정확히 설명하지 못한다는 점을 감안할 때(결과는 자신의 원인을 따른다. 그리고 우리는 사물이 사라지게 되는 것을 일상적으로 본다), 불호는 이러한 불합리한 결과를 통해 자기원인 개념을 거부할 수 있다고 주장할 수 있다.

불호의 설명에 대한 청변의 응답은 다음과 같다.

> 그렇게 말하는 것은 옳지 않다. 이유와 실례가 제시되지 않기 때문이고, 대론자가 말한 잘못에 대한 대답이 없기 때문이다. 이것은 귀류 논증이기 때문에, 증명되어야 할 속성과 그것이 의미상 반대되는 것임을 증명하는 속성은 원래의 의미를 반전시킴으로써 드러나게 된다. 즉, 존재자는 다른 것으로부터 발생하니, 왜냐하면 발생에는 결과가 있기 때문이고 발생에는 끝이 있기 때문이다.[114]

청변은 여기서 여러 요점을 몇 마디로 압축했는데, 그 내용은 주의해서 풀어볼 가치가 있다. 우선, 그는 불호의 설명에는 이유와 실례가 빠져 있다는 점을 지적한다. 청변은 용수의 논증이 이유와 실례를 포함하는 삼단논법(三支作法)의 형태로 주석에 제시되어야 삼단논법

---

114 Ames 2003: 46–7.

한다고 생각한다.[115] 이러한 삼단논법에는 다음이 포함될 것이다.

1. 논증의 주제(宗, *pakṣa*)에 추론된 속성(所立法, *sādhya-dharma*)을 귀속시키는 테제(立宗, *pratijñā*)
2. 논증의 주제(宗, *pakṣa*)에 추론하는 속성(能立法, *sādhana-dharma*)을 귀속시키는 이유(因, *hetu*)
3. 추론된 속성과 추론하는 속성을 모두 가진 어떤 것의 실례(喩, *dṛṣṭānta*)

존재자가 자기 자신으로부터 발생하는 것이 아니라는 용수의 주장을 뒷받침하기 위해 청변이 제시하는 삼단논법[116]은 다음과 같다.

자기인과의 부재를 입증하는 삼단논법

1. 테제: 여섯 가지 감각 기관[주체]은 그 자신으로부터 발생하는 것이 아니다[추론된 속성].
2. 이유: 여섯 가지 감각 기관이 존재하기 때문이다[추론하는 속성].
3. 의식의 경우와 같다.

청변은 일반적인 테제의 특정 사례만 제시하고 있지만(용수는 구체

115 이러한 형태의 삼단논법(三支作法)은 디그나가(400–480년경)에 의해 도입되었으며, 니야야에서 친숙한 오단논법(五支作法)의 간소화된 형태에 해당한다.

116 Ames 2003: 50.

적으로 감각 기관을 말하고 있지는 않다), 그는 자기생산의 잠재적 후보에 대해 유사한 삼단논법이 만들어질 수 있다고 분명히 전제하고 있다. 감각 기관은 자신의 원인이 되지 않는데, 왜냐하면 이미 존재하기 때문이고, 또 현재 존재하는 모든 것은 더 이상 인과적 생산을 필요로 하지 않기 때문이다. 청변은 자신이 든 의식(*caitanya*)이라는 실례를 통해, 원인에 결과가 이미 존재한다는 상키야의 인중유과론(因中有果論, *satkāryavāda*)을 언급하고 있다. 상키야는 의식을 영원하고, 발생하는 것이 아니며, 따라서 또한 자기발생하지 않는 순수 의식인 푸루샤의 다른 이름으로 간주한다.[117] 그러나 이 실례를 받아들이기 위해 상키야를 따를 필요는 없다. 중관학파는 또한 세속적인 수준에서 의식의 존재를 받아들이며, 이미 존재하는 것들은 생산될 필요가 없는 것이다.

청변이 "원래의 의미를 반전시킨다"라고 말할 때, 그는 불호의 주석을 읽은 이들을 염두에 두고 있다. 즉, 이들은 자기인과가 이미 존재하는 것을 생산하고 그 생산을 영구적으로 계속하는 모순된 결과를 낳는다고 확신을 가진 다음, 우리는 있지 않은 것을 생산하는 인과를 경험하기 때문에, 이런 이유로 대상은 자신과 다른 것에 의해 발생해야 한다고 추론할 수 있으리라는 것이다. 다시 말하면, 불호의 주석을 읽은 이들은 귀류(*prasaṅga*) 논증을 두고 하나의 대상을 거부하면 당연히 다른 대안을 채택하는 것이 되는 서양의 귀류법(reductio)으로 잘못 이해할 수 있으리라는 것이다. 청변은 이것이 바로 귀류의 방법론을 사용하는 데 따르는 위험이

귀류를 서양의 귀류법으로 잘못 이해

117 Ames 2003: 51.

라고 생각한다. 귀류의 방법론은 어떤 긍정적 테제를 지지하는 것이 아니기 때문에, 사람들은 거부된 선택지의 부정이 원래의 입장만큼이나 결함이 있음에도 불구하고 이를 잘못 채택할 수 있다는 것이다.

두 유형의 부정

청변은 두 가지 부정, 즉 함축적(*paryudāsa*) 부정과 비함축적 부정(*prasajya-pratiṣedha*) 간의 차이를 언급하면서 이 점을 보여주고 있다. 이것은 원래 문법적 구분이었지만, 청변에 의해 실질적인 철학적 역할을 부여받았다. 함축적 부정은 자동적으로 나머지 대안 중 하나를 지지한다. 예를 들어, 한 남자가 비(非)브라만이라고 할 때, 우리는 그가 다른 카스트의 구성원 중 하나라고 주장하는 셈이다. 반면에, 우리는 한 남자가 브라만이 아니라고 말함으로써 사안을 약간 다르게 표현할 수 있는데, 이는 그가 다른 카스트 어디에도 속하지 않는다는 것을 의미할 수 있다(카스트 체계를 그에게 적용할 수 없기 때문이거나, 카스트가 없는 시대에 살기 때문에 등등). 함축적 부정과 비함축적 부정이 문법적으로 표현되는 정확한 방식은 중요하지 않다. 중요한 것은 이 부정들이 의미하는 사태가 다르다는 점이다. 이제 청변은, 용수가 사물은 자기원인적이라는 등의 명제를 부정할 때, 사물이 인과적으로 만들어질 수 있다는 식의 다른 어떤 방식들의 편에 서지 않은 채로, 비함축적 방식으로 그렇게 한다고 주장한다. 중관학파의 관점에서 볼 때, 이는 이치에 맞는 말이다. 왜냐하면 비함축적 부정은 일반적으로 어떤 진술에 의해 만들어진 전제와 그 부정에 의해 만들어진 전제 양쪽 모두를 거부하고 싶을 때 사용되기 때문이다. 숫자 '3'이 빨간색이라는 것을 부정할 때, 우리는 그 대신 숫자 '3'이 다른 색을 가진다고 말하

비함축적 부정을 사용하는 용수

는 것이 아니라(즉, 함축적 방식으로 부정하는 것이 아니라), 숫자가 어떤 색이든 가질 수 있다는 것을 부정하는 것이다. 같은 방식으로, 중관학파의 논증에서 거부되는 다양한 선택지들은 어떤 형태로든 자성을 가진 대상의 존재를 전제한다는 특성을 공유하기에, 만약 우리가 비함축적 부정을 통해 다양한 선택지들을 하나하나 부정한다면, 그것은 바로 기저에 깔린 가정을 받아들이지 않기 때문이다.

『근본중송』에는 삼단논법이 없음

청변이 중관학파의 논증들을 삼단논법의 형식으로 설명해야 한다고 강조하는 것은 용수 자신이 『근본중송』에서 이러한 논증들을 제시하지 않았다는 사실과 다소 상충되는 것 같다. 만약 그렇게 중요하다면, 왜 스승이 직접 제시하지 않았을까? 청변의 설명은, 용수는 뿌리 텍스트의 저자(經主, *sūtrakāra*)로서 상당한 분량의 복잡한 내용을 가능한 한 가장 짧은 형식으로 압축하고 싶었기 때문이라는 것이다. 이러한 형식의 텍스트를 이해할 수 있는 정신적 능력을 지닌 제자들에게는 괜찮겠지만, 그렇지 않은 여타의 제자들을 위해서는 더 상세한 형식의 설명이 제공되어야 한다. 주석가의 임무는 뿌리 텍스트에 내포된 추론을 이끌어 내고 대중이 이해할 수 있도록 최대한 풀어서 설명하는 것이다. 논증을 삼단논법의 구조로 명시적으로 만들어 설명하면, 논증의 기저에 깔린 그 조직이 드러나기 때문에 최대한 명료성을 확보할 수 있다. 청변의 주장에 따르면, 용수 본인은 그렇게 하지 않았지만, 용수의 주석가들이 그의 논증들을 이런 방식으로 설명해야 하는 이유는 바로 여기에 있다.[118]

---

118 월칭은 '용수가 자신이 쓴 『회쟁론』에 대해 본인이 주석을 쓸 때 자신의 논증을 삼

중관학파의 논증과 철학적 테제

청변이 삼단논법의 관점에서 중관학파의 논증들을 해설하는 것은 하나의 테제(또는 복수의 테제)를 용수의 것으로 돌리는 것을 함의한다. 왜냐하면 삼단논법이 입증하고자 하는 것이 바로 그러한 테제들이기 때문이다. 청변이 보기에 이는 모든 명제가 부정되는 듯 보이는 수많은 귀류(*prasaṅga*) 논증들 사이에서 학인이 자칫 길을 잃을 위험을 방지하는 즉각적인 이점이 있다. 그때 학인은 잘못된 종류의 긍정적 테제, 즉 단순히 부정된 테제의 정반대이자 (용수의 자기발생에 대한 부정이 다른 사물에서부터 발생함을 함의한다고 생각한 사람의 경우와 같이) 마찬가지로 거부될 테제를 지지할 수 있다. 물론 이러한 청변의 시도가 도움이 될 수 있지만, 그는 용수의 특정 핵심 주장들에 어긋난다는 혐의에 대해 자신을 방어해야 하는데, 왜냐하면 용수는 철학적 테제를 고수하는 것을 아주 명시적으로 거부하는 듯해 보이기 때문이다. 이와 관련해 가장 유명한 구절 중 하나는 『회쟁론』의 게송 29로, 용수는 이렇게 주장한다.

잘못된 긍정적 테제를 방지하기

> 내게 테제가 있다면, 그 오류가 나에게 적용될 것이다.
> 하지만 내게는 어떤 테제도 없으므로 실로 내게는 오류가 없다.[119]

단논법의 형식으로 설명하지 않았는데, 왜 불호 같은 이후의 주석가들이 그렇게 할 것이라고 기대해야 하는가?' 하고 응수한다(Ruegg: 2002: 42–3). 청변은 그러한 삼단논법의 정교함은 원래의 복잡한 의미를 더 이상 온전히 이해할 수 없는 후학들을 위한 것이기에, 스승 본인이 직접 이런 방식으로 주석을 작성했으리라고 가정할 이유가 없다고 지적하는 것으로 대응할 수 있겠다.

119 *yadi kācana pratijñā tatra syān na me tat eṣa me bhaved doṣaḥ* | *nāsti ca mama pratijñā tasmān naivāsti me doṣaḥ* (若我宗有者 我則是有過 我宗無物故 如是不得過); Westerhoff 2010: 63, Williams-Wyant 2017.

이 같은 인용구는 얼마든지 더 나열할 수 있다.[120] 청변이 주장할 필요가 있는 부분은 (그리고 그렇게 할 수 있는 어느 정도 여지가 있다) 용수가 여기서 거부하는 '테제'(立宗, *pratijñā*)의 유형이 특정한 종류의 테제들이라는 것(자성에 기초해 존재하기에 객관적인, 마음으로부터 독립적인 세계와 언어의 연결에 근거하는 테제를 생각해 볼 수 있다),[121] 그리고 자신이 해명하며 만든 삼단논법에서 용수의 것으로 돌린 테제들은 중관학파의 비판의 영향권에서 벗어난 전혀 무해한, 자성을 상정하지 않는 종류의 테제들이라는 것이다. 그럼에도 불구하고, 청변이 용수의 것으로 돌리는 테제들은 궁극적인 것에 관한 것이 아닌 데다, 용수는 궁극적인 것이 개념을 넘어선 것이라고 주장하지 않는가?

자성을 상정하지 않는 테제

청변은 궁극적 진리는 개념화할 수 없기(無戱論, *niṣprapañca*) 때문에 언어로 표현할 수 없고 어떤 테제로도 포착할 수 없다는 의미가 있다는 것은 실로 사실이지만, 개념이 접근할 수 있는 '청정한 세속적 지식'(清淨世間智, *śuddha-laukika-jñāna*)이라고 불리는 또 다른 의미도 있다고 지적한다.[122] 그러므로 청변은 모든 세속적 지식이 똑같이 나쁜 것은 아니라서, 비개념적 의미에서 궁극적 진리에 접근할 수 있는 깨달은 존재의 수준 아래에는 범부의 인지보다는 철학적으로 더 정교하면서도 동시에 개념적 영역에 확고하게 자리하는 진일보한 세속적 인지가 존재할 여지가 있다는 입장을 취한다.

다른 종류의 세속적 진리

---

120 Huntington 2003: 71–4.

121 이러한 생각에 대한 자세한 내용은 Westerhoff 2009: 17–18, 194–8; 2010: 63–5 참조.

122 Eckel 2008: 50, 210–11 참조.

테제와 논쟁

대체로 부정적 방법론으로 인해 용수의 메시지가 잘못 이해되지 않도록 하는 것 외에도, 청변이 용수의 중관 기획에 구체적인 테제를 부여하는 일에 중점을 두는 데에는 적어도 두 가지 다른 이유가 있었다. 첫 번째는 특히 논쟁과 관련이 있다. 사상의 장려를 위해, 개별 학자와 학자 공동체의 명성을 위해, 이러한 명성에 뒤따르는 후원과 혜택을 위해 고대 인도에서 토론이 매우 중요했다는 것이 기억날 것이다. 불교의 지적 위상과 불교 기관에 대한 세속적 후원을 보장하기 위해 불교학자들이 토론에 참여하는 것은 필수적이었고, 청변 저작의 목표 중 하나는 중관학파를 위해 그러한 토론을 촉진하는 일이었다.[123] 불행히도 중관학파는 논쟁 관행과 잘 어울리지 않는 철학 학파처럼 보인다. 중관학파가 비불교 집단과의 논쟁에 참여하고자 한다면 규칙을 따라야 할 것이다. 그리고 『니야야수뜨라』에 나오는 논쟁 규칙은 대론자와 제안자가 각자 옹호하고자 하는 테제를 가지고 있어야 한다고 명시하고 있다. 단순한 지적 저격은 허용되지 않는다. 니야야학파는 자신들이 옹호하는 입장이 없이 대론자를 반박하기만 하려는 논쟁자의 경우를 꼭 집어 '언쟁'(論詰, *vitaṇḍā*)이라는 논쟁 규칙 위반이라고 명시한다.

실재의 본성에 대한 중관학파의 테제

청변은 중관학파가 언쟁 오류를 범하지 않는다는 점을 분명히 지적하고 있다. 사실, 그에 따르면, 용수 자신은 『근본중송』 18:9에서 확립하고자 하는 실재의 본성에 대해 한 테제를 내놓았는데, 여기서는 그는 다음처럼 말한다.

123 Bouthillette 2017 참조.

다른 것에 의해 성립된 것이 아니며, 적멸이며, 실체화된 것이 아니며, 개념화가 없으며, 다수의 개별적 의미를 갖지 않는 것, 이것이 바로 실재의 본성이다.[124]

물론, 이 게송에서 용수가 사용하는 모든 용어가 부정적이라는 점은 분명하다. 그러나 여기에는 "입문자들을 격려하기 위해"[125] 테제의 형태로 제시된 부분이 있다. 비록 실재가 궁극적으로 말을 넘어서 있는 것이지만, 그러한 부정적인 특성들은 실재의 본성에 대한 비개념적인 깨달음의 기초를 제공할 수 있다.[126] 이 구절에 대한 청변의 주석을 보면, 우리는 청변이 한편으로 옹호되어야 할 테제가 필요하다는 점과, 다른 한편으로 중관학파가 실재의 궁극적 본성에 대해 어떤 선언도 하기를 꺼린다는 점을 어떻게 화해시키려 하는지를 분명히 알 수 있다. 다른 곳에서 청변은 중관학파 자신들의 기본 테제를 더 명시적으로 공식화한다. 즉, 모든 것은 내재적 본성(*svabhāva*)이 공하며, 그것이 바로 그 본성이라는 것이다.[127]

청변은 중관학파에게 옹호할 테제가 있다는 것을 보여줌으로써 고대 인도의 지적 논쟁의 장에서 용수의 사상을 통해 쟁론을

---

124 *aparapratyayaṃ śāntaṃ prapañcair aprapañcitam* | *nirvikalpam anānārtham etat tattvasya lakṣaṇam* (自知不隨他 寂滅無戲論 無異無分別 是則名實相), Siderits and Katsura 2013: 202.

125 *skye bo las dang po dag yang dag par dbugs dbyung ba'i phyir*, D 3853, dbu ma, tsha 190a2; Eckel 2008: 52.

126 Eckel 2008: 52.

127 kho bo cag gi phyogs la ni ngo bo nyid stong pa nyid yin te | chos rnams kyi ngo bo nyid de yin, Eckel 2008: 52 – 3, Ames 2003: 46.

벌이면서 응답을 요구하고 상대의 입장을 반박하기 시작했다. 따라서 중관학파에게 테제를 부여하는 일은 내부에서 볼 때 불교적 설명에 도움이 될 뿐만 아니라(모든 부정 가운데 잘못된 긍정적 진술이 실수로 포함되지 않도록 보장), 외부의 관점에서도 중관학파의 철학이 불교 및 비불교 대론자들과 효과적으로 논쟁할 수 있도록 보장하는 것처럼 보였다.

테제와 학설강요서

청변이 중관학파의 테제를 밝히는 것을 중요하게 생각했던 마지막 이유는 학설강요서에 대한 관심과 관련이 있다. 청변의 『중관심론송』과 그 자신의 주석(自註)은 개별 장에서 개별 철학 학파를 논의하는 학설강요서 장르로서 최초로 전해오는 사례다. 이 저술에서 청변은 두 개의 불교 학파와 네 개의 비불교 학파를 다루는데, 전자는 성문승과 유가행파고, 후자는 상키야·바이셰시까·베단타·미망사다. 각 장은 대론자가 자신의 입장을 진술하고 뒤이어 청변이 답하는 방식으로 시작한다. 이러한 구조로 인해 경쟁자의 입장에 대한 자세한 논의가 가능하게 되고, 자신이 논의하는 주요 이론의 특정 측면을 설명하기 위해 다소 무작위로 반대 견해를 일종의 지뢰처럼 사용하는 대신, 연결된 방식으로 자신의 입장을 설명할 기회를 경쟁자에게 제공하게 된다. 또한 이러한 방식은 불교적 논쟁을 당시의 더 큰 지적 맥락 안으로 통합시키면서, 불교 사상이 다양한 비불교 학파와 어떻게 관련되어 있는지를 보여준다. 게다가 이러한 학설강요서 논서들의 핵심 목적 중 하나는 학설강요서식 위계를 확립하는 것이었는데,[128] 이것은 다양한 학

---

128 Ames 2003: 75 참조. 이러한 위계 구조는 인도철학 텍스트에서 아주 일반적이

파를 이를테면 진리의 오름차순으로 정렬시키는 것을 의미한다. 이 아이디어는 해석이 필요한 의미(不了義, *neyārtha*)의 경전과 해설할 필요 없이 문자 그대로 받아들여질 수 있는 의미(了義, *nītārtha*)의 경전을 나눈 초기 불교의 구분법을 반영하고 있다. 학설강요서에 이러한 구분법을 적용하게 되면, 다양한 교리들은 저자가 옹호하려는 올바른 하나의 견해와는 다른 갖가지 잘못된 견해의 집합으로 기술되는 것이 아니라, 옹호하려는 견해를 맨 위에 두는 계층식 구조 안에서 기술되게 된다. 그렇다면 나머지 교리들은 최종 견해에 점점 더 가깝게 접근하는 데 성공하는 일련의 입장들로 배열될 수 있다. 그렇기에 중관학파를 이러한 학설강요서에 포함시키려면 옹호하려는 일련의 견해를 가지고 있다고 설명하는 일이 꼭 필요하며, 또 중관학파의 논사가 자신들의 학파가 맨 위에 나오도록 학설강요서를 구성하려면, 이 최종 견해와 얼마나 가까운지를 따져가며 다른 모든 입장을 기술해야 하리라고 가정하는 것이 자연스럽다.

삼단논법에 의거해 용수의 논증을 설명하면서 중관학파의 테제를 구체화함에 있어서 청변은 매우 합리적인 해설 전략을 따르는 것으로 보인다. 그는 "대론자가 받아들이는 것에 근거해 대

다. 이미 『찬도기야 우파니샤드』에서 현자 쁘라자빠띠(Prajāpati)가 인드라(Indra)에게 갈수록 정교해지는 일련의 견해들로 인도하면서 진정한 자아의 본질에 대해 가르치는 대목을 볼 수 있다(8: 7 – 15, Radhakrishnan 1969: 501 – 12, Olivelle 1996: 171 – 6). 쁘라자빠띠가 인드라에게 하위의 견해들에는 결함이 있다고 단순히 말하지 않고, 더 정교한 견해로 인도하기 전에 각 견해의 한계를 인드라 스스로 해결하도록 한다는 점은 흥미롭다.

론자가 받아들일 수 없는 결과를 도출하는"[129] 순전히 부정적인 귀류 형식을 띠는 용수에 대한 해설이, 정당하지 않은 긍정적 진술을 낳아서 잘못 이해될 수도 있다는 점을 우려한다. 그는 또한 중관학파가 인도인의 지적 삶에서 온당한 위치를 찾아야 한다며 걱정했다. 이를 위해 논쟁에서 방어될 수 있고, 학설강요서의 위계에 포함될 수 있는 방식으로 중관학파의 입장을 제시할 필요가 있었다. 그렇다면 왜 이렇게 일견 무해하고 합리적으로 보이는 설명 지침이 후대의 중관학파 논사들의 그토록 강력한 비판을 불러일으켰으며, 왜 불교 전통에서는 청변의 저작을 중관학파가 자립논증파(Svātantrika)와 귀류논증파(Prāsaṅgika)라는 두 개의 양립 불가능한 하위 학파로 나누어지는 중요한 분열의 시작으로 간주했을까? 이 질문을 다루기 전에 이 논쟁의 또 다른 중심 인물인 월칭을 살펴볼 필요가 있다.

c. 월칭

월칭(月稱, Candrakīrti)은 7세기 전반기에 살았는데, 대부분의 인도 사상가들의 경우처럼 생애에 대해서는 알려진 바가 거의 없다. 티베트 기록에 따르면, 그는 인도 남부에서 태어났으며 날란다의 승려였다.[130] 용수와 마찬가지로, 티베트 자료에서는 그를 매우 오래

---

129 이는 자야난다(Jayānanda)의 정의다(Cabezón 2003: 310).

130 또 한 번 현대의 불교학계는 월칭이라고 불리는 인물을 여럿으로 구분한다. 특

살았거나, 불멸을 획득한 인물로 묘사한다.[131] 전통 기록은 벽에 그려진 젖소 그림에서 젖을 짜서 날란다의 승려들에게 우유와 버터를 제공했고, 돌사자에게 생명을 불어넣어 승원을 위협하는 적대적인 군대를 물리쳤다는 식으로 그의 신통력을 언급하고 있다.[132] 이 이야기들은 중관학파의 스승과의 연결점을 만든다는 점에서 분명 중요한 의미가 있다. 공성 이론에 따르면 사물은 내재적 본성 또는 실체적 핵심(*svabhāva*) 없이 존재한다. 하지만 그렇다고 해서 사물이 세속적 수준에서 기능을 수행하지 못하게 되는 것은 아니다. 사실 이것이 바로 『회쟁론』의 시작 부분에서 용수의 대론자가 제기하는 요점이다. 용수는 공한 전차가 나무를 운반할 수 있고, 공한 담요가 따뜻하게 할 수 있는 등 공한 사물도 여전히 그 기능을 수행할 수 있다는 말로 대응한다.[133] 월칭에 관한 이러한 이야기들은 표상에 지나지 않는 것들에 추가적인 힘을 부여함으로써 한낱 세속적인 것이 가진 효과를 낳는 힘을 분명히 보여주고 있다. 중관학파의 맥락에서 읽는다면, 그림 속의 소는 우유를 줄 수 없고 돌사자는 포효할 수 없지만 그렇게 할 수 있다는 이 이야기(또는 그렇게 할 수 있다는 식으로 월칭에 의해 만들어진 환영에 불과한 외현일

히 중요한 사람은 '월칭 2세' 또는 '딴뜨라 월칭'이라고도 불리는 『비밀집회딴뜨라(*Guhyasamājatantra*)』의 주석가다.

131 Chimpa and Chattopadhyaya 1970: 199. 현대의 설명과 모순되게 월칭은 종종 용수의 생애 후반기에 살았던 것으로 묘사되기도 한다(Tsonawa 1985: 16). 물론 이는 용수가 놀라울 정도로 오래 살았다는 이야기를 받아들인다면 생각만큼 이상하지는 않을 것이다.

132 Tsonawa 1985: 17 – 18.

133 22, Yonezawa 2008: 218: 8 – 11; Westerhoff 2010: 27.

수 있는데, 이는 이야기를 해석하는 방식에 따라 달라진다)는 앞으로도 존재할 모든 인과적 효과성이 한낱 세속적인 것으로부터 흘러나오리라는 점을 강조하는 것이다.

월칭의 저작

월칭의 주요 저작은 첫째, 용수의 『근본중송』에 대한 포괄적인 주석서인 『명구론(明句論, *Prasannapadā*)』(*Clear Words*)이고, 둘째, 자신의 주석(自註)과 함께 게송으로 된 주요한 독립 저작인 『입중론(入中論, *Madhyamakāvatāra*)』(*Introduction to Madhyamaka*)이다. 후자의 텍스트는 이후 티베트에서 큰 영향을 미쳤다. 티베트 학자들은 용수 자신의 근본 저작보다는 『입중론』을 중관 연구의 중요한 텍스트로 여겼다. 티베트불교의 모든 학파의 학자들이 이 텍스트에 대한 주석을 썼고, 겔룩파(dGe lugs pa)는 이 텍스트를 커리큘럼의 다섯 가지 '핵심 텍스트' 중 하나로 포함시켰다.

티베트에서의 그의 위상

티베트 지성계에서 월칭의 높은 지위를 고려하면, 인도에서도 월칭의 사상이 큰 영향력을 발휘했으리라 생각할 수 있다. 하지만 놀랍게도 이는 사실과 거리가 멀다. 월칭의 저작들이 보존되어 있기는 하지만(실제로 그의 『명구론』은 용수의 주요 저작에 대한 주석서 중 범어로 남아 있는 유일한 저술이다), 월칭의 저술이 작성된 이후 몇 세기 동안 인도 지성계에서 그의 지위는 완곡하게 말해서 그다지 눈에 띄지 않았다. 월칭의 저술을 주석한 이는 12세기에 살았던 자야난다(Jayānanda) 한 명뿐인데, 그는 『입중론』에 대한 주석을 썼다. 더 놀라운 점은 자신이 비판한 견해들과 상호작용하는 데 더 많은 흔적을 월칭이 남기지 않았다는 것이다. 용수에 대한 청변의 주석을 월칭이 지속적으로 비판했다는 점을 감안할 때, 우리는 청변의 주석에 대한 방대한 하위주석을 쓴 관서(觀誓, Avalokitavrata |

인도에서의 그의 위상

약 700년경)가 월칭의 공격에 맞서 자신이 주석을 달고 있는 텍스트를 방어하는 데 상당한 지면을 할애했을 것으로 예상할 수 있다. 하지만 관서는 용수의 『근본중송』에 대한 주석을 쓴 여덟 명의 저자 중 한 명으로 월칭을 언급할 뿐, 월칭의 지속적인 비판에 대해서는 논의하지 않는다. 물론 우리가 이러한 사실만을 단서로 하여 월칭의 논증들에 대해 관서가 가졌을 생각을 충분히 짐작할 수 있는 것은 아니다(그는 그 논증들이 너무 부족해서 대응할 가치가 없다고 생각했거나, 너무 파괴적이어서 무슨 말을 해야 할지 몰랐을 수 있다). 하지만 이 사실은 관서가 월칭의 비판에 대해 설명하지 않고도 청변의 용수 해설에 주석을 쓸 수 있다고 생각했다는 점, 그래서 아무도 관서가 명백한 부분을 빠뜨리거나 신랄한 비판을 논의하기를 거부했다고 생각하지 않았을 것이라는 점을 보여주는 훌륭한 증거가 된다.

월칭과 견해가 전혀 일치하지 않는 적호(寂護, Śāntarakṣita | 8세기) 및 연화계(蓮華戒, Kamalaśīla | 740–795년경)와 같이 매우 영향력 있는 후기 중관학파의 논사들조차도 월칭의 논증들에 응답하지 않거나 그를 언급조차 하지 않는다. 월칭의 저술을 도외시하는 경향은 인도불교가 처음 티베트에 전해졌을 때도 이어졌는데, 이는 처음 소개된 때부터 1000년경까지 계속되었다. 실질적으로 인도의 모든 주요한 중관학파 저자들의 저작들이 티베트어로 번역되었지만, 월칭의 주요 텍스트는 11세기까지 번역되지 않았다.[134]

월칭은 용수의 논증에 대한 청변의 설명에 강하게 동의하지

134 두 가지 예외는 용수의 『육십송여리론』과 『공칠십론』에 대한 월칭의 주석인데, 아마도 이 텍스트들에 대한 유일한 인도 주석이었기 때문일 것이다. Vose 2009: 19–20 참조.

않았고, 청변의 설명에 반대편에 있는 불호의 해석 입장을 옹호하려 했다. 중관 사상의 특이한 성격 때문에, 어떤 형식으로 (귀류 논증의 관점으로 또는 삼단논법으로) 논증을 제시해야 하는지와 같은 일견 절차적 또는 주해적 문제로 보이는 사안이, 사실상 단지 형식적인 차원하고만 관련되는 것이 아니라, 세속적 실재의 지위에도 직접적인 영향을 미칠 수 있다는 것이 그가 가진 생각의 요점이었다. 이는 청변이 중관 논증들을 삼단논법으로 설명할 것을 강조하는 부분과 관련해서도 분명히 알 수 있다. 이러한 삼단논법은 삼단논법을 하나의 논증으로 만드는 테제를 가져오는데, 이는 대론자가 인정하는 테제와는 독립적으로(*svatantra*) 중관학파가 주장하는 테제다. 앞서 언급했듯이, 용수의 저작에는 정확히 그러한 테제의 수용을 거부하는 강한 흐름이 있는 것 같다. 우리는 여기서 중관의 가르침을 설명하는 데 무엇이 가장 좋은 해석 틀인지를 묻는 순전히 주제 중립적인 질문에는 더 이상 관심을 기울이지 않기로 하겠다. 특정한 해석 틀은 그 이론의 내용과 유관한 가정을 이미 동반하고 있기 때문이다.[135]

월칭이 중관을 설명하는 장치로서 삼단논법을 불신하는 이유는 단지 삼단논법이 테제를 가져온다는 데 있는 것만이 아니다.

---

135 현대의 맥락에서 볼 때, 이러한 어려움과 가장 가까운 예로는 직관주의 수학자들이 호소할 수 있는 증명 문제 같은 것일 수 있다. 직관주의자는 모든 수학적 사실이 어떤 플라톤적 영역에서 영원히 확정되어 있다고 가정하지 않기 때문에, 예를 들어 귀류법을 사용해 어떤 진술을 증명할 수 없다. 이러한 증명은 A가 성립하거나 성립하지 않음을 전제하기 때문에, A가 모순으로 이어진다는 점을 보여준다면 A가 성립하지 않음을 증명할 수 있다. 그러나 이러한 전제는 직관주의자가 받아들일 수 없는 전제다. 따라서 어떤 증명 기법을 허용해 주제 중립적인 장치를 도입하는 것은 뒷문을 통해 실질적인 철학적 가정을 다시 도입하는 것을 나타낸다.

만약 어떤 삼단논법을 받아들인다면, 우리는 그 삼단논법의 부분들, 즉 주제, 추론된 속성 등에 대해서는 물론이고, 타당한 삼단논법이 되기 위해 그 관계가 따라야 하는 다양한 형식적 속성에 대해서도 잘 알고 있어야 한다. 인도의 전통 개념에 따르면, 이러한 모든 지식은 지각이나 추론 같은 인식 수단(*pramāṇa*)에 기반한다. 하지만 초기 중관학파는 이러한 인식론적 개념들에 아주 비판적이었다. 용수는 『회쟁론』에서 이 개념들에 대해 길게 논의하고 있으며, 월칭은 자신의 저서 여러 곳에서 이 개념들을 거부하는 이유를 설명하고 있다. 『입중론』에서 그는 다음과 같이 지적한다.

삼단논법과 인식 수단

> 만약 세간적 인지가 인식 수단(*pramāṇa*)이라면 세속의 인지는 실재를 있는 그대로 볼 것이다. 그렇다면 다른 고귀한 존재들이 존재할 필요가 있겠는가? 고귀한 길은 어떤 목적에 도움이 되겠는가?[136]

그러나 세계에 대한 소박하고, 반성적이지 않으며, 훈련되지 않은 인지가 세계의 본성에 대한 철저히 잘못된 이해라는 것은 불교의 시작까지 거슬러 올라가는 불교 사상의 공통된 주제다. 그렇기 때문에 우리 스스로가 실재를 있는 그대로 볼 수 있도록 따라야 할 길을 보여줄 수 있는, 충분히 청정한 인지를 가진 붓다 같은 '고귀한 존재'가 필요하다. 세간적 인지는 무지에서 비롯된, 잘못 덧붙

---

136 6:30, *lokaḥ pramāṇaṃ yadi tattvadarśī syāl loka evety aparaiḥ kim āryaiḥ | kim āryamārgeṇa bhavec ca kāryam mūdhaḥ pramāṇaṃ na hi nāma yuktaḥ*, Li 2015.

여진 개념들로 가득 차 있기 때문에, 세속적 진리에 대해 신뢰할 만한 설명을 하는 데 있어 의지할 바가 되지 않는다. 월칭은 청변이 삼단논법에 호소하는 일이 사물에 대한 전통적인 인도의 인식론적 그림을 가져오지는 않을까 두려워하는데, 이 그림에서는 그 내적 본성에 의해 세계에 대한 지식을 얻을 수 있는 수단(*pramāṇa*)과, 그 본성상 마음으로부터 독립적인 대상(*prameya*)에 대한 지식이 구분되기 때문이다. 중관학파는 이러한 그림을 받아들일 수 없다.[137]

중관학파와 논쟁

월칭은 또한 중관학파가 경쟁 체계와 논쟁을 벌이는 일의 중요성을 청변이 강조하는 데에도 문제가 있다고 본다. 첫째, 그는 용수가 자신의 여러 저작에서 "논쟁을 좋아해서",[138] 다시 말해 대론자의 입장을 물리치고 자신의 견해를 확립하기 위해 논증을 가르친 것이 아니라고 주장한다. 그는 『입중론』에서 자기 자신의 견해에 대한 애착은 버려야 할 것임을 분명히 밝히고 있다.

> 자신의 견해에 대한 애착, 그리고 다른 사람의 견해에 대한 분노는 한낱 개념일 뿐이다.
>
> 그러므로 애착과 분노를 제거하고 정확히 분석하는 사람들은 속

---

137 그러나 용수와 월칭 모두 내재적 본성에 호소하지 않는 인식 수단과 대상에 대한 개념을 발전시키고자 했다. 이들은 우리가 이 두 가지 개념 둘 다를 유익하게 사용할 수 있다고는 할지라도, 이 둘이 존재하려면 각각이 상호 의존적이어야 한다는 사실을 인식해야 한다고 주장한다. 즉, 인식 대상 없이 인식 수단은 존재할 수 없고, 인식 수단 없이 인식 대상은 존재할 수 없다는 것이다. 자세한 논의는 Westerhoff 2010, Siderits 2011a 참조.

138 *Madhyamakāvatāra* 6: 118, *na vādalobhād vihito vicāras tattvam tu śāstre kathitaṃ vimuk tyai*, Li 2015, Huntington 2003: 77.

히 해탈을 얻는다.[139]

그런데 이렇게 보는 식으로 논쟁에 참여하는 것도, 마치 중관학파가 피하고자 하는 바로 그러한 종류로 보이는, 자신의 입장에 대한 애착을 낳는 것처럼 보인다.

둘째, 논쟁은 분명 공통의 기반에서 시작되어야 한다. 공통의 기반이 아닌 가정은 양쪽 모두에게 어떤 입증력도 기대할 수 없다(예를 들어, 불교도와 니야야 논사는 상대방의 근본 경전을 권위 있는 것으로 간주하지 않을 것이다). 그러나 불교도의 대론자는 세계의 특정 부분을 자성에 의해 존재하는 것으로 개념화할 것이기 때문에, 불교도는 적어도 세속적 실재의 수준에서는 이러한 주장을 받아들여야 할 것이다. 월칭의 주장에 따르면, 이는 중관을 일종의 숨겨진 실재론(crypto-realism)으로 환원시켜버리는 꼴이라고 주장한다. 우리는 더 이상 자성에 의해 존재하는 존재자를 거부하는 체계를 다루고 있는 것이 아니라, 되려 그러한 존재자를 받아들이는 중관학파의 대론자쪽 편을 드는 체계를 다루고 있는 것이다. 유일한 차이점이라고는 청변의 추종자들이 자성의 존재를 궁극적 수준이 아닌 세속적 수준으로 강등시키리라는 점 밖에는 없다. 중관학파의 특징을 보여주는 내재적 본성에 대한 부정은 더 이상 논의의 대상이 되지 않는 것으로 보이며, 대신 이제의 논증은 내재적 본성에게 어떤 종류의 실재가 할당되어야 하는지에 대한 문제로 보인

세속적
실재 수준에서의
자성?

139 *Madhyamakāvatāra* 6:119, *svadṛṣṭirāgo 'pi hi kalpanaiva tathānyadṛṣṭāv api yaś ca roṣaḥ | vidhūya rāgaṃ pratighaṃ ca tasmād vicārayan kṣipram upaiti muktim*, Li 2015.

다.[140] 월칭은 여기서 뭔가 근본적으로 잘못되었다고 생각한다. 우선, 용수는 자신의 근본 저술에서 자성에 의해 존재하는 존재자의 모순적 본성을 입증하기 위해 상당한 시간을 할애한다. 그렇다면 불교도가 일상적인 상호작용의 수준에서 실재란 무엇인지에 대한 자신의 이론에 그러한 자성에 의한 존재자를 통합해야 한다고 어떻게 생각할 수 있겠는가? 둘째, 이제 도입된 세속적으로 실재하는 내재적 본성이라는 것이 이전의 궁극적 존재와 마찬가지로 집착의 대상으로 기능할 수 있지 않을지 의문을 가질 수 있다. 만약 윤회하는 존재에 우리를 가두는 핵심 특성이 집착이라면, 우리의 존재하는 자아, 즉 자성이 있는 세속적으로 존재하는 자아(또는 세속적으로 존재하는 여타의 대상)를 향해 불선한 정서적 태도를 일으키는 것이 왜 문제가 될까? 전체적인 결과는 같아 보인다. 이제 우리는 원래 용수의 논증을 어떻게 설명할 것인지를 놓고 방법론적인 의견 차이처럼 보였던 것이 이 단계에서는 어떤 종류의 사물이 존재하는지에 대한 존재론적 논쟁으로 변모했음을 알 수 있다(월칭과 청변 간 논쟁의 이러한 차원은 나중에 15세기 티베트 학승 쫑카빠가 강조한 바 있다).

월칭과 청변의 존재론적 의견 차이

청변의 설명 중 중관학파에 문제를 일으킬 수 있는 마지막 지점은 그가 학설강요서를 아주 좋아한다는 데 있다. 만약 다양한 사유 체계를 학설강요서식 지도로 배열하고는 이에 더해 계층적으로 조직화하면서, 앞에서 논의된 체계가 뒤에서 논의된 체계보다 덜 적확하다고 간주한다면, 우리는 세속적 실재를 조직화하는 다양한 방식이 있다고 가정해야 한다. 분명, (마지막 체계인 중관학파

140 Tillemans 2003: 108 참조.

를 제외하면) 논의된 그 어떤 체계들도 궁극적 실재에 대한 설명을 제공할 수 없으므로, 이 체계들이 해야 할 일은 세속적 실재에 대해, 다시 말해 우리 모두가 살고 있는 세계에 대해 점진적으로 더 나은 설명을 제공하는 것이다. 그러나 월칭 자신은 철학적 분석에 기반해서 세속적 실재를 계층화하는 방식을 받아들이지 않는다는 점을 분명히 한다. 그에 따르면 세속적 진리는 "목동과 여자 같은 이들도 아는 것"(*gopālṅganājanaprasiddha*)과, 다시 말해 기저가 되는 형이상학적 수준에서 일어나는 사태에 대해 일련의 이론을 제시하지 않은 채 세속적인 세계의 규칙성을 액면 그대로 다루는 일종의 세계관과 동일시될 수 있다.

세속적 실재에는 계층화가 없다

따라서 월칭은 청변의 주석 기법이 유용할 수도 있고 유용하지 않을 수도 있는 설명 장치로 평가되어야 할 뿐만 아니라, 이 기법이 중관학파라면 받아들이기를 경계해야 하는 여러 철학적 가정을 가져온다고 확신한다. 청변의 기법에는 용수 자신이 (중관학파의 견지에서 볼 때 이 세계를 올바로 보지 못하는 사람들을 단지 반박하는 것이 아니라) 확립하고자 하는 특정한 테제를 보유하고 있었다는 생각, 신뢰할 수 있는 인식 수단이 있다는 생각, 내재적 본성(*svabhāva*)을 가진 존재자가 세속적 실재의 수준에 존재한다는 생각, 세속적 실재에 대한 철학적 분석을 통해 세계가 작동하는 데 기저를 이루는 뼈대에 대한 (최선은 아니지만) 더 나은 이론을 제공할 수 있다는 생각이 딸려 있다. 방금 봤듯이, 월칭은 이 전부가 중관 사상과 모순된다고 생각하며, 그래서 이러한 이유로 청변의 해석에 매우 비판적이다.

귀류논증과 자립논증의 구별

후대의 불교 전통은 청변에 대한 월칭의 비판을 중관학파 전통이 별개의 두 하위 학파로 분열하는 결정적 지점으로 봤다. 즉,

학설강요서상의 허구로서의 구별

귀류논증 중관학파는 월칭을 따르고 또 청변에 대항하여 월칭이 불호에 대해 행했던 옹호를 따르며, 자신들을 귀류논증으로 국한하면서 청변의 설명 방식이 가져오는 어떤 결과도 지지하지 않는다. 한편 자립논증 중관학파는 청변을 따르는데, 테제, 인식 도구, 세속적 수준에서의 자성을 받아들이면서 세속적 실재를 철학적으로 분석하는 일의 유용성을 옹호한다. 이런 식으로 이해할 경우, 중관학파가 두 개의 하위 학파로 분열했다는 것은 명백히 학설강요서상의 허구다. 청변은 불호에 대해 매우 비판적이었지만, 청변의 주석가 관서는 두 인물이 주장한 두 가지 진리에 대한 이해에 차이를 두지 않는 것으로 보인다.[141] 만약 청변이 용수에 대한 자신의 해석과 불호의 해석 사이에 큰 차이가 있다고 인식했다면, 그가 이 두 해석을 모두 같은 어조로 언급한 것은 분명 좀 이상한 일이다. 더 단도직입적으로 말해, 귀류논증파나 자립논증파라는 용어조차도 인도의 중관학파가 자신의 입장을 설명하기 위해 사용한 것이 아니라, 중관학파의 논사들이 가진 다양한 견해를 체계적으로 기술하기 위해 후대의 티베트 학설사가들이 사용한 용어들을 환역한 것이다. 용어 문제는 차치하더라도, 월칭이 자신은 중관학파의 한 하위 학파를 옹호하고 있지만 자신의 대론자 청변은 다른 하위 학파를 옹호하고 있다고 생각했을지도 매우 의심스럽다. 비록 월칭이 청변의 이름을 언급하고 있지는 않지만, 다음처럼 말하고 있을 때는 청변을 지칭한 것이 분명하다.

---

141 Lopez 1987: 57–8.

설사 한 논리학자가 자신의 변증법적 기술이 얼마나 뛰어난지 과시하려고 중관학파의 입장을 취할 수 있지만, 그가 자립논증 추론을 제시하는 것은 오류를 하나둘씩 쌓아 거대한 저수지를 만드는 일이라는 것이 분명하다.[142]

월칭에게 청변은 전혀 중관학파가 아니라, 자신의 논증 능력을 과시하기 위해 중관학파의 편에 서는 논리학자에 불과하다. 월칭의 관점에서 볼 때, 중관학파에게는 삼단논법과 세속적으로 실재하는 내재적 본성을 용인하는 해석을 포함한 두 가지 해석이 있는 것이 아니라 오직 하나의 해석만 있을 뿐이다. 그에 따르면, 청변의 체계는 중관학파의 한 형태가 아니라 그냥 잘못된 형태다.

월칭이 어떻게 비교적 무명의 인도 철학자에서 매우 영향력 있는 중관학파의 사상가이자 주요 해설자가 되었는지를 알아내기란 어려운 일이다. 한 가지 흥미로운 제안[143]은 월칭의 갑작스러운 유명세가 딴뜨라 문헌의 인기가 증가한 일과 밀접한 관련이 있다는 것이다. 우리는 용수, 용수의 직제자 성천, 월칭이라는 중관학파의 저자 삼사(三師, triad)가 850년에서 1000년 사이 어딘가에 살았던 동명의 수많은 딴뜨라 저자 삼사로 후대 인도불교에서 반복되는 것을 볼 수 있다. 이들은 중심 딴뜨라 저술인 『비밀집회딴뜨라(*Guhyasamājatantra*)』를 전승하는 이른바 고귀한 계보(*'phags lugs*)의 핵심 인물들이다. 이 두 삼사 사이의 관계는 복잡하

월칭의 등장

월칭과 딴뜨라

142 Huntington 2003: 82.

143 Raised by Kevin Vose(2009: 27–36).

다. 전통 기록은 이들을 동일한 저자로 믿는 반면, 현대 불교학자들은 이 둘을 동일시하는 것은 사기(후대의 딴뜨라 저자들이 자신의 저작이 중관학파의 거장들에 의해 쓰여졌다고 주장하는 것) 또는 혼동(후대의 저자들이 선대의 저자들과 동일하다고 주장했던 것은 아니지만, 이들이 동일한 이름을 공유했기 때문에 전통이 그들을 혼동했다)의 결과로 간주하는 경우가 많다. 전통 기록이라고 하면 실제 사실보다 더 쉽게 믿는다는 점을 감안하면, 이러한 두 가지 주장 모두 두 삼사 사이에 무슨 일이 일어났는지 이해하는 데는 딱히 도움이 되지 않는다. 따라나타 같은 전통 불교 역사가들은 이 저자들의 딴뜨라 저작들이 용수와 성천이 "실제로 이 세상에 살고 있었을 때" 유포되지 않았으며,[144] 이들의 저작 중 일부는 그때에 저술되지도 않았다고 매우 명시적으로 주장한다.[145] 그러나 이 저작들은 또한 따라나타의 주장대로라면, "논란의 여지 없이 아버지[용수]와 아들[성천]에 의해 작성되었다".[146] 이러한 주장들을 조화시키려면, 중관학파 스승들의 수명이 매우 길었다는 식으로 현대 불교학이 받아들이기 꺼리는 가정을 해야 하거나, 아니면 딴뜨라 저작들이 2세기에 쓰여졌지만 감춰져 있다가 서기 1000년이 가까워지던 시기쯤에 유포되었다거나, 나중에 중관학파 스승들이 지상의 육신이 아닌 어떤 다른 형태로 작성하거나 가르쳤다는 가정이 있어야 한다.

중관학파 논사들의 딴뜨라 저술

중관학파와 딴뜨라

철학 학파로서의 중관학파와 딴뜨라 사이의 연관성에 대한

144 *'phags pa yab sras 'dzam bu gling du dngos su bzhugs pa'i dus*, Wedemeyer 2007: 18 – 19.

145 *mdzad* [···] *ma yin te*, Wedemeyer 2007: 19.

146 *yab sras de rnams kyi mdzad par rtsod pa med la*, Wedemeyer 2007: 20.

우리의 지식은 매우 제한적이며, 두 사고 체계 사이의 관계를 명확하게 파악하려면 훨씬 더 많은 작업이 필요하다.[147] 하지만 우리가 꼽을 수 있는 몇 가지 주목할 만한 사실이 있다. 하나는 딴뜨라의 특정 개념적 구별이 중관학파의 구별에 따라 설명되었으며, 때로는 중관학파 텍스트의 문구를 반영하기도 한다는 점이다.[148] 다른 부분들로는, 중관학파의 저작들에서 제시된 특정 주장들과, 기존 인식 수단을 부정한다거나 궁극적 실재는 인간의 인지 활동 범위 내에 있지 않다고 생각하는 등 특정 딴뜨라의 주장들이 잘 부합하는 것처럼 보인다는 점이다.[149] 또한 유가행파의 배경 가정들을 비판하는 딴뜨라 저자들의 사례를 들 수 있는데,[150] 이는 다시 유가행파에 대한 월칭의 비판을 떠올리게 하는 입장이다. 보스[151]는 월칭 철학의 인기가 높아진 것은 고귀한 계보의 인기가 증가한 결과라고 제안한다. 이는 서기 1000년이 가까워지던 시기쯤에 『비밀집회딴뜨라』와 그 주석에 대한 관심의 증가가 월칭의 다른 비딴뜨라 저술들에 대한 관심의 증가로 이어졌음을 의미하는데, 그 이유는 불교 전통이 중관학파 월칭과 딴뜨라 월칭 사이의 경계를 긋지 않았기 때문이다. 이는 부분적으로 작가의 후기 저작인 인기의 역반영

---

147 일반적으로 딴뜨라의 철학적 배경을 유가행파로 가정하는 것이 자연스럽다. 이 점은 3장에서 더 자세히 논의하겠다.

148 예를 들면, 아이작슨(Isaacson)이 언급했듯이 『근본중송』 24:8에 나오는 용수의 두 가지 진리 게송을 『비밀집회딴뜨라』에서 각색해 싣고 있는 대목이다(Wedemeyer 2007: 40, n.83).

149 Vose 2009: 28–9.

150 Vose 2009: 33–4.

151 Vose 2009: 31.

탓에 초기 저작에 대한 인식이 높아지는 인기의 역반영일 수 있고, 또 부분적으로 중관학파의 저술이 옹호하는 일부의 입장과 고귀한 계보가 홍포하고자 하는 딴뜨라 텍스트의 해석 사이에 체계적인 유사성이 있다는 사실의 결과일 수 있다. 이 제안은 다소 추측에 기댄 면이 있어 훨씬 더 자세히 조사할 필요가 있다. 그러나 추가 연구를 통해 이 아이디어가 뒷받침된다면, 인도철학의 특징을 보여주는 텍스트·저자·학파·사고방식 간의 상호작용이 얼마나 복잡한지, 또 고대 인도에서 불교철학이 발전해 온 방식을 섬세하게 이해하려면 이러한 다양한 상호작용의 요소를 염두에 두는 일이 왜 필요한지를 보여주는 좋은 예가 될 수 있을 것이다.

월칭의 저술들과 함께 이제는 7세기 중반에 이르렀다. 불교철학(그리고 그와 함께 중관학파의 철학)은 인도불교의 학술 전통의 쇠퇴가 시작되는 13세기 초까지 약 500년의 활동을 앞두고 있었다. 7세기 중반 이후 중관학파 사상의 특징은 무엇이었을까?

위대한 종합자: 적호와 연화계

중관학파를 더욱 발전시킨 두 명의 핵심 사상가는 적호(寂護, Śāntarakṣita | 725 – 88)와 그 제자 연화계(蓮華戒, Kamalaśīla | 740 – 795년경)였다. 이들이 중요한 이유는 체계적 차원과 역사적 차원으로 나눌 수 있다. 이들은 중관학파와 유가행파를 종합하는 흥미로운 일을 했으며, 8세기에 인도불교(특히 중관학파의 사상)가 티베트에 전승

되는 데 결정적인 역할을 한 두 명의 인도 스승이었다. 이러한 전승 덕분에, 본토에서 쇠퇴한 후에도 분명 인도적 모습을 지닌 불교철학이 오늘날까지 계속 티베트에서 발전할 수 있었다.

적호의 주요 저작들

적호의 철학적 중요성은 그의 두 저술 『중관장엄론(中觀莊嚴論, *Madhyamakālaṃkāra*)』과 『진실강요(眞實綱要, *Tattvasaṃgraha*)』에서 가장 분명하게 드러난다. 첫 번째 것은 대승 사상의 주요 철학 학파인 중관학파와 유가행파를 통합하려는 시도의 주요 자료다. 이 프로젝트에 대해서는 다음 장에서 더 자세히 설명하겠다.[152] 두 번째 것은 3,000게송이 넘는 장편으로, 연화계의 주석과 함께 범어 원문으로 보존되어 있다. 『진실강요』는 학설강요서로서 특히 흥미로운 저작이다. 여기서는 시원적 질료(原質, *prakṛti*), 창조자 신(*īśvara*), 말과 그 지시물(*śabdārtha*), 지각(*pratyakṣa*), 추론(*anumāna*), 과거·현재·미래의 존재(*traikālya*), 경전의 권위(*śruti*) 같은 광범위한 철학 개념을 논의하며, 이러한 개념에 대한 다양한 철학 학파의 견해에 특별한 관심을 기울인다. 예를 들어, 장로부, 니야야, 바이셰시까, 미망사, 불이론 베단타, 자이나교 등의 관점에서 본 자아(*ātman*) 설명에 대한 자세한 논의가 있다. 『진실강요』는 적호가 가진 불교적 입장의 진실성을 입증하기 위해, 이러한 모든 비불교도의 견해(그리고 독자부와 같은 일부 불교의 견해)에 내재된 오류를 보여주려고 노력한다는 점에서 일종의 논쟁서다. 그러나 이러한 노력이 성공했냐는 문제와는 별개로, 이 책은 8세기 인도에서 벌어진 철학 논쟁이 어떤 모습인지를 내부에서 보여주는 흥미로운 관

『진실강요』

---

152 아래 pp.409-22 참조.

점을 제공하는데, 바로 이 시기에 (이론적 선택지의 다양성 면에서나 개념적 통찰의 깊이 면에서나) 철학적 논쟁의 발전이 정점에 이르렀다고 여겨진다. 적호의 백과사전적 저술을 통해, 이 시기의 불교 사상이 지적으로 고립된 기획이 아니라, 당시의 모든 주요 철학 흐름과 논쟁을 통해 상호작용했음을 알 수 있다.

적호와 티베트로의 불교 전승

적호는 역사적으로도 상당히 중요한 철학자였다. '세 명의 위대한 법왕'(*chos rgyal*) 중 두 번째 법왕인 티송데쩬(Khri srong lde btsan)은 그를 티베트로 초청했고, 이에 티베트불교의 성립이 시작된 최초의 티베트 승원인 삼예사(bSam yas)를 새로 건립해 초대 승원장(*upādhyāya*)이 되었다. 인도불교가 날란다 승원에서 히말라야 고원의 오지로 전승된 자세한 내용은 이 글의 범위를 벗어난다. 다만 티베트인들은 인도불교의 지적 문화를 대대적으로 받아들였고, 그럼으로써 인도에서 불교가 사라진 이후로도 엄청나게 많은 철학적 저술들을 보존해 왔는데, 이 시점에서 인도 불교철학에 대한 우리의 지식이 티벳 불교 전통에 얼마나 많이 의지하고 있는지를 상기해 보는 것은 중요하다.

연화계와 삼예 회의

적호의 제자 연화계는 티베트에서 불교의 발전 방향을 결정하는 데 있어 마찬가지로 중요한 역사적 역할을 수행했다. 그는 전통적으로 797년경에 열린 삼예 회의에서 결정적인 역할을 했다고 여겨진다. 그 회의에서 연화계는 대론자 마하연(摩訶衍 | Mahāyāna의 음사어) 화상이 옹호한 돌연한 깨달음(頓悟)이라는 중국식 모델에 반대해, 윤리적 행위(戒, *śīla*), 명상(定, *samādhi*), 통찰(慧, *prajñā*)에 기초한 정화 과정의 정점으로 깨달음을 보는 인도식 점진적 깨달음(漸悟) 접근법을 옹호한 것으로 추정된다. 마하연의 설

점진적 vs 돌연한 깨달음 개념

명에 따를 때, 마음은 내재적으로 청정하기에 깨달음을 성취하는 데 필요한 것은 마음의 본성에 대한 직접적인 비개념적 통찰뿐이다. 티베트 자료에 따르면, 왕은 연화계를 논쟁의 승자로 판단하고는, 그의 중관학파 해설을 두고 따라야 할 공식적인 철학적 접근법으로 선언했다. 연화계는 얼마 지나지 않아 패배한 중국 측의 질투심 많은 누군가에 의해 암살당했다고 전해진다.

삼예 회의에 대한 불명확성

삼예 회의와 관련된 대부분의 주장은 논란의 여지가 있을뿐더러, 여전히 논쟁의 대상이 되고 있다. 즉, 실제로 대면 논쟁이 있었는지, 아니면 대론자의 견해에 대응하여 작성된 일련의 텍스트들인지, 이 논쟁의 명확한 결론이 있었는지, 마하연의 견해가 정확히 무엇인지,[153] 심지어 이 중국 승려가 역사적 인물인지 등에 대해서 여전히 논란의 여지가 있다.

그러나 몇 가지 사실은 논란의 여지가 없다. 첫째, 이 논쟁 이후 티베트는 불교의 모든 부분을 인도에서 들여오게 되었으며(당시 인도는 중국과는 달리 군사적 경쟁국이 아니었다), 중국불교는 티베트불교의 발전에 눈에 띄는 영향을 미치지 못하게 되었다. 둘째, 깨달음은 단계적 훈련 과정을 거쳐 얻은 결과라는 연화계의 견해에 대해서는 의심의 여지가 없다. 그의 가장 중요한 저작 중 하나인 『수습차제(修習次第, *Bhāvanākrama*)』(*Stages of Meditation*)는 세 부분으로 이루어져 있으며, 불과(佛果)로 나아가는 상향 과정이 어떤 식으로 하나씩 쌓아가는 단계를 거치며 진행되는지를 설명하고 있는데, 이 세 부분은 학습·반성·명상을 꾸준히 수습하는 와중에 그 결

연화계의 『수습차제』

---

153 자세한 설명은 van Schaik 2015 참조.

과로 비롯되는 통찰의 종류들(聞慧, *śrutamayī-prajñā* | 思慧, *cintāmayī-prajñā* | 修慧, *bhāvanāmayī-prajñā*), 명상 집중(定, *samādhi*)의 다양한 연속 형태들, 고요한 머무름(止, *śamatha*)과 통찰(觀, *vipaśyana*) 명상, 명상 대상(所緣事, *ālambanavastu*)의 순서 등으로 구성되어 있다.

『수습차제』의 각 부분들은 일부 겹치기도 하고, 주제에 대한 논의를 반복하기도 한다. 이러한 사실은 각 부분들이 하나의 단일한 논서의 일부를 구성하는 것이 아니라, 공통된 주제를 다루는 관련 저술로 개별적으로 작성되었음을 시사한다. 각 부분들이 삼예 회의에서 일어난 논쟁의 일부에 속할 수도 있으며, 나아가 이 논쟁이 텍스트 교환을 통해 진행되었거나, 적어도 그러한 텍스트 교환은 포함했을 수 있다는 제안이 꼭 받아들이기 어려운 것은 아니다. 『수습차제』의 세 번째 부분에서 연화계는 다음과 같은 견해에 대해 명시적으로 반박한다.

정신 활동의 부재에 대한 비판

> 중생이 선행이나 악행의 영향으로 인해 정신적 개념으로부터 태어난다고 생각하는 사람들은 자신의 행위의 결과로 천상 등을 누린 뒤에도 윤회하는 존재에서 방황하지만, 아무것도 생각하지 않고 아무것도 행하지 않는 사람들은 아무것도 생각하지 않고 어떤 선행도 할 필요 없이 윤회하는 존재에서 해탈하기를 바란다. 보시 등의 행위는 무지한 바보들에게만 가르쳐졌다고 믿기에 말이다. 이런 식이면 대승불교 전체가 부정되게 된다.[154]

154 *yastu manyate cittavikalpasamutthāpitaśubhāśubhakarmavaśena sattvāḥ svargādikarma phalamanubhavantaḥ saṃsāre saṃsaranti | ye punarna kiñciccintayanti nāpi kiñcit karma kurvanti te parimucyante saṃsārāt |*

연화계에 따르면, 정신적 활동이 없는 상태(無念, *amanasikāra*)로는 해탈을 성취하는 데 충분하지 않다. 윤회에서 벗어나기 위해서는 개념적 사고가 더 이상 일어나는 않는 적정(寂靜) 상태에 들어가는 것만으로는 충분하지 않으며, 깨달음을 얻기 위해서는 (관대함(布施)과 같이 도덕적 완성(波羅密) 수행과 중대한 관련이 있는) 숙련된 수단(方便, *upāya*)과 통찰력(智慧, *prajñā*)을 모두 길러야 한다.

마하연의 접근법이 위의 구절에서 제시하는 것처럼 단순히 '당신의 마음을 꺼버리는 것'이었는지에 대해서는 합리적으로 의심해 볼 수 있다.[155] 비록 후대의 티베트 학계 문헌에서는 마하연의 반계율주의적 견해가 도리를 벗어난 입장의 대표적인 전범이 되긴 했지만, 마하연의 입장이 불교 사상의 역사에서 처음으로 제시된 것은 아니라는 점, 또 연화계가 여러 경전 구절들을 인용해 반박할 수 있었던 것과 마찬가지로 마하연 역시 그런 식으로 자신의 입장을 뒷받침할 수 있었다는 점에 주목할 필요가 있다. 다시 한 번 말하지만, 사안을 좀 더 섬세하게 바라보려면, 단순히 '누가 옳은지'를 따지기보다는 연화계와 마하연의 입장처럼 상이한 견해를 발전시키는 데 기초로 사용될 수 있는, 불교의 가르침에 이미 존재하는 다양한 용어와 개념이 무엇인지 스스로 따져볼 필요가 있다.

이후의 중관학파의 발전

여기서는 지면이 부족해 인도 중관학파 발전의 마지막 단계에

---

tasmānna kiñciccintayitavyam | nāpi dānādikuśalacaryā kartavyā | kevalaṃ mūrkhajanamadhikṛtya dānādikuśalacaryā nirdiṣṭeti | tena sakalamahāyānaṃ pratikṣiptaṃ bhavet, Namdol 1984: 232.

155 van Schaik 2015: 133.

대해서나, 유가행파와 더불어 그 개념적 기반을 제공한 딴뜨리즘의 발전과의 관계에 대해서 더 자세하게 설명하지는 못한다.[156] 하지만 두 가지 관련된 사항은 언급해 두겠다. 첫째, 적호와 연화계에 의해 전개된 유가행파와 중관학파의 종합은 인도 중관학파의 개념적 종착점이 되지 않는다. 이후, 그 흐름은 다시 '순수 중관학파'에 유리하게 바뀌기 시작했고, 아띠샤(Atiśa)로 더 잘 알려진 디빵까라슈리즈냐나(Dīpaṃkaraśrījñāna | 982-1054)가 자신의 유명한 저술인 『보리도등론(菩提道燈論, *Bodhipathapradīpa*)』에 대한 자신의 주석(自註)에서 중관학파 스승의 계보를 제공하는 목록을 추가했을 때, 여기에는 적호도, 연화계도, 종합적 접근법의 어떤 옹호자도 포함되지 않았다.[157] 이들의 체계가 티베트에 처음 소개된 것임에도 불구하고, 티베트에서 채택된 중관학파에 대한 접근법은 적호와 연화계가 제시한 유가행파와 중관학파의 종합이 아니었으며, 12세기 이후로는 월칭이 제안한 중관학파 해석이 지배적인 독해가 되었는데 이는 유가행파의 접근법에 아주 비판적인 방식이다.

종합적 접근법의 쇠퇴

두 번째로 주목해야 할 점은 서기 1000년 무렵 중관학파는 더 이상 인도만의 프로젝트가 아니었다는 것이다. 이를 알 수 있는 방법은 이 시기에 중요한 중관학파의 저술들이 인도 아대륙에서 상당히 멀리 떨어진 곳에서 작성된 사실을 살펴보면 된다. 아띠샤의 스승 중 한 명인 다르마끼르띠(4장에서 논의될 논리-인식론 학

인도를 넘어선 중관학파

156 몇 가지 사안에 대한 언급은 Ruegg 1981a: 104-8 참조.

157 Sherburne 2000: 237-41. 적호는 이 텍스트에서 한 번만 인용된다(235, 또한 272, n.24 참조).

파의 다르마끼르띠와 혼동하지 말 것)는 자신의 주요 저작인 『현관장엄론』에 대한 주석서를 수바르나섬(黃金州, Suvarṇadvīpa | 현대의 수마트라 또는 자바)에서 저술했으며, 1050년에서 1100년 사이에 활동한 카슈미르 출신의 학자 자야난다(Jayānanda)는 월칭의 『입중론』에 대한 현존하는 유일한 인도 주석서를 중국 산시성 오대산 인근에서 저술했다.[158] 중관학파는 인도에서 시작된 지 9세기 만에 중앙아시아·동아시아·동남아시아에서 연구되고 전개된 철학 학파로 발전했다.

중관학파와 니야야

다음 장에서는 중관학파와 다른 대승 사상 학파의 관계를 좀 더 자세히 살펴볼 기회를 갖도록 하겠다.[159] 여기서는 중관학파와 비불교 학파인 니야야의 관계를 고찰하는 것으로 이 장을 마무리하고자 한다. 니야야 체계의 근본 텍스트는 『니야야수뜨라(正理經, *Nyāyasūtra*)』로, 2세기에 악샤빠다 가우따마(Akṣapāda Gautama)가 편찬했다고 알려져 있다. 따라서 니야야와 중관학파는 역사적으로 가까운 시기에 출현했다고 보이며, 두 학파는 등장한 초

158 Ruegg 1981a: 109–10, 113–14. 『대지도론』의 상당 부분은 중앙아시아나 서역에 기원을 두고 있을 수 있다(Ruegg 1981a: 32–3).

159 3장 5절에서는 유가행파와의 관계를 살펴보고, 4장 7절에서는 중관학파와 디그나가 및 다르마끼르띠 학파의 관계를 논의한다.

용수와 니야야

기부터 서로 논쟁을 벌여왔다. 용수의 짧은 저술 중 두 개는 니야야의 논증들을 길게 다루고 있다. 『회쟁론』에서는 니야야 논사와 아비달마 논사가 함께 주요 대담자로 등장하며,[160] 『광파론』에서는 열여섯 가지 니야야 범주를 명시적으로 반박하고 있다.[161] 『니야야수뜨라』에 대한 광범위한 주석서인 『니야야수뜨라브하샤(*Nyāyasūtrabhāṣya*)』는 4세기에 바차야나(Vātsyāyana)에 의해 작성되었으며, 이후에 디그나가의 공격 대상이 되었다. 7세기에는 웃됴따까라(Uddyotakara)가 또 다른 정교한 주석서인 『니야야바르띠까(*Nyāyavārttika*)』에서 불교의 비판으로부터 니야야를 변호하게 된다.

두 체계의 상호적 영향

여기서는 초기에 일어난 불교와 니야야의 상호작용에 가장 큰 관심을 두고 있다. 용수가 니야야의 체계를 비판했을 때, 그는 매우 초기 형태의 니야야와 상호작용했다. 이 초기 형태의 니야야는 우리가 오늘날 알고 있는 『니야야수뜨라』 및 그 주요 주석들에서 볼 수 있는 내용과 일반적으로 동일시되어서는 안 되는 체계다.[162] 이러한 텍스트들에서 니야야 논사의 대론자가 다양한 반론을 제기하고, 그런 다음 뒤이어 니야야가 그 응답을 제시하는 것은 중관학파에 그 출처를 두고 있을 가능성이 높다.[163] 두 체계는 서로를 만들어갔으며, 이 둘의 텍스트는 상호 영향의 흔적을 보여준다.

---

160 Westerhoff 2010, Meuthrath 1999.

161 Westerhoff 2018.

162 일반적으로 첫 번째와 다섯 번째 장(*adhyāyas*)이 이 텍스트의 가장 오래된 부분을 구성한다고 가정한다(Meuthrath 1996: x). 이 두 장에서 다루는 내용 중 일부는 용수가 잘 알고 있었고, 또 용수의 비판에 맞서 제시된 것일 가능성이 크다.

163 Oberhammer 1963–4: 68, 70; Bronkhorst 1985.

용수는 주로 니야야 체계의 인식론적 부분 및 논리적 부분과 논쟁을 벌인다. 니야야의 이러한 입장에 대한 용수의 비판은 특히 흥미로운데, 왜냐하면 그 비판의 대상은 니야야가 불교와는 다른 견해를 취하게 되는 주제일 뿐만 아니라, 불교든 불교가 아니든 모든 철학적 논의와 관련될 수 있는 충분히 일반적인 주제에 관한 것이기도 하기 때문이다. 니야야는 단지 여러 철학 체계 중 하나, 즉 고전 인도철학의 여섯 가지 철학(見, *darśana*) 중 하나가 아니라, 특히 나비야-니야야(Navya-Nyāya | '신(新) 니야야')[164]로 알려지게 된 형태로 이후에 발전하면서, 니야야(-바이셰시까) 체계의 철학적 주장이라고 딱 꼬집어 말할 수 있는 영역을 뛰어넘어서, 다른 분야들로 그 영향력을 확장했다는 점을 인식하는 것이 중요하다. 신 니야야는 니야야 자체를 논의하는 맥락에서뿐만 아니라, 불이론 베단타, 상키야, 미망사 등 다른 철학 학파가 논의와 발전을 해나가는 데서는 물론이고, 문법학·시학·법학처럼 비철학적 맥락에서도 활용되었다.[165]

니야야 체계의 만연한 영향력

물론 신 니야야는 용수와 거의 천 년의 거리만큼 떨어져 있다. 그렇지만 『회쟁론』과 『광파론』에서 보여준 초기 니야야 체계와 용수의 쟁론은, 이 논쟁이 단지 두 철학 체계 중 무엇이 우월하다고 여겨져야 하는지에 관한 것일 뿐만 아니라, 철학을 추구하는 데 있어 올바른 방법론적 틀에 관한 것임을 보여주는 것이기도 하다.

164 우다야나(Udayana | 1050년경)와 강게샤(Gaṅgeśa | 1200년경)는 일반적으로 신 니야야 전통의 창시자로 여겨진다.

165 Bhattacharya 2001: 102; Ganeri 2008: 109–24.

니야야의 논리학과 인식론에 대한 비판

그러나 용수가 니야야의 일부 입장뿐만 아니라, 철학적 논쟁에서 사용하도록 권장되는 논리적 기법 및 인식론적 기법도 비판한다면, 이는 즉각 두 가지 질문을 불러온다. 첫째, 일부 주장 내용에 동의하지 않을 수는 있더라도, 중관학파 논사들은 왜 니야야가 기술하는 상당히 정교한 논리적 및 인식론적 틀을 채택하는 것도 가능하지 않다고 생각하는가? 그리고 둘째, 이들은 그 자리에 대신 무엇을 넣자고 제안하는가?

부정

니야야의 논리적 장치 중 일부가 중관학파의 논증에 방해가 된다는 한 가지 분명한 예는 부정에 대한 중관학파의 이해에서 찾을 수 있다. 용수는 다음처럼 니야야 대론자의 반론을 받는다. "'집안에 물단지가 없다'는 식의 부정이 정확히 어떤 존재자에 대한 부정이라면, 그대의 부정은 어떤 실체가 존재함에 대한 부정이다."[166] 여기서 문제는 니야야식 이해를 따를 때, 부재란 국지적인 부재일 수밖에 없다는 것이다. 만약 물단지가 집안에 존재함을 부정한다면, 우리는 물단지가 어딘가(가령, 정원이나 도공의 작업장)에는 존재함을 인정하는 것이 되어 버린다. 왜냐하면 부정되는 사물이 그 어디에도 존재하지 않았다면, 부정할 때 도대체 어떻게 그 부정되는 사물에 대해 이야기할 수 있을까? 도대체 어떻게 그것과 인식을 통해 접촉할 수 있었을까?

자성을 부정하는 데 따른 문제

그러나 부정에 대한 이러한 관점을 중관학파의 공성 이해에 적용하면 문제가 발생한다. 중관학파의 공성 이해는 단순히 어디

---

166 11: *sata eva pratiṣedho nāsti ghaṭo geha ity ayam yasmāt* | *dṛṣṭaḥ pratiṣedho yaṃ sataḥ svabhāvasya te tasmāt*, Westerhoff 2010: 109–10 참조.

에 있든 내재적으로 실재하는 존재자(自性, *svabhāva*)를 부정하는 것이기 때문이다. 중관학파는 가령, 전차는 공하다는 주장(다시 말해, 전차에는 자성이 없다는 주장)이 어딘가에는 전차의 자성이 존재함을 수반하는 니야야식 틀 내에서는 자신들의 이론을 꺼낼 수조차 없는 것이다.

니야야의 삼단논법

중관학파의 추론을 니야야식 오단논법(五支作法)의 틀로 표현하려 할 때 이와 관련된 우려가 발생한다.[167] 이러한 논법은 일치하는 실례(同法, *sādharmya*)와 불일치하는 실례(異法, *vaidharmya*)라는 두 유형의 실례를 통합할 필요가 있다. "연기가 있기 때문에, 언덕이 불이 있다"(연기가 있을 때마다 불이 있듯이 말이다)와 같은 논법의 주요 예를 살펴본다면, 일치하는 실례는 "부엌에서와 같이"이고, 불일치하는 실례는 "호수에서와 같이"이다. 일치하는 실례는 입증되어야 할 속성(불)과 그 입증을 돕는 징표(연기)가 하나의 대상에서 함께 예화되는 경우지만, 불일치하는 실례는 속성과 징표 둘 다 예화하지 않는 대상의 경우다.[168] 어떤 논법에서 일치하는 실례와 불일치하는 실례를 요구하는 것은 일견 문제가 될 것이 없는 듯 보이지만, 이는 "모든 것은 원인과 조건에 의존해 생겨나므로 공하다"와 같은 일반적인 중관학파의 추론을 공식화할 경우 난관에 직면한다. 중관학파는 공성을 모든 사물의 보편적 속성으로 간주하기 때문에 어떤 대상도 일치하는 실례로 제시할 수 있지만,

불일치하는 실례가 없는 공성

167 『광파론』 28–9과의 비교는 Westerhoff 2018.

168 호수라는 반례는 (호수에서 안개가 피어오를 때) 마치 호수에서 연기가 있는 것처럼 보일 수 있기 때문에 선택되었을 것이다. 그렇지만 제대로 살펴보면 연기나 불은 없다는 것을 알 수 있다.

공하지 않는 사물은 존재하지 않기 때문에 불일치하는 실례는 제시할 수 없다.[169]

존재하지 않는 대상에 대한 지시

이 문제는 중관학파(그리고 더 일반적으로는 불교도)에게 상당히 중요한데, 왜냐하면 존재하는 것처럼 보이지만 실제로는 존재하지 않는 존재자(구성요소로 이루어진 전체, 인격체, 자성에 의해 존재하는 존재자)에 대한 지시는 불교의 세계 이론의 필수적인 부분이기 때문이다. 구성요소로 이루어진 전체 등은 별개의 존재자들(이중 일부에 대해 아비달마는 궁극적으로 실재한다고 보지만, 중관학파는 그렇지 않다)에게 개념적으로 부과된 것으로, 토끼 뿔이나 불임 여성의 아들이 실재하지 않는 것처럼, 개념적 부과물인 전체도 실재하지 않는다. 즉, 한낱 말(또는 한낱 개념)에 불과하며, 그 이면에는 지시되는 그 무엇도 존재하지 않는다. 그러나 니야야 논사들은 이러한 대상들을 자신들의 의미론·인식론·존재론에서는 다룰 수 있는 여지가 없다고 여긴다.[170]

그러므로 니야야의 논리적 장치[171]가 중관학파의 이론을 공식화하기 위한 철학적 틀로서는 전혀 사용될 수 없다는 점은 분명해 보인다. 그렇다면 어떤 틀이 그 대안이 되어야 할까? 만약 중관학

169 Matilal 1970, 83 – 110.

170 Matilal(1970: 91)은 니야야가 "어떤 (긍정적 또는 부정적) 속성을 허구적 존재자에게 귀속시키는 모든 문장을 논리적 담론에서 배제하고자 한다"고 지적한다. 바짜스빠띠(Vācaspati)는 허구적 존재자인 토끼 뿔에 대해 그 어떤 긍정도 부정도 할 수 없다고 말한다. "결과적으로 니야야는 완전한 허구적 존재자가 어떤 인지 상태의 '대상'이나, 심지어 오류의 '대상'도 될 수 있다는 점을 인정하지 않는다. … 사고나 인지 상태의 각 기본 요소에 대응하는 실재의 기본 요소는 존재한다. 소위 허구는 항상 실재하는 요소로 구성된다"(95).

171 용수는 니야야 인식론의 경우도 마찬가지라고 주장한다.

파가 인도 고전철학의 학파들과 논쟁을 벌이고자 한다면, 그러한 논쟁이 진행되는 논리적 기준 및 인식론적 기준을 모두 거부할 수는 없다. 규칙을 받아들이지 않고는 게임에 참여할 수 없는 법이다.

존재론적 함의를 받아들이지 않고 논리를 사용하는 것

중관학파는 이것이 맞다는 데 동의하겠지만, 또한 규칙 이상의 것으로 받아들일 필요도 없다고 생각한다. 중관학파는 대론자의 논리적 및 인식론적 기준을 완전히 거부하기보다는, 이 기준을 공성과 양립할 수 있는 형식으로 받아들이고자 한다. 그렇게 하는 한 가지 방법은 귀류의 방법론에 예시되어 있다. 만약 중관학파의 논사가 어떤 입장을 확립하려 하지 않으면서 단지 자성을 수반하는 대론자의 입장을 논리적 모순에 이르게 하고자 한다면, 그는 대론자가 논리적 모순을 입증하기 위해 동원한 논리적 기준에 따라 대론자의 논리적 모순을 입증하기만 하면 된다. 중관학파 스스로가 이러한 기준을 들여올 필요가 없는 것이다. 마찬가지로, 중관학파는 대론자로부터 인식론적 기준을 받아들이는데, 자성에 대한 호소를 제외할 수 있도록 충분히 수정되는 한에서만 이러한 기준을 받아들이는 것이다.[172] 이런 식으로 변증법적 교환이 일어날 수 있는데, 그렇지만 이는 실제로 논쟁되고 있는 형이상학적 가정들을 미리 전제하지 않는 방식으로 이루어지는 것이다.

---

172 나는 Westerhoff 2018에서, 용수가 『광파론』을 쓴 주요 목적이 니야야의 범주에 대한 탈실체화된 설명을 개발하는 것, 즉 방법론적 유용성은 대부분 유지하면서 어떤 범주도 자성에 의해 존재한다는 생각은 배제하는 이해를 개발하는 것이라고 주장했다.

3
유가행파

유가행파 발전의 다섯 단계

유가행파(瑜伽行派, Yogācāra)는 대승 철학의 두 번째 주요 학파로, 중관학파와 함께 인도에서 가장 성공적인 지적 수출품 중 하나다. 중관학파가 티베트에서 자리를 잡고 번성하는 동안, 유가행파는 인도에서 불교 문화가 쇠퇴한 뒤에도 중국과 일본에서 철학적 발전을 이어가며 동아시아 사상에 지대한 영향을 미치게 되었다.

설명상 편의를 위해 유가행파 사상의 발전 과정을 다섯 단계로 나눌 수 있다. 1단계에서는 이 학파가 이후 발전하는 데 중요한 텍스트가 된 대승 경전에서 초기 유가행파의 아이디어가 등장한 일을 꼽을 수 있다. 다음 네 가지 단계는 특정 유가행파 논사들의 저술로 이루어진다. 중관학파가 특정 논사인 용수의 사상에서 비롯된 것으로 여겨지듯이, 유가행파도 대개 그 창시자로 여겨지는 두 명의 불교 대가인 무착(無著, Asaṅga)(3단계)과 세친(世親. Vasubandhu)(4단계) 형제와 관련이 있다. 그러나 전통적으로 용들에 의해 용수에게로 전해졌다던 반야계 경전들을 통해 중관학파가 초자연적인 영역에서 왔다고 여겨지는 것과 마찬가지로, 무착도 핵심 유가행파의 텍스트를 저술했다고 여겨지는 미륵보살(과 미래의 붓다)로부터 직접 교시를 받았다고 여겨진다(2단계). 마지막 5단계에서는 무착과 세친 이후 인도에서 유가행파가 발전하는 과정을 다루는데, 무엇보다도 공히 '논리-인식론' 학파의 창시자로 여겨지는 두 명의 학자, 디그나가와 다르마끼르띠의 저술을 살펴볼 것이다. 다음 장에서는 논리학 및 지식론에 끼친 이들의 공헌을 자세히 다룰 것이다. 이 장에서는 이들이 유가행파에 어떤 기여를

했는지에 초점을 맞출 것이다.

다음 논의에서는 먼저 인도 유가행파 철학자들의 역사적 순서(1절)에 따라 주요 철학자들을 개관할 것이다. 그런 다음 2절에서는 이 학파의 특정한 철학적 전망을 드러내는 유가행파의 주요 개념을 자세히 살펴볼 것이다. 이러한 논의를 바탕으로 유가행파의 관점을 형성한 구체적인 논증적·텍스트적·명상적 요소에 더 많은 관심을 기울일 수 있다(3절). 마지막 두 절에서는 유가행파가 다른 주요 불교철학 학파와, 그리고 비불교 학파인 베단타 학파와 어떤 관계에 놓여 있는지 검토한다.

a. 1단계: 초기 유가행파의 경전

우리는 앞선 장에서 중관학파의 최초 주제들이 용수의 저술들에서 처음 나타난 것이 아니라, 특정 대승 경전, 즉 반야계 텍스트들에 이미 존재했음을 봤다. 마찬가지로, 우리는 유가행파가 후대 철학자들의 저술을 거치며 체계적으로 발전하기 이전에 이미 유가행파의 핵심 사상을 품고 있던 두 개의 경전을 거론할 수 있다. 이 중 첫 번째인 『능가경(*Laṅkāvatārasūtra*)』[1]은 사실 내러티브 구성의 측면에서 반야경류와 흥미로운 연관성을 보여준다. 이 텍스트의 제목은 랑카(Laṅkā) 섬(현재의 스리랑카)에서의 붓다 '화현'(*avatāra*)이 『능가경』

1 범어 기반 번역본은 Suzuki 1932를 참조. Red Pine 2012이 최근 한역 기반의 훌륭한 번역본을 출간했다.

라는 뜻을 담고 있는데, 즉 붓다가 사가라(沙伽羅, Sāgara) 용왕을 궁전에서 일주일 동안 가르치고 막 돌아와 그 몸을 나투었다는 것이다. 그런 뒤 그는 랑카에서 라바나(羅婆那, Rāvana) 왕에게 『능가경』 교설을 가르쳤다. 라바나는 자연의 여러 장소, 특히 나무에 깃들어 사는 영혼의 종족인 야차(夜叉, *yakṣa*)의 왕이다. 야차들은 랑카 섬과 밀접한 관련이 있으며, 열 개의 머리와 스무 개의 팔을 가진 라바나 왕은 인도 문학에서 『라마야나(*Rāmāyaṇa*)』에 묘사된 시타(Sītā)의 납치에 책임이 있는 악당으로 잘 알려져 있다.

『능가경』의 연대

이 『능가경』은 350년경 인도에서 처음 등장했을 가능성이 크지만,[2] 최초 버전은 훨씬 더 오래되었을 수 있다. 린트너는 이 텍스트의 가장 초기 버전이 실제로 용수와 성천의 시대에 입수될 수 있었고, 이들의 저술에 영향을 미쳤다고 주장했다.[3] 『능가경』과 용수의 주요 저술들 간에 다양한 유사점을 찾을 수 있을 뿐만 아니라, 간기에 용수 저작으로 되어 있는, 50게송이 조금 넘는 분량의 짧은 저술인 『수습차제(修習次第, *Bhāvanākrama*)』는 기본적으로 『능가경』의 게송을 발췌한 것이기도 하다. 사실 『능가경』에는 용수의 탄생이 그 말미 부분에 예언되어 있기 때문에, 용수보다 선행한다고 간주해야 한다.[4]

『능가경』의 주요 부분은 붓다와 대혜(大慧, Mahāmati) 보살 간의 대화로 구성되어 있다. 그 내용도 다양한데다가, 구조도 평이하

---

2 Red Pine 2012: 2.

3 Lindtner 1992.

4 위의 pp.193-4 참조.

지 않다. 채식의 공덕에 대한 장이 있고, 붓다가 대혜에게 여러 다라니를 전수하는 장이 있으며, 800게송 이상으로 이루어진 마지막 장이 있는데, 이 중 약 1/4은 이미 이 텍스트의 다른 부분에 등장한다. 이 경은 광범위한 소재를 다루고 있으며, 대승의 거의 모든 핵심 교리 개념을 언급하고 있다고 해도 과언이 아니다. 현재의 맥락에서 가장 관심을 끄는 대목은 여기에 소개된 유가행파의 주요 사상, 즉 마음일 뿐이라는 개념, 여덟 가지 의식 개념, 그중에서도 아래에서 아주 자세히 논의될 근본의식 개념이다. 이 경에서 이러한 사상이 상세하고 체계적으로 전개되기를 기대하는 것은 비현실적일 것이며, 실제로 이는 이 텍스트의 요점이 아니다. 아래와 같은 그 첫머리에서 알 수 있듯이, 『능가경』은 이러한 개념에 대한 직접적인 깨달음을 특히 강조하고 있다.

핵심 유가행파 개념들의 도입

> 과거의 여래, 아라한, 완전히 깨달은 붓다들께서도 말라야 정상에 있는 랑카 도시에서 이 법을 가르치셨는데, 이는 철학자·성문·벽지불의 논쟁적 견해를 넘어서는, 각자 스스로 깨달은 최상의 앎(*āryajñāna*)[5]이다.[6]

---

5 (*sva*) *pratyātmāryajñāna* (自內身聖智)라는 용어에 대해서는 Suzuki 1930: 421 –3 참조.

6 *pūrvakair api tathāgatair arhadbhiḥ samyaksaṃbuddhair* asmiṃllaṅkāpurīmalayaśikhare svapratyātmāryajñānatarkadṛṣṭitīrthyaśrāvakapratyekabuddhāryaviṣaye tadbhāvito dharmo deśitaḥ (過去諸佛應正遍知 於彼摩羅耶山頂上楞伽城中 說自內身聖智證法 離於一切邪見覺觀 非諸外道聲聞辟支佛等修行境界), Vaidya 1963: 1, Suzuki 1932: 3 –4. 이 범어 텍스트에는 문제가 있다. 이 구절에 대한 스즈키의 주석 참조. 또한 위의 책 p.198에서 인용한 『능가경』의 구절도 참조.

이 경전의 핵심 목표는 이 '내적 깨달음'(內證)을 설명하면서, 체험 수준에서 이를 일으키려면 어떤 길을 택해야 하는지를 제시하는 데 있다. 이 깨달음이 표현하고 있는 이론적 비전을 입증하는 논증을 체계적으로 발전시키는 것은 후대 유가행파 사상가들의 과제였다.

『해심밀경』

가장 중요한 유가행파의 개념 중 일부에 대한 논의가 담겨 있긴 해도, 『능가경』은 여기서 살펴볼 두 번째 경인 『해심밀경』과는 달리 최초의 체계적인 논사인 무착과 세친에 의해 인용되지 않는다. 아마도 3세기에 처음 등장했을 것으로 추정되는 이 텍스트(440년경에 최초로 한역이 이루어졌다)는 이후의 유가행파 논사들이 참조하는 주요 텍스트 중 하나다. 여기서는 다양한 유가행파의 개념, 즉 근본의식(阿賴耶識)과 세 가지 본성(三性), 그리고 가장 유명한, 교리라는 수레바퀴의 세 차례 굴림(三時教)이 논의된다. 『능가경』의 시작 부분은 이 텍스트가 용들에 대한 붓다의 가르침, 따라서 반야계 문헌과 연결되어 있다는 점을 상기시킨다. 이는 『능가경』의 가르침이 그 이전의 교리를 계승함을, 또 어쩌면 대체함을 암시한다.

『해심밀경』의 시작 부분

『해심밀경』의 시작 부분 역시 이 텍스트의 철학적 방향을 이해하는 데 흥미로운 정보를 제공한다. 붓다가 이 텍스트를 가르치고 있었을 때, 그는 "일곱 가지 보배의 수승한 광채로 장식된, 헤아릴 수 없이 큰 궁궐에 거하며, 셀 수 없이 많은 우주를 가득 채우는 큰 빛줄기를 발하고 계셨다"(住最勝光曜七寶莊嚴 放大光明 普照一切無邊世界)고 한다. 이 궁전은 "그 너비가 무한하고, 가로막힘 없는 만다라이며, 삼계를 완전히 초월하는 활동 영역이니, 이는 세간을 초월하는 수승한 덕의 뿌리로부터 생겨난 것이다"(周圓無際 其量難測 超

過三界所行之處 勝出世間善根所起).[7]

반야계 경전들과 『능가경』 같은 초기의 경전들은 식별할 수 있는 지상의 장소에서 설해졌다고 전해지고 있지만, 『해심밀경』은 이 세상 너머의 장소에서 설해졌다. 이 경의 주석들에 따르면, 궁전을 만들어낸 '수승한 덕'은 비개념적인 지혜이며, 궁전과 그 모든 장식은 붓다에 의해 발산된 정신적 창조물일 뿐임을 알 수 있다.[8] 우리 주변의 모든 것이 마술을 통해 만들어진 것이란 발상은 이 경의 첫 장에서 다시 다루어지는데, 여기서는 평범한 존재의 지각이 그 주요한 면에서 마술쇼를 보는 것과 유사하다는 점을 다음과 같이 지적하고 있다.

> 예를 들어, 유능한 마술사나 그의 유능한 제자는 사거리에서 풀·나뭇잎·나뭇가지·자갈·돌 등을 모아놓고서 코끼리 무리·기병대·전차·보병대와 보석·진주·유리·나패(螺貝)·수정·산호의 무더기와 재물·곡식의 무더기, 금고와 곡물 창고 같은 다양한 마술 활동의 면모를 보여줄 수 있다(如善幻師或彼弟子 住四衢道 積集瓦礫草葉木等 現作種種幻化事業 所謂象身馬身車身步身 末尼真珠琉璃螺貝璧玉珊瑚種種財穀庫藏等身).

범부가 본다면, 이 모습에 매료되겠지만, 다른 이들(깨달은 불교 수행자에 해당)은 그리 쉽게 속지 않는다.

---

7 Powers 1995: 5.

8 Powers 1995: 313, n.3.

다음처럼 생각한다. 이것들은 눈을 속이니, 그들은 자신들이 보고 들은 대로 집착하여 파악하거나 현상적으로 이해하지 않고, 그렇기에 '이것은 진실이고, 다른 것은 거짓이다'며 세속적 언설을 부과하지 않는다.

그러나 이러한 환영주의적 예들의 특성과 목적은 반야계 텍스트들의 그러한 예들과는 중요한 차이가 있다. 이 예들은 환영 위에다 끝없이 환영을 쌓아 올렸다는 것을 암시하기보다는, 세계에 대한 일상적 지각이 정신에 기반을 두고 있음을 나타낸다. 이 경의 주석가들이 설명하듯이, 마술사는 정신적 아이템(나뭇가지·돌)을 가지고 물질적 대상(보석·진주·코끼리)을 출현시키는 기저의 정신적 실재다.[9] 이 경전이 가상적으로 존재하는 궁전에 소재해 있다는 설정은, 모든 것이 마음에 의해 만들어진다는 이 텍스트의 전반적인 주장에 붓다의 가르침도 예외가 아니라는 사실을 강조하고 있다. 다른 모든 것들과 마찬가지로, 붓다의 가르침도 외적으로 나타날 수 있지만 실제로는 마음과 같은 본성을 가지고 있다는 것이다.

세계 및 붓다의 가르침의 정신적 본성

이러한 경들은 유가행파의 핵심 개념을 소개하고, 종종 흥미로운 예를 들어 이를 설명하지만, 유가행파 사상의 체계적인 발전은 후대에 일어난다. 일부 초기 대승 경전에서 유가행파의 전사를 살펴봤으니, 이제는 유가행파 체계의 복잡한 여러 특징들을 발전시킨 뛰어난 사상가들을 순서대로 검토해 볼 것이다.

---

9 Powers 2004: 45.

b. 2단계와 3단계: 미륵과 무착

무착(無著, Asaṅga)의 연대는 대략 350년에서 450년 사이로 추정된다.[10] 그의 어머니 쁘라산나쉴라(Prasannaśīlā)는 두 명의 다른 아버지에게서 세 명의 형제를 낳았다고 전해진다. 맏형인 무착은 전사 계급에 속하는 크샤트리아를 아버지로 두었고, 나중에 태어난 두 형제 세친(世親, Vasubandhu)과 비린찌밧사(比隣持跋婆, Viriñcivatsa)는 브라만을 아버지로 두었다. 많은 불교 스승들과는 달리, 이 철학 형제들은 인도 남부가 아닌 지금의 파키스탄 출신이었다. 세 형제 모두 결국 승려가 되었는데, 진제(眞諦, Paramārtha)의 전기에 따르면 모두 설일체유부 전통에 속했다. 그러나 무착이 화지부(化地部, Mahīśāsaka)라고 불리는 다른 아비달마 학파에 속했다는 일부 증거가 있다.[11] 이 학파의 구성원들은 "몰입 명상(禪定)의 미묘함을 관통하는 재능"으로 유명했다.[12] 이 단계에서 우리는 뒤에 다시 다루겠지만, 유가행파 체계의 중요한 특징을 나타내는 두 가지 전기적 사실을 이미 접했다. 첫 번째는 유가행파와 명상수행이 밀접하게 연관되어 있다는 점이다. 두 번째는 아비달마와 중관학파 사이보다 아비달마와 유가행파가 훨씬 더 긴밀하게 개념적으로 연결되어 있다는 점인데, 여기서 전자는 주로 후자의 주장을 해석할 수

무착과 그의 형제들

유가행파와 아비달마

---

10 학자들에 따라서는 무착의 연대 범위를 375 – 430년, 290 – 360년, 365 – 440년으로 제시하기도 한다(Willis 1979: 49 – 50). 무착이라는 인물과 관련된 현재의 주요 논쟁에 대해서는 Sakuma 2013 참조.

11 그렇지만 이 견해는 Kritzer 1999: 7 – 13에서 비판을 받았다.

12 Bareau 2013: 242.

있는 해석 배경으로 기능한다. 자신의 저작들 전반에 걸쳐 대승과의 연관성이 분명한 용수와는 달리,[13] 유가행파의 창사자들은 비대승의 맥락에서 자신들의 철학 경력을 시작했다.

무착과 반야

무착의 저술에 인용된 내용을 보면, 그는 초기 불교 경전들뿐만 아니라, 초기 대승의 주요 텍스트 및 그 관련 주석에 대한 포괄적인 지식을 갖춘 헌신적이고 유능한 제자였음에 틀림없다고 추론해볼 수 있다. 그가 특히 통달하기 어렵다고 생각한 텍스트는 반야계 텍스트였고, 그래서 그는 권위 있는 가르침에서 나온 개념적 설명이 필요하다는 것을 깨달았다. 따라나타에 따르면, 그는 스승으로부터 딴뜨라를 전수받고는 미륵보살의 수행을 시작했다. 이는 무착의 생애에서 자주 묘사되는 에피소드의 시작 부분으로, 이 에피소드에는 전기와 종교적 가르침, 철학적 아이디어의 묘사가 흥미롭게 결합되어 있다. 8세기 주석가 하리바드라는 이를 간단히 요약하여 다음처럼 기록하고 있다.

> 고귀한 무착은 [전반적으로 붓다] 말씀의 모든 의미를 이해하고 깨달음을 얻었지만, 여전히 반야[경들]의 의미는 확정[할 수] 없었으니, 심오하고, 수없이 반복되며, [이 경들의] 반복되지 않는 부분에서 각 구절의 정확한 의미를 인식하지 못했기 때문이었다. 그는 이 때문에 우울해졌는데, 이 일로 미륵불(Bhagavān Maitreya)이 … 그를 위해 … 반야경들을 해설했다. 고귀한 스승 무착이 이 [경전들을] 들은 후, 그뿐만 아니라 세친과 다른 [스승들]도 [다른 이들에게] 설명했

13 그렇지만 위의 pp.222-4 참조.

다.[14]

무착이 반야계 텍스트를 이해하는 데 어려움을 겪은 일은 이 정통한 가르침의 결과로 완전히 사라졌음에 틀림없는데, 왜냐하면 그는 나중에 여전히 현존하는 『금강경』 주석서를 지을 수 있었기 때문이다.

미륵을 향한 무착의 간구

무착은 총 12년 동안 미륵을 친견하기 위해 수행했지만, 처음에는 아무런 성과도 거두지 못했다. 전통 기록에 따르면, 무착은 오랜 수행 기간 동안 낙담할 때마다 여러 가지 상징적인 상황을 만나게 되었고, 이를 통해 계속 수행에 매진할 수 있었다고 한다. 다소 재미있는 에피소드를 보면, 무착은 면직물로 쇠막대를 문지르는 한 남자를 만났는데, 그는 바늘을 만드는 중이라고 했다. 그리고 그는 이미 이런 식으로 만든 바늘 세트를 보여주었다. 이를 통해 무착은 단지 세속적인 일을 성취하기 위해 그토록 많은 헌신을 보여야 한다는 점을 생각해 보면, 자신은 지금까지 기울였던 노력보다 더욱더 큰 노력을 기울여야 한다는 확신을 갖게 되었다. 12년이 지난 후, 무착은 길가에서 구더기가 득실거리는, 상처를 입고 죽어가는 개를 만난다. 무착은 개뿐만 아니라 구더기들에게도 큰 자비심을 느낀다. 그는 개의 상처에서 구더기를 떼내어 자신의 허벅지에서 잘라낸 살점 조각으로 옮기기로 결심한다. 그가 혀로 구더기를 옮기려고 몸을 굽히자 개는 사라지고 미륵이 그 앞에 나타났다. 무착은 즉시 미륵에게 자신이 오랫동안 열심히 수행

---

14 Brunnhölzl 2010: 47.

을 해왔는데도 미륵을 볼 수 없었노라고 푸념하기 시작했다. 미륵은 이렇게 답했다.

> 신들의 왕이 비를 내리더라도, 나쁜 종자는 자라나지 못하네.
> 붓다가 출현하시더라도, 걸맞지 않은 자는 지복을 누릴 수 없느니라.[15]

미륵은 무착이 수행을 할 때 항상 그 자리에 있었지만, 무착의 미혹한 마음 때문에 자신을 볼 수 없었다고 지적한다. 이 둘은 이를 즉시 확인해 보았다. 무착은 미륵을 어깨에다 업고서 마을을 통과했다. 미륵은 대부분의 사람들에게 전혀 보이지 않았지만, (업장이 엷은) 일부 사람들에게는 다소 왜곡된 형태로 보였다. 어떤 이들은 무착의 어깨 위에 있는 개의 형태로만 미륵을 볼 수 있었고, 또 어떤 이들은 그의 발만을 볼 수 있었다. 미륵은 무착에게 자신의 옷 한 귀퉁이를 붙잡으라고 말하고는 함께 미륵의 천상 세계인 도솔천으로 올라갔다. 전통 기록에 따르면, 무착은 도솔천에서 6개월에서 50년 동안 머물며 대승에 대한 미륵의 설법을 들었다고 한다. 특히 미륵은 그에게 다섯 가지 텍스트를 가르쳤는데, 이는 '미륵의 다섯 가지 논서'(彌勒五論)로 알려진 매우 중요한 일련의 유가행파 텍스트다. 여기에는 『현관장엄론』이 포함되어 있는데, 이는 반야경들을 운문으로 요약한 것으로, 반야계 텍스트들에 관한 무착의 의문을 없애기 위해 지어진 논서다.

미륵의 5부 논서

15 Willis 1979: 8.

이 기록에는 적어도 세 가지 주목할 만한 점이 있다. 첫 번째는 무착이 미륵을 직접 보게된 원인은 그 이전 12년 동안 그가 실천해 온 수행과는 표면적으로는 거의 관련이 없는 대자비의 행위라는 사실이다. 지혜와 자비가 분리될 수 없다는 불교의 중심 사상을 보여주는 이 사건은 명상의 길에서 진전을 이루려면 꼭 필요한 관점의 전환을 일으키는 데 있어 자비의 중요성을 강조한다.

지혜와 자비의 연결

둘째, 일부 마을 사람들이 미륵을 왜곡된 형태로만 볼 수 있었다는 이야기는 업의 잠재력이 세계를 지각하는 데 있어 구성적 역할을 한다는 유가행파의 아이디어를 보여주는 좋은 예다. 세친은 나중에 『유식이십론(唯識二十論, *Viṃśikā*)』에서 지옥에서 다시 태어난 존재들이 경험하는 영역은 실재하는 것이 아니라, 이들이 공유하는 업의 잠재력의 집합적인 결과라고 주장할 때 이 아이디어를 중요한 지점에서 활용한다.

지각에 있어 업의 역할

마지막으로 이 이야기의 흥미로운 측면은 물론 무착과 미륵이 만난 일이고, 뒤이어 무착이 천상 세계를 방문한 사건이다.

미륵은 누구인가

현대의 여러 학자들은 미륵을 초월적인 깨달은 존재가 아니라, 무착의 인간 스승으로 간주해야 한다고 주장한다.[16] 이 주장의 이유는 다양하다. 미륵이 실존 인물이라고 한다면, 이는 그에게 귀속되는 저작들이 단순히 무착에 의해 쓰여진 것이 아니라는 의미가 된다. 무착이 미륵의 저술을 전승했다거나, 그의 지도를 받아 저술을 작성했다고 할 경우, 이 주장의 방향은 무착이 단지 가명으로 글을 썼다는 쪽이 아니라, 관련된 제2의 저자가 실제로 있

'실존 인물'로서의 미륵

---

16 Ui 1929; Tucci 1930.

었다는 쪽으로 간다.[17] 이러한 이유의 근거는 미륵의 저술에 대한 간기에서 찾을 수 있는데, 여기서는 분명 저자가 무착이 아닌 Maitreya, 즉 미륵(彌勒)으로 적혀 있기 때문이다. 더욱이 이 저자는 때때로 '마이뜨레야나따'(Maitreyanātha)로 불리기도 하는데, 이것이 두 번째 이유가 된다. 투치[18]는 이 이름이 미륵보살을 지칭하는 것이 아니라, 미륵을 숭배하거나 혹은 미륵을 주인(主, *nātha*)으로 모시며 그 보호 아래 있는 어떤 사람의 이름이라고 믿었다. 이러한 의견의 가부가 명확하게 딱 결정된 것은 아니다. 복합명사인 'Maitreyanātha'는 두 가지 다른 방식으로 이해할 수 있다. 하나는 투치식으로 '미륵을 주인으로 모시는 자'로 보는 것인데 이 경우는 분명 인간을 가리킬 것이고, 혹은 '미륵 주'(Lord Maitreya)를 의미할 수 있는데 이 경우 미래의 붓다를 가리킬 것이다.[19]

미륵이 보살인지, 아니면 그냥 사람인지에 대해 관심이 모이는 주된 이유는 당연히 그의 저술 연대를 추정하는 문제와 관련이 있다. 만약 이 저술들의 저자가 무착 본인이 아니라 그의 인간 스승이었다면, 이 텍스트들은 무착 이전의 어떤 시기에 작성되었을 것이다. 따라서 무착과 비교해 가면서 이러한 초기 유가행파 저술들의 연대를 어떻게 추정해야 하는지에 대해 더 나은 판단을 할 수 있을 것이다.

---

17 Ui(1929: 100)는 "그[미륵]가 이렇게나 많은 저술을 지었다면, 그가 역사적으로 존재했음은 의심의 여지가 없을 것이다"라고 언급한다.

18 Tucci 1930: 8.

19 실제로 'Bhagavat Maitreya'라고 언급하는 다른 예가 있는데, 이는 불교적 맥락에서 붓다를 나타낼 뿐이다.

그러나 역사적으로 미륵이 실재했는지의 문제 전반은 의심스러운 가정에 기반을 두고 있다고 보인다. 우선, **보살** 미륵이 지금 언급하고 있는 그 미륵이라고 주장한다고 해서 해당 저술들이 제2의 저자의 관여 없이 무착에 의해 모두 작성되었다는 의미인 것은 물론 아니다. 신체가 없는 보살은 텍스트를 지을 수 없다고 굳이 가정한다면, 그때 우리는 무착이 가명으로 이 모든 텍스트를 작성했다는 쪽으로 은연중에 밀려날 수도 있을 것이다. 이는 우리가 적어도 그 논거를 제시하고 싶은 가정인데, 왜냐하면 위에서 논의된 불교사에 대한 전통적인 이해의 이면에 있는 일부 핵심 가정과 완전히 상충되기 때문이다.

그러나 육신이 없는 보살은 문제의 저술들을 지을 수 없다는 주장을 받아들인다 해도, 미륵이 '실재하는 사람'이라는 주장이 실제로 어떤 의미인지는 여전히 불투명하다. 만약 무착의 스승이 육신을 통해 그를 가르쳤는지가 문제라면, 전통적인 관점에서 이를 설명하는 것은 별로 어렵지 않아 보인다. '세 가지 몸'(三身, *trikāya*) 교리에 따르면, 깨달은 존재들은 완전히 신체적인 형태(化身, *nirmāṇakāya*)로 세상에 나타날 수 있다. 따라서 마이뜨레야나따는 정확히 연대를 지정할 수 있는 역사적 시기에 살았을 수도 있고, 육체 없이 완전히 깨달은 존재의 화신이었을 수도 있다.

무착의 도솔천 여행과 관련해, 천상계 방문이 명상 경험을 보고한 것으로 이해될 수 있다고 어느 정도 생각해 두는 것이 중요하다. 현장은 무착이 밤에 도솔천에 가서는 낮 동안 그곳에서 받은 논서들을 승원의 승려들에게 설명했다고 적고 있다.[20] 이를 해석하는 한 가지 방법은 도솔천 방문과 미륵으로부터 받은 가르침이 무착이 밤에 명상 경험을 하는 중에 일어났다거나, 아니면 무착이 꾼 꿈의 일부였을 수 있다는 것이다.

무착 자신의 저술

무착은 도솔천에서 가져와서 자신의 제자들에게 전했다는 다섯 논서 외에 자신의 저술도 지었다. 그의 대표작은 방대한 분량의 『유가사지론(瑜伽師地論, *Yogācārabhūmiśāstra*)』인데, 이는 '유가행파의 단계에 대한 논서'라고 할 수 있다. 이 논은 다양한 자료가 포함되어 있는데, 가장 유명한 부분인 「보살지(菩薩地, *Bodhisattvabhūmi*)」에서는 보살도의 단계에 대해 매우 상세한 논의를 하고 있다. 이 텍스트는 또한 여덟 가지 종류의 마음(八識), 근본의식(阿賴耶識), 세 가지 본성(三性) 등 유가행파 철학의 다양한 핵심 용어를 소개하고 논의한다는 점에서도 중요하다

c. 4단계: 세친

무착과 그의 스승 미륵 외에 초기 유가행파 스승 세 명 중 마지막 인물은 무착의 동생 세친(世親, Vasubandhu)이다. 미륵의 경우, 현대의 불교학자들은 그가 실제로 존재했는지 (적어도 인간으로 존재했는지) 의문을 품고 있지만, 세친의 경우는 이 이름을 가진 사람이 있었는지 여부가 아니라, 애초에 이 이름을 가진 사람이 얼마나 많

---

20 Beal 1884: 226.

이 있었는지가 문제다.

세친의 다양한 저술

여러 세친이 존재했다는 부분과 관련된 논의를 왜 하는지 이해하려면, 세친의 텍스트가 실제로 얼마나 다양했는지 알 필요가 있다. 그의 전통적인 별칭 중 하나는 '천 가지 가르침의 대가'(千部論師)였다. 그는 소승 500개 및 대승 500개의 저작을 지은 것으로 알려져 있다. 이 숫자는 상징적인 의미로 이해될 가능성이 높지만, 세친이 지은 저작들은 불교철학의 지평이 가진 다양한 측면을 포괄하는 인상적인 스펙트럼을 보여준다. 사실, 중관을 제외하고 세친은 당시 존재했던 불교철학의 다른 모든 분파, 즉 비바사사와 경량부라는 두 아비달마 학파와 유가행파에 대한 중요한 논서를 썼다.[21]

세친의 생애

세친은 간다라(Gāndhāra) 왕국의 뿌루샤뿌라(丈夫國, Puruṣapura | 현재의 페샤와르)에서 무착의 이복동생으로 태어났는데,[22] 어머니의 세 아들 중 막내인 비린찌밧사와 동일한 브라만 아버지를 두었다. 세친은 무착과는 달리 설일체유부에서 비구계를 받았다. 그 교리를 더 자세히 배우기 위해 당시 설일체유부 학문의 중심지였던 카슈미

21 그렇지만 이 주장은 적당히 걸러 들어야 한다. Gold(2015: 4)가 언급하듯이, "최선의 최신 증거는 '경량부'가 세친 이전의 교리 학파로 확실시 입증되지 않았으며, '유가행파'는 확실히 그 이후에 등장했다는 것을 알려준다. 세친이 'Yogācāra'라는 용어를 사용할 때는 일반적으로 특정 철학 학파가 아닌 명상 훈련 수행자들을 지칭하고 있다"(Gold 2015a: 10).

22 "세친(혹은 세친들?)의 연대를 결정하는 일은 인도불교의 역사에서 가장 까다로운 문제 중 하나다"(Deleanu 2006: 1. 186). 세친의 연대를 추정하는 일과 관련된 문제에 대한 훌륭한 개요는 Deleanu 2006: 1. 186–94에 나와 있다. 그는 세친의 연대로 350년에서 430년 사이를 제시했다.

르로 갔다. 그는 아마도 4년 동안 그곳에 머물렀을 것이다.[23] 그는 뿌루샤뿌라로 돌아온 뒤, 설일체유부의 체계 전체에 대한 자세한 설명서를 작성하는 거대한 프로젝트에 착수했다. 진제의 기록에 따르면, 세친은 특정 불교 교단에 속하지 않은 채 그곳에 머무르면서 설일체유부를 강의하며 생계를 유지했다. 그는 매일 하루를 마무리할 때면 그날의 가르침을 요약하는 게송을 짓곤 했다. 이 에피소드의 흥미진진한 이야기가 계속 이어지는데, 그런 뒤 그는 동판에 글을 새겨 술 취한 코끼리의 목에다 걸고 누구든 반박하도록 자극했다. 이 일이 실제로 일어났다고 말하기는 어렵겠지만, 그 상징적 내용은 분명하다. 발효된 과일을 먹고 취해서 앞을 가로막는 모든 것을 무차별적으로 짓밟는 코끼리는 엄청난 힘과 완력에 의해서만 통제될 수 있는 것과 마찬가지로, 세친의 대론자가 되려는 자들도 그의 설명에서 결점을 찾으려면 자신의 지적 자원 전부를 동원해야 할 것이다. 동판에 새겼다는 것도 카슈미르에서 열린 4차 결집에서 붓다의 말씀이 후세에 길이 남을 수 있도록 결정되었던 일을 연상시킨다. 일상적으로 이 일을 거의 2년 동안 반복했던 것으로 보이는데, 세친이 이렇게 지은 600여 개의 게송은 그의 가장 유명한 저작인 『아비달마구사론본송(阿毘達磨俱舍論本頌, *Abhidharmakośa*)』, 즉 '아비달마의 보고'(寶庫)가 되었다. 그런 뒤 세친은 이 텍스트를 카슈미르에 있는 자신의 옛 스승들에게 약 23kg에 달하는 엄청난 금과 함께 보냈다고 한다. 이들은 그 금을 곧바로 돌려보내면서 이에 더하여 금 약 23kg을 더 주었는데, 그러면

23 Anacker(2002: 16)에 따르면, 약 342년에서 345년까지다.

서 설일체유부의 교리를 매우 간결하고 압축적으로 표현하면서 도 훌륭하게 옹호했다고 평가한 그 본송에 대한 주석서도 작성해 달라고 요청했다. 이러한 요청 덕분에 『아비달마구사론(阿毘達磨俱舍論, *Abhidharmakośabhāṣya*)』이 탄생했는데, 여기서 특히 주목할 만한 점은 이 논에서 하지 않은 부분이다. 그 주석 내용은 설일체유부 정통에 대한 상세한 해설과는 거리가 멀었는데, 오히려 뿌리 텍스트에서 발전된 설일체유부 사상에 대해 아주 비판적일 때가 많다. 주석가들의 경우 뿌리 텍스트의 특정 게송의 의미가 어떻게 분기해 나가는지를 살펴볼 때 여러 경쟁 학파와 관련된 다양한 비판을 제기하는 것이 일반적인 관행이다. 그러나 이러한 경우 뿌리 텍스트의 입장은 항상 최종적으로 승리하는 입장으로 도출된다.[24] 『아비달마구사론』의 경우에는 그렇지 않다. 여기서 세친이 빈번히 찬성하는 입장은 설일체유부가 아니라 경량부의 입장이다.[25] 한 텍스트의 본송과 논이 학설강요서상 각기 다른 학파에 속하는 듯 보이는 이유는 명확하지 않다. 세친은 『아비달마구사론본송』에서 자신이 제시한 철학적 신념에 대해 마음을 바꾼 것일까? 아니면 그는 항상 설일체유부의 체계에 비판적이었으며, 이 저술을 통해 공개적으로 드러낸 것일 뿐일까? 어느 경우든 그가 『아비달마구사론』을 보냈을 때, 그의 이전 스승들은 기뻐하지 않았고, 또

『아비달마구사론』

24 알맞은 예외로는 앞서 언급한 『까타밧뚜』에 대한 논의다. pp.118-24 참조.

25 항상 그렇지만, 이러한 학설강요서식 용어는 주의해서 다뤄야 한다. '경량부'는 확실히 세친 자신이 선호하는 입장에 대해 쓰는 칭호다(Gold 2015a: 25). 이 어법이 다른 저자들의 어법과 어떤 관련이 있는지, 그리고 이 어법이 단일한 교의 체계를 지칭하는 것인지의 여부는 분명하지 않다.

이후의 설일체유부 텍스트들에서 이 논에 대해 매우 비판적인 태도가 분명히 드러난 예들을 볼 수 있다.[26]

세친과 대승

이 시점까지 세친은 대승에 대해, 또 특히 자신의 이복형 무착의 저술들에 대해 거의 칭찬하지 않는 입장을 보였다. 부뙨은 무착이 다작을 하는 것을 두고 세친이 다음처럼 언급했다고 한다. "애석하게도, 무착은 12년 동안 숲에서 명상을 수행했지만 성과도 없이 철학 체계를 집필했는데, 이는 코끼리라야 나를 수 있는 분량이었다."[27] 이 상황은 무착이 두 명의 제자를 보내서 두 개의 대승 경전을 세친에게 암송해 주자 바뀌게 된다. 세친은 이 텍스트들의 가치를 그 즉시 깨닫고는 이전에 대승을 비판한 일에 큰 부끄러움을 느껴 자신의 혀를 자르려고 면도칼을 찾았다. 여기서 이따금 인도의 철학 논쟁에서 패자가 겪어야 했던 가혹한 처벌이 떠오를 것이다. 그러나 대개 상대가 관대하면 최악의 결과는 면할 수 있듯이, 무착의 제자들은 형을 만나 대승에 대해 배우는 것이 더 현명한 길이라고 서둘러 세친에게 제안한다. 세친은 그렇게 했고, 이들의 상호작용에 관한 부뙨의 설명은 불교철학을 형성하는 데 있어 논증과 명상수행이 서로 어떻게 영향을 미치는지에 대한 흥미로운 해설이 되어 준다. 이들의 논의 과정 가운데 사고가 더 빠른 쪽은 세친이었다. 하지만 무착은 비록 세친에 비해 사고가 느리긴 했지만 세친이 내놓는 대답보다 더 나은 대답을 종종 내놓았다. 무착은 세친에게 이 사실을 설명하면서 세친이 지난 500번

철학자 vs 명상 수행자

---

26 Anacker 2002: 17–18.

27 Bu ston 2013: 242.

의 생애 동안 학자였으므로 논증을 구성하는 것이 자연스럽게 되었다고 지적했다. 철학적 문제에 부딪힐 때마다 미륵보살에게 청하여 해답을 얻어야 했던 무착의 경우는 그렇지 않았다. 무착은 평생 철학적 훈련이 부족했던 반면, 세친은 깨달은 존재에게 직접 청할 수 있을 만큼 마음의 번뇌를 정화하는 데 필요한 명상 능력이 부족했다. 여기서 불교철학의 역사가들이 불교철학의 발전이 두 가지 다른 경로를 통해 어떤 식으로 형성되었다고 봤는지 엿볼 수 있다. 즉, 여기서 두 형제를 통해 의인화되었듯이, 그 하나는 논증 교류의 역동성에서 비롯되는 발전 방식이고, 다른 하나는 명상 중 깨달았을 때 얻은 통찰에서 비롯되는 발전 방식이다. 이 설명에서는 또한 후자가 궁극적으로 더 권위 있다고 여겨진다는 것을 분명히 알 수 있다. 세친 역시 미륵을 친견할 수 있게 되기 위해 특별한 수행을 한다. 그에 반해 무착이 자신의 논증 기술을 향상시키기 위한 수련을 한다는 언급은 보이지 않는다.

세친은 무착의 가르침을 받은 후 대승 문헌들에 몰두했다. 따라나타는 그가 (그 이유는 분명치 않지만) 참기름이 담긴 욕조에 몸을 담근 채로 15일 밤낮을 쉬지 않고 『십만송반야경』 전체를 읽었다고 전했다. 말년에도 그는 매일 『팔천송반야경』 읽기를 실천했다고 한다.[28] '천 가지 가르침의 대가'가 남긴 대승 저작은 한둘이 아니었는데, 자신이 대승의 입장을 택한 계기가 된, 무착의 제자들이 암송한 두 경전(『십지경(十地經, *Daśabhūmikasūtra*)』과 『무진의보살경(無盡意菩薩經, *Akṣayamatinirdeśasūtra*)』)에 대한 주석, 미륵의 다섯 가 세친의 대승 저술

28 Lama Chimpa 1970: 171.

지 저술 일부에 대한 주석, 『금강반야바라밀경(金剛般若波羅蜜多經, *Vajracchedikā-prajñāpāramitāsūtra*)』에 대한 주석이 있고, 또 가장 유명한 후기 저술로는 『유식이십론(*Viṃśikā*)』(*Twenty Verses*), 『유식삼십송(*Triṃśikā*)』(*Thirty Verses*), 『삼성론(*Trisvabhāvanirdeśa*)』(*Instruction on the Three Natures*)이 있다. 전통적 전기에 따르면 그는 80세에 입적했다고 한다.

복수의 세친?

세친의 정확한 연대는 분명하지 않으며, 사실 여전히 논쟁의 대상이 되고 있다. 아나커는 316-396년으로,[29] 다카쿠스는 420-500년으로, 모치즈키는 433-533년으로, 히라카와는 400-480년으로 추정한다.[30] 따라서 세친을 배치할 시간적 기간은 4-5세기로, 200년 정도의 기간을 고려해야 한다. 에리히 프라우발너의 제안으로 또 다른 복잡한 문제가 발생했는데, 그는 실제로 하나가 아니라, 두 명의 세친이 있었다고 주장했다.[31] 프라우발너는 시간상 꽤 가까이 살았던 두 명의 세친을 구별해야 할 것이라고 주장했는데, 나이 많은 세친은 대략 320년에서 380년 사이에 살았고, 나이 어린 세친은 400년에서 480년 사이에 살았다는 것이다. 전통 기록에서 찾아볼 수 있는 세친의 전기를 살펴보면, 이렇게 둘로 나뉘는 이유가 어디에 있는지 알 수 있다. 세친은 아주 다른 두 모습을 가진 것으로 보이는데, 하나는 아비달마 학자의 모습이고(다시 『아비달마구사론본송』을 지은 설일체유부 학자와 그 주석

아비달마 논사와 대승 논사로 나뉨

29 Anacker 2002: 23.

30 Tola and Dragonetti 2004: 154-5, n.2.

31 Frauwallner 1951.

을 쓴 경량부 논사로 나뉜다), 다른 하나는 후대에 불교철학을 분류한 이들이 유가행파로 분류하는 사상 체계를 가장 강력하게 옹호하는 몇몇 논서를 지은 대승의 스승으로서의 모습이다. 프라우발너는 나이가 많은 세친은 유가행파고, 그보다 어린 세친은 『아비달마구사론본송』을 지은 이라고 본다. 세친에 대한 초기 전기 기록에 근거한 주장들 외에, 이렇게 둘로 나뉘는 주요 이유 중 하나는 『아비달마구사론』을 주석한 야소미뜨라가 '나이 든 세친'(古世親, *vṛddhācāryavasubandhu*)에 대해 가끔 언급했기 때문인데, 이는 야소미뜨라가 『아비달마구사론본송』의 저자보다 얼마 전에 살았던 세친이라는 또 다른 저자를 언급하고 있다는 인상을 준다. 현대 학자들은 이러한 부분들이 '두 명의 세친' 가설을 지지할 만큼 결정적이라고는 생각하지 않는데,[32] 특히 이 가설은 일부 해석상의 문제를 해결하긴 해도 다른 문제를 야기하기 때문에 더욱 그렇다. 만약 『아비달마구사론본송』이 『유가사지론』 같은 유가행파의 핵심 저작이 나온 지 한 세기가 지난 뒤에 쓰였다면, 특정 입장과 저자들에 대한 언급으로 가득 찬 이 본송이 왜 이 학파를 언급하지 않으며, 또 왜 교리적 정체성을 분명히 전제하지 않는, 단지 요가 수행자를 지칭하는 방식으로 '요가짜라'(Yogācāra)라는 용어를 사용할까? 더욱이 '나이 든 세친'(古世親)이라는 언급을 설명하는 방식도 하나가 아니다. 이 용어는 문자 그대로 나이가 많다는 뜻이

복수의
세친 가설의 문제점

32 일부 비판에 대해서는 Jaini 1958; Bhikkhu Pāsādika 1991 참조. 광범위한 논의는 Gold 2015a: 2–21에 있다.

아니라, 존칭의 의미로 사용되었을 수도 있고,[33] 세친 철학 발전의 초기 단계를 가리킬 수도 있으며,[34] 마지막으로 실제로 이와는 또 다른 방식으로 다른 세친을 가리킬 수도 있다. 진제의 전기에 따르면, 세친의 어머니의 세 아들은 모두 '세친'이라고 불렸지만, 이 중 두 명은 구별하기 위해 다른 이름으로 불렸다고 한다. 즉, 무착(애착 없음)과 비린찌밧사(어머니 쁘라산나쉴라의 다른 이름인 '비린찌'의 자식)라고 말이다. 이 경우 '나이 든 세친'이라는 용어는 이 세 세친 중 가장 나이 든 세친, 즉 무착을 가리키는 것일 수 있다.

이 가설 이면의 주된 힘

세친이 두 명이라는 가설을 매력적으로 만드는 주요한 힘은 어떤 관점에서 비롯된다. 그 관점에 따르면 불교 철학자들은 서로 다른 사상 학파로 명확하게 나뉠 수 있고, 각 사상 학파들은 다른 모든 학파와 구별되는 고유한 신념의 핵심 집합을 가지며, 철학자의 모든 지적 활동은 이러한 틀의 한계 내에서 일어난다. 그런데 이러한 관점은 불교의 역사를 꼼꼼하게 이해하는 것을 방해한다.

학설강요서식 틀의 난점

학설강요서식 틀이 불교 사상의 발전 과정을 개략적으로 설명하는 데 유용하다는 것은 의심의 여지가 없지만(본 연구에서도 활용되듯 말이다), 그 핵심 가정이 지나치게 단순하다는 점은 일단 그러한 가정이 제대로 진술되게 되면 명백해진다. 불교 철학자들은 새로운 학파를 창설하기 위해 자신들의 논서를 지은 것이 아니며, 논서의 작성 이후로도 자신들을 주요 주창자로 간주하지 않았다. 이러한 학파적 정체성은 역사적 사후 약방문식으로 거꾸로 투사된 것으

33 Anacker 2002: 24–6, n.13.

34 Mejor 1989–90.

로, 이는 시간적으로 인접한 일련의 사상가들의 견해 사이에 서로 유사한 면이 있다고 보고 이를 강조하기 위한 목적이었다. 이러한 학파들은 종종 상당한 시간에 걸쳐 발전했으며, 그 견해들도 그에 따라 발전했다. 특정 학파에 속하는 모든 저자의 모든 저술에 공통적으로 존재하고, 그럼으로써 그 학파의 지적 정체성을 구성하는 고정된 테제 집합 같은 것은 없다. 마지막으로, 철학자들의 견해는 시간이 지남에 따라 때로는 급진적인 방식으로 변화하는데, 이는 고대 인도뿐만 아니라, 오늘날에도 일어나는 일이다. 철학 텍스트에 기술된 입장들이 고작 미미한 차이로 갈릴 뿐인데도, 이를 근거로 그 저자를 비정하는 방식으로는 저자와 그 저술들이 어떻게 발전해 왔는지 충분히 설명하지 못할 가능성이 높다. 이처럼 변화하는 견해들을 병합하는 틀이 그저 예비적 도구로서가 아니라 그 자체로 권위 있다고 간주됨에 따라 세친을 둘로 '나누는' 생각이 지지를 받는 것이다. 전통 기록은 항상 세친을 통일된 저술군을 가진 단일한 논사로 간주하는데도 말이다. 이처럼 나누기 때문에 아비달마 논사 세친과 유가행파 논사 세친을 구별하고, 각각에 고유한 아비달마 및 유가행파의 신념을 부여하며, 이들의 지적 활동이 각각의 틀 안에 전적으로 갇혀 있다고 생각하게 되는 것이다. 하지만 이러한 구분을 야기하는 틀이 본질적으로 타당한지에 대해 일단 의문을 제기한다면, 그 분할을 정당화하는 근거는 무효화되며, 그 틀을 지탱하기 위해 내세워진 역사적 증거가 다른 방식으로도 설명될 수 있다는 사실을 깨닫게 된다.

d. 5단계: 후기 유가행파

무착과 세친 이후, 인도에서 유가행파 사상의 역사는 약 7세기 동안 계속되었다. 안타깝게도 여기서는 지적으로 아주 풍요로웠던 이 시기에 대해 자세히 설명할 수 없지만, 특히 주목할 만한 에피소드 몇 가지는 언급해야 할 것 같다. 후기 유가행파의 가장 중요한 사상가들은 의심할 여지없이 세친의 제자인 디그나가(陳那, Diṅnāga)와 그 제자 중 한 명인 다르마끼르띠(法稱, Dharmakīrti)다. 이 두 사람 모두 논리학과 인식론 연구로 가장 잘 알려져 있다. 실제로 이들의 저작은 종종 중관학파 및 유가행파와 나란히 별도의 논리-인식론 학파의 토대로 여겨진다. 다음 장에서는 추론·논쟁·지식론에 대한 이들의 생각을 더 자세히 논의할 것이다. 이 장에서는 주로 논리-인식론적 문제들과 관련이 없는 이들의 다른 몇몇 저작에 중점을 둘 것이다.

디그나가와 다르마끼르띠

디그나가의 『관소연연론』

이 그룹에서 디그나가의 가장 주목할 만한 논서는 『관소연연론(觀所緣緣論, *Ālambanaparīkṣā*)』으로, 아래에서 유가행파가 원자론을 비판하는 맥락에서 다시 살펴볼 것이다.[35] 이 텍스트는 매우 짧은 편으로, 단 여덟 개의 게송으로 되어 있고, 간단한 자신의 주석(自註)이 달려 있으며, 길이는 티베트 폴리오(folio) 2장 반 정도에 불과하다(범어 원본은 산실되었다).[36] 디그나가의 저술은 그 간결함에도 불구하고, 후대에 주석들을 유발했을 뿐만 아니라, 비불

35 아래의 pp.347-9 참조.

36 인도 및 티베트어 주석들과 더불어 번역본은 Duckworth et al. 2016 참조.

교 사상가들의 다양한 반응도 이끌어내는 등 상당한 영향을 미쳤다.[37] 그 제목에서 알 수 있듯이, 이 저서는 지각 상태의 지지물(所緣, *ālambaṇa*)을 고찰(觀, *parīkṣā*)하는 것이다. 즉, 어떤 상태를 지각 상태로 만드는 이 세계 내의 모든 것을 조사한다. 디그나가는 어떤 것이 지각의 지지물 역할을 하려면 두 가지 조건을 충족해야 한다고 주장한다. 즉, 지지물은 지각의 원인이 되어야 하며, 지각이 지지물을 나타내게 하는 방식으로 존재해야 한다는 것이다. 만약 어떤 것이 우리의 감각 기관과 인과적 접촉을 시작하지 않는다면, 그 어떤 것을 지각한다고 말하기 어렵다. 그리고 만약 어떤 것이 존재하는 방식과 우리에게 나타나는 방식이 완전히 다르다면, 우리는 그것을 지각이라기보다는 오(誤)지각이라고 말해야 한다. 지각은 우리를 이 세계와 연결시켜줄 뿐만 아니라, 이 세계를 또한 어느 정도 올바르게 반영해야 한다. 아래에서 살펴보겠지만,[38] 디그나가는 원자나 원자들의 집합체는 이 두 가지 조건을 모두 충족시킬 수 없으며, 바로 그 이유로 우리의 지각 대상이 될 수 없다고 주장한다. 두 조건 모두를 충족하는 것이 있을까? 내적 표상을 한번 고려해 보자. 이러한 표상은 우리가 대상을 있는 그대로 지각할 수 없으니, 내적 매개자의 중개, 즉 우리의 여러 감각 능력이 지각한 대상의 다양한 특징들이 모두 한데 모여 있는 어떤 표상의 중개가 필요하다고 보는 견해에 따라 도입되었다. 이러한 이유로 내적 표상은 지각의 원인이기도 하다. 표상은 대상 자체보다 우리

지각 상태의 지지 조건

지지물로서의 표상

---

37 Sastri 1942: xi–xii.

38 pp.347–9.

에게 더 가깝지만, 그럼에도 불구하고 지각을 일으키는 인과적 장의 일부이다. 더욱이 내적 표상은 지각이 나타나게 하는 방식으로 존재한다. 외적 대상 그 자체보다 확실히 더 그렇다.

따라서 디그나가는 관념론을 위한 초월적 논증을 전개한다. 그는 우리가 지각을 갖기 위한 전제조건이 무엇이어야 하는지(지각이 나타나고 있는 방식으로 존재하는 원인이 있어야 한다) 밝히면서, 우리가 지각을 가지고 있음을 고려할 때, 또 원자와 그 집합체 같은 친숙한 후보가 이 조건을 충족하지 못함을 고려할 때, 우리가 실제로 지각하는 것은 내적 표상이라고 주장한다.

불교 교리에 대한 증명

불교 사상, 특히 유가행파 사상의 발전을 살펴보면, 디그나가 시대부터 불교철학과 비불교 학파와의 논쟁과 논증적 상호작용이 증가하는 단계에 접어들었음을 알 수 있다. 그 한 가지 징후로는 당시 인도의 불교 철학자들이 논쟁했던 특정 불교 개념들에 대한 일련의 증명을 꼽을 수 있다. 이러한 증명은 분명 불교 내부 논쟁에서는 거의 쓸모가 없었을 것인데, 여기서는 불교의 기본 가정이 의문시되지 않았으며, 오히려 개념 해석에 관한 구체적인 교리적 논쟁이 어떻게 해결되어야 하는지가 문제였기 때문이다. 불교도들이 비불교도들과 더 광범위하게 논쟁하게 되면서, 대론자가 공유하지 않을 것 같은 관점을 입증하는 구체적인 논증을 제시해야 할 필요성이 더욱 절실해졌다. 여기서는 세 가지 증명에 대해 살펴볼 것이다. 즉, 재생에 대한 증명, 유아론의 허위성에 대한 증명, 찰나성에 대한 증명이 그것이다.

a. 재생

이 논증은 다르마끼르띠가 자신의 『양평석(量評釋, *Pramāṇa-vārttika*)』의 「쁘라마나싯디(*Pramāṇasiddhi*)」 장에서 제시한 것으로, 사실상 재생의 존재와 정신의 비물질적 본성이라는 두 가지 입장을 동시에 입증하려는 의도를 가지고 있다. 말하자면, 상호작용주의적 이원론을 확립하려는 것이다. 다르마끼르띠는 붓다가 인식론적 권위(*pramāṇabhūta*)의 원천이라고 주장하는 맥락에서 이러한 논증을 펼친다. 그 이유는 붓다가 무한히 자비롭기 때문이라는 것이다. 우리는 이를 두고 윤리적 의견을 가지고 인식론적 관점을 정당화한다며 흥미롭게 생각할 수도 있겠다. 어쨌든 어떤 사람이 아주 자비롭다고 해서 그 사람이 반드시 이 세계의 작동 방식에 대한 특권적인 통찰 능력을 갖게 되는 것은 아니다. 그러나 이 구절에 대한 인도 주석가들의 지적대로,[39] 붓다가 무수한 생애 동안 자비를 실천했다는 것은 모든 중생을 괴로움과 그 원인으로부터 해탈시킬 방법을 찾는 데 모든 힘을 쏟았다는 것을 의미한다. 붓다는 이것에 힘입어 실재의 본성에 대한 통찰을 발전시켰는

붓다의 인식론적 권위에 대한 논증

무수히 많은 생애 동안의 무한한 자비

39 Franco 1997: 23–6 참조.

데, 이 통찰은 붓다로 하여금 스스로 해탈할 수 있게 했고 또한 다른 사람들에게 해탈의 길을 보여줄 수 있게 했다. 자비심을 한계까지 밀어붙이면 필연적으로 인식 결과를 가져올 것이며, 이러한 결과가 바로 붓다를 윤회(*saṃsāra*)로부터 벗어나는 방법에 대한 권위자로 간주하는 것을 정당화한다.

물론 붓다의 대자비가 무수한 생을 통해 닦은 것이기 때문에 범부들이 경험할 수 있는 자비와 다르다면, 다르마끼르띠는 붓다를 비롯한 실로 다른 모든 중생들이 이번 생 이전에 무수한 생애 동안 살아왔음을 입증할 수 있는 어떤 언급을 해야 한다. 그의 논증은 한 찰나의 의식이 발생하려면 무엇이 필요한지에 대한 설명을 바탕으로 하고 있다. 의식이 발생하는 데 필요한 네 가지 조건(四緣)이 있는데, 여기에는 적절하게 기능하는 감각 기능(增上緣, *adhipatipratyaya*), 인식 대상(所緣緣, *ālambanapratyaya*), 바로 직전의 동일한 유형의 인식 찰나(等無間緣, *samanantarapratyaya*)가 포함된다. 마지막 조건이 그 핵심이다. 의식의 각 찰나마다 그 의식을 생성하는 데 한 역할을 담당하는 이전 찰나가 필요하다면, 의식은 무한히 뒤로 쭉 뻗쳐져 있어야 한다. 이는 의식이 우리가 태어나기 전부터 존재했어야 함을 의미하는데, 이것은 과거로 거슬러 올라가는 생의 끝없는 연속에 대한 인정과 신체적 기반이 없이도 존재할 수 있는 정신의 능력에 대한 인정을 수반한다(이전 생의 몸에서 현재 생의 몸으로 이전되는 신체적 요소는 없다. 따라서 이전 생은 이미 끝났지만 현재 생은 아직 시작되지 않은 시기 동안의 마음은 그것의 존재를 뒷받침하는 어떠한 신체도 없이 중간적 상태(中陰)로 존재해야 한다). 물론, 이 후자의 주장은 유가행파에게 본질적인 부분이다. 즉, 만약 마음이 신체적인

의식의 발생 조건

의식의 무한회귀

것 없이 존재할 수 없다면, 신체적인 모든 것이 사실상 정신의 변장한 모습일 뿐이라고 주장할 수 없을 것이다. 이렇게 주장하려면, 정신은 그 자신의 존재를 지탱하는 것을 필요로 하지 않아야 한다.

짜르바까 유물론

사실 인도의 모든 주요 종교 및 철학 학파는 환원 불가능한 정신 현상의 존재를 부정하는 유물론 학파인 짜르바까(Cārvāka) 학파를 제외하고는 모두 어떤 형태로든 재생의 존재와 정신의 존재론적 독립성을 인정했다. 짜르바까는 타악기 연주자가 연주를 멈추면 북소리가 다른 곳에서 계속되지 않고[40] 멈추듯이, 혹은 술에서 취하게 하는 성질[41]이 휘발되더라도 그 성질이 다른 액체에 가서 달라붙지 않듯이, 몸이 파괴되면 마음은 다른 장소로 이동하는 것이 아니라 그것 또한 역시 파괴된다고 주장한다. 이는 다르마끼르띠의 논증이 주로 반대했던 유물론의 일종으로, 현재의 정신과학에서는 거의 보편적인 이론이지만 고대의 인도 사상가들에게는 한결같이 터무니없어 보였던 이론이다.

두 가지 도전

여기는 유물론을 반박한 다르마끼르띠의 논증의 체계적인 전망을 자세히 논의할 자리는 분명 아니지만,[42] 그의 논증이 직면한 두 가지 명백한 도전에 대해 간략히 언급하는 것이 필요할 것 같다. 우선 엄밀히 말해 그 논증은 그 자체로 재생의 증명이 아니라 과거 생의 증명이다. 왜냐하면 그 논증은 현재의 정신적 찰나

재생이 아니라, 과거 생의 증명

40 Bhattacharya 2013: 6 – 7.

41 Bhattacharya 2002: 604, 612.

42 이에 대한 논의 일부는 Franco 1997: 128 – 32; Arnold 2012 참조.

가 무한히 많은 정신적 전찰나를 가진다는 것을 보여주려 하는 것이지, 현재의 정신적 찰나가 무한히 많은 정신적 후찰나를 가지리라는 것을 보여주려 하는 것이 아니기 때문이다. 다르마끼르띠는 결과로부터 그 원인을 추론하는 일이 잠재적 원인으로부터 결과를 추론하는 일보다 훨씬 더 만족스러운 방식이라는 것을 알고 있었다.[43] 다른 요인들이 개입해 이 '원인'이 그 결과를 낳지 않을 수도 있으며, 그래서 주어진 마음-찰나가 결코 자신의 후찰나의 원인이 되지 않을 수도 있다. 따라서 마음이 미래로 연장된다고 주장하려면, 후찰나를 낳는 것이 마음-찰나의 본성이라고, 또 바로 직전의 마음-찰나와 현재의 마음-찰나의 관계는 현재의 마음-찰나와 바로 직후의 마음-찰나의 관계와 본질적으로 동일하기 때문에 현재의 마음-찰나는 항상 후속 찰나를 생성할 것이라고 주장해야 할 것이다.

의식이 없는 상태에 대한 설명

두 번째 어려움은 깊은 수면이나 혼수상태처럼 의식이 없는 기간을 설명하는 일과 관련이 있다. 어떤 사람이 혼수상태에서 깨어난다면, 그 사이에는 마음-찰나가 전혀 없었기 때문에, 처음 깨어난 찰나는 혼수상태 이전의 마지막 찰나에 의해 생성된 것이어야 할 것이다. 이는 '바로 직전의' 마음-찰나가 '바로 직후의' 마음-찰나와 상당한 시간적 거리를 두고 분리될 수 있다는 흥미로운 결과로 이어진다. 그러나 다르마끼르띠의 주석가들은 이를 두고 받아들여야 할 결과라고 지적하는데, 왜냐하면 다른 유일한 대안은 몸 안의 무언가가 의식을 다시 시작하게 해야 하며, 그럴 경

---

43 Franco 1997: 109 참조.

우 의식은 몸 안에서 다시 일어날 수 있어야 한다는 것인데, 하지만 이는 명백히 그렇지 않기 때문이다.[44] 이 주장은 우리에게 그다지 설득력 있게 들리지 않을 수도 있지만(어쨌든, 우리는 이제 죽은 몸과 혼수상태의 몸은 **물리적으로** 다르다고 생각한다), 일단 정신적 인과관계가 시간적 공백에 의해 중단될 수 있다는 생각을 고수한다면, 죽음 찰나의 의식 소실에서 새로운 육체에 의탁하는, 인과적으로 연속된 의식의 재가동으로 이어지는 과정을 보다 쉽게 설명할 수 있게 된다. 어떤 신체적 물질의 이전이나 끊기지 않고 연결된 마음-찰나의 사슬 같은 것이 없어도, 한 단위의 의식은 또 다른 한 단위의 의식의 연속으로 간주될 수 있기 때문이다.

b. 타자의 마음

유가행파 철학자들이 상당한 관심을 갖고 있는 두 번째 문제는 타자의 마음 문제다. 오직 하나의 마음, 즉 내 마음만 존재하지, 타자의 마음은 존재하지 않는다는 입장인 유아론(solipsism)은 그 자체로는 관념론에 문제가 되지 않는다. 왜냐하면 모든 것이 마음이라고 주장한다고 해서 모든 것이 단지 나의 마음일 뿐이라는 입장을 받아들이는 편에 서는 것은 아니기 때문이다. 그러나 유가행파의 경우에는 이는 무시하기 힘든 문제가 되는데, 왜냐하면 단지 물질적 대상만을 부정하는 것이 아니기 때문이다. 유가행파는 또한 외

---

44 Arnold 2012: 39 – 40 참조.

부 대상을 부정할 것을 주장한다. 윤회 전생(轉生)의 근원에 놓여진, 주체(내재된 자아)와 대상(저 밖의 세계) 사이의 이원성을 약화시키는 방법으로 말이다. 타자의 마음도 물론 외부 대상이라서, 우리는 마음으로부터 독립적인 대상을 상정하는 데서 뒤따른다고 유가행파가 가정하는 것과 마찬가지의 불편한 결과가 마음으로부터 독립적인 마음을 언급함으로써 다시 자리를 차지하지는 않을지 의구심이 들 수도 있다. 만약 주체-대상 이원성이 원자나 그 집합체에 대해 생겨날 수 있다면, 마찬가지로 개별 정신적 상태나 그 집합체에 대해서도 이원성이 생겨날 수 있지 않을까?

불교에 문제가 되는 유아론

그렇지만 불교의 관점에서 볼 때 유아론을 수용한다면, 이는 아주 문제가 있는 일이라고 여겨질 것이 분명하다. 비교적 사소한 걱정은 경전 자료를 보면, 붓다가 깨달음의 일부로 획득한 특별한 힘 중 하나가 타인의 마음을 직접 알 수 있는 능력이라고 나와 있다는 사실에 있다. 그렇지만 알 수 있는 타인의 마음이 존재하지 않는다면, 과연 붓다가 알 수 있었다는 것은 정확히 무엇에 대해 알았다는 것일까? 아마 붓다 자신의 마음에 대한 앎의 경우도 해탈을 전제로 하는 앎이라고 볼 수 없을 것이다. 더 중요한 것은, 유아론적 세계 그림에서는 대승의 길 전체가 사라지는 것처럼 보인다는 점이다. 만약 모든 존재를 해탈로 인도하는 것이 그 목적이라 할 때, 나 외에 다른 존재가 전혀 없다면, 모든 존재의 해탈이 나 자신만 해탈하는 것과 어떻게 다를 수 있겠는가?

다르마끼르띠의 『타심상속증명』

유가행파가 일종의 유아론으로 보일 수도 있다는 외견상의 친연성을 거부하기 위해, 다르마끼르띠는 별도의 짧은 논서인 『타심상속증명(*Santānāntarasiddhi*)』을 지었다. 다르마끼르띠는 이 텍스트에서 타자의 마음에 대한 앎이 관념론자와 실재론자 간에 근본적으로 다른 방식으로 일어나는 것은 아니라고 주장한다. 실재론자는 타자의 마음을 직접 알지 못하고, 의도적인 행위의 모습에 근거해 그 마음의 존재를 추론한다. 관념론자의 경우도 마찬가지다. 관념론자도 타자의 마음에 직접 접근할 수는 없지만, 본성상 전적으로 정신적인 다양한 인상을 받아들인다. 인상들 중 일부는 관념론자에게 내적인 것으로 나타나는 특정한 정신적 상태와 상관관계가 있지만(예를 들어, 팔을 움직이려는 나의 의도와 그에 따른 내 팔이 올라가고 있는 인상의 경우), 다른 인상들은 그렇지 않다(당신의 팔이 올라간다는 인상에는 나의 특정한 의도가 선행하지 않는다). 이를 바탕으로 유가행파 논사는 내가 팔을 들어 올리는 일에 특정한 정신적 상태가 선행하는 것처럼, 당신이 팔을 들어 올리는 일도 마찬가지라고 추론할 수 있다. 내가 직접 접근할 수는 없지만 말이다. 유일한 차이점은 실재론자의 경우에는 팔이 올라가고 있는 인상이 물질적 대상을 수반하는 객관적인 외부적 사실로 간주되는 반면, 유가행파는 그러한 사실을 전적으로 정신적인 것으로 간주한다는 데 있는 것 같다. 이 단계에서 제기되는 반론은 불교의 마음 이해에 따르면 인과관계는 별개의 정신적 흐름들 간에 걸쳐서는 일어나지 않는다는 것이다. 나의 한 정신적 사건이 나의 또 다른 사건의 원인이 될 수는 있지만, 당신의 정신적 사건은 나의 정신적 사건의 직접적인 원인이 될 수 없다(가령, 당신 자신이 팔을 들고자 했기 때문에 자신의 팔을 든다고 생각할 수 있는 것처럼은 될 수 없다는 것이다). 다르마끼르띠는 이러한 연결이 직접적인 인과관계가 아니라 추론에 의한 것이라고 지적한다. 만약 먼 산의 연기를 보고 그곳에 불이 있다고 추

타자의 마음에 대한 우리의 앎은 추론적인 것이다

론한다면, 그 불이 내 지각 체계와 직접 인과적으로 접촉했기 때문에 그 불을 인식하는 것이 아니다. 관념론자와 실재론자가 성취하고자 희망할 수 있는 전부는 타자의 마음에 대한 추론적 앎이다. 다르마끼르띠가 지적하는 바는 현대적 용어로 말하면, 의도적 입장을 다른 사람들에게 적용하여 이들의 행동이 마치 내면의 정신적 삶의 결과인 것처럼 생각하는 것이 정당하다는 식이다. 그러한 내면의 삶이 존재한다는 믿음은 다르마끼르띠의 인식론에 따르면 앎으로 간주되는데, 왜냐하면 이 앎을 통해 자신의 욕구를 충족시키는 행동을 수행할 수 있기 때문이다(이 경우, 다른 사람과 성공적으로 상호작용한다는 인상을 얻게 된다). 다르마끼르띠의 논증은 유가행파가 유아론으로 빠지는 것을 막는 데 성공한 것처럼 보인다. 하지만 그의 논증이 식물, 날씨, 심지어 룰렛 휠의 무작위적인 작동 모습 같은 온갖 종류의 현상에도 의도성을 부여할 수 있는 근거를 제공하는 것은 아닌지 의문이 든다. 만약 내가 이러한 현상들과 관련해 내 욕구가 충족되어 보상을 받는다면, 주변 사람들에게 마음을 부여하는 것과 마찬가지로 그러한 현상들에도 마음을 부여하는 것이 똑같이 정당화되지 않을까? 유가행파는 사람이든 현상이든 둘 중 어느 하나에 마음을 부여하는 것이 다른 하나보다 왜 더 정당한지 외적인 이유를 제시할 수 없는 것 같다. 그렇지만 만약 이 둘을 구별하는 모든 이유가 내적인 것이라면, 유아론의 유령이 다시 한 번 고개를 드는 것처럼 보인다.[45]

라뜨나끼르띠의 『타심상속논파』

실제로, 다르마끼르띠의 논증은 유가행파의 유아론 문제를

45 이 점에 대해서는 Reat 1985: 270 참조.

해결할 수 없었다. 인도에서 불교의 역사가 끝나갈 무렵, 11세기 학자 라뜨나끼르띠(Ratnakīrti)는 타자의 마음의 존재에 대한 반박과 유아론을 옹호한 것으로 보이는 짧은 논서인 『타심상속논파(*Santānāntaradūṣaṇa*)』를 지었다. 라뜨나끼르띠는 하나의 전체로서의 의식을 서로 다른 흐름들로, 즉 각 마음마다 하나의 흐름으로 분화시켜, 자신의 마음 이외의 다른 마음의 존재를 확립할 가능성은 전혀 없다고 주장한다. 그가 말하는 핵심 요점은, 우리의 마음에서 일어나는 정신적 사건들은 그들 스스로를 우리 자신의 정신적 흐름에 속하는 것으로 명확히 식별하지 않는다는 것이다.[46] 유가행파에서 받아들이는 의식의 단순한 재귀성만으로는 충분하지 않다. 의식 자체를 알아차리는 의식이나, 내가 내 생각을 나의 것으로 간주한다는 사실만으로는 정신적 사건들을 내 것으로 만드는 데 충분하지 않다. 정신적 사건들은 나의 것이지 다른 누군가에게 속하는 것이 아니라고 식별하는 어떤 내적인 방법이 필요하다. 단순히 어떤 생각을 두고 그것은 나의 것이라고 생각하는 것으로는 충분하지 않을 것이다. 왜냐하면 다른 사람도 그 생각에 대해 바로 똑같은 일을 할 것이고, 그래서 이것은 내가 아닌 그의 생각이 될 것이기 때문이다. 그러므로 우리는 일련의 정신적 사건 각각을 나의 것으로 간주하기 위해 'JCW의 생각'과 같은 일종의 고유 식별자와 연결 짓는 식의 고유한 방법이 필요하다. 이와 같은 생각-태깅(tagging)은 최대한으로 연결된 연속체를 형성하는 정신적 사건들의 특정한 집합에, 즉 인격체에 대한 불교의 표준

46 Ganeri 2007: 205–9 참조.

적인 환원주의적 설명에 속하는 것으로는 귀결될 수 없다. 이 같은 방식으로는 유아론을 배제할 수 없다. 왜냐하면 유아론이 참이라면, 나의 생각은 분명 그러한 연속체에 속할 것인데, 이는 존재하는 유일한 연속체일 것이기 때문이다. 반대로 각각의 생각에 대한 'JCW' 태그는 내적으로 접근할 수 있어야 하며, 'ABC' 태그, 'DEF' 태그 등과 구별될 수 있어야 한다. 그러나 환원 불가능하게 구별되는 인격체라는 측면에서 생각들을 이처럼 브랜드화하는 일은 불교의 마음 개념에서는 당연히 불가능하다. 만약 우리가 인격체에 대한 환원주의자라면, 실제로 서로 다른 의식의 흐름들로 나눌 수 없다는 결론을 받아들여야 할 것 같다. 이 이론으로 인해 온갖 문제적 결론이 뒤따르는 것은 아니다. 왜냐하면 라뜨나끼르띠는 유아론적 그림을 궁극적 실재의 수준에 국한시키기 때문이다.[47] 세속적 진리의 수준에서는 개별적인 마음들로의 분할과 그 분할에 따른 모든 윤리적인, 그리고 구제론적인 결론이 여전히 유효하다.

궁극적 실재 수준에서의 유아론

c. 찰나성

여기서 논의하고자 하는 마지막 개념은 찰나성 개념으로, 이는 모든 존재자는 잠시 동안만 지속되고 생겨나자마자 즉시 사라진다는 발상이다. 따라서 일시적으로 존속되는 대상에 대한 지각은 우

---

47 McDermott 1969: 1.

리가 영화관에서 영화를 볼 때면 경험하는 것과 유사한 환영일 뿐이라는 것이다. 재생과 타자의 마음의 존재에 대한 개념과 마찬가지로, 찰나성은 유가행파 스승들에게 상당한 관심의 대상이었다. 하지만 원래가 아주 반직관적인 이 개념을 논증을 통해 지지하려고 노력한 최초의 인물은 결코 이들이 아니었다.

불교철학의 역사에는 찰나성과 관련하여 앞서 세친의 『아비달마구사론』에서 볼 수 있는 파괴의 자발성에 근거한 논증 외에도 두 가지 논증이 더 있다는 점을 언급한 바 있다. **인지의 찰나성**에 근거한 논증과 **변화**에 근거한 논증이 그것들이다.

인지의 찰나성에 근거한 논증

다른 이들 중에서도 세친이 제안한 인지의 찰나성에 근거한 논증[48]은 모든 정신적 현상은 찰나적이라서, 시간적 두께 없이 순간적으로 일어나고 사라진다는 주장을 전제로 한다. 이제 이러한 정신적 현상은 그 기반인 물리적 감각 능력에 인과적으로 의존하므로, 정신적 현상의 찰나성은 정신적 현상을 낳는 물리적 현상의 찰나성으로부터 물려받은 것이어야 한다. 이 논증을 설명하기 위해 종종 사용되는 예는 마차에 탄 승객의 예다. 승객(마음)의 상승과 하강은 마차(신체)의 상승과 하강에 기인한 것일 뿐이며, 승객의 움직임은 마차의 움직임 패턴을 복제한 것에 불과하다.[49] 이 논증이 가진 힘은 불교철학 내에서 일반적으로 받아들여지는, 영원한 존재자와 무상한 존재자는 근본적으로 그 부류가 다르기 때문

지각 대상의 찰나성에서 물려받은 정신적 찰나성

48 『대승장엄경론주석(*Mahāyānasūtrālaṃkārabhāṣya*)』에 실려 있다. von Rospatt 1995: 125 참조.

49 Von Rospatt 1995: 126. Section II.II.B(122–52)에서는 이 논증의 다양한 형태를 자세하게 논의하고 있다.

에 인과적 관계로 연결될 수 없다는 견해에서 나온다. 영원한 원인은 그러므로 무상한 결과를 낳을 수 없다. (물론 이것은 무상한 것을 찰나적인 것과 동일시하고, 영원한 것을 찰나적이지 않은 것과 동일시해서,[50] 사실상 찰나적이지 않은 무상한 현상은 존재할 수 없을 때만 찰나성을 확증하는 데 도움이 된다.)

변화에 근거한 논증

변화에 근거한 논증의 초기 형태는 무착의 「성문지(聲聞地, *Śrāvakabhūmi*)」에서 제안되었다. 이 텍스트[51]에서 무착의 요점을 이해하는 가장 좋은 방법은 존재자는 시간이 지남에 따라 끊임없이 그 속성이 변화하는데, 그러한 변화는 어떤 존속하는 실체에 기반하는 채로 한 속성이 다른 속성으로 대체되는 것이 아니라, (첫 번째 속성을 가지는) 한 대상이 (두 번째 속성을 가지는) 유사하지만 별개의 대상으로 대체된다고 보는 것이다. 만약 그렇다면 대상의 끊임없는 변화는 그 대상의 지속 불가능성을 수반할 것이다. 왜냐하면 변화의 각 예화는 한 대상이 소멸하고 다른 대상으로 대체되는 특징을 가지기 때문이다.

다르마끼르띠는 변화에 근거한 논증에 대한 추가적인 형태들을 탐구했으며, 그 이후 라뜨나끼르띠는 자신의 『찰나멸논증(*Kṣaṇabhaṅgasiddhi*)』이라는 또 다른 발전된 형태를 제시한다. 라뜨나끼르띠는 간접적 논증과 직접적 논증을 제안한다. 간접적 논증은 대상의 시간적 두께에 대한 가정, 즉 대상이 한 찰나 이상 지속

라뜨나끼르띠의 간접적 논증

50 안혜의 『대승장엄경론복주(*Mahāyānasūtrālaṅkāravṛttibhāṣya*)』의 한 구절에 그가 바로 이 점을 언급하고 있다. von Rospatt 1995: n.334, 148 참조.

51 변화에 근거한 추가적인 논의는 von Rospatt 1995: 153 – 5와 section II.II.C(153 – 77) 참조.

되므로 시간적으로 연장된다는 생각이 모순을 초래한다는 점을 보여주려는 시도다. 물단지와 같이 시간적으로 연장되는 듯 보이는 물리적 대상을 검토해 보자. 한 대상이 그 이후의 시간-조각들의 원인이 됨으로써 존재를 유지하는 한, 정오의 물단지는 자정의 물단지의 결과로 간주할 수 있다. 그러나 이제 바로 연속되는 두 개의 찰나, t와 t'에 있는 물단지를 살펴보자. t의 물단지는 t'에 동일한 또는 상이한 결과를 낳을 수도 있고 혹은 전혀 결과를 낳지 못할 수도 있다. 마지막 경우는 즉시 배제할 수 있다. 왜냐하면 라뜨나끼르띠는 존재를 바로 인과적 효과성의 측면에서, 즉 결과를 낳을 수 있는 능력으로 이해하기 때문이다. 그러나 t와 t'에 있는 물단지가 동일하다면, 전자는 이미 존재하는 결과를 낳은 것일 텐데, 이 또한 만족스럽지 않은 입장이다. 따라서 두 찰나의 물단지는 달라야 한다. 그러나 이 논증은 물단지가 존재하는 연속된 두 찰나에 적용되기 때문에, 물단지는 시간적으로 확장될 수 없다. 이 점이 바로 찰나성을 부정할 때 뒤따르는 모순이다.[52]

라뜨나끼르띠의 직접적 논증

물단지와 같은 임의적 대상의 찰나성에 대한 라뜨나끼르띠의 직접적 논증은 다음과 같이 진행된다. 이미 살펴본 것처럼, 존재한다는 것은 인과적 효과성을 갖는 것을 의미한다. 라뜨나끼르띠는 또한 그러한 효과성은 일단 존재하면 그 즉시 소멸한다고 주장한다. 이러한 전제가 딱히 맞는 것 같지 않다고 생각할 수도 있는데, 왜냐하면 다양한 존재자들이 있기 때문이다. 즉, 현재는 결과를 낳지 않지만, 인과적으로 효과적인 사물들도 있으니 말이다.

52 Feldman and Phillips 2011: 30 – 1, 67 참조.

창고에 있는 곡물을 예로 들어보자. 곡물은 싹을 틔울 수 있는 힘을 가지고 있지만 현재는 그렇지 않다. 그러나 이는 단지 물·토양·온기 등처럼 결과의 발생을 가능하게 만드는 배경 조건의 인과적 장(和合, *sāmagrī*) 없이 곡물에 대해 생각했기 때문이라고 우리는 주장할 수 있다. 인과적 장이 없으면 씨앗은 싹을 틔울 수 없지만, 인과적 장의 구성요소가 모두 모이면 지체 없이 결과가 생성된다. 만약 그렇다면, 시간상 여러 연속되는 찰나, 즉 t, t', t"에 있는 어떤 물단지를 살펴볼 때, t의 물단지가 t"의 물단지를 낳을 수 없다는 것은 분명하다. 왜냐하면 t의 물단지는 t'의 물단지를 낳으면서 그 즉시 자신의 인과적 힘을 방출했기 때문이다. 오직 t'의 이 물단지만이 t"의 물단지를 낳을 수 있는 능력을 가지고 있다. 라뜨나끼르띠에게 어떤 대상의 인과적 능력은 그 존재뿐만 아니라 그 대상의 종류와도 복잡하게 연결되어 있다. 그래서 t의 물단지와 t'의 물단지가 서로 다른 인과적 힘을 가진다면, 이 둘은 서로 다른 것임에 틀림없다. 따라서 찰나성 이론이 주장하듯이, 세 찰나에 걸쳐 존속하는 단일한 물단지가 아니라, 하나가 원인이 되어 그 다음 것을 대체하는 식으로, 본성상 서로 다른 물단지들의 연속됨이 존재할 뿐이다.[53]

---

53 Feldman and Phillips 2011: 34－7, 70 참조.

유가행파의 핵심 개념들

인도에서 유가행파 사상이 어떻게 역사적으로 발전해 왔는지 살펴봤으니, 이제는 세 명의 유가행파 논사인 미륵·무착·세친의 저술들에서 기술된 주요 개념 중 일부를 소개할 것이다. 이 중 세 가지 개념은 유가행파 사상의 개념적 중추를 구성한다고 볼 수 있다. 즉, 모든 것은 전적으로 정신적이다(唯心, *cittamātra*)는 발상, 근본의식(阿賴耶識, *ālayavijñāna*) 개념, 세 가지 본성(三性, *trisvabhāva*) 교리가 그것들이다.

a. 유심

유가행파의 대표적인 교리라고 할 만한 것이 있다면,[54] 이는 바로 '오직 의식일 뿐'(*cittamātra*)이라는 생각, 즉 모든 것이 단지 마음일 뿐이라는 견해다. 이 견해는 부드럽게 말해 다소 직관적이지 않은데, 이는 현대 서구의 자연주의 관점에서 볼 때뿐만 아니라, 오온 중 첫 번째 온인 물질(*rūpa*)을 근본적인 존재론적 범주 중 하나로 간주하는 아비달마의 틀 내에서 훈련받은 불교도에게도 그렇다. 유가행파의 사상가들은 물질적 대상의 존재를 부정하기 위해 다 물질적 대상을 부정하는 논증

54 이는 분명 세친 시대 이후부터를 말한다. 하지만 『유가사지론』 같은 초기 유가행파의 문헌을 고려에 넣는다면, 상황은 다소 달라 보인다(Kellner 2017a: 307).

양한 논증을 전개했다.[55] 그중에서 세 가지 인식 수단(*pramāṇa*)과 관련해 세 가지 주요 그룹으로 나눌 수 있다. 즉, 물질적 대상을 추론할 수 있을 가능성에 관한 논증, 불교도들에 의해 인정받는 경전의 권위에 의해 확립되는 물질적 대상의 존재에 관한 논증, 그러한 대상을 지각할 수 있을 가능성에 관한 논증이 그것들이다.

1. 물질적 대상을 추론하기

마치 이 세계를 설명하는 최고의 이론은 (꿈이나 환영처럼) 주관적으로만 관찰 가능한 존재자와 (의자나 탁자처럼) 객관적으로 관찰 가능한 존재자를 구별하며, 이러한 인식론적 구별이 한낱 정신적인 대상과 외부의 물질적 대상 간의 존재론적 구별과도 딱 들어맞는 이론인 듯 보인다. 많은 유가행파의 텍스트에서 볼 수 있는 환영에 불과한 외현에 대한 잘 알려진 논의는 이러한 가정에 도전한다. 반야계 텍스트들의 환영주의 교리와 이 교리가 제시하는 예시에 근거해, 유가행파의 저자들은 일상의 경험이 꿈, 마술 공연, 신기루, 시각적 환영과 현상학적으로 구별되지 않는다고 지적한다.

꿈 예시

유가행파에서는 특히 첫 번째인 꿈의 경우를 깨어 있는 상태의 경험과 그 핵심 특징을 공유하는 복잡한 경험의 예시로 들고 있다. 깨어 있는 상태의 경험이 시간적 및 공간적 구조화를 드러내는 것과 마찬가지로(사건은 임의의 순서나 임의의 장소에서 일어나는 것이 아니라, 시공간적 궤적을 따른다), 꿈속의 사건들도 그렇다. 깨어 있는 상태의 세계 속 사건들만 인과적 효과성이 나타나는 것이 아니라(물을 마

---

55 다르마끼르띠와 관련된 물질적 대상의 존재에 반대하는 다섯 가지 유형의 논증을 간결하게 논의한 대목은 Kellner 2017a, b 참조.

시면 갈증이 해소된다), 꿈속의 사건들도 그렇다.[56]

물질을 헛도는 수레바퀴로 상정하기

만약 우리가 내면에서 모든 것이 정신적인 세계와 마음 이외 물질도 존재하는 세계를 구분할 수 없다면, 어떻게 우리는 감각에 나타나는 물질의 외현에 근거해 그 존재를 추론할 수 있겠는가? 우리는 (꿈속처럼) 현상학적으로 구분할 수 없는 상황에 처해 있을 수 있으며, 그렇다면 우리의 추론은 틀릴 수 있다. 게다가 물질적 대상을 상정하는 데에 어떤 이점이 있을까? 유가행파 논사는 물질적 대상이 어떤 설명상의 이점도 주지 않는 한낱 헛도는 수레바퀴에 불과하다고 주장한다.

'세 잔의 물' 예시

이와 관련해 그 요지를 '세 잔의 물'이라고 하는 잘 알려진 예시를 들어 설명할 수 있는데, 이 예는 불교 우주론에 대한 특정한 신념 몇 가지를 전제로 하고 있다. 이 아이디어는 서로 다른 존재 영역에 태어난 존재들에게 같은 물 한 잔을 제시하면, 이들은 이를 두고 실질적으로 다르게 지각하리라는 것이다. 인간은 물 한 잔을 보고, 천신은 암브로시아 한 잔을 보고, 아귀는 피·고름·역겨운 물질로 가득 찬 물 잔을 보고, 지옥에서 태어난 존재는 쇳물 한 잔을 볼 것이다.[57] 다시 한 번 말하면, 물의 외현은 물의 속성을 가진 외부 대상이 밖에 존재한다는 우리의 추론을 보증하지 않는

---

56 세친이 『유식이십론』의 게송4에서 몽정의 예를 들어 호소하듯이, 사실 꿈의 사건들은 꿈의 결과와 관련하여 인과적으로 효과적일 뿐만 아니라, 깨어 있는 상태의 세계에서도 결과를 가져올 수 있다. Tola and Dragonetti 2004: 82 참조.

57 이러한 예가 특히 실감나긴 하지만, 그렇다고 꼭 다른 존재 영역을 예로 들 필요는 없다. (용수의) 『보리심이상론(*Bodhicittavivaraṇa*)』에서는 여인의 몸이 남자에게는 잠재적 연인으로, 고행자에게는 걸어 다니는 시체로, 개에게는 먹이로 보이는 예를 언급하고 있다(20, Lindtner 1982: 190－1).

다. 시원하고, 투명하며, 맛이 좋다는 식의 물이 소유한다고 하는 속성은 우리 인지 체계의 인공물인 것처럼 보인다. 왜냐하면, 이러한 속성은 다른 부류의 존재가 물을 파악할 때는 사라지기 때문이다. 그런데 만약 그렇다면 이처럼 변화무쌍한 모습으로 나타날 수 있는 능력을 가진 외부 대상이 어떤 종류인지 설명하기는 어렵다. 그것은 뜨겁거나, 차갑거나, 달거나, 짜거나, 투명하거나, 불투명할 수 없다. 사실 그러한 대상이 그 자체로 가지고 있는 어떤 속성에 대한 지식을 우리가 어떻게 가질 수 있는지는 알기 어렵다.

불변의 동시 인지라는 제약조건

환영에 근거한 논증이나, (궁극적으로 업의 잠재력에 기인하는) 감각 능력이 우리의 지각에 얼마나 영향을 미치는지 논의한 대목 외에도, '*sahopalambhaniyama*'라고 하는 세 번째 논증을 언급하는 대목을 볼 수 있다. 다르마끼르띠가 자세히 전개한[58] 이 '불변의 동시 인지라는 제약조건'에서는 인식 대상(파란색 조각 등)과 인식 작용(파란색의 것에 대한 인지)은 항상 동시적이라는 점을 지적한다. 우리는 지각되지 않은 상태의 어떤 대상도 포착할 수 없는데, 지각을 통해 '포착하는' 과정 자체가 이미 어떤 대상에 대한 어떤 형태의 인지적 접근을 내포하고 있기 때문이다. 그러나 이는 세계에 대한 지각을 근거로, 마음으로부터 독립적인 영원한 대상, 즉 그 누구에 의해 인지되느냐에 상관없이 존재할 수 있는 대상이 존재한다고 추론하는 데 뭔가 문제가 있다는 것을 의미한다. 만약 대상과 지각이 불변적으로 연결되어 있다면, 둘 중 하나가 단독으로 존재할 수 있다고 결론을 내릴 어떤 이유가 있을까? 이 논증은 쉽

58 Iwata 1991.

게 역효과를 낼 수 있는 것처럼 보일 수 있다. 왜냐하면 파란색과 파란색에 대한 인식이 항상 결합되어 있다면, 유가행파의 경우처럼 어떻게 그 한 쌍 중 정신적 절반만이 존재한다고 추론할 수 있겠는가? 이 문제에 대한 대답은 유가행파에게 '파란색/파란색에 대한 인식' 쌍이 물질적 요인으로 환원될 수 있다는 것을 부인할, 말하자면 물질이 마음을 일으킬 수 있다는 짜르바까의 가정을 거부할 다른 이유가 있다는 것이다.[59] 물론 마음도 물질을 낳을 수는 없지만, 적어도 물질의 잘못된 외현을 낳을 수는 있는데, 이는 유가행파가 불변의 병존이 실제로는 이 쌍의 오른쪽 절반만 존재함을 나타내는 것으로 간주되어야 한다고 주장하기 위해 필요한 전부다. 일반적으로 두 존재자의 불변의 병존이 둘 중 하나만 존재함을 뜻한다고 주장하는 것은 잘못일 테지만(북두칠성의 별들이 항상 함께 출현한다고 해서 거기에 별이 단 하나만 존재함을 의미하는 것은 아니다), 이 논증은 이러한 일반적인 주장을 하는 것이 아니다. 즉, 북두칠성의 경우 개별 별들을 분리하여 살펴볼 수 있지만, 파란색과 파란색에 대한 인식의 경우는 그렇게 할 수 없는 것이다.[60]

2. 경전의 권위와 물질적 대상의 존재

불교도라면 받아들여야 하는 물질적 대상의 존재를 입증하는 명확한 논증은 붓다가 자신의 교설에서 마치 그러한 사물이 존재하는 듯 설하셨다는 사실에 근거하는 것으로 보인다. 붓다가 실체적 자아는 없다고 설하면서 오온에 그러한 자아가 잘못 덧붙여진 것일 뿐이라고 주장할 때, 그는 상식적인 견해와 부합하지만

59 Bhattacharya 2002: 603 – 5.

60 Chakrabarti 1990: 34 – 5.

마음만이 존재한다는 유가행파의 입장과는 모순되는 마음으로부터 독립적인 외부의 색온이 존재함을 인정하는 것 같다. 물론 유가행파의 논사는 그러한 가르침은 확정적인 것(*nītārtha*)이 아니라 해석 가능한 것(*neyārtha*)으로 이해되어야 하며, 이러한 가르침은 오직 마음일 뿐이라는 체계의 온전한 복잡성을 다루기에 충분히 준비가 안 된 특정 대중들에게 특정 맥락에서 주어진 것이라고 지적함으로써 대응할 수 있다(실제로 세친은 이처럼 대응했다). 이런 이유로 붓다는 외부 사물이 존재한다는 잘못된 생각에 장단을 맞추면서 마치 그렇다는 양 대중에게 설했다는 것이다. 하지만 이러한 텍스트에 대한 전통적인 해석을 옹호하는 이라면 이러한 방식에 그다지 깊은 인상을 받지 못할 수도 있다. 그는 이렇게 질문할 것이다. "외부 사물을 언급했을 때 붓다가 말한 것이 곧 그가 의미했던 바라고 이해한다면 문제는 간단해지고 따라서 이론적으로도 바람직하다. 그럼에도 불구하고 유가행파가 제시하는 바와 같은 뒤얽힌 설명을 우리가 채택해야 할 이유가 무엇이란 말인가?" 외부 대상의 존재를 추론하는 것은 어려운 일이라는 식의 앞선 논증을 살펴보긴 했지만, 우리에게는 여전히 붓다 자신의 교설이 외부 대상의 존재를 뒷받침하는 것이라고 곧이곧대로 해석할 권한이 있다. 세친[61]은 원자 개념에 내재적으로 문제가 있는 부분이 있다고 지적하는데, 왜냐하면 원자는 부분이 없어야 하는 동시에 서로 합쳐져 공간을 채워야 하기 때문이다. 그런데 어떻게 이런 일이 일어날 수 있는지는 알 수 없다. 만약 세 개의 원자를 일렬로 나열

해석 가능한 가르침 vs 확정적 가르침

내적으로 모순되는 원자론

세 개의 원자를 일렬로 나열하기

61 Chakrabarti 1990: 34–5.

하면, 가장 왼쪽 원자의 오른쪽과 가장 오른쪽 원자의 왼쪽이 서로 닿지 않는데, 왜냐하면 그 사이에 중간 원자가 있기 때문이다. 이것이 원자 세 개 길이의 열이 생기는 이유다. 그러나 이는 가장 오른쪽 원자의 왼쪽에 닿는 중간 원자의 부분과 가장 왼쪽 원자의 오른쪽에 닿은 중간 원자 부분이 동일할 수 없음을 의미한다. 그렇지 않으면 왼쪽 원자와 오른쪽 원자가 서로 닿게 될 것이다. 그러나 이 사실은 이미 중간 원자가 두 개의 분리된 부분을 가질 수 있다는 점을 인정하는 것이며, 이는 원자가 부분이 없다는 애초의 가정과 모순된다.

좀 더 일반적으로 말하면, 공간적 연장이 0인 원자를 수없이 한데 모아도 공간 연장이 0인 또 다른 것을 얻게 되는데, 이 경우 원자 이론으로는 확장된 외부 대상 세계가 어떻게 존재할 수 있는지 설명할 수 없다는 것이 문제가 된다.

원자와 광학

관련된 난점은 빛과 그림자의 사례와 관련하여 표현할 수 있다. 한 원자가 다른 원자에 떨어지는 빛을 차단하여 다른 원자가 그늘에 있게 되면, 그늘을 지게 한 원자는 밝은 면과 어두운 면을, 즉 구분되는 두 부분을 가져야 할 것이다. 그렇지 않다면, 그늘을 지게 한 원자의 뒷면은 빛이 닿는 앞면만큼 밝을 것이고, 따라서 그 뒤에 있는 그늘이 지게 된 원자는 실제로 빛 속에 있을 것이기 때문이다. 그러므로 부분이 없는 원자를 상정하면, 그늘 같은 익숙한 광학 현상을 설명하는 것이 불가능해 보이는데, 이는 애초에 이러한 이론을 채택하는 것이 왜 어려운지 보여주는 대목이다.

원자론은 인식론의 기반이 될 수 없다

디그나가는 자신의 『관소연연론』에서 원자를 지지하는 유물론자에게 좀 다른 우려를 제기한다. 첫째, 우리는 컵과 같은 중간 크기의 대상을 볼 때 이 컵을 구성하는 원자를 분명 보지 못한다. 원자들은 너무 작아서 보이지 않으며, 어쨌든 원자들은 모두 똑같은 모양이지만, 주변 세계에서 보이는 것은 모두 똑같아 보이지 않는다. 그렇다면 우리는 컵을 이루는 원자들의 집합체를 보는 것일까? 이 제안이 가진 난점은 우리가 여기서 **외부** 대상을 어느 정도까지 다루고 있는지 전혀 분명치 않다는 것이다. 왜냐하면 중간 크기의 물체들을 구별해내는 것은 하나의 원자 집합을 다른 집합과 구분하는 정신적 구성력 없이는 불가능해 보이기 때문이다. 간단한 예를 들어보자. 흑백의 점들을 가로와 세로로 정렬시켜 만든 그림 속에서, 이미지는 전적으로 검은 색 점으로만 이루어진다. 점들은 모두 똑같고 육안으로 보기에는 너무 작다. 이러한 그림의 일부를 컵으로, 다른 일부를 꽃병 등등으로 볼 때 우리가 보는 것은 구별할 수 없는 점들의 서로 다른 배열이다. 하지만 어떤 점들의 집합이 컵이고, 어떤 점들의 집합이 꽃병이며, 어떤 점들의 집합이 배경 음영의 일부로서 아무것에도 해당되지 않음을 우리는 어떻게 분간할 수 있을까? 이 그림에서 컵-집합, 꽃병-집합 등등을 식별하려면, 컵과 꽃병이 어떻게 생겼는지에 대한 이미지를 이미 가지고 있어야 한다. 그러나 이 경우에는 전적으로 외부적인 것으로 지각되는 어떤 것이 제시된 것이 아니다. 왜냐하면 이 그림에서 어쨌든 무언가를 보기 위해, 우리는 그냥 무작위적인 시각적 노이즈가 아니라 정신적 이미지에 결정적으로 의존했기 때문이다. 따라서 디그나가는 우리가 지각하지 못하는 아마도 외부적인 것(원자) 및 우리가 지각하는 것(그 집합)은 정신과 불가분의 관계에 있으며, 그렇기에 내적인 현상이라고 주장한다. 디그나가의 요점은 세친의 요점, 즉 원자 개념이 본질적으로 모순된다는 것과 같지 않다. 오히려 디그나가는 원자론자가 자신들의 원자론적 이론에 근거해서는 우리가 주변 세계를 어떻게 알게 되는지에 대한 만족스러운 이론을 세울 수 없다는 점을 지적하고자 한다. 유가행파는 물질에 대한 이론들(그리고 이 중에서 고대 인도의 대표적 이론인 원자론)이 만족할 만한 방식으로는 결과를 낼 수 없는 여러 이유를 제시한다. 이러한 이유로, 물질적 대상에 대한 붓다의 언급은 문자 그대로 받아들일 수 없으며, 해석 가능한 것으로, 즉 물질이 존재한다는 대중의 잘못된 가정에 바탕해 작동하도록 의도된 것으로 간주되어야 한다는 것이다.

3. 물질적 대상을 지각하기

물질적 대상을 지지하는 가장 강력한 논거는, 세계에 대한 최고의 이론에 근거하여 물질적 대상이 추론될 수 있다거나, 붓다가 그러한 것들이 존재한다고 설했다는 사실에 있는 것이 아니라, 우리의 감각이 물질적 대상을 지속적이고 명백하게 관찰할 수 있다는 사실에 있다고 생각할 수도 있다. 하지만 유가행파는 그러한 감각적 경험은 외부 대상이 존재하지 않더라도 가능하다며 반대할 것이다. 당신이 어떤 컵과 같은 외부 대상의 존재를 믿는 것이 이 컵이 당신에 의해 지각되었기 때문이라고 가정해 보자. 그러나 '내가 이 컵을 봤다'고 당신이 생각할 때, 당신은 어떤 외부 대상이 아니라 어떤 정신적 대상, 즉 표상적 형상(行相, *ākāra*)을 다루고 있는 것인데, 왜냐하면 이 컵-지각은 이미 과거의 것이라서 더 이상 당신 눈앞에 현전해 있지 않기 때문이다. 현재 컵을 보고 있다고 한다면 어떨까? 적어도 우리가 찰나성 이론을 받아들이는 이상, 이는 도움이 되지 않는다. 만약 모든 것이 한 찰나만 지속된다면,

표상주의적 논증

지각을 형성하는 데는 시간이 걸리기 때문에, 컵-지각의 원인이 된 컵-찰나는 그 지각이 발생한 시점에 더 이상 존재하지 않는다. 당신의 지각은 항상 실재보다 뒤처져 있다. 당신이 현재 경험하고 있는 이 컵에 대한 지각은 당신을 현재 존재하는 것과 연결할 수 없고(그 컵-찰나는 사라졌기 때문이다), 현재 존재할 수 있는 그 어떤 것도(현재의 컵-찰나) 경험되지 않기 때문에, 당신의 현재 지각은 항상 단지 정신적인 것에 대한 지각일 뿐이다. 따라서 설령 경험이 우리가 외부 대상과 접촉하고 있다는 강력한 증거를 제공하는 것처럼 보이더라도, 찰나성 원리는 이것이 착각임을 보여준다.

그러므로 유가행파는 외부 대상의 존재를 확립하기 위해 세 가지 인식 수단인 추론, 경전 증언, 지각 중 어느 쪽에 의지하든지 항상 실패로 끝날 것이며, 이로 인해 '오직 마음일 뿐'(唯心, *cittamātra*)이라는 입장이 확립된다고 주장한다.

표상적 형상의 실재성

유형상론과 무형상론

이 시점에서 표상적 형상(*ākāra*)에 어느 정도의 실재성을 부여해야 하는지에 대한 상당한 논의가 유가행파 내에 있었다는 점에 주목해볼 필요가 있다. 인도 자료에서는 지각적 인지가 표상적 형상을 통해 일어난다고 믿는 학파(有形相論, *sākāravāda*)와 그러한 형상의 역할을 부정하는 학파(無形相論, *nirākāravāda*) 사이의 학설강요서식 구별을 찾아볼 수 있다.[62] 전자의 예로는 경량부와 유

62 독자는 인도 저자들 사이에서 '*ākāra*'라는 것이 정확히 무엇이라고 생각되는지, 그리고 어떤 사상가들이 유형상론 및 무형상론 같은 용어에 포함되어야 하는지에 대한 합의가 없었다는 점을 알아야 한다(Funayama 2007: 189 – 90, Seton 2015). 다음 페이지에서 소개하는 개요를 통해 인도불교 사상의 매우 복잡하고 때로는 혼란스러운 부분을 탐색하기 위한 몇 가지 지침을 제공할 것이다. 그럼에도 나는 크게 단순화해야 했고 그 결과물은 안타깝게도 여러 면에서 불완전하다. 그래도 불완전

가행파를 들 수 있는데,[63] 이 둘은 모두 지각이 표상적 형상에 의해 매개된다고 여긴다. 반면에 니야야나 설일체유부 같은 무형상론(*nirākāravāda*) 이론은 인지가 대상에 직접 접근할 수 있다고 주장한다. 그래서 인지의 내용은 그 대상에 의해 결정되며, 인지 그 자체는 형상이 없다는 것이다.[64]

형상진실론 vs 형상허위론

유형상론(*sākāravāda*)의 접근 방식은 이 형상(*ākāra*)의 본성에 대한 견해에 따라 두 가지 입장으로 세분될 수 있다. 하나는 표상적 형상을 진실(*satya, bden pa*)로 간주하고, 다른 하나는 허위(*alīka, rdzun pa*)로 간주한다.[65] 표상적 형상을 형상진실론(*satyākāravāda*)과 형상허위론(*alīkākāravāda*)이라는 식으로 구분하는 것이 정확히 어떤 의미인지는 분명치 않다.[66] 경량부 같은 표상주의자가 형상진

한 지도가 있는 것이 전혀 없는 것보다 낫다고 생각한다.

63 유가행파는 일반적으로 유형상론에 속하는 것으로 분류되지만, Siderits(2016: 281-2)는 유가행파를 무형상론으로 읽는 것이 가능하다고 주장한다. 이처럼 읽는다면, 인지는 형상(*ākāra*)에 의존하지 않고 발생하지만, 인지의 대상은 여전히 본성상 전적으로 정신적이다. 이러한 견해는 물질적 대상을 부정하는 것이지, 인지 대상의 본성이 인지에 의해 인지됨에 독립적일 수 있다는 것을 부정하지는 않는다.

64 Kajiyama 1965: 429, Della Santina 2000, Komarovski 2011: 72-84 참조.

65 이처럼 학파를 묶는 방식은 11세기 티베트 닝마파 학자 롱좀 최끼 상뽀(Rong zom chos kyi bzang po)가 채택했다. 말할 필요도 없이, 티베트 학자들은 다양한 형상(*ākāra*) 이론을 학설강요서식으로 분류하는 데 동의하지 않았다(Almogi 2013: 1334-5).

66 형상진실론과 유형상론을, 또 형상허위론과 무형상론을 단순히 하나로 합칠 수는 없음에도 불구하고(McClintock 2014: 328), 일부 저자들이 이것들을 동의어로 취급하거나 후자의 용어를 전자의 구별을 나타내는 데 사용한다는 점을(Ruegg 1981a: 123; 2010: 347, Della Santina 1992; 2000: 35, n.2.) 알고 있어야 용어들 간의 추가적인 혼동을 피할 수 있을 것이다. 또한 Tillemans 2008: 41, n.91 참조. 유형상론와 무형상론이라는 용어와는 달리, 형상진실론과 형상허위론이라는 용어는 티베트어로부터 재구성한 것으로, 현존하는 범어 자료에서는 찾아볼 수 없다(Moriyama 2014: 431, n.4). 물론 이는 이러한 용어들이 나타내는 구별이 인도 자

실론을 따를 것으로 간주되는 이유는 비교적 명확하다. 이들이 볼 때 표상적 형상은 지각의 외부 대상을 표상하는데, 그러면서 외부 대상을 진실하게 또는 정확하게 표상한다.

유가행파는 외부 대상의 존재를 부정하기 때문에, 이 형상의 '진실성' 또는 '정확성'이라는 개념이 유가행파에게 어떤 역할을 할 수 있을지는 이 즉시는 분명해 보이지 않는다. 만약 표상적 형상이 표상할 그 무언가가 저 밖에 존재하지 않는다면, 어떻게 더 정확하거나 덜 정확하게 그것을 표상할 수 있겠는가?

그런데 유가행파조차도, 가령 회색 코끼리에 대한 우리의 지각은 코끼리에 외부성을 부여하는 것과 관련해서만 기만적일 뿐이지,[67] 회색으로 나타나거나 코끼리로 나타나는 현상적 속성과 관련해서는 기만적이지 않다고 주장할 수 있다. 이는 바로 형상진실론자가 할 수 있는 주장이다. 이들에게 표상적 형상은 실제로 의식 내에 존재한다.[68] 유가행파의 이러한 형상진실론에 반대하여, 형상허위론의 해석은 표상적 형상의 정확성을 부인한다. 여기서는 마음에 나타나는 형상을 단순히 미혹의 산물로 간주한다. 형상은 그 어떤 것도 정확하게 표상하는 데 성공하지 못한다. 실재하는 것은 지각하는 자와 지각된 표상적 형상이 없는 재귀적 인식(自證, *svasaṃvedana*)인데, 따라서 이는 비이원적 인지(不二智,

---

료에 없다는 것을 의미하지 않고, 단순히 (적어도 우리에게 전해진 텍스트에서는) 이러한 구별이 특정 이론이나 '~론'(*vāda*)을 나타내는 용어를 사용하여 지어지지는 않았다는 것을 의미한다.

67 Moriyama 1984: 11–12.

68 Dreyfus 1997: 433.

advayajñāna)의 형태를 띠는 인식이다.[69] 표상적 형상이 갖가지 대상으로 나타나는 것은 단일한 현상, 즉 의식의 재귀적 인식에 그릇된 외현이 덧씌워졌기(假託) 때문이다.

형상진실론과 형상허위론의 차이점은 표상적 형상이 존재하는지 여부에 관한 질문과 관련이 없다. 둘 다 유형상론의 형태이기 때문에, 이 둘 모두 존재한다는 점을 인정한다. 차이점은 이러한 형상의 진실성 또는 정확성과 관련된다. 이 차이점은 그 형상들이 외부 대상을 얼마나 정확하게 표상하느냐의 차원에서가 아니라, 이러한 표상적 형상들이 실제로 그것들이 보이는 모습 그대로 존재하느냐의 차원에서 평가된다. 회색이나 코끼리 등으로 나타나는 표상적 형상은 의식 내에서 존재자(*dngos po*)[70]로 존재하는가? 아니면 표상적 형상은 회색이나 코끼리로 나타나는 것과는 사실상 전혀 다른 본성을 갖는가?

표상적 형상과 세 가지 본성

11세기 학자 보디바드라(Bodhibhadra)는 유가행파의 세 가지 본성 이론의 측면에서 형상진실론과 형상허위론을 구분하는 이러한 방식을 강조하는데,[71] 그러면서 그는 형상진실론이 표상적 형상은 의존적 본성(依他起性, *paratantra-svabhāva*)에 포함되어야 함을 가정하고 있는 반면, 형상허위론의 해석은 표상적 형상을 상상적 본성(遍計所執性, *parikalpita-svabhāva*) 중 하나로 포함시킨다고 지적

---

69 Moriyama 1984: 23. 재귀적 인식(*svasaṃvedana*)에 대한 자세한 내용은 아래 pp.369-73 참조.

70 Dreyfus 1997: 557.

71 아래 pp.366-9 참조.

하고 있다.[72] 표상적 형상에 대한 두 가지 설명을 세 가지 본성 이론에 배대하여 입증하려 하는 바는, 형상진실론의 이해를 따를 경우 형상은 외부 대상의 오류적 외현(妄現)에 대해 실제로 존재하는 근거인 반면, 형상허위론의 경우 형상은 별도의 근거에서 비롯된 그릇된 투사로 나타지만, 완전히 존재하지 않는 것이라는 점이다.[73]

표상적 형상의 지위에 관한 논쟁은 인도에서,[74] 그리고 이후 티베트에서 상당한 양의 학술적 논의를 불러일으켰다는 점에서뿐만 아니라, 일견 단순히 유가행파 내부 논쟁임에도 불구하고 이 학파와 중관학파의 관계에 대한 흥미로운 질문을 제기한다는 점에서도 흥미롭다. 그러므로 아래에서 유가행파와 중관학파의 관계를 더 자세히 살펴볼 때 이 논쟁으로 돌아올 것이다.[75]

유가행파는 관념론의 한 형태인가?

이제는 유가행파가 어떻게 경량부의 표상주의에서 비롯된 것으로 이해될 수 있는지 어느 정도 알게 되었지만, 유가행파가 어떤 이론인지에 대해서는 여전히 확신할 수 없다. 사실 유가행파의 입장이 정확히 무엇인지는 여전히 논쟁의 여지가 있다. 이를 이해하는 한 가지 방법은 단순히 색온을 부정하는 것으로, 즉 물

72 Moriyama 1984: 10 – 11, Seton 2015: 144 – 5.

73 이처럼 형상진실론과 형상허위론 간의 구별을 이해하는 방식은, 물론 이 둘 모두를 유형상론에 포함시키려는 위의 시도 때문에 긴장을 유발한다. 만약 형상허위론의 형상(*ākāra*)이 이런 식으로 완전히 존재하지 않는다면, 형상허위론은 무형상론의 한 형태로 간주되어야 한다고 주장할 수 있는 것이다.

74 인도의 논쟁에는 비끄라마쉴라 승원과 관련된 세 명의 10세기 초에서 11세기 사상가들이 포함되어 있는데, 라뜨나까라샨띠(아띠샤의 스승 중 한 명)는 형상허위론을 옹호하고, 즈냐나슈리미뜨라와 라뜨나끼르띠는 형상진실론을 선호하는 주장을 한다.

75 pp.411 -22 참조.

질적 대상은 존재하지 않는다는 테제로 이해하는 것이다. 다른 이들에 따르면 유가행파는 주로 존재론에 관한 것이 아니라 인식론적인 문제에 더 관심이 있었으며, 자신들이 단 하나의 올바른 존재론 이론을 방어한다고는 생각하지 않았다. 첫 번째 해석은 대체로 유가행파를 관념론의 한 형태로 언급할 때 염두에 두는 것이다. 관념론이라는 말이 모든 면에서 다행스러운 선택인지는 논쟁의 여지가 있다. 유가행파는 분명 버클리가 지지한 유형의 관념론과 표면적으로만 유사성을 보일 뿐이며, 더구나 헤겔식 관념론과는 공통점이 훨씬 적다.

반면에 유가행파에 대한 비관념론적 이해가 정확히 무엇을 의미하는지 이해하는 일은 간단한 문제가 아니다.[76] 이처럼 이해하는 데 대한 최선의 해석은 유가행파의 저자들이 물질적 대상이 없다는 존재론적 진술을 증명하려 한 것이 아니라, 단순히 그러한 사물들이 존재한다고 가정할 만한 타당한 증거가 없다는 인식론적 진술을 입증하려 했다는 주장인 것 같다. 하지만 관념론적 해석과 비관념론적 해석 사이의 간극은 후자의 저자들이 생각하는 것만큼 넓지 않은 것처럼 보인다. 결국, 고대 인도의 저자들이 잘 알고 있던 원리들에 호소함으로써 인식론적 주장에서 존재론적 주장으로 옮겨가는 것은 상당히 쉽다.

존재론 vs 인식론

가령 세친과 유심(*cittamātra*)의 입장에 대해 특히 인기 있는 설명을 담고 있는 『유식이십론』에 초점을 맞춰서, 거기에서 제시

'증거 부족'의 원칙

76 유가행파에 대한 비관념론적 독해를 옹호하는 일부 현대 저자들로는 Kochumuttom 1982, Hayes 1988, Oetke 1992, Lusthaus 2002가 있다.

된 논증과 같은 저자가 『아비달마구사론』의 제9장에서 실체적인 인격체(*pudgala*)를 거부한 대목을 비교해 본다면, 도움이 될 것이다.[77] 세친이 거기서 하는 일은 우리가 그 인격체를 찾을 수 있는 다양한 방법을 탐색하는 것이며, 만약 어떤 인격체가 존재한다면 그것이 나타날 것이라 예상한다는 것이다. 지각과 추론은 세계에 대한 우리의 주요한 인식적 접근 수단이므로, 만약 실체적 자아라면 지각 가능하거나 추론 가능해야 한다. 그리고 세친과 동일한 가르침을 따르는 이들이 그렇듯이, 우리도 붓다의 가르침을 권위 있는 것으로 여긴다면, 인격체에 대한 붓다의 언급은 그 존재를 틀림없이 입증할 것이다.

그러나 세친이 자세히 설명하듯이, 자아라는 것은 지각할 수 있는 것도 아니고 추론할 수 있는 것도 아니기 때문에, 또 이 점에서 붓다의 가르침은 그 설해진 구체적인 맥락과 관련하여 이해되어야 하기 때문에, 인식 수단을 통해 자아에 이르는 길은 존재하지 않는다. 만약 『아비달마구사론』에서의 세친의 입장이 실체적 자아는 존재하지 않는다는 것이라고 결론짓는 것이 정당하다면, 최소한 『유식이십론』에서도 세친은 외부 대상이 존재하지 않는다는 입장을 옹호하고자 했다고 이와 마찬가지로 결론지을 수는 없을까? 어쨌든 세친은 이 텍스트에서 외부 대상에 대한 증거를 제공한다고 생각되는 우리의 다양한 인식 수단이 실제로는 전혀 증거를 제시하지 못한다는 점을 지적한다. x에 대한 증거가 없다면 x가 존재하지 않는다는 원칙에 호소함으로써, 우리는 유가행파의

---

77 이 비교에 대한 지속적인 논의는 Kellner and Taber 2014 참조.

인식론적 독해에서 존재론적 해석으로 옮겨갈 수 있다.[78]

가벼움의 원칙

이러한 격차를 해소하는 데 도움이 될 수 있는 두 번째 원리는 가벼움(*lāghava*)의 원칙에 호소하는 것이다. 이 원칙은 동일한 사실을 설명하는 두 가지 상충되는 이론에 직면했을 때, 한 이론이 다른 이론보다 존재론적인 가정을 더 적게 한다면, 전자를 선택해야 한다고 말한다. 세친은 『유식이십론』에서 우리가 외부 대상에 대한 가정을 버리더라도, 그러한 대상을 믿는 사람들이 설명하는 모든 것을 우리도 여전히 설명할 수 있다고 지적한다. 따라서 유가행파의 이론은 더 가벼운 이론인데, 여기서는 한 종류의 대상(즉, 정신적 대상)만을 가정하지만, 그 대론자는 두 가지 종류, 즉 정신적 대상과 물리적 대상이 존재함을 가정해야 하기 때문이다. 그래서 가벼움의 원칙과 같은 메타이론 원칙들은 우리의 경험을 제대로 이해한다면 이 경험에서 외부 대상의 존재를 가리키는 것은 그 무엇도 없다는 인식론적 진술이 존재론적 주장을 정당화하는 데 사용될 수 있다는 것을 시사한다. 이는 외부 대상의 존재를 수반하지 않는 세계 이론이 더 바람직하다는 주장이다.

비관념론적 해석과 철학적 시대 정신

따라서 비관념론적 해석이 충분히 정밀하게 이루어질 경우, 개연적이고 역사적으로 입증된 철학적 원칙들에 호소하여 관념

78 물론 이 원리는 자격을 갖추어야 한다. 초기 인도 유물론자들은 같은 원리에 호소하여 미래의 삶에 대한 지각적 증거가 없다고 하면서 미래의 삶이 존재함을 논박했다(Preisendanz 1994: 530 참조). 이 주장은 인도 사상가들 사이에서 그다지 호응을 얻지 못했다. 우리가 지각할 수 없지만 여전히 존재하는 다양한 것들(벽 뒤의 방, 아원자 입자 등)이 분명히 존재한다. 그러므로 우리는 비지각(non-perception)이 단순히 우리와 대상 사이의 어떤 장애물이나 감각적 한계 때문이 아니라는 점을 제외해야 하며, 비증거(non-evidence) 논증이 실질적인 논증 무게를 지닐 수 있도록 우리의 논증 범위를 모든 인식 수단으로 확장해야 한다.

론적 해석으로 이어질 수 있는 것처럼 보인다. 현대 서구의 유가행파 논의에서 비관념론적 해석이 왜 그토록 인기가 있는지 생각해 보는 것은 흥미로운 일이다. 그 이유는 철학적 시대정신의 산물이라고 의심하지 않을 수 없다. 과소평가하자면, 관념론은 현대의 철학에서 소수의 입장이다. 그래서 완전히 신빙성을 잃은 듯 보이는 철학적 입장을 고대 인도 사상가들에게 돌리는 데 어느 정도 주저함이 있는 듯 보일 수도 있다.[79] 우리는 선의의 원칙을 들어 이를 뒷받침할 수도 있다. 즉, 만약 우리가 역사적인 철학적 텍스트에 가능한 한 가장 강력한 해석을 제시해야 한다면, 말하자면 그 텍스트의 논증이 타당하게 들리는 방식으로 해석해야 한다면, 유가행파의 텍스트를 간단하게 관념론적 방식으로 읽는 것은 피해야 하지 않을까?

선의의 원칙에 대한 그릇된 호소

그러나 잠시만 생각해 보면, 이러한 생각이 정말 유가행파에 대한 비관념론적 해석을 뒷받침하는 동기라면 이는 잘못된 것이라는 점과, 선의의 원칙에 호소하는 것은 문제가 있다는 점이 드러날 것이다. 이 원칙은 역사적인 철학적 텍스트를 오늘날의 철학적 풍토에 따라 해석하라고 제안하는 것이 아니다. 오히려 텍스트가 어떤 입장을 지지하고 있는지 (텍스트 자체와 문화적 맥락을 함께 고려하여) 결정한 뒤에는 그 입장을 가장 강력하게 지지할 수 있는 방식으로 그 논증들을 재구성해야 한다는 것이다. 가령, 현대 철학이 관념론에 딱히 관심이 없다는 사실이, 특정 인도의 저자들이 자신의 텍스트를 작성할 때 확립하고자 했던 바에 영향을 미치는 것은

79 Schmithausen 2005: 49와 비교.

아주 이상한 일이 될 것이다. 선의의 원칙은 개별적인 논증을 재구성할 때는 유용하지만, 어떤 텍스트의 전체적인 입장이 무엇인지 결정할 때는 유용하지 않다.

물질적 대상에 대한 명시적 부정의 부재

그런데 초기 유가행파 텍스트에 대해 설명이 필요한 한 가지 사실이 남아 있으며, 이 역시 다양한 비관념론적 해석의 동기로 작용했을 수도 있다. 초기 유가행파의 저자들은 물질적 대상이 존재하지 않는다고 명시적으로 말하지 않는다.[80] 세친의 『유식이십론』을 예로 들어보면, 그가 물질은 존재하지 않고 오직 마음만 존재한다고 직접적으로 말하는 대목을 찾아볼 수 없다. 원자론의 불가능성에 대한 그의 논증조차도 "'오직 마음만'으로 이루어진 초월적 실재에 대한 형이상학적 주장"으로 이해할 필요는 없으며, 단지 지각을 넘어서는 무언가의 존재에 관한 "판단을 중지하라는 실천적 명령"으로 받아들일 수 있다.[81]

세친과 같은 초기 유가행파의 논사들은, 물질의 존재를 거부하면서 그 자리에 정신적 대상만을 상정하는 존재론적 주장을 자신들이 하고 있다는 점을 왜 더 명시적으로 지적하고 있지 않은

---

80 그런데 이 맥락에서 '명시적'이라는 말이 얼마나 명시적이어야 하는지 살펴보는 것이 좋겠다. Kellner and Taber(2014: 718 – 19)는 "'우리는 외부 대상을 인지하지 못한다'는 취지의 모든 진술과, 아마 심지어 '외부 대상은 존재하지 않는다'는 취지의 모든 진술조차도 **현상학적으로** 우리의 경험에만 적용되는 것으로, 즉 **우리가 경험하는 것들이** 외부의 물리적 대상이 아니라는 의미로 해석될 수 있을 뿐, **존재론적으로** 의식 외부에 물질적 대상이 존재함을 부정하는 것으로는 해석될 수 없을 것이다 … "라고 지적하고 있다. 만약 "외부 대상은 존재하지 않는다"는 명시적 진술을 통해서조차도 비관념론적 해석을 제외시킬 수 없다면 어떤 진술로 가능할지 의문이다.

81 Hayes 1988: 100, Hall 1986: 18에서 인용.

것일까? 이처럼 말을 아끼는 것은 실재의 진정한 본성은 명상을 통해서만 알 수 있다고 믿었기 때문일 수도 있다. 이처럼 순수하게 담론을 통해서만은 알 수 없는 오직 마음일 뿐(唯心) 이론의 측면이 있다면,[82] 유가행파의 저자들이 특정한 존재론적 주장의 증명이 쟁점의 전부인 양 전달하는 방식으로 자신들의 이론을 제시하지 않는 점은 이해할 만하다.

오직 명상을 통해서만 인식할 수 있는 궁극적 실재

세친은 『유식이십론』의 게송10을 주석하면서, 모든 사물의 공성(法無我, *dharma-nairātmya*)은 깨달은 존재만이 알 수 있는,[83] 기술 불가능한 본질을 가진 것으로 이해되어야 한다고 지적하고는, 오직 마음일 뿐이라는 개념은 "어떤 면에서도 이는 붓다의 영역"[84]이라고 말하면서 마무리한다. 이를 이해하는 한 가지 방법은 『유식이십론』에 보이는 유가행파의 물질에 반대하는 논증들을 주로 법의 본성에 대한 그릇된 견해를 없애기 위한 부정적 목적을 가졌다고 생각하는 것이다. 즉, 정신과 물질 내지는 지각하는 주체와 지각되는 대상 사이에 뚜렷한 구별이 존재한다는 식의 그릇된 견해를 제거하기 위한 목적 말이다. 유가행파의 논증들은 외부 대상이 존재하는 이유에 대해 우리가 제시할 수 있는 다양한 근거, 그리고 이러한 대상의 존재에 대해 발전시킨 이론들을 검토하고는,

물질에 대한 그릇된 믿음을 없애버리는 유가행파의 논증

82 그러한 측면이 있다는 것은 분명한데, 불교는 명제에 대한 지적 통찰과 경험적 수준에서의 그 깨달음을 일관되게 구별하기 때문이다(Kellner and Taber 2014: 747–8 참조).

83 *anabhilāpyenātmanā yo buddhānāṃ viṣaya* (諸佛境離言法性), Ruzsa and Szegedi 2015: 145.

84 게송22: *sarvathā sā tu na cintyā buddhagocaraḥ* (此中一切種 難思佛所行), Ruzsa and Szegedi 2015: 157.

그 근거가 우리의 믿음을 정당화하지 않는다는 점, 그리고 그 이론들에 내재적으로 문제가 있다는 점을 보여준다. 하지만 이는 우리가 외부 대상에 대해 그 어떤 지식을 갖고 있다는 주장을 바로 반박하고, 그런 이상은 그 실재하는 본성에 대한 판단을 중지해야 한다는 회의론적 입장으로 이어지지는 않는다. 대신 유가행파는 실재에 대한 오류적 개념이 제거되면, 명상수행이 진정한 본성을 깨달을 수 있는 길을 제시할 것이라고 주장한다. 이것이 바로 초기 유가행파 텍스트들에서 외부 대상의 비존재에 관한 주장을 예상만큼 명시적으로 밝히지 않은 이유 중 하나일 수 있을 것 같다. 불교 철학자들은 진정한 철학적 통찰은 철학 논서를 연구하고, 그 논증들을 이해하고, 반론을 반박하고, 그 결론에 동의하는 데서 나오는 것이 아니라고 주장한다. 중요한 문제는 경험에서 세계가 우리에게 나타나는 방식의 변화지, 단지 우리에게 나타나는 세계에 대해 생각하는 방식의 변화가 아니라는 것이다. 인도의 불교철학을 이해하려고 할 때, 단지 논증과 그 논증이 뒷받침하고 발전시켜 온 사상이 담긴 교리 텍스트에만 초점을 맞출 수 없다는 것이 다시 한 번 분명해졌다. 또한 그러한 논증 및 그 옹호하는 견해와 연결되어 있는 명상수행의 차원을 고려해야 하는 것이다. 불교 사상에 영향을 미치는 이 같은 논증 이외의 요소들을 알고 있어야만 텍스트 자체가 옹호하는 입장이 무엇인지에 대한 깊은 이해를 기대할 수 있다.

b. 알라야식과 여덟 유형의 의식

유가행파는 의식(識, *vijñāna*)을 여덟 가지(다른 불교 학파들보다 두 가지가 더 많음)로 나누는데, 시각적 의식(眼識, *cakṣur-vijñāna*)·청각적 의식(耳識, *śrotra-vijñāna*)·후각적 의식(鼻識, *ghrāṇa-vijñāna*)·미각적 의식(舌識, *jiḥva-vijñāna*)·촉각적 의식(身識, *kaya-vijñāna*)의 다섯 가지는 감각 능력과 관련이 있고, 정신적 의식(第六識, *mano-vijñāna*)은 사고와 관련이 있다. 이에 더해 오염된 마음(染汚意·末那識, *kliṣṭamanas*)과 근본의식(阿賴耶識, *ālayavijñāna*)이 있다. 이 여덟 가지 의식은 더 높은 수준의 명상적 몰입(禪定)이 실현됨에 따라 점차 사라진다는 점에서 명상 상태와 상관관계가 있다. 처음 다섯 가지 의식은 대상을 구성하는 다양한 종류의 감각 데이터에 분명 의존한다. 깊은 잠(極重睡眠), 혼수상태(極重悶絕), 지각이 없는 상태의 명상적 몰입(無想定, *asaṃjñisamāpatti*) 등의 특별한 정신적 상태를 제외하고는 정신적 의식(第六識)은 계속 일어난다. 지각이 없는 상태의 명상적 몰입(無想定) 그 이상의 상태(滅盡定, *nirodhasamāpatti*)에, 즉 명상 수행자가 불에 타거나 위험한 동물이 접근해도 동요되지 않는, 생기가 정지된 듯한 채로 유지된다고 하는 상태에 도달한 후에야 오염된 마음도 사라진다. 근본의식은 이러한 모든 상태를 관통하며 지속된다.

명상 상태에서의 의식의 사라짐

오염된 마음

오염된 마음은 근본의식을 향해 자아라고 잘못 생각한다. 그렇게 함으로써 오염된 마음은 주체로서의 자아와 대상으로서의 다양한 그 밖의 현상들 사이에 분열을 일으키고, 앞의 여섯 가지 유형의 의식(前六識)을 장악해, 그 결과로 그 여섯 의식의 내용을 주체와 대상의 관점에서 파악하게 된다. 따라서 오염된 마음은 자아를 향한 여러 가지 불선한 정신적 태도의 궁극적인 원인이며, 그렇기에 우리가 계속 윤회 안에 머물게 되는 원인이다. 이러한 상태는 명상 수행자가 아라한의 상태에 도달해야만 중단된다.

근본의식: 설명상의 이점

1. 명상과 의식의 연속성

여덟 번째 유형의 의식인 근본의식은 다양한 이론적 이점을 가져다주는 흥미로운 개념이다. 첫째, 근본의식은 모든 감각 의식과 모든 사고가 멈춘다고 알려진 깊은 명상적 몰입의 특정 상태가 여전히 일종의 의식적 상태임을 설명할 수 있게 해준다. 여기서 문제의 핵심은 멸진정('소멸의 성취') 상태이다. 이런 종류의 몰입 중에 의지적인 정신적 사건이 중단된다면, 그리고 의식이 단지 한 정신적 사건이 다음 찰나의 정신적 사건에 대해 원인이 되는 정신적 사건들의 연쇄일 뿐이라고 간주한다면, 명상 수행자가 명상 상태에서 벗어날 때 어떻게 의식이 다시 시작될 수 있는지가 불분명하다. 맨 처음의 연속적인 정신적 사건에는 의식의 원인이 될 수 있는 선행하는 정신적 사건이 없는 것으로 보인다. 이 문제는 지속하는 근본의식이라는 개념을 통해 해결할 수 있다.[85] 모든 의지적인 정신적 사건이 그쳤더라도 근본의식이 배경에서 계속 실행되기 때문에, 명상 이후 상태에서는 새로운 정신적 사건이 단순히 근본의식으로부터 발생할 수 있다. 최근의 저자들은 멸진정 이후 의식의 지속을 설명하기 위해 유가행파에게 근본의식이라는 전격적인 개념이 필요하지는 않았을 것이라고 주장했다. 뷔

---

85 이에 대한 자세한 내용은 Schmithausen 1987 참조.

'양극성 종자 모델'

셔[86]는 '양극성 종자 모델'(色心互熏說, bi-polar *bīja*-model)[87]이라는 다소 거추장스러운 이름을 가진 아이디어를 소개하고 있다. 이에 따르면, 감각 능력(色根)과 의식(識, *vijñāna*)은 "둘 중 어느 하나의 기능적 현존이 다소 오랜 기간 동안 중단된 뒤에도 서로의 재발생 또는 재현실화에 영향을 미칠 수 있는 역량을 가지는 채로, 서로의 내부에서 잠재적으로 존재하는" 상호 인과관계에 놓일 수 있다. 감각 유기체는 감각 대상을 만날 때 의식을 생성하지만, 이 유기체는 또한 자신 안에 존재하는 의식에 대한 휴지 상태의 잠재성(種子, *bīja*)을 가지고 있으므로, 명상 수행자가 멸진정에서 나올 때 그의 몸이 여전히 존재하기 때문에 인지적 경험이 다시 발생할 수 있다.

홍미롭게도 이 상호 인과관계(俱有因, *sahabhūhetu*)라는 기본 발상은 설일체유부 아비달마에서 발견되는 것으로,[88] 한 항목이 다른 항목의 원인이 되고 또 다른 항목이 첫 번째 항목의 원인이 된다(삼각대의 다리들이 서로를 세우는 것처럼)는 것인데, 이는 설일체유부 아비달마의 『아비달마구사론』에서 세친에 의해 비판받았다. 왜냐하면 여기서 그는 인과관계가 한 방향으로만 흐른다는 점을 확립하고자 했기 때문이다. 홍미로운 점은[89] 만약 세친이 『아비달마구

---

86 Buescher 2008: 51 – 3.

87 Buescher 2008: 53.

88 Bhikkhu Dhammajoti 2003, 2009: 154 – 5, Tanaka 1985: 91 – 111, Ronkin 2005: 217 참조.

89 Gold 2015a: 261 – 2, n. 69.

사론』을 저술할 때 이미 유가행파의 견해를 가지고 있었다면,[90] 그가 멸진정 이후 의식의 지속을 설명하는 유일한 만족스러운 방법으로서 근본의식 이론을 지지하는 이 논증을 사용했을 수도 있었다는 것이다.[91]

2. 이전과 업

둘째, 세 시간대의 존재(三世實有)에 대한 설일체유부의 이론이 폐기된 이후, 불교도들은 의식의 이전과 업의 인과법칙이 작동하는 방식을 설명할 어떤 방법이 분명 필요했다. 의식이 찰나적이라면, 어떻게 한 마음이 새로운 몸에서 재생할 수 있을까? 그리고 특정 의도에 따라 작용했던 과거의 마음-찰나가 더 이상 존재하지 않는다면, 왜 이후의 마음-찰나가 이 의도의 결과에 대한 경험으로 나타나는 것일까? 근본의식 개념은 이 두 가지를 동시에 설명할 수 있는 방법을 제공한다. 근본의식은 행위를 할 때 업의 종자(*bīja*)가 예치될 수 있고, 또한 그 결과가 성숙했을 때 예치되었던 업의 종자가 그로부터 현출하는 저장소 역할을 한다. 물론 근본의식도 다른 모든 것과 마찬가지로 찰나적이기 때문에, 우리가 실제로 여기서 보고 있는 것은 각각 다음의 원인이 되는 근본의식 찰나들의 스타카토식 연속이다. 업의 종자의 전체 집합이 (이를테면) 근본의식의 연속적인 각 찰나에 복사되는데, 이는 각 찰나가 다음 찰나를 일으키기 때문이다. 종자가 근본의식에서 성숙하면,

---

90 Kritzer 2005가 주장하듯이 말이다.

91 그러나 동시적 인과관계 개념은 무착(Bhikkhu Dhammajoti 2009: 159 – 60)과 디그나가(Tola and Dragonetti 2004: 46 – 9, n.10)와 같은 여러 유가행파의 저자들에 의해 받아들여지고 있으며, 유가행파 사상에서 중요한 역할을 하고 있다는 점에 유의할 필요가 있는데, 여기서는 알라야식과 종자가 동시적 인과관계를 맺고 있다고 간주하기 때문이다. Bhikkhu Dhammajoti 2009: 121 – 3 참조.

이러한 성숙은 외부 대상으로 여기지는 한 부분(相分)과 대상을 지각하는, 실체적으로 존재하는 주체라고 여겨지는 또 다른 부분(見分)으로 근본의식이 분열되는 지각을 일으킨다. 주체/대상이라는 이원성에 기반한 이러한 반응은 그 이후에 성숙할 근본의식에 더 많은 업의 종자를 예치하게 한다.

그러므로 여덟 가지 유형의 의식에 대한 이론은, 명상과 관련해서는 미세함의 정도에 따라 의식 상태의 위계가 어떻게 달라지는지 그리고 깊은 명상적 몰입 상태 직후에 의식이 어떻게 연속되는지를 설명하려는 목적이 그 동기로 작용했음은 물론이고, 교리와 관련해서는 업의 종자의 이전을 설명하려는 목적 역시 그 동기로 작용했다.

c. 삼성

유가행파에서 매우 중요한 또 다른 개념적 구별은 '세 가지 본성'(三性, *trisvabhāva*)을 나누는 것이다. 이 개념은 『해심밀경(解深密經, *Saṃdhinirmocanasūtra*)』에서 자세히 논의되고 있으며, 세친은 자신의 가장 유명한 저서 중 하나인 『삼성론(三性論, *Trisvabhāvanirdeśa*)』에서 이 주제만 꼽아 다루고 있다. 중관학파가 자성(*svabhāva*) 개념 자체를 명시적으로 거부한 것을 감안할 때, 유가행파가 자성을 한 가지가 아니라, 세 가지 형태로 받아들이는 것은 놀라운 일이 아닐 수 없다. 하지만 사실상 세 가지 본성 이론은 자성이 부재할 수 있는 세 가지 방식에 대한 이론으로 이해하는 것이 더 나을 수 있다.[92] 세 가지 본성은 부여된 본성(遍計所執性, *parikalpita-svabhāva*), 의존적 본성(依他起性, *paratantra-svabhāva*), 완성된 본성(圓成實性, *parinispanna-svabhāva*)이다. 이들 사이의 구별을 설명하는 일반적인 방법은 사막에서 볼 수 있는 신기루를 언급하는 것이다. 부여된 본성은 망상에 빠진 여행자가 보는 물에 해당하고, 의존적 본성은 환영에 불과한 외현의 기저를 이루는 것, 즉 다른 온도의 공기와 그에 의해 굴절되는 광파의 조합에 해당한다. 완성된 본성은 환영에 불과한 외현의 기저를 이루는 인과적 요소의 조합 속 그 어디에도 실재하는 물은 존재하지 않는다는 사실일 뿐이다. 신기루 예시

따라서 세 종류의 실체(*svabhāva*)를 상정하는 것이 전혀 아닌, 세 종류의 부재를 설명하는 것이 분명하다. 부여된 본성(물)은 단지 거기에 존재하지 않을 뿐인 것이다. 그것은 언어적 개념화에 크게 의존하는, 주체/대상의 이원성에서 비롯된 그릇된 가탁물에 불과하다. 의존적 본성은 거기에 있지만, 보이는 대로는 아니다. 물 대신에 다른 무언가가 거기에 있다는 것인데, 이 사례에서는 물과는 아무 관련이 없는, 공기 및 빛과 관련된 상호 의존적인 인과적 요소의 어떤 결합이 존재한다는 것이다. 환영에 불과한 외현이 이 결합에는 부재한다. 마지막으로 완성된 본성은 의존적 본성 세 종류의 부재

92 『삼성론』 게송26: "세 가지 본성은 비이원성과 지지물 없음을 그 특징으로 하니, [하나는] 존재하지 않기 때문에, [다른 하나는] [나타나는 방식대로는] 존재하지 않기 때문에, [세 번째] 본성은 [다른 하나에서] 존재하지 않는 본성이다", *trayo 'pyete svabhāvā hi advayālambalakṣaṇāḥ | abhāvād atathābhāvāt tad-abhāva-svabhāvataḥ* (Anacker 2002: 465).

에 부여된 본성은 존재하지 않는다는 사실이다. 완성된 본성 역시 실체적으로 존재하는 어떤 것으로 (또는 심지어 실체적으로 존재하는 세계의 본성으로도) 개념화되어서는 안 된다. 왜냐하면 완성된 본성의 존재는 존재하지 않는 것에 대한 그릇된 투사를 본질적으로 수반하기 때문이다. 우리는 애초에 부여된 본성이라는 잘못된 생각을 지니고 있기 때문에 완성된 본성이라는 개념이 필요할 뿐이다.[93]

세 가지 본성과 두 가지 진리

유가행파의 세 가지 본성 개념을 중관학파의 두 가지 진리 개념과 비교해 보면 유익할 것이다. 이 두 구별은 모두 우리에게 나타나는 대로의 세계, 즉 내재적 본성을 소유하는 것으로서의 세계, 그리고 일단 불교도가 논증을 통해 분석한 결과로 보이는 세계, 즉 공한 세계 사이의 차이를 개념화하기 위해 제안되었다. 이 둘은 같은 목적을 공유한다. 하지만 이 두 가지가 같은 선상에 있는 것일 수도 있음을 이해하기란 쉬운 문제가 아니다. 이 둘을 비교하는 한 가지 방법은 세속적 진리를 상상된 본성과, 또 궁극적 진리를 의존적 본성과 동일시하는 것이다. 완성된 본성은 단순히 두 가지 진리 사이의 관계에 관한 사실이다. 이 사실이라는 것은 이를테면 일단 궁극적 진리를 검토하는 분석이 적용되면 세속적으로 부여된 진리는 사실상 그 어디에서도 찾을 수 없다는 것이다. 이는 유가행파식 구별을 중관학파의 노선을 따라 이해하는 방법

중관학파의 관점에서 본 세 가지 본성

93 세친은 『삼성론』에서 다른 예를 드는데, 거기서 마술사는 코끼리처럼 나타나도록 나무 조각에 만뜨라를 외워 코끼리가 존재하도록 마술을 부린다. 이 예에서 상상된 본성은 존재하진 않지만 보이고 있는 코끼리에, 의존적 본성은 코끼리를 존재하게 하는 마술의 기술에, 완성된 본성은 그 코끼리의 부재에 해당한다. 만뜨라는 알라야식에, 나무는 실재 자체에 해당한다. Garfield 2002 참조.

이 될 것이다.

우리는 마찬가지로 세 가지 본성이 중관학파의 두 가지 진리 구도에서 개념적 간격을 메울 수 있다고 주장할 수 있는데, 특히 실제로 존재하는 유일한 진리는 세속적 진리라고 가정하는 의미론적 비이원론의 방식으로 두 가지 진리를 이해할 때 더욱 그렇다. 대신 세 가지 본성은 세속적으로 존재하는 외현의 근거(의존적 본성)와 파악될 수 없는 궁극적 실재(완성된 본성)가 존재한다는 설명을 제시할 것이다. 이런 식으로 유가행파는 '그 아래에도 쭉 다 외현만 있을 뿐이다'라는, 개념적으로 문제적인 중관학파의 비토대주의적 가정에 대해 대응할 수 있다. 외현 그 자체(상상된 본성)는 엄밀히 말해 존재하지 않는 것으로 간주될 수 있다. 하지만 이것이 그 자체로는 외현이 아니지만 모든 외현의 토대가 되는, 충분히 실재하는 세속적 본성이 존재할 수 없다는 것을 의미할 필요는 없다.

유가행파의 관점에서 본 두 가지 진리

이 시점에서 추가적으로 언급해야 할 세 가지 중요한 개념은 의식의 재귀성(*svasaṃvedana*), 교리라는 수레바퀴의 세 차례 굴림이라는 틀(三時教)에서 설명되는 붓다의 가르침의 구조에 대한 유가행파의 개념화, 그리고 불성 또는 여래장이라는 개념이다.

d. 의식의 재귀성

자증(自證, *svasaṃvedana*)이라는 개념은 의식 상태가 자신의 대상을 인식할 수 있을 뿐만 아니라(예를 들어, 시각적 의식이 빨간색으로 된 무언가를 지각할 때처럼), 이와 동시에 의식 경험 그 자체를 인식할 수 있는 능력을 나타낸다.[94] 자증, 즉 재귀적 인식은 자신의 정신적 상태를 관찰하는 것이 목적인 내성적 인식과는 같지 않다는 점에 유의하는 것이 중요하다.[95] 만약 내가 차 한 잔을 마시면서 '나는 지금 차를 맛보고 있다'고 생각한다면, 나는 내성적 인식을 발휘하는 것이다. 이러한 인식은 나타나자마자 곧 사라지고, 또 대부분의 경우 우리의 지각에는 현재 우리 마음에 무슨 일이 일어나고 있는지에 대한 메타 수준의 해석이 수반되지 않는다. 반면에 재귀적 인식은 대상 지향적 의식의 사례가 있을 때 항상 존재한다. 재귀적 인식은 애초에 어떤 대상에 대한 의식을 의식적으로 만드는 것으로 간주되며,[96] 일부 해석자들은 의식 에피소드의 현상학적 질, 즉 '어떠함의 느낌'(what-it's-likeness)과도 연관시킨다.[97]

마음들 간에는 근본적인 구분이 없다

유가행파는 이 의식의 재귀성이라는 개념이 필요한데, 왜냐하면 외부 대상의 존재를 부정하기 때문이다. 만약 어떤 사과에 대한 이 지각이 ~에 대한 어떤 지각이 되게 한 사과가 존재하지 않는다면, 이 지각은 궁극적으로 정신적 대상을 향해 있는 것이어야 한다. 이러한 이유로, 하나의 정신적 대상(지각적 사건)은 또 다른 정신적 대상(마치 외부의 사과로 보이는 것)을 향해 있다. 그리고 서로

---

94 재귀적 인식(自證)의 존재는 이후 티베트에서 인도 사상을 정교화하는 데 있어 주요 논쟁 대상이 되었다. Williams 1998, Garfield 2006 참조.

95 Williams 1998: 7. 또한 Matilal 1986: 148 참조.

96 적호(*Tattvasaṃgraha* 2021)는 어떤 대상 x에 대한 의식 작용이 재귀적으로 자기 인식적이지 않았다면, x를 의식할 수도 없다고 주장한다(Jha 1991: 2. 1032).

97 Ram-Prasad 2007: 54.

다른 정신적 흐름들, 즉 나에 해당하는 하나의 정신적 흐름과 사과에 해당하는 정신적 흐름이 궁극적으로는 구분되지 않으므로, 이는 마음이 마음 자신을 향해 있는 경우임에 틀림없다.[98] 일단 주체/대상의 이원성이라는 가탁이 한낱 그릇된 가탁일 뿐이라는 사실을 깨닫게 되면, 수행자는 이전에 자신이 외부 사물에 대한 지각이라고 여겨온 것이 사실은 마음이 마음 자신을 직접 아는, 기저의 비이원적 본성을 가지고 있음을 깨닫게 된다.

물론 유가행파의 외부 대상 부정에 의식의 재귀성이 요구된다는 사실 그 자체는, 우리가 이미 유가행파의 입장이 진리라고 확신하지 않는 이상, 외부 대상 부정을 위한 논증이 아니다. 따라서 후기의 유가행파 저자들은 유가행파의 특정 전제들에 의존하지 않고 재귀성을 입증하는 논증을 개발하려 노력했다.

디그나가는 첫 번째 상태를 인식하는 두 번째 상태, 즉 (니야야 학파가 그랬듯이) 고차의 정신적 상태에 호소함으로써 재귀성이 설명될 수 있다고 제안하지 않고, 각 인지적 사건이 동시발생적으로 인지적 사건 그 자신을 인식한다는 점을[99] 입증하기 위한 몇 가지 논증을 제시한다.

디그나가의 소급 논증

첫 번째 논증은 곧바로 무한소급에 초점을 맞추고 있다.[100] 만약 한 정신적 상태가 2차 상태의 대상이 됨으로써 의식적이게 된다면, 우리는 무엇이 이 2차 상태를 의식적으로 만드는지 알고 싶

98 Ram-Prasad 2007: 69–70.

99 Kellner 2010: 210.

100 Hayes 1988: 141.

을 것이다. 만약 2차 상태가 그 자체로 의식적이 아니라서 우리가 인지적으로 사용할 수 없다면, 이 2차 상태의 내용, 즉 1차 상태도 사용할 수 없을 것이기 때문이다. 그러나 그렇다면 우리는 3차 상태 등등의 존재를 가정해야 할 것이다. 이 사슬 중의 어떤 상태를 의식적으로 만들기 위해 이 사슬을 완료할 기회도 없이 말이다. 이 사슬을 끊으려면, 재귀적 본성을 통해 우리에게 인지적으로 사용할 수 있게 하는 것은 1차 정신적 상태 그 자체라고 가정해야 한다.

디그나가의 기억 논증

디그나가의 두 번째 논증은 무한소급에 대한 내용과 기억에 대한 언급을 결합한 것이다.[101] 간접증명의 방식으로, 찻잔을 인지하는 나의 정신적 사건 M과, 또 다른 별개의 사건으로, 찻잔을 인지하는 나를 인지하는 (즉, M을 인지하는) 나의 정신적 사건 M*이 있다고 가정해 보자. 디그나가에게 이 두 가지 사건은 동시에 일어날 수 없으므로, M*이 일어날 때 M*은 반드시 기억으로서의 M을 수반해야 한다.

이제, 당신은 당신이 이전 시점에 경험한 것만을 기억할 수 있다는 점은 논란의 여지가 없는 것 같다.[102] 그렇지 않으면 당신은 심리적 환상이 동반된 가짜 기억을 다루고 있는 것이다. M*은 당신이 이전 시점에 찻잔을 인지하는 것에 대한 기억으로 여겨진다. 그러나 그 당시 당신의 경험은 찻잔을 **인지하는** 것에 대한 경험이 아니라, 단지 찻잔에 대한 경험이었다. 이 예는 당신이 경험하지 않은 것을 기억하기를 요구하는 것 같다. 이 문제를 해결하

---

101 Kellner 2011: 414–16.

102 Matilal 1986: 153.

기 위해서는, M과 M* 사이에 M'이라는 또 다른 정신적 사건이 있었다고 가정해야 한다. 여기서 M'은 찻잔을 인지하는 것을 경험하는 사건이며, M*에서의 기억 내용이다. 그러나 M과 M' 사이의 관계는 앞서의 M과 M* 사이의 관계와 동일하며, M'이 실제로 기억 작용인지 보증하려면 둘 사이에 또 다른 사건인 M"를 삽입해야 한다. 이 과정은 분명히 끝이 없으며, 바로 이런 이유로 불만족스럽다. 기억은 우리가 겪은 경험을 재생산할 수 있을 뿐, 더 높은 차원으로 우리의 인지를 옮길 수는 없다. 만약 우리가 t 시점에 한 전부가 찻잔에 대한 경험뿐이라면, 이후의 어떤 기억도 이를 찻잔을 인지하는 경험으로 바꾸지 못할 것이다.

인지에 대한 고차적 견해는 무한소급으로 이어지기 때문에, 디그나가는 인지에 대한 인지를 설명할 수 있는 유일한 방법은 하나의 인지 작용이 대상을 인지하는 동시에, 인지 자신도 인지하는 두 가지 모두를 수행할 수 있다고 가정하는 것이라고 주장한다.[103]

e. 세 차례의 굴림

유가행파 텍스트는 붓다의 가르침의 범위를 세 가지 교설, 즉 '교

103 샹까라(Śaṅkara)는 재귀적 인식(*svasaṃvedana*) 개념을 비판할 때, 그 또한 각 인지가 다른 인지에 의해 인지되는 데서 야기되는 무한소급을 언급하지만, 인지가 인지 자신을 인지하는 것이 아니라, 인지의 소급을 종결시키는 인지되는 않는 인지자, 즉 목격하는 자아(證者, *sākṣin*)를 언급하면서 이 문제를 해결한다. Śaṅnkara's *bhāṣya* on *Brahmasūtra* II.2.28(Darling 2007:314 – 17) 참조.

리의 수레바퀴를 굴림'(轉法輪, *dharma-cakra-pravartana*)이라는 용어로 개념화한다. 『해심밀경』에 따르면, 그 첫 번째(有教)는 네 가지 고귀한 진리(四聖諦, *catuḥsatya*)의 교리를 담고 있으며, 비대승 경전에서 볼 수 있는 가르침으로 구성되어 있다. 두 번째(空教), '기호 없음(無相, *alakṣaṇa*)의 수레바퀴'는 대승의 기초가 되는 반야계 텍스트들의 공성 가르침을 포함하고 있다. 세 번째(中道教), '잘 분별된(善分別, *suvibhakta*) 수레바퀴' 또는 '궁극적인 것의 확정(勝義決擇, *paramārtha-viniścaya*)을 위한 가르침'은 유가행파의 특징인 세 가지 본성(三性, *trisvabhāva*)의 교리를 가르치는 것이다.

역사적 및 철학적 순서

이 세 차례의 굴림은 불교의 역사에서 해당 텍스트가 등장한 순서에 해당하는데, 이는 철학적 정교함과 권위가 상승했음을 나타내는 것으로도 여겨진다. 처음 두 차례는 붓다의 해석 가능한 가르침(不了義, *neyārtha*)에 속하는 반면, 마지막 차례는 확정적 가르침(了義, *nītārtha*)이다. 이는 인도철학에서 매우 널리 퍼져있는 일종의 학설강요서식 틀의 예로서, 이와 동시에 전체 가르침에 대한 포괄적인 설명을 가능하게 하면서도(붓다의 모든 가르침은 이 체계 어딘가에 위치해야 한다), 이 설명의 뒤에 놓인 체계가 1등이 되게 한다. 말할 필요도 없이, 세 차례의 굴림 체계를 채택한 중관학파의 저자들은 두 번째 굴림을 확정적인 가르침으로, 다른 둘은 덜 예리한 근기의 제자들을 대상으로 하는 것으로 간주한다. 비록 중관학파의 이러한 방식이 가르침이 등장한 순서와 철학적인 정교함의 정도를 연관시킬 수 없게 됨을 의미하더라도 말이다.

f. 여래장과 유가행파

여래장(如來藏, *tathāgatagarbha*) 개념을 유가행파만의 개념으로 간주하는 것은 잘못된 일이다. 여래장이란 '그렇게 가신 이'(如去·如來, *tathāgata*), 즉 붓다의 '본질' 또는 '자궁' 또는 '용기'를 뜻한다. 모든 유정에게 붓다가 될 잠재력이 있다는 발상은 오히려 여러 학파에 걸친 불교 철학자들이 채택한 범대승주의적 개념이다.[104] 그렇지만 이 개념과 유가행파 사이에는 여기서 논의할 만큼 충분히 많은 연결고리가 있다. 이 개념은 『능가경』과 같은 유가행파의 주요 텍스트에서 다루어지는데, 여기서 이 개념은 근본의식(*ālayavijnāna*)과 동일시된다.[105] 이 경전은 잘 알려진 물의 은유를 사용하여 이 개념을 설명한다.

> 바다의 파도가 끊임없이 밀려오듯이, 그 몸[즉, 알라야식]은 중단되지 않는데, 무상의 오류를 벗어나 있고, 자아 이론과 분리되어 있으며, 그 실체는 영원히 청정하다.[106]

---

104 인도(및 티베트)의 불교 전통 내에서 여래장 이론을 별도의 학파로 간주하는 것은 그다지 설명력이 없다. 중국불교에서는 상황이 달랐는데, 여래장 텍스트는 때때로 유가행파가 구분한 세 차례에 이어 네 번째 굴림(四時教)으로 간주되었다. Williams 2009: 103 참조.

105 Suzuki 1932: 203.

106 *mahodadhitaraṃgavannityamavyucchinnaśarīraḥ pravartate anityatādoṣarahita ātmavādavinivṛtto 'tyantaprakṛtipariśuddhaḥ* (如大海波常不斷絕身俱生故 離無常過離於我過自性清淨), Vaidya 1963: 90. Suzuki 1932: 190, Red Pine 2012: 241 참조.

여래장 이론의 중심 텍스트 중 하나인 『보성론(寶性論, *Ratnagotravibhāga*)』[107]은 아마 4세기에 쓰였다고 추정되며,[108] 티베트 전통에서는 미륵이 무착에게 계시한 '다섯 논서'(彌勒五部) 중 하나로 여겨지고 있다. 무착은 이에 대한 주석서인 『마하야나웃따라딴뜨라샤스뜨라비야키야(*Mahāyāna-uttara-tantra-śāstra-vyākhyā*)』를 작성했다. 더욱이, 여래장 개념은 중관학파의 궁극적 실재보다는 유가행파의 궁극적 실재의 특성과 같은 노선으로 보는 것이 더 자연스럽다. 궁극적 실재에 대한 중관학파의 묘사는 공성이라는 측면에 입각한 것이기 때문에 주로 부정적이다. 즉, 이 묘사는 (실체적으로 존재하는 핵심, 즉 자성이)[109] 존재하지 않는다는 측면에 입각하여 궁극적 실재를 기술한다. 반면 유가행파의 묘사는 보다 긍정적으로, 모든 외현의 원천인 근본의식을 상정하고 있다.

여래장 개념의 개념적 전신

인도의 불교철학에서 중요하게 등장한 모든 개념이 그렇듯이, 여래장 개념도 초기 불교 자료에 개념적 전신이 있으며, 이 전신은 나중에 인도불교 사상을 특징짓는 다양한 개념과 이론으로 싹을 틔운 씨앗으로 간주될 수 있다.

마음의 선천적 청정성

이러한 전신 중 하나는 오염된 상태에서도 마음의 선천적 청정성이 계속 존재한다는 발상이다. 초기 불교 경전에서 붓다가

---

107 Holmes and Holmes 1985.

108 Frauwallner 1956: 255는 이 텍스트의 연대를 3세기 중반으로 추정한다. 이 텍스트는 비교적 이른 시기에 작성되었지만, 여래장 이론은 이후 11세기경에 인도에서 철학적으로 더욱 중요하게 되었다(Williams 2009: 101).

109 Takazaki 1974에서는 여래장 이론이 사실 중관학파의 공성 이론에 반대하여 일어났다고 주장한다. de Jong 1979: 585 참조.

"비구들이여, 이 마음은 밝게 빛나지만 외래적인 번뇌에 의해 오염되어 있다"[110]고 충고하는 대목에서 이와 유사한 내용을 찾을 수 있다. 이런 대목은 이렇게 이해할 수 있다. 마음 앞에 있는 대상을 비추거나 알려준다는 점에서, 밝게 빛나는 광명은 마음의 내적 혹은 내재적 속성이라는 것이다. 밝게 빛남은 마음의 내적 본성의 일부지만, 그 현현을 막는 번뇌와 같은 요인에 의해 일시적으로 방해를 받을 수 있다.[111] 이러한 생각이 깨달음의 잠재력이 존재한다는, 또는 비록 윤회하는 존재 상태에 처해 있기에 거의 숨겨져 있지만 모든 유정의 핵심에 온전히 갖춰진 깨달은 마음이 존재한다는 발상으로 어떻게 발전할 수 있었는지는 어렵지 않게 알 수 있다.

'토대의 전환'

좀 더 구체적으로 말하면, 유가행파의 맥락에서 볼 때, 해탈을 얻기 위해 필요한 번뇌(*kleśa*)의 제거가 '토대의 전환'(轉依, *āśraya-parāvṛtti*)을 가져온다는 발상을 발견할 수 있다. 이 '전환'이 무엇을 의미하는지 이해하는 방법에는 여러 가지가 있다. 전환은 때로 유정이 계속 윤회하는 데 원인이 되는, 업의 잠재력을 담고 있는 근본의식의 제거(*prahīṇa*)로 이루어진다고 한다.[112] 때로는 알라야식 자체에 내재해 있는 잠재적 악성(麤重, *dauṣṭhulya*)의 제거에 초점이 맞춰지기도 하며, 또 만약 알라야식이 나쁜 잠재성의 집합

---

110 *Aṅguttaranikāya* 1.10: *pabhassaram idaṃ bhikkhave cittaṃ tañ ca kho āgantukehi upakkilesehi upakkiliṭṭhaṃ*, Bikkhu Bodhi 2012: 97, Harvey 1995: 166–79, 217–26.

111 이런 식으로 해석하는 경우는 Bikkhu Bodhi 2012: 1598 참조.

112 Schmithausen 1987: 499–500, n.1337; King 1998: 5–17, 8.

을 가리키는 별칭 이상으로 간주된다면,[113] 우리는 '토대의 전환'을 알라야식에 포함된 번뇌와 불선한 업의 종자가 제거되면서[114] 오염되지 않는 의식(阿摩羅識, *amalavijñāna*)이 남는 것이라고 이해할 수 있다.[115] 여기서부터, 마음의 원래 청정한 본성이 내내 존재했으며, 이 본성의 드러냄이 해탈이라는 생각에 도달하기까지는 단 한 걸음이면 족하다.

대체 자아로서의 여래장

여래장 이론의 두 번째 전신은 일종의 대체 자아를 도입하려는 시도로,[116] 붓다의 무아 이론의 비판을 피하면서도 동시에 자아가 때때로 수행하는 이론적 역할의 일부를 충족할 수 있을 만큼 견고한 존재자를 도입하려는 시도다. 뿌드갈라론(Pudgalavāda)의 뿌드갈라(個我)와 유가행파의 알라야식은 같은 방향으로 나아가는 두 가지 유사한 시도로 볼 수 있다. 『대반열반경(大般涅槃經, *Mahāparinirvānasūtra*)』[117]은 여래장을 아뜨만과 명시적으로 동일시하며,[118] 아뜨만이 실재한다고 말한다.

---

113 예를 들면, 세친의 『유식삼십송』 게송18에서 알라야식을 다음처럼 묘사한 것과는 다른 방식이다. "의식은 단지 일체종자일 뿐이며, 전변은 상호 영향에 따라 이런저런 방식으로 일어나는데, 이런저런 유형의 분별이 일어날 수 있다", *sarvabījaṃ hi vijñānaṃ pariṇāmastathā tathā | yātyanyonyavaśād yena vikalpaḥ sa sa jāyate* (由一切種識 如是如是變 以展轉力故 彼彼分別生) (Anacker 2002: 423).

114 Conze 1962: 230.

115 Radich 2008.

116 위의 pp.136-7 참조.

117 Habata 2013. 이것은 팔리어 정전에 수록되어 있는 『대반열반경(*Mahāparinibbānasutta*)』과는 상당히 다른 대승 텍스트다. Radich 2015 참조.

118 "자아는 여래장의 본성이다", *bdag ces bya ba ni de bzhin gshegs pa'i snying po'i don to*, Habata 2013: sections 375-6.

모든 것에는 자아가 없지 않다. 자아는 실재하고, 영속하고, [긍정적인] 특성이고, 불변하고, 안락이다. 따라서 의사의 좋은 우유약과 같이 여래께서도 실재와 상응하는 가르침을 주신다.[119]

이와 같은 진술은 자아의 존재를 명시적으로 부인하는 불교의 무아 교리에 비추어보면 다소 혼란스럽다. 이처럼 실체적 자아를 인정하는 모습은 『승만경(勝鬘經, *Śrīmālādevīsiṃhanādasūtra*)』에서도 일정 부분 찾아볼 수 있는데, 여기서는 이 '자아'가 비불교도들이 상정하는 것과는 다르다는 점을 지적하고 있다. 그럼에도 불구하고 여래장 텍스트들에 자아 관련 술어가 도입된 것은 여전히 수수께끼다.[120]

여래장과 아뜨만의 수용

우리가 이 수수께끼를 완전히 풀 수는 없겠지만, 그렇더라도 주목할 만한 두 가지 사실이 있다. 첫 번째는 주요한 여래장 텍스트들이 굽타(Gupta) 제국 시대(320–550년경)에 나타났다는 사실이다. 이때는 흔히 인도의 '황금 시대'로 묘사되는데, 흔히 고전 브라만 문화로 간주되는 여러 분야에서 중요한 발전을 이룬 시기였다. 브라만교 비평가들에 의해 부재한다고 간주되었을 자아 개념을 불교에다 제공하는, 일종의 형이상학적인 '최신 트랜드에 발맞추기'로 여래장 이론 전체를 설명하는 것은 너무 조야하다. 하지만

---

119 *chos thams cad ni bdag med pa yang ma yin te | bdag ni de kho na nyid do || bdag ni brtag ban yid do || bdag ni yon tan nyid do || bdag ni ther zug pa nyid do || bdag ni brtan pa nyid do || bdag ni zhi ba nyid do zhes sman pa bzang po'i 'o ma bzhin du de bzhin gshegs pa yang de kho na nyid dang ldan pa ston par mdzad do*, Habata 2013: section 107.

120 자세한 논의는 Jones 2014 참조.

이 텍스트들 자체는 어떤 형태로든 아뜨만을 허용하지 않는 이론의 일견 허무주의적 성격을 두려워하는 비불교도를 개종시키기 위해 여래장 이론을 가르쳤다는 점을 제기하고 있다. 이렇게 보면, 불성의 가르침은 초월적 실재를 충실히 반영하는 가르침이 아니라, 특정 대중을 위해 의도한 결과를 만들어내는 것을 목표로 하는 시의적절한 수단(*upāya*)의 또 다른 사례로 해석할 수 있다.

어쨌든 불교 개념과 브라만교 개념 사이의 영향 관계는 복잡했으며, 일방적이지 않았을 가능성이 높다. 아뜨만 개념이 중심에 놓인 이론들에 의지하는, 성공하고 잘 발달된 역사적 및 지적 맥락이 이미 불교의 가르침에 존재하던 특정 아이디어의 발전을 가져오고, 그 결과 여래장의 가르침 같은 것을 낳았다는 것도 사실일 수 있지만, 불교의 가르침 내에도 고전 인도 사상의 발전을 촉발한 진술들이 있었을 가능성 또한 높다.[121] 그 한 가지 예로, 최초의 불이론 베단타 텍스트들 중 하나인 『만두끼야 우파니샤드(*Māṇḍūkya Upaniṣad*)』에 대한 가우다빠다(Gauḍapāda)의 7세기 주석서를 들 수 있다. 이 주석서는 종종 "뚜렷한 불교적 논증 및 술어 성향"을 보여준다고 간주되는데, 특히 중관학파의 텍스트들에서 찾아볼 수 있는 아이디어의 영향을 받았다고 여겨진다.[122]

붓다의 가르침과 상충되어 보이는 입장

둘째, 여래장 텍스트들에서 수용하는 아뜨만 개념은 인도의 불교철학 발전 중 다양한 지점의 중요한 위치에서 생겨난 더 큰 교리 그룹의 일부라고 여겨질 수 있는데, 이는 붓다의 가르침과

---

121 Ruegg 1989.

122 King 1997: 140.

직접적으로 반대되는 견해를 취하는 듯 보이는 교리다. 여기에는 붓다가 실체적 존재에 대한 견해(實有論, *astivāda*)를 거부한 일, 특히 아뜨만의 존재를 거부한 일과 상충되어 보이는 교리들이 포함되어 있다. 여래장 텍스트들 중 일부는 특히 그 분명한 예이지만, 뿌드갈라론자의 뿌드갈라와 유가행파의 근본의식도 마찬가지로 무아의 가르침 뒤에 남겨진 빈자리에 어떤 실체적 존재자를 도입하려 한 시도라고 생각해 볼 수 있다.

실체적 자아

다른 극단에는 허무주의(都無論, *nāstivāda*)를 수용하는 듯 보이는 입장이 있는데, 이는 붓다 또한 거부했던 견해다. 중관학파 철학자들이 종종 허무주의적 경향이 있다는 비난을 받아왔지만,[123] 이러한 경향과 유사한 주장은 대승 경전에서도 찾아볼 수 있다. 예를 들어, 『삼매왕경(三昧王經, *Samādhirājasūtra*)』에는 '무'(無, *Abhāva* | '비존재')라는 붓다의 가르침을 전하고 있다.

허무주의

> 그는 태어나자마자 하늘에 올라가 모든 법이 존재하지 않음을 선포했다. … 그리고 그 세상에 소리가 존재하는 수만큼이나 많이, 세상의 지도자이신 이 여래의 말씀도 다양했다. '실로, 이 모든 것은 존재하지 않으며, 그 어떤 것도 존재하지 않는다.'[124]

마지막으로, 우리는 초기 불교 문헌의 선언과 정면으로 충돌하

반계율주의적 명령

123 Westerhoff 2016a.

124 *sa jātāmatro gagane sthitvā | sarvāṇa dharmāṇa abhāvu deśayī* [⋯] *yāvanti śabdās tahi lokadhātau | sarve hy abhāvā na hi kaści bhāvaḥ | tāvantu kho tasya tathāgatasya | svaru niścarī lokavināyakasya*, Régamey 1990: 36–7.

는 것처럼 보이는 윤리적 주장들과 마주하게 된다. 이러한 주장들은 딴뜨라 텍스트에서 자주 발견되는데, 『헤바즈라딴뜨라(*Hevajratantra*)』 2장에 나오는 다음의 인용문은 딴뜨라 텍스트에서 그리 낯설지 않게 볼 수 있는 특징적인 구절이다.[125]

> [보살] 금강장이 '어떤 관습과 준칙을 따라야 합니까'라고 묻자, 세존께서 답하셨다. "살아있는 존재를 죽여야 하고, 거짓된 말을 하고, 주어지지 않은 것을 가져야 하고, 남의 아내를 많이 만나야 한다."

일관성 회복을 위한 해석학적 전략

이러한 교리들은 분명 불교의 입장을 반박하려는 것이 아니라, 붓다의 가르침의 한 형태로, 실제로는 대개 붓다의 진정한 의도를 표현하기 방법으로 제시되었다. 그러나 붓다의 가르침이 무엇인지에 대한 이해가 매우 다르다는 점을 고려할 때, 일관성을 회복할 수 있는 어떤 방법을 찾아야 한다. 한 가지 분명한 방법은 문제의 텍스트가 잘못되었고, 또 불교적이지 않다고 선언하는 것이다. 이러한 전략은 비교적 드물었다. 더 일반적인 전략은 이 텍스트가 진짜이긴 하지만, 많이 생략되어 이해하기 어렵다고 주장하는 것이다. 제대로 이해되려면 특정한 한정어들이 삽입되어야 한다.[126]

---

125 II.iii: 29: *vajragarbha āha || kena samayena sthātavyaṃ kena saṃvareṇeti || bhagavān āha || prāṇinaś ca tvayā ghātyā vaktavyaṃ ca mṛṣāvacaḥ || adattañ ca tvayā grāhyaṃ sevanaṃ parayoṣitaḥ*, Snellgrove 2010: I: 97, II: 56. 또한 『비밀집회딴뜨라(*Guhyasamājatantra*)』의 5장(Gäng 1988: 132 – 5) 참조.

126 이러한 가정에 근거한 '삽입 방법'에 대한 자세한 논의는 위의 pp.249-50 참조. 딴뜨라의 경우, 보기에 반계율주의 같은 진술들은 종종 삽입이 아니라 비문자적 해석을 통해서 설명된다. 위의 구절을 설명할 때 그 주석서인 『요가라뜨나말라

하지만 대부분의 경우, 일관성이 없어 보이는 부분은 해석 가능한(*neyārtha*) 가르침과 확정적(*nītārtha*) 가르침 간의 구분을 언급함으로써 해소된다. 즉, 모순된 입장 중 하나는 잠정적으로만 유효하며, 특정하게 설명할 필요에 따라 별도의 대중에게만 독점적으로 설해진 반면, 다른 하나는 무조건적인 궁극적 방식으로 유효하다고 주장하는 것이다.[127] 이 후자의 두 가지 해석학적 전략은 불교철학에 놀라운 유연성을 부여하는 동시에, 스스로 불교적이라고 자처하는 가르침을 진짜가 아니라고 분류할 필요성을 최소화했다. A입장을 붓다의 가르침의 최종 의도로 간주한 주석가는 A 아님을 말하는 입장도 해석 가능한 수준에서는 받아들일 수 있다. 다만, 해탈을 달성하기 위해 실현되어야 할 견해가 A라고 하더라도, 버려야 할 가르침인 A아님 입장보다 해탈에 덜 도움이 되는 어떤 입장이 존재한다고 주장할 수 있는 한 말이다.

다양한 양상의 여래장: 중관학파와 유가행파

여래장 이론과 유가행파가 개념적으로 연결되어 있음에도 불구하고, 이 이론은 유가행파식으로는 물론이고 중관학파식으로도 해석될 수 있다. 이 두 방식을 가르는 주요한 차이점은 여래장의 공성을 이해하는 방식에 있다. 중관학파의 이해에 따르면, 여래장은 (공성을 포함해) 다른 모두가 공한 것과 같은 방식으로 공하다. 즉, 자성이 없고, 내재적 본성이 없으며, 독립적으로 존재할 수

중관학파: 세속적 가르침으로서의 여래장

(*Yogaratnamālā*)』에서는 '생명을 빼앗다'란 생각이 일어나지 않음을 의미하고, '거짓말을 한다'란 보살이 그 해탈을 서원하는 존재들이 궁극적으로는 실재하지 않는다는 사실을 의미한다는 식이라고 지적한다(Farrow and Menon 2001: 193–4).

127 철학적 견해를 열등한 견해와 우월한 견해로 계층화하는 방식에 대한 자세한 논의는 Hacker 1983; Kiblinger 2005 참조.

없는 것이다. 이러한 점에서 여래장은 모든 존재의 중핵에 존재하는 궁극적 실재 같은 것이 아니라, 붓다의 모든 가르침과 마찬가지로 특정 대중, 즉 이 경우에는 유사 아뜨만 같은 것을 붙잡고 있을 필요가 있는 대중을 해탈로 이끌기 위해 가르쳐진 교리다. 따라서 이러한 가르침은 붓다가 업의 규칙성에 대해 가르치기 위해 인격체의 존재를 긍정하는 그 같은 가르침과 다르지 않다. 이를테면 이러한 규칙성에는 이러한 규칙들이 적용될 수 있는 인격체가 존재함이 전제되어 있다고도 볼 수 있는 것처럼 말이다. 이 둘은 모두 더 많은 해석이 필요한 가르침(*neyārtha*)이다.[128] 여래장의 가르침이 강조하는 바는 마음의 번뇌는 마음의 모든 속성과 마찬가지로 변화할 수 있다는 것이다. 따라서 마음의 오염된 본성이 지속적인 수행을 통해 붓다의 깨달은 본성으로 변화될 수 있는 한, 개개의 존재는 붓다가 될 수 있는 잠재력을 가지고 있는 것이다. 번뇌가 실체가 아니라는 점에서 마음은 내재적으로 청정하다. 또이 청정함은, 마음이 존재하는 한, 깨달은 마음으로 전환될 수 있는 가능성을 가져다주는 무상한 본성을 수반한다는 점에서 항상한 것으로 이해될 수도 있다.

잠재력으로서의 여래장

유가행파: 번뇌의 공성으로서의 여래장

반면에 유가행파식으로 이해하면, 여래장이 공하다는 것은 내재적 존재가 공하다는 것이 아니라, 번뇌가 공하다는 것으로 간주될 수 있다.[129] 모든 유정의 내재적으로 청정하고 영원하며 생득

128 Ruegg(1989: 53)은 이러한 방식이 여래장 이론을 붓다의 잠정적 가르침의 영역에만 국한시킴으로써 '철수시키는' 수단이라고 비판한다.

129 『승만경』에서 여래장을 규정하는 방식과 비교해 보라(Wayman and Wayman 1974: 99). 또한 Ruegg 1969: 319 – 46 참조.

적으로 존재하는 궁극적 본성은 깨닫지 못한 사람이나 깨달은 사람이나 동일하게 계속 남아 있다. 이 가르침은 그저 잠정적인 것이 아니라, 실재의 본성에 대한 붓다의 최종 가르침(*nītārtha*)이다.

그러므로 중관학파와 유가행파가 서로 불성 이론을 대할 때 드러나는 차이는 여래장 문헌들의 진위 여부에 대한 견해가 달라서 생겨난 것은 아니라는 점이 분명하다. 어느 쪽도 그 문헌들이 진짜가 아니거나 허위의 방식으로 만들어졌다고 간주하지 않았다. 오히려 이러한 차이는 그 문헌들이 붓다의 가르침 중 어느 범주에 배정되어야 하는지, 즉 문자 그대로 받아들여야 하는 범주에 속해야 하는지, 아니면 특정 맥락을 고려해 해석해야 하는 범주에 속해야 하는지에 대한 견해가 달라서 생겨났다.

자공 vs 타공

여래장 이론에 대한 두 가지 해석은 티베트에서 인도불교 사상의 역사가 이어지면서 서로 경쟁했는데, 티베트에서는 '자공'(自空, *rang stong*)과 '타공'(他空, *gzhan stong*)의 가르침으로 알려졌다. 비록 이 두 가지 해석의 발전 과정을 따라갈 수는 없지만, 이 둘 중 어느 것을 옳다고 받아들여야 하는지에 대한 논쟁은 위에서 논의한 불교철학의 발전에 기여한 다양한 요소의 관점에서 설명될 수 있다는 점에 주목했으면 좋겠다. 이 논쟁의 텍스트적 차원은 용수의 저작집, 즉 중관이취육론을 이루는 텍스트들 또는 찬가집이 그의 최종적인 철학적 이론을 표현하고 있는가 하는 문제와 관련이 있다.[130] 논의의 또 다른 차원은 다른 두 가지 요소, 즉 논증적 추론과 명상적 경험 중 어느 쪽이 최종적 발언권을 가져야 하는가 하

130 Ruegg 1968: 507.

는 문제로 구성된다. '타공'의 지지자들은 ('자공' 이론에 의해 구현되는) 철학적 추론으로는 한계가 있고, 여래장에 대한 깨달음은 이러한 방식으로 접근할 수 있는 범위 너머에 있어서, 직접적인 명상적 통찰을 통해서만 깨달을 수 있다고 분명히 주장했다.[131] 하지만 이 두 가지 요소의 차이를 단순히 공성에 대한 중관학파식 부정적 이해와 유가행파식 긍정적 이해의 대립이라고만 볼 필요는 없다는 점에 유의할 필요가 있다. 오히려 이 두 접근 방식은 모두 다양한 부류의 수행자들을 특정한 깨달음으로 인도하는 수단, 즉 방편(*upāya*)으로 여겨질 수 있다. 올바르게 분석된다면, 이 특정한 깨달음은 해탈을 가져다주는 통찰(解脫智)이라는 점에서 동일하다.[132]

유가행파의 철학을 형성한 요인들

이 지점에서는 이렇듯 새롭고 특이한 유가행파의 아이디어가 어디서 왔는지 자문해 볼 수 있을 것 같다. 유가행파는 인도에서 불교 사상이 발전하는 과정에서 독특한 단계를 점하고 있지만, 애초에 어떤 이유로 이러한 단계를 밟게 되었는지는 명확하지 않다. 서론에서는 불교철학의 발전에 영향을 미친 세 가지 요소, 즉 논

---

131 Williams 2009: 114 – 15.

132 이는 티베트 학자 샤캬촉덴(Shākya mchog ldan)이 취한 입장이다. Brunnhölzl 2007: 52 – 3 참조.

증·텍스트·명상수행을 구분해 봤다. 이 세 가지 모두 유가행파 철학의 기원에 어느 정도 역할을 했다고 볼 수 있다.

a. 논증과 관련된 요인

첫째, 유가행파는 중관학파가 제기한 보편적 공성 논증에 대한 자연스러운 반응이라고 생각해 볼 수 있다. 중관학파는 어떤 수준에서도 실체적 존재자를 인정하지 않기 때문에, 그 어디에도 현상의 근거 역할을 할 존재론적 토대가 있을 수 없다. 중관학파의 역사를 통틀어 반대자들 중 일부는 이러한 견해가 허무주의에 해당한다고 본다. 왜냐하면 모든 것이 타자들로만 이루어져 있고, 그렇기에 내재적 본성(自性)이 없으며 '실제로 존재하지 않는 것'이라면, 이 사슬의 맨 아래에는 다른 그 어떤 것으로도 구성되지 않은 무언가가 있어야 하는데, 그렇지 않으면 '실제로는 아무것도 존재하지 않기' 때문이다. 그러므로 유가행파는 반야계 텍스트들에서 볼 수 있는 공성도 공하다는 아이디어가 너무 지나친 논의라고 판단한 데 따른 반응으로 이해될 수 있다.[133] 유가행파는 여전히 자신들이 반야경류의 주장들에 대한 철학적 해명과 논증적 방어를 제공하고 있다고 생각하면서도, 그 지지자들은 중관학파의 논증이

---

133 Masuda 926: 25도 이 입장을 취하고 있는데, 그렇지만 그는 문제가 비토대주의가 가진 일반적인 어려움에 있다고 보지 않을뿐더러, 용수도 의식의 존재를 부인한다고 주장하며, 유가행파에 대해서는 받아들이기 어려운 결과를 피하려는 시도라고 본다.

도입한 반토대주의적 그림에서 뒤로 물러나고, 그 대신 실체론적 가정과 양립할 수 있는 공성 이론을 개발하고자 했다.

b. 텍스트와 관련된 요인

둘째, 유가행파 철학의 등장은 특정 텍스트가 주도했다고 생각해 볼 수 있다. 유가행파의 사상가들이 시도했던 일은 새롭거나 새로 발견된 일련의 텍스트의 주장이 어떻게 철학적으로 뒷받침될 수 있는지를 보여주기 위한 일련의 논증을 제공하는 것이었다. 전통 기록에서는 유가행파의 기원과 발전에서 텍스트의 역할을 확실히 강조한다. 유가행파의 창시자인 무착의 저술은 자신에게 계시된 미륵의 다섯 논서에서 결정적인 영향을 받았다. 『십지경(十地經, *Daśabhūmikasūtra*)』은 무착이 세친을 대승으로 개종시키기 위해 자신의 제자들에게 읽게 한 두 가지 텍스트 중 하나로, 여기에는 다음과 같은 유가행파 입장의 핵심 주장이 담겨 있다. "삼계로 이루어진 이 모든 것은 단지 마음일 뿐이다."[134] 이 개념에 따르면, 유가행파 철학의 발전은 주로 중관학파의 입장에 대항해 균형을 맞추려는 의도에서가 아니라, 새롭게 부각된 일련의 불교 경전을 이해

---

134 *cittamātram idaṃ yad idaṃ traidhātukam* (三界虛妄 但是心作) (Vaidya 1967: 31). 흥미로운 점은 『십지경』이, 무착이 자신의 『섭대승론(*Mahāyānasaṃgraha*)』에서 유심(*cittamātra*) 교리의 진리성에 대한 경전적 증거로 인용한 단 두 개의 텍스트 중 하나라는 것이다(다른 하나는 *Saṃdhinirmocanasūtra* ii, 7, Lamotte 1973: 2. 93 –4이다).

하기 위한 틀을 개발하려는 의도에서 추진되었다.

c. 명상과 관련된 요인

마지막으로, 유가행파의 발전에 영향을 미쳤을 수 있는 세 번째 요인은 명상수행이다. 명상의 영향력을 믿는 이들은 기본적으로 유가행파의 목표가 명상수행의 결과와 그에 수반되는 경험의 형태들을 명확하고 체계적으로 정리하는 것이라고 생각했다. 논증의 역동성이나 특정 텍스트에 대한 반응이 유가행파의 발전에 꼭 필요했다는 사실을 부정하지 않으면서도, 유가행파의 철학적 발전과 명상수행 사이의 구체적인 상호관계를 논의하는 데 시간을 할애하는 것이 좋겠다.[135] 왜냐하면 명상수행은 불교철학의 역사를 논의할 때 대체로 충분히 설명되지 않은 요인이기 때문이다.

'유가 수행'

유가행파(Yogācāra)와 명상수행 사이의 연관성은 요가(*yoga*)와 아짜라(*ācāra*)로 구성된 복합명사인 이 명칭에서 이미 분명히 드러나는데, 이는 '요가 수행' 학파라는 의미다. 학파 이름이 만들어졌을 당시 요가가 정확히 무엇을 의미했는지는 명확하지 않지만, 논란의 여지가 없는 방식은 정신 수련이나 수양과 관련된 기법이라고 가정하는 것이다. 일반적으로 이러한 기법에는 특정 대

135 Deleanu(2006: 1. 158)는 설일체유부 전통에 속하는 "적극적인 명상 수행자들의 공동체"에서 유가행파 전통의 발전이 가능했다고 본다. 즉, "「성문지」의 탄생은 물론이고, 이를 제외한 『유가사지론』의 나머지 대부분도 아마도 그러한 요가적 환경과 밀접하게 연관되어 있었을 것이다"(159).

상에 주의를 집중하는 것이 포함되는데, 이는 (애착과 싸우기 위해 사용되는 불결한 것에 대한 명상(不淨觀, *aśubhabhāvanā*)의 일부처럼) 썩어가는 시체와 같은 외부 대상일 수도 있고, 사마타(止) 및 위빠사나(觀) 명상처럼 호흡이나 정신 현상의 흐름과 같은 내적 대상일 수도 있다. 명상 중에 경험하는 대상은 어떤 종류의 것일까 하는 물음이 드는 것은 자연스러운 일이다. 일부 불교 텍스트에서는 그 대상들이 특정한 종류의 미세한 물질, 즉 범속한 감각 능력으로는 접근할 수 없는 물질로 만들어졌다고 한다. 이후 논의에서는 이러한 대상이 순전히 정신적 성질을 띠고 있다는 가능성도 제기된다.

명상 경험의 본성

유가행파의 핵심 텍스트인 『해심밀경』에서 미륵보살은 붓다와의 대화에서 이 문제를 제기한다.[136] 명상의 초점이 되는 이미지

---

136 *byams pa tha dad pa ma yin zhes bya'o || ci'i phyir tha dad pa min zhe na | gzungs brnyan dernam par rig pa tsam du zad pa'i phyir te | byams ba rnam par zhes pa ni dmigs pa rnam par rig patsam gyis rab tu phye ba yin no || zhes ngas bshad do || bcom ldan 'das ting nge 'dzin gyi spyod yulgzugs brnyan de gal te gzugs sems de las tha dad pa ma lags na | sems de nyid kyis sems de nyid la jiltar rtog par bgyid lags | bka' stsal pa | byams pa de la chos gang yang chos gang la yang rtog par mibyed mod kyi | 'on kyang de ltar skye pa'i sems gang yin pa de de ltar snang no || byams pa 'di lta stedper na | gzugs la brten nas me long gi dkyil 'khor zhin tu yongs su dag pa la gzugs nyid mthong yanggzugs brnyan mthong ngo snyam du sems te | de la gzugs de dang | gzugs brnyan snang ba de don thadad par snang ngo || de bzhin du de ltar skyes pa'i sems de dang | ting nge 'dzin gyi spyod yul gzugsbrnyan zhes bya gang yin pa de yang de las don gzhan yin pa lta bur snang ngo || bcom ldan 'dassems can rnams kyi gzugs la sogs par snang ba sems kyi gzugs brnyan rang bzhin du gnas pa gang lagspa de yang sems de dang tha dad pa ma lags zhes bgyi'am | bka' stsal pa | byams pa tha dad pa ma yinzhes bya ste | byis pa phyin ci log gi blo can rnams ni gzugs brnyan de dag la rnam par rig pa tsam denyid yang dag pa ji lta ba bzhin mi shes pas phyin ci log tu sems so* (善男子 此中無有少法能見少法 然卽此心如是生時 卽有如是影像顯現 善男子 如依善瑩淸淨鏡面 以質爲緣還見本質 而謂我

가 마음과 동일한지, 아니면 다른지 묻는 미륵보살의 질문에 붓다는 이렇게 답한다.

> 미륵이여, '다르지 않다'. 왜 다르지 않겠는가? 그 이미지는 단지 인지일 뿐이기 때문이다. 미륵이여, 나는 의식은 [그] 관찰 대상이 인지일 뿐이라는 [사실을] 완전히 그 특징으로 한다고 설명했다. 단지 정신적 본성일 뿐
>
> 세존이시여, 만약 사마디의 초점인 그 이미지가 육체적인 마음과 다르지 않다고 한다면, 어떻게 마음 그 자신이 마음 그 자신을 조사할 수 있습니까?
>
> 세존이 답하셨다: 미륵이여, 어떤 현상도 다른 어떤 현상을 파악하지 못하지만, 그럼에도 불구하고 그런 식으로 일어난 마음은 그런 식으로 나타난다. 미륵이여, 예를 들면 질료에 의지해서 완벽히 깨끗한 둥근 거울에 질료 그 자체가 보이는 것이지만, 혹자는 '내가 이미지를 본다'고 생각한다. 이 이미지의 질료와 외현은 서로 다른 사실성으로 나타난다. 마찬가지로 그렇게 일어난 마음과 '이미지'로 알려진 사마디의 초점도 별개의 사실성으로 나타난다.
>
> 세존이시여, 유정의 색 등의 외현은 마음의 이미지의 본성에 머무는 것인데, 이는 마음과 '다르지 않습니까?'
>
> 세존이 답하셨다: 미륵이여, 이 외현들은 '다르지 않다'. 그러나 왜곡된 이해력을 가진 어리석은 존재들은 이러한 이미지들이 인지

今見於影像 及謂離質別有所行影像顯現 如是此心生時 相似有異三摩地所行影像顯現 世尊 若諸有情自性而住 緣色等心所行影像 彼與此心亦無異耶 善男子 亦無有異 而諸愚夫由顚倒覺 於諸影像 不能如實知唯是 作顚倒解), Powers 1995: 154 – 7.

일 뿐임을 있는 그대로 인식하지 못하기 때문에 오해하는 것이다.

이 경은 명상 중에 경험하는 현상들은 본질적으로 정신적인 것일 뿐이며,[137] 이 때문에 명상수행을 하는 동안 이 마음은 반드시 마음 자신을 관찰하고 있어야 한다고 지적한다. 이 일이 어떻게 일어날 수 있는지 거울의 예를 들어 설명한다. 거울을 보면 방 안에 나 자신과 거울 속에 있는 사람 두 명이 있다는 인상을 받을 수 있듯이, 마찬가지로 마음 자신을 보는 마음도 관찰자와 관찰되는 대상 사이에 이와 유사한 외관상의 분열 같은 것을 일으킬 수 있다. 관찰되는 대상이 별도로 존재한다는 것은 한낱 환영에 불과할지라도 말이다. 더 놀라운 것은 유정의 몸 등 다른 것들도 마음과 다르지 않다고 말하는 『해심밀경』의 그 다음 진술이다.

이 주장을 다른 대상도 포함하도록 일반화하기

이 진술은 명상 상태에서 관찰되는 대상에 대한 직관적으로 꽤 개연적인 주장에서[138] 테이블과 의자에 대한 직관적으로 상당

137 그러나 무착은 명상에서 경험되는 현상은 현재로 경험되는 반면, 기억 이미지는 과거(*atīta*)의 것을 반영하기 때문에, 가장 명백한 해석, 즉 명상에서 경험되는 현상이 단지 기억 이미지라는 해석을 배제한다. 그렇지만 설사 기억 이미지라 하더라도, 이는 유가행파의 대론자에게 도움이 되지 않을 것이다. 왜냐하면 기억 이미지는 과거의 것에 관한 것이며 그래서 더 이상 존재하지 않기 때문에, 기억 이미지는 단지 정신활동(唯識, *vijñaptimātra*)에 불과한 것이다. 명상에서 경험되는 현상이 기억 이미지라는 주장은 이러한 이미지가 외부 대상의 이미지여야 한다는 테제를 뒷받침하는 데 사용될 수 없다(Mahāyānasaṃgraha ii, 8, Lamotte 1973: 2. 96 – 7).

138 이러한 맥락에서 볼 때 흥미로운 점은 『반주삼매경(般舟三昧經, *Bhadrapālasūtra*)』(179년에 한역됨)이, 불교도라면 좀 더 객관적인 존재를 귀속시킬 것이라고 생각되는 명상 대상에 대해서도 이러한 견해를 취하고 있다는 것이다. 아미타불과 그의 극락세계인 수마제(須摩提, Sukhāvatī)를 시각화하는 맥락에서, 이 텍스트는 실재하는 아미타불과 접촉이 없음을 강조한다. 오히려, 획득한 환영(vision)은 순전히 마음이 만들어낸 것으로 간주된다. “붓다는 마음이 만들어낸 것이며, 오직 마음

히 덜 개연적인 주장으로의 놀라운 일반화다. 이 단계에서 다른 질문 두 가지를 해 볼 필요가 있다. 첫째, 애초에 왜 이 견해가 불교도들에게 매력적으로 보였을까? 둘째, 왜 이 주장이 실제로 사실이라고 생각하는가? 즉, 이를 뒷받침할 수 있는 논거는 무엇인가? 두 번째 질문은 유가행파 저자들의 저술에서 광범위하게 다루어지고 있으며, 여기서도 이미 위에서 '단지 마음일 뿐'에 대한 논증 몇 가지를 살펴봤다.

인식 수단으로서의 명상적 인지

첫 번째 질문과 관련해, 이러한 일반화가 매력적으로 보일 수 있는 이유는 명상 훈련을 통해 얻은 인지가 특별한 종류의 인식 수단으로 여겨졌을 것이기 때문이다. 명상 훈련을 통해 얻은 인지는 비개념적(無分別, *nirvikalpa*)이기 때문에, 또 습관적으로 덧붙여지는 개념적 덧씌우개에 의해 오도되지 않는 무오류적(非錯亂, *abhrānta*) 방식으로 세계를 이해할 수 있기 때문에 다른 인식 수단들과 구별되는 인식 수단으로 여겨졌을 것이다. 그러한 인식 수단이 그 대상들을 조사하여 본성상 정신적인 것이라고 확정할 때는 (감각 지각의 대상처럼) 다른 인식 수단의 대상들에도 그 통찰이 적용될 수 있다고 주장할 수 있는 일정한 정당성이 있는데, 이는 바로 이 인식 수단이 세계를 있는 그대로 보는 데 더 성공적이기 때문

만이 붓다를 본다. 붓다는 그저 내 마음이며, 여래도 그저 내 마음일 뿐이다"(*sems kyis sangs rgyas byed pa ste* || *sems nyid kyis kyang mthong ba'o* || *sems nyid nga'i sangs rgyas te* || *sems nyid de bzhin gshegs pa'o*), Schmithausen 1973: 175, n.45. 불교의 명상 경험과 형이상학의 연관성에 대한 슈미트하우젠의 견해는 1973년 논문에서 처음 설명되었고 불교학자들로부터 상당한 비판을 받았으며(Sharf 1995, Bronkhorst 2000 참조), 이 전투는 계속되는 것으로 보인다. 최신 버전은 Schmithausen 2014의 part 4(pp.597－641)에서 확인할 수 있으며, 이는 주로 Franco 2009에 대한 응답이다.

이라는 것이다. 명상적 지각이 다른 인식 수단보다 질적으로 우월하다는 이러한 견해는 『유가사지론』의 「성문지」에도 나와 있다. 슈미트하우젠은 다음처럼 언급했다.

> 명상 과정은 마치 대상 자체를 직접 지각하는 경우인 양 아주 명료하고 생생한 대상의 정신적 재현으로 이어지는 것이 아니다. 오히려 명상 과정은 정신적 이미지를 초월하여 각 대상 자체를 직접 파악하는 비개념화(*nirvikalpa*) 지각적 인지나 통찰(現量智見, *pratyakṣaṃ jñānadarśanam*)에서 절정에 이른다.[139]

다른 인식 수단을 뛰어넘는 명상적 지각의 우월성

명상적 지각은 단순히 (예를 들면, 시각적 지각과 질적으로 구별할 수 없는 대상의 시각화를 산출함으로써) 일상적인 인식 수단을 복제하는 것을 목표로 삼지 않고, 다른 수단에서는 가능하지 않은, 대상에 대한 일종의 앎을 얻음으로써 시각적 지각을 넘어서려고 노력한다.[140]

따라서 마음일 뿐이라는 견해는 명상으로 훈련된 지각을 매우 권위 있는 것으로 보는 개념과 잘 맞아떨어진다. 또 살펴볼 점은 『유가사지론』에서도 언급된 또 다른 명상수행인데, 이를 통해

139 Schmithausen 2007: 231 – 2.

140 또한 Conze 1962: 53, 253, 256 참조. Wayman(1965: 69)은 "마음이 안주된 상태나 집중된 상태(安止其心)에 있는 사람은 사물을 있는 그대로 본다는 것이 모든 시대를 통틀어 불교의 표준 교리다. 처음부터 이 이론은 어떤 존재자가 세속적인 감각 지각에 근거할 때보다 더 낫고, 더 실재하거나 더 진실한 형태로 정신적으로 시각화될 수 있다는 것이었다. 오류와 환영을 제거하려면, 마음의 토대에 대해 무언가를 해야 하고, 마음의 토대를 재습관화하거나 전환시켜야 한다"고 지적한다.

마음일 뿐이라는 견해가 매력적임이 분명히 드러나게 된다.[141] 여기서의 목표는 그저 특정 생생한 명상 이미지를 만들어내는 것이 아니라, 일상적(凡俗) 외현을 대체하기 위해 그러한 이미지를 만들어내는 데 있다. 만들어낸 뒤 수행자는 그 명상 이미지를 해체해 버린다. 명상 이미지를 해체해 버리면(除遣), 그 명상 대상이 사라질 뿐만 아니라, 동시에 다른 모든 대상도 사라진다고 여겨진다. 이 기법을 보여주기 위해 『유가사지론』에서 사용하는 비유는 작은 쐐기를 넣어서 큰 쐐기를 빼는 것이다(譬如有人以其細楔出於麁楔). 이 명상수행과 이를 설명하는 예는 마음일 뿐이라는 견해를 배경으로 두지 않는다면 이해하기 아주 어렵다. 명상 대상은 의지대로 만들어냈다가 없앨 수 있는 속성을 가지고 있다. 그러나 모든 대상이 본성상 명상 대상과 동일한 본성을 띤다면, 즉, 모두 정신적이라면, 일련의 정신적 대상을 해체할 수 있을 경우, 다른 정신적 대상도 없앨 수 있다고 가정하는 것은 불합리한 일이 아니다. 수행자가 명상 이미지를 없앤 뒤에는 그 이미지가 생겨난 근거, 즉 수행자 자신의 마음만 남게 된다. 마찬가지로, 세속적으로 외부 대상이라고 개념파악되는, 외현에 대한 자동적인 가탁이 멈추면, 이러한 가탁을 벗어난 실재의 기저 근거가 나타날 것이다. 수행자가 자신의 마음에서 부가적으로 만들어낸 정신적 구성물은 큰 쐐기를 뽑아내기 위해 활용할 수 있는 작은 쐐기에 해당하며, 큰 쐐기는 통상 마음으로부터 독립적인 외부 사물로 잘못 개념파악되는 정신적 구성물에 해당한다.

명상적 지각과 그 대상의 해체

---

141 Schmithausen 1973: 169 – 70.

명상 경험에 근거하는 유가행파의 입장

유가행파의 관점이 단순히 특정한 철학적 논증을 따르는 듯 보이기 때문에 채택된 철학적 입장이 아니라, 명상 경험과 복잡하게 연결되어 있다는 점은 『능가경』에 의해서도 뒷받침된다.

> 의사가 병자에게 약을 주는 것처럼, 부처님들은 실로 중생들에게 마음일 뿐임(*cittamātra*)을 가르치신다. 이는 철학자(*tārkika*)나 성문의 대상이 아니니, 실로 세존들(즉, 부처님들)께서는 자신들이 경험한 바에 의지해 가르치신다.[142]

이 경은 괴로움과 그 원인으로 고통받는 존재들을 치유하기 위한 유가행파 교리의 구제론적 중요성을 강조하는 것 외에도, 마음일 뿐이라는 입장은 깨달은 존재들의 직접적인 경험(自覺境界, *pratyātma-gatigocara*)[143]에 근거를 두고 있으며, 단지 논쟁적으로 숙련된 사상가들이 주장하는 입장이 아니라는 점을 지적하고 있다.

유가행파와 딴뜨라

따라서 '마음일 뿐'이라는 유가행파의 핵심 믿음은 불교적 명상관에 의해 뒷받침될 뿐만 아니라, 우선 이를 통해 특정한 명상 수행법들도 이해할 수 있게 된다는 것은 분명해 보인다. 이러한 맥락에서 유가행파 철학과 딴뜨라 사이의 연관성도 간략히 살펴보도록 하자. 딴뜨라 텍스트들은 7-8세기에 인도에 등장하기 시

142 *āture āture yadvad bhiṣag dravyaṃ prayacchati | buddhā hi tadvat sattvānāṃ cittamātraṃ vadanti vai || tārkikāṇām aviṣayaṃ śrāvakāṇāṃ na caiva hi | yaṃ deśayanti vai nāthāḥ pratyāmagatigocaram* || (彼彼諸病人 良醫隨處藥 如來爲衆生 唯心應器說 妄想非境界 聲聞亦非分 諸如來世尊 自覺境界說) (Vaidya 1963: 22). 또한 위의 책 p.149에 인용된 『능가경』의 구절 참조.

143 이 용어에 대한 자세한 논의는 Suzuki 1930: 421 –3, Forsten 2006: 38 –9 참조.

작했다. 이 시기에 이 텍스트들이 작성되었는지는 복잡한 문제다. 전통 기록에 따르면, 불교 딴뜨라는 역사적 붓다 또는 초월적 형태의 붓다에 의해 가르쳐졌고, 수행자들 전반의 여건이 최적이라고 여겨지는 후기 단계에서야 비로소 공개되었다고 한다. 이 텍스트들은 의례 제문(만뜨라), 천신의 주처에 대한 상징적 묘사(만다라), 의례 동작(무드라)에 대한 언급이 특징적인데, 이 셋은 수행자가 스승으로부터 입회 의례(灌頂, *abhiṣeka*)를 받은 뒤 딴뜨라 의식을 거행할 때 모두 한데 모인다. 이 의식에는 대개 만다라를 시각화하는 일이 포함되는데, 이는 자신의 주변 환경을 천신의 주처로 변환하면서 동시에 자신을 천신의 형태로 시각화하는 것이다. 스테판 베이어는 유가행파를 염두에 두고 이렇게 말한다.

> 인도의 불교 철학자들은 오랫동안 실재의 '유연성'에 대한 공리를 만들고 상상력의 전능함에 존재론적 지위를 부여했다. 이미지가 사적인 이유를 설명하는 것이 아니라, 실재가 공적인 이유를 설명하는 일이 이들에게 맡겨진 것이다. 불교의 '존재론적 심리학'의 대부분은 왜 우리가 세계를 파악할 때 체계적으로 인식론적 오류를 범하는지, 즉 왜 실제로 실재가 소유하지 않는 견고성이 실재에 있다고 여기는지 역사적 용어로 설명하려는 시도다. 이 철학자들은 이러한 질문에 답하는 가운데 실재에 대한 딴뜨라적 조작에서 꽃을 피울 많은 씨앗을 심었다. 이들은 가능성을 주장하고 어떤 모델을 제공했지만, 딴뜨라는 초기 명상의 구조 위에 관상 기법을 구

축하고 새로운 상징적 잠재성과 마법적 수단을 부여했다.[144]

딴뜨라 기법의 효과를 설명하는 유가행파

유가행파 사상은 딴뜨라 의례에 자연스러운 철학적 배경을 제공하는 것 같다. 만약 만다라의 시각화, 공양, 자신의 주변 환경을 천신의 청정한 주처로 변환시키는 것, 심지어 만다라에서 자신을 중심 천신으로 시각화하는 등의 수행이 특별하게 의례화된 형태의 공상으로 여겨지는 것이 아니라, 왜 깨달음의 길로 나아가게 한다고 여겨지는지를 설명하고자 한다면, 우리가 일상적으로 거주하고 있는 세계, 즉 원자·테이블·의자·은하의 세계가 딴뜨라 수행을 구성하는 요소들과 매우 동일한 본성을 띠고 있다고 전제할 필요가 있다. 만약 세상 전체가 본성상 근본적으로 정신적인 것이라면, 순전히 정신적인 기법을 통해 어떻게 다른 세상으로 변화시킬 수 있는지를 이해하는 것이 더 쉬울 것이다.[145] 유가행파의 믿음처럼, 만약 우리가 세상을 지각하는 방식이 마음속 업의 각인에 의해(즉 순전히 정신적인 현상에 의해) 결정적으로 영향을 받는다면, 이러

144 Beyer 1988: 92.

145 베이어는 서력기원 초기에 발생한 딴뜨라 이전의 시각화 기법과 관련하여 다음과 같이 지적한다. "불교 저술가들은 직접 보는 듯한 시각화 수행에는 형이상학이 내포되어 있다고 지적했다. 이 형이상학은 환영과 꿈의 존재론이다. 점멸하면서 빠르게 변화하는 우주는 바로 공하다고 설명될 수 있는 우주다. 환영과 꿈은 우리가 실재에 부과하는 딱딱한 범주를 해체하고, 그 안에 보살이 거하는 영원히 유동하는 가능성을 드러내는 도구가 된다. 이러한 가능성이 존재하는 것은 바위, 꽃, 붓다, 붓다의 영토 등과 같은 모든 것이 마음으로 만들어졌고, 그래서 공하기 때문이다. 이러한 사마디는 우리에게 세계를 탈실체화하라고, 실재와 상상의 경계를 지우라고, 모든 경험이 환영적이고 마법적이며 의미로 가득한 붓다의 영토라는 것을 이해하라고 가르치는 것으로 해석된다."〈www.singingtotheplants.com/2014/01/visualization-before-tantra〉.

한 각인에 영향을 미쳐 다른 것으로 대체하면서 어떻게 윤회의 세계를 청정한 열반의 세계로 바꾸려는 노력을 할 수 있는지 이해할 수 있다. 그러한 노력이 성공한다면 이 세계는 자연스럽게 청정한 영역의 모습으로 나타날 것이다.

물론 이러한 딴뜨라 텍스트들은 우리가 현재 살펴보고 있는 유가행파의 자료가 나온 지 몇 세기 이후에나 등장했다. 그런데 최초의 유가행파 텍스트가 등장했을 때 행해졌던 명상법의 개념을 살펴본다면 유가행파 사상의 초기 매력을 설명할 수 있듯이, 유가행파의 사상이 어떻게 불교 딴뜨라에서 행해졌던 의례의 자연스러운 이론적 토대를 형성했는지 살펴본다면, 인도 불교철학의 세계에서 유가행파의 사상이 계속 매력적이었던 이유를 이해할 수 있다.

유가행파와 다른 불교철학 학파

유가행파와 아비달마

겉모습만으로 보면, 아비달마와 유가행파는 근본적으로 모순되는 기획처럼 보일 수 있다. 하나는 분명 이원론으로 일부는 물리적이고 일부는 정신적인 다양한 근본적 현상을 상정하는 반면, 유가행파는 모든 대상을 단지 정신적인 것으로 간주하는 일원론적 교리다. 다른 한편, 무착과 세친 같은 주요 유가행파 철학자들은 『아비달마집론(阿毘達磨集論, *Abhidharmasamuccaya*)』과 『아비달마구사론』 같은 중요한 아비달마 논서를 썼고, 이는 다시 안혜(安慧,

Sthiramati)와 같은 영향력 있는 유가행파 주석가들에 의해 주석되었다. (이와는 달리, 중관학파의 저자들이 아비달마 논서를 썼다는 증거가 없다는 점에 유의할 필요가 있다.) 아비달마 전통은 단순히 초기 불교나 학술적 불교철학의 초기에만 국한된 것이 아니라, 특히 유가행파와의 흥미로운 접점을 이어가며 이후로도 꾸준히 발전했다. 유가행파의 입장이 아비달마의 입장과 매우 다르다는 것은 분명한 사실이다. 하지만 아비달마에서 유가행파의 스승으로 바뀐 세친과 같은 철학자들의 전기에서도 그럴 뿐만 아니라, 중요한 유가행파 사상을 아비달마 개념의 발전으로 볼 수 있을 정도로 두 체계는 여전히 체계적으로 연결되어 있다.[146]

오직 마음일 뿐

업 개념은 우리의 현재 경험이 과거의 행위에 의해 생성된 잠재력의 영향을 받는다는 뜻을 담고 있다. 이를 다른 말로 표현하면, 우리가 살고 있는 세상은 업의 산물이라는 것이며, 실제로 세친도 『아비달마구사론』에서 문제를 이런 식으로 설명하면서 다음처럼 언급하고 있다.

> 세상의 다양함은 업으로부터 생겨나는 것이라고 말했다. 이는 행위가 축적시킨 잠재적 성향(隨眠, *anuśaya*) 때문이지만, 잠재적 성향이 없다면 새로운 존재가 생겨날 수 없다. 따라서 잠재적 성향은 존재의 뿌리로 알려져야 한다.[147]

---

146 Schmithausen 1967 참조.

147 Commenting on *Abhidharmakośa* 4:1: *karmajaṃ lokavaicitryam ity uktam | tāni karmāṇyanuśayavaśādupacayaṃ gacchanti antareṇa cānuśayān bhavābhinirvarttane na samarthāni bhavanti | ato veditavyāḥ mūlaṃ*

유가행파에서는 이러한 아이디어가 더욱 발전하는데, 지각의 업 형성력이 중요해짐에 따라 그렇게 형성된 세계를 완전히 없애버릴 정도까지 나아간다. 이 그림은 더 이상 아비달마의 경우처럼, 업력에 의해 형성된 경험적 세계가 아닌, 전적으로 그러한 힘으로부터 생성된 세계에 대한 것이다. 이런 점에서, 유가행파 이론은 경량부 아비달마의 표상주의적 인식론을 한 단계 더 발전시킨 논증적 발전으로 이해할 수 있다. 위에서 살펴본 바와 같이,[148] 경량부의 경우 지각은 우리를 외부 대상과 직접 연결하지 않는데, 이에 대한 앎을 가지기 전에 외부 대상이 사라지기 때문이다. 대신, 우리는 어떤 정신적 대상을 지각하는데, 이는 외부 대상과 유사해서 우리의 앎의 원인이 된 그러한 외부 대상의 존재를 추론하는 근거 역할을 하는 현상적 측면 또는 표상적 형상(*ākāra*)이다. 따라서 유가행파의 입장은 정신적 표상의 존재를 단순히 받아들이는 것으로 해석될 수 있는데, 정신적 표상의 이면에 있는 어떤 존재자를 추론할 필요성을 가정하는 일 없이 말이다. 이 설명에 따르면, 업의 인과관계 틀 안에 내재된 그러한 정신적 표상들로도 우리에게 보이는 대로의 세계 전체를 설명하기에 충분하다. 외부 대상은 그저 두 개의 톱니바퀴 중간에 끼여 헛도는 바퀴에 불과하다.

근본의식

'마음일 뿐'(唯識, *vijñāptimātratā*)이라는 개념은 아비달마적 전신이 있다고 볼 수 있을 뿐만 아니라, 근본의식(*ālayavijñāna*) 같은

---

bhavasyānuśayāḥ (前言世別皆由業生 業由隨眠方得生長 離隨眠業無感有能所以者何 隨眠有幾 隨眠諸有本), Pradhan 1975: 277: 3 –6, Poussin and Pruden 1988 –90: 2. 767.

148 pp.172–4.

특정 개념조차도 기존의 아비달마적 개념에서 발전한 것으로 간주될 수 있다.[149] 다시 한 번 우리는 경량부의 인식론, 특히 수계(隨界, *anudhātu*)[150] (종자(*bīja*)와 동의어)[151] 개념에서 그 뿌리를 찾을 수 있다. 경량부는, (찰나적 존재자로서의) 대상이 이미 존재하지 않게 되었음에도, 또 정신적 찰나가 대상이 아니라 직전의 선행하는 정신적 찰나를 원인으로 함에도, 특정 정신적 에피소드 또는 찰나가 어떻게 특정 대상에 대한 앎을 구성할 수 있는지를 설명해야 하는 어려움에 직면한다. 이들은, 각 찰나의 인과적 역사는 ('훈습되어 있는') 바로 그 순간 안에 현재해 있으며, 이 역사는 그 다음 찰나로 전달된다고 주장함으로써 이 문제를 해결한다. 따라서 수계(隨界)는 "이전 찰나로부터 전해지는 총체적인 인과적 효과성과 의식의 내용을 포괄하는, 현존하는 인과적 모체로서 … 인격체의 일련의 연속체"[152]로 작용한다. 그러므로 원래의 소유자를 알아내기 위해 책의 맨 앞 속지에 있는 이름 목록을 살펴보는 것처럼, 각 찰나는 인과적 사슬의 시작으로 거슬러 올라갈 수 있는 잠재력을 가지고 있다. 이런 식으로 현재의 앎의 사례는, 현재 존재하는 정신적 찰나에 남겨진 흔적 덕분에, (더 이상 존재하지 않지만) 과거에 이 앎의 원인이 된 대상과 다시 연결될 수 있다. 현재의 정신적 찰나에 존재하는, 과거의 정신적 사건에 의해 야기된 잠재성이라는 개념, 그리고 업을 통해 야기된 잠재력의 저장소로서의 근본의식이라는 개

수계

---

149 Waldron 1994–5 참조.

150 Bhikkhu Dhammajoti 2007b: 247.

151 Bhikkhu Dhammajoti 2007b: 265, n.9.

152 Bhikkhu Dhammajoti 2007b: 247.

념 간의 개념적 거리는 크지 않다.

더욱이 『아비달마구사론』에는 알라야식 개념으로 이어지는 궤적을 선명하게 보여주는 '종자 상태'(種子性, *bījabhāva*)라는 개념이 등장한다. 종자 상태

> 종자 상태란 번뇌를 낳는 특정한 힘, 즉 해당 인격체에 속하고 이전의 번뇌에 의해 생성된 어떤 능력이라고 이해해야 한다. 식물·싹·줄기 등에 속하는 쌀을 생산하는 힘이 쌀의 종자에 의해 생겨나는 것과 마찬가지로, 어떤 주어진 인격체에게도 기억하는 생각을 낳는 힘, 즉 지각의 의식에 의해 생성된 어떤 힘이 존재한다.[153]

무착도 초기의 불교 학파들(성문승)이 이미 알라야식을 언급하고 있다고 명시적으로 지적한다. 비록 '뿌리의식'(根本識, *mūlavijñāna*) 등과 같은 유의어를 사용하고 있긴 해도 말이다.[154]

이러한 예들은 아비달마 이론의 경량부식 표현과 유가행파 철학 사이에 중요하고도 실질적인 역사적 궤적이 존재함을 보여준다.[155] 두 체계는 세계의 본성이 무엇인지를 놓고 핵심 결론 중

---

153 Commenting on *Abhidharmakośa* 5:2: *ko 'yaṃ bījabhāvo nāma | ātmabhāvasya kleśajā kleśotpādanaśaktiḥ | yathānubhavajñānajā smṛtyutpādanaśaktiryathā cāṅkurādīnāṃ śāliphalajā śāliphalotpādanaśaktiriti* (何等名爲煩惱種子 謂自體上差別功能 從煩惱生能生煩惱 如念種子是證智生能生當念功能差別 又如芽等有前果生能生後果功能差別), Pradhan 1975: 278: 22–4, Poussin and Pruden 1988–90: 3.770.

154 *Mahāyānasaṃgraha* I: 11: *yang rnam grangs kyis kun gzhi rnam par shes pa nyan thos kyitheg par yang bstan te*, Lamotte 1973: 1.7, 2.26–8.

155 King 1998: 9: "세친의 여러 대승 논서에서 활용되는 가장 중요한 '새로운' 유가행

일부에서는 차이를 보인다. 하지만 일단 특정한 방향을 따라 나아가다 보면, 경량부 특유의 사상들은 유가행파의 일부와 상당한 유사성을 보이는 사상들로 이어지는 개념적인 길의 시작으로 간주될 수 있을 것 이다.[156]

유가행파와 중관학파

유가행파와 다른 학파와의 관계를 살펴볼 때 드는 한 가지 의문은 대승의 철학적 관점이 통일적이냐는 것이다. 앞에서는 반야계 텍스트들과 여기서 설명하는 보편적 공성 및 환영 개념이 중관학파뿐만 아니라, 유가행파에도 중요한 역할을 한다는 사실을 알아봤다. 그런데 중관학파와 유가행파가 이 텍스트들의 의미를 설명하기 위해 발전시킨 이론들은 아주 다르다. 그렇기에 대승 전통 내에 중관학파의 설명과 유가행파의 설명이 서로 모순되는 철학적 분열이 존재하는지, 아니면 사실상 두 학파는 근본적으로는 불일치하지 않는, 단지 두 가지 다른 해석상의 접근 방식일 뿐인지 하는 질문에 직면하게 된다. 유가행파와 중관학파 간에 펼쳐진 상호작용의 역사를 고려할 때 이 문제는 결코 간단하지 않다.

대승 철학 내의 근본적인 분열

청변과 유가행파 · 중관학파의 분할

한편으로는, 청변이 자신의 『중관심론(中觀心論, *Madhyamakah*

파 개념의 대부분은 『아비달마구사론』에 등장하는 개념과 주제의 철학적 정교화 내지 확장형인 것 같다." 그러나 유가행파와 경량부의 관계를 두고 둘 중 하나가 다른 하나에서 발아한 것으로 볼 것인지, 아니면 다른 방식으로 개념화할 것인지는 여전히 논쟁의 여지가 있다는 점에 유의할 필요가 있다. 위의 pp.176-80 참조.

156 그렇기에 때때로 디그나가와 다르마끼르띠 학파에 적용되는 '유가행경량부'(Yogācāra-Sautrāntika)라는 학설강요서식 명칭이 생각보다는 덜 당혹스럽게 다가오는 것이다. 만약 하나에서 다른 하나로 이어지는 개념적 궤적이 존재한다고 하면, 이를 두고 대다수는 무르띠를 따라(Coward 1983: 288), 세속적 진리 수준에서는 경량부의 입장을 채택하는 것이고, 궁극적 진리 수준에서는 유가행파의 입장을 채택하는 것이라고 이해한다. '유가행경량부'라는 개념에 대해서는 또한 Bhikkhu Dhammajoti 2007a: 23 – 31 참조.

ṛdaya)』[157]에서 유가행파의 입장을 비판한 일을 두고, 양립 불가능한 견해를 가졌기에 두 학파가 나뉘는 것이라고 간주해, 이는 중관학파와 유가행파 분할의 논란 없는 최초의 사례라는 입장도 있지만, 사실은 청변이 중관학파와 유가행파 사이의 적대적 대립에 책임이 있다는 입장도 있다. 따라나타는 "이 두 스승[불호와 청변]이 등장하기 전에는 대승의 모든 추종자들이 같은 가르침을 따르고 있었다"[158]라고 지적하고는, 청변의 사후에 "대승의 추종자들은 두 학파로 나뉘어 서로 논쟁을 벌였다"[159]고 말한다. 이 구절은 다양한 의미로 받아들여질 수 있다. 한편으로는 6세기 이전의 대승 추종자들은 두 학파가 근본적으로 달라서 교리상 양립할 수 없다는 점을 알지 못했지만, 청변에 의해 이러한 차이가 드러났다는 의미일 수 있다. 다른 한편으로는 청변 이전의 대승 입장은 중관학파와 유가행파의 교리를 충돌하지 않는 방식으로 해석했으며, 단지 대승의 교리를 이해하는 서로 다르지만 보완적인 방식들이라고 제시하는 것이었다고 볼 수 있다.

청변은 분명 사안을 이런 식으로 보지 않았다. 그에게 있어서 자신의 저술은 유가행파가 중관학파를 겨냥해 허무주의라고 비난하는 데 대응하는 것을 목표로 하는데, 이는 유가행파의 논사들이 중관학파와 유가행파가 양립할 수 없다고 간주했을 뿐만 아니

---

157 Eckel 2008.

158 *slob dpon 'di gnyis ma byon gyi bar du theg pa chen po mtha' dag bstan pa gcig tu gnas pa*.

159 *legs ldan sku 'das pa'i 'og tsam nas theg pa chen po pa'ang nang du sde gnyis su gyes nas rtsod pa byung ngo*, Dorji 1974: fo.133, Lama Chimpa 1970: 187.

라 전자를 내적으로 일관성이 없다고 선언한 사람들이라는 것을 보여주기 위함이다.[160]

유가행파와 중관학파의 불일치

사실, 두 학파 간의 상호 비판이 이 책에서 다루고 있는 기간 대부분에 걸쳐 이루어졌다는 사실을 그냥 넘기기는 어렵다. 용수의 저작이라고는 믿어지지 않는 『보리심이상론(菩提心離相論, *Bodhicittavivaraṇa*)』[161]에는 유가행파적 개념에 대한 지속적인 논의와 비판이 담겨 있다. 게송27에서 저자는 다음과 같이 지적한다. "일체가 단지 마음일 뿐이라는 현자의 교리는 어리석은 자들의 두려움을 없애기 위한 것이지, 실재와는 무관하다."[162] 마찬가지로 유가행파 전통의 핵심 텍스트 중 하나인 『능가경』에는 유가행파의 일부 입장을 부정하는 듯한 구절이 포함되어 있다.[163] 우리는 이미 무착이 허무주의에 빠질 위험이 있다고 의심했던 유가행파인들에 대해 제기한 비판을 살펴보았다. 다른 한편으로는 캄발라(Kambala)의 『명만(明鬘, *Ālokamālā*)』 같이 유가행파와 중관학파의

---

160 Eckel 2008: 66.

161 Lindtner(1982: 11)는 이를 『근본중송』을 제외한 용수의 12개 저술 중 하나로 보며, "반드시 … 진본으로 간주되어야 한다"고 말한다(또한 1982: 180－1의 논의 참조). 사실 『보리심이상론』은 이후의 인도 주석 문헌에서 가장 자주 인용되는 용수의 저술 중 하나다.

162 *cittamātram idaṃ sarvam iti yā deśanā muneḥ | uttrāsaparihārārtham bālānāṃ sā na tattvataḥ*, Lindtner 1982: 192.

163 예를 들어, 『능가경』 3: 48 참조. *na svabhāvo na vijñaptirna vastu na ca ālayaḥ | bālairvikalpitā hyete śavabhūtaiḥ kutārkikaiḥ* (無自體無識 無阿梨耶識 愚癡妄分別 邪見如死屍), Vaidya 1963: 68. "내재적 본성, 개념적 구성물, 실체, 근본의 식이라는 것은 존재하지 않는다. 이것들은 실로 무지한 자들이 소중히 여기는 분별들로서, 이들은 시체나 다름없는 나쁜 논리학자들이다." Suzuki 1932: 145. 근본의식에 대한 부정이 이 게송의 모든 한역본에 나오는 것은 아니다. Red Pine 2012: 196－7 참조.

입장을 결합한 것으로 보이는 비교적 후기 논서도 찾아볼 수 있다.[164]

토대주의 vs 비토대주의

두 체계의 철학 내용에 초점을 맞춰보면, 양자는 분명 양립할 수 없는 형이상학적 입장을 제시하고 있다. 유가행파 체계는 토대주의적 시나리오를 설명하고 있다. 즉, 의존적 본성은 상상된 본성이 공한 것이지만, 근본의식의 형태를 띠는 의존적 본성은 여전히 존재하는 모든 것의 궁극적 기반으로 작용한다. 테이블이나 의자 같은 외부 대상은 존재하지 않지만, 근본의식의 내용은 존재한다. 유가행파의 주장에 따르면, 이 근본의식의 내용을 두고 미혹된 마음 때문에 터무니없이 외부 대상의 세계라고 오해하는 것이다. 이를 중관학파의 비토대주의적 그림과 대조해 볼 필요가 있다. 공성 그 자체가 공하기 때문에, 상정될 수 있는 밑바닥 수준 같은 것은 존재하지 않는다. 즉, 개념적으로 다른 것에 귀속되지 않으며, 그렇기에 존재하는 모든 것의 객관적 토대로 작용할 수 있는 그런 것은 없다고 보는 것이다.

실재론과 허무주의라고 서로 비난함

이 둘이 양립할 수 없다는 사실은 양자가 서로를 두고 각기 허무주의와 과도한 실재론이라는 양극단에 빠졌다고 동시에 비난한다는 부분에서 드러난다. 중관학파가 보기에 유가행파는 허무주의적 입장이다. 왜냐하면 상상된 본성이 세속적으로 실재한다는 점을 부정하기 때문이다. 유가행파가 보기에, 상상된 본성은 덜 존재하는 어떤 것이 아니라, 그냥 존재하지 않는 것이자 의존적 본성에 전적으로 거짓된 가탁을 구성하는 것이다. 그러나 중관학파는 의존적 본성이 실체적으로 실재한다

164 500–50?, Lindtner 2002.

고 인정하지 않기 때문에, 상상된 본성의 완전한 부정을 허무주의에 해당한다고 본다. 이처럼 의존적 본성을 외현의 근거로 인정하기 때문에 (중관학파의 관점에서 볼 때) 유가행파 이론도 존재하지 않는 실체적 존재자를 상정하는 결점이 있게 되고, 따라서 다른 극단적 견해에 빠지는 과오를 범하게 된다. 공성도 공하다는 중관학파의 개념은 의존적 본성에 해당하는 근거가 존재함을 허용하지 않는다.

다른 면에서 보면, 유가행파는 이러한 비난을 거꾸로 돌릴 수 있다. 이들은 중관학파가 일상적 실재의 외현의 근거가 되는 의존적 본성 같은 토대를 받아들이지 않는다는 이유를 들어 허무주의자라고 주장한다. 그러나 동시에 중관학파는 너무 많이 부정할 뿐만 아니라 너무 많이 인정하기도 하는데, 왜냐하면 유가행파에서는 존재하지 않는 것이자 전적으로 상상을 통해 만들어진 거짓된 본성으로 간주하는 것을 세속적 실재의 지위로 끌어올리고자 하기 때문이다. 그것이 비록 언어적으로만 존재하는 어떤 것일지라도 말이다.

이 시점에서, 이들이 서로에 대해 양극단에 빠졌다고 비난하는 것은 철학적 매도에 불과한 것 아니냐며 손사래를 칠 수도 있을 것이다. 그러나 각 체계가 정확히 평행을 이루는 다른 체계를 비판할 수 있다는 사실은 이 두 이론이 실제로는 밀접한 관련이 있음을 나타내는 것이다. 중관학파와 유가행파가 비슷한 정도로 타당하게 서로를 비판할 수 있어 보이는 것은 사실이며, 심지어 두 체계는 서로를 자신의 체계의 일부로 해석할 수도 있다.

중관학파의 일부로서의 유가행파

이런 해석을 위해 중관학파는 붓다의 가르침이 단계적이라는 개념 도식을 사용한다. 말하자면, 이는 불교 교리가 철학적 정교성이 증가하는 계층 구조로 이루어져 있다는 발상으로서, 각 단계는 나름의 가정과 선입견을 가진 한정된 대중 구성원에게 유효하도록 가르쳐졌다는 것이다. 이러한 맥락에서, 유가행파 체계는 아비달마의 가르침을 계승했을 것인데, 이는 아비달마의 기본 교의가 업과 무아였기 때문이었다. 이러한 가르침에 기초하여 제자들은 여전히 실체적이고 독립적인 법의 존재를 믿었을 것이며, 비록 자아에 대한 집착은 버렸을지는 모르지만, 여전히 이러한 법에 애착은 할 수도 있을 것이다. 이 단계에서 유가행파 이론이 등장하여 이러한 모든 법은 사실 단지 마음에 의존하는 것일 뿐이며 외부 실재의 일부를 형성하지 않는다고 주장한다. 게다가, 객관적으로 존재하는, 파악되는 **대상**이 없다면 파악하는 **주체**도 존재할 수 없다는 점을 지적함으로써 무아 교리를 이해하는 또 다른 방법을 도입한다. 유가행파는 이렇게 함으로써 다음으로 높은 체계인 중관학파에 의해 제거되어야 할 몇 가지 다른 실체론적 가정(근본 의식의 존재 등)을 도입하지만, 그렇다고 해서 이것이 유가행파 자체가 아비달마의 일부 잘못된 개념을 제거하는 데 완벽하게 좋은 수단이라는 점을 부정하는 것은 아니다.

이러한 방식은 적호(725–88)가 자신의 『중관장엄론』에서 중관학파와 유가행파를 종합하려는 시도에서 찾아볼 수 있는데,[165] 그는 여기서 다음처럼 언급한다. 적호의 종합

165 Blumenthal 2004: 171–2. 적호의 제자인 연화계의 주요 독립 저작인 『중관명(中觀明, *Madhyamakāloka*)』에서도 이 같은 종합적 접근 방식에 대한 자세한 설명이 담겨 있다.

> 유심(*cittamātra*) 체계에 의지해, 외부 존재자들은 존재하지 않는다는 것을 알아야 할 것이다. 그리고 이 [중관학파] 체계에 의지해, 그 [마음]에도 결코 자아가 존재하지 않는다는 것을 알아야 할 것이다. 그러므로 추론의 통치를 유지하면서, 두 체계의 전차를 탄다면, 진정한 대승가가 된다.

이 같은 혼합주의적 접근법의 이면에는 유가행파는 세속적 진리에 대한 최고의 설명인 반면, 중관학파의 보편적 공성 이론은 궁극적 진리에 대한 최고의 설명이라는 발상이 있다. 양자 모두 점진적인 철학적 탈실체화에서 중요한 역할을 한다. 먼저 유가행파의 분석은 아비달마의 물질 개념을 없애고, 근본적으로 정신적인 실재로 물질을 대체한다. 그 뒤에 중관학파는 논증들을 통해 마음이나 물질 중 그 어느 것도 궁극적으로 실재하는 존재의 기반으로 기능할 수 없다고 주장하면서 이러한 관념론의 토대를 허물어버린다.

유가행파의 일부로서의 중관학파

유가행파 논사들은 세 차례의 굴림(三時教) 개념을 언급함으로써 중관학파가 유가행파를 해석할 때 사용하는 구도를 간단히 반전시킨다. 이는 붓다가 아비달마 이후 유가행파 이전에 중관학파를 가르쳤다는 점을 상기키는 것이다(이처럼 역사적 순서를 보는 관점은 용수의 중관적 비판의 대상이 주로 아비달마라는 사실을 정당화하기도 한다). 이러한 틀에서 중관학파를 아비달마의 가르침과 실체적 실재 가정에 대한 해독제로 생각할 수 있다. 하지만 두 번째 굴림 이후에도 붓다의 가르침은 완전하지 않은데, 지금까지 해온 일은 여러 가지 그릇된 개념의 근거를 제거한 것에 불과하기 때문이다. 중관학파는 제대로 분석되었을 경우 모순으로 이어지는, 따라서 폐기되어야 하는 개념들이 어떤 것인지를 보여주었다. 그렇다면 그 자리에 무엇을 넣어야 할까? 여기서 유가행파의 세 가지 본성 가르침(三性說)이 등장한다. 이 가르침은 모든 외현의 근거를 의존적 본성이라고 말하는데, 이 의존적 본성이 바로 근본의식이다.

두 번째와 세 번째 굴림의 내용은 서로 다르지 않다

중관학파와 유가행파를 통합하려는 세 차례 굴림(三時教)을 다르게 또 다소 미묘하게 이해하는 방식은 두 번째와 세 번째 굴림이 실제로는 다른 종류의 내용을 가르친 것이 아니라는 생각에 바탕한다. 두 굴림 모두 반야계 문헌에 기술된 궁극적 실재에 관한 것이지만, 양자는 가르침의 취지를 다른 방식으로 해석한다. 두 번째 굴림에 따르면, 우리는 어떤 이론, 즉 공성의 공함 이론을 가지고 있는데, 이를 통해 궁극적 실재를 표현할 수 있다고 한다. 세 번째 굴림에 따르면, 궁극적 실재는 모든 표현을 초월해 있다고 한다. 세 번째 굴림의 관점에서 볼 때, 두 번째 굴림은 공성 이론을 잘못 이해하고 있는 것은 아니지만, 이 이론이 어떤 자리를 가리키고 있는지 오해하고 있는 것이다. 즉, 두 번째 굴림에 따르면 궁극적 실재는 일련의 철학적 진술로 표현될 수 있다지만, 세 번째 굴림에 따르면 궁극적 실재는 언어와 개념화로는 표현할 수 없는 것, 즉 명상수행을 통해서만 통달할 수 있는 어떤 것을 지칭하는 것으로 이해되어야 한다는 것이다.[166]

형상과 유가행파·중관학파

이러한 맥락에서 유가행파와 중관학파의 관계를 개념화하기 위해 표상적 형상(*ākāra*)이라는 개념이 어떻게 사용되었는지 살펴

166 이러한 식의 해석에 대해서는 Gold 2015b: 230 참조.

보는 것이 좋겠다.

적호는 표상적 형상에 대한 두 가지 설명을 거부한다

적호는 『중관장엄론』에서 표상적 형상의 지위에 대한 유가행파의 두 가지 입장을 기술하고는 인정하지 않는다.[167] 그가 형상진실론에 대해 제기하는 한 가지 문제는, 의식은 근본적으로 실재하는 것으로서 단일한 것이라는 가정,[168] 또 다양한 표상적 형상 또한 근본적으로 실재한다는 가정, 또 의식과 표상적 형상은 동일한 것이라는 가정[169]이 서로 일관성이 없어 보인다는 것이다. 만약 다양한 표상적 형상이 실제로 존재한다면, 의식도 다수여야 하고, 따라서 궁극적으로 실재하는 것이 아니어야 한다. 그렇지만 만약 의식이 다수가 아니라면, 표상적 형상의 다양성은 어떻게든 외관상으로만 존재해야 하지 그 나타나는 방식으로는 존재할 수 없다. 그런 뒤 적호는 형상허위론의 입장을 반박하기 위해 여덟 가지 불합리한 점을 제기한다.[170] 이 중 하나는 표상적 형상이 근본적으로 실재하지 않기 때문에 인과적 네트워크의 일부일 수 없다는 사실과 관련이 있다.[171] 표상적 형상은 원인으로 작용하지도 결과로 발

---

167 적호는 46-51게송에서는 형상진실론을, 52-60게송에서는 형상허위론을 다루고 있다(Blumenthal 2004: 117-39, 266-75. 또한 Moriyama 1984 참조).

168 Della Santina 200: 28. 유가행파는 집합체나 부분으로 나누어질 수 있는 존재자는 궁극적으로 실재할 수 없다는 아비달마의 입장을 받아들인다. Mipham 2005: 241 참조.

169 Blumenthal 2004: 121-2.

170 Blumenthal 2004: 127-34. 여기서 언급된 문제는 여섯 번째의 불합리한 점이다(132). 이 같은 형상허위론 비판에 대한 라뜨나끼르띠의 반응을 다루는 논의는 Yiannopoulos 2012: 140 참조.

171 Della Santina 2000: 31. 실재함의 표식으로서의 인과적 효과성에 대한 추가 논의는 아래의 4장 4절 참조.

생하지도 않는다. 그러나 이는 표상적 형상이 영구적으로 존재하거나 무작위적으로 돌연 일어났다가 없어지는 것이 아니라, 정연하게 생겨났다가 사라지는 이유를 설명하기 어렵게 만든다. 형상허위론자는 실제로 우리에게 나타나는 세계의 현상학을 설명할 수 없는 것처럼 보인다.

적호는 중관학파의 익숙한 방식으로 표상적 형상의 본성에 대한 두 견해 모두 공통의 잘못된 기본 가정을 공유하기 때문에 실패할 수밖에 없다고 주장한다. 즉, 의식에서 발생하는 표상적 형상의 지위에 대해 궁극적 진리가 존재할 수 있다는 가정 말이다.[172] 특히 의식이 궁극적 실재라는 것, 그리고 일반적으로는 궁극적으로 진리인 이론이 존재한다는 것 모두 중관학파에 의해 부정되기 때문에, 형상진실론과 형상허위론 모두 의식의 존재론적 지위에 관한 잘못된 전제에 기반하고 있음이 밝혀졌다는 것이다.

라뜨나까라샨띠의 형상에 대한 관점

라뜨나까라샨띠와 같은 후대의 인도 저자들은 유가행파의 표상적 형상 개념에 대한 적호의 비판을 반박한다.[173] 이와 동시에 라뜨나까라샨띠도 유가행파와 중관학파 간에 협력하는 관계를 만들기 위해 애썼는데,[174] 그렇지만 그는 적호와는 달리 유가행파

형상허위론과 중관학파

172 Blumenthal 2004: 134–7, Mipham 2005: 261–3, 또한 McClintock 2014: 328 참조.

173 예를 들어, 그의 『중관장엄교시(中觀莊嚴敎示, *Madhyamakālaṃkāropadeśa*)』(Yiannopoulos 2012: 223–49); Moriyama 2014 참조.

174 라뜨나까라샨띠의 방식은 때로 '식중관'(識中觀, *Vijñapti-Madhyamaka*, *rnam rig dbu ma*)으로 분류되었으며, 월칭의 잘못된 용수 이해라고 간주되는 입장에 대해 명시적으로 반대했다(*klu grub kyi dgongs pa 'chal ba*, Yiannopoulos 2012: 23). 또한 Ruegg 1981a: 122 참조.

를 중관학파의 궁극적 관점에 대한 예비적 지식쯤으로 생각하면서가 아니라, 형상허위론적인 표상적 형상 이해에 초점을 맞추면서 그렇게 했다. 그리고 표상적 형상을 실재하지 않는다고 간주하는 입장과 중관학파의 공성 개념 사이에는 실제로 흥미로운 유사점이 있는 것 같다. 틸레만스는 형상허위론이 외현의 실재성을 부정하는 것은 "세속적으로는 확립되지만, 궁극적으로는 환영에 불과한 외현으로서의 대상이라고 인정하는 자립논증 중관학파의 부정에 더 가깝다"[175]고 지적한다. 그러나 결정적 차이점이 남아 있다. 즉, 형상허위론은 상상적 본성(遍計所執性, *parikalpita-svabhāva*)에 속하는 표상적 형상이, 바로 그 자신의 존재가 의지하고 있는 궁극적으로 실재하는 근거를 가진다고, 즉 재귀적 인식을 가진다고 여전히 가정하고 있는 것이다. 반면에 중관학파는 실재하지 않는 외현의 궁극적인 토대가 존재함을 명시적으로 부정한다.

그렇다면 어떤 형태로든 유가행파는 토대주의적 이론으로 간주되어야 하며, 그렇기에 공성도 공하다는 중관학파의 이론과 내재적으로 양립할 수 없다는 것을 의미할까?

존재론적 내용의 점진적 증발

이 물음에 대한 답은 애초의 생각만큼 명확하지 않다. 경량부-형상진실론에서 유가행파-형상진실론을 거쳐 유가행파-형상허위론에 이르는 일련의 입장을 놓고 볼 때, 각 이론의 존재론적 내용이 점진적으로 증발하는 것으로 간주할 수 있다는 점에 주목할 필요가 있다. 경량부의 경우, 우리는 여전히 내부의 표상적 형상의 원인이 되고 또 이러한 형상에 의해 반영되는 외부 대상의

175 Tillemans 2008: 42, n.92.

세계를 가지고 있다. 유가행파는 "형상[즉, *ākāra*]을 낳은 원인은 비가시적 외부 대상이 아니라 내적 성향이며, … 실재는 외부 지각이라고 오인된 자기인지적 인식이다"[176]라는 이론을 공식화하기 위해 이러한 외부 대상에서 손을 뗀다. 그러나 유가행파의 이 같은 형상진실론 버전에서는 여전히 인지를 어떤 대상과 관련된 것으로 생각한다. 구체적으로 말해, 더 이상 외부가 아니라 내부 대상으로 대체된 대상과, 즉 실재하는 존재자로 간주되는 표상적 형상과 관련된 것으로 생각한다는 것이다. 유가행파-형상허위론에서는 이러한 대상에서도 손을 떼면서 이러한 대상은 재귀적 인식에 대한 오인된 투사라고 분석한다. 이를 통해 표상적 형상과 외부 대상의 이원성뿐만 아니라, 지각자와 내부 대상의 이원성도 배제한다.

요가의 4단계: 라뜨나까라샨띠

이 순서는 라뜨나까라샨띠가 구분하는 요가의 4단계(*bhūmi*) 중 첫 번째 단계와 잘 들어맞는다.[177] 지각 대상(所緣, *ālambana*)이 각각 외부 대상, 내부의 표상적 형상, 비이원적 인지의 형태를 취하는 일련의 인식론적 설명을 거치고 난 뒤에도, 아직 획득해야 할 네 번째 단계, 즉 "외현이 전혀 없으며, 명(名, *nāman*)과 상(相, *lakṣaṇa*)은 물론이고, 소취(所取, *grāhya*)와 능취(能取, *grāhaka*)도 사라진 영지(gnosis)에 머무는 데 존재하는, 대승에 대한 직접적인 이해(了解)"[178]로 구성되는 단계가 남아 있다. 라뜨나까라샨띠는 자신

176 Dreyfus 1997: 435.

177 Yiannopoulos 2012: 175–85, Ruegg 1981a: 122–3.

178 Ruegg 1981a: 123.

의 『반야바라밀다론(般若波羅蜜多論, *Prajñāpāramitopadeśa*)』에서 네 번째 단계를 다음처럼 설명한다.

> 네 번째 단계에서 요가 수행자들은 현상에 대한 가장 미묘한 개념화를 넘어선다. 의지적 노력도 없고 조건화 작용도 없이, 이들은 직접적 지각을 통해 모든 현상이 진여임을 체험적으로 깨닫는다. 이들은 현상의 특징과 현상의 본성이 완전히 사라짐을, 즉 지혜를 깨닫는데, 지혜는 비이원적이며, 외현과 파악이 없는 것으로서, 초세간적인 비개념적 평온에 안주함(止)과 예리한 통찰력(觀)을 깨닫는다.[179]

4단계: 연화계 흥미로운 점은 연화계의 『수습차제』에서 4단계 모델과 매우 흡사해 보이는 내용을 발견할 수 있다는 것이다.[180] 두 경우 모두 그 설명은 똑같은 일련의 『능가경』 게송들과 연결되어 있다.[181] 연화계

---

179 Bentor 2000: 43. 이 번역은 티베트역을 기반으로 했다. 이 텍스트의 범본은 현존하며, 홍루(Hong Luo)가 편집했지만(Luo 2013: 17 참조) 현재까지 출판되지 않고 있다.

180 Sharma 1997: 33 – 4, Driessens 2007: 48 – 51, 또한 Kajiyama 1991: 137 – 40 참조.

181 10:256 – 8(라뜨나까라샨띠는 세 게송 중 처음 두 게송만 인용한다): "유심에 들어가면 외부 대상을 개념화하지 않을 것이고, 진여의 토대에 근거하면 유심을 넘어설 것이고, 유심을 넘어서면 무상을 넘어설 것이고, 무상이 확립되면 요가 수행자는 대승을 보게 된다. 이 의지적 노력이 없는 상태는 평화롭고 서원으로 정화되며, 최고의 앎에는 자아가 없고 상이 없으니 볼 수 없다", *cittamātraṃ samāruhya bāhyamarthaṃ na kalpayet | tathatālambane sthitvā cittamātram atikramet || cittamātramatikramya nirābhāsamatikramet | nirābhāsasthito yogī mahāyānaṃ sa paśyati || anābhogagatiḥ śāntā praṇidhānairviśodhitā | jñānamanātmakaṃ śreṣṭhaṃ nirābhāse na paśyati* (安住於唯心 不分別外境 住真如所緣 超過於心

는 마지막 단계를 다음처럼 언급하면서 설명하고 있다.

> 사물은 그 자체나 다른 사물로부터 생겨나는 것이 아니며, 또 주체와 대상이 실재하지 않는[*alīka*] 경우, [이 둘과] 다르지 않은 마음도 진실일 수 없다. 여기서 또한 그는 실재를 비이원성의 인지에 귀속시키려는 집착을 버려야 하며, 비이원성의 앎조차도 현현하지 않는 앎[*advayajñānanirābhāsa-jñāna*]에 머물러야 한다. … 요가 수행자가 비이원적 앎도 현현하지 않는 앎에 머무를 때, 그는 가장 높은 진리를 확증한 이로서 대승[의 진리를] 본다.[182]

이 두 가지 설명이 대승 수행에 차이를 낳는, 실재에 대한 근본적으로 다른 두 가지 통찰을 기술하고 있는지,[183] 아니면 동일한 깨달음의 상태를 표현하고 있는지 여부는 논쟁의 여지가 있다. 이 수준의 통찰력을 얻은 사람들만이 알 수 있을지도 모르지만, 어쨌든 적어도 라뜨나까라샨띠는 유가행파와 중관학파의 4단계에 대한 이해가 실제로 동일하다고 믿었던 것이 분명하다.[184]

형상허위론의 티베트적 발전

형상허위론과 라뜨나까라샨띠의 설명에 기초해 유가행파와 중관학파의 공통 비전을 개발하려는 시도는 이후 티베트에서 인도 불교철학이 발전하는 동안 계속되었다. 그 대표적인 예가 15세

量 若超過心量 亦超於無相 以住無相者 不見於大乘 行寂無功用 淨修諸大願 及我最勝智 無相故不見) (Vaidya 1963: 124, Suzuki 1932: 246 – 7).

182 Kajiyama 1991: 139.

183 Komarovski 2011: 80 – 1.

184 Ruegg 1981a: 123 – 4. 또한 Seton 2015: 78 참조.

기 티베트 학자 샤캬촉덴(Shākya mchog ldan)이다.[185] 그는 형상허위론을 중관학파와 동일한 입장으로 간주했지만,[186] 유가행파와 중관학파가 궁극적 실재에 대한 견해를 제시할 때 그 방식상의 흥미로운 여러 차이점을 대충 얼버무리지 않았다. 그는 논증 차원에서는 두 체계가 매우 가깝지만 그렇다고 동일하지는 않고, 명상 차원을 통해 볼 때는 차이 없이 동일하다고 지적했다. 즉, 형상허위론적 유가행파와 중관학파의 길을 완성한 이들이 성취한 실재에 대한 이해는 궁극적으로 일치한다고 봤다.[187]

대승 사상의 상호 포섭과 통일성

위에서 설명한 방식으로 유가행파와 중관학파가 상호적으로 해석 가능하다는 사실은 따라나타식으로 두 체계가 원래 통일적이라는 견해를 이해하는 경로가 될 수 있다. 만약 두 체계 간의 관계가, 유가행파는 중관학파로 이어지는 예비적 설명의 역할을 한다는 식으로 이해되거나, 중관학파가 해탈의 잠재력을 성취하려면 유가행파의 명상수행에 의존해야 한다는 식으로 이해된다면, 어떤 중관학파도 유가행파의 진리를 받아들인다고 말할 수 있을 것이며, 어떤 유가행파도 중관학파의 진리를 받아들인다고 말할 수 있을 것이기 때문이다. 대승의 통일성이 이런 식으로 보존되어 온 것처럼 보일 수 있지만, 의심해 보는 것이 정당할 수도 있다. 어쨌든 중관학파와 유가행파는 두 체계의 진리를 받아들이는 것이 무엇을 의미하는지를 놓고 다른 견해를 가지고 있다. 전자의 경

---

185 라뜨나까라샨띠의 환생으로 믿는 경우들이 있다(Komarovski 2011: 50).

186 Komarovski 2011: 83.

187 Komarovski 2011: 79, 154-5. 19세기 티베트 학자 미팜 갸초(Mi pham rgya mtsho)도 이러한 입장을 공유했던 것으로 보인다(Komarovski 2011: 80-1).

우 중관학파가 최종적인 참된 이론으로 공표되는 반면, 후자에게는 유가행파가 그렇다. 대승의 통일성은 같은 산을 오르는데 길이 다를 뿐이라는 것을 의미하는 듯이 보일 수도 있지만, 중관학파와 유가행파가 산꼭대기에는 무엇이 있고 산 아래에는 무엇이 있는지를 놓고 실제로 동의하지 않는 것은 아닌지 의문을 가질 수도 있는 것이다. 이 경우 두 학파가 묘사하는 산은 같을 수 있겠지만, 봉우리는 다른 두 개가 있어야 할 것이다.

유가행파와 중관학파는 동일한 언표 불가능한 진리를 목표로 한다

이처럼 상호 포섭 관계에 있다는 데 근거한 논증과는 별개로, 중관학파와 유가행파의 근본적인 통일성을 확립하기 위해 채택할 수 있는 다른 입장이 있다. 유가행파는 전통적으로 궁극적 실재는 언어를 통해 표현할 수 없다는 주장을 많이 강조해 왔다. 이 학파의 배경 가정을 고려할 때, 이는 이해할 만한 태도다. 유가행파는 우리의 세계관이 어떻게 개념에 의해 필연적으로 착색되고 왜곡되는지를 역설하면서, 명상수행이 불러일으키는 지각의 전환을 크게 강조한다. 따라서 사물이 실제로 존재하는 방식을 직접 알려면 우리가 사용하는 일련의 개념을 넘어서야 하고, 또 개념은 모든 언어 표현이 일어나는 틀을 제공하기 때문에 그렇게 하려면 우리가 언어로 표현할 수 있는 대상의 영역을 넘어서야 한다. 이처럼 세계를 지각하는 방식은 명상 훈련을 완료하고서 주체/대상이라는 이원성의 왜곡을 넘어 이러한 구분으로는 언표할 수 없는 실재를 통달한 붓다들이 사용했던 방식이기도 하다.

그런데 중관학파의 관점을 살펴보면, 또한 이 학파는 테제를

표현하지 않는다거나,[188] 공성 이론을 확립된 철학적 입장(見, *dṛṣti*)으로 봐서는 안 된다[189]는 등 다양한 입장과 만나게 된다. 테제와 철학적 입장은 당연히 언어적으로 표현되어야 하는데, 만약 중관학파 논증의 결론이 이처럼 테제나 입장으로 제시될 수 없다면, 우리는 그러한 결론 그 자체가 언어적 표현에 적합한 것이 아니지 않을까 하고 정당하게 의심해 볼 수 있다. 그래서 중관학파도 궁극적 진리의 언표 불가능성을 받아들일 것이고, 또 언표 불가능한 한 쌍의 입장을 구별할 수 있는 합리적인 방법이 없기 때문에, 중관학파와 유가행파는 궁극적 진리에 관해서는 동일한 입장, 즉 언표 불가능하다는 입장을 향해 있는 것처럼 보일 것이다. 물론 궁극적 진리를 깨닫는 방법을 명시하는 데 있어서는 차이가 있다. 유가행파의 경우는 꾸준한 명상수행을 통해 비이원적 의식 상태에 도달하는 것이지만, 중관학파의 경우는 개념화를 종식시키기 위해 논증, 즉 개념화의 한 형태를 사용하는 것이다.

서로 다른 언표 불가능성 개념

이 같은 방식[190]이 앞에서 살펴본 상호 포섭적 접근법의 난점은 피할 수는 있지만, 두 입장을 모두 충실하게 대표할 수 있는지는 확실치 않다. 중관학파에게는 궁극적 진리를 표현할 수 있는 테제, 철학적 입장, 기타 언어적 항목이 없다는 것은 사실이다. 하지만 이렇게 보는 이유는 유가행파의 주장처럼 개념화가 필연적

188 용수의 『회쟁론』 게송29 등이 그렇다. Westerhoff 2010: 63–5, Huntington 2003: 72–3 참조.

189 *Mūlamadhyamakakārika* 13:8, Siderits and Katsura 2013: 145–6.

190 자세한 논의는 Garfield and Westerhoff 2015에 실린 시더리츠와 골드의 에세이들 참조.

으로 그 표현하고자 하는 실재를 왜곡하기 때문이 아니라, 진리에 대한 전반적인 반실재론 때문이다. 중관학파가 볼 때 사물이 궁극적으로 존재할 수 있는 방식은 없다. 유가행파에게는 그런 방식이 있지만 그것을 언표할 수는 없다. 중관학파가 궁극적 실재는 언표할 수 없으며(不可言說, *anabhilāpya*) 비개념적이라고 주장할 때, 이는 표현이나 개념을 통하는 일 없이 이러한 실재에 접근하는 모종의 인식 방법이 있을 수도 있음을 의미하는 것이 아니라, 여기에는 표현과 개념이 접근할 수 있는 그 어떤 것도 없기 때문에 표현과 개념으로 접근할 수 없다는 것을 의미한다. 즉, 궁극적 실재도 없고, 사물이 "어떻게든" 존재하는 방식도 없는 것이다.[191]

따라서 궁극적 실재는 존재하지 않는다는 생각 및 이에 따른 진리에 대한 전반적인 반실재론과, 궁극적 실재는 언표할 수 없다는 생각 사이의 차이는 마치 중관학파와 유가행파 사이의 결정적인 분열 지점을 나타내는 것처럼 보인다.[192] 이러한 차이는 지금까지 우리가 봐왔던 그 모든 시도로는 건널 수 없을 것 같다. 유일한 선택지는 대승 내에 양립할 수 없는 두 가지 확정적인(了義, *nītārtha*) 철학적 입장이 있다는 것을 받아들이거나, 아니면 다른 것을 포섭하는 단 하나만이 있을 뿐이라서 두 번째 입장은 맥락에 따른 해석(不了義, *neyārtha*)이 필요할 수밖에 없다는 점을 받아들이

191 따라서 이러한 표현은 비함축적 부정(*prasajya-pratiṣedha*), 즉 부정되어야 할 명제의 중요한 전제를 거부하는 부정을 포함하고 있는 것으로 이해되어야 한다. 가령 "숫자 5는 빨간색이 아니다"에서의 부정이 숫자에 색이 있다는 전제를 거부하는 것처럼 말이다.

192 Gold(2015b: 237)는 이에 동의하지 않는다. 그가 보기에 이 두 입장 사이의 차이는 "단순히 프레임짜기의 차이로 간주될 수 있다".

는 길뿐인 것 같다.

유가행파와 베단타

유가행파와 인도의 비불교 학파 사상과의 관계 중 베단타와의 관계는 특히 흥미롭다. 두 체계는 모두 종종 관념론의 한 형태로 분류된다는 점에서 어느 정도 표면적인 유사성을 공유할 뿐만 아니라, 7세기의 사상가로 『만두끼야까리까(*Māṇḍukyakārikā*)』(그 자체로 『만두끼야우빠니샤드』의 주석)의 저자이자, 샹까라의 스승의 스승으로[193] 알려진 가우다빠다(Gauḍapāda)는 대체로 유가행파(그리고 일정 정도는 중관학파)의 영향을 크게 받은 것으로 여겨진다.[194]

초기 베단타와 유가행파

가우다빠다는 세계를 꿈(*svapna*)이나 환영(*māya*)과 유사한 것으로 묘사한다. "반면에, 다른 창조론자들은 창조를 신성한 힘(*vibhūti*)의 발현으로 간주하고, [그렇지만] 다른 사람들은 창조를

---

193 일부 학자들은 가우다빠다의 연대를 6세기 중반으로 추정하는데, 이 경우 그가 샹까라의 스승의 스승이라고 하는 부분은 더 의심스러울 것이다. Joshi 1969: 11 참조.

194 Dasgupta 1922: 1. 423: "나는 그가 아마도 자신이 불교도이며 우빠니샤드의 가르침과 붓다의 가르침이 일치한다고 여겼다고 보기에 충분한 증거가 그의 까리까에 있다고 생각한다." Mayeda(1968: 87)는 『만두끼야까리까』의 215게송 중 거의 절반을 차지하는 네 번째 장(*prakaraṇa*)인 이른바 선화적정(旋火寂靜, *Alātaśānti*), 즉 '불바퀴의 소멸'은 "불교 텍스트로 간주될 수 있다"고 언급한다. 네 개의 장이 실제로 같은 저자에 의해 작성되었는지 여부는 논쟁의 여지가 있다. King 1997: ch.1 참조. 『만두끼야까리까』와 대승 저작들 사이의 일부 텍스트 유사성에 대한 논의는 Joshi 1969 참조.

꿈과 환영 같은 본성을 가진 것으로 생각한다."[195] 이 내용은 유가행파 텍스트들에서 볼 수 있는 유사한 특징과 맥을 같이 한다.[196] 유가행파의 경우, 우리에게 나타나는 세계, 즉 상상된 본성(*parikalpita-svabhāva*)은 전적으로 실재하지 않으며, 따라서 꿈과 환영 등의 비유를 통해서 그 특징을 적절히 설명할 수 있다. 이는 꿈이나 환영에서 나타나는 것들은 전적으로 존재하지 않는 것이기 때문이다. 『만두끼야까리까』에서는 우리가 살고 있는 이 세계가 환영에 불과하다는 식의 일반적인 대승의 주제에 더해,[197] 보다 구체적인 유가행파적 모티브를 취하기도 한다.

꿈과 환영

그러한 모티브 중 하나는 인식(*jñāna*)과 인식되는 것(*jñeya*),[198] 또는 지각자(*grāhaka*)와 지각작용(*grahaṇa*)이 동일하다는 아이디

인식자와 인식되는 것의 동일성

195 *Māṇḍukyakārikā* I:7: *vibhūtiṃ prasavaṃ tv anye manyante sṛṣṭicintakāḥ* | *svapnamāyāsarūpeti sṛṣṭir anyaiḥ vikalpitā*, Swāmī Nikhilānanda 1974: 38.

196 *Laṇkāvatārasūtra* 10: 251, 279, 291, Vaidya 1963: 124–6, Suzuki 1932: 246, 249–50.

197 반야계 텍스트에서도 유사한 특징을 찾아볼 수 있다. 예를 들어, 『팔천송반야경』에서는 "환영과 존재는 서로 다른 것이 아니며, 꿈과 존재도 서로 다른 것이 아니기 때문이다. 모든 법과 천신도 환영과 같고, 꿈과 같다", *māyā ca sattvāś ca advayametadadvaidhīkāram iti hi svapnaś ca sattvāś ca advayametadadvaidhīkāram* | *sarvadharmā api devaputrā māyopamāḥ svapnopamāḥ* (Vaidya 1960b: 20, Conze 1994: 98 참조)라고 되어 있다. 또 『만두끼야까리까』와 중관학파 사이에는 흥미로운 연결점이 있다(실제로 환영주의적 묘사의 표현 방식 중 일부는 용수의 『근본중송』에 나타난 특징과 아주 흡사하다(*Māṇḍukyakārikā* II: 31: *svapnamāye yathā dṛṣṭaṃ gandharvanagaraṃ yathā* (Swāmī Nikhilānanda 1974: 116)와 *Mūlamadhyakakārikā* VII: 34: *yathā māyā yathā svapno gandharvanagaraṃ yathā*를 비교해 보라)). 더 자세한 논의는 King 1997: ch.4, Bronkhorst 2011b: 62–3 참조.

198 *Māṇḍukyakārikā* III: 33: "상상작용이 없고 일어나지 않은 인식은 인식 가능한 것과 구별되지 않는다고 주장할 수 있다", *akalpamajaṃ jñānaṃ jñeyābhinnaṃ pracakṣate*, Swāmī Nikhilānanda 1974: 187.

어인데, 이는 『만두끼야까리까』의 4장에 나오는 '불바퀴'(旋火輪)의 예를 통해 설명된다. "횃불이 움직일 때 직선 모양이나 둥근 모양 등으로 보이는 것처럼, 활동 중인 의식(*vijñāna-spandita*)도 지각자와 지각되는 것으로 나타난다."[199] 횃불이 원을 그리며 움직일 때 앞에 불이 켜진 원형이나 타원형 물체가 없음에도 불구하고 빛나는 원이나 타원 같은 다양한 정적인 형태를 볼 수 있다. 이와 마찬가지로, 의식은 지각자와 지각되는 것의 외현을 생성할 수 있다. 이러한 것들에 존재론적 지위가 부여되어서는 안 되지만 말이다.

vijñāna-spandita

의식의 운동, 혹은 '진동', 혹은 '떨림'(*vijñāna-spandita*)이라는 개념은 이원성의 나타남을 불러일으키는 의식의 활동(시각적 환영을 낳는 횃불의 움직임에 상응함)을 의미한다. 이는 나타난 세계가 마치 실체적 자아와 이 자아가 지각하는 대상(*dharma*)이라는 외현으로 분리됨을 설명하는 유가행파의 '의식의 전변'(識轉變, *vijñāna-pariṇāma*) 아이디어와 거의 유사하다.[200]

asparśayoga

아는 자와 알려지는 것 사이의 이러한 인식론적 이원론에 대한 거부는 가우다빠다가 언급하는 무접촉 요가(*asparśayoga*) 개념의 배경을 형성하는 것으로 보인다. 이를 두고 단순히 특정한 명상법[201]으로 이해하는 대신, 그러한 기법에 의해 야기된 특정한 인

---

199 *Māṇḍukyakārikā* IV: 47 *ṛjuvakrādikābhāsam alātaspanditaṃ yathā* | *grahaṇa-grāhakābhāsaṃ vijñānaspanditaṃ tathā*, Swāmī Nikhilānanda 1974: 260.

200 가령, 세친의 『유식삼십송』의 첫 게송 참조: "다양한 방식으로 기능하는 비유적 표현(*upacāra*)인 '자아'와 '본성'은 의식의 전변에서 발생한다", *ātmadharmopacāro hi vividho yaḥ pravartate vijñānapariṇāme* (由假說我法　有種種相轉 彼依識所變), Anacker 2002: 422.

201 가령, 감각적 대상으로부터 마음을 철수하기. *Bhagavadgītā* 2: 58, 5: 21 – 2, 27

식론적 상태로 받아들일 수도 있다.[202] 이 상태는 지각하는 마음과 지각되는 대상 간 접촉(*sparśa*) 부재의 실현으로 이해될 수 있는데, 외부 대상이 애초에 현전하지 못하기 때문이다.[203] 여기에는 주목할 점이 있다. 마음으로부터 독립적인 방식으로는 존재하지 못하는 대상에 외부성을 부여하는 그릇된 가탁을 제거하고는, 그러한 가탁의 대상이 되지 않는 세계를 인지하는 법을 성취함을 목표로 하는 요가 수행의 목표와 무접촉 요가가 유사하다는 것이다.

베단타의 유가행파 비판

유가행파와 베단타 간의 흥미로운, 역사적이고 체계적인 연관성에도 불구하고, 샹까라와 같은 베단타의 중심 사상가들은 유가행파 사상에 지속적인 공격을 개시했다.[204] 샹까라가 논의의 시작 부분에서 제기하는 한 가지 요점은, 유가행파가 애초에 외부 대상은 존재하지 않는다고 가정한다는 점을 고려할 때, 대상이 '마치' 외부에 존재하는 모습'처럼' 나타난다고 하는 유가행파의 생각이 어떻게 이해될 수 있는가 하는 것이다.[205] 만약 애초에 어

어떻게 정신적 대상이 외부 대상과 같을 수 있을까?

(Feuerstein 2014: 113, 153 – 5) 참조.

202 가우다빠다(*Māṇḍukyakārikā* III: 39)가 지적하기를, "모든 요가 수행자가 이를 성취하기란 어려운 일이다", *asparśayogo vai nāma durdarśaḥ sarvayogibhiḥ*, Swāmī Nikhilānanda 1974: 197.

203 King 1997: 148, Hixon 1976: 217, 234 – 5.

204 유가행파에 대한 샹까라의 주요 비판들은 자신의 『브라흐마수뜨라바샤(*Brahmasūtrabhāṣya*)』(II.2.28 – 32, Date 1973: 1. 325 – 34)에 나와 있다. 이 비판들에 대한 분석과 이들에 대한 다른 베단타 사상가들의 관점에 대해서는 Darling 2007 참조. 샹까라의 비판에 대한 충실한 주해는 Kher 1992: 506 – 10에 제시되어 있다. Ingalls(1954: 298 – 9, 303)는 아비달마 형이상학에 반대하는 앞서의 논증들이 불교 전통에 대한 전통적인 비판을 반영하고 있는 것과는 달리(II.2.18 – 27), 유가행파에 반대하는 논증들은 샹까라의 독창적인 것이라고 주장한다.

205 Date 1973: 1. 328.

떤 것이 존재하지 않는다면, 어떻게 무언가가 그 어떤 것과 같은 모습일 수 있을까? 어떤 사람이 불임 여성의 아들처럼 행동할 수 있을까?

우리의 논증이 인식 수단을 훼손해서는 안 된다

샹까라가 언급하는 두 번째 요점은 유가행파의 입장과 인식 수단의 관계에 관한 것이다.[206] 세계에 대한 인식적 파악을 제공하는 '수단들'에 대한 이해는 대체로 모든 철학 탐구의 맨 앞자리에 놓인다. 그러나 만약 마음 외부에 있는 존재자를 우리에게 알려주는 것처럼 보이는 지각과 같은 인식 수단을 받아들인다면, 차후에 아무리 많은 유가행파의 논증으로도 그러한 대상이 존재하지 않는다고 어떻게 설득할 수 있을까? 우리는 인식 수단에 근거하여 무엇이 존재할 수 있고 또 무엇이 존재할 수 없는지를 결정한다. 만약 이에 따른 철학적 결론이 이러한 수단의 전제 중 하나를 훼손하는 것처럼 보인다면, 우리는 그 결론이 기대고 있는 바로 그 인식론적 가지를 쳐낼 것이다.

한정되는 것과 한정하는 것은 달라야 한다

샹까라는 또한 유가행파가 외부 대상을 정신적 이미지라고 취급하는 것은 세계의 다른 부분을 구별하는 데 문제를 일으킨다고 주장한다.[207] 흰 소와 검은 소를 구별할 때 우리는 이 둘을 소로 식별하지만, 서로 다른 한정자를 통해 구별한다. 이와 유사하게 샹까라는 항아리에 대한 정신적 이미지와 물단지에 대한 정신적 이미지가 둘 다 지각물이지만, 이 둘은 무엇에 대한 정신적 이미지인지에 따라 구별된다고 주장한다. 두 사례에서 피한정자(*viśeṣya*)

---

206 Date 1973: 1.328.

207 Date 1973: 1.328 –9.

는 ('소', '정신적 이미지'로) 동일하지만, 그 한정자(*viśeṣaṇa*)는 ('검은'/'흰', '물단지에 대한'/'항아리에 대한'으로) 다르다. 만약 한정자가 피한정자와 다르지 않다면, 흰 소는 검은 소와 동일한 사물일 것이다. 둘 다 소이기 때문이다. 이는 그렇지 않기 때문에, 유가행파가 주장하는 것과는 반대로 정신적 이미지(피한정자)는 그 대상(한정자)과 구별되어야 한다.

근본의식과 찰나성은 양립할 수 없다

네 번째로 제기되는 문제는 모든 불교 학파가 받아들이는 찰나성의 원리와 특정한 유가행파의 입장이 일치하는지에 관한 것이다. 샹까라는 근본의식을 상정한다면, 찰나성의 원리와 양립할 수 없을 것이라고 주장한다.[208] 만약 근본의식 자체가 영속한다면,[209] 이는 모든 합성된 현상(有爲法, *saṃskṛta*)이 무상하며, 실로 찰나적 존재일 뿐이라는 불교의 개념과 모순된다.[210] 반면에 근본의식이 찰나적이라면, 어떻게 여러 생애에 걸쳐 지속되는 습관적 경향성(習氣, *vāsanā*)의 저장소 역할을 할 수 있겠는가? 샹까라가 보기에, 이는 습관적 경향성에 기반하는 기억과 같은 현상들을 설명하기 위해서, 영속적 존재자, 즉 "세 시간대를 잇는" 목격하는 자

---

208 Date 1973: 1. 332 – 3, Ingalls 1954: 302.

209 아비달마의 형이상학은 공간과 열반처럼 합성되지 않은 현상(無爲法, *asaṃskṛta*)의 경우, 보편적인 찰나성 원칙에 대한 몇 가지 예외로 인정한다(Bhikkhu Dhammajoti 2009: 38 – 9, 471 – 99 참조). 그런데 합성되지 않은 현상, 즉 무위법은 끊임없이 종자가 심어지고 성숙하는 알라야식과는 달리, 불변하고 또 일부 해석에 따르면 단순한 부재이기에 보편적 찰나성에 대한 예외에 해당할 수 있다고 가정하는 것이 타당하다.

210 "그러나 영속하는 본성이 존재할 때 [근본의식과 관련된] 교의는 폐기된다", *sthirasvarūpatve tvāyalavijñānasya siddhāntahāniḥ*, *Brahmasūtrabhāṣya* ad II.2.31, Joshi 2011: 2. 557.

아(證者, *sākṣin*)를 상정할 필요가 있음을 강조하는 것이다.[211]

마드바의 찰나성에 대한 견해

마드바(Madhva)와 같은 후기 베단타 학자들은 유가행파와 찰나성 이론의 양립 가능성에 대해 다소 다른 문제를 제기한다. 이들은 문제가 근본의식 개념과의 충돌이 아니라, 내부 대상(근본의식)과 외부 대상이 서로 다른 속성을 가져 동일할 수 없다는 점에 있다고 주장한다. "인지의 찰나성과 사물의 영속성이 주장되었으므로, 여기에 모순이 존재한다."[212] 정신적 현상으로서의 내부 표상은 그 찰나성으로 인해 빠른 속도로 존재했다가 사라지고, 외부 대상은 더 오랫동안 남아 있기 때문에, 마드바는 이 둘이 동일한 것일 수 없다고 주장한다.

분명 유가행파는 이러한 각각의 도전에 응수하는 몇 가지 답을 갖고 있지만, 여기서는 그 응답을 살펴보지는 않을 것이다. 왜냐하면 그렇게 하는 것은 지금 같은 역사적 연구에서 할 수 있는 것보다 유가행파와 베단타 논쟁에 더 깊이 파고드는 일이 될 것이기 때문이다.

유가행파에 대해 샹까라가 취한 태도의 이유

그러나 여전히 남아 있는 질문은 왜 샹까라가 자신이 기술하는 유가행파의 견해를 놓고 학설강요서식으로 더 포괄적인 노선

211 Date 1973: 1. 333, Kher 1992: 508–9, Ingalls 1954: 301. 디그나가 같은 불교 사상가들은 목격하는 자아를 상정하는 대신, 재귀적 인식의 관점에서 기억의 존재를 설명하면서, 만약 하나의 인지가 (그 인지 자체가 아니라) 또 다른 인지에 의해 인지된다면, 무한소급이 될 것이라고 주장한다(위의 pp.369-73 참조). 그러나 샹까라는 이 점에 확신하지 못하면서, 자신의 목격하는 자아는 이를 확립하기 위해 또 다른 자아를 필요로 하지 않으며, 그래서 무한소급을 멈출 수 있다고 주장한다.

212 *jñānaṃ kṣaṇikam arthānāṃ ca sthāyitvam uktam || ataś ca naikyam*, Darling 2007: 359.

을 채택하지 않았는가 하는 것이다. 학설들을 위계에 따라 구조화하는 것이 익숙한 전통에서 볼 때, 샹까라는 유가행파를 반박해야 할 결함이 있는 견해가 아니라, 불이론 베단타의 최종 진리에 대한 불완전한 근사치로 설명할 수 있었을 것이다. 그러나 베단타와 유가행파는 물질적 대상을 거부하고 우리에게 나타나는 세계의 환영성을 강조한다는 점에서 현대적 관점에서 보면 상대적으로 가까워 보일 수 있지만,[213] 샹까라가 유가행파(또는 실제로는 모든 불교도)를 철학적 동행으로 여기고 싶지 않았던 결정적인 이유는 후자가 아뜨만의 존재를 거부했기 때문이다. 마다바가 쓴 중세기의 『전철학강요(*Sarvadarśanasaṃgraha*)』 같은 베단타 학설강요서[214]는 베단타 특유의 입장대로 불교 이론에 두 번째로 낮은 지위를 부여하고 있는데, 불교보다 베단타의 진리에서 먼 거리에 있는 이론은 유물론적 짜르바까 체계뿐이다.

샹까라는 불교의 무아 이론을 두고 철학적 2등 주자가 아니라 근본적인 실수를 범하고 있으며, 기껏해야 베단타 사상과 유사하다고 하는 것도 기만이고 허위라고 본다.[215] 이러한 이유로 그에게는 두 체계의 차이를 강조하면서, 베단타 방식의 우월성과 불교 이론과의 거리를 모두 입증하는 일이 꼭 필요했다.

---

213 샹까라는 때로 베단타의 해석에 불교적 요소를 들여온 비밀불교도(*prachanna-bauddha*)라는 비난을 받기도 했다. Darling 2007: 118–22 참조.

214 Cowell et al. 2006.

215 따라서 나는 형이상학적으로가 아니라 "심리학적으로 또 역사적으로" 샹까라의 베단타와 유가행파의 차이를 설명해야 한다고 주장하는 Ingalls (1954: 304)에 동의하지 않는다.

4

디그나가와 다르마끼르띠 학파

디그나가와 다르마끼르띠의 생애

디그나가와 다르마끼르띠의 연대

디그나가(陳那, Diṅnāga)와 다르마끼르띠(法稱, Dharmakīrti)는 세친(디그나가의 직계 스승)으로부터 시작해서 디그나가의 제자 이슈바라세나(自在軍, Īśvarasena)를 거쳐 이어지는 스승과 제자의 계보를 이루고 있다. 이러한 계보는 이 둘의 연대를 추정하는 데 약간의 도움이 되는데, 이 둘은 세친 입적 후 대략 두 세기에 걸쳐 살았다고 가정할 수 있기 때문이다. 디그나가는 보통 480-540년에 살았을 것으로 추정되고, 다르마끼르띠의 경우 6세기 또는 7세기에 살았다고 봐야 할지를 둘러싸고 여전히 상당한 논쟁이 있다. 프라우발너[1]는 7세기 중엽 인도를 방문한 중국인 순례자 현장이 다르마끼르띠를 언급하지 않은 반면, 7세기 말에 인도를 방문한 의정(義淨)은 언급했다는 사실에 주로 근거해, 그가 600-660년에 살았을 것으로 추정한다. 하지만 이러한 증거는 결정적이지 않으며 또 다르마끼르띠의 연대를 6세기로 훨씬 앞당겨야 한다는 주장도 있다.[2] 발체로비츠는 자이나교의 자료에 나타난 다르마끼르띠에 대한 논의를 바탕으로 그가 550년에서 610년 사이에 살았을 것으로 제안한다.[3]

디그나가의 생애를 다룬 전통 기록에 따르면, 그는 뿌드갈라론 전통에서 승려로 계를 받았다고 한다. 이들의 인격체 이론에 불만을 품은 그는 스승들을 떠나 결국 세친 밑에서 수학했다.

---

1 Frauwallner 1961.

2 Balcerowicz 2016: 475-6.

3 Balcerowicz 2016: 477.

이 기록을 통해 디그나가가 자신의 주요 저작인 『집량론(集量論, *Pramāṇasamuccaya*)』을 어떻게 지었는지를 보여주는 흥미진진한 이야기를 발견할 수 있다.[4] 그는 탁발을 나서기 전에 당시 머물고 있던 동굴의 바위에다 분필로 귀경게를 썼다.

디그나가의 『집량론』

> 인식 수단을 구현하신 분, 세간의 이익을 구하시는 분,
> 스승이신 분, 잘 떠나신 분, 수호자이신 분께 예경을 드리고는,
> 여기 나의 여러 곳에 흩어져 있던 [글을] 한 권의
> 개요서로 엮었으니,
> 이는 바로 인식 수단을 확립하기 위한 것이다.[5]

그가 자리를 비운 사이 끄리슈나무니라자(Kṛṣṇamunirāja)라고 하는 비불교도 스승이 디그나가의 계획을 알아차리고는 이 게송을 지워버렸다. 디그나가는 다시 썼지만 돌아왔을 때 다시 지워진 것을 발견했다. 이는 디그나가와 끄리슈나무니라자가 마침내 만나 논쟁을 시작할 때까지 몇 차례 반복되었다. 디그나가는 논쟁에서는 그를 이겼지만 끄리슈나무니라자의 주술력을 당해낼 수는 없었다. 그의 입에서 불길이 뿜어져 나와 디그나가의 옷과 소지품을 모두 불태워버렸다. 이 사건으로 인해 심히 낙담한 디그나가는 분필 조각을 공중으로 던져 땅에 떨어지면 모든 중생을 위해 일하려

4 Lama Chimpa 1970: 183–4, Bu ston 2013: 247–8.

5 *pramāṇabhūtāya jaggadhitaiṣiṇe praṇamya śāstre sugatāya tāyine | pramāṇa-siddhyai svamatāt samuccayaḥ kariṣyate viprasṛtād ihaikataḥ*. 이 게송에 대한 자세한 논의는 Jackson 1988; Hattori 1968: 73–6 참조.

는 의욕을 포기하기로 결심했다. 그러나 결코 그렇게 되지는 않았다. 문수사리가 공중에서 분필을 낚아채서는 그를 격려하며 곧 집필할 『집량론』이 "다른 모든 논서의 유일한 눈이" 될 것임을 확신시켰기 때문이다.

디그나가의 전기에 나오는 모티브 중 일부(논쟁에서 자신의 입장을 옹호하기, 비불교도 스승과의 적대적인 조우)는 다르마끼르띠의 생애 기록에서도 다시 볼 수 있다. 다르마끼르띠는 디그나가의 제자 이슈바라세나에게서 『집량론』을 배웠는데, 그는 다르마끼르띠의 이해력이 자신을 능가할 뿐만 아니라, 사실상 자신의 스승 디그나가의 이해력과 동등하다는 것을 깨닫고는 그에게 주석서를 짓도록 독려했다.[6] 이 일로 다르마끼르띠의 대표작인 『양평석(量評釋, *Pramāṇavārttika*)』이 방대한 분량으로 작성되었는데, 비록 완성되지는 않았지만, 주지하듯이 여기서 그는 자신의 스승인 이슈바라세나나 디그나가가 예상하지도 못했던 다양한 개념적 혁신을 통해 디그나가의 사상을 설명하고 있다.[7]

다르마끼르띠의 『양평석』

---

6 Lama Chimpa 1970: 229, Bu ston 2013: 249.

7 디그나가의 『집량론』과 다르마끼르띠의 『양평석』은 논리-인식론 학파의 핵심 사상을 이해하는 데 중심이 되는 두 저작이며, 아래의 설명에서도 주요하게 논의될 것이다. 이 두 저작은 뿌리 텍스트와 주석서로서 서로 연관되어 있지만, 단일한 교리 블록을 형성하고 있다고 생각해서는 안 된다. 겹쳐진 원과 같다고 생각하는 편이 더 낫다. 디그나가의 입장 중에는 다르마끼르띠가 공유하지 않는 부분도 있고, 그 반대의 경우도 있으며, 공통된 입장이 크게 겹치는 부분도 있다. 디그나가의 저작이 인도불교의 쇠퇴기에 완전히 소실된 것으로 보여(Warder 2000: 426–7), 범어 원본 대신 번역본에 의존해야 하기 때문에 상황은 복잡하다. 다르마끼르띠의 체계가 디그나가의 체계로부터 어떻게 발전해 나왔는지 자세히 설명하는 것은 안타깝게도 이 글의 범위를 벗어난다. 두 저자의 공통된 아이디어에 초점을 맞추되, 때로는 진행하면서 둘 간의 의견이 일치하지 않는 지점도 언급할 것이다.

다르마끼르띠의 생애에는 미망사파의 꾸마릴라밧따(Kumārila Bhaṭṭa)와 불이론 베단타파의 샹까라(Śaṅkara) 등 인도에서 가장 위대한 비불교도 철학자들과 맞서는 흥미진진한 에피소드가 담겨 있다. 디그나가의 가르침에 매우 비판적이었던 꾸마릴라는 한동안 날란다에서 공부한 적이 있었고,[8] 그래서 불교 교리에 대해 잘 알고 있었으며, 논쟁에서 그 교리를 반박하는 데 능숙했다고 한다. 다르마끼르띠는 비불교도 스승들을 더 쉽게 반박할 수 있도록 꾸마릴라의 모든 교리를 배우기 위해 그의 집에 하인으로 위장하여 들어갔다고 전해진다. 그는 처음에 꾸마릴라의 밭에서 일하다가 나중에 그의 가르침을 들을 수 있게 되었고, 심지어 꾸마릴라의 아내와 자녀들에게 질문하여 누구도 들을 수 없는 그의 가장 비밀스러운 가르침을 배웠다.[9] 자신이 계획한 모든 것을 배운 뒤, 나중에 논쟁을 할 때 꾸마릴라와 맞설 준비를 하고는 탈출을 감행했다. 꾸마릴라는 논쟁에서 진 사람은 죽어야 한다고 제안했다고 전해지지만, 다르마끼르띠가 꾸마릴라를 물리치자 그와 그의 제자들은 모두 불교로 개종했다.

다르마끼르띠와 꾸마릴라

다르마끼르띠의 전기에 따르면, 그는 논쟁에서 샹까라를 물

다르마끼르띠와 샹까라

---

8 일부 자료에 따르면, 꾸마릴라는 12년 동안 다양한 비정통 스승(불교도 포함)에게 배웠다고 한다. Verardi 2014: 207 참조.

9 이 이야기의 부뙨 버전(2013: 249–50)은 특이하다. 여기에는 명시되어 있지 않지만 다르마끼르띠의 외삼촌으로 알려진 스승이 등장한다. 스승의 아내에게 남편의 철학적 체계에 대해 어려운 질문을 하자, 그녀는 남편과 성관계를 맺으면서 이 질문을 남편에게 물어보기로 동의한다. 분명히 듣고 있던 다르마끼르띠는 "어려운 주제가 언급될 때마다 그녀의 다리에 끈을 묶어 잡아당기면서 대화를 이끌었다. 그는 완전히 이해한 후 떠났다."

리쳤는데, 샹까라는 이로 인해 너무 괴로워한 나머지 갠지스 강에 빠져 죽었다고 한다.[10] 그러나 샹까라는 자신의 제자의 아들로 다시 태어났고, 때가 무르익자 다시 다르마끼르띠와의 논쟁에 도전했지만, 역시 패배하여 갠지스 강에 빠져 죽었다. 이 모든 과정이 한 번 더 반복되었는데, 차이점은 이번 샹까라의 세 번째 화신은 말년을 맞은 다르마끼르띠에게 패배한 뒤에도 자살하지 않고 불교로 개종했다는 것이다.

이 두 전기의 내용에서 흥미로운 점은 디그나가와 다르마끼르띠의 철학 이론이 공식화되는 지적 배경에 대해 알려준다는 것이다. 첫째, 논쟁에서 불교 교리에 대한 해석을 방어하는 능력이 점점 더 중요해졌음을 알 수 있다. 이 둘의 전기 대부분은 명상 수행자나 스승으로서의 업적보다는 논쟁자로서의 성공에 더 방점을 두고 있다. 둘째, 이러한 논쟁은 대개 서로 다른 불교 학파 간의 내부 쟁론이 아니라, 대개는 높은 위험이 따르는 공개 논쟁이었는데, 여기서 불교 교리는 잘 훈련된 비불교도 대론자들에 맞서 옹호되어야 했다.[11]

비불교도들과의 논쟁의 중요성 증가

이러한 맥락을 고려하면, 디그나가 및 다르마끼르띠 이론의

---

10 Lama Chimpa 1970: 233.

11 Stcherbatsky(1994: 1. 35)는 다르마끼르띠와 꾸마릴라 및 샹까라의 만남에 대한 기록을 "이 위대한 브라만 스승들이 자신들에게 반대하는 다르마끼르띠를 만난 적이 없다는 간접적인 고백"으로 간주한다. "인도에서 불교가 쇠퇴하고는 변경 지역에서 불교가 살아남은 원인이 무엇인지 결코 충분히 알 수는 없겠지만, 역사가들은 다르마끼르띠 시대의 불교가 상승기에 있지 않았고 무착과 세친 형제 시대만큼 번성하지 않았다는 데 만장일치로 동의한다." 인도에서 불교의 쇠퇴에 대한 자세한 논의는 Verardi 2014 참조.

일부 특징이 덜 특이해 보일 것이다. 첫째, 인식론과 논리학에 대한 논의가 매우 강조된다. 논쟁에서 대론자에게 이의를 제기할 때는 무엇보다도 어떤 앎의 출처를 받아들일 수 있는지에 대한 명확한 개념이 서 있어야 하며, 이상적으로는 양측이 어떤 출처에 호소할 수 있는지에 대해 서로 합의에 도달하는 것이 중요하다. 양측이 각자의 학파의 경전을 권위 있는 것으로 인용하는 것은 바람직하지 않을 것이다. 왜냐하면 대론자가 이를 받아들이지 않을 것이니 논쟁조차 시작할 수 없을 것이기 때문이다. 따라서 쟁론을 해결하려면, 양측이 합법적으로 호소할 수 있다고 생각하는 공통의 근거를 마련하는 것이 필수적이다.

논리학과 인식론에 집중

둘째, 디그나가와 다르마끼르띠를 따르는 전통에서 권위의 원천으로서의 붓다, 붓다의 전지성, 업의 법칙, 재생 등과 같은 핵심적인 불교 주장을 입증하기 위한 논증들이 전례 없이 많이 등장하는 이유가 더욱 명확해진다. 이러한 주제는 불교 대중을 대상으로 설할 때는 꼭 뒷받침될 필요가 없지만, 불교 스승이 종교적 신념을 거의 공유하지 않는 비불교 스승과 논쟁을 벌이는 상황에서는 아직 회심하지 않은 사람들을 설득할 기회가 될 수 있도록 불교의 주제를 변호하는 능력은 매우 바람직한 자질이었다.

불교의 주장에 대한 더 많은 논증

인식론

디그나가는 이 학파가 인식론적으로 큰 중점을 두는 바에 따라 본인의 『집량론』을 지각에 관한 장으로 시작하면서 자신의 체계의 주요 인식론적 특징 중 일부를 제시한다.[12] 디그나가는 논서를 시작하는 귀경게(위에 인용)에서 붓다를 두고 '*pramāṇabhūta*', 즉 "인식 수단을 구현하신 분"이라는 말을 들어 표현한다. 이는 붓다가 단순히 깨달은 지위에 있기 때문에 권위 있는 존재로 간주되어야 한다[13]는 뜻이라기보다는, 붓다의 깨달음은 인식수단을 올바르게 적용한 것에서 자연스럽게 비롯된 결과이기 때문에 권위 있게 간주되어야 한다는 뜻이다.

자상과 공상

그는 먼저 인식 수단에 의해 발생되는 진실한 인지에는 지각(現量, *pratyakṣa*)과 추론(比量, *anumāna*) 두 가지 종류만이 존재함을 지적한다. 이러한 구별은 존재론적 수준에서 두 종류의 대상, 즉 자상(自相, *svalakṣaṇa* | 문자 그대로 하면, '자기 표식을 가짐')과 공상(共相, *sāmānyalakṣaṇa* | '일반 표식을 가짐')[14] 간의 구별을 통해 잘 반영되어

12 Hattori 1968 참조.

13 이러한 태도는 붓다 자신이 권위의 인식론적 역할을 평소 어떻게 생각했는지와는 다소 동떨어진 것이다. 붓다는 자신들의 제자들에게 금의 순도를 시험하듯이 자신의 말을 시험해 보라고 조언했다. "비구들이여, 마치 전문가들이 금을 가열하고, 자르고, 문질러서 금을 검사하는 것처럼, 나의 가르침도 나에 대한 존경심 때문이 아니라 이런 식으로 해서 받아들여야 한다", *tāpāc chedāc ca nikaṣāt suvarṇam iva paṇḍitaiḥ* | *parīkṣya bhikṣavo grāhya madvaco na tu gauravāt*. 이 게송은 특히 적호의 『진실강요』(게송3588)와 성천의 저작으로 여겨지는 『지혜의 본질 집성(*Jñānasārasamuccaya*)』에서 찾아볼 수 있다(Hattori1968: 73 및 보다 전반적인 내용은 Mimaki 2008 참조).

14 공상은 흔히 '보편자' 또는 '속성'으로 번역되기도 하지만, 보다 정확하게는 (*sāmānyalakṣaṇa*를 소유복합어로 이해할 때 도출되듯이) 일반 성질의 표식을 띠고 나타나는 대상으로 이해해야 한다. 즉, 이러한 '대상 일반'은 특정 사례와 직접 접촉하지 않고도 알 수 있다는 것이다. 나는 이웃이 피아노('피아노 일반')를 갖고 있다는 것을 소리에 근거해 추론할 수 있다. 물론 어떤 특정 피아노가 그러한 앎의 사례를 불러일으킬 수도 있지만 말이다.

있다. 가장 일반적인 해석에 따르면 전자는 찰나적인 특수자이고 후자는 대상 일반이다. 특수자는 감각 지각에 의해서만 접근될 수 있는 반면, 대상 일반은 추론에 의해 파악된다.

디그나가는 이러한 자상이라는 존재자를 개념적 구성으로부터 벗어나 있고(분별의 배제(*kalpanāpoḍha*) 혹은 무분별(無分別, *nirvikalpaka*)), 어떤 이름과도 연합되지 않기 때문에 기술될 수 없다고 설명한다. 지각은 "대상에 대한 총체적이지만 개념화되지 않은, 언어 이전의 이미지를 산출한다. 즉, 지각은 무엇임을 결정하거나 확정하지 않는다."[15] 디그나가의 이론을 아비달마 프로젝트의 한 버전으로 읽는다면, 우리는 자상이라는 존재자를 근본적인 법이라고, 또 지각을 이 법에 접근할 수 있도록 해주는 경로라고 간주할 수 있다. (다시 말하지만, 여기서 법은 특수화된 속성이나 '트롭'(trope)이라고 개념화한다면 편리할 것 같다.) 반면에, 개념적 구성(분별(分別, *kalpanā*), 문자 그대로 '정렬하기' 또는 '배열하기')은 법들의 그룹에 대해서만 작동하는데, 이는 (예를 들면, 매우 유사한 여러 청색-트롭들 사이의 구별을 무시함으로써) 다수의 법을 하나의 속성으로 또는 (예를 들면, 청색-트롭, 형태-트롭 등을 한데 모음으로써) 하나의 개별 대상으로 함께 묶는 것이다. 그러므로 지각이라는 것은 테이블이나 의자와 같이 우리가 일상적으로 대면하고 있는 중간 크기의 물건에 대한 지각이 결코 아니다.[16] 이러한 해석에서 보면, 자상이라는 존재자는 20세기

아비달마 프로젝트와의 관계

15 Eltschinger 2010: 407.

16 Hayes 1988: 138.

서구 인식론의 감각 자료와 비교되기도 한다.[17] 이 둘이 유사하다는 생각은 양자가 모두 비매개적인 대면지(對面知)의 대상으로 간주된다는 점에서는 도움이 된다. 그러나 이 정도로는 멀리 가지 못한다. 감각 자료는 실제로 이 감각 자료가 발현하는 속성을 소유한다고 여겨지지만(그렇기에 세계에 대한 앎의 토대를 제공한다), 디그나가의 경우 자성 수준에는 속성이 존재하지 않는다.

지각과 궁극적 실재

논리-인식론 학파가 옹호하는 지각 이론은 다음과 같은 명백한 난관에 직면한다. 한편으로, 지각은 비개념적(*kalpanāpoḍha*)이고, 무오류적(*abhrānta*)이며, 궁극적으로 실재하는 것, 즉 자상이라는 존재자를 향해 있다고 이해할 수 있다. 또한 무한히 작은 입자(極微, *paramāṇu*)와 같이 궁극적으로 실재하는 대상의 집합체(積集, *saṃcita*)만을 지각할 수 있다.[18] 이러한 입자는 단독으로는 지각될 수 없고, 다른 입자들과 함께 집합체를 형성할 때라야 지각될 수 있다. 다른 한편으로, 디그나가와 다르마끼르띠의 논리-인식론 학파는 다른 불교 전통에서 볼 수 있는 부분-전체론적 환원주의와 마찬가지로, 집단이나 집합체를 궁극적 실재로서 인정하지 않는다. 전차와 그 부분의 예에서 알 수 있듯이, 전체란 궁극적으로 실재하는 부분들 위에 개념적으로 덧붙여진 것(假託)일 뿐, 그 자체로 궁극적으로 실재하는 것이 아니다. 이 점은 분명 여기서 기술한 지각에 대한 설명에 문제가 된다. 왜냐하면 만약 지각이 집합체를 지각하고 집합체가 개념적 구성물이라면, 어떻게 우리는

지각은 어떻게 부분이 없는 비개념적인 것에 접근할 수 있는가?

17 Hayes 1988: 134.

18 Dunne 2004: 99, 102, 109.

지각을 통해 비개념적인 것에 접근할 수 있을까? 여기서 지각은 지각과 지각된 것 사이의 구조적 동형성(isomorphism)에 근거하는 것으로 여겨진다.[19] 그러나 집합체만이 지각될 수 있기에, 만약 (단수인) 인지적 이미지가 (복수인) 집합체의 이미지일 수밖에 없다면, 어떻게 둘이 구조적으로 동일한 것일 수 있겠는가?[20]

후대의 저자들은, 인지적 이미지가 하나하나의 무한히 작은 입자 또는 다수의 그런 입자로 이루어진 전체에 대응하는 것이 아니라, 다수의 입자가 지각됨이라는 효과를 함께 낳는다는 사실에 대응한다고 주장하면서, 이 난제를 해결하려고 노력했다. 정신적 측면에서는 그 외현의 단수성이 있고, 대상의 측면에서는 복수의 부분이 있다. 그럼에도 불구하고 단수의 존재자, 말하자면 어떻게든 하나로서의 존재자를 받아들일 필요 없이, 효과의 단수성 또는 인과적 기능의 단수성이 있는 것으로 충분하다는 것이다. 만약 이런 방식이 작동한다면, 우리는 "지각의 대상은 궁극적으로 단수이긴 하지만, 궁극적으로 복수인 물리적 구성요소를 어떻게든 포함하는 실재하는 물리적 존재자"[21]라고 주장할 수 있을 것 같다. 그러나 이 해결책은 논리-인식론 학파의 옹호자가 원하는 모든 것을 주기에는 충분하지 않다. 문제는 정신적 대상의 경우를 살펴보면 바로 불거진다. 그러한 대상은 현상학적으로 잡다한 것(衆雜, *citra* | 예를 들어, 여러 가지 색을 가진 나비 날개 이미지를 생각해 보라)임에도

단수의 존재자가 아닌, 효과의 단수성

19 Eltschinger 2010: 408.

20 이 문제에 대한 자세한 논의는 Dunne 2004: 98 – 113 참조.

21 Dunne 2004: 110.

단일한 정신적 이미지일 수 있다. 무한히 작은 입자의 경우, "복수성 속의 단일성"은 두 수준으로 나누어진다. 지각은 단일화되어 있지만, 대상은 잡다하다. 그러나 정신의 경우에는 이 트릭을 반복하기 위해 의지할 수 있는 수준이 없다. 단일함과 잡다함 모두 바로 이 지각에서 기인해야 한다.

이제 이 말은 논리-인식론 학파가 지각에 대한 설명을 포기해야 한다는 의미일까? 흥미롭게도 그런 일은 일어나지 않는다.

외부 대상에 대한 실재론의 포기

이들이 포기하는 것은 이 지각 이론이 위치해 있는 **가장 중요한 틀**, 즉 외부 대상에 대한 실재론이다. 실재론이라는 배경에 대해서는 '차등적 분석 척도'(sliding scales of analysis) 논의에서 더 자세히 살펴보겠지만, 간단히 말하면, 지각과 외부의 가장 작은 입자 간의 구조적 동형성을 요구하는 외부 실재론적 입장은 이 학파의 최종 견해로 간주되어서는 안 되며, 유가행파 노선의 관념론적 존재론으로 대체되어야 한다는 것이다. 만약 이를 받아들인다면, 우리는 단지 집합체만 지각할 수 있다는 결정적인 전제가 사라지게 된다. 집합체라는 개념은 관념론적 개념이 없애버린 물리적 영역만을 다루기 때문이다.

지각과 개념화, 중관학파

디그나가 및 다르마끼띠의 이론이 중관학파의 이론과 어떤 관련이 있는지에 대한 물음과 관련하여, 방금 설명한 지각 이론이 가진 난점 역시 모든 지각은 내재적으로 개념화와 결부될 수밖에 없다는 주장을 뒷받침한다고 해석될 수 있다는 점을 또한 주목할 필요가 있다. 지각은 집합체에만 접근할 수 있다는 점, 또 그러한 집합체가 개념적 가탁이라는 점은 개념화에 독립적인 존재자의 구조적으로 동형적인 반영에 기반한 직접적인 지각적 접촉은 존재할 수 없음을 입증하는 것인데, 이는 바로 중관학파의 철학적 비전의 중심 테제다.

인식론적 토대주의

우리는 논리-인식론 학파의 자상과 공상 이론을 환원주의적 프로젝트로 이해해볼 수 있다. 이 프로젝트의 목표는 근본적으로 실재한다고 간주해야 하는 최소의 존재자에 기반해 이론을 구성하면서, 이러한 존재자에 기반해 그 밖의 모든 것을 구성하는 것이다. 이런 식으로 이해하면, 이를 인식론적 토대주의의 한 형태로 이해하고 싶은 생각이 든다.[22] 이러한 프로젝트는 앎의 특정 부분을 회의적 의심이 면제되는 것으로 간주해, 그러한 흔들리지 않는 기초 위에 앎의 나머지 부분을 재구축하는 일에 착수한다. 지금의 경우 이 기초는 찰나적 특수자로 이루어져 있다고 여겨지는데, 이는 자상이라는 존재자와 동일한 것이다. 이러한 생각을 뒷받침하는 한 가지 이유는 다르마끼르띠에 있어 지각은 그 본성상 오류로부터 면제되어 있기 때문이다.[23] 지각의 대상은 이 대상에 대응하는 내적 표상, 즉 형상(行相, *ākāra*) 또는 외현(顯現, *ābhāsa*)의 원인이 된다.[24] 디그나가는 니야야의 지각 정의를 두고 무오류

오류 면제로서의 지각

---

22 이 프로젝트는 또한 자상이라는 존재자가 다른 모든 대상의 근거가 된다는 점에서 존재론적 토대주의이기도 하다. 자상이라는 존재자는 존재론적 환원 과정이 더 이상 진행될 수 없는 지점이다.

23 *Pramāṇaviniścaya* 1.4: *pratyakṣaṃ kalpanāpoḍham abhrāntam*, Steinkellner 2007: 7. Eltschinger(2010: 410)는 다르마끼르띠의 지각 이론이 "지각에 관한 한, 일상적 마음과 해탈한 마음 사이에는 아무런 차이가 없다"는 기이한 결과를 낳는다고 지적한다. 일단 해탈을 획득하면, 깨달은 존재는 실재와 직접적이고 무오류적인 지각적 접촉(*tattvadarśana*), 즉 개념을 벗어난 접촉을 하게 된다. 붓다는 다른 존재를 가르칠 때만 세계와 상호작용하면서 다시 개념에 의지하게 된다.

24 따라서 지각은 (외부 대상이 관련 감각 능력을 통해 형상의 원인이 되기 때문에) 인과관계를 통해, 그리고 (형상이 외부 대상의 형태를 띠기 때문에) 유사성을 통해 세

성(*avyabhicārin*)이라는 속성을 포함시켰다는 이유를 들어 비판하는데, 왜냐하면 이 속성은 지각이라는 것의 의미에 이미 포함되어 있는 것이지, 별도로 정의에 포함시켜야 할 것은 아니기 때문이다.[25] 지각에 의한 찰나적 특수자의 파악에는 착오가 있을 수 없는데, 왜냐하면 지각은 자신이 접촉하고 있는 것에서 벗어날 수 없기 때문이다.[26] 지각은 오류가 없다는 주장이 인간의 앎은 오류가 있을 수 있다는 사실과 부합되기 위해서는 모든 오류를 마음의 탓으로 돌려야 한다.[27] 이런 식으로 지각의 오류를 방지하기 위해 치러야 할 대가는 보통 지각으로 분류되는 것 중 거의 아무것도 지금의 설명에 의하면 지각으로 간주될 수 없다는 사실이다. 특히, 신발·배·밀랍 같은 중간 크기의 물건에 대한 우리의 일상적인 지각은 지각으로 간주되지 않는다.

무엇이 여전히 지각으로 간주되는가?

용수의 인식 수단 비판과의 연결점

일부 학자들은 이러한 토대주의적 프로젝트의 동기를 용수가 『회쟁론』에서 한 인식 수단에 대한 비판에서 찾을 수 있다고 주장한다.[28] 이러한 생각은, 용수가 인식 수단은 그 자체에 의해, 다른 것에 의해, 이 둘 다에 의해 확립될 수 없다는 논증했기에, 디

계와 연결된다. 지각을 이런 식으로 보는 것은 일반적으로는 경량부와 관련이 있다 (Kellner 2014 참조).

25 Hayes 1988: 139.

26 만약 Hayes(1988: 139)의 디그나가 해석을 따르면, 다르마끼르띠와는 달리 디그나가는 지각의 정의에 오류 면제(*abhrānta*)를 포함시키지 않았지만, 디그나가의 니야야식 지각의 정의에 대한 비판이 암시하는 바와 같이, 여전히 "능력-대상의 접촉에서 생겨난 인지에는 필연적으로 오류가 없다"고 주장했다.

27 이는 디그나가의 입장으로, 다르마끼르띠는 공유하지 않았다.

28 Franco 1986: 86.

그나가의 프로젝트란 "유효한 인식 가능성을 확보하기 위한 격앙된 시도"[29]를 구성하면서, "불교 전체를 지탱하던 낡은 토대를 허물어뜨린 용수의 변증법적 맹공격"[30]에 맞서 바로 자신의 지각 개념을 통해 인식론의 가능성을 옹호하는 것이라고 한다. 용수의 비판은 모든 인지가 개념적 덧씌우개(增益, *samāropa*)에 의해 필연적으로 더럽혀질 수밖에 없다는 생각에 근거하고 있어서, 만약 디그나가가 개념화에 의한 오염을 피할 수 있는 무오염의 인식적 접근 방법을 확립할 수 있다면, 그는 용수의 회의적 비판에서 자유로울 수 있는 방안을 찾았다고 주장할 수 있었던 것이다. 아마도 디그나가의 대답은 앎에 대한 외재주의적 개념을 수용하는 것이었던 것 같다. 즉, 이는 우리가 우리의 믿음이 타당하다는 것을 **알** 수 없을지는 몰라도, 우리는 여전히 타당할 수 **있는데**, 왜냐하면 개념화라는 왜곡된 사용자 인터페이스 바로 그 아래에는 개념화를 위한 원재료를 제공하는 동시에, 애초에는 존재하지 못하는, 존재자에 대한 그릇된 가탁 없이 직접적으로 사물에도 연결되는, 세계에 대한 인식적 접근의 어떤 수준이 존재하기 때문이라는 것이다.

용수는 회의적 어젠다를 추구하지 않는다

나는 용수와 디그나가 사이에 소위 이 같은 연관성이 있다는 데 전적으로 동의하는 것은 아니다. 그 이유는 주로 『회쟁론』에서 용수가 실제로 회의적 어젠다를 추구했을 가능성이 높다고 생각하지 않기 때문이다.[31] 용수가 토대주의적 인식 수단 개념, 즉 이러

29 Franco 1986: 86.

30 Franco 1986: 86.

31 내가 이 텍스트를 해석하면서 자세히 논의한 대목은 Westerhoff 2010 참조.

한 수단이 그 자체로(*svabhāvatas*) 권위 있는 앎을 전달한다는 구도에 반대하는 주장을 한 것은 사실이다. 그러나 앎에는 이런 식의 토대가 존재할 수 없다는 주장은 어떤 앎도 결코 존재할 수 없다는 주장이 아니며, 이는 회의론자가 주장하고자 하는 입장이다. 또한 전자의 주장은 불교의 토대를 약화시키지도 않는다. 사실, 용수가 주장하는 바[32]는 바로 상서러운(吉祥) 현상, 해탈로 이끄는 현상 등에 내재적 본성이 존재한다는 가정이 불교의 길을 약화시킨다는 것이다. 왜냐하면 그렇지 않으면 이러한 현상이 존재하지 않는 곳에서 어떻게 이러한 현상이 나타날 수 있는지 불분명하기 때문이다.[33]

세 종류의 지각

이 단계에서는 디그나가가 지각이라는 개념 아래에 포함시키는 다양한 인지 과정이 있다는 점에 주목할 필요가 있다. 지금까지는 다섯 가지 외부 감각을 통한 감각적 지각만을 언급했지만, 인도적 맥락에서 볼 때 지각에는 외부 대상에 대한 감각적 지각만큼 직접적이고 비매개적인 방식을 거치는 정신적 사건에 대한 인지도 항상 포함된다. 외부 대상 및 정신적 대상에 대한 지각 외에도 디그나가는 세 번째 종류의 지각으로 요가 수행자의 지각(*yogipratyakṣa*)을 포함시킨다. 이는 경전의 권위(*āgama*)에 기반해 개념적으로 구성하는 일 없이 사물 그 자체(*arthamātra*)를 파악하는 지각의 한 형태다.[34] 자상-유형의 대상이 공상-유형의 대상보

---

32 *Vigrahavyāvartanī* 52 – 6.

33 Westerhoff 2010: 94 – 104.

34 Hattori 1968: 27. 이 세 가지가 디그나가가 받아들인 지각의 형태 전부인지, 아니면 재귀적 인식(*svasamvedana*)이 단지 정신적 지각의 한 형태로 간주되는 것이 아

다 더 권위 있는 힘을 통해 인식되는 것일 수는 없다는 해석이, 근본적인 수준에서 사물의 본질에 직접 접촉하게 하는 것은 오히려 요가 수행자의 지각이라고 주장하는 것이 될 수 있을까? 이 질문은 본 장의 6절에서 요가 수행자의 지각 개념을 살펴볼 때 다시 다루겠다.

추론

추론과 개념적 구성

디그나가가 논의하는 지각 이외의 두 번째 인식 수단은 추론(比量, *anumāna*)이다. 논리-인식론 학파에서 추론은 일반적인 예상보다 훨씬 더 멀리 확장된다. 우리가 다른 상황에서 지각적 판단이라고 부르는 것(예를 들어, "이 토마토는 빨갛다")은 디그나가에게는 추론의 결과가 된다. 왜냐하면 붉음이라는 속성 또는 시간적으로 연장되는 토마토는 지각을 통해 접근할 수 있다고 간주되지 않기 때문이다. 전자는 배제의 과정을 통해 구성되고,[35] 후자는 빠르게 상속하는 토마토-찰나들의 연속을 하나로 결합함으로써 구성된다.[36] 그러나 세계와 우리를 매개하는 이 같은 추론의 형태 외에도, 토론

니라, 네 번째 지각으로 추가되어야 하는지에 대해서는 약간 이견이 있다. Franco 1993; Yao 2004 참조.

35 아래 아포하를 다룬 절 참조(pp.465-71).

36 이런 식으로 비량 개념에는 보다 일반적으로 볼 때 '개념적 구성'이라고 부를 수 있는 것도 포함된다.

추론과 논쟁 에서 사용되는 추론의 형태도 있다. 디그나가와 다르마끼르띠는 불교의 이론 체계 내에서 추론의 규칙을 설명하는 데 가장 중요한 기여를 한 철학자들이다. 이들은 세친과 같은 앞선 불교 저자들의 저술[37]을 기반으로 삼았지만, 불교와 비불교 사상가들 간에 치열한 논쟁이 벌어졌던 이들의 시대에 들어서야 비로소 추론 패턴에 대한 연구가 불교 철학계의 중심 무대를 차지할 수 있었다. 디그나가와 다르마끼르띠 학파는 앎의 이론에 초점을 맞추는 특징을 보이는데, 이는 교리들 간 논쟁이 새롭게 부각된 일과 분명 관련되어 있다.[38] 그러한 논쟁을 수행하려면, 일반적으로 어떤 앎의 원천을 권위 있다고 볼 수 있는지에 대한 합의가 전제되어야 할 뿐만 아니라, 어떤 논증 패턴을 두고 입증력이 있다고 받아들일지에 대해서도 구체적인 합의가 필요했다.

추론의 특징 디그나가는 추론이란 이미 관찰된 어떤 특징이 아직 관찰되지 않은 다른 특징의 존재를 지시할 수 있다는 발상에 기반한다고 생각했다. 예를 들어, 멀리 떨어진 산 고개에 있는 보이지 않는 불을 추리할 수 있는 것은 우리가 그곳에서 피어나는 연기를 관찰하기 때문이다. 그렇지만 이러한 지시 관계에 호소하는 것이 매번 성공적이지는 않다. 땅이 젖은 것은 최근에 비가 왔기 때문일 수 있지만, 젖어 있음에 근거하여 비를 추론할 수는 없다. 왜냐하면 다른 가능한 이유(예를 들어, 어떤 사람이 물단지를 비웠을 수도 있다)가 있

37 가령 세친의 『논궤(論軌, *Vādavidhi*)』 등. Anacker 2002: 29－48 참조.

38 또한 추론은 직접적으로는 접근할 수 없는 현상에 관한 것으로, 특히 서로 다른 의견을 낳을 가능성이 높다.

기 때문이다. 디그나가는 이러한 경우를 배제하려고 허용 가능한 추론이려면, 세 가지 특징(三相, *trairūpya*)을 가져야 한다고 정의했다.[39] 위에서 언급한 연기-불 예시의 맥락에서 보면, 세 가지 특징은 다음과 같다. 세 가지 특징

1. 변시종법성(遍是宗法性, *pakṣadharmatā*): 추론의 주제(宗, *pakṣa*)인 산은 이유(因, *hetu*)인 연기를 특징으로 한다.
2. 합작법(合作法, *anvaya*): 이유인 연기를 특징으로 하고 또한 입증되어야 할 속성(所證, *sādhya*)인 불을 특징으로 하는 유사한 존재자(同品, *sapakṣa*)가 적어도 하나는 있다. 편재
3. 이작법(離作法, *vyatireka*): 이유인 연기를 특징으로 하고 또한 입증되어야 할 속성(所證, *sādhya*)인 불의 부재를 특징으로 하는 유사하지 않은 존재자(異品, *vipakṣa*)는 없다.

이러한 조건들로 인코딩되어 있는, 이유와 입증되어야 속성 간의 관계를 '편재'(遍充, *vyapti*)라고 한다. 완전히 공식화된 추론에서 편재는 두 번째와 세 번째 조건을 입증하는 예를 통해 설명된다. 두 번째 조건을 입증하려면, 연기와 불이 있는 부엌 스토브처럼 유사하거나 일치하는 실례가 필요하고, 세 번째 조건을 입증하려면, 연기도 불도 없는 호수처럼 유사하지 않거나 일치하지 않는 반례가 필요하다. 방금 언급한 비에 대한 가짜 추론의 경우에는 두 번째 특징이 성립하지 않는다. 이유(젖어 있음)를 특징으로 하는 땅이 있

39 Hayes 1988: 112 – 31 참조.

지만 비가 내리지 않고도 그러한 예가 있다.

추론은 형식 논리학이 아니다

세 가지 특징(三相)을 통해 실증되는 추론은 형식적으로는 타당하지만, 논리-인식론 학파가 제시한 추론(比量, *anumāna*) 이론을 단순히 형식 논리를 구축하려는 시도로 보는 것은 만족스럽지 않은 일이다.[40] 인식론적으로 고려해야 할 사안들은 디그나가 사상에서 중요한 역할을 하는데, 이를 제대로 이해하지 못하면 이들의 전통을 오해할 수밖에 없고, 결국에는 애초에 아무런 관련도 없는 프로젝트를 두고 수행하지 않았다는 이유로 비판을 하게 된다. 이들의 추론 개념은 그 중심에 형식적 요소를 포함하고 있지만, 거기에만 국한되지는 않는다.

자신 및 타인을 위한 추론

디그나가는 삼상(三相) 모델에 기반하는 추론에 두 가지 종류가 있다고 주장했다. 즉, '자신을 위한' 추론(爲自比量, *svārthānumāna*)과 '타인을 위한' 추론(爲他比量, *parārthānumāna*)이다. 전자는 어떤 문제에 대한 추론적 앎을 얻기 위해 자신의 마음속에서 수행하는 추론이다. 후자는 다른 사람이 이를 바탕으로 자신의 추론적 앎을 얻을 수 있도록 공개적인 맥락에서 제시하는 추론이다. 이 둘의 차이는 단순히 관점의 차이가 아니다. 자신을 위한 추론은 단지 주제에서 입증되어야 할 속성에 대한 앎일 뿐인데, 왜냐하면 올바른 이유가 있기 때문이다. 이 추론에는 주제와 이유라는 두 요소만 포함되지만, 타인을 위한 추론에는 주제, 이유, 두 가지 예라는 세 요소가 포함된다. 이 둘의 차이는 형식상의 차이에 불과해서

---

40 디그나가와 다르마끼르띠 전통을 전체적으로 '불교 논리학'이라고 설명하기도 한다(예를 들어, 이 전통에 대한 Theodore Stcherbatsky 1930-2의 선구적 연구 제목이 바로 이것이다).

'자신을 위한' 추론과 '타인을 위한' 추론의 논리적 구조는 어쨌든 동일하다고 생각할 수도 있다.[41] 하지만 이는 '자신을 위한' 추론이 추론적 인지로 이어지는 일련의 심리적 상태에 관한 것이고, '타인을 위한' 추론은 그러한 일련의 순서가 언어로 표현되는 적절한 방식에 관한 것이라는 점을 간과한 것이다. 이 두 유형의 차이를 개념화하는 데 도움이 되는 방법은 자신을 위한 추론을 정신적 모델의 관점에서 이해해 보는 것이다.[42] 이 아이디어는 추론자가 모든 전제에서 결론이 맞는지 시험하기 위해 모든 전제를 만족하는 상황에 대한 어떤 모델(언어적이지 않고, 예를 들어 그림의 형태일 수도 있는 모델)을 자신의 마음속에 구성해 본다는 것이다. 만약 그렇게 된다면 이 추론은 타당하다. 그렇다면 이러한 통찰력은 다른 화자에게 추론을 전달하기 위해 모든 전제와 결론을 적절한 언어적 형태로 진술함으로써 표현될 수 있다.

정신적 모델

'자신을 위한' 추론은 추론의 목적, 즉 추론적 인지를 전달하기 때문에 분명 둘 중 가장 중요하다. 반면에 '타인을 위한' 추론은 단지 다른 사람이그들의 마음속에 유사한 인지를 만들 수 있도록 하는 기능을 수행할 뿐이다. 그럼에도 불구하고 인도의 논의에서 추론이 취하는 형태를 연구하려면, 그 공적 형태인 '타인을 위한' 추론을 살펴볼 필요가 있다. 추론을 적절하게 표현했다고 할 수 있으려면 그 구조의 수(支)가 실제로 얼마나 명시되어야 하는지에

'타인을 위한 추론'을 공식화하는 방식들

41 Prasad 2002: 36.

42 Chatterjee and Sirker 2010 참조. 저자들은 또한 이 정신 모델 이론이 디그나가 논리학 논서 중 하나인 『인명결택론(因輪抉擇論, *Hetucakraḍamaru*)』의 목적을 이해하는 데 좋은 원형이 된다고 주장한다.

대해서는 인도의 논리 전통마다 차이가 있다. 니야야의 추론 개념은 그 척도의 한쪽 끝에 서 있다. 여기는 앞서 말한 필수 패턴에서 다섯 가지 본질적인 부분을 구분하면서, 증명되어야 할 진술("이 산에 불이 있다")을 두 번 진술하는 식이다. 즉, 추론의 시작 부분에는 논증되어야 할 테제로서의 진술이고, 추론의 마지막 부분에는 방금 입증된 테제로서의 진술이다. 다르마끼르띠의 추론 개념은 간결한 방향으로 이 척도의 끝에 서 있다. 여기는 입증하는 속성을 가진 주제에 대한 주장(*pakṣadharmathā* | "산에 연기가 있다"), 그리고 입증하는 편재(*vyapti*)와 입증된 속성에 대한 주장("연기가 있는 곳에는 어디에나 불이 있다")만을 필요로 하는 식이다. 추론에는 논증되어야 할 테제를 진술하는 일조차 필요하지 않다는 점은, '타인을 위한' 추론을 자기 만족적이고 포괄적인 증명으로가 아니라, 대중의 추론적 인식을 생성하기 위한 수단(*sādhana*)으로 보는 다르마끼르띠의 추론 개념과 잘 들어맞는다.

사례로서의 추론

앞에서 '자신을 위한' 추론과 '타인을 위한' 추론에 대해 논의한 바에 근거해 보면, 이 두 종류의 추론은 유형이 아니라, 사례라는 점이 분명해진다. 첫 번째는 자신의 마음에서 일어나는 특정한 정신적 사건의 순서이고, 두 번째는 다른 사람의 마음에 그러한 정신적 사건의 순서를 이끌어내기 위해 의도된 언설 행위의 순서다. '자신을 위한' 추론이라는 정신적 사건의 순서가 가장 중요하다는 것은 분명하다. 하지만 이는 디그나가와 다르마끼르띠의 이론이 서양의 논리학이 명시적으로 거부하는 심리주의의 일종을 통합하고 있음을 암시할 수 있다. 서양의 관점에서 볼 때, 논리학은 마음속에서 일어나는 일을 다루는 것이 아니라, 추상적인 함의

의 구조를 다룬다. 이는 논리적으로 이어지는 힘이 심리적으로 이어지는 힘보다 훨씬 더 크기 때문에 중요하다. 내 마음속에서 나는 아무 생각이든 주어진 어떤 다른 생각을 따라갈 수 있지만, 주어진 전제 집합에서 도출되는 결론은 한정되어 있다. 그렇기 때문에 논리적 순서를 심리적 순서의 관점에서 이해하면 문제가 발생할 수밖에 없다. 하지만 논리-인식론 학파는 건전한 추론의 모든 것이 추론자의 머릿속에서 일어나는 일이라고는 가정하지 않는다. 오히려, 연기를 근거로 불을 추론하는 일처럼 추론의 성공 여부를 결정하는 것은 이 세계에 존재하는 근본적인 사실이다. 입증된 테제(宗, *pratijñā* | "산에 불이 있다")는 추론 행위가 향해 있는 추상적 대상이 아니라, 이 세계 사물의 존재 방식에 의해 뒷받침되는 정신적 행위의 결과 구조다. 만약 이 세계의 속성이 세 가지 특징에 의해 명시된 방식으로 정렬되어 있지 않으면, 추론은 그 인식 목적을 달성하지 못할 것이다.[43]

추론에서 예제의 역할

논리-인식론 학파가 추론을 추상적인 대상이 아니라 구체적인 사례라고 이해한다는 사실 외에도, 인도의 추론 이론과 서구의 맥락에서 친숙한 논리 연구 사이의 결정적 차이를 드러내 보여주는 또 다른 사실이 있다. 바로, 유사한 실례와 유사하지 않은 반례를 설명하기 위해 예제를 사용하는 일이다. 살펴보고 있는 논증이

43 이는 인도의 논리적 전통 전반에 적용되는 사실이다. 비록 '이 세계의 기저를 이루는 사실'이 무엇인지를 놓고는 의견이 나뉘기는 하지만 말이다. 니야야의 경우, 그 기저 사실은 보편자가 보편자와, 그리고 보편자가 자신의 예화인 대상과 관련 맺는 방식이 될 것이고, 디그나가와 다르마끼르띠의 추종자의 경우, 아포하 기반의 대용적 구성물과 관련해 설명될 것이다.

연역적으로 타당할 경우, 방편적 목적이 아니라면 예제를 소개할 필요가 없다. 예제의 도입은 예시에 의한 증명을 시도한 귀납 논증의 특징이다("이러한 대표적인 예제가 속성을 가지고 있기 때문에, 다른 예제도 그렇다").

비량의 인식론적 및 논리적 차원

이러한 차이점이 시사하는 바는 인도의 추론(比量, *anumāna*)은 논리적 차원과 인식론적 차원이 합쳐져 있다는 점에서 서양의 추론과 구별된다고 봐야 한다는 것이다. 이유의 세 가지 특징(因三相)은 세계의 속성들이 서로 연관되는 구체적인 방식을 나타내며, 만약 그렇게 연관되어 있을 경우, ("불이 있다. 연기가 있기 때문이다" 등의) 관련 추론을 통해 앎을 얻을 수 있다. 예제의 목적은 속성들이 기술된 대로 서로 연관된 상황에서 추론자가 실제로 추론을 도출할 가능성을 극대화하는 데 있다.[44]

긍정적 실례

긍정적 실례는 입증되어야 하는 속성과 그 지시자로 작용할 속성이 정말 실재한다는 점을 확신시켜 준다. 불과 연기의 경우 이는 분명 논쟁의 여지가 없지만, 덜 직접적인 경험적 대상을 포함하고 있는 추론의 경우 사안이 그렇게 명확하지는 않을 수 있다. 속성이 존재론적으로 진지하게 받아들여지려면, 속성은 어딘가에서 예화되어야 한다.[45] 추론에서 언급된 두 속성의 예화가 이 점을 해결하는 데 사용될 수 없음은 분명한데, 왜냐하면 이 추론

44 이 같은 추론(*anumāna*) 이해에 대한 자세한 논의는 Siderits 2016a 참조.

45 인도의 논리학 전통에서 건전성과 분리된 순수한 타당성에 특별한 관심을 두지 않는 이유(즉, 추론은 단순히 추상적 구조로서 관심을 받기보다는, 논쟁의 대상에 대한 추론적 앎을 생성해야 한다)는 또한 이 전통이 예화되지 않는 속성에 대해 관심이 없다는 점을 설명하는 것일 수 있다.

이 바로 논쟁 중인 것이기 때문이다.[46]

부정적 반례

반면에 부정적 반례[47]는 세 가지 특징이 실제로 이 세상에서 만족되는지 확인하기 위해 상당한 주의를 기울였음을 보여주기 위해 마련되었다. 호수의 예가 이를 잘 보여준다. 호수에서 피어오르는 안개는 연기와 매우 흡사한 것의 한 사례라고 생각할 수도 있지만, 안개는 불이 전혀 없이 피어오르는 것이다. 하지만 안개의 성질과 연기의 성질 간의 차이를 이해한다면, 호수에는 연기와 불이 모두 존재하지 않는다는 점을 확신할 수 있다. 부정적 반례를 추가하는 것은 도출된 추론이 어쨌든 이 세상의 방식에 의해 뒷받침되지 않을 수 있음을 나타내는 잠재적 예시를 확인했다는 것을 나타낸다.

사이비 이유

이 설명을 통해 또한 논리학 및 논쟁에 관한 대부분의 인도 텍스트에서 논의되는 '사이비 이유'(似因, *hetvābhāsa*)의 목록을 이해하는 좋은 방법을 알 수 있다. 그 한 가지 방법은 사이비 이유를

---

46 Dunne 2004: 32 참조.

47 모든 경우에 실례와 반례가 모두 있어야 하는지에 대해서는 논쟁이 있다. 이러한 요구가 문제가 되는 상황은 추론이 보편적 속성을 입증할 때다(가령, 불교의 경우 "모든 것은 무상하다", 또는 "모든 것은 공하다" 등). 만약 이러한 결론이 참이라고 한다면, 이를 입증하는 논증은 반례(異品, *vipakṣa*)의 경우를 언급할 수 없는데, 왜냐하면 결론이 참일 경우 상주하거나 공하지 않은 존재자는 존재하지 않을 것이기 때문이다(Dunne 2004: 30 – 1, n.39 참조). 형식적 추론에 대한 초기 인도의 논의에서는 반례를 언급하지 않는다. 이는 반례에 대한 논의가 제안자가 아닌, 논쟁의 대론자가 제시한다고 예상하는 것이 일반적이기 때문이라는 사실로 설명할 수 있다. 만약 그렇다면, 추론에 두 유형의 예제를 포함시키는 것은, 주로 제안자와 관련된 논쟁의 맥락에 속한다고 간주되는 어떤 것에서 주로 개별 인식 행위자가 실행한다고 간주되는 어떤 것으로 추론의 개념이 시간이 지나면서 변했고, 이에 따라 추론의 형태도 변했음을 나타내는 것일 수 있다(Siderits 2016a: 124, n.83 참조).

오류로 판명나서 공격자가 논쟁에서 패배했음을 함축하는 논증 구조상의 결함 목록으로 간주하는 것이다. 또 다른 방법은 사이비 이유를 추론자들이 빠지기 쉬운 추론의 함정 목록으로 간주하는 것이다. 이런 식이라면, 사이비 이유는 추론을 구성할 때 가장 범하기 쉬운 실수가 배제되었는지 확인하는 준거로 기능할 수 있다.

오류가능주의와 외재주의

물론 입증되어야 할 속성과 입증하는 속성이 어떻게 연관되어 있는지를 결정하기 위한 최선의 노력에도 불구하고, 우리의 견해에 잘못이 있을 수 있다. 다 살피지 못한 탓으로, 입증하는 속성이 입증되어야 할 속성 없이 존재하는 경우가 있을 수 있다. 인도의 추론 이론에서는 이 경우를 두고 오류를 범했다고 본다. 이는 (비록 잘못된 전제에 근거할지라도) 오류를 범하지 않는다고 하는 서양의 연역적 추론 개념과 분명한 대조를 이루는 것이다.

추론(*anumāna*)은 또한 불교와 비불교를 막론하고 고대 인도 인식론의 대부분이 외재주의에 배경을 두고 있음을 보여주는 좋은 지표다. 외재주의자에게 앎은 알려진 대상과 특정한 관계에 서 있는 데서 비롯되는데, 이는 이러한 관계가 성립하는 것을 알든 모르든 상관없다. 반면에, 내재주의자에게 앎은 자신이 알고 있음을 아는 것을 필요로 한다. 내재주의자가 볼 때 신뢰할 수 있는 인식적 접근 경로만으로는 충분하지 않으며, 스스로 그 경로가 신뢰할 수 있음을 또한 알 필요가 있다. 외재주의적 개념은 오류일 수도 있는 추론이라는 구상을 문제없는 것으로 만든다. 우리가 추론을 행하는 것은 어떤 방식으로도 논파할 수 없는 지식을 얻기 위해서가 아니다. 추론을 통해 얻은 믿음이 지식임을 보장하는 것은 추론을 설명하는 세 가지 특징이 이 세계에서 해당 속성이 연관되는 방식에도 들어맞는다는 사실이다. 추론에 참여할 때 우리는 이러한 속성들 간의 관계가 성립하는 인식적 상황 안에 우리 자신을 두고자 시도하게 되며, 실례와 반례는 그 시도가 성공할 가능성을 높이기 위해 사용하는 수단이다.

'좋은 추론'과 타당성

이제 좋은 추론(*saddhetu*)의 전형은 단순히 형식적인 타당성 그 이상의 것을 포함한다는 것이 분명해졌다. 물론 형식적으로 고려해야 할 점들도 물론 있다. 즉, 산에 불이 있다는 진술은 편재에 대한 진술과 함께 "연기가 있으면 불이 있고, 산에 연기가 있으니, 산에 불이 있다"는 (형식적으로 타당한) 전건 긍정 추론을 집약해 담아낸다. 그러나 좋은 추론은 형식적으로 타당할 뿐만 아니라 건전하기도 해야 하는데, 다시 말해 전제가 진실해야 한다. 그렇지 않으면 논증은 추론적 인지를 일으킬 수 없으며, 이러한 이유로 사실성과 관련해 고려할 부분들은 논증의 상태를 평가하는 데 필수적인 부분을 차지한다. 또한 이유가 타당하려면, 알고자 하는 욕구(*jijñāsā*)와 더불어 관련된 의심(*saṃśaya*)이 있어야 하기에,[48] 누가 알고자 하고 무엇을 의심하는지에 대한 인식론적 고려도 함께 참작되어야 한다. 마지막으로, 어떤 이유가 타당한 이유가 되려면 논쟁의 참가자들이 특정한 인식 상태에 놓여 있어야 한다는 사실은 언제 논증을 제기해야 하는지에 대한 전략적 고려도 참작되어야 한다는 것을 의미한다. 만약 그 참가자들에게 필요한 의심이나 알고자 하는 욕구가 없는 경우, 그렇다 해도 논증의 내재적 특성이야 변하진 않겠지만, 논증을 제시하는 것은 무의미한 일이다.

---

48 이는 다르마끼르띠가 니야야 전통과 공유하는 견해다. Dunne 2004: 16, n.4 참조.

인도의 추론 이론이 서양 전통에서 발전한 논리학과 실질적으로 동일하다고 이해하려 애쓴다면, 이 인도적 기획이 얼마나 복잡다단한지, 또 더 넓은 인도철학 및 그 종교적 지평과 어떻게 연결되어 있는지 제대로 다루지 못할 수밖에 없다. 인도와 서양의 노력은 중요한 지점에서 겹치기도 하지만, 인도의 추론 이론을 고유한 지적 프로젝트로 생각한다면, 가장 미묘한 부분까지 이해할 수 있을 것이다.

형이상학

인과적 효과성

다르마끼르띠가 (디그나가는 그렇지 않다) 자상-유형 존재자와 공상-유형 존재자를 구별하는 중요한 차이점은 전자에만 인과적 효과성(*arthakriyāsamartha*)이 있고, 후자에는 없다는 데 있다. 이러한 효과성은 실재하는 것의 표식이기 때문에 존재론적으로 중요하다. 이 점은 그의 『양평석』 3:3에 아주 분명하게 언급되어 있는데, 여기서는 주석가 마노라타난딘(Manorathanandin)이 부기한 내용을 괄호에 넣어 함께 제시한다.

> 인과적 힘을 가진 것이라면 무엇이든, 그것은 이 맥락에서 볼 때 [즉, 실재를 조사할 때] 실제로 존재한다. 이 이외의 모든 것은 [사실상 단순한 개념적 허구를 통하여 받아들여지기 때문에] [단지] 세속적으로 존재하는 것으로 언명된다. 이들 둘[실재하는 것과 세속적인 것]은 [각각] 특

수자와 대상 일반이다.[49]

따라서 인과적 힘(*śakti*)의 소유와 다른 존재자에게 작용해 영향을 미칠 수 있는 능력은 실재와 비실재를 구별하는 결정적인 징표다. 이러한 입장은 다르마끼르띠의 철학 전반에 걸쳐 광범위한 영향을 미친다. 즉각적인 결과로, 고유한 시공간적 위치를 갖지 못하는 대상 일반 또는 대상-유형은 이래서 인과적으로 효과를 낳지 못하기 때문에, 다르끼르띠는 실재가 아니라고 간주한다.

찰나성과 인과적 효과성

다르마끼르띠가 볼 때 인과적 효과성과 일치하는, 실재하는 사물의 특징은 찰나성이다. 분명, 만약 효과를 낳는 것이 찰나적이고 그 반대의 경우도 마찬가지라면, 대상 일반은 효과를 낳는 것일 수 없다(그러므로 실재가 아니다). 왜냐하면 대상 일반은 찰나찰나 변하는 것이 아니기 때문이다(대상 일반이라는 개념 자체가 시간을 초월하는 존재성을 수반하기 때문이다). 다르마끼르띠의 비판은 우리가 일반적으로 '수평적' 대상이라고 부를 수 있는 것뿐만 아니라, 수직적 대상에도 적용된다는 점에 유의할 필요가 있다. '빨간색임' 또는 '연장되어 있음'처럼 초시간적이고 무공간적인 대상으로서의 대상 일반은 분명 찰나성 요건을 충족시키지 못하지만, 이는 '빨간 꽃병'처럼 시간적으로 연장된 대상도 마찬가지다. 시간적으로 연장된 대상도 역시 찰나적인 개별자들에 대한 가탁에 불과하며, 그렇기에 근본적으로는 실재하는 것이 아니다.

---

49 *arthakriyāsamarthaṃ yat tad atra [vastuvicāre] paramārthasat | anyat saṃvṛtisat proktaṃ [kalpanamātravyavahāryatvāt] | te [paramārthasaṃvṛtī] svasāmānyalakṣaṇe*, Miyasaka 1971 –2:42; Pandeya 1989: 64.

다르마끼르띠의 찰나성 논증

다르마끼르띠가 보편적 찰나성 테제를 주장하는 근거는 무엇인가? 그는 두 가지 논증을 제시하는데, 하나는 앞서 살펴본, 세친으로 거슬러 올라가는 파괴의 자발성에 근거한 논증의 한 형태로서 '소멸에 근거한 논증'(*vināśitvānumāna*)이고, 다른 하나는 변화에 근거한 논증의 한 형태로서 '존재에 근거한 논증'(*sattvānumāna*)이다.

소멸에 근거한 논증

첫 번째 논증은 모든 것은 언젠가는 사라진다는 경험적으로 개연적인 전제에서 출발한다. 이는 우리에게 두 가지 가능성을 제시한다. 즉, 사물의 소멸에 원인이 있다는 것과, 사물의 소멸에 원인이 없다는 것이다. 간단한 예로 망치로 내리쳐(원인) 물단지의 파괴(결과)를 불러오는 것을 들 수 있다. 그러나 제대로 분석해 보면, 그 망치질이 불러오는 것은 파편들의 집합일 뿐으로, 여기에다 물단지의 비존재(*abhāva*)가 가탁되는 것이다. 세친과 다르마끼르띠는 보다 일반적으로는 (물단지의 부재와 같은) 부재는 실재하는 사물이 아니며, 따라서 인과관계에 들어갈 수 없다고 주장한다.[50] 이는 두 번째 가능성, 즉 사물이 자발적으로(*ākasmika*) 소멸한다는 가능성의 여지를 남긴다. 그리고 이 같은 소멸은 사물이 발생한 그 직후에 일어난다고 주장한다. 만약 일정 시간이 지난 후에야 소멸한다면, 다른 시간 때가 아니라 바로 그때의 소멸에 책임이 있는 어떤 원인이 있어야 할 것이다. 그렇다면 단순한 부재의 실재하는 원인을 상정해야 하고, 그래서 존재하는 원인과 실재하지 않는 것을 관계 짓는 2항 인과관계가 어떻게 가능하냐는 난관이 다시 한

50 이러한 이유로 부재는 또한 아무 원인도 될 수 없다. 산소의 부재 때문에 불이 꺼지는 것이 아니라, 실재하는 원인은 다른 물질(질소 등)의 존재일 것이다.

번 초래된다.

'존재에 근거한' 찰나성에 대한 논증은 실재하는 사물이라면 항상 어떤 식으로든 인과적으로 효과를 낳지만, 그 효과가 항상 우리에게 인식되는 것은 아닐 수도 있다고 주장한다. 가장 불활성 상태인 것처럼 보이는 대상조차도 다음 찰나 때에 밀접하게 닮은 대상의 존재를 만들어내는 효과를 가지고 있다. 그러나 다르마끼르띠는 만약 사물이 항상 효과를 낳고 있다면, 그 사물은 항상 변해야 한다고 주장한다. 왜 그럴까? 만약 어떤 대상이 시간을 관통해 영구적으로(*nitya*) 존속한다면, 그 대상이 일련의 효과를 낳고, 그러면서 서로 다른 효과를 낳는 것을 어떻게 설명할 수 있을까? 만약 영구적 대상이 먼저 효과 a를 낳고, 그런 뒤 효과 b를 낳고, 그러면서 a와 b가 서로 다른 것이라면, 영구적 원인은 a를 낳은 시점과 b를 낳은 시점 사이에 변하지 않기 때문에, 영구적 원인으로는 이를 설명할 수 없다. 뻔한 대답은 존속하는 사물이 단지 다른 인과적 환경에 놓여서 다른 효과를 생성한다는 것이다. 같은 리트머스 용지도 산을 섞으면 빨간색으로 변하고 염기를 섞으면 파란색으로 변한다. 그러나 이러한 견해는 우리가 실제로 인과적 시나리오를 분석하는 방식과는 잘 맞지 않는 것 같다. 두 가지 상황을 비교하여 한 상황에서는 어떤 효과가 발생했지만 다른 상황에서는 발생하지 않았을 때라면, 우리는 결정적인 인과적 요인이 두 상황 간 동일한 부분에 있지 않고 다른 부분에 있다고 생각한다.

존재에 근거한 논증

따라서 만약 인과적으로 효과를 낳는 대상이 계속해서 변한다면, 또 그 변화의 기저를 이루는 불변의 기체가 존재한다는 가정만 하지 않는다면, 우리는 대상들이 빠르게 연속적으로 생겨났다가 사라지는, 서로 다르지만 밀접하게 닮은 대상의 연속과 마주하게 될 것이다.

대상 일반을 거부할 경우의 결과

다르마끼르띠는 실재하는 것, 인과적으로 효과를 낳는 것, 찰나적인 것 이 셋을 동일시함으로써 대상 일반을 실재의 영역에서 배제하게 된다. 언뜻 보기에 대상 일반에 대한 거부는 불교 형이상학적 이론화라는 학술적 세계 외에는 의미가 없는 상당히 기술적인 지점처럼 보일 수 있다. 하지만 이러한 인상은 사실과는 거리가 멀다. 우선, 대상 일반을 거부하는 관점이 불교의 입장을 비불교적 라이벌 대부분의 입장과 첨예하게 대립시키는 데 중요한 함의를 지니고 있다는 점에 주목해야 한다. 상주하는 존재자는 인과관계를 맺을 수 없다는 주장은 상주하는 영혼(*ātman*) 개념뿐만 아니라 창조신의 존재를 상정하는 모든 유신론적 견해에도 뻔한 결과를 초래한다. 11세기 학자 목샤까라굽타(Mokṣākaragupta)는 자아 또는 영혼에 대한 인지(*ahaṃkārajñāna*)의 현행이, 어떤 때는 존재하고 어떤 때는 부재하는 식으로, 오직 단속적으로만 발생한다는 점을 지적하여 영혼의 존재를 논박한다. 그러므로 어떤 때는 존재하고 어떤 때는 부재하는 다른 종류의 인식인 경우(예를 들어, 번개가 칠 때만 존재하는 번개에 대한 인식처럼)와 마찬가지로, 우리는 영혼 역시 어떤 때는 존재하고 어떤 때는 부재하며, 그래서 상주하는 원인이 아닌 어떤 원인을 가져야 한다고 추론해야 한다는 것이다.[51] 단속적인 자아에 대한 감각에 근거해 자아가 영원히 존재한다고 추론하는 것은 번개의 섬광에 대한 찰나적 지각에 근거해 번

아뜨만

51 Kajiyama 1998: 141.

개의 섬광이 영원히 존재한다고 추론하는 일과 마찬가지로 잘못된 일이다.

창조자 신

논리-인식론 학파의 또 다른 일원인 라뜨나끼르띠는 찰나성이 창조자 신의 특징과 전적으로 양립할 수 없다고 주장한다.[52] 이는 그러한 신이 영원하기 때문에 세상을 창조할 수 없었을 뿐만 아니라, 인과적으로 효과를 낳을 수 없기 때문에 실재할 수 없음을 함의한다.

카스트

또한 대상 일반에 대한 거부는 브라만교의 카스트 개념을 불교가 어떻게 보는지에도 중요한 의미가 있다. 대상-유형을 가리키는 또 다른 용어인 '*jāti*'(生)는 카스트를 의미할 수도 있는데, 대상 일반 또는 대상-유형의 비존재와 카스트의 비존재 사이의 연관성은 후대의 다르마끼르띠 주석가들에 의해 명시적으로 언급되었다. 브라만교의 이해에 따르면, 카스트를 정의하는 특성은 카스트가 본래적이라는 데 있다고 한다, 즉, 인간적 기원을 가지는 것이 아니라, 실재의 본성 그 자체에 근거해 세계를 구분했다는 것이다. 논리-인식론 학파를 따르는 불교도들은 카스트가 존재하지 않는다고 주장함으로써 엄밀한 존재론적 근거에 입각해 있는 다른 전통들, 그리고 그 전통들과 함께하는 사회적 구조로부터 거리를 둘 수 있었다.[53]

---

52 Patil 2009: 199, 333.

53 Eltschinger 2012. 논리-인식론 학파의 정치적 차원을 보다 일반적으로 평가할 때, 논리-인식론 학파(그리고 불교 딴뜨라)가, 불교가 브라만교의 대론자들로부터 받는 압력이 점차 커져가는 것을 느꼈던 6세기 사회적 역학관계에서 비롯되었다고 볼 수 있다는 점에 주목할 필요가 있다. 이러한 맥락에서 보면, 인식론과 딴뜨라는 각각 점점 더 강력해지는 브라만 적대자들에게 맞서면서 변증법적 및 제의적 측

앎에 대한 분기점

마지막으로, 대상 일반을 거부하는 것은 불교의 입장을 인도 사상의 다른 노선들과 구별하는 중요한 결과를 가져왔는데, 이는 불교도 자신들에게도 시급한 의문을 불러일으켰다. 디그나가가 인식 수단을 두 가지로 구별하고, 이에 대응해 인식 대상도 두 가지로 나눈 것은 앎에 대한 흥미로운 분기점을 낳았다. 예를 들어, 연기를 관찰해 멀리 있는 산에 불이 있음을 추론하고, 불이 없으면 연기가 없다고 추정한다고 가정해 보자. 이후에 산에 올라가서 눈으로 불을 지각할 때는, (우리가 직관적으로 추정할 수 있는 바와는 달리) 이전에 추론했던 그 동일한 불에 대한 두 번째 인식적 관점을 얻지 못한다는 것이다. 디그나가는 지각된 대상과 추론된 대상이 근본적으로 별개라고 본다. 그는 인도철학의 다른 학파들이 '*pramāṇasamplava*'라고 부르는 것을, 즉 여러 인식 수단이 동일한 대상에 대한 인지를 낳을 수 있도록 하는 수단들의 혼합을 한마디로 거부한다. 다소 직관에 어긋나는 이러한 입장은, 단지 대상 일반의 실재성을 거부한 결과일 뿐만 아니라, 디그나가에게 있어 공상(*sāmanyalakṣna*)은 추론이 작동하는 대상이기 때문에, 논리-인식론 학파의 아비달마적 배경에서도 그 원인을 찾을 수 있다. 이 입장은 시각·촉각 등과 같은 감각적 지각이 모두 제각기 개별 대상을 파악할 뿐이라는 이론을 발전시켰다. 디그나가는 이러한 '인식론적 원자론'을 채택하면서, 이를 특수자와 대상 일반 사이의 존재론적 분할과 결합하여 결국 각 인식 수단은 한 가지 종류의 대상에

면에서 반격하려는 불교의 시도에 해당한다고 이해될 수 있다(Eltschinger 2013; 2014: 174).

만 접근할 수 있다는 이론을 도출했다고 볼 수 있다.[54]

디그나가와 다르마끼르띠는 앎의 대상들 사이에 상당한 간극이 있는 이론을 만들어 냈기에, 이를 연결할 방법이 분명 필요했다. 우리는 이전에 추론했던 불을 지각할 때 두 가지 인식 관점에 근거해 동일한 불에 접근한다는 느낌을 받는다. 하지만 디그나가와 다르마끼르띠에 따르면 이는 그렇지 않다. 또한 우리는 우리가 생각하고 말할 때 대상 일반을 지시하고 있다고 생각하지만, 디그나가와 다르마끼르띠는 그러한 것들이 실재함을 부인한다. 논리-인식론 학파의 수정주의적 프로젝트가 옳다고 가정한다면, 인식론에 대한 우리의 잘못된 생각이 우리가 실제로 앎을 획득하는 방식과 어떻게 관련되는지, 그리고 디그나가와 다르마끼르띠의 이론이 부과하는 제약 조건을 감안할 때 어떻게 이러한 방식이 성공할 수 있는지에 대한 설명이 여전히 우리에게 필요하다.

언어

아포하 이론

세계의 나타난 이미지와 논리-인식론 학파의 엄격한 환원주의적 비전 사이에 다리를 놓는 핵심 개념적 도구는 디그나가와 다르마끼르띠가 개발한 배제(*apoha*) 이론이다. 이들은 파란색 꽃병의 파란색에 대해 말할 때 우리가 말하고 있는 바로 그것이 무엇인지를

54 Dreyfus 1997: 298.

설명해야 했다. 분명히 이들은, 예를 들어 니야야의 비교적 간단한 방식으로는 이를 설명할 수 없었다. 즉, 우리가 이 개별 꽃병에 (예화 관계를 통해) 존재하는 대상-유형 파란색을 지칭한다고 말하는 식으로는 말이다. 대상 일반은 이들 이론의 존재론에 포함되지 않기 때문에, 디그나가와 다르마끼르띠가 제기한 온갖 형이상학적 비판을 초래하지 않으면서도 그러한 대상의 역할을 수행할 수 있는 일종의 대용 개념이 필요하다. 그것이 바로 배제 개념이 제공하려는 것이다. 가령, 파란색성(blueness)을 속성 파란색이 예화된 모든 개별자들 집합과 동일시하는 대신, 파란색성을 파란색이 아닌 것이라는 용어가 배제하는 개별자들의 집합으로 이해하는 것이다.

언뜻 보면, 이걸로 무엇을 얻을 수 있을지 알기 어렵다. 우리의 세계를 파란색 사물과 파란색이 아닌 사물로 나눈다면, 후자가 배제하는 사물들(파란색이 아닌 사물들의 집합의 여집합)은 모두 파란색 사물들일 뿐이다. 우리가 한 일이라고는 모든 파란색 사물의 집합에 대해 이야기하는 번거롭고 복잡한 방법을 제시한 일뿐인 것 같다.

존재보다 덜 실재하는 부재

이 시점에서는 두 가지 사항을 고려해야 한다. 첫째, 디그나가와 다르마끼르띠는 여기서 부재는 존재보다 덜 실재한다는 일반적인 불교적 직관에 바탕하는 것으로 보인다. 만약 어떤 것이 부재로 밝혀진다면, 그것을 존재로 이해하는 것보다 개념적 구성물로 (따라서 근본적으로 실재하지 않는 것으로) 이해하는 것이 더 간단하다.[55] 빈 테이블은 오렌지의 부재이자, 사과의 부재다. 두 부재를

---

55 Cox 1988: 67와 비교.

구별하는 것은 첫 번째 상황은 오렌지를 찾고 있었지만 찾지 못한 경우고, 두 번째 상황은 사과를 찾고 있었던 그런 경우다. 따라서 부재의 정체성은 본질적으로 마음이 만들어낸 것, 즉 부재한다고 밝혀진 무언가를 그곳에서 찾을 것이라는 우리의 기대에 의존하는 것으로 밝혀진다.

아포하와 두 종류의 부정

둘째, 만약 아포하를 단지 두 번의 부정을 적용하는 것으로, 즉 서로 상쇄하는 두 개의 부정으로 이해한다면, 아포하 개념은 사실상 불필요한 중복으로 보일 것이다. 그러나 인도 학자들이 호소했던 두 가지 부정의 차이를 생각해 보면, 아포하의 구성이 의도한 바를 더 잘 이해할 수 있다.[56] 이 두 가지는 이미 위에서 언급되었다. 첫 번째, 함축적 부정(*paryudāsa-pratiṣedha*)은 개별자의 한 속성을 부정하면서 그와는 다른 속성이 적용될 수 있음을 암시하는 데 사용되었다. 예를 들면, 어떤 사람이 다른 세 카스트 중 하나에 속한다고 믿으면서 브라만이 아니라고 말하는 식이다. 두 번째, 비함축적 부정(*prasajya-pratiṣedha*)은 그러한 가정을 하지 않는다. 만약 어떤 나무가 브라만이 아니라고 말할 때, 우리는 그 나무가 아마도 크샤트리아나 바이샤 카스트에 속한다는 것을 암시하는 것이 아니다. 이제, 예를 들면 '파란색임'에 대한 비함축적 부정을 생각한 뒤, 이 부정의 함축적 부정을 형성하며, 그 결과로 나온 복합체를 대상-유형 '파란색임'의 대용물로 취급하는 식으로 아포하의 구성에서 이 두 가지 구분을 사용할 수 있다. 어떤 동기로 이렇게 하는 것일까? 비함축적 부정은 부정 대상에 대한 특정한 가

---

56 아포하 의미론에 대한 이러한 해석은 Siderits 2016b에서 더 자세히 설명되고 있다.

정(위의 예에서 볼 때, 브라만이 아니라면 다른 카스트 중 하나에는 속해야 한다는 가정)을 보유하고 있지 않는데, 이는 부정된 것이 문제의 속성을 갖지도 않고, 같은 종류의 다른 속성을 갖지도 않는다고 진술하는 것이다. 따라서 파란색 사물들의 집합에 대한 비함축적 부정을 형성하면, 파란색이 아닌 사물들의 집합을 얻게 되지만, 여기에는 파란색 대상이 파란색성이라는 대상-유형에 의해 통합되는 방식으로 이 집합이 또 다른 대상-유형에 의해 통합된다는 가정은 없다. 함축적 부정은 부정 대상이 문제의 속성을 갖지는 않지만, 같은 종류의 다른 속성을 갖는다고 주장한다. 모든 파란색 사물의 집합에 대한 비함축적 부정에 대해 함축적 부정을 형성하면, 이 집합의 모든 대상을 통합하는 것이 아무것도 없다는 가정을 보유하는 채로, 파란색 대상의 집합으로 돌아가게 된다. 이 맥락에서 두 가지 다른 부정이 적용되었다는 이유로 서로 상쇄된다고 쉽게 가정할 수 없음은 분명한 사실이다.[57] 우리는 또한 두 종류의 부정을 통과하면서, 모든 파란색 대상의 집합은 바로 그것이다(왜냐하면 모든 파란색 대상이 파란색성이라는 대상-유형을 예화하고 있기 때문에)라는 형이상학적 가정이 배제되었음을 볼 수 있다. 디그나가는 '그것이 아닌 것을 배제함'(*anyāpoha*), 즉 원래 집합의 비함축적 부정에 대한 함축적 부정을 대상-유형에 대한 대체물로 사용할 수 있다. 파란색성과 파란색이 아닌 속성들에 대해 말할 때, 우리는 이 말이 존재론적으로 의심스러운 대상 일반을 언급하는 것이 아니라, 그저

두 가지 부정은 서로를 상쇄하지 않는다

57 이중 부정 제거가 함축적 부정과 비함축적 부정의 혼합된 시퀀스에는 적용되지 않는다는 사실은 4구부정(*catuṣkoṭi*)과 관련된 특정 퍼즐을 설명하는 데 사용되는 핵심 특징이다. Westerhoff 2009: 68 – 89 참조.

별문제 없는 배제를 언급하는 것으로 생각할 수 있는 것이다.

아포하와 인과적 힘

다르마끼르띠의 아포하 이론 설명에서는, 디그나가의 설명에는 거의 없는 것처럼 보이는, 인과적 힘이라는 개념이 중요한 역할을 차지한다. 다르마끼르띠는 인과적 힘에 중요한 역할을 부여해 아포하의 구성과 관련하여 제기되는 다음의 중요한 의문, 즉 두 번의 부정 과정 장치를 통해 처리되는, 파란색 대상이라는 원래 개념은 어디에서 오는가? 하는 문제를 다룰 수 있게 되었다. 이 원래 개념이 파란색 대상 모두가 공유하는 어떤 속성에 기인한다고 가정할 수는 분명 없다. 왜냐하면 이러한 속성이 바로 이 설명을 통해 배제하려는 바이기 때문이다. 다르마끼르띠는 파란색 대상들이 공유하는 것은 인과적 힘, 즉 다른 대상에는 없는 특정한 효과를 낳는 능력이라고 주장한다. 그러나 우리는 인과적 힘이 그 자체로 모든 파란색 대상들 간에 공유되는 속성을 나타내는 것이 아니며, 그 때문에 대상 일반이 뒷문을 통해 다시 도입되는 것은 아닌지 질문할 수 있다. 그러나 다르마끼르띠는 이러한 문제가 있는 결과의 편에 서지 않는다. 왜냐하면 그는 대상의 인과적 힘은 우리의 욕구와 관련하여 개념화되어야 한다고 주장하기 때문이다. 모든 개별자는 유일무이하고, 다른 개별자와 유사한 점이 없다. 그렇지만 특정한 개별자들은 우리의 욕구 중 일부를 충족시킬 수 있다. 예를 들어, 모든 불-개별자는 다른 모든 불-개별자와 다르다. 즉, 어떤 것은 장작불일 수도 있고, 어떤 것은 소똥을 연료로 하는 불일 수도 있고, 어떤 것은 연기가 날 수도 있고, 어떤 것은 연기가 나지 않을 수도 있고, 어떤 것은 푸른색 불일 수도 있는 식으로 다르다. 그럼에도, 이 모든 불은 몸을 따뜻하게 하고 싶을 때

인간의 욕구에 따라 상대화되는 인과적 힘

전부 우리의 욕구를 충족시켜준다. 우리 욕구의 뿌리에 있는 필요는 이 다양한 대상이 충족시킬 수 있을 정도로 대개 충분히 특수하지는 않으며, 그렇기에 우리는 이 대상 전부를 '불'이라는 동일한 개념으로 묶을 수 있다. 따라서 이러한 인과적 힘이 인간의 개념화에 얼마나 결정적으로 의존하는지 알 수 있다. 말하자면 인과적 힘은 인간의 관심사와 관련하여 선택되는 것이지, 그러한 관심사와 분리된 대상의 어떤 특징에 의해 선택되는 것이 아니다. 그렇지만, 비록 이러한 힘들이 인간의 관심사와 관련하여 이름이 붙여진다고 하더라도, 이는 대상이 단지 특정한 인과적 힘을 예화한다는 것을 보여주는 것은 아닐까? 다르마끼르띠는 특정한 인간의 필요에 부응하는 대상들의 집단이, 이 집단의 구성원이 공통의 기저 속성을 예화하는 경우에만, 그 필요를 충족시킬 수 있다는 주장을 부정한다. 그는 해열제의 예를 제시한다. 해열제들은 모두 열을 내리는 약에 대한 인간의 필요에 부응하지만, 이들은 각기 인과적으로 다른 방식으로 그렇게 한다. 다르마끼르띠는 이러한 대상들을 한데 묶는 데에는 인간의 필요를 충족시킨다는 것 외에는 다른 이유가 없다는 점을 지적한다. 대상들 자체의 유사성을 가정할 필요가 없으며, 그렇기에 대상들이 모두 예화하는 어떤 종류의 대상-유형을 가정할 필요도 없다.

개념화의 역할

디그나가와 다르마끼르띠의 이론과 근본적 존재자에게 가탁된 개념적 덧씌우개의 역할을 살펴보면, 우리는 개념 및 개념화에 대한 이들의 견해가 주로 부정적이라고 생각할 수 있다. 즉, 이 같은 덧씌우개가 세상에 대한 직접적이고 개념적으로 오염되지 않은 봄을 가로막고 서 있다고 여기면서 말이다. 아포하 이론은 이는 사실과 거리가 멀다는 점을 보여준다. 디그나가와 다르마끼르띠는 개념을 매우 중요하게 생각하며, 이 배제 이론은 대상 일반의 비실재성에도 불구하고, 여전히 개념이 우리의 일상적인 인식적 상호작용에서 어떻게 역할을 할 수 있는지를 설명하는 데 많은 노력을 기울인다. 개념이 중요한 또 다른 이유는 아직 논의하지 않았지만 다음 절에서 다룰 것인데, 이는 바로 요가 수행자의 지각에서 수행하는 역할에서 찾을 수 있다.[58]

경전의 권위와 요가 수행자의 지각

a. 경전의 권위

앞서, 인도에서 불교철학이 발전하는 데는 세 가지 주요 요인이 영향을 미쳤다고 언급했다. 즉, 붓다의 가르침과 그 이후 불교 스승들의 가르침에 부합해야 할 필요성, 대론자와의 논쟁에서 합리적으로 방어하기 위해 자신의 입장을 발전시켜야 할 필요성, 불교철학이 궁극적으로 윤회하는 존재로부터의 해탈을 목표로 하는 명상 훈련이라는 더 큰 계획의 일부를 담당했다는 사실이 그것들이다. 비불교 대론자들에 맞서 불교 교리를 방어해야 할 필요성이 디그니가와 다르마끼르띠의 사상에 어떤 영향을 미쳤는지는

58 Dunne 2011: 103.

지금까지의 논의를 통해 분명해졌다. 그러나 논리-인식론 학파는 경전의 권위와 명상수행이라는 다른 두 가지 요소에 대해서도 흥미로운 이야기를 한다. 이 학파는 자신들의 주된 인식적 관심을 유지하면서, 경전의 권위와 명상수행이 권위 있는 앎의 원천으로 작용할 수 있는지를 분석한다. 이 둘은 해탈로 가는 길에 사용 가능한 인식 수단이 될 수 있을까?

디그나가와 다르마끼르띠가 불교 저술가라는 점을 생각해 보면, 이들의 인식론적 체계는 앎의 원천으로서 종교 텍스트의 지위에 대해 모종의 언급을 해야 한다. 그것이 불교 텍스트든 그렇지 않든 말이다. 이 점에서 경전의 지위는 특히 문제가 되는데, 왜냐하면 종교적 텍스트는 비경험적 문제에 대한 통찰을 제공한다고 주장하지만, 이러한 주장을 다른 인식 수단과 교차 검증할 수 없기 때문이다. 지각을 통해서 추론적 인지를 확인할 때도 있고(산에 가서 정말 불이 났는지 확인하는 것), 아니면 추론을 통해서 지각을 확인할 때도 있지만(내 눈앞에 보이는 컵이 환각이 아님을 확인할 수 있는데, 왜냐하면 내가 거기에 놓았다는 것을 기억에 근거해 추론할 수 있기 때문이다), 종교 경전에서 한 주장의 경우에는 이러한 교차 검증이 가능하지 않다. 만약 서로 다른 경전들이 주장하는 내용 간에 상당한 차이만 없다면, 이것 자체로는 그다지 문제가 되지는 않을 것이다.

이러한 이유로 인식 수단이라고 일컬어질 때의 경전의 본성을 이해할 필요가 있다. 이런 작업을 수행할 수 있는 방법은 고대 인도의 맥락에서 두 가지가 있다. 하나는 경전의 출처를 조사하는 것이고, 다른 하나는 경전의 내재적 특성을 고려하는 것이다.

출처에서 발생하는 텍스트의 권위

종교적 텍스트의 신뢰성을 그 출처에 근거하여 확립하기 위해 저자들이 추구해온 두 가지 전략이 있다. 첫 번째는 경전의 저자가 신뢰할 수 있는 여러 특성을 가지고 있으며, 이러한 이유로 그가 만든 경전을 신뢰해야 한다는 주장이다. 두 번째는 경전에는 정확히 말해 작자가 없으며, 따라서 어떤 식으로든 인간의 불완전성에 오염될 수 있는 출처가 없다는 주장이다. 경전의 완전성은 우리가 알고 있는 다른 모든 종류의 텍스트와는 달리 작자가 없다는 사실에 있으며, 이러한 완전성이야말로 경전을 신뢰해야 하는 이유라는 것이다. 첫 번째 전략은 불교뿐만 아니라, 니야야·상키야·바이셰시까·자이나교가 추구한다. 두 번째 전략은 미망사의 베다 옹호에서 보이는 예가 유명하다. 미망사의 주장에 따르면 베다는 영원하고 인간이 지은 것이 아니다(*apauruṣeya*). 불교도들은 이러한 생각을 두고 창작되지 않은 텍스트에는 화자의 의도가 숨어 있을 수 없다며 비판한다. 이 같은 텍스트에는 의도가 담길 수 없으니, 참도 거짓도 될 수 없다는 것이다.[59]

붓다에 대한 디그나가의 찬탄

다르마끼르띠는, 위에서 인용한 『집량론』을 시작하는 귀경게(*namaḥśloka*)에서 디그나가가 붓다를 찬탄할 때 사용한 별칭을 상세하게 풀어내면서, 붓다의 신뢰성에 대한 자신의 주장을 제시한다. 우리는 붓다가 거기서 '인식 수단을 구현하신 분'(*pramāṇabhūta*), '세간의 이익을 구하시는 분'(*jagaddhitaiṣin*), '스승이신 분'(天人師, *śāstṛ*), '잘 떠나신 분'(善逝, *sugata*), '수호자이신 분'(救世者, *tāyin*)으로 묘사된다는 것을 기억할 수 있다. 다르마끼르

59 까르나까고민(Karṇakagomin)의 『양평석주석(*Pramāṇavārttikavṛttiṭīkā*)』 405: 24 – 407: 9(Sāṅkṛtyāyana 1943) 참조. 이 점에 대해서는 아래의 절 8b에서 더 자세히 설명할 것이다.

띠는 붓다를 찬탄하는 이러한 별칭들이 붓다를 찬양하는 일반적인 수식어가 아니라, 실제로 붓다의 신뢰성을 입증하는 주장을 담고 있다고 생각한다. '세간의 이익을 구한다'는 것은 종국에는 결국 모든 생명체의 수호자가 되기를 목표로 하는 붓다의 위대한 자비를 의미한다. 이를 위해 붓다는 오랫동안 해탈에 이르는 길을 수행하여 스승이 되었으며, 그 결과 선서(善逝)가 되었다.[60] 다르마끼르띠는 다른 곳에서 '자비의 증명'[61]은 붓다께서 인식 수단을 구현했다는 것이라고 말함으로써 이 주장을 압축해 보여준다. 이는 붓다가 자비심으로 인해 다른 사람들을 돕기 위한 방법을 찾아, 그렇게 할 수 있는 앎과 이 앎을 효과적으로 가르치는 수단을 획득하게 되었다는 것이다.[62]

내적 특징에서 발생하는 경전의 권위

다르마끼르띠는 또한 그 기원이 아니라, 텍스트 자체의 특징

60 다르마끼르띠는 구체적으로 이 용어를 붓다의 앎에 적용되는 것으로 읽는다(Franco 1997:19 – 20).

61 *Pramāṇavārttika* 2: 34: *sādhanaṃ karuṇa*, Miyasaka 1971 – 2: 8.

62 Tillemans(2008: 23, n.59)는 붓다의 권위를 확립하려는 시도는 이론적 기능을 할 뿐만 아니라, "중요한 사회적 및 정치적 차원"도 포함하고 있다고 제시한다. 그의 말로는, 일반적으로 스승의 권위를 확립하려는 동기 중 하나는 "자신의 행동의 부적절함이나 특정 승려의 문제시되는 행동을 지적하는 대론자들의 비판을 누그러뜨리기" 위한 것이었다고 한다. 적어도 월칭이 성천의 『사백론』 XII: 294를 주석하면서 "불교 승원 · 음식 · 승복 등에 주로 마음을 쏟은 뒤에 생긴 … 잘못된 견해"(Tillemans 2008: 130)라고 언급하고 있는 부분은 그렇게 이해될 수 있다(그렇지만 마찬가지로 메시지의 질과 메신저의 질을 혼동하지 말라는 훈계일 수도 있다). 불교 승원 내의 안락한 생활 조건은 풍자 문학에서 반복적으로 언급된다. 예를 들어, 밧따 자얀따(Bhaṭṭa Jayanta)의 *Āgamaḍambara*, Dezső 2005: 55 – 9, 그리고 이 책에 대한 자세한 언급은 〈http://claysanskritlibrary.com/excerpts/CSLMuchAdoAnnotation.pdf〉의 pp.13 – 14에서 확인할 수 있다.

에 근거하는 경전의 권위에 대한 기준을 언급한다.[63] 이후의 티베트 학자들은 이를 '세 가지 분석'(*dpyad pa gsum*)이라고 불렀다. 이 분석은 해당 경전이 지각·추론·경전에 근거해 추론된 다른 명제와 모순되는지 여부, 즉 논리-인식론 학파가 규명한 두 가지 인식 수단 중 하나와 충돌하는지 여부, 그리고 일관성이 있는지 여부를 확인하는 것이다. 실제로 우리는 이 '세 가지 분석'이 경전의 신뢰성에 대한 귀납적 논증의 기반이 된다는 점을 알 수 있다.[64] 논리-인식론 학파에서는 현상을 세 가지 인식 부류, 즉 나타난 것, 지각 불가능한 것, 근본적으로 접근 불가능한 것으로 철저하게 구분하여 제시하고 있다. 나타난 대상이란, 테이블이나 의자처럼 말 그대로 '눈앞에 있는'(*prati-akṣa*) 대상이다. 지각 불가능한 것이란, 감각으로는 접근할 수 없지만 유추될 수는 있는 것이다. 연기의 존재에 근거해 먼 산의 불을 유추하는 것이 대표적인 예이긴 한데, 불교 전통에서는 찰나성과 보편적 공성 같은 형이상학적 주제도 이 부류에 포함시킨다. 마지막으로, 근본적으로 접근 불가능한 것에는 전통적인 불교 우주론에 등장하는 다양한 천신들의 수명이나, 행위와 그 결과 사이의 정확한 인과관계와 같은 주제가 포함된다. 이러한 사실들은 인간의 이성으로는 접근할 수 없어서, 이를 알려면 한낱 인간보다 더 뛰어난 인지 능력을 가진, 자격을 갖춘 정보

세 등급의 인식론적 거리

63 이러한 맥락에서 다르마끼르띠는 좁은 의미의 경전(*āgama*)과 일반적으로 주석서 및 논서(論)를 의미하는 *śāstra* 사이에 구분을 두지 않는다는 점에 주목할 필요가 있다. 양자의 신뢰성을 평가하는 데 동일한 절차가 적용되어야 한다는 것이다. Tillemans 2008: 23, n.58 참조.

64 Tillemans 1999a: 30.

제공자(예를 들어, 붓다)에게 의존해야 한다.

원거리 신뢰성에 대한 귀납 논증

경전은 검증될 수 있는 경우에(즉, 지각과 추론에 의해 확증되고 모순되지 않으며, 상충되는 함의를 초래하지 않는 경우에) 옳은 것으로 판명된다. 따라서 그러한 경전은 근본적으로 접근 불가능한 것들에 대해 설할 때도 옳다고 간주되어야 한다고 주장된다. 이 논리에 따르면, 우리가 알 수 있는 한에서 신뢰할 수 있는 자료는, 알 수 있는 것 너머에 있는 것을 고려할 때에도 신뢰할 만하다고 간주되어야 한다는 것이다.

흥미로운 점은 이러한 주장의 연원은 이미 적어도 성천이 활동하던 시기까지 거슬러 올라간다는 데 있다. 그는 자신의 『사백론(四百論, *Catuḥśataka*)』에서 다음과 같이 지적한다.

> 붓다께서 비밀스러운 일에 대해 하신 말씀을 의심하는 자라면, 공성에 의지해 그분 안에서만 확신을 얻어야 한다. 이러한 세계가 보기 어렵다고 생각하는 자는 다른 것들도 모르는 자들이다. 이러한 자들을 따르는 사람들은 아주 오랫동안 미혹에 빠질 것이다.[65]

붓다의 가르침 중 하나인 공성(空性)은 이성에 의해 입증될 수 있고,[66] 공성과 관련하여 붓다가 제시하는 올바른 설명은 우리로 하

---

65 12: 5 – 6: *buddhokteṣu parokṣeṣu jāyate yasya saṃśayaḥ | ihaiva pratyayas tena kartavyaḥ śūnyatāṃ prati || loko 'yaṃ yena durdrṣṭo mūḍha eva paratra saḥ | vañcitās te bhaviṣyanti suciraṃ ye 'nuyānti tam*, Lang 1986: 111 – 12.

66 '존재의 세 가지 표식'(三法印, *trilakṣaṇa*)인 고(苦) · 무상(無常) · 무아(無我)는 나타난 것과 지각 불가능한 것 모두에 포함되어 있으며, 따라서 삼법인이 지각과 이성이 결합된 힘을 통해 접근될 수 있다는 점은 흥미로운 부분이다. 불교 가르침

여금 지각 불가능한 것들에 대한 그의 가르침마저도 믿음을 가지고 받아들일 수 있게 한다.[67] 이것이 여기서의 발상이다. 이러한 접근 방식에 따르면, 다른 자의 교리들은 경험적으로도 적절하지 않다. 그 교리들은 우리가 감각과 추론을 통해 파악할 수 있는 세계도 충실하게 재현하지 못하기 때문에, 이 세상 너머에 대해 발언할 때라면 더더욱 신뢰할 수 없다.

추론 아래 포함되는 경전

이런 식으로 생각해 본다면, 불교 경전은 추론적 방식을 통해 앎을 생산하는 것으로 간주되어야 하고,[68] 그렇기에 경전(*āgama*)

의 '개념적 핵심'이라는 말이 성립된다고 한다면, 삼법인은 그 안에 포함될 수 있는 가장 좋은 후보 중 하나일 것이다. 불교 문헌에서 발견되는, 근본적으로 지각 불가능한 지식의 예들은 가르침의 주변부에 놓여 있다. 해탈을 얻기 위해 꼭 알아야 할 지식은 아닌 것이다.

67 이러한 논증 형태는 가우따마(Gautama)나 바차야나(Vātsyāyana) 같은 니야야의 저자들도 제시한다. 이들은 베다가 경험적으로 검증할 수 있는 문제(의학 지식(*āyurveda*)과 주문(*mantra*)의 효과성 등)에 관해서 신뢰할 수 있기 때문에 경험적이지 않은 문제에 관해서도 신뢰할 수 있다고 주장한다(Tillemans 2008: 32). 베다 텍스트가 이러한 실용적인 문제에 대해 제공하는 정보는 다른 사람들을 돕고자 하는 저자의 선한 의도뿐만 아니라, 이러한 의도를 성공적인 실천으로 전환할 수 있는 능력도 입증하고 있다. 따라서 의학 등과 관련된 문제만큼 쉽게 관찰할 수 없는 문제에 대한 베다의 주장도 마찬가지로 선한 의도와 능력이 결합되어 동기로 작용한다고 여겨져야 한다(Hayes 1984: 652). 하지만 이 입장은 다르마끼르띠의 입장과 다른데, 그가 경전의 권위를 근본적으로 지각 불가능한 문제에만 국한하고자 했던 반면, 니야야는 그렇지 않았기 때문이다. 니야야가 인정하는 네 가지 인식 수단 중 하나인 구두 증언(*śabda*)에는 경전도 포함되는데, 『니야야수뜨라』 1.1.8에 따르면, 이 증언이 경험적 문제에 관한 것이든 비경험적 문제에 관한 것이든 상관없다. 이는 동일한 문제가 이미 지각이나 추론에 의해 해결된 경우에도 경전의 증언이 앎을 제공할 수 있는 가능성을 열어두는데, 이는 다르마끼르띠가 거부하는 가능성이다.

68 다르마끼르띠의 *Pramāṇavārttika* 1: 216 참조. "믿을 수 있는 사람의 진술은 일반적으로 신뢰할 수 있으므로, 그 진술로부터 발생한 인지는 수단적 추론이다", *āptavākyāviṣamvādasāmānyād anumānatā* (Gnoli 1960: 109).

을 추론이라는 인식 수단 아래에 포함시켜야 한다는 것으로 이어지게 된다. 다양한 비불교 학파가 하듯이, 추가적인 인식 수단인 증언(*śabda*)을 상정할 필요가 없다. 붓다가 설한 언설이라는 사실에만 기대어 붓다의 발언을 받아들이는 대신, 우리는 이 붓다가 설한 진술 자체를 추론하기 위해, 붓다의 언설이라는 이 전제로서의 사실과, 이미 붓다의 주장은 권위가 있음이 증명되었다는 사실을 결합할 수 있다.

여러 종류의 추론?

이 시점에서 제기되는 질문은 이 추론이 정확히 어떤 종류의 추론이 될 수 있는가 하는 것이다. 다르마끼르띠의 전형적인 추론 유형은 사물이 세상에 존재하는 방식에 의해 뒷받침되는 추론(*vastubalapravṛtta*), 즉 불과 연기 같은 존재자가 서로 관련되어 있는 방식에 의해 뒷받침되는 추론이다. 경전에 근거한 추론은 이 유형에 속하지 않는 것으로 보이는데, 그 이유는 두 가지 속성이 어떻게 관련되어 있는지가 아니라, 특정 종교 텍스트가 무엇을 말하고 있는지가 추론의 입증 요소로 작용하기 때문이다.

이후 티베트의 주석 전통에서는 이러한 명백한 차이를 최소화하려면, 경전적 추론도 다른 추론과 마찬가지로 고려되어야 한다고 주장한다. 경전적 추론은 단순히 경전 x가, 위에서 언급한 신뢰할 만한 경전의 세 가지 징표를 갖고 있기 때문에, 어떤 (근본적으로 접근 불가능한) 사실 y를 가르치는 데 있어 옳다고 말하는 것으로 받아들여진다. 그렇다면, 그 주제가 이유를 구성하는 속성을 가지고 있는지, 또 필수적인 편재(遍充)가 있는지를 확증하기만 하면 된다. 즉, 세 가지 징표가 있는 경전이라면, 이 경전에 담긴 진술은

참이라는 것이다.[69]

그러나 인도 전통은 경전에 근거한 추론의 지위를 평가할 때 훨씬 더 신중하다. 다르마끼르띠는 경전에 근거한 추론을 본격적인 인식 수단으로 받아들이는 것을 경계하며, 그의 주석가인 샤끼야붓디(Śākyabuddhi)도 사실상 경전에 근거한 추론이 실질적인 인식 수단은 아니라고 주장한다.[70]

붓다의 권위에 호소하는 것에 대한 회의론

붓다의 권위에 근거한 경전적 추론에 회의적인 이유는 붓다와 같은 특정한 인격체가 실제로 해탈에 관한 문제에 있어서 인식 수단이 될 수 있는 속성을 갖고 있는지를 실제로 알 수 있는 사람은 아무도 없기 때문이다. 다르마끼르띠는 그러한 권위를 보장할 수 있는 특정한 정신적 태도는 초감각적(*atīndriya*)이라고 지적한다. 그래서

> 이 정신적 태도는 그로부터 발생하는 신체적 및 음성적 행동으로부터 추론되어야 한다. 그리고 대부분의 행동은 그 행동이 반영하는 정신적 상태와는 다른 방식으로 의도적으로 수행될 수 있다. 왜냐하면 그러한 행동은 원하는 대로 일어나기 때문이며, 다양한 목적을 위해 의도된 행동일 수 있기 때문이다. 따라서 결함과 무결함을 주장하는 추정 증거가 중복된다.[71]

---

69 자세한 논의는 Tillemans 1999b: 37–41, 48, n.4 참조.

70 Dunne 2004: 241.

71 *Svavṛtti* on *Pramāṇavārttika* 1: 218–19: *svaprabhavakāyavāgvyavahārānum eyāḥ syūḥ | vyavahārāś ca prāyaśo buddhipūrvam anyathāpi kartuṃ śakyante puruṣecchāvṛttitvāt teṣāṃ ca citrābhisandhitvāt*, Gnoli 1960: 218–19, Dunne 2004: 244.

나타난 모습은 기만적일 수 있으며, 특정 행동이 나타난다고 해서 그 행동의 원인을 확실히 알 수 있는 것은 아니다.

텍스트의 내적 특징에 호소하는 것에 대한 회의론

종교적 텍스트의 내적 특징에 근거해 경전적 추론을 뒷받침하는 것은 경전적 추론의 지위를 확보하는 데에도 그다지 도움이 되지 않을 것이다. 이에 대한 한 가지 이유는 다르마끼르띠가 경전에 근거한 논증의 기저에 있는 편재에 대해 회의적이라는 사실에 있다. 왜냐하면 단어와 단어가 지칭하는 대상 사이에는 필연적인 관계가 없기 때문이다.[72] 그러나 단어와 그 대상 사이의 연결이 단지 인간의 관습에 의한 것이라면, 경전 구절에 근거한 논증의 힘 또한 부분적으로는 인간의 관습에 근거할 수밖에 없고, 따라서 순전히 사실(*vastubala*)에 근거한다고 볼 수 없는 것이다.

언어의 관습성

귀납법에 대한 회의론

또 다른 이유는 세 가지 특징을 검토하는 것이 귀납 논증이기 때문에, 이로써는 특정한 앎을 전달할 수 없다는 것이다. 어떤 사람이 과거에 신뢰할 수 있었다거나 현재 논의되고 있는 문제가 아닌 다른 문제와 관련하여 신뢰할 수 있다는 사실이, 그 사람이 현재에도 신뢰할 수 있거나 현재 다루고 있는 문제와 관련해서도 신뢰할 수 있다는 것을 의미하지는 않는다.[73] 다르마끼르띠는 낱개의 쌀알들이나 대부분의 쌀알이 익었다고 확정하는 것만으로는 어떤 솥 안의 쌀이 다 익었다고 확정할 수 없다고 지적하면서, 귀

---

72 *Pramāṇavārttika* 1: 213, *Svavṛtti* ad 1:217, Gnoli 1960: 107, 109; Tillemans 1999a: 41–2.

73 샤키야붓디는 자신의 *Pramāṇavārttikaṭīkā*에서 이 점을 매우 분명하게 밝히고 있다. "우리는 사람들이 어떤 대상에 대해서는 속고 있지 않다는 것을 관찰할 수 있지만, 다른 대상에 대해서는 일탈[즉, 사람들이 오류를 범하고 있다는 것]도 관찰한다."(Tillemans 1999a: 50, n.9).

납 논증에 대한 자신의 회의론을 강조한다.[74] 마찬가지로, 지각이나 추론으로 확정할 수 있는 사안과 관련해서는 경전이 옳은지 확인할 수 있지만, 지각이나 추론으로 확정할 수 없는 사안과 관련해서는 경전의 진리성을 보장할 수 없다는 것이다.

경전에 근거한 추론은 객관적일 수 없다

그렇다면, 경전에 근거한 추론의 지위는 무엇일까? 까르나까고민(Karṇakagomin)과 샤끼야붓디 같은 후대의 주석가들은 이러한 추론은 객관적(*vastutas*)이라고 볼 수 없다고 지적한다. (연기에 근거해 불을 추론하는 경우처럼) 추론적 앎의 패러다임 사례와 달리, 이는 사실적 근거로부터 인식적 힘을 끌어내는 것이 아니다. 이는 오히려 이러한 추론을 하는 사람들의 생각에 기인하는 추론이라는 것이다. 왜냐하면 이들은 불교의 길을 따르고자 하기 때문이다.[75]

경전에 의지해야 할 수행상의 필요성

이로부터 드러나는 그림은, 경전의 권위라는 것은 수행자가 수행상의 필요에 따라 영적인 길로 나아가기 위해 의지해야 하는 원천이라는 것처럼 보인다. 붓다가 발견한 해탈의 진리에 이르는 길을 모든 불교도가 스스로 재발견할 필요는 없다. 불교 수행을 하고자 하는 이들은 해탈이라는 목표로 이끄는 다른 길(*agatyā*)[76]이 없기 때문에 경전의 권위에 의지할 수 있고, 또 의지해야만 한다. 이 목표를 열망하는 사람은 "경전이 타당하다는 사실에 의지하지 않고는 나아갈 수 없다".[77] 하지만 인식 수단으로서의 불교

---

74 *Svavṛtti* on *Pramāṇavārttika* 1.13, Tillemans 1999a: 50, n.9.

75 Tillemans 1999a: 43.

76 *Svavṛtti* on *Pramāṇavārttika* 1.217, Tillemans 1999a: 42.

77 *nāyaṃ puruṣo anāśrityāgamaprāmāṇyam āsituṃ samartho*, *Svavṛtti* on *Pramāṇavārttika* 1.213.

경전의 권위를 뒷받침하는, 인간의 이익이나 관심과 동떨어진 객관적인 사실이라는 것은 존재하지 않는다.[78]

믿음의 비약은 필요하지 않다

그렇지만 이것이 경전을 믿음의 도약을 통해 받아들여야 한다는 의미로 이해되어서는 안 되고, 그러한 도약이 불교 경전을 권위 있게 만들고 또한 경전으로부터 도출된 추론을 지지한다는 의미로 이해되어서도 안 된다. 논리-인식론 학파의 견해는, 그저 불교의 길로 들어가기 위해, 증거가 없는 믿음을 받아들이라는 것이 아니다. 이는 오히려 수행자가 되려면, 다른 존재들이 어떤 결과를 얻었고, 어떤 수행을 통해 그런 결과를 얻었으며, 자신도 같은 결과를 얻고자 한다면 같은 수행법을 따라야 한다는 발상을 담고 있다. 마치 자동차 운전을 하고 싶은 사람이 다른 운전자들이 운전 강사와 함께 연습했기 때문에 운전을 할 수 있다는 사실을 관찰하고서 스스로 운전 학원에 등록하는 것과 마찬가지로, 불교 수행자도 경전을 실용적인 근거로 받아들일 것이다.[79] 운전 강습을 받는다고 해서 자동차 운전을 할 수 있다는 보장이 없는 것처럼, 원하는 결과를 얻으리라는 보장은 없다.[80] 그러나 이 목표를

---

78 이러한 견해는 『중관심론송(*Madhyamakahṛdayakārikā*)』 9:19에서 경전(*āgama*)의 지위에 대한 청변의 비판적 언급에 반영된 것으로 보인다. "경전이 중단 없이 전승되어 왔다는 이유만으로 경전의 지위를 갖는다면, [『수뜨라끄리땅가수뜨라(*Sūtrakṛtāṅgasūtra*)』에 열거된 363개의 교리] 모두가 경전임이 입증될 것이다. 참된 것을 간직해야 한다", *saṃpradāyānupachedād āgamasyāgamatvataḥ* | *sarvasyāgamatāsiddheḥkiṃ tattvam iti dhāryatām*, Lindtner 2001. 『중관심론송』의 다양한 장에 대한 판본과 번역에 대한 개관은 Eckel 1992: 243 –4 참조.

79 Tillemans 1999a: 46.

80 이러한 이유로 추론은 결정적이지 않다(*śeṣavat* | 문자 그대로 하면, '남음이 있다'). Eltschinger 2010: 420.

달성할 가능성이 있다면 그것은 바로 경전에 있다. 다르마끼르띠가 말했듯이, "만약 경전에 근거하여 수행한다면, [신뢰할 수 있는 모든 내적 증거를 보여주는 경전에 근거하여] 이런 방식으로 수행하는 편이 더 낫다".[81] 경전에 근거하여 내리는 추론은 사실의 힘(*vastubala*)에 의해 뒷받침되는 것이 아니라, 합리적으로 옹호할 수 있는 선택의 산물이다. 즉, 해당 경전의 세 가지 특징을 확인하는 데 인식적 의무를 다했다는 점에서 신뢰할 수 있는 선택이자, 그럼에도 여전히 오류 가능성이 있는 선택인 것이다.[82]

경전의 권위에 대한 비판적 견해의 역사적 맥락

종교 경전에 대한 이러한 견해는, 다르마끼르띠처럼 불교 가르침의 진리성에 확고히 헌신하는 저자의 시각에서는 상당히 놀라워 보일 수 있다. 하지만 다르마끼르띠가 활동했을 당시의 역사적 및 지적 맥락을 고려하면, 왜 그랬는지 적어도 그 동기의 일부가 더 투명하게 드러난다. 그의 시대는 대부분의 논의가 불교도와 불교도 사이에서 붓다의 언설에 대한 해석을 놓고 세세한 부분을 명확하게 밝히려 노력했던 내부적 교리 논쟁의 시대가 아니었다. 바로 인도의 여러 사상 체계 간에 활발한 논쟁이 벌어지던 시기였고, 불교는 이 논쟁에 동참하는 데 분명 관심을 갖고 있었다. 논쟁에 동참한 동기가 꼭 비불교적[83]이었던 것만은 아닌 것 같다. 고대

---

81 *varam āgamāt pravṛttāv evaṃ pravṛttir iti*, *Svavṛtti* on *Pramāṇavārttika* 1: 217, Gnoli 1960:109 참조.

82 따라서 이러한 논쟁에서 최종 결정권을 가져야 하는 것은 권위가 아니라 이성(*yukti*)이다(Eltschinger 2010: 420).

83 Conze(1962: 256)는 논리학이 "불교의 정신과 상충되기에, 사실상 '수단에 대한 기술'의 발현으로만 용인될 수 있다"고 주장한다. "논리학은 '논쟁에서 적대자를 무찌르기 위해', 또 이를 통해 교단의 재정적 자원을 늘리기 위해 연구되었다. 그 방법

인도의 논쟁 무대에서 토론의 성공이 가져오는 사회적인, 그리고 사실상 물질적인 차원을 부정할 수는 없지만, 불교 저자들은 논쟁에서 자신의 입장을 옹호하기 위해, 특히 아주 근본적인 가정에 동의하지 않는 누군가에 맞서 자신을 입장을 변호하기 위해 논쟁에 참여하는 것이 자신의 논증을 다듬는 데 기회가 된다는 점뿐만 아니라, 논쟁 중인 문제에 대한 자신의 이해도를 높이는 데 도움이 될 수 있다는 점도 알고 있었을 가능성이 높다.

붓다의 권위에 대한 논증의 목적

이 시점이 되면, 우리는 디그나가, 특히 다르마끼르띠가 붓다의 권위를 확립하기 위해 논증의 범위를 확대한 목적이 무엇인지 궁금해질 수 있다. 이들이 경전적 추론을 온전히 실재에 근거하는 추론으로 분류할 수 없다고 결론지었다는 점을 감안한다면 말이다. 붓다에 대한 신뢰가 별도의 인식 수단으로 간주되지 않는다면, 붓다의 신뢰성을 주장하는 이유는 무엇일까? 우리는 세친이 이미 사용한 논증 모형에서 답을 찾을 수 있을지 모르겠다. 불교 문헌이 다양하게 해석될 수 있다는 점을 고려한다면, 하나의 특정한 해석에만 의존할 수는 없는 것이다. 그런데 이와 동시에 붓다가 없었다면, 우리가 알고 있는 불교는 존재하지 않을 것이기 때문에, 붓다의 말씀은 여전히 신뢰할 수 있다고 여겨져야 한다. 세친의 대답은 붓다를 우리가 불완전하게만 접근할 수 있는 완벽한 앎

앎의 완벽한 원천에 대한 불완전한 접근

은 *ahimsā*와 관용의 정신에서 크게 벗어난 것을 의미했다 … ". 그는 이에 더해 다르마끼르띠와 관련하여, "이 학문 분파는 거만하고 자신을 내세우려는 경향이 있는 사람들을 배출한다"고 언급한다. 콘즈의 발언은 디그나가와 다르마끼르띠 시대에 불교가 브라만교 반대자들로부터 받는 압력이 증가했다는 점을 염두에 두고 평가할 필요가 있다. Verardi 2014 참조.

의 원천으로 개념화하는 것이다.[84] 해석이 다양한 이유는 당대의 주석가들의 오류 가능성에 있는 것이지, 그 원천에 있는 것이 아니다. 이들의 주석은 붓다의 메시지에 도달하기 위한 지침으로 사용될 수 있지만, 그 자체로 권위 있다고 자동적으로는 간주될 수 없으며, 지각과 추론에 의해 면밀히 검토되어야 한다. 마찬가지로, 논리-인식론 전통은, 붓다의 말씀에 의존하는 것이 지각과 논증에 호소하는 것을 대체할 수 없다고는 해도, 붓다의 신뢰성을 확립하는 것을 가치 있는 일로 간주했다. 경전에 호소하는 일이 해탈로 가는 지름길이긴 해도, 지각과 논증은 붓다가 획득한 앎이자, 붓다를 해탈로 이끈 앎에 우리가 접근하기 위해 사용해야 할 수단이라는 사실이 여전히 남는다. 이는 논리-인식론 학파의 외재주의적 관점, 즉 그 정당성은 세간에서 인정하는 사실(붓다의 권위성), 그리고 신뢰할 수 있는 확인 형태(경전의 세 가지 표식 등)에 호소하여 인식론적 의무를 수행하는 것, 이 둘의 조합에서 비롯된다고 보는 관점과 잘 맞아떨어진다. 경전에 근거한 추론의 오류 가능성은 결함이 아니라, 세계에 대한 앎을 습득하려 할 때의 일반적인 인식론적 곤경을 반영하는 것이다.

외재주의적 관점과의 조화

논리-인식론 학파의 이중적 성격

따라서 다르마끼르띠와 그의 후계자들이 발전시킨 논리-인식론 학파의 입장은 이중적 성격을 가지고 있음이 분명해진다. 그 중 한 측면은 비불교 학파에 대한 상당한 개방성과 그들과의 논쟁에 참여하려는 열망을 보여준다. 이러한 맥락에서 보면, 대략 7세기까지 인도철학의 여러 학파(또는 나중에 그러한 학파들로 분류될 것들)

---

84 Hayes 1984: 653 - 4.

철학 학파들의 해석

간의 구분이 다소 유동적이었다는 점을 염두에 두는 것이 좋다. 개념이나 개념의 전체 집합을 차용하는 일은 빈번했다.[85] 불교 및 비불교는 상호 간 논의를 주고 받았으며, 이에 따라 논쟁(*vāda*)에 관한 문헌이 발전했다. 니야야는 바이셰시까 범주의 전체 체계를 자신의 설명에 통합했으며, 디그나가는 비불교 문법가인 바르뜨리하리(Bhartṛhari)의 게송 세트를 가져와 몇 단어를 바꾸고는 자신의 귀경게를 추가해 전체 논서를 작성하기까지 했다.[86] 다양한 전통이 서로 철학적인 주고받기를 했던 시기였던 만큼, 다르마끼르띠는 자신의 사상이 불교 전통 밖에서도 중요성을 인정받게 될 가능성을 염두에 두었을지도 모른다. 전체적인 기획이 몇몇 텍스트의 수용에 의존하게 만들지 않는 방식으로, 즉 불교도든 비불교도든 대론자들도 공유할 지각과 추론이라는 인식 수단에 기반하여 검증될 수 있는 방식으로 자신의 사상을 제시함으로써 말이다. 어떤 이들은 다르마끼르띠가 다른 전통에서 받아들여질 가능성을 극대화하기 위해 비불교 전통이 친숙해하고 받아들일 만한 개념을 사용해 인식 수단 이론을 제시했으며, 일부 다른 전통과의 일견 개념적 연속성을 확보하기 위해, 때로는 이 다른 전통에서 사용되는 개념을 활용하면서도 다른 의미를 부여하는 일을 했다고 주장한다.[87] 이는 다르마끼르띠의 텍스트에 대한 '이중 읽기'의 가

비불교도 대중에 대한 영향력을 극대화하기

다르마끼르띠 논증에 대한 '이중 읽기'

---

85 Franco 1997: 38.

86 『삼세의 고찰(*Traikālyaparīkṣā*)』에 대한 논의는 Frauwallner 1982a: 821–8; Houben 1995: 272–324 참조.

87 Franco 1997: ch.2. 비불교 전통에 대한 다르마끼르띠의 이런 식의 접근 방식은 대중부 같은 라이벌 불교 전통에 대한 용수의 접근 방식과 유사하다. pp.114-5 참고.

능한 사례 중 일부일 뿐이다. 다른 경우에는 자신의 입장을 경량부적 해석과 유가행파적 해석 모두 가능한 방식으로 표현하면서, 어떤 이해를 지배적인 것으로 끌어내고 싶은지 결정하는 일은 해석자의 몫으로 남긴다.

다르마끼르띠 저술의 호교론적 특성

이러한 이중적 성격의 다른 측면은 그의 저술 대부분이 분명히 호교론적 특성을 띠고 있다는 데 있는데, 이를 통해 붓다의 권위뿐만 아니라, 사성제, 업의 법칙, 재생, 찰나성, 붓다의 전지성, 본유적 불성의 존재 등 불교 세계관의 기본 주장을 입증하려는 전통을 개시했다. 비불교도들이 그를 거부했던 것에 비해, 불교도들은 그에 대해 정반대의 반응을 보였던 것이 이러한 이유 때문인지는 논란의 여지가 있다. 그런데 분명한 점은 니야야, 바이셰시까, 미망사, 여타의 사상가들이 그의 체계가 가진 장점을 납득한 것이 아니라, 분명 부정적인 반응을 보였다는 것인데, 이러한 반응으로 인해 상대적으로 확고한 철학적 '학파'라는 보다 고정적인 체계를 형성하는 것이 수월했을 수 있다.[88] 일부에서는 논리-인식론 학파의 계보가 열린 철학적 탐구의 방향에서 점점 더 불교의 정통성을 옹호하는 방향으로 옮겨간 것으로 볼 수 있다고 주장하기도 한다.[89]

부정적 반응

중립성 vs 정통성

디그나가의 인식론은 비교적 중립적인 방식(예를 들어, 의학이나 문법 이론에서 기대할 수 있는 중립성)으로 표현되었지만, 그의 후계자들은 이러한 인식론적 개념들을 불교 교리와 더욱 통합하는 쪽으로 계속 나아가면서, 이 개념들을 핵심적인 불교 신념의 타당성을 확

88 Franco 1997: 38.

89 Hayes 1984: 665–6.

립하는 도구로 사용했다. 이런 해석의 기저에 깔린 "진정 공평 무사한 철학적 탐구"[90]라는 개념이 고대 인도 사상을 이해하는 데 유용한 개념인지는 적어도 내게는 의문스러워 보인다. 다만 철학적 탐구를 제시하면서 인식론적·논리적·교리적 문제들을 서로 연결시키는 방식은 비불교 철학자들로부터 공감적 이해를 얻는 데는 도움이 되지 않았을 가능성이 높다. 다르마끼르띠의 『양평석』 첫 게송과 마지막 게송은 그의 저술이 비불교도 동시대인들 사이에서 제한된 성공을 거두었다는 사실을 반영하고 있는 것으로 보인다. 그는 흔한 것에 집착하는 범부들은 이해력이 제한되어 있으며, 그렇기에 자신의 사상에 담긴 심오함을 파악할 수 없다고 지적한다. 바닷물이 그렇듯, 그의 저술은 그 누구에게도 흡수되지 않은 채, 그 자체로 남아 있을 것이다.[91]

b. 요가 수행자의 지각

디그나가는 요가 수행자의 지각을 지각의 한 종류로 아주 간략하게 언급하는데, 그에 따르면 스승의 가르침과 관련이 없고

---

90 Hayes 1984: 666.

91 Frauwallner 1982b: 685–6. 프라우발너는 이러한 실망감이, 다르마끼르띠가 『양평석』을 불완전한 채로 남겼다는 사실 때문일 수 있다고 추측한다. 다르마끼르띠의 저작으로 여겨지기도 하는, 이와 비슷한 우울한 분위기의 한 시에 대해서는 Franco 1997: 39 참조. 시인 다르마끼르띠가 철학자 다르마끼르띠와 동일한지 여부는 논쟁의 여지가 있지만, 그의 시 중 일부는 불교의 철학적 사상을 확실히 잘 알고 있음을 보여준다(예를 들어, Brough 1968: 134 참조).

(*avyatibhinna*),[92] 사물을 있는 그대로(*arthamātra*) 지각하는 지각의 한 형태로 규정된다. 주석가 지넨드라붓디는 이 후자의 구절을 "그릇된 가탁 없이"[93]라고 설명한다. 다르마끼르띠는 요가 수행자의 지각(*yogipratyakṣa*)에 대한 이 간결한 규정을 확장하여, 이를 가행(加行, *prakarṣa*)과 변제(邊際, *paryanta*)로 시작되는 3단계 과정의 마지막 단계로 설명한다.[94] 첫 번째 단계인 가행은 명상 수행자가 명상의 대상을 끊임없이 마음 앞에 가져오는 일로 구성된다. 그 결과, 명상의 대상은 명상 수행자의 마음에 점점 더 생생하게 나타나게 되는데, 변제 단계에 이르러 명상의 대상은 감각으로 지각한 것만큼 생생하게 나타날 때까지, 점점 더 생생하게 마음에 나타난다. 세 번째 단계인 요가 수행자의 지각은 대상의 외현이 감각 지각과 동일한 수준의 생생함에 도달했을 때 얻게 된다.

사물을 있는 그대로 지각하기

요가 수행자의 지각에 대한 설명은 거의 모든 인도철학 전통에서 찾아볼 수 있으며, 종종 멀리서 일어난 일을 보는 것과 같은 인식적 초능력의 형태를 띠기도 한다. 바이셰시까 체계에서 요가 수행자의 지각은 수행자가 바이셰시까의 존재론·성질·행위·보편자 등의 범주를 직접적으로 대면할 수 있게 해준다.[95] 따라서 요

인식적 초능력으로서의 요가 수행자의 지각

---

92 Hayes(1984: 655–6)는 이 조건을 디그나가의 '일반적으로 경전에 대한 의심'의 표현으로 본다. 스승의 가르침은 언제나 우리가 실재를 지각하는 방식에 영향을 미치며, 요가 수행자의 지각은 이를 넘어서서 교리적으로 구성된 개념적 덧씌우개의 영향 없이 현상을 경험할 수 있게 해주는 것으로 여겨진다. 이 조건은 붓다의 가르침을 비롯해 모든 가르침을 포함하는 것으로 보인다.

93 *mātraśabdo' dhyāropitārthavyavacchedārthaḥ*, Torella 2012: 474.

94 Woo 2003: 440.

95 Isaacson 1993: 146–7.

가 수행자의 지각은 우리의 감각으로는 너무 미묘하여 파악할 수 없는 실재의 측면을 인식할 수 있게 해주는 일종의 강화된 지각으로, 현미경이 아주 작은 사물을 볼 수 있게 해주거나 망원경이 멀리 있는 사물을 볼 수 있게 해주는 것과 유사하다. 이러한 인식적 초능력이 권위 있는 이유는 우리 주변 세계의 매우 미묘하지만 실재하는 특징을 감지하기 때문이다. 하지만 이는 다르마끼르띠가 말하는 요가 수행자의 지각이 아니다. 그가 보기에 요가 수행자의 지각은 인식적 초능력[96]이나 존재의 기저에 깔린 본성에 대한 신비적 직관이 아니며, 또한 이 세상에 존재하는 찰나적인 개별자를 향한 것도 아닌, 개념을 향해 있는 것이다. 개념은 명상 수행자가 생생한 방식으로 마음에 떠올리려고 하는 것이다. 그런데 다르마끼르띠에게 개념은 탁월한 비실재적 대상이다. 또한 주목해야 할 점은 다르마끼르띠가 요가 수행자의 지각을 다른 인지적 상태도 놓일 수 있는 연속체의 일부로 보고 있다는 것이다. 그는 다음처럼 지적한다, "명상의 힘에 의해 생생하게 나타나는, 신뢰할 수 있는 -[꿈에서 본 것에 의해 유발되는] 두려움 등의 사례와 유사한- 인식은 지각이지, 개념적인 것이 아니다."[97] 다르마끼르띠는 이러한

다르마끼르띠: 개념을 향해 있는 것

96 다르마끼르띠는 그러한 힘들이 해탈을 구하는 일과 관련이 있다는 데 대해 매우 비판적이다. 그는 『양평석』 2: 31 -2에서 지적하기로, "해탈을 열망하는 사람은 마치 독수리처럼 멀리 있는 것이나, 심지어 벌레가 전부 몇 마리인지(*kīṭasaṃkhyā*)까지 그 모든 것을 지각하는 자(*sarvasya vedakaḥ*)를 찾아서는 안 된다"(Miyasaka 1971 -2: 8; Eltschinger 2010: 421).

97 *Pramāṇaviniścaya* 1.28: *bhāvanābalataḥ spaṣṭaṃ bhayādāviva bhāsate | yaj jñānam avisaṃ vādi tat pratyakṣam akalpakam*, Steinkellner 2007: 27. 어떻게 요가 수행자의 지각이 개념적인 것과 비개념적인 것 둘 모두로 향해 있을 수 있는지는 분명 다소 혼란스럽다. 한 가지 가능한 답은 요가 수행자의 지각의 생생함이 (감

맥락에서 생생하게 나타난다는 것이 무엇을 의미하는지 더 많은 예를 들어 설명한다. "욕망·슬픔·두려움으로 인한 교란과 같은 [상태에] 혼란스러워하거나, 도둑이 든 꿈 등으로 혼란스러워하는 사람들은 비록 실재하는 것은 아니지만, 마치 눈앞에 있는 듯이 이 사태를 본다."[98] 이 예에서 흥미로운 점은 요가 수행자의 지각이 분명 망상 상태의 의식과 그 특징을 공유할 수 있음을 시사하는 것처럼 보인다는 데 있다.[99] 자신이 사랑하는 사람의 모습에 강렬하게 집중하는 연인은 마침내 그녀가 눈앞에 서 있는 듯 생생하게 볼 수 있을지도 모르는데, 이 사실이 요가 수행자의 지각과 어떤 관련이 있을까?[100] 만약 요가 수행자의 지각이 꿈속의 도둑이나 낭만적 환상보다 더 실재하지 않는 대상을 향해 있고, 더구나 온갖 불건전하고 기만적인 마음 상태와도 공유하는 생생함을 그 특징으로 한다면, 이를 어느 정도까지 인식 수단으로 간주할 수 있을까? 이 점이 바로 꾸마릴라(Kumārila)와 같은 미망사 철학자들이, 불교가 생각하는 요가 수행자의 지각 개념에 대해 제기한 비

요가 수행자의 지각과 마음의 망상 상태

요가 수행자의 지각에 대한 미망사의 비판

각적 지각처럼) 개념적 구성이 없는 인지에 포함된다는 것이다(Woo 2003: 443). 또 다른 가능성은, 예를 들어 고성제에 대한 요가 수행자의 지각은 각각의 자상(*svalakṣaṇa*)에 현전해 있는 괴로움의 사례(속성-특수자로 이해됨)를 지각하는 것이라고 지적하는 것이다. 괴로움(苦)이라는 공상(*sāmanyalakṣaṇa*) 혹은 대상 일반에 의존하지 않고 말이다. 따라서 요가 수행자의 지각은 비개념적일 수 있고 또 그렇지만 고성제에 의해 개념적으로 표현되는 것을 향해 있을 수도 있다.

98 *Pramāṇaviniścaya* 1.29: *kāmaśokabhayonmādacaurasvapnādyupaplutāḥ* | *abhūtān api paśyanti purato 'vasthitān iva*, Vetter 1966: 74, note 3; Steinkellner 2007: 28; Dunne 2006: 517.

99 Dunne(2006: 497)이 지적하듯이, 요가 수행자의 지각은 "현상학적으로 볼 때 환각과 유사하다".

100 Kajiyama 1998: 54, n.124 참조.

판이다. 요가 수행자의 지각이 무언가를 희망하거나 무언가를 기억하는 식으로 정신적 대상에 향해 있는 것이라면, 어떻게 인식론적으로 권위가 있다고 간주될 수 있을까?[101]

요가 수행자의 지각이라는 개념이 미망사 학파와 디그나가 및 다르마끼르띠 학파 간의 대론에서 뜨거운 논쟁거리가 된 것은 전혀 놀라운 일이 아니다. 미망사 학파의 주요 목표는 베다 계시의 권위를 옹호하는 일이었는데, 이 계시서는 저자가 없는 기원으로 인해 명백히 비인간적 지위로부터 그 권위를 얻는다고 여겨지는 일련의 텍스트로 받아들여졌다. 그리고 만약 인간의 인식 능력이 요가 수행자의 지각 개념이 구상하는 방식으로 향상되어 이전에는 숨겨져 있는 것에 접근할 수 있게 된다면, 베다 계시의 정당성이 위협받는 것처럼 보일 수 있다.[102] 요가 수행자의 지각은 지각과 추론의 범위를 넘어서 있는 것에 대한 인식적 접근을 가능하게 하는 수단을 제공할 것이며, 이 경우 베다 계시는 더 이상 이 근본적으로 다른 영역에 대한 유일한 해석자로 간주될 수 없을 것이다. 반대로 요가 수행자의 계시는 계시에 의존하지 않는, 해탈을 가져다 주는 앎(解脫智)에 이르는 길을 열어주는 것으로, 이는 베다 계시를 그러한 앎에 이르는 유일한 길로 간주하는 미망사 같은 학파와 긴장 관계에 있는 입장이다.

다르마끼르띠가 보기에, 요가 수행자의 지각의 권위가 비롯

101 Woo 2003: 441. 또한 대론자도 바로 이 점을 지적하고 있는데, 이에 대해서는 Kajiyama 1998: 54 참조.

102 Torella 2012: 473, 477 참조.

되는 원천이 이 지각을 통해 세계를 가장 근본적인 수준에서 올바르게 이해한다는 사실에 있을 수 없다는 것은 분명하다. 요가 수행자의 지각을 세계 구조의 가장 근본적인 측면에 접근하는 수단으로 여기는 바이셰시까와 달리, 다르마끼르띠의 생각에 따르면 요가 수행자의 지각은 세계의 궁극적인 특성을 드러냄으로써 그 타당성이 검증되는 것이 아니다. 그래서 우리는 요가 수행자의 지각이 어쨌든 오류가 없다(*abhrānta*)는 점을 설명할 다른 방법을 찾아야 한다. 그 타당성 검증은 요가 수행자가 가진 지각의 목표를 통해 이루어진다. 이 목표는 물론 해탈을 획득하는 것이며, 요가 수행자의 지각이 인식론적으로 권위 있는 것으로 여겨지는 이유는 이 같은 결과를 낳을 수 있는 능력 때문이다.[103] 따라서 요가 수행자의 지각과 위에서 언급한 생생하게 나타나는 꿈이나 환상 사이에는 그 **종류**에 있어서는 차이가 없지만, 그 결과에 있어서는 차이가 있다. 꿈이나 환상은 우리를 점점 더 윤회에 깊이 가두는 반면, 요가 수행자의 지각은 이로부터 탈출할 수 있는 방법을 제공한다. 이러한 사실은 요가 수행자의 지각만 따로 놓고 볼 때, 구제론적 효과에 영향을 미친다.

요가 수행자의 지각에 대한 타당성 검증

만약 요가 수행자의 지각이 우리를 세계의 기본 구조에 연결시켜서가 아니라, 해탈을 성취하는 데 효과적이라서 그 권위를 획득한다면, 수행자는 자신이 올바른 종류의 요가 수행자의 지각에,

요가 수행자의 지각은 올바른 방향을 향해 있어야 한다

103 여기서는 다르마끼르띠의 체계에서 인과적 효과성이 중요한 역할을 하는 또 다른 예를 볼 수 있다. 설일체유부 아비달마에서 *karitrā*는 실재하는 것과 존재하는 것 모두를 나타내지만, 여기서 *arthakriyākāritva*는 실재하는 것의 징표이자, 요가 수행자의 지각에 권위성이라는 특징을 부여하는 것이다.

즉 올바른 종류의 대상(다르마끼르띠가 주로 언급하는 예는 사성제)을 향하고 있는 요가 수행자의 지각에 종사하고 있는지 확인해야 한다. 요가 수행자의 지각이 올바르게 향해 있어야 할 대상에 대한 이러한 지침은 이전 권위자들의 가르침에서 나와야 하고, 따라서 궁극적으로는 붓다의 권위에서 나와야 한다. 그러므로 요가 수행자의 지각은 그 자체만으로는 해탈을 가져다주는 통찰(解脫智)을 일으키는 데 충분하다고 간주될 수 없다. 이러한 효과를 얻기 위해서는 경전적 권위와 결합되어야 한다.

디그나가와 다르마끼르띠 철학을 분류하는 방법

디그나가와 다르마끼르띠는 별개의 학파를 형성했을까?

인도의 불교철학을 학파로 구분하는 것은 기껏해야 복잡한 논쟁의 장 사이로 어떤 개념적 참호를 팔 수 있게 해주는 해석학적 장치로 이해해야지, 인도 사상가들 스스로가 곧이곧대로 따랐을 어떤 교리적 충성심의 체계로 이해해서는 안 된다고 앞에서 언급한 바 있다.[104] 이는 특히 디그나가와 다르마끼르띠의 경우에서 두드러진다. 현대의 연구자들은 이를 두고 '논리-인식론 학파'라고 부르기도 하지만, 고대 인도에서는 이 학파에 이름이 없었으며('*pramāṇavāda*'라는 용어는 현대에 만들어졌다), 또 디그나가, 다르마끼르띠, 그 추종자들이 스스로를 다른 학파와 구별되는 특정 불교 사

---

104 Hayes 1986: 167–8.

상 학파의 일원으로 여겼는지 여부는 매우 불분명하다. 이들은 분명 별도의 계통을 형성하지 않았으며, (적어도 자신들의 관점에서 고려할 때) 교리적으로 구별되는지조차 불분명하다.[105] 학설사가들은 때때로 이 사상가들을 '유가행경량부'(Yogācāra-Sautrāntika)(자세한 내용은 아래 참조)라는 이상한 별칭으로 분류하는데, 이는 이들이 근본적으로 새로운 입장을 옹호했다기보다는, 특정 아비달마와 대승적 신념을 결합시켰다는 것을 보여준다.

다르마끼르띠는 어떤 유형의 사상가였을까?

다르마끼르띠의 사상을 인도불교 사상의 다른 학파와 관련지어가며 분류하는 일은 매우 복잡한 작업으로 악명이 높다. 어떤 이들은 그를 경량부에 포함시켜야 한다고 (따라서 아비달마 전통에 속해야 한다고) 주장하기도 한다.[106] 이 주장의 난점 중 하나는 경량부가 무엇을 의미하는지가 명확하지 않다는 데 있다. 이 학파의 문헌은 전해지지 않는다. 경량부의 견해에 대한 약간의 정보는 라이벌 전통의 자료에서 얻을 수도 있다. 하지만 가장 상세한 정보가 세친의 『아비달마구사론』에서 나온 것인데, 위에서 언급했듯이 이 정보가 세친 이전의 경량부 입장을 충실히 대표한다고 볼 수 있을지는 의문스럽다.

경량부?

다르마끼르띠와 대승 학파

다르마끼르띠의 저술에서 대승의 정취를 명시적으로 전하는 내용[107]은 거의 없지만, 유가행파의 메시지를 명확히 전하는 부분

---

105 주목할 만한 점은 아비달마 · 중관학파 · 유가행파 각각은 자신들이 특정한 불교 경전들의 가르침을 설명한다고 여겼지만, 논리-인식론 학파에는 그러한 관련 텍스트들이 없다는 사실이다.

106 Singh 1984, 1995 및 전자를 매우 비판적으로 검토한 Hayes 1984 참조.

107 주요 대승 경전들을 인용하고, 보살의 이상을 논의하며, 수행의 목표로 아라한과가

은 분명히 있다. 예를 들면, 그는 『양평석』의 「지각(*pratyakṣa*)」 장[108]에서 지각자와 지각 대상이 궁극적으로 동일하다는 점을 논의하는데, 이 견해는 궁극적 실재가 단지 마음일 뿐(*vijñaptimātra*)이라는 견해로 이어진다.[109] 서력기원 원년부터 천 년 동안 시기의 말에서 이후 천 년 동안의 시기 초에 살았던 지따리(Jitāri)와 목샤까라굽따(Mokṣākaragupta) 같은 후대 주석가들은 다르마끼르띠를 중관학자로 간주하며,[110] 또한 그를 딴뜨라 수행자로 간주하는 전통 기록도 있다.[111] 이제 이렇게 보면, 모든 불교 학파가 그와 연관되어 있는 것처럼 보인다. 사실 이 문제를 해결하려는 목적은 다르마끼르띠를 어떤 상자에 넣어야 할지 결정하려는 것이 아니라(결국, 이러한 학파들의 성격이 유동적인 데다가, 대부분의 인도 불교 철학자들이 어느 한 학파의 일원임을 스스로 규정하지 않기 때문에, 다르마끼르띠 사상에 대한 중요한 통찰을 얻을 수 있는 방법은 그리 많지 않을 것이다), 이러저러한 학파에 귀속시키는 데 근거가 되는, 모순되는 듯한 입장들이 어째서 다르마끼르띠의 체계 내에 편입되어 있는지 설명할 방법을 찾는

아닌 전지한 불과에 집중하는 일 등.

108 3: 320 – 73, 532 – 5(Miyasaka 1971 – 2: 84 – 90, 110).

109 예를 들어, Dreyfus and Lindtner 1989: 27 – 52 참조. 위에서(pp.176-80, 400-4) 언급했듯이, 경량부와 유가행파를 동일한 철학적 궤적상의 지점에 위치시킨 사례가 있다. 티베트의 학설강요서 문헌에서는 때때로 경량부를 유가행파 및 다르마끼르띠 체계 모두와 연관시킨다. 경량부를 '경전을 따르는'(*lung gi rjes su 'brangs pa*) 자들과 '추론을 따르는'(*rigs pa'i rje su 'brangs pa*) 자들로 구분함으로써 말이다. 전자의 구분은 세친의 저작에 근거하는 것이고, 후자의 구분은 다르마끼르띠의 저작에 근거하는 것이다(Geshe Lhundup Sopa and Hopkins 1976: 92, Klein 1991: 22 – 3, Jackson 1993: 112).

110 Steinkellner 1990.

111 Tsonawa 1985: 49, Jackson 1993: 113.

데 있다. 모순을 보여주는 가장 강력한 사례는 다르마끼르띠의 입장을 아비달마 및 유가행파의 관점과 연관시키는 것인데, 그렇지만 어떻게 일관된 체계가 이 둘 다를 포함할 수 있을까? 어떻게 경량부로서 마음으로부터 독립적인 대상의 존재를 받아들이면서도 그러한 것들을 바로 부정하는 유가행파가 될 수 있을까?

아비달마 합의

다르마끼르띠의 설명 중 많은 부분에서 아비달마의 정취가 느껴지는 이유 중 하나는 그가 이 입장을 불교 사상에서 갈라져 나온 여러 가닥의 최저 공통분모로 여겼기 때문이다. 아비달마 학파들은 서로 의견을 달리하는 지점이 있긴 하지만, 이들의 신념이 교차하는 지점은 다양한 불교 학파가 공유하는 기본적인 교리적 가정들의 상당 부분을 차지한다.[112] 이런 점에서 볼 때, 다르마끼르띠는 대중들이 공유하지 않을 수도 있을뿐더러, 더 나아가 고려 중인 논쟁의 성공과 무관한 대승적 또는 딴뜨라적 신념에 대중들을 노출시켜 어느 정도 관심을 끄는 방식으로 그 기본적인 교리적 가정들을 공식화함으로써 자신의 철학적 입장에 최대한의 동의를 얻으려 노력했던 것일지도 모른다. 이러한 직관은 최근 다르마끼르띠에게 일련의 '차등적 분석 척도'[113]를 부여하면서 더 상세히 설명되었다. 이 기법을 통해 어떻게 철학자가 전반적인 비일관성에 빠지지 않으면서 서로 모순되는 일련의 다양한 입장을 동시에 취할 수 있는지를 설명할 수 있다. 이것의 핵심 아이디어는 불

'차등적 분석 척도'

112 아비달마의 형이상학적 토대주의를 공유하지 않는 중관학파를 제외한다면 말이다. 하지만 여기에서도 아비달마의 형이상학적 분석이 세속적 진리의 수준에만 국한된 것으로 생각할 가능성은 여전히 열려 있다.

113 Dunne 2004: 53 – 79. 이 용어는 McClintock 2003에서 처음 도입되었다.

교 철학자들에게 복수의 이론들은 철학적 정확성과 구제론적 효용성 측면에서 각기 다를 수 있고, 실제로도 종종 다르다는 것이다. 비록 서로 부합하지 않는 두 이론 중 하나가 철학적으로는 더 정확하더라도, 다른 하나가 특정 대중을 해탈에 더 가깝게 이끄는 데는 더 성공적일 수 있다. 예를 들자면, 첫 번째 이론이 사용하는 개념적 자원이 대중의 이해력의 범위를 넘어서기 때문이다. 이러한 이유로 모순을 방지하기 위해 두 이론을 동시에 같은 대중에게는 결코 가르치지 않겠지만, 한 철학자의 전반적인 설명에는 포함될 수 있다.

차등적 가르침

'차등적 가르침'(*anuśāsana*)이라는 개념은 불교 사상에서 오랜 역사를 지니고 있는데, 이는 붓다의 교설 중 확정적인(*nītārtha*) 가르침이라고 간주되는 것과 맥락에 따른 해석이 필요한(*neyārtha*) 가르침이라고 간주되는 것을 나누던 아주 초기의 구별로 거슬러 올라간다. 용수의 『근본중송』 게송18:8("모든 것은 그러하거나, 그렇지 않거나, 그러하면서도 그렇지 않거나, 그렇지도 않고 그렇지 않지도 않다. 이것이 바로 붓다의 가르침이다")[114]은 일반적으로 네 가지 서로 다른 정교함의 수준을 보여주는 이론의 예로 간주된다.[115] 용수는 자신의 『보행왕정론(*Ratnāvalī*)』에서 제자들의 지적 역량이 각기 다르기 때문에 일부 제자들에게는 알파벳과 같은 기초적인 것조차

---

114 *sarvaṃ tathyaṃ na vā tathyaṃ tathyaṃ cātathyam eva ca | naivātathyaṃ naiva tathyam etad buddhānusāsanaṃ* (一切實非實 亦實亦非實 非實非非實 是名諸佛法).

115 Ruegg 1977: 5 – 7 참조. 용수의 차등적 가르침에 대한 자세한 언급은 그의 『보행왕정론』 3:94 – 6과 『육십송여리론』 30에서 찾아볼 수 있다.

도 가르치는 문법학자에 붓다를 비유한다.[116] 적천(Śāntideva)은 자신의 『입보리행론(*Bodhicaryāvatāra*)』에서 범부의 관점은 요가 수행자의 관점에 의해 반박되고, 이는 다시 더 높은 요가 수행자의 관점에 의해 반박된다는 점을 지적하면서 순차적으로 더욱 정교해지는 철학적 입장의 위계 관계를 명시적으로 언급한다.[117] 따라서 붓다들은 위계 사슬 아래에 있는 이론을 설명할 때, 개념적으로 덜 세련된 대중을 위해서 자신들의 더 세련된 지각을 단순화하려고 "한쪽 눈을 감는다".[118]

네 가지 수준의 철학적 분석

다르마끼르띠의 접근 방식을 설명하려면, 정교함이 높아지는 순서대로 네 가지 수준의 철학적 분석을 구분할 필요가 있다.[119]

1. 범속한 존재

가장 낮은 수준에서는 일상의, **깨닫지 못한 존재들의 관점**에서 시작한다. 이들의 세계관은 대체로 실용적으로 잘 작동한다는 점에서 과실이 있다고 할 수는 없다. 즉, 세계와 성공적으로 상호작용할 수 있게 해주는 것이다. 하지만 철학적 관점에서 볼 때, 이 세계관은 인격체의 경우뿐만 아니라, 여타 현상의 경우에도 존재하지

---

116 *yathaiva vaiyākaraṇo mātṛkām api pāṭhayet | buddho 'vadat tathā dharmaṃ vineyānāṃ yathākṣamam* (如毘伽羅論 先教學字母 佛立教如此 約受化根性), Hahn 1982a: 128.

117 9:3b－4a *tatra prākṛtako loko yogilokena bādhyate | bādhyante dhīviśeṣeṇa yogino 'pyuttarottaraiḥ*, Vaidya 1988: 183－5.

118 다르마끼르띠는 『양평석』 3: 219에서 다음처럼 지적했다. "그러므로 부처님들은 궁극적인 것을 외면하려고 코끼리처럼 한쪽 눈을 감고서 그저 세속적 개념에 따라 외부 대상과 관련된 이론을 전하신다", *tad upekṣitatattvārthaiḥ kṛtvā gajanimīlana | kevalaṃ lokabuddhyaiva bāhyacintā pratanyate* (Miyasaka 1971－2: 70).

119 여기서의 설명은 Dreyfus 1997: 98－9와 Dunne 2004: 53－79을 따른다.

않는 실체적 자아를 잘못 가탁하는, 유신견(有身見, *satkāyadṛṣṭi*)이라는 가장 큰 과실을 그 특징으로 하기 때문에 미진한 점이 많다.

2. 환원주의 이 척도의 두 번째 수준에서는 아비달마에서 예시하고 있는 **환원주의적 견해**에 도달하게 된다. 인격체뿐만 아니라 여타의 부분을 가지는 대상들도 분석해 보면, 궁극적으로 실재하는 것의 집합체, 즉 근본적으로 존재하는 법들의 집합체 위에 놓인 편리한 언어적 명칭에 지나지 않는 것으로 밝혀진다. 이 수준에서는 일부 요소가 여전히 공간적, 시간적, 개념적 연장이라는 특징을 띤다. 색깔과 같은 일부 대상은 공간적으로 퍼져 있고, 일부 대상은 시간적 연장을 가지며, 가장 중요한 것은 대상의 일부 속성이 여러 예화들에 걸쳐 공유된다는 것이다. 즉 모든 땅-원자들(地大)은 딱딱하고, 모든 물-원자들(水大)은 축축하다는 식이다.[120] 대체로 이러한 관점은 세친의 『아비달마구사론』에서 볼 수 있는 설일체유부의 관점과 일치한다.

3. 특수주의 세 번째 수준에서는 환원주의적 관점이 **특수주의**의 한 형태가 되면서 더욱 세련화된다. 이 입장에 따르면, 세 가지 형태의 연장이라는 것은 모두 인지적 오류의 산물로 간주되기 때문에 포기된다. 우리가 대상을 공간적으로 연장되어 있다고 지각하는 것은 대상의 정신적 이미지가 가진 성질을 정신적 이미지를 발생시키는 것의 성질과 혼동하기 때문이다. 시간적 연장을 가진다는 가정은 우리의 지각 체계의 느린 속도에서 비롯된 오류다. 우리는 사물이 변한다는 표식인 빠른 연속을 따라잡을 수 없기 때문에, 하나의 인과적 사슬의 일부를 구성하는 다양한 연속적 현상

---

120 Dunne 2004: 57 – 8, 70 – 1.

을 한데 묶어 시간적으로 존속하는 하나의 대상으로 해석할 뿐이다. 공유되는 대상 일반 또는 대상-유형의 경우에도 마찬가지다. 모든 특수자는 다른 어떤 특수자와도 다르지만, 우리는 종종 서로 다른 사물들 간의 차이를 새기지 못한다. 시간적 해상도의 경우와 마찬가지로, 우리의 개념적 해상도가 상대적으로 조야하기 때문에, 유사하긴 해도 서로 다른 사물들을 한데 묶는 것이다. 그래서 세상에는 서로 구별되는 땅-원자 같은 다양한 것들만 존재한다는 사실에도 불구하고, 우리는 모종의 유사성을 이유로, 그것들을 한데 묶어 모두 동일한 대상-유형을 예화한다고 주장한다. 이러한 견해는 종종 경량부적 입장으로 불리며, 모든 대상의 극히 단명하는 본성을 강조하면서 이를 정당화하는 것처럼 보인다. 그렇지만 앞서 언급했듯이, 경량부의 이러한 형태, 즉 세친이 언급한 형태와 세친 이전의 출처에서 나온 형태를 정확히 구분하는 것은 어려운 일이다.[121] 이 특수주의적 입장은 다르마끼르띠가 대부분의 논증을 구성하는 철학적 입장이다. 이는 흥미로운 사실이다. 왜냐하면 이 입장은 그의 최종 견해를 대표하는 것이 아니기 때문이다. 즉, 이는 그가 어떤 식으로든 결함이 있는 여러 가지 다른 입장들을 다 논의한 후에 지지하고자 했던 입장이 아니다. 철학적 분석을 더 깊이 파고들면 네 번째 수준인 **관념론적 이론에** 도달하게 되는데, 이 이론에 따르면 지각하는 주체와 비물질적인 지각되는 대상 사이의 이원성은 환영에 불과하다. 모든 현상은 단 하나의 본성만

4. 관념론

---

121 경량부의 입장을 정확히 규정할 수 없는 점은 후대의 티베트 주석가들에게도 이어졌다. Dunne(2004: 71)은 우리가 방금 설명한 세 가지 입장 다 '경량부'라는 명칭 아래에 포함되는 사례를 찾을 수 있다고 지적한다.

을 가지고 있으며, 이 본성은 정신적인 것이다. 이 견해와 유가행파의 친연성은 분명해 보이며, 많은 주석가들은 실제로 이를 유가행파의 입장으로 설명한다. 이는 다르마끼르띠가 지지하고자 하는 입장이기는 하지만, 결국 그의 철학적 설명을 지배하는 것은 아니다. 사실 『양평석』에서 그가 자신의 논증의 배경으로 이 입장을 일관되게 사용하는 실질적인 부분은 단 한 곳뿐이다.

네 가지 수준의 역사적 및 체계적 중요성

이처럼 차등적 분석 척도를 따라 네 가지 입장이 차례로 나열되는 순서는 여러 가지 이유로 흥미로운 일이다. 한편으로 이 순서는 실체적 아뜨만을 믿는 비불교도와의 대립에서, 철저한 특수주의의 한 형태인 아비달마적 환원주의를 거쳐, 유가행파의 관념론에 이르기까지 인도불교 사상의 역사적 발전상을 반영하고 있다. 그런데 이 순서는 동시에 더 나은 철학적 이론으로 상승하는 개념적 위계, 또는 더 적은 오류적 가탁(*samāropa*)을 야기하는 견해의 위계다. 아비달마적 환원주의를 통해 실재하지 않는 자아에 대한 그릇된 믿음에 집착하는 것을 어떻게 제거할 수 있는지는 분명하다. 그러나 특수주의 단계에서 주장하듯이, 환원주의자는 여전히 비연장적이고 찰나적이며 완전히 구별되는 특수자들로 이루어진 세계에 공간적, 시간적, 개념적 연장을 덧붙이는(假託) 데 매여 있다. 이를 제거하면 이 남아 있는 가탁으로부터 자유로워지고, 그렇기에 남아 있는 집착의 가능성, 즉 결국 괴로움과 윤회하는 존재에 얽매임을 계속 초래할 집착의 가능성으로부터 자유로워진다. 하지만 관념론자의 관점에서 보면 이것만으로는 충분하지 않다. 외부 대상의 외현이 순수하게 정신적인 현상에 가탁되고, 그럼으로써 특수주의적 그림이 만들어지자마자, 추가적인 가탁이 발생한다. 가탁을 철저하게 제거하려면, 지각하는 주체와 지각되는 대상이라는 그릇된 구분도 없애야 한다.

하나의 일관된 논증 방식이 네 가지 서로 다른 수준을 통과하는 과정의 원동력으로 이해될 수 있다. 이는 불교철학의 역사 전반에 걸쳐 잘 알려진, 같지도 않고 다르지도 않다(不一不異)는 논증이다.[122] 이 논증을 범부의 관점에 적용해 보면, 대상과 그 부분이 같은지 아니면 다른지에 대한 질문으로 시작된다. 이는 이 둘은 동일할 수 없고(이 대상은 하나이고 부분은 여럿이니, 하나의 사물은 모순된 속성을 가질 수 없기 때문이다), 또 이 둘은 상이할 수 없다(전체는 결코 부분과 다른 별개의 존재자로 여길 수 없기 때문이다)는 것이다. 환원주의자는 이를 근거로 전체란 애초에 실재하는 것이 아니라, 개념적으로 구성된 거짓 존재자일 뿐이라는 결론을 내려야 한다고 주장한다. 그런 뒤, 이는 동일한 방식으로, 특수자들과 이것들이 공유한다고 가정되는 속성에 적용될 수 있고, (여기서 핵심 논증은, 개별적인 공유된 속성이라는 것은 영구적이어야 할 것으로, 이는 찰나성의 원칙과 상충된다는 것이다) 또 지각하고 있는 대상과 지각에 적용될 수 있다(만약 이 둘이 구별된다면, 왜 우리는 둘 중 하나 없이는 결코 다른 하나를 만나지 못할까?).[123]

불일불이 논증

불일불이(不一不異) 논증을 적용하는 것을 네 번째 단계인 관념론 앞에서 꼭 멈췄어야 했는지, 아니면 관념론에도 적용되어 다섯 번째 단계로 나아갈 수 있는지, 더 일반적으로는 분석의 **모든** 단계에 적용되어 **어떤** 수준도 최종 견해가 되지 못하게 할 수 있는

122 Tillemans 1983, 1984, Dunne 2004: 63.

123 Chakrabarti 1990.

지 의문이 들 수도 있다. 이 질문은 역사적으로나 체계적으로 흥미로운 문제인 다르마끼르띠의 체계와 중관학파 간의 관계에 관한 문제로 이어지는데, 이에 대해서는 아래에서 다시 다루도록 하겠다.[124]

'차등적 분석 척도' 모델의 특수한 특징

그렇지만 한편으로, 차등적 분석 척도 체계의 또 다른 흥미로운 특징에 주목해 보자. 이 특징은 다르마끼르띠의 경우를 불교 텍스트에 등장하는 철학적 견해들의 역사적-개념적 위계질서 사례와 구별하는 것이다. 다르마끼르띠는 주로 특수주의적 관점에 근거하며(『양평석』의 네 장 중 단 한 장만이 일관되게 관념론적 관점을 취하고 있다), 따라서 자신이 거짓임을 알고 있는 관점에 근거해 주장한다. 이러한 태도는 특이한 부분인데, 관점의 위계에 호소하는 일은 보통 개념적 정교함의 측면에서 저자 자신의 관점을 제일 위에 두도록 하기 위한 것이기 때문이다. 그러나 다르마끼르띠의 경우, 특수주의적 관점은 그의 최종 결론이 아니며, 결국에는 관념론적 관점으로 대체될 필요가 있다. 이러한 태도를 설명할 한 가지 이유는 그가 특수주의적 관점을 가장 낮은 공통분모로, 즉 개념적으로도 정교하고 폭넓게 수용도 될 수 있는 최상의 균형 지점으로 생각했기 때문일 수 있다. 어떤 이들은 이러한 일련의 관점들은 위로 올라갈수록 그 입장이 점점 더 직관에 반한다고 주장한다.[125] 만약 '직관'을 분석 단계마다 차례로 제거되어야 할 개념적 가탁(*samāropa*)으로 이해할 수 있다면, 다르마끼르띠도 이 주장에 동의

특수주의는 다르마끼르띠의 최종 견해가 아니다

124 pp.506-7.

125 Dreyfus 1997: 49, Dunne 2004: 67.

할 것이다. 다르마끼르띠의 시대에는 비불교도 대론자들과 논쟁이 훨씬 더 많이 이루어졌으므로, 자신의 체계에 대한 어느 정도 폭넓은 호소력을 유지하는 것이 공유하는 가정이 없다는 이유로 논의가 처음부터 배제되지 않도록 하는 데 매우 도움이 되었을 것임이 분명하다.

특수주의의 방편적 활용

특수주의적 입장이 다르마끼르띠의 최종 견해가 아니라는 것은 그가 이 체계의 모든 세부 내용을 알고 있을 필요도 없고, 이 체계의 모든 측면을 옹호할 준비가 되어 있을 필요도 없음을 의미한다. 어떤 교사가 엄밀히 따지면 오류가 있음을 알고 있는 어떤 원자 이론으로 물리 현상을 설명하는 경우처럼, 그는 이 이론에 치명적인 반론이 있음을 또는 만족스럽게 해결할 수 없는 측면이 있음을 받아들일 수 있다. 이 같은 이론에 바탕해 설명을 한다고 할 때 중요한 점은 이 이론이 세계의 존재 방식에 대해 완전히 옳다는 것이 아니라, 우리를 다음 단계의 이해로 인도한다는 점이다.

인과성의 실재성에 대한 다르마끼르띠의 관점

인과성은 다르마끼르띠의 철학 체계에서 중심적인 역할을 한다. 인과성은 실재의 표식으로 기능하는 단 하나의 속성이다. 우리가 생각하거나 이야기하는 많은 것들 중 어떤 것을 존재론적으로 진지하게 받아들여야 하는가에 대한 질문에 답할 때, 다르마끼르띠는 다른 것에 영향을 미치고 변화를 일으키는 존재자를 찾는다.

하지만 인과관계 자체의 지위는 어떨까? 다르마끼르띠의 체계에서 인과관계가 차지하는 중심적인 역할을 고려하면, 우리는 인과관계 그 자체가 실재로 여겨진다고 가정해야 할 것이다. 흥미롭게도 이는 사실이 아니다. 인과관계도 일반적으로 다른 모든 대상 일반과 마찬가지의 방식으로 다르마끼르띠의 비판을 받는다.

인과관계에 대한 비판

126 관계라는 것도 붉음(赤色性) 또는 무거움(重性)과 같은 대상-유형과 마찬가지 방식으로, 같지도 않고 다르지도 않다(不一不異)는 논증의 비판을 받는다. 다르마끼르띠는 자신의 『양평석자주(*Pramāṇavārttika-svavṛtti*)』[127]에서 두 대상 사이의 관계가 이 두 대상과 동일한지 아니면 구별되는지를 묻는다. 어느 쪽을 선택해도 문제가 일어나기 때문에, 이는 관계라는 것이 설 자리가 없는, 특수자들만의 엄격한 존재론적 그림을 강화한다. 이로 인해 흥미로운 변증법적 상황이 발생한다. 특수주의적 그림이 실재하는 특수자와 실재하지 않는 대상 일반을 존재론적으로 구별하는 주된 이유는 인과적 힘의 차이에 있다. 그러나 만약 인과관계가 특수주의자 자신의 체계에 비추어볼 때 실재하지 않는다면, 어떻게 바로 그 자체의 체계를 확립하기 위해서 인과관계에 호소할 수 있을까? (단순히 다르마끼르띠의 체계가 일관성이 없다고 말하는 것과는 별개로) 이 퍼즐을 해결하는 한 가지 방법은 차등적 분석 척도 체계를 고려할 때, 다르마끼르띠가 일관성이 없다는 이유로 행해지는 비난에 대해 특수주의의 입장을 방어할 의무가 없다는 점을 지적하는 것이다. 실제로 그는 우리가 보다 정교한 수준의 철학적 분석에 도달하면, 인과관계의 실재 존재성에 대한 특수주의자의 믿음을 버려야 한다는 데 동의할 수 있다.

다르마끼르띠와 중관학파

후대의 일부 주석가들은 인과성의 실재성을 부정하는 것이 다르마끼르띠가 중관학파의 입장을 채택했다는 주장을 뒷받침하

---

126 Dunne 2004: 79, n.37 참조.

127 ad 1: 236－7, Gnoli 1960: 118－19.

는 역할을 한다고 주장하기도 했다. 이러한 맥락에서 자주 언급되는 다르마끼르띠의 『양평석』 구절에서, 다르마끼르띠가 인과적 효과성, 궁극적 실재, 특수자를 모두 동일시하는 것을 두고 대론자는 그 어떤 것도 인과적 효과성이 없다며 대응한다. 다르마끼르띠는 씨앗이 싹을 틔울 수 있는 인과적 역량을 가지고 있기 때문에 이는 명백히 사실이 아니라고 대답한다. 그러나 대론자는 "그런 것들은 궁극적인 것이 아니라 세속적으로 그런 역량이 있는 것으로 간주된다"고 답한다.[128] 이에 대한 다르마끼르띠의 간결한 (그리고 다소 수수께끼 같은) 대답은 "그럴 수도 있다"는 뜻의 '*astu yathā thatā*'이다. 그러나 분명한 점은, 자신의 목적을 위해 필요한 전부가 인과성의 세속적 실재성이라는 점을 고려할 때, 여기서 다르마끼르띠 스스로 인과성을 세속적인 것일 **뿐**이라고 할 수도 있다고 주장하면서 대론자의 지적을 인정한 것으로, 데벤드라붓디(Devendrabuddhi)와 같은 주석가들이 이해했다는 것이다.[129] 여기서 대론자가 세속적인 수준에서는 인과관계가 존재하지만, 궁극적으로는 인과적 효과성이 존재하지 않는다는 중관학파의 입장을 취하고 있다는 것은 논란의 여지가 없어 보인다.[130] 그러나 다르마끼르띠가 여기서 중관학파의 입장에 편승해 있는지, 아니면 흥미

인과성의 궁극적 실재성에 대한 부정

---

128 3:3 –4: *arthakriyāsamarthaṃ yat tad atra paramārthasat anyat saṃvṛtisat proktaṃ te svasāmānyalakṣaṇe | aśaktaṃ sarvam iti ced bījāder aṅkurādiṣu dṛṣṭā śaktiḥ matā sā cet saṃvṛtyā* (Miyasaka 1971 –2: 42).

129 Dunne 2004: 392 –3, n.3.

130 Steinkellner 1990: 75. 불교 사상에서 인과성의 비실재성이 초래하는 결과에 대한 추가적인 논의는 Siderits 2011b: 288 –91 참조.

로운 반응이지만 자신의 현재 목적과는 관련이 거의 없다고 생각하는지에 대해서는 의견이 분분하다. 인과성의 궁극적 실재성을 부정하는 일 외에도, 다른 두 가지 고려 사항이 동원되어 다르마끼르띠가 중관학파의 입장을 지지한다는 주장을 뒷받침하는 데 사용된다. 첫 번째는 『양평석』의 한 구절[131]인데, 이 구절은 -네 번째인 관념론적 분석 단계가 다르마끼르띠의 최종 견해라는 가정과는 달리- 의식 자체가 궁극적으로 실재하는 것이 아니라는 말로 해석될 수 있다. 마지막 이유는 중관학파의 논증에서 주로 사용된다고 알려진, 같지도 않고 다르지도 않다(不一不異)는 논증을 다르마끼르띠가 자주 사용하는 것과 관련이 있다.[132]

다르마끼르띠를 중관학파의 방식으로 읽는 이유

그럼에도, 다르마끼르띠가 '정말로' 중관학파였는가 하는 질문(붓다가 '정말로' 경험주의자였는가 또는 『유식이십론』의 저자가 '정말로' 관념론자였는가 하는 질문과 마찬가지로 만족스럽지 못한 질문)은 흥미로운 논의가 아니며, 오히려 인도의 저자들이 그의 사상을 이런 식으로 해석하려는 시도가 인도불교 사상을 형성하는 데 어떤 영향을 미쳤는지를 논의하는 것이 더 흥미로울 것이다.

여기서 우리가 알 수 있는 바는 불교철학의 맥락 내에서 특정한 관점을 확립하기 위해 경전의 권위에 호소하는 일과 철학적 논증을 사용하는 일이 상호작용한다는 점이다. 앞서 언급했듯이, 불교와 같이 종교적으로 형성된 철학적 전통의 맥락에서는 논증을 제시하는 것만이 중요한 것이 아니라, 또한 그 논증이 뒷받침하는

---

131 3: 359 (Miyasaka 1971 –2: 88), Steinkellner 1990: 78 –9 참조.

132 Steinkellner 1990: 76 –8.

견해가 전통 자체와 다시 연결될 필요가 있다. 이 전통은 단순히 여러 경전에 기록된 붓다의 말씀으로만 구성되는 것이 아니라, 다르마끼르띠와 같은 불교철학 전통의 빛나는 거장들의 저작을 포함하고 있다. 이러한 저작들은 야생화 초원처럼 여러 가지 조건에서 싹을 틔울 수 있는 다양한 씨앗을 품고 있으며, 어떤 텍스트의 주어진 특징에 특별히 중점을 둔다면 그 텍스트를 하나의 전통 또는 다른 전통의 관점에서 읽을 수 있다. 지따리와 목샤까라굽타는 중관학파의 시각으로 다르마끼르띠를 해석하는 것을 통해 중관학파의 철학적 논증을 뒷받침하고자 했다. 그들은 불교철학에서 권위 있는 인물 가운데 한 사람인 다르마끼르띠의 저작에서 나오는 아이디어가 그의 사상을 중관학파적 방향으로 발전시키는 데 어떻게 사용될 수 있는지를 논증했다(그리고 이것은 그러한 발전이 저자 자신이 의도한 것이었으며, 저자가 자신의 견해를 더 자세히 설명했더라면 더 명확하게 말해졌을 것임을 보여준 것이라고 주장한 것 같다). 인과성이 궁극적으로는 실재하지 않는다는 생각을 바탕으로, 다르마끼르띠가 자신의 많은 논증을 구축하는 기반이 되는 특수주의적 입장은 단지 예비적인 잠재력을 가진 방편적 설명 장치지, 존재론적 중요성은 없는 것으로 간주될 수 있다고 주장할 수 있다. 존재론적 지위를 부여하는 핵심 개념인 인과성, 그리고 이와 함께 인과적 효과성 개념이 그 자체로 근본적으로는 실재하는 것이 아니라 단지 세속에 불과하다면, 이런 식으로 실재한다고 명명된 존재자의 실재성은 그 실재를 구성하는 것이 무엇이든 간에 세속적 지위를 넘어설 수 없다. 다르마끼르띠의 사상에서 큰 비중을 차지함에도 불구하고, 특수주의적 수준은 그의 최종 견해가 될 수 없으며, 다르마끼

최종 분석 수준의 결여

르띠 자신도 결국에는 특수주의를 관념론적 입장으로 대체함으로써 이를 인정하고 있다. 그러나 의식이 궁극적으로는 실재하지 않는다는 것을 받아들인다면, 관념론적 단계 역시 최종 견해가 될 수 없으며, 정신적인 것은 특수자를 분석했던 것과 같은 방식으로 이 정신적인 것을 분석하는 무언가로 대체되어야 한다. 이제 이 과정은 영원히 계속될 것처럼 보이는데, 이 해석에 따르면 이것이 바로 같지도 않고 다르지도 않다(不一不異)는 주장에 대한 언급이 시사하는 바이다. 만약 이 논증이 일상적인 관점에서부터 관념론에 이르기까지 차등적 분석 척도의 모든 수준을 통과하는 데 사용될 수 있다면, 관념론적 단계에도 똑같이 적용될 수 있지 않을까? 만약 이것이 가능하다면, 우리는 다른 모든 수준에 대한 궁극적인 근거를 제공하는 분석 수준에 결코 도달하지 못할 것 같은데, 물론 이는 바로 중관학파의 분석이 함의하는 바와 일치한다. 다르마끼르띠의 저술에 담긴 아이디어를 사용하여, 중관학파적 방향으로 그의 아이디어를 발전시키거나 확장하는 사례가 만들어질 수 있는 것으로 보이며, 이는 학설강요서식 범주화하기가 아닌, 권위 있다고 간주되는 텍스트에 기반해 철학을 수행하는 시도로서 지따리와 목샤까라굽타 같은 주석가들의 주장이 가장 잘 이해될 수 있는 방식인 것 같다. 그러나 디그나가와 다르마끼르띠가 보기에, 이렇게 해석하는 데 따른 난관은 관념론적 단계 이후의 모든 단계는 비이원적이고 언표할 수 없으며(*anabhilāpya*), 이는 바로 중관학파가 앞뒤가 맞는지 의심스러워하는 궁극적 진리에 대한 규정이라는 것이다(이는 결국 아무것도 말할 수 없는 것에 대해 무언가를 말하는 입장

학설강요서식 범주화가 아닌 철학적 발전

인 것이다).[133] 디그나가와 다르마끼르띠의 설명에 따르면, 언표 불가능성이 그 이상의 모든 철학적 주장을 배제하기 전에 우리가 실재에 대해 말할 수 있는 마지막 것은 '오직 마음일 뿐'이라는 것이므로, 이 둘의 입장을 관념론으로 규정하는 것은 가능한 모든 선택 중 최선인 것으로 보일 수 있다.

디그나가 및 다르마끼르띠 학파와 미망사와의 관계

다르마끼르띠와 꾸마릴라의 만남이 역사적 사실인지를 두고 어떤 견해를 취하더라도, 적어도 이 기록은 다르마끼르띠와 꾸마릴라가 대표하는 논리-인식론 학파와 미망사 사이의 지속적인 철학적 대립을 표상하는 것으로 볼 수 있다. 7세기 꾸마릴라는 미망사의 대표적 인물로, 밧따 미망사(Bhāṭṭa Mīmāṃsā | 밧따는 '주인' 또는 '스승'이라는 뜻으로, 꾸마릴라에게 종종 붙는 별칭이다)로 불리는 미망사의 한 지파를 창시했다. 하지만 미망사 전통 자체는 일반적으로 자이미니(Jaimini)가 학파의 근본 텍스트인 『미망사수뜨라(*Mīmāṃsāsūtra*)』를 편찬했다고 하는 서력기원 이전 시기까지 거슬러 올라간다.

두 학파 사이의 논쟁

미망사와 불교철학의 상호작용은 지속적이고 광범위

133 pp.418-22에서 한 논의 참조.

하게 이뤄졌다.[134] 꾸마릴라는 특히 자신의 『슐로까바르띠카(Ślokavārttika)』에서 디그나가가 『집량론』에서 한 미망사의 입장에 대한 비판에 대응한다.[135] 다르마끼르띠는 이후 미망사의 비판에 맞서 불교의 입장을 옹호했고,[136] 적호는 자신의 백과사전적 저술인 『진실강요』에서 미망사에 대한 자세한 설명과 비판을 제시했다.[137] 불교 저술가들이 꾸마릴라의 저작을 자주 인용했기에, 이 단편적인 인용문을 통해 그의 유실된 저작의 내용에 대한 합리적인 아이디어를 얻을 수 있다.[138]

미망사의 목적

다르마와 베다

자이미니는 『미망사수뜨라』에서 "다르마를 알고자 하는 욕구"(*dharmajijñāsā*)[139]를 미망사 기획의 목적으로 설명한다. 이 다르마라는 것은 "베다의 명령에 의해 명시된 목적"[140]으로 규정되며, "사람을 최고의 선과 연결하는 것"[141]이다. 그리고 다르마에 대한 앎에 이르는 길은 베다를 통해 이루어진다. 미망사의 주요 초점은 베다의 명령(*codanā*)을 권위 있는 위상으로, 즉 이 명령 자체를 구두 증언(*śabda*)이라는 인식 수단의 한 사례로 확립시키는 데 있다.

---

134 Verpoorten 1987: 23–30.

135 Hattori 1968: 15–16, Iyengar 1927: 603–6, Rani 1982.

136 Dreyfus 1997: 15. 다르마끼르띠의 미망사 언어론에 대한 비판은 Eltschinger, Krasser, and Taber 2012 참조.

137 예를 들어, Ratie 2014 참조.

138 Frauwallner 1962: 78–90. 꾸마릴라는 다르마끼르띠의 비판에 대한 응답으로 자신의 저술을 지었다(Raja 1991: 109).

139 *Mīmāṃsāsūtra* 1.1.1, Thadani 2007.

140 *codanālakṣaṇo 'artho dharmaḥ*, *Mīmāṃsāsūtra* 1.1.2, Thadani 2007.

141 *sa hi niḥśreyasena puruṣaṃ saṃyunakti iti pratijānīmahe*, *Śābarabhāṣya* on *Mīmāṃsāsūtra* 1.1.1, Frauwallner 1968.

미망사에게 다르마란 계속해서 "아직 존재하지 않는"(*bhaviṣyat*)[142] 것이다. 다르마의 한 측면은 내세에서의 좋은 존재(*svarga*)인데, 이를 두고 미망사는 희생을 통해 성취되어야 할 목표라고 주장한다.[143] (인도 고전 사상의 다른 학파들과는 달리, 미망사 구원론의 목표는 윤회로부터의 해탈이 아니었다.)[144] 이러한 목표는 분명 현재로서는 얻을 수 없는 것이므로 "아직 존재하지 않는" 것이다. 달성해야 할 다르마의 또 다른 측면은 베다 제의를 거행함으로써 세계를 지속적으로 갱신하는 것이다. 베다 제의의 거행은 거행자에게 긍정적인 결과를 가져다줄 뿐만 아니라, 이 과정이 결코 끝나진 않겠지만, 제의적 세계를 계속 존재하게 하는 보다 포괄적인 기능을 한다고 여겨진다.[145]

베다의 권위에 대한 미망사의 옹호는 두 가지 주요 기둥에 의지하고 있다. 하나는 인식론에 의해, 또 다른 하나는 언어철학에 의해 이루어진다. 두 입장은 서로 독립적이다(하나를 인정한다고 해서

---

142 Arnold 2012: 201 – 2.

143 "천상을 바라는 자는 희생제를 거행해야 한다"(*svargakāmo yajeta*. Frauwallner: 1968, n.16 참조). 또한 *Śābarabhāṣya* on *Mīmāṃsāsūtra* 6.1.1: "천상은 성취될 수 있는 (또는 성취되어야 하는) 것이며, … 희생제는 이를 성취하기 위한 수단이 될 것이다", *svargasya kartavyatā gamyate* […] *yāgas tasya karaṇaṃ syāt*, Nyāyaratna 1889와 비교해 보라.

144 "미망사는 '업 이전의' 과거 유산을 업과 윤회가 기본 전제가 된 시대로 실어 나른다. 이 둘의 상대 짝인 해탈(*mokṣa*)과 마찬가지로 업과 윤회 개념은 『미망사수뜨라』에서 어떤 역할도 하지 않으며 현존하는 가장 오래된 주석서인 『샤바라의 주석(*Śabarabhāṣya*)』에서도 여전히 무시할 만한 정도다"(Halbfass 1991: 301). *Svarga*는 (또한 *niḥśreyasa*('더 나은 것이 없는 것')라고도 한다) 해탈이라는 목표에 미치지 못하는 단순히 고양된 내적-세속적 상태가 아니라, 미망사가 걸어가는 길의 목표다(Bronkhorst 2007: 4, n.3 참조).

145 Clooney 1990: 129 – 61. 또한 Arnold 2005: 238 – 9, n.15 참조.

다른 것도 인정하는 편에 서게 되는 것은 아니다). 이 두 입장을 종합해야만 미망사는 베다의 명령에 대한 믿음을 정당화하는 논증을 구성할 수 있다. 미망사와 디그나가 및 다르마끼르띠의 '논리-인식론' 학파는 유사한 철학 분야(논리/언어철학 및 인식론)에 관심을 갖고 있지만, 이 분야에서 발전시킨 이론은 크게 다르다.

a. 미망사의 인식론

미망사의 인식론이 취하는 방향을 이해하는 한 가지 방법은 무엇이 인식 수단을 인식 수단으로 만드는가, 즉 인식 수단(*pramāna*)이 지식을 생성하기에 적합하게 만드는 것이 무엇인가 하고 묻는 것이다. 이것은 인식 수단 자체에 대한 것인가, 아니면 어떤 추가적인 성질을 소유하는 것인가?

꾸마릴라는 두 번째 가능성이 상당한 철학적 문제를 야기한다고 주장한다. 어떤 인식 수단이 전한 내용의 신뢰성 문제를 해결하기 위해, 그 기능을 수행할 수 있는 능력에 대한 인지(*arthakriyājñānam*)[146]에 호소하는 불교의 제안을 생각해 보자. 예를 들어, 불교도는 호수에 대한 특정한 지각 사례[147]가 (신기루에 대한 지

---

146 가령 다르마끼르띠는 『양평석』에서 다음처럼 언급한다. "신뢰성은 그 목표를 달성할 수 있는 능력에 대한 인지다", *arthakriyāsthitiḥ* | *avisaṃvādanam* (Miyasaka 1971–2: 2). Dunne 2004: 280–1; Arnold 2005: 98 참조.

147 이 논의에서 *pramāṇa*라는 용어는 특정한 인식적 실행(量, 시각적 지각 등)을 지칭할 때와 이 실행의 개별적 사례(量果 | 호수를 봄 등)를 지칭할 때 모두 사용될 수 있다는 점에 유의할 필요가 있다.

각에서처럼) 환영이 아니라 진실하다고 말할 수 있다. 만약 그렇게 지각된 물이 갈증 해소와 같은 기능을 실제로 수행할 수 있다면 말이다. 그러나 꾸마릴라는 두 번째 지각(물이 인과적으로 효과를 낳을 수 있음을 확인하는 지각)에 호소하여 첫 번째 지각의 지위를 해결한다면, 실제로는 아무런 진전이 없는 것이라고 지적한다. 왜냐하면 두 번째 지각의 지위가 첫 번째 지각의 지위보다 더 안전한 것은 아니기 때문이라는 것이다. 두 지각 모두 인식 수단으로서의 지위를 정당화하는 데 있어서는 정확히 똑같은 상황에 처해 있는 것으로 보인다.[148]

인식 수단은 다른 인식 수단에 의해 확립될 수 없다

이에 대해 디그나가와 다르마끼르띠의 옹호자들은 다양한 방식으로 대응할 수 있다.[149] 첫째, 두 번째 지각의 신뢰성을 세 번째 지각에 호소하여 해결할 필요가 없는 경우가 있을 뿐 아니라, 인지된 대상이 그 기능을 수행할 수 있는 능력은 애초에 인지를 갖는 일의 본질적인 부분이라는 점에 주목해 보자. 멀리서 불이 보이면, 우리는 불의 온기를 느끼기 위해 가까이 다가갈 수 있다. 그렇다면 우리는 자신이 느끼는 온기의 신뢰성을 정당화하기 위해 다른 어떤 다른 것에 호소할 필요가 없다. 애초에 불 옆에서 몸을 따뜻하게 하려는 것이 목적이라는 점을 생각한다면, 우리는 (불에 대한) 지각을 진실하다고 받아들이는 것이 정당하기 때문이다.[150] 둘째, 우리는 인과적 효과성 개념, 즉 한 정신적 상태가 다른

소급에 대한 가능한 반응들

148 Dunne 2004: 274 참조.

149 이러한 아이디어에 대한 자세한 논의는 Dunne 2004: 272 – 8 참조.

150 Dunne 2004: 274, 278.

정신적 상태를 효과로 가질 수 있는 능력 개념을 최소한으로 확립하여 소급의 문제를 해결하는 것을 생각해 볼 수 있다. 그럴 경우, 물에 대한 어떤 지각은 그 첫 번째 지각이 진실한지 의심스럽더라도, 다른 정신적 상태를 유발한다는 이유만으로 효과적이라고 간주될 수 있다. (물론 이 경우, 신뢰할 수 있는 지각과 환영에 불과한 지각을 구별하려면, 다른 기준에 호소해야 한다. 예를 들어, 다른 정신적 상태를 유발하는 식의 최소한의 인과적 효과와 갈증 해소 등의 효과와 같은 더 실질적인 효과를 구별하는 기준 같은 것이 있어야 할 것이다.)[151]

내재적으로 권위 있는 인식 수단

어떻든 간에, 꾸마릴라는 자신의 비판이 첫 번째 대안의 선택을 뒷받침할 만큼 충분히 유력하다고 보고, "모든 인식 수단의 타당성은 내재적인 것으로 받아들여져야 하니, 그 자체로 이미 존재하지 않는 역량은 다른 어떤 것으로도 만들어질 수 없기 때문이다"[152]라고 하면서, 인식 수단 자체가 앎을 생산할 수 있게 하는 것이라고 주장한다. 물론, 이 말을 어떤 인식 수단이 전달하는 것은 무엇이든지 권위 있다고 간주해야 한다는 의미로 받아들여서는 안 된다. 지각적 및 인지적 환영의 존재는 온갖 종류의 오류적 인지가 가능하다는 것을 분명히 보여준다. 오히려 진실한 지각은 내재적으로 그 권위가 있다는 사실은 그 지각의 진실함의 원인이 애초에 그 지각의 발생 원인 중에 있다는 것을 의미한다. 여전히 (지각 왜곡 또는 인지적 편향과 같이) 어떤 인지를 진실이 아닌 것으로 만드

151 Dunne 2004: 275–6.

152 *svataḥ sarvapramāṇānāṃ prāmāṇyam iti gamyatām | na hi svato 'satī śaktiḥ kartum anyena śakyate*, *Ślokavārttika*, *codanā sūtra* verse 47, Kataoka 2011.

는 외적 요인이 배제되어야 하지만, 일단 이러한 요인이 배제되면 그 인지는 기본적으로 권위 있다고 간주되어야 한다. 어떤 정보가 어떤 인식 수단에 의해 전달되는 한, 그리고 (예를 들어, 신기루에서 보이는 물을 만지려고 할 때 촉각이 이를 훼손할 수 있듯이) 다른 인식 수단이 이 정보를 훼손하지 않는 한, 이러한 수단이 제시하는 내용이라면, 이에 대한 우리의 믿음은 정당화될 것이다.

인식 수단은 앎이 아니라 정당성을 낳는다

여기서 놓치지 말아야 할 부분은 우리가 앎이 아니라, 정당성에 대해 이야기하고 있다는 점이다.[153] 이는 우리의 인식 기준을 희석시키는 것처럼 보일 수 있지만, 사실 세상에 대해 알아가려는 우리의 모든 노력에서 필요한 것은 (혹은 얻을 수 있는 모든 것은) 무언가를 참이라고 믿을 만한 자격뿐이라는 주장을 할 수 있다. 만약 가능한 모든 반대 증거를 배제하고, 환영을 유발하는 온갖 여건이 성립하지 않도록 요구한다면, 사실상 그 누구도 무언가를 알 수 없는 상황에 처하게 될 것이다.

인식 수단에 대한 근본적인 신뢰

많은 면에서 이들의 결론이 일반적으로 상식이라고 여겨지는 것과는 거리가 멀기 때문에, 미망사의 체계를 '상식적 실재론'[154]의 한 형태로 부르는 것은 다소 꺼려지는 일이다. 하지만 디그나가와 다르마끼르띠의 사상에는 없는, 인식 수단이 전달한 내용에 대한 근본적인 신뢰가 이들에게는 존재한다. 디그나가와 다르마끼르띠에 따르면, 세상에 대한 일상적이고 훈련되지 않은 인

153 Arnold 2005: 61 참조.

154 예를 들어, 댄 아놀드가 『스탠포드 철학 백과사전』의 '꾸마릴라' 항목에서 그랬듯이 말이다(Winter, 2014 Edition), 〈http://plato.stanford.edu/archives/win2014/entries/kumaarila〉.

식에는 의지할 수 없으며, 실재란 무엇인가 하는 문제는 그 기능을 수행할 수 있는 능력 등의 개념에 호소하여 해결되어야 한다. 반면에 꾸마릴라가 보기에 여섯 가지 감각 기관을 통해 들어오는 정보는 일반적으로 이 정보가 나타내는 바로 그것을 나타내는 것으로 받아들여질 수 있다.

b. 미망사의 언어철학

다르마[155]를 아는 유일한 길인 베다의 권위를 정당화하기 위한 미망사의 기획에서 두 번째 기준은 이들의 언어철학이다. 이들은 텍스트의 추정 작자, 이슈바라(Īśvara)[156]의 권위를 확립하는 데 근거해서가 아니라(니야야는 이런 식으로 했다),[157] 베다에는 정확히 작자가 없다는 사실에 근거하여 방어선을 구축한다.[158] 작자 없음

작자가 없는 베다

---

155 "다르마는 약정을 통해 정의되거나, 더 정확히 말하면 논증 없이 초월적 실체로 상정되기 때문에, 그 자체로 초월적이지 않은 형태의 지식으로는 알 수 없다", Pollock 1989: 607.

156 미망사 철학자들은 이슈바라 같은 신적 존재가 존재함을 입증하는 어떤 논증도 존재하지 않는다고 믿는다. 유신론에 대항하는 이들의 논증은 불교도들의 그러한 논증과 흥미로운 유사성을 보인다. Krasser 1999: 215 - 23 참조.

157 Jacobi 2010: ch.3; Patil 2009: 31 - 99.

158 베다에는 작자가 없다는 것을 입증하는 미망사파의 한 가지 논증은 다시 이들의 상식적 인식론에 뿌리를 두고 있다. 즉, 베다를 배운 사람은 모두 스승에게 배웠고, 그 스승은 다시 자신의 스승에게서 배웠지 결코 저자로부터 배운 것이 아니다. 뒤로 무한히 거슬러 올라가는 방식 대신, 관찰되지 않은 어떤 작자라는 존재를 가정하는 것은 지각과 같은 인식 수단의 결과물을 합당한 이유 없이 무시하는 것을 의미한다는 것이다.

(*apauruṣeyatva*)에 근거해 권위 있음을 입증하는 이러한 논증은 좀 이상해 보이는 것이 사실이다. 왜냐하면 우리는 일반적으로 언어의 어떤 조각에 (예를 들어, 어떤 무작위 장치에 의해 생성된 경우) 작자가 없다면, 그 말이 어떤 의미도 갖지 않는 것으로 여긴다. 그것이 진리인지에 대해서는 더 물을 것도 없이 말이다. 그러나 미망사의 맥락에서, 무작자성과 권위성이라는 두 속성 간의 밀접한 관계는 "단어와 그 지시 대상 사이의 관계는 시원적이다"[159]라는 독특한 입장에 의해 뒷받침된다. 이 견해에 따르면, 세계의 존재자와 언어의 조각(사실상 특정 범어 음소조차도) 사이의 연결은 화자들 사이의 관습적 합의의 힘에 의해 확립되는 것이 아니다. '*gotva*'(牛性)라는 용어와 소라는 속성의 연결은 관습에서 비롯된 것이 아니라, 존재의 본성에 기입되어 있는 것이다.[160] 단어와 세계 간의 이러한 천부적인 연결[161]이 우리에게 다르마에 대한 앎을 제공하는 것이다.[162] 화자들 간 합의에 근거하는, 직관적으로 더 개연적인 언어

단어와 지시 대상 사이의 시원적 연결성

관습은 어떻게 시작될 수 있었을까?

---

159 *autpattikas tu śabdasya-arthena saṃbandhanaḥ*, *Mīmāṃsāsūtra* 5, Thadani 2007.

160 단어와 의미 사이의 연결이 관습과 무관하다는 이러한 견해는 미망사 이론에서 가장 정교하게 공식화되었지만, 빠딴잘리(Patañjali)의 『마하바샤(*Mahābhāṣya*)』(기원전 2세기), 115–16(Joshi and Roodbergen 1986) 같은 범어 문법학자들의 저술에도 유사점이 존재한다.

161 따라서 미망사는 *svarga* 같은 용어가 우리가 살고 있는 세계의 일부를 구성하지 않더라도(아무도 천상에 가는 사람을 본 적이 없기 때문에), 베다에 등장하기 때문에 여전히 지시 대상을 가지는 것이 틀림없다고 주장할 수 있다. 표현이 지시 대상을 가진다는 것을 결정하는 것은 화자의 관습이 아니라, 언어의 시원적 본성이라는 것이다. Wilke and Moebus 2011: 557 참조.

162 Śabara's commentary on *Mīmāṃsāsūtra* 5, Abhyankar and Jośī: 1970–4: 24: 3–15 참조.

관(불교의 입장이기도 하다)에서 미망사가 찾아낸 핵심 난관은 그러한 합의가 어떻게 시작될 수 있었는지 불분명하다는 데 있다. 즉, 만약 두 화자가 특정 용어를 특정 방식으로 사용하기로 합의하려면, 이들에게는 먼저 자신들의 합의를 의사소통할 수 있는 어떤 틀이 있어야 하는데, 그렇다면 이 틀은 또 다른 관습 등에 의해 확립되어야 하는 식으로 무한히 이어져야 하는 것이다.[163]

다르마끼르띠는 여러 가지 이유를 들어 이러한 언어관에 동의하지 않는다.[164] 그는 만약 단어와 의미 사이의 연결이 실제로 실재의 본성에 근거를 두고 있다면, 어떤 청자도 주어진 단어의 의미를 배운 적 없이 즉시 이해할 수 있으리라고 기대하는 것이 합리적이지 않겠느냐고 지적한다.[165] 이는 분명 사실이 아니다. 왜냐하면 우리는 범어를 공부하지 않고서 범어의 의미를 이해할 수

---

163 이 문제는 지금까지 언어철학자들을 괴롭히고 있다. 예를 들어, Lewis1969: 2 참조.

164 미망사의 베다 권위론에 대한 다르마끼르띠의 비판을 자세히 설명한 것으로는 Taber 2012: 119–66 참조. 미망사의 언어관과 대부분의 불교적 사유가 언어에 대해 취하는 일종의 관습주의는 철학적 스펙트럼의 반대쪽 끝을 대표하지만, 미망사와 일부 유사점이 있으며 미망사의 영향을 받았을 가능성이 있는 불교적 언어 설명이 적어도 하나는 있다는 것을 알 필요가 있다. 설일체유부는 말소리로 발화된 형태나 글로 쓰여진 형태와 동일하지는 않지만, 소리 또는 글자에 의해 현현하게 되어 그 의미를 전달하는 존재자인 명신(名身, *nāma-kāya*)이라는 개념을 발전시켰다. 명신은 무상한데(명신은 유위법이다), 그렇지만 붓다의 말씀의 경우에는 또한 작자가 없다(*apauruṣeya*). 붓다와 같은 역사적 인물의 가르침에 작자가 없다고 규정하는 것이 이상하게 느껴질 수도 있다. 그럼에도 설일체유부는 온 · 처 · 계의 가르침이 단순히 역사적으로 우발적인 인물의 우연한 발견이 아니라, 시간을 초월한 진리이자 각각의 붓다가 새롭게 가르친 통찰이고, 그렇기에 어느 정도는 작자 없는 베다의 권위라는 미망사의 개념에 비견될 수 있음을 강조하고자 했을 가능성이 크다. 이러한 문제에 대한 자세한 논의는 Jaini 1959 참조.

165 *Pramāṇavārttika* 1: 227, Gnoli 1960: 113.

없기 때문이다. 미망사식 설명을 옹호하는 이라면, 단어와 의미 사이의 연결이 관습에 의해 **구성되지** 않음에도 불구하고, 이 연결을 알기 위해서는 관습이 여전히 필요하다고 대답할지도 모른다. 그렇다면 관습은 우리 앞에 놓인 대상을 보기 위해 빛이 필요한 것과 마찬가지로 객관적인 단어-지시 대상(word–referent)의 관계를 아는 데 도움이 되는 요인이 될 수 있다. 그러나 그렇다면 '천부적인 연결'이라는 것은 점점 더 인식론적으로 쓸데없는 형이상학적 가정처럼 보이는데, 이는 인식론에 대한 미망사적 접근 방식과 잘 어울리지 않는다. 게다가 우리에게 어떤 단어가 어떤 의미를 나타내는지 알려주는 일련의 관습을 도입한다면, 권위 있는 텍스트로서의 베다의 지위와 제의 목적에 맞게 베다를 올바르게 사용할 수 있는 능력 사이에 분열을 일으킬 위험이 있다. 왜냐하면 어떤 단어가 세계의 어떤 존재자와 객관적으로 연결되어 있을 수 있다고 하더라도, 관습의 체계에 따라 단어를 해석해야 한다면 베다의 단어를 체계적으로 잘못 해석할 수 있기 때문이다. 가령 "천상을 바라는 자는 희생제를 거행해야 한다[불의 제사를 지내야 한다]"(*agnihotraṃ juhuyāt svargakāmaḥ*)로 이해되는 유명한 명령이 "개고기를 먹어야 한다"[166]는 말로도 받아들여질 수 있는 것을 막을 수 없다는 것이다. 단어와 사고의 관계를 정립하기 위해서는 여전히 관습이 필요하다고 한다면, 세계가 단어와 세계의 관계를 확정한다고 하는 것은 도움이 되지 않을 것이다.

단어와 세계의 연결을 알기 위해 관습이 필요했다?

베다를 잘못 이해할 가능성

---

166 *Pramāṇavārttika* 1: 312–18, Gnoli 1960: 165–7, Dreyfus 1997: 222–3, Taber 2012: 126–7.

더욱이 미망사의 언어 개념은 디그나가 및 다르마끼르띠의 아포하 이론과는 완전히 반대된다. 아포하 이론의 요점은, '소성'(牛性) 같은 대상 일반은 고정적이고 비찰나적이라서 이 세계를 특징짓는 인과적 과정에 참여할 수 없기 때문에, 이런 특성 같은 것은 우리가 아는 세계에는 존재하지 않는데, 어떻게 '소성' 등의 현상에 대한 언급이 여전히 일어날 수 있는지를 설명하는 데 있다. 반면에 미망사는 언어에 대한 극단적인 실재론을 옹호하는데, 이는 다양한 언어로 만들어진 일시적인 실재의 이면에 있는 추상적인 수준의 언어 구조를 상정할 뿐만 아니라, 범어의 음소들을 실재의 근본 구조와 연결시킨다. 이러한 견해는 베다에서 볼 수 있는 언어의 제의적 사용의 효과라고 하는 것을 설명하는 데 즉각적인 이점이 있다. 왜냐하면 세계의 구조가 범어의 말소리와 내재적으로 연결되어 있다면, 적어도 이러한 말소리를 사용하여 세계를 조작하는 데 사용할 수 있다고 생각해 볼 수 있기 때문이다.

미망사와 제의의 효과

베다의 진실성이 함축되어 있는 이유

일단 우리가 언어와 세계 사이에 객관적이고 화자 독립적이며 영구적인 연결이 있다는 점을 받아들인다면, 그러한 언어의 문법적으로 잘 구성된 일련의 진술들은 유의미해야 한다. 왜냐하면 표현에서 발견되는 구조는 표현된 실재의 구조를 직접적으로 나타내기 때문이며, 또 언어의 조각이 실재가 어떤 것일 수 있는지를 나타내는 한, 이는 유의미하기 때문이다. 더욱이 베다의 표현은 유의미할 뿐만 아니라 참이기도 하다. 어떤 진술에 거짓이 있다면 이는 화자의 결함, 제한된 인식 능력, 잘못된 추론의 도출, 새빨간 거짓말 등으로 인한 것이기 때문이다. 그러나 베다의 경우에는 작자가 없기 때문에, 이러한 결함 중 어느 것도 적용될 수 없다.

다르마끼르띠는 견해의 허위가 화자의 결함에서 비롯되는 것과 마찬가지로, 견해의 진실도 그와는 다른 좋은 자질(붓다의 경우는 자비)에 바탕한 화자의 신뢰성에서 비롯된다고 지적하면서 이 견해에 반대했다. 작자가 없는 진술은 작성자의 신뢰성이 뒷받침되지 않기 때문에 거짓이든지, 아예 어떤 의미도 없을 것이다.[167]

다르마끼르띠: 진실성은 화자에 의해 뒷받침되어야 한다

어쨌든 이 시점에서 우리는 미망사의 인식론이 베다의 권위를 뒷받침하기 위해 언어철학과 어떻게 연결되어 있는지 알 수 있다.[168] 미망사의 인식론에 따르면, 다른 증거가 주장을 훼손하지 않는 한, 어떤 인식 수단에 의해 뒷받침되는 주장을 믿는 것은 정당한 일이다. 베다는 그러한 인식 수단의 한 예시(聖言, *śabda* | 증언)로서, 다르마와 같은 다양한 문제나, 적절한 희생을 치르는 조건으로 천상계에 들어갈 수 있는 능력에 대한 정보를 제공한다. 그러나 베다는 초월적이며 베다를 통해서만 계시될 수 있기 때문에,[169] 다른 인식 수단으로는 접근할 수 없고,[170] 그렇기에 다른 인식 수단

미망사 인식론과 언어철학 사이의 관계

167 *Svavṛtti* ad *Pramāṇavārttika* 1: 225; Gnoli 1960: 112.

168 여기서는 미망사의 인식론과 언어철학 사이의 잠재적 긴장 관계를 자세히 살펴볼 시간은 없고 잠깐 언급하기만 하겠다. 이들의 인식론에서 볼 수 있는 상식적 실재론의 경향은 베다 해석학과 관련해서는 분명 더 이상 존재하지 않는다. 즉, 여기서 사람들이 보통 단어를 사용하는 방식은 베다에서 해당 단어가 의미하는 바에 대한 지침이 되지 못한다. Taber(2012: 123)가 지적하기로, "세속적인 용법(*lokavāda*, *prasiddhi*)은 베다 진술의 의미를 결정하는 기준으로 삼을 수 없는데, 특히 범속한 사람들이 말하는 것은 대부분 참이 아니라고 지적하기를 좋아하고 -따라서 분명 이들이 일반적으로 단어를 사용하는 방식은 그 어떤 *pramāṇa* 역할도 할 수 없다- 또한 베다를 해석할 때면 늘 일반적 용법에서 벗어나는 미망사 학자들이라면 더더욱 그렇다."

169 Pollock 1989: 607.

170 *Mīmāṃsasūtra* 1.1.4에서는 지각으로는 다르마를 알 수 없다고 여긴다. "감각 능력이 [대상과] 연결될 때 사람에게 인지가 일어난다. 그것이 바로 지각이다. [이

으로 훼손될 수 없다. 예를 들어, 희생의 결과가 관찰되지 않는다고 해서 증언이라는 인식 수단이 지각이라는 인식 수단에 의해 훼손되는 것은 아니다. 프리츠 스탈은 다음처럼 말한다.[171]

> 제의 수행이 완료되더라도, 그 성과는 보이지 않는다. 대신하여 제의를 수행한 제주(祭主, Yajamāna)는 들어 올려져 천상으로 가지 않는다. 오히려 그 반대다. 텍스트에서 말한 대로, 그는 집으로 돌아오고, 예전과 같은 모습이다. … 미망사는 매우 논리적으로 제의 활동의 성과는 -일시적으로는- 보이지 않는다고 결론지었다. 성과는 나중에, 예를 들어 죽음 이후에나 분명히 드러날 것이다.

추정 미망사는 이 문제를 해결하기 위해 특수한 인식 도구(추정(義準量, *arthāpatti*), 이를테면 추론의 한 형태)를 도입했다. 추정을 통해 주어진 현상을 적절하게 설명할 수 있게 된다. 미망사는 자신들의 언어철학을 바탕으로 베다가 유의미한 주장을 한다고 추론한다. 그래서 우리는 베다가 다루고 있는 무언가가 존재해야 한다고 가정해야 한다. 또 이 무언가는 지각의 대상이 되는 것이지만, 지금은 지각할 수 없으므로, 이후에 틀림없이 지각할 수 있는 것이라고 가정

것은 다르마를 아는] 원인이 아니니, 존재하는 것에 대한 파악이기 때문이다", *satsamprayoge puruṣasyendriyāṇāṃ buddhijanma tat pratyakṣam animittaṃ vidyamānopalambhanatvāt*, Thadani 2007: 1. 이 경전의 해석에 대해서는 Taber 2006: 63 – 83 참조.

171 Staal 1996: 122.

해야 한다는 것이다.[172]

따라서 만약 다른 어떤 인식 수단(*pramāṇa*)도 (베다 형태의) 증언이라는 인식 수단이 하는 주장을 훼손할 수 없다면, 베다의 주장을 믿는 것은 정당화되며, 이로써 베다 텍스트의 권위가 확립된다.

c. 미망사와 역사학, 역사

셸던 폴락은 미망사가 베다의 권위를 옹호하면서 발전시킨 특정한 철학적 입장이, 인도인이 자신들의 역사를 기록하는 방식, 그리고 역사적 정보가 인도의 지적 생활 전반에서 수행한 역할에 중요한 결과를 가져왔다는 흥미로운 주장을 전개했다. 많은 인도 텍스트에서 역사적 정보를 거의 찾아볼 수 없다는 사실은 분명 특이한 일이다.[173] 단 하나의 역사적 국사도 언급하지 않는 통치론 저술이 있고, 시인이나 그 작품의 이름을 언급하지 않는 문학 비평 저술이 있으며, 실로 "상상할 수 있는 어떤 주제에 대해 수천 페이지의 범어를 읽어도, 역사적 인물·장소·사건에 대한 단 한 번의 지나가는 언급도 전혀 접할 수 없다. 적어도 역사적으로 중요한 부

---

172 추정 개념은 제의 행위의 효과성이라는 맥락에만 국한되지 않는다. 예를 들어, 미망사는 우리가 쓰는 용어가 지칭하는 언어 독립적인 보편자가 존재한다고 추정하지 않고서는 언어 사용을 이해할 수 없다고 주장한다(Arnold 2014: section 3.3).

173 "인도에는 역사가 없다"는 진부한 표현에 대한 논의는 Franco 2013: 18 – 19 참조.

탁월성의 모델로서의 베다

분에 대해서는 말이다".[174] 폴락은, 이를 설명할 수 있는 중요한 이유 중 하나가 베다 텍스트를 근본적으로 비역사적이라고 간주하는 미망사의 해석 때문이라고 주장한다. 즉, 베다 텍스트에는 작성 날짜, 작자, 생겨난 맥락이 없는데, 이는 텍스트 모음집보다는 시간을 초월한 자연법칙과 닮아 있다. 베다의 막대하게 중요한 지위, 그리고 고전 및 중세 인도의 대부분의 학문 분야 자체가 어떤 식으로든 베다에서 파생된 것으로 간주했다는 사실로 인해,[175] 이러한 지식 분야를 설명하는 모든 텍스트도 베다와 유사한 방식으로, 이를테면 시간을 초월한 권위의 예시로 묘사하기 위해 해당 저작의 역사적 맥락을, 즉 특정 시점에 특정 저자에 의해 작성된 인공물로서의 특성을 경시하는 방식으로 구성되었다고 주장하게 되었다. 역사적 위치를 부여하지 않는 것을 어떤 결함이 아니라, 탁월성의 징표로 해석하는 철학적 배경을 깨닫는다면, 고전 인도 문학의 상당수에서 역사적 언급과 역사적 강조가 부족한 것이 덜 당혹스럽게 느껴질지 모르겠다.

미망사와 불교적 사유: 큰 그림

미망사와 불교의 접근 방식은 서로 나란히 놓고 보는 것이 유익하다. 이를테면 이들은 철학적 스펙트럼의 서로 다른 끝에 위치해 있기 때문이다. 미망사의 인식론은 훈련되지 않은 인식 수단이

인식론적 낙관론 vs 비관론

전한 내용과 이로부터 일반적으로 도출되는 추론(상식이라고도 한다)에 대해 상당한 신뢰를 가지고 접근하는 입장을 옹호하면서, 정

174 Pollock 1989: 606.

175 폴락이 '베다화'(vedicization)라고 부르는 문화 전반의 과정이다(Pollock 1989: 609).

당한 믿음은 이 둘과 병행해 찾아야 한다고 주장한다. 반면에 불교는 이 같은 인식 출처에 대해 상당한 경계를 가지고 접근한다. 무지(無明)가 중생을 윤회하는 존재에 갇히게 만드는 주요 원인이기 때문에, 세계에 대한 훈련되지 않은 인식적 접근 방식은 미심쩍은 기본 가정과 잘못된 인지적 반사 작용으로 가득 차 있어, 이러한 방식으로 전해지는 세상에 대한 앎이라면 무엇이 됐든 매우 의심해야 한다.[176] 이런 식으로 미망사는 세상의 많은 부분이 우리에게 보이는 그대로라고 주장할 수 있을 뿐만 아니라, 우리 역시 실제로 우리에게 보이는 그대로, 즉 영구적이고 실체적인 자아로서 존재한다고 주장할 수 있다. 우리는 '소성'(牛性) 같은 말이 이 말이 지칭하려는 것(소라는 추상적 속성)을 지칭한다고 믿을 권리가 있는데, 왜냐하면 이는 언어에서 우리가 왜 이러한 말들을 사용하는지를 설명하는 가장 좋은 해석으로 받아들여지기 때문만이 아니라, 미망사가 보기에 우리의 모든 지각에는 개념이 주입되어 있기 때문이다. 지각은 사물이 개념들(예를 들면, 소성 또는 흰색성)의 범위 아래에 속하는 것임을 드러내며, 또 만약 반대 증거가 없다면 이러한 속성의 지시 대상이 실재한다고 믿는 것은 정당화될 수 있다. 마찬가지로, 예를 들어 기억이 우리에게 나타나는 방식은 현재 기억하고 있는 주체가 기억되는 경험에 수반되는 주체와 정확히

176 서력기원 원년부터 천 년 동안에 해당하는 시기의 중반까지로 한정해서 살펴보면, 이러한 차이는 단지 미망사와 디그나가 및 다르마끼르띠 학파뿐만 아니라, 비불교와 불교 사상 학파 전반에 대한 규정으로 간주될 수도 있다. "대략 첫 천 년 중엽까지 … 모든 불교 철학자들은 일상적인 경험 세계의 실재성을 부정했고, 모든 브라만 철학자들은 그 실재성을 받아들였다." Bronkhorst 2011a: 171.

동일하다고 인식되는 식인 것처럼 보인다. 주체가 존속한다고 보는 이러한 견해를 훼손하는 다른 인식 수단이 없기 때문에, 이를 수용하는 것은 정당화된다.

불교도들, 특히 디그나가와 다르마끼르띠 학파는 이 모든 것에 격렬하게 반대한다. 이들은 이미 아비달마에서 본 바와 같은 환원주의적 이유로 지속하는 자아를 거부하며, 겉으로는 그렇게 보인다고 할지라도 자아 같은 것은 존재하지 않는다고 주장한다. 추상적 속성이라는 것은 이론적으로는 유용해 보일지 모르겠지만, 영구적인 불변하는 존재자로서의 추상적 속성이 어떻게 찰나성을 그 특징으로 하는 정신적이고 물리적인 현상과 상호작용할 수 있는지는 전혀 분명치 않다. 게다가 모든 지각 행위에 동반되는 듯 보이는 개념적 덧씌우개는, 개념화가 실제 존재로의 안내자가 아니라 위조하는 역할을 한다는 점에서 문제가 된다.

불일치의 역사적 배경

나는 어떤 철학적 입장을 사회적 및 정치적 상황에 기대어 설명하려 한다면, 아주 신중히 접근할 필요가 있다고 생각한다. 하지만 이처럼 아주 포괄적으로 설명한 미망사와 디그나가 및 다르마끼르띠 학파의 전반적인 철학적 전망, 그리고 7세기 인도에서 브라만과 불교도의 사회적 역할 사이에는 제각각 어떤 합치점이 있음을 관찰할 수 있다. 브라만들은 왕실에서 집단적으로 권력을 차지하고는 정치적 조언자 역할을 했고, 이에 더해 점성술 관련 전문지식과 미래 예측을 위한 징조의 해석뿐만 아니라, 만뜨라[177]와

왕실의 브라만과 불교도

177 여기에는 저주를 내리는 일도 포함되었는데, 이는 불교도들이 꺼리는 일이었다 (Hahn 1982b: 331 참조).

제의를 통해 영적인 조언과 보호를 제공했다. 브라만과 마찬가지로 불교도들은 보호와 기부의 원천인 왕실에 의지했지만,[178] 불교는 제의와 예언에 거의 중점을 두지 않았고, 브라만교보다 정치적 조언을 제공하는 것이 그다지 자연스럽지는 않았다. 브라만들이 사회의 본질과 통치 방법에 대해 분명한 생각을 가지고 있었던 반면, 불교도들은 올바른 사회 질서에 대한 견해를 발전시키는 데 큰 관심이 없었고, 윤회라는 불만족스러운 상태로부터 개인이 해탈하는 길을 제시했다.[179] 붓다 자신도 왕들에게 말할 때 정치적 조언을 하기를 꺼렸다.[180]

2세기 가운데 어느 한 시기에 불교 교리 언어를 범어로 바꾼 일은 불교도들이 정치 권력자들과의 관계에서 브라만들에 비해 상대적으로 불리한 점을 최소화하려는 시도였을 수 있다.[181] 그러나 더 중요한 점은 불교도들이 다른 이야기, 즉 왕을 비롯해 각 개

178 불교의 경우, 승원의 건립과 함께 "유지 보수가 필요해졌으며, 이러한 유지 보수에는 단순한 생계 유지 이상의 기부가 필요했고, 이러한 기부는 기부자와의 장기적인 관계 유지를 필요로 했다." Schopen 2007: 61.

179 이러한 맥락에서 『아르타샤스트라(*Arthaśāstra*)』와 『마누법전(*Mānava Dharmaśāstra, Manusmṛti*)』 같은 통치에 관한 조언이 담긴 브라만교 텍스트와 용수의 『보행왕정론』 또는 『권계왕송』 같은 불교 문헌을 비교하는 일은 흥미로울 것이다. 후자의 조언은 현실 정치의 위험한 바다를 항해하는 왕보다는 왕좌에서 승원의 이상을 모방하는 왕에게 더 적합하다고 할 수 있다(Bronkhorst 2011a: 104－5 참조). 또한 천문학 · 점성술 · 수학과 같이 브라만 계급의 권력과 밀접한 관련이 있는 여타의 지식 분야에 대한 불교의 논서가 없다는 점도 주목할 만하다.

180 Bareau 1993: 38.

181 Bronkhorst(2011a: 129)는 왕실에서 불교도 자신들의 이익을 지키기 위해 브라만들과 교류해야 할 필요성이, 불교도들이 범어를 텍스트 언어로 채택한 이유라고 주장한다. 교리적 수준에서 브라만들과 교류하려면 이들의 언어를 사용할 수 있어야 했다.

인들을 위한 영적인 완성과 해탈에 이르는 길을 설명하는 철학적 전망을 가지고 있었다는 데 있다. 물론, 이 이야기는 브라만들이 제시한 설명과 경쟁했지만, 흥미로운 점은 종교적 문제에 대한 표면적인 의견 차이 그 아래에는, 브라만들이 자신의 권력 기반으로 삼은 철학적 가정 그 자체에 의문을 제기하는 인식론적 메시지가 깔려 있다는 것이다. 이 메시지는 상식적으로 나타난 세계의 모습에 대한 일종의 회의론이다. 불교도들은, 현재 상태를 강조하는 입장, 즉 범속한 관찰자들에게 나타난 방식이, 세계가 실제로 존재하는 방식이자 실재의 가장 근본적인 구조에 부합하는 세계의 당위적 존재 방식이라는 입장에 덜 매달렸다. 따라서 그들은, 상식의 확실성에 의해 잉태된 세계에 대한 불신을 구현하는 철학적 전망을 옹호했다. 훈련되지 않은 인식 수단의 결과를 의심하는 불교들의 설명은, 세계가 대부분의 사람들이 그렇다고 받아들이는 식이라고 생각하는 데 근거해 그 정당성의 중요한 부분을 끌어오는 이론보다는, 바로 그러한 인식 수단에 의해 긍정되는 권력 구조와는 단절된 상태를 발견하는 이론과 더 합치한다.[182] 물론, 철학적 전망

현재 상태에 대한 철학적 강조의 상이한 정도

182 이러한 점은 Bronkhorst(2011a: 171-2)가 제기한 바 있다. 그는 "브라만들은 … 불교도들보다 왕실 생활과 정책 결정에 훨씬 더 많이 관여했다. 즉, 정치 고문이 일상 경험의 세계가 실제로는 존재하지 않는다고 주장하기라도 한다면, 그는 신뢰를 상당 부분 잃을 가능성이 높다"(2013: 359)고 지적한다. 그런데 브롱코스트는 또한 불교의 환영주의 교리는 "전통적으로 전해 내려오는 붓다의 가르침"(2011a: 171)에서는 발견되지 않으며, 나중에 도입되었다고 주장한다. 나는 불교철학적 논의에서 중요하게 다뤄진 여타의 개념과 마찬가지로, 환영일 뿐이라는 발상은 이미 초기 불교 텍스트에서 찾을 수 있다고 믿는다. 비록 이러한 여러 씨앗이 싹을 틔우는 방식은 나중에 이 씨앗이 떨어질 지적 토양이 어떻게 이루어져 있는지에 따라 크게 달라지기는 하지만 말이다.

과 사회적 역할에 합치점이 있다고 해도 이는 인과관계는 아닌 것이다. 그렇지만 미망사의 상식적 실재론과 디그나가 및 다르마끼르띠 식의 개념화에 대한 근본적인 불신 사이의 대립을 섬세하게 이해하려 한다면, 각자의 입장에는 단지 철학적인 이유 그 이상의 차원이 있다는 점에 주목할 필요가 있다.

인도 불교철학의 종식

서력기원 초 위대한 아비달마 논서의 편찬과 함께 시작된 인도불교의 오랜 학술적 전통이 1200년경 날란다(Nālandā)와 비끄라마쉴라(Vikramaśilā)라는 사원 대학이 파괴됨과 동시에 종식되었다고 보는 데에는 어느 정도 일리가 있다. 이는 다르마끼르띠 시대부터 인도 땅에서 불교철학의 활동이 적어도 5세기 이상 더 지속되었다는 것을 의미한다. 마지막 500년

따라나타는 이 시기에 이룩된 철학적 정교함의 수준에 대해 상당히 비관적으로 평가하면서, '여섯 장엄구'(*rgyan drug* | 용수·성천·무착·세친·디그나가·다르마끼르띠) 시대 이후에 나온 인도불교의 그 무엇도 이들의 광채에 필적할 수 없다고 주장한다. 질적 저하?

> 위대한 스승(*ācārya*) 다르마끼르띠 이전에는 부처님의 법이 태양처럼 빛났다. 그 이후로는 대체로 법을 위해 훌륭하게 일했던 위대한 화상(*upādhyāya*)이 많이 있었다. 그러나 옛 스승과 견줄 만한 이

는 사실상 없었다. … 여섯 장엄구의 기간 동안, 대승의 스승들은 교리의 위대한 스승이었으며 승가는 계율에 머물렀다. … 이 시기 이후로부터 남쪽에서는 법이 점차 약해져 결국 소멸되었다. … 다른 지역에서는 뿔뿔이 흩어져 미약한 형태로 살아남아 있다.[183]

공연은 계속되지만 새로운 배우는 없다

다르마끼르띠 시대 이후 인도의 불교학자들이 생산한 철학적 작업의 양과 질을 보면, 따라나타의 판단은 지나치게 가혹해 보인다. 그러나 적어도 이 시기에 주요한 모든 학파들이 무대에 등장했다는 점에는 동의할 수 있다.[184] 중관학파, 유가행파, 논리-인식론 학파의 다양한 입장은 대개 철학적으로 정교하게 계속 발전했지만, 인도불교 사상의 마지막 5세기 동안에는 이와 유사한 철학적 위상을 가진 학파는 더 이상 등장하지 않았다. 공연은 멈추지 않았지만, 다르마끼르띠 시대까지 불교철학에서 어떤 일이 일어났는지 아는 사람이라면 그 배우들은 누구에게나 친숙할 것이다.

위에서 언급했듯이, 이 설명의 범위 내에서는 이 시기에 철학 활동을 구체화했던 주목할 만한 인물들 중 일부를 빠르게 훑어보는 것 이상으로 나아갈 수 없다. 인도 불교철학의 마지막 시기를 대표하는 주요 학자 중 적호·연화계·라뜨나까라샨띠·라뜨나끼르띠는 이미 만나보았다. 이 절에서는 지금까지 다루지 않았던 이

---

183 Chimpa and Chattopadhyaya 1970: 255 – 6.

184 부뙨이 인도불교의 역사가 8세기에 끝났다고 봤다는 점은 흥미로운 대목이다. 그가 인도의 불교 발전에서 티베트의 불교 발전으로 넘어가기 전에 마지막으로 논의한 철학자는 적천이다(Bu ston 2013: 257 – 75). 또한 Chattopadhyaya 1967: 82 참조.

마지막 시기의 중요한 철학자 두 명, 적천과 아띠샤에 대해 간략하게 논의해 보겠다.

a. 적천

적천의 생애

적천(寂天, Śāntideva)은 685년과 763년 사이의 어느 때에 전성기를 맞이했을 가능성이 높다. 그는 불교 승려였고, 일반적으로 날란다 사원 대학과 연관되어 있다. 그의 생애에 대한 전통 기록[185]에는 붓다의 생애와 비슷한 모티브가 소개되고 있다. 즉, 왕의 아들로 태어나 왕위를 물려받을 운명이었지만, 그럼에도 통치자로서의 삶에서 비롯되는 영적인 위험을 알아채고는 왕국을 떠난다. 또한 적천은 어릴 때부터 최고 수준의 가르침을 받았다. 6살 때에는 지혜와 관련 있는 문수보살 수행에 입문했다고 전해지는데, 문수보살이 그에게 몸소 나투어 직접 가르침을 주었다고 한다.

적천은 날란다에 머무는 동안 동료 승려들로부터 다소 게으른 사람으로 여겨졌는데, 이들은 적천이 승려에게 규정된 세 가지 활동,[186] 즉 학습, 명상, 승원 울력 대신, 먹고 자고 소화시키는 일만 목격했다며 비꼬았다. 이들은 그를 조롱하려고 암기한 텍스트를 암송해 달라고 요청했다. 때가 되자 적천은 이전에 들어본 적 없는 것을 암송하겠다고 선언하고는 자신의 가장 유명한 저작이자 가장 잘 알려져 있고 가장 사랑받는 대승 논서 중 하나인 『입보

185 Tsonawa 1985: 60 – 4 참조.

186 Crosby and Skilton 1995: 118.

리행론(入菩提行論, *Bodhicaryāvatāra*)』을 암송하기 시작했다. 반야에 관한 9장 게송34, 즉 "존재하는 것도 존재하지 않는 것도 마음 앞에 남아 있지 않을 때라야, 여타의 작용 양상도 존재하지 않고, 대상에 대한 파악도 없기 때문에, 적정하게 된다."[187]라고 암송하자, 적천은 보좌에서 떠올라 공중으로 솟구쳤는데, 그렇지만 암송을 마칠 때까지 그의 목소리는 여전히 들렸다고 전해진다.

『입보리행론』

『입보리행론』은 약 900게송에 달하는 장편으로,[188] 불교 문학에서 엄청난 인기와 명성을 누리고 있는데, 보살의 특징인 깨달음의 마음(菩提心, *bodhicitta*) 개념에 대한 광범위한 탐구를 담고 있다. 이 저작은 보살이 준비 단계부터 최종 목표에 이르기까지 따라야 하는 불교의 길과 관련된 수행을 설명하는 텍스트에 속하는데, 이는 특별히 드문 유형은 아니다.[189] 이 저작은 첫 장에서 논서의 주제인 깨달음의 마음에 대한 찬탄으로 시작하는데, 이는 텍스트 후반부에서 설명하는 이 길을 추구하는 동기를 제시하기 위해서다. 이어서 수행의 토대를 마련하고, 삼귀의와 참회를 통해 공덕을 쌓으며(2장과 3장), 보살의 길에서 발심을 지키는 법에 대한 가르침(4장)이 뒤따른다. 그런 뒤 텍스트의 나머지 부분은 관대함(布施,

---

187 *yadā na labhyate bhāvo yo nāstīti prakalpyate | tadā nirāśrayo 'bhāvaḥ kathaṃ tiṣṭhenmateḥ puraḥ*, Vaidya 1988: 204.

188 이 버전은 '정식 사본'이라고도 불린다. 둔황 사본에서 발견된 약 200게송 정도의 더 짧은 버전도 있다. 이 둘 사이의 관계에 대한 연구는 계속 진행 중이다. Saito 1993 참조.

189 예를 들어, 아리야슈라(Āryaśūra)의 『빠라미따사마사(*Pāramitāsamāsa*)』(Meadows 1986) 및 아띠샤의 『보리도등론』과 비교해 보라(Geshe Sonam Rinchen 1997).

dāna), 도덕성(持戒, *śīla*) (둘 다 5장에서 설명), 인내(忍辱, *kṣānti*) (6장) 노력(精進, *viryā*) (7장), 명상(禪定, *dhyāna*) (8장), 지혜(般若, *prajñā*) (9장) 등 여섯 가지 완성(六波羅蜜)에 대해 설명한다. 이 텍스트는 10장에서 공덕의 회향과 일련의 서원(*praṇidhāna*)으로 마무리된다. 특히 보살이 행하는 대자비의 기반을 개발하기 위해 다양한 논증을 제시하는 인내의 완성(忍辱波羅蜜)에 관한 6장, 그리고 중관학파가 다른 불교 및 비불교 학파의 지지자들, 특히 유가행파와 벌인 논쟁으로 설정된 공성의 본성에 대한 복잡한 논의를 담고 있는 지혜의 완성(般若波羅蜜)에 관한 9장이 잘 알려져 있다.

적천이 『입보리행론』을 처음으로 암송했다는 기록이 사실인지를 놓고 어떻게 생각하든, 이 기록은 여기에 설명된 이러한 영적인 길이 담고 있다고 하는 변혁의 잠재력을 적절하게 보여주고 있다. 보살이 9장에 제시된 공성에 대한 깨달음에 이르기 위해 노력함에 따라, 윤회하는 존재로의 속박을 불러일으키는 실체적 자아라는 가탁은 허공으로 사라진다. 비록 그의 자비로운 활동은 이 세상에 계속 울려 퍼지지만 말이다.

적천와 날란다

여기서 논의했던 많은 사상가들처럼, 적천도 사원 대학인 날란다와 관련이 있다. (비끄라마쉴라(Vikramaśīla), 오단따뿌리(Odantapurī), 딱샤쉴라(Takṣaśīla) 등과 함께) 이 주요 승원 중심지는 인도 불교철학의 많은 발전이 이루어진 핵심 장소 중 하나였다. 날란다는 415-455년경에 통치한 꾸마라굽따(Kumāragupta) 1세와 대개 동일시[190] 되는 마가다(Magadha)의 샤끄라디뜨야(帝日, Śakrāditya) 왕이 세웠

190 Dutt 1988: 329.

는데, 이후 굽타(Gupta) 왕조와 팔라(Pāla) 왕조의 후원으로 번성했다. 전통 기록에 따르면, 날란다에는 가장 위대한 몇몇 대승 학자들이 거주하며 가르쳤다고 한다. 이 걸출한 학자들로는 적천 외에도 무착·세친·호법·월칭·안혜·적호·연화계·나로빠 등이 있다.[191] 고고학적 증거를 제외하면, 날란다가 사원 대학으로 어떻게 기능했는지에 대한 대부분의 정보는 7세기경 불교 텍스트를 구하기 위해 인도를 여행한 중국 순례승들의 기술을 통해 얻을 수 있다. 현장(玄奘 | 602 – 664년경)[192]은 약 2년 동안 날란다에 머물렀고, 의정(義淨)[193]은 총 25년에 걸친 여행 중에 약 10년간 이곳에 머물렀다.

날란다의 커리큘럼

날란다는 일반적으로 불교 대학으로 알려져 있지만, 특별히 또는 오로지 불교적이지만은 않은 여러 측면이 있었다. 굽타 왕조의 후원자들은 불교도가 아니라 브라만교를 따르는 이들이었다.[194] 또한 날란다의 커리큘럼은 불교 과목에 대한 교육에만 국한되지도 않았다. 학생들은 아비달마와 대승의 열여덟 개 학파

---

191 Joshi 1967: 171. Smith(1908 – 26: 9. 127)는 심지어 "날란다의 상세한 역사는 대승불교의 역사일 것"이라고 주장하기도 한다. 초기 연구자들도 날란다 설립 훨씬 이전, 또는 적어도 대승원(*mahāvihāra*)으로 설립되기 이전에 살았던 논사들을 날란다와 연결시킨다. 가장 유명한 이로는 용수와 성천이 있다. 이에 대한 논의와 '날란다 전통'이라는 개념과 관련된 논의는 위의 pp.72, 85-8 참조.

192 Beal 1884.

193 Takakusu 1896.

194 인도 왕들의 종교적 충성심이 어땠는지는 복잡한 문제다. 하르사바르다나(戒日, *Harṣavardhana* | 600 – 650년경) 왕은 "브라만에게 선물을 하사하고, 자신의 저술에서 스스로 시바 숭배자라고 선언한다. … 그러나 군주의 개인적인 심정은 분명히 불교, 특히 대승 학파에 가 있었다. 대승 중에서도 그의 동정심은 날란다 승원에서 가르치고 있던 유가행파에 끌렸던 것으로 보인다 …" (Bronkhorst 2011a: 111).

를 공부하는 일 외에도, 문법학, 논리학, 베다, 의학, 상키야 철학, 범어 문학 등을 배웠다.[195] 승원 학습의 중심을 차지하는 '다섯 가지 학문'(五明, *pañcavidyā*)[196]은 문법학·운율학·동의어론·시 형식(聲明, *śabdavidyā*), 논리학(因明, *hetuvidyā*), 의학(醫方明, *cikitsāvidyā*), 미술과 공예(工巧明, *śilpakarmasthānavidyā*), 불교 텍스트 연구(內明, *adhyātmavidyā*)로 구성되어 있는데, 이 중 마지막 분야만이 불교 교리와 특히 또 직접 관련되어 있다. 이 다섯 가지 모두의 중요성은 무착의 『대승장엄경론(*Mahāyānasūtrālaṃkāra*)』의 한 게송[197]에 잘 드러나 있다.

> 다섯 가지 지식 분야를 부지런히 배우지 않는다면
> 아무리 가장 고귀한 사람이라 할지라도 전지함(一切種智)을
> 얻을 수 없다.
> 그러니 도전을 물리치고, 타인을 돌보려면,

---

195 Dutt 1988: 332–3. 흥미로운 점은 천문학이나 수학은 이러한 맥락에서 언급되지 않는다는 것이다(다른 한편으로는 Joshi 1967: 161 참조). 또한 위의 각주179와 Bronkhorst 2011a: 118, n.64 참조. 날란다 커리큘럼의 다양성은 단순히 넓은 아량이나 관용적인 포용주의의 표현만은 아니었을 것이다. 또 다른 요인으로 브라만교로부터 불교에 대한 상당한 외부적 압력이 있던 시기에 불교도들이 논쟁에서 자신들의 주장을 방어할 수 있으려면 브라만교의 체계에 익숙해지는 것이 필수적이었다는 점을 감안해야 한다(Bouthillette 2017: 69).

196 오명(五明)은 의정 · 현장(Dutt 1988: 324) · 부뙨(2013: 42–7)에 의해 언급되었으며, 또한 Joshi 1967: 161 참조.

197 11.60: *vidyāsthāne pañcavidhe yogamakṛtvā sarvajñatvaṃ naiti kathaṃcitparamāryaḥ | ityanyeṣāṃ nigrahaṇānugrahaṇāya svājñārthaṃ vā tatra karotyeva sa yogam* (菩薩習五明 總爲求種智 解伏信治攝 爲五五別求), Bagchi 1970. 이 게송은 부뙨(2013: 43)에 의해 인용되었다.

그리고 완전한 이해를 위한다면, 이에 매진하라.

문법학과 논리학은 여기서 언급된 세 가지 목표 중 첫 번째, 즉 대론자의 도전을 물리치는 것, 의학과 미술은 타인을 돌보는 것, 불교 공부는 완전한 이해에 도달하는 것과 관련이 있다.

날란다와 그 후원자

왕실의 후원 정도와 날란다 커리큘럼의 폭 사이에는 분명히 연관성이 있을 수 있다. 왜 불교를 믿지 않는 통치자들이 굽타 왕조가 날란다를 대했던 것만큼 관대한 태도로 이 불교 기관을 대했는지 의아한 생각이 들지도 모르겠다. 한 가지 이유는 이들이 불교를 자신들의 브라만 신앙에 반대되는 것으로 인식하지 않았기 때문일 수 있다. 불교와 브라만교의 이미지 숭배 관행은 상당한 유사성을 띠며,[198] 굽타 시대는 이후에 붓다가 힌두교의 판테온에 편입되는 기반을 제공했을 수도 있다.[199] 그러나 아마도 더 중요한 또 다른 이유는 이들이 날란다를 단순히 불교도만이 배타적으로 관심을 가질 가르침을 제공하는 불교 기관으로 간주하지 않고, 불교적 관점에서 다양한 주제를 다루긴 하지만 불교 정전에만 국한되지 않는 배움의 전당이자 교육의 중심지로 여겼기 때문일 수 있다.[200]

날란다와 『입보리행론』

『입보리행론』이 날란다에서 작성되었다는 흔적을 찾을 수 있을까? 인도의 불교 논서가 많은 양의 역사적이고 맥락적인 정보

---

198 Dutt 1988: 196.

199 11세기에 끄셰멘드라(Kṣemendra)가 저술한 『다샤바따라짜리땀(*Daśāvatāra-caritam*)』에서 붓다는 비슈누(Viṣṇu)의 화신(*avatāra*) 10명의 중 한 명으로 등장한다.

200 Dutt 1988: 198.

를 담고 있다고는 알려져 있지 않다. 그럼에도 몇 가지 연관성을 찾을 수 있다. 첫째, 날란다는 당연히 승원이었고, 따라서 적천은 비구 대중들만을 대상으로 설하고 있었다. 그렇다고 해서 그곳에 여성이 전혀 없었을 것이라는 의미는 아니다. 의정은 인도 승원들에서는 불상을 관욕하는 의례를 거행할 때 "한 무리의 소녀들이 음악을 연주한다"[201]고 언급한다. 그러나 그의 주요 청중은 남성이었고, 그래서 적천은 인간 육체의 혐오스러운 특성들을 길게 나열하면서 여성 육체의 매력적이지 않은 특성을 자세히 설명하는데, 이는 성적 욕망에 압도당한 명상 수행자에게 해독제로 작용할 명상들(不淨觀, *aśubhabhāvanā*)의 동기가 된다.

둘째, 『입보리행론』의 2장과 3장은 '최상의 예불'(無上供養, *anuttarapūjā*)이라고 불리는 대승 예배를 설명하고 있다. 적천이 이 의례를 창안한 것은 아니며, 이러한 형태는 이미 4세기경 또는 그 이전에 작성되었다고 추정되는 『입법계품(入法界品, *Gaṇḍavyūhasūtra*)』에서 찾아볼 수 있다. 이 예배는 붓다에 대한 찬탄과 공양으로 시작하여, 귀의하고, 자신의 결점을 참회하고, 타인의 공덕을 기뻐하고, 붓다께 가르침을 청하고, 생겨난 공덕을 회향하고, 깨달음의 마음을 함양하는(發菩提心, *bodhicittotpāda*) 것으로 이어지는 정신적 단계를 통해 수행자를 인도하는 목표를 가지고 있다.

이 장들에 묘사된 의례 행위에 대한 설명은 날란다의 승려들이 매일 행하는 의례에 해당하며, 적천의 대중들은 이에 매우 친숙했을 가능성이 높다. 적천이 2장 초반에서 설명한 예불과 공양

---

201 Takakusu 1896: 147–8.

에 관한 의례 행위들, 즉 불상 관욕하기, 좋은 옷 입히기, 음악을 연주하고 찬불가를 부르면서 향수·꽃·향 공양하기, 절하기, 스투파 숭배 등은 의정이 당시 날란다와 다른 인도 승원에서 봤다고 묘사한 관행과 거의 일치한다.[202]

적천의 텍스트들과 그 작성 장소인 날란다 사이의 세 번째 연결점은 그의 또 다른 주요 저작인 『대승집보살학론(大乘集菩薩學論, *Śikṣāsamuccaya*)』, 즉 '수행의 개요'와 관련이 있다.[203] 이 텍스트는 보살의 수행에 관한 27개의 게송으로 구성되어 있는데, 적천이 제시하는 요점을 예시하고 뒷받침하는 산문 주석과 대승 경전 발췌문이 함께 수록되어 있다. 그는 이 저술에서 약 100개의 다른 텍스트를 인용하고 있는데, 이 인용문들은 적천 당시의 대승 학자들이 어떤 경전을 연구했는지 알 수 있게 할 뿐만 아니라, 적천이 보존한 인용문을 제외하고는 이 텍스트들의 범어 원문 중 상당수가 산실되었기 때문에 특히나 흥미롭다. 적천은 거기서 자신이 인용한 텍스트의 대부분을 외웠을 가능성이 높지만, 처음에 이 텍스트들을 확보하려면 상당히 잘 갖춰진 도서관에 접근해야 했을 것이다. 당연히 날란다는 이 점에서 매우 잘 갖춰져 있었다. 이곳의 도서관은 방문 학자들이 권위 있는 텍스트 사본을 구할 수 있는 보관소였으며, 의정은 혼자서 400권의 범어 저작 사본을 가지고 날

---

202 『입보리행론』 2: 게송1-25 및 Takakusu 1896: 147-66과 비교해 보라.

203 Bendall and Rouse 1922, Goodman 2016. 『대승집보살학론』이 『입보리행론』 이전에 작성되었는지, 아니면 이후에 작성되었는지는 불분명하다. 후자는 전자를 언급하지만, 이 구절은 아마도 나중에 삽입되었을 것이다. 자세한 논의는 Saito 2013 참조.

란다를 떠났다.[204] 티베트 기록에는 보배의 바다(*ratnodadhi*), 보배의 대양(*ratnasāgara*), 보배의 장엄(*ratnarañjaka*)이라는 세 개의 도서관 건물이 있었다고 전하며, 고대의 모든 전설적인 도서관들이 그랬듯이 화염에 휩싸여 사라졌다고 한다.[205]

b. 아띠샤 디빵까라쉬리즈냐나

아띠샤의 초기 생애

여기서 두 번째로 살펴볼 후기 인도불교 철학자는 흔히 아띠샤(Atiśa)로 불리는 디빵까라쉬리즈냐나(Dīpaṃkaraśrījñāna)다.[206] 벵골의 왕족 가문에서 태어난 아띠샤는 29세라는 비교적 늦은 나이에 승려로 계를 받았다. 그 이전의 행적에 대한 자료는 다양하지만, 그가 딴뜨라 가르침을 배우고 수행했다는 증거는 상당히 많다.[207] 한 기록에 따르면, 그는 오디야나(烏仗那國, Oḍḍiyāna | 오늘날 파키스탄의 스와트 계곡)에서 3년을 보내며 야차녀들과 함께 딴뜨라 연회를 즐기기도 했다고 한다.[208] 오디야나는 딴뜨라 연구의 중심지로서, 8세기경 티쏭데짼(Khri srong lde bstan) 왕 시절 티베트에 대한 불교

---

204 Joshi 1967: 170.

205 Dutt 1988: 343. 티베트 기록에 따르면, 화재 초반의 기적 같은 스프링클러 시스템 덕분에 많은 책을 화염으로부터 구할 수 있었다고 한다. 즉, 건물 위층에 보관되어 있던 비밀집회와 반야계 텍스트들에서 물이 솟아 나왔다고 한다.

206 Atiśa는 *atiśaya*('뛰어난')의 약어다. Eimer 1977: 17－22 참조. 아띠샤의 생애에 대한 설명은 Chatthopadyyaya 1967; Eimer 1977, 1979 참조.

207 Eimer 1979: 191.

208 Chattopadhyaya 1967: 74－5.

의 초기 전파(*snga dar*)에 결정적인 역할을 한 인도의 딴뜨라 수행자 연화생(蓮華生, Padmasambhava)의 출생지로도 잘 알려져 있다.

일부 자료에 따르면, 아띠샤는 꿈에서 석가모니 붓다의 모습을 본 후, 날란다에서 대중부 승려로 계를 받았다고 한다.[209]

그의 수학 과정

31세였던 1012년, 수계한 지 불과 2년 만에 아띠샤는 당시 불교 학문의 중심지였던 수바르나섬(黃金州, Suvarṇadvīpa | 현재의 수마트라와 자바)으로 여행을 떠났다. 아띠샤가 상인들과 함께 떠난 이 여행은 도중에 바다 괴물과 맞닥뜨린 일을 포함하여 총 14개월이 걸렸다. 그의 목표는 수바르나섬에서 다르마끼르띠(위에서 다뤘던 디그나가의 손제자와는 동일 인물이 아니다)라는 유명한 스승 밑에서 배우는 것이었다.[210] 이 '수바르나섬의 다르마끼르띠'(Dharmakīrti Suvarṇadvīpi)의 여섯 저술에 대한 티베트어 번역본은 티베트 논장(*bstan 'gyur*)에 보존되어 있다. 그의 주요 저작은 미륵의 『현관장엄론』에 대한 상당한 분량의 주석서(자신의 주석(自註)이 더해진 아띠사의 『보리도등론(菩提道燈論, *Bodhipathapradīpa*)』보다 두 배 이상 길다)로, 이 저작은 "10-11세기 대승 철학의 가장 뛰어난 대표작 중 하나"[211]로 간주되기도 한다. 이 텍스트는 수바르나섬의 다르마끼르띠가 뛰어난 학자였음을 확인시켜준다. 그의 위상에 대한 추가 증거로는 아띠샤 자신이 학자로서 받아야 했던 대부분의 훈련이 수바르나섬의 다르마끼르띠 덕분이었을 것이라는 사실을 들 수 있다. 수바

---

209 Chattopadhyaya 1967: 77, Eimer 1979: 192-3.

210 Eimer 1979: 194-5.

211 Chatthopadhyaya 1967: 94.

르나섬에 오기 전 아띠샤의 예비 승원 교육은 2년에 불과했던 반면, 다르마끼르띠 곁에서 체류한 기간은 12년에 달했던 것이다. 아띠샤는 다르마끼르띠를 매우 좋아했다고 기록되어 있으며, 또한 그의 가르침만으로 자애·자비·보리심 개념을 이해했다고 주장했다. 만년에 아띠샤는 다르마끼르띠에 대한 이야기를 들을 때마다 눈물을 흘렸다고 한다.[212]

비끄라마쉴라의 스승

이렇게 오랜 기간의 수행을 마치고 40대 중반에 접어든 아띠샤는 인도로 돌아와 가르침을 펼쳤다. 아띠샤는 인도에서 날란다 외에도 또 다른 위대한 불교 사원 대학인 비끄라마쉴라와 주로 관련이 있다.[213] 비끄라마쉴라는 날란다보다 상당히 늦은 8세기 말이나 9세기 초에 설립되었다. 이러한 이유로 초기 중국 순례승들이 비끄라마쉴라에 대해 자세한 정보를 제공한 기록은 남아 있지 않다. 하지만 비끄라마쉴라에서의 생활에 대한 티베트인들의 기록은 남아 있다. 인도의 주요한 불교 학문의 중심지 중 하나로서 상당한 수의 외국인 방문객을 끌어들였고, 티베트 학생들만을 위한 특별한 주거 공간이 있었다고 한다. 아띠샤는 비끄라마쉴라에서 학자로서의 능력을 인정받아 우빠디아야(*upādhyāya*, *mkhan po*)라는 직책을 맡게 된다. 이 직책은 승원의 행정 책임자는 아니었지만,[214] 아마 대학의 학장과 비슷한 학문적 지도자의 역할을 수행하

---

212 Eimer 1979: 195.

213 그렇지만 그는 날란다에서도 시간을 보낸 것 같다. 티베트 역본의 간기에는 그가 티베트 번역가와 함께 그곳에서 번역을 완성했다고 나와 있다(Chatthopadhyaya 1967: 100).

214 Chattopadhyaya 1967: 129 – 31.

는 자리였던 것 같다. 그에게 부여된 또 다른 직책은 우빠디바리까(*upadhivārika, dge skos*)로, 승려 집단에 대한 규율 감독을 담당하는 일종의 학부장직으로 보인다.

티베트 여정

아띠샤는 인도에서 약 15년간 머무른 후, 60세가 거의 다 된 나이에 자신처럼 여행 경험이 풍부한 사람에게도 가장 야심찬 여정이었을 티베트 여행에 나섰다. 불교는 이미 7세기에 티베트에 전래되었는데, 이 시기를 불법의 초기 전파(*snga dar*)라고 한다. 그러나 2세기 후, 838년 랑다르마(gLang dar ma) 왕이 자신의 형제와 전임자를 살해한 것을 시작으로, 불교의 확산은 랑다르마 왕의 박해로 인해 중단되었다. 랑다르마가 결국 암살당하자 티베트 제국은 분열되었고, 1세기 반 동안의 쇠퇴를 끝으로, 티베트인들은 인도에 뿌리를 둔 불교 전통에 접속함으로써 다시 불교의 불을 지피기 시작했다. 인도의 뛰어난 학자들을 초청해 티베트에서 가르치도록 한 것은 그러한 노력의 일환이었다. 서티베트의 고대 왕국인 구게(Guge)의 왕이자 그 자신이 불교 승려였던 장춥외(Byang chub 'od | 984 – 1078) 왕은 인도에 사절단을 보내 티베트에 올 현자(*paṇḍita*)를 초청했다. 비끄라마쉴라에서는 아띠샤를 보내길 꺼려해 애초에 3년의 방문만을 허락하는 등 그의 티베트 방문은 결코 순조롭지만은 않았다.[215] 말년에 그는 돌아가기를 바랐지만, 이는 이루어지지 않았다. 아띠샤는 13년 동안 티베트에 살면서 여생을 보냈고, 1054년 73세의 나이에 라싸(Lhasa) 남쪽의 녜탕(sNye thang)에서 입적했다.

---

215 Chatthopadyaya 1967: 133.

티베트에서의 저술

아띠샤는 카트만두를 거쳐 네팔 전역을 통과하는 1년간의 여정을 마치고 60세의 나이에 구게 왕국의 수도 토링(Tho ling)에 도착했다. 이 해인 1042년은 일반적으로 티베트에 대한 불교의 후기 전파(*phyi dar*)가 시작된 해로 간주된다. 티베트에서 아띠샤의 활동은 제자를 가르치고,[216] 사원에 축원을 하며,[217] 텍스트를 번역하고 저술하는 등 다양했다. 티베트에서 탄생한 그의 저술 중 가장 잘 알려진 것은 『보리도등론』으로, 티베트에 머무른 첫 3년 동안 장춥외 왕의 특별 요청으로 작성된 것이다. 비록 66개의 게송에 불과하지만, 아띠샤는 이에 대한 포괄적인 자신의 주석(自註)인 『보리도등론난처석(菩提道燈論難處釋, *Bodhimārgapradīpapañjikā*)』도 썼다.

아띠샤의 티베트 체류에 대한 자세한 내용은 그 자체로 흥미롭지만,[218] 인도 불교철학의 역사와는 직접적인 관련이 많지 않다. 그렇지만 현재 설명하고 있는 맥락에서 보면 특별히 주목할 만한 두 가지 측면이 있다.

딴뜨라에 대한 인도 대승의 양면성

첫 번째는 그의 삶이 인도 대승불교가 딴뜨라에 대해 가지는 양면성을 보여준다는 점이다.[219] 한편으로 딴뜨라 불교와 비딴뜨라 불교 수행은 성불이라는 공통의 목표를 공유한다고 여겨진

---

216 Chatthopadyaya 1967: 357–66.

217 Davidson 2004a: 102.

218 아띠샤가 티베트에 머무는 동안 직면했던 복잡한 정치적 상황에 대한 설명은 Davidson 2004a: 108–12 참조.

219 경전과 딴뜨라 사이의 교리적 긴장 관계는 아띠샤 시대의 티베트 사회에 흥미로운 정치적 파장을 일으켰다. Samuel 1993: 471–3 참조.

다. 딴뜨라 수행은 이 목적지로 가는 특히 빠른 길로 간주된다. 다른 한편으로 딴뜨라 수행은 수행자에게 특히 높은 수준의 요구를 하는 데다, 올바른 동기를 가지고 수행하지 않으면 바로 그 반계율주의적 특성으로 인해 깨달음으로 나아가는 것이 아니라 깨달음에서 더 멀어질 수 있기 때문에, 위험하다고 여겨지기도 한다.[220] 또한 딴뜨라는 특히 깨달음의 길에 빠른 진전을 가져올 수 있다고 알려져 있음에도 불구하고, 성적인 수행으로 인해 수계한 승려에게는 적합하지 않았고,[221] 그렇기에 적어도 구제론적 효과라는 관점에서 본다면 승려의 길이 갖는 지위를 격하시키는 것이었다.[222]

아띠샤와 딴뜨라의 관계

앞에서 봤듯이, 아띠샤는 승려로 수계하기 전에 딴뜨라 수행자로 영적인 삶을 시작했고, 이후에도 딴뜨라 수행을 계속했다.[223] 아띠샤는 비끄라마쉴라에 머무는 동안 한 딴뜨라 숙련자가 요기니(*yoginī*)를 달래기 위한 의례 목적이라고 주장하긴 했지만, 술을 소지했다는 이유로 그를 추방하는 데 동의했다.[224] 이는 아띠샤가 딴뜨라의 반계율주의적 관행에 대항하여 음주를 금하는 승원의

---

220 딴뜨라가 윤리적 방종으로 이어질 가능성이 있다는 비딴뜨라 수행자의 의심은 비딴뜨라적인 학술적 접근 방식이 붓다의 교리에서 그 의미보다는 말에 대한 지식으로 더 이어질 가능성이 있다는 딴뜨라 수행자의 우려와 딱 들어맞는다는 점에 주목할 필요가 있다. 이에 대한 고전적인 예로는 나로빠(Nāropa)의 전기를 들 수 있는데, 그는 아띠샤와 동시대인으로 딴뜨라 수행자로 바뀌기 전에는 날란다에서 유명한 학자였다(Samuel1993: 227–8).

221 Davidson 2004b: 199–200.

222 Snellgrove 1987: 483–4, Ruegg 1981b.

223 Samuel(1993: 468)은 경전과 딴뜨라 수행을 결합한 아띠샤를 "아마도 11세기 초 인도 사원 대학의 전형적인 산물"이라고 설명한다.

224 Eimer 1979: 212.

규율을 옹호한 듯한 인상을 주지만, 이 이야기의 더 발전된 내용에서 추방된 승려는 보살이자 승원 규율 위반의 죄가 없는 사람으로(영적인 힘을 사용하여 벽을 통과해 승원을 떠났다), 또 아띠샤는 그의 추방에 동의함으로써 상당한 악업을 쌓은 것으로 묘사된다. 아띠샤는 이 업보를 씻기 위해 티베트에서 대승을 가르치기로 결심한 것으로 여겨진다.[225]

티베트인들이 그를 티베트에 초청한 주된 이유는 당시 티베트에서 행해지던, 특정한 딴뜨라 수행이 발전하는 것을 저지하고자 하는 티베트 측의 바람 때문이었던 것으로 보인다.[226] 예를 들어, 티베트의 주요 역사서인 『청사(靑史)』에서 괴 로짜와(Gos lo tsā ba)는 이렇게 기록하고 있다. 티베트의 딴뜨라

> 몇몇 딴뜨라 계율이 [티베트에] 존재함에도 불구하고, 딴뜨라 수행은 오염되어 버렸다. 궁극적 실재에 대한 명상은 버려졌고, 조르돌(*sbyor sgrol* | 성교와 폭력의 형태로 의례화된 '결합과 해탈'),[227] 떼세르(*gtad ser* | 저주와 마법으로 만들어진 우박) 등과 같은 수많은 상스러운 수행법이 등장했다.[228]

이러한 상황을 개선하기 위해 티베트 왕들은 "중생들을 청정한 길

225 Eimer 1979: 212 – 13.

226 Eimer 1979: 216.

227 이 용어들의 상징적이고 문학적인 차원에 대한 자세한 내용은 Samuel 1993: 467 참조.

228 Roerich 1979: 204.

로 인도함으로써 이러한 장애물을 제거할 수 있는 학식 있는 수많은 현자를 초청했다".

딴뜨라 수행의 적합성에 대한 아띠샤의 관점

장춥외가 『보리도등론』의 집필을 요청한 이유 중 하나는 인도불교 자체의 전통에서 가져온 이론적 토대를 제시해 그러한 딴뜨라 수행을 거부하기 위한 것이었을 수 있다.[229] 그러나 아띠샤는 이 텍스트에서 중관학파에 걸맞게 중도를 걸으며 훨씬 더 미묘한 입장을 취한다. 한편으로는 게송64에서 (시각화된 또는 실제) 여성 파트너와 함께하는 명상수행이 포함된 입문식은 수계한 승려에게는 적합하지 않다고 지적하지만,[230] 다른 한편으로는 이 구절을 주석하면서, 딴뜨라 수행의 효과성을 의심하는 사람들에게도 마찬가지로 비판적이었는데, 그러면서 이는 "부처님 가르침의 핵심"이라고 지적한다. 그리고 "이는 그럴 역량이 있고, 성향이 있으며, 이를 개발할 수 있는 이들만이 할 수 있는 분야라는 이유로 비난하는 자는 여래의 말씀을 경시하고 그 심오한 교리를 거부하는 것이기 때문에, 의심의 여지없이 지옥에 갈 것이다"[231]라고 한다. 따라서 아띠샤는 딴뜨라 수행이 붓다의 가르침이 맞으며, 필요한 능력을 갖추고 있는 (그리고 대승 승려의 길을 따르지 않는) 수행자에게는 매우 효과적일 수 있다고 지적한다. 그렇지만 『보리도등론』의 나머지 부분에서 분명하게 드러나듯이, 딴뜨라를 포함한 모든 불교

---

229 Snellgrove 1987: 481–4, Samuel 1993: 470 참조.

230 "비밀과 지혜의 입문식은 종교적 독신자들이 받아서는 안 되는데, 아디붓다마하딴뜨라(*Ādi-buddha-mahā-tantra*), 즉 깔라짜끄라딴뜨라(*Kālacakra-tantra*)에서는 엄격히 금지되어 있기 때문이다". Sherburne 2000: 293, 317.

231 Sherburne 2000: 297.

수행은 대승 경전의 가르침에 분명한 방점을 두어야 한다는 것이다. 바로 두 가지 보리심에 대한 가르침으로, 이는 대비심과 공에 대한 깨달음을 말한다. 분명 아띠샤 자신은 수많은 딴뜨라 텍스트를 번역하고[232] 저술했으며, 특히 타라(Tārā) 여신에 대한 헌신을 강조한 딴뜨라 수행자로 남았다.[233]

딴뜨라 위상의 정치적 차원

이는 순전히 교리적인 문제가 아니라, 딴뜨라의 반계율주의적 차원과 대승의 승원적(더 일반적으로는 윤리적) 규제 틀 간의 긴장으로 여겨지며, 정치적인 측면도 띠는 것이었다. 티베트뿐만 아니라 인도에서도 딴뜨라 수행자가 행사하는 주술적 능력은 정치적 왕권을 정당화하기 위한 수단임과 동시에, 그 본성으로 인해 왕권에 대한 잠재적 위협으로 여겨졌다.[234] 아띠샤를 초정한 티베트인들은 주로 후자에 관심이 있었는데, 이것이 그를 부른 주요 이유였다. 하지만 아띠샤의 딴뜨라 논의를 초청자의 어젠다 측면에서

---

232 Jackson 2004: 111.

233 Samuel 1993: 471, Beyer 1988.

234 이 점에 대한 광범위한 논의는 Samuel 1993, 2008 참조. 불교 딴뜨라의 정치적 차원이 티베트만의 독특한 현상이 아니라, 인도 딴뜨라의 역사로 거슬러 올라간다는 점을 염두에 둘 필요가 있다. 인도에서 딴뜨라가 발전하는 데 기여한 측면 중 하나는 브라만교의 증가하는 압력에 맞서 불교를 방어하는 수단으로 딴뜨라를 개념화한 것이다. 딴뜨라 의례는 왕의 보호를 확립하는 경로를 제공했는데, 이는 통치 전반에 대한 조언뿐만 아니라 점성술 및 신성한 서비스를 제공할 능력이 있었던 브라만들이 훨씬 더 잘 갖추고 있었다.
브라만교에 맞서 싸우는 불교 딴뜨라의 호전적 차원은 "외부인을 물리침으로써 해탈에 이르는 길의 장애물을 제거하는"(Eltschinger 2014: 174) 것이므로 그냥 넘어가기는 어렵다. 불교의 신들이 브라만교 판테온의 구성원을 짓밟거나 브라흐마의 잘린 머리를 들고 있는 묘사(Beer 1999: 309)는 이를 즉각적으로 명백히 나타내 보인 것이다. (그렇지만 도상을 통한 이 같은 공격은 쌍방으로 이루어진 것으로 보인다. 붓다의 시신 위에 앉아 있는 짜문다(Cāmuṇḍā) 여신을 묘사한 모습도 볼 수 있다: Verardi 2014: 289–92.)

만 봐서는 안 된다. 오히려 이것은 딴뜨라를 보다 완화된 반계율주의적 방식으로 재개념화하기 위해, 불교 및 비불교 사상의 보다 일반적인 경향을 반영한 것이라고 이해되어야 한다. 이 과정에서는 딴뜨라의 주술적 측면보다는 구제론적 측면이 강조되었으며, 또 보다 일탈적 요소들은 실제적 수준에서 상징적 수준으로 제거되거나 변경되었다.[235]

인도를 넘어선 불교 교학

아띠샤의 생애에서 주목해야 할 두 번째 측면은 그가 지금까지 논의한 그 어떤 불교 철학자들보다도 인도불교의 학술 문화와 인도 아대륙 너머의 세계를 연결하는 데 큰 역할을 했다는 점이다. 11세기에 이르러 이 문화는 이미 인도를 넘어 상당히 널리 펴져 있었으며, 이후에는 인도불교의 학문 전통이라기보다는 인도의 학문 전통이라고 말하는 것이 더 적절해졌다.

이는 아띠샤가 자신의 생애에 걸쳐 학자가 되어가는 과정에서 분명히 드러난다. 그가 불교철학을 훈련하며 보낸 시간 대부분은 인도의 유명한 사원 대학이 아니라 인도 아대륙에서 멀리 떨어진 수바르나섬에서 흘러갔다. 아띠샤는 그 후 12년 동안 습득한 배움을 비끄라마쉴라로 가져왔으며, 만년에는 문화적·정치적·사회적으로 완전히 다른 히말라야 지역에서 불교의 학문 전통을 전파하는 데 힘썼다.

티베트에서 뒤돌아보기

'후기 전파' 시기에는 티베트에 불교학이 확고히 자리 잡았는데, 이때는 인도의 불교철학 발전에서 가장 중요한 몇 세기에 대한 논의를 마무리하기에 좋은 지점으로 보인다. 티베트인들은 인

---

235 Samuel 2008: 324–38.

도의 철학적 문화를 대대적으로 받아들였고, 뿌리 텍스트와 주석서로 이루어지는 정전 전체를 번역했다. 이러한 과정을 통해 티베트인들은 인도불교의 방대한 문헌들을 지금까지 보존해 왔다. 이제 와서 돌이켜 생각해 보면, 이렇게 보존된 문헌들이 없었더라면 인도 불교철학에 대한 우리의 지식은 훨씬 더 단편적이었을 것임을 깨닫게 된다.

더 중요한 것은 티베트 전통이 "**역사적으로는** 인도적이지 않지만, **유형적으로는** 인도적 스타일과 노선 속에서"[236] 자신들의 자료도 함께 사유하면서, 오늘날까지 인도불교의 학술적 논쟁의 연속성을 유지해 왔다는 점이다. 이는 학술적 불교라는 특정한 철학적 게임이 다른 문화권으로 전승되었기 때문에, 또 더 중요하게는 아마도 그 문화권에는 비불교 대론자가 없었기 때문에, 이런저런 방식으로 형성되고 변화되지는 않았다고 말하는 것이 아니다. 그럼에도 불구하고 인도 불교철학 연구자가 티베트불교를 사상사 박물관에 진열된 전시물이 아니라, 살아있는 전통으로 접할 수 있는 것은 바로 이러한 티베트불교 발전의 연속성 덕분이다.

---

236 Ruegg 2004: 328.

맺음말

앞선 내용들은 서력기원 원년부터 천 년 동안의 시기에 걸친 인도 불교 사상의 주요 궤적에 대한 한 가지 설명이다. 여기서 다루지 못한 내용이 많고, 많은 사상가, 개념, 변증법적 교류에 대해서는 이 책에서보다 훨씬 더 자세히 다룰 필요가 있다. 지금의 설명이 불가피하게 전체를 다 담고 있지는 못하지만, 불교철학의 기획에 대한 세 가지 주요 결론이 도출되었는데, 다시 한 번 살펴보는 것으로 마무리를 지어도 좋겠다.

첫째, 불교철학의 다양한 부분을 '붓다가 실제로 가르친 것'과 일치하는지 여부에 따라 평가하는 것은 딱히 도움이 되지 않는다는 점이 분명해졌다. 이 말은 초기 불교 자료에 대한 연구를 방해하고자 하는 의도가 아니다. 오히려 불교 사상의 원본적 '내핵'과 이후 교리 발전이라는 '외피'를 이분법적으로 구분하려 들지 않는다면(진주를 대하는 방식처럼 말이다), 불교 사상에 대해 더 많은 점을 이해할 수 있다고 제안하고 싶다. 그 대신, 나는 불교의 초기 가르침에 다양한 개념적 씨앗이 존재했다는 '발아' 모델을 제시했고, 그래서 불교철학의 다양한 철학 체계는 이러한 씨앗 중 일부를 다른 씨앗보다 선택적으로 강조함으로써 생겨났다고 주장했다. 따라서 불교철학을 연구하는 학생의 과제는 진주라는 내핵을 찾기 위해 모든 외부 층을 '벗겨내는' 것이 아니라, 어떻게 주어진 전통과 그 전통이 위치한 특정한 지적 풍토가 어떤 지적 씨앗이 다른 씨앗보다 더 큰 철학적 높이로 자라도록 함으로써, 붓다의 가르침의 특정 측면에 집중하는 방식으로 특정 견해를 발전시켰는지 이해하는 데 있다. 그렇다고 한 전통이 힘을 쏟은 지점이 다른 전통의 그것보다 더 정당하다고 가정할 필요도 없다. 불교 전통은 그 시작부터 붓다의 법을 두고 다른 모두와 대립하는 단 하나의 정설만 존재하는 것이라고 이해하지 않았다. 그 대신 붓다는 다양한 방식으로, 또 가끔은 매우 다른 가정에 기초하여 다양한 대중을 가르쳤다. 하나의 설법이 다른 설법보다 더 권위 있는 것이 아니라, 각 설법은 해당 대중의 특정한 구제론적 필요를 충족시키기 위해 고안된 것이다. 이후의 불교 사상의 발전도 이와 비슷한 맥락에서 생각해 볼 수 있다. 특정 시기에 특정 전통에서 특정 개념이 강조되었다는 것은 그 결과로 나온 불법의 버전이 이를 받아들이는 대중의 특정한 구제론적 필요를 충족시켰음을 나타내는 것으로 볼 수 있다. 그 당시와 그 장소의 수행자들과 사상가들은 그러한 가르침이야말로 해탈의 길로 나아가기 위한 최선의 수단을 제공한다고 인식했다.

둘째, 불교철학은 단순히 사유에 관한 것이 아니라는 점은 앞서 충분히 설명했다. 불교철학은 심지어 불교 텍스트에 상응하여 사유하는 것도, 불교 텍스트의 맥락 안에서 사유하는 것도 아니다. 불교의 지지자들은 불교철학을 깨달음에 이르는 길의 일부로, 또 괴로움에서 벗어나 해탈에 이르는 길의 일부로 생각했지, 사유나 철학적 분석만으로 이 목표를 달성할 수 있다고 한 적이 없다. 그 이유는 비록 잘못된 신념이 깨닫지 못한 상태의 중요한 부분을 이루기는 하지만, 이 상태가 단순히 잘못된 믿음의 산물만인 것은 아니기 때문이다. 불교 사상가들은 주어진 잘못된 믿음을, 그에 반대되는 주장을 접하고, 분석하며, 최종적으로는 동의하는 식으로 항상 쉽게 제거할 수 있다고는 생각하지 않았다. 왜냐하면 특정 믿음(예를 들어, 실체적 자아에 대한 믿음 또는 내재적으로 존재하는 대상에 대한 믿음)은 철학적 숙고의 결과와는 무관하게, 단절 없이 저절로 재등장하는 습관화된 경향으로 인해 아주 깊이 뿌리박혀 있기 때문이다. 이러한 이유로 철학적 분석은, 철학적 탐구로 결함을 밝힌 그 믿음들의 끊임없고 거의 자동적인 재등장을 초래하는 정신적 반사작용을 약화시키고 마침내는 제거하는, 일련의 인지적 훈련에 의해 보완되어야 한다.

그렇다고 해서 철학적 분석을 통해 이미 무너뜨린 결론을 뿌리 뽑는 것만이 이러한 인지적 훈련이나 명상법의 목적인 것은 아니다. 철학적 탐구와 명상 훈련 사이의 영향 관계는 일방적이지 않다. 아비달마의 현상 분류에서부터 유가행파와 관련된, 마음속에서 시각화된 영상의 해체를 위한 명상 훈련에 이르기까지, 우리는 명상법과 명상법의 결과가 철학적 이론화의 발전에 영향을 미치는 사례를 봤다. 불교의 길에서 철학적 요소와 명상적 요소는 서로 지지하는 관계에 있다. 명상수행은 철학적 분석에 의해 뒷받침되는 세계에 대한 믿음을 깊게 뿌리내린 태도로 전환시키는 데 사용되는 반면, 철학적 분석은 명상수행 중에 직면하는 경험에 대한 개념적 배경을 제공한다.

따라서 불교철학 전통은 서양철학 전통과 중요한 차이가 있다. 적어도 명상수행이 실재의 특정한 근본적 특징에 관한 퍼즐에 답을 제공하는 것으로 생각된다면, 즉 특정한 텍스트의 권위와는 무관하게 그 자체를 위한 이성의 훈련으로 생각된다면 말이다.[1] 물론 불교철학의 기획에는 서양 방식의 철학 이해와 유사한 어떤 요

1 서양철학 전통에 대한 다른 시각으로는 Hadot 1981 참조.

소들이 있지만, 앞서 언급한 역사적 논의를 통해 독자들은 명상적 차원 같은 측면을, 즉 서양적 철학 기획이 이해되는 방식에서는 큰 역할을 하지 않는 특징을 고려하지 않고는 불교철학 전통을 포괄적으로 이해하는 것은 불가능하다는 사실을 확신하게 될 것이다.

인도불교 사상을 간략히 살펴본 뒤 여기서 강조하고 싶은 세 번째 요점은 인도 텍스트가 다루고 있는 문제와 개념에 체계적으로 관여하는 일의 중요성이다. 이것은 우리의 연구가 고대 인도의 특정한 철학자나 텍스트가 무엇을 말했는지를 살펴보는 것에만 집중해서는 안 되며, 제시된 주장이 타당한지의 여부, 명백하거나 그다지 명백하지 않은 반론에 맞서 그 입장이 옹호될 수 있는지의 여부, 전체적으로 드러나는 그림이 우리가 옹호하고 싶은 매력적인 그림인지의 여부를 따져보는 것까지 포함해야 한다는 뜻이다. 그래서 나는 고대 텍스트로 철학하기를 권장한다. 철학사가들이 고대 텍스트에 관심을 가져야 하는 이유를 꼭 집어 말하기는 어렵다. 문학사가가 소설을 쓰거나 미술사가가 그림을 그릴 것이라고 당연히 기대하지는 않을 것이다. 그러나 나는 고대 인도철학 텍스트의 경우는 철학사를 쓰는 것과 철학을 하는 것이 특히나 적절하게 연결되어 있다고 생각한다.

고대 인도철학 텍스트를 연구할 때, 특정한 논증을 어떻게 이해해야 할지 딱히 명확하지 않은 경우들이 종종 있다. 이는 부분적으로는 고도로 압축된 경전 스타일의 표현 방식에 기인하는 문제인데, 왜냐하면 주석 없이는 이해할 수 없는 철학적 체계를 그런 식으로 제시하기 때문이다. 그러나 이러한 주석은 산실되었거나, 아시아의 여러 언어로 번역되어 보존되어 있거나, 훨씬 뒤에 작성된 것일 수 있다. 그렇기에 경전과 관련 주석을 이해하려면 다양한 해석 옵션의 틀을, 즉 주어진 저술이 제시할 수 있는 철학적 문제에 대한 다양한 가능한 주장이나 해결책의 지도를 만들어 이 중 어떤 것을 통해 이 경전 텍스트를 가장 잘 읽을 수 있는지 결정해야 한다.[2] 이러한 틀을 개발하는 유일한 방법은 주어진 고대 텍스트나 전통의 지평선을 등지고 철학적 질문을 던지며 사유하는 것이다. 이를 통해 우리는 주어진 철학적 질문에 답을 내놓을 때 활용할 수 있는 다양한 이론적 선택지를 탐색할 수 있다.

여기서 철학의 역사와 기술의 역사를 비교해 볼 수 있다. 기술사가라면, 고대 저자들이 어떤 기계를 어떻게 만들려고 구상했는지 알아내는 데 만족하지 않고, 그런 기계가 실제로 작동했는지 알고 싶어할 수도 있다. 그러기 위해서는 현대 공학의 관점에서 고대 건축물을 평가하거나 텍스트에 설명된 대로 작동하는 모델을 만드는 것이 필수적인 단계일 것이다. 그러나 설사 고대 텍스트에 설명된 기계를 실제로 기술적으로 실현할 수 있을지에 관한 질문이 마음속에 가장 먼저 떠오르지 않고, 단순히 텍스트가 말하는 내용을 이해하는 데 집중을 하고 싶다고 해도, 고대 저자가 알고 있고 또 사용할 수 있었던 기술적 방법을 통해 공학적 문제를 해결하려는 시도는 매우 중요할 수 있다. 왜냐하면 이처럼 가상적으로 만들어내 봄으로써 텍스트에 대한 해석을 이끌어낼 수 있고,

2 그러한 '최선'의 해석이 단 하나뿐이라는 주장에 집착할 필요는 없다(Garfield 2015: 322–30). 사실, 텍스트가 말하는 바를 이끌어내는 주석적 설명과 동시대 대중을 위해 텍스트에 생명을 불어넣는 철학적 관여 사이의 경계는 인도의 학술적 맥락에서 이미 유동적이었다(Ganeri 2011: 115).

텍스트가 무엇을 말하고 있는지를 제시해줄 수 있기 때문이다.[3] 기술사가에게 공학에 대한 지식과 관여가 필수적이듯, 철학사가에게도 철학적 문제에 대한 논의를 알고 이에 관여하는 일이 꼭 필요하다. 인도 사상의 경우나, 특히 고도로 압축적이고 생략적인 방식으로 표현되는 경우, 이러한 관여는 사실 필수 불가결한 해석학적 도구다. 인도철학 텍스트를 정교하게 이해하려면, 언어학적, 역사적 정확성과 논증적 예리함, 철학적 창의성이 결합되어야 한다.

---

3 말하자면, 저자가 설명한 그 기계를 실제로 성공적으로 만들어냈다고 가정하는 것이다. 이 가정은 해석을 하는 데 있어 선의의 원칙에 해당하는 것으로, 저자가 자신의 설명을 시작할 때 어떤 타당한 논증을 염두에 두고 있었다고 가정하거나, 적어도 마치 그 저자인 양 텍스트를 해석하려고 최선을 다하는 것이다.

Kashinath Vasudev Abhyankar and Gaṇeśaśāstrī Ambādāsa Jośī (eds.): *Śrīmaj-jaiminipraṇīte Mīmāṃsādarśane*, Ānandāśrama, Puṇya, 1970 - 4.

Orna Almogi: 'Yogācāra in the writings of the eleventh-century Rnying ma scholar Rong zom chos kyi bzang po', in Ulrich Timme Kragh (ed.): *The Foundation for Yoga Practitioners: The Buddhist Yogācārabhūmi Treatise and Its Adaption in India, East Asia, and Tibet*, Harvard University Press, Cambridge, Mass., 2013: 1330 - 61.

William Ames: 'Bhāvaviveka's own view of his differences with Buddhapālita', in Dreyfus and McClintock 2003: 41 - 66.

William Ames: Review of Malcom David Eckel: *Bhāviveka and His Buddhist Opponents*, H-Buddhism, H-Net Reviews, Sept. 2009, ⟨http://www.h-net.org/reviews/showrev.php?id=25526⟩.

Stefan Anacker: *Seven Works of Vasubandhu, the Buddhist Psychological Doctor*, Motilal Banarsidass, Delhi, 2002.

Bikkhu Anālayo: *The Dawn of Abhidharma*, Hamburg University Press, Hamburg, 2014.

Dan Arnold: *Buddhist, Brahmins, and Beliefs: Epistemology in South Asian Philosophy of Religion*, Columbia University Press, New York, 2005.

Dan Arnold: *Brains, Buddhas, and Believing: The Problem of Intentionality in Classical Buddhist and Cognitive-Scientific Philosophy of Mind*, Columbia University Press, New York, 2012.

Dan Arnold: 'Kumārila', *Stanford Encyclopedia of Philosophy* (Winter 2014 edition) ⟨http://plato.stanford.edu/archives/win2014/entries/kumaarila, 2014⟩.

Shwe Zan Aung and Caroline A. F. Rhys Davids: P*oints of Controversy, or Subjects of Discourse, Being a Translation of the Kathā-vatthu from the*

Abhidhamma-piṭaka, Pali Text Society, London, 1915.

Sitansusekhar Bagchi: *Mahāyāna-Sūtrālaṅkāra of Asaṅga*, Mithila Institute, Darbhanga, 1970.

Piotr Balcerowicz: 'On the relative chronology of Dharmakīrti and Samantabhadra', *Journal of Indian Philosophy* 44, 2016: 437–83.

André Bareau: 'Le bouddha et les rois', *Bulletin de l'École Française d'Extrême-Orient* 80:1, 1993: 15–39.

André Bareau: *The Buddhist Schools of the Small Vehicle*, University of Hawaii Press, Honolulu, 2013.

Samuel Beal: Si-Yu-Ki. *Buddhist Records of the Western World*. Translated from the Chinese of Hiuen Tsiang AD 629, Trubner & Co, London, 1884.

Robert Beer: *The Encyclopedia of Tibetan Symbols and Motifs*, Shambala, Boston, 1999.

Cecil Bendall and William Henry Denham Rouse: *Śikshā-samuccaya, A Compendium of Buddhist Doctrine*, J. Murray, London, 1922.

Yael Bentor: 'Fourfold meditation: outer, inner, secret, and suchness', in *Religion and Secular Culture in Tibet: Tibetan Studies II: Proceedings of the Ninth Seminar of the International Association for Tibetan Studies*, International Association of Tibetan Studies, Leiden, 2000: 41–58.

Stephan Beyer: *Magic and Ritual in Tibet: The Cult of Tara*, Motilal Banarsidass, Delhi, 1988.

Kamaleswar Bhattacharya: *L'ātman-brahman dans le bouddhisme ancien*, École française d'Extrême-Orient, Paris, 1973.

Ramkrishna Bhattacharya: 'Cārvāka Fragments: A New Collection', *Journal of Indian Philosophy* 30: 6, 2002: 597–640.

Ramkrishna Bhattacharya: 'Development of Materialism in India: the pre-Cārvākas and the Cārvākas', *Esercizi Filosofici* 8, 2013: 1 - 12.

Sibajiban Bhattacharya: 'Some features of the technical language of Navya-Nyāya', in Roy W. Perrett (ed.): *Indian Philosophy: A Collection of Readings. Logic and Philosophy of Language*, Routledge, London, 2001.

James Blumenthal: *The Ornament of the Middle Way: A Study of the Madhyamaka Thought of Śāntarakṣita*, Snow Lion, Ithaca, NY, 2004.

Bhikkhu Bodhi: *The Connected Discourses of the Buddha*, Wisdom, Boston, 2000.

Bhikkhu Bodhi: *The Middle Length Discourses of the Buddha*, Wisdom, Boston, 2001.

Bhikkhu Bodhi: *The Numerical Discourses of the Buddha*, Wisdom, Boston, 2012.

Karl-Stéphan Bouthillette: 'Battle for middle way: Bhāviveka's dialectical strategy in context', *Distant Worlds Journal* 3, 2017: 67 - 79.

Johannes Bronkhorst: 'Nāgārjuna and the Naiyāyikas', *Journal of Indian Philosophy* 13, 1985: 107 - 32.

Johannes Bronkhorst: *Karma and Teleology: A Problem and its Solutions in Indian Philosophy*, International Institute of Buddhist Studies, Tokyo, 2000.

Johannes Bronkhorst: 'Vedānta as Mīmāṃsā' in Johannes Bronkhorst (ed.): *Mīmāṃsā and Vedānta: Interaction and Continuity*, Motilal Banarsidass, New Delhi, 2007: 1 - 92.

Johannes Bronkhorst: *Buddhist Teaching in India*, Wisdom, Boston, 2009.

Johannes Bronkhorst: *Buddhism in the Shadow of Brahmanism*, Brill, Leiden, Boston, 2011 (2011a).

Johannes Bronkhorst: *Language and Reality: On an Episode in Indian Thought*, Brill, Leiden and Boston, 2011 (2011b).

Johannes Bronkhorst: 'Periodization of Indian ontologies', in Eli Franco (ed.): *Periodization and Historiography of Indian Philosophy*, de Nobili Research Library, Vienna, 2013: 357 - 63.

John Brough: *Poems from the Sanskrit*, Penguin, Harmondsworth, 1968.

Karl Brunnhölzl: *In Praise of Dharmadhātu*, Snow Lion, Ithaca, NY, 2007.

Karl Brunnhölzl: *Gone Beyond: The Prajñāpāramitā Sūtras, The Ornament of*

Clear Realization, and its Commentaries in the Tibetan Kagyü Tradition, Snow Lion, Ithaca, NY, 2010.

Hartmut Buescher: *The Inception of Yogācāra-Vijñānavāda*, Verlag der Österreichischen Akademie der Wissenschaften, Vienna, 2008.

Bu ston rin chen grub: *Butön's History of Buddhism in India and its Spread to Tibet: A Treasury of Priceless Scripture*, Snow Lion, Boston, 2013.

José Ignacio Cabezón: *Buddhism and Language: A Study of Indo-Tibetan Scholasticism*, State University of New York Press, Albany, NY, 1994.

José Ignacio Cabezón: 'Two views on the Svātantrika-Prāsaṅgika distinction in fourteenth-century Tibet', in Dreyfus and McClintock 2003: 289-315.

Amber Carpenter: 'Persons keeping their karma together', in Yasuo Deguchi, Jay Garfield, et al. (eds.): *The Moon Points Back*, Oxford University Press, Oxford, 2015: 1-44.

Arindam Chakrabarti: 'On the purported inseparability of blue and the awareness of blue: an examination of the sahopalambhaniyama' in Doboom Tulku (ed.) *Mind Only School and Buddhist Logic*, Tibet House, New Delhi, 1990: 17-36.

Amita Chatterjee, Smita Sirker: 'Dignāga and mental models: a reconstruction', *Philosophy East and West* 60: 3, 2010: 315-40.

Alaka Chattopadhyaya: *Atīśa and Tibet*, Motilal Banarsidass, Delhi, 1967.

Lama Chimpa, Alaka Chattopadhyaya: *Tāranātha's History of Buddhism in India*, Indian Institute of Advanced Study, Simla, 1970.

Chodrung-ma Kunga Chodron: 'Accounts of the biography of Śāntideva: some observations concerning the effect of culture', in Upender Rao, Chodrung-ma Kunga Chodron, and Michelle Dexter (eds.): *Śāntideva and Bodhicaryāvatāra*, Eastern Book Linkers, Delhi, 2013: 14-52.

Francis X. Clooney: *Thinking Ritually: Rediscovering the Pūrva Mīmāṃsā of Jaimini*, Institute für Indologie der Universität Wien, Vienna, 1990.

Stephen Collins: *Selfless Persons*, Cambridge University Press, Cambridge 1982.

Edward Conze: *Selected Sayings from the Perfection of Wisdom*, Buddhist Society, London, 1955.

Edward Conze: *Buddhist Thought in India: Three Phases of Buddhist*

Philosophy, George Allen & Unwin, London, 1962.

Edward Conze: *The Prajñāpāramitā Literature*, 2nd edn., Reiyukai, Tokyo, 1978.

Edward Conze: *A Short History of Buddhism*, George Allen & Unwin, London, 1980.

Edward Conze: *The Perfection of Wisdom in Eight Thousand Lines and Its Verse Summary*, Sri Satguru Publications, New Delhi, 1994.

Edward Conze: *Buddhist Texts through the Ages*, Oneworld, Oxford, 1995.

Lance Cousins: 'Samatha-yāna and Vipassana-yāna', in Gatare Dhammapala, Richard Gombrich, et al. (eds.): *Buddhist Studies in Honour of Hammalava Saddhātissa*, University of Sri Jayewardenepura, Nugegoda, 1984: 56－68.

Harold G. Coward: *Studies in Indian Thought: Collected Essays of Prof. T. R. V. Murti*, Motilal Banarsidass, Delhi: 1983.

E. B. Cowell, A. E. Gough, and K. L. Joshi (eds.): *Sarvadarśana-Saṃgraha of Mādhavācārya*, Parimal Publications, Delhi, 2006.

Collet Cox: 'On the possibility of a nonexistent object of consciousness: Sarvāstivādin and Dārṣṭāntika theories', *Journal of the International Association of Buddhist Studies* 11, 1988: 31－87.

Collett Cox: *Disputed Dharmas. Early Buddhist Theories on Existence*, International Institute for Buddhist Studies, Tokyo, 1995.

Collett Cox: 'Abhidharma', in R. E. Buswell (ed.): *Encyclopedia of Buddhism*, Macmillan, New York, 2004: vol. 1, 1－7.

Kate Crosby and Andrew Skilton (trans.): *Śāntideva: The Bodhicaryāvatāra*, Oxford University Press, Oxford, 1995.

Gregory Darling: *An Evaluation of the Vedāntic Critique of Buddhism*, Motilal Banarsidass, Delhi, 2007.

Surendranath Dasgupta: *History of Indian Philosophy*, Cambridge University Press, Cambridge, 1922.

V. H. Date: *Vedānta Explained. Śaṁkara's Commentary on the Brahma-Sūtras*, Munshiram Manoharlal, Delhi 1973.

J. W. de Jong: *Buddhist Studies*, Asian Humanities Press, Berkeley, 1979.

Ronald M. Davidson: *Tibetan Renaissance: Tantric Buddhism in the Rebirth of Tibetan Culture*, Columbia University Press, New York, 2004 (2004a).

Ronald M. Davidson: *Indian Esoteric Buddhism: A Social History of the Tantric Movement*, Motilal Banarsidass, Delhi, 2004 (2004b).

Florin Deleanu: *The Chapter on the Mundane Path (Laukikamārga) in the Śrāvakabhūmi: A Trilingual Edition (Sanskrit, Tibetan, Chinese)*, International Institute for Buddhist Studies, Tokyo 2006.

Peter Della Santina: 'Sākāra-Nirākāravāda controversy', in Albrecht Wezler and Ernst Hammerschmidt (eds.): *Proceedings of the XXXII International Congress for Asian and North African Studies Hamburg (Zeitschrift der deutschen morgenländischen Gesellschaft, Supplement 9)*, Franz Steiner Verlag, Stuttgart, 1992: 174–5.

Peter Della Santina: 'The Sākāra–Nirākāravāda controversy', *Journal of Indian Philosophy and Religion*, 5, 2000: 26–36.

Csaba Dezső: *Much Ado about Religion*, New York University Press, New York, 2005.

Bhikkhu K. L. Dhammajoti: 'The Sarvāstivāda doctrine of simultaneous causality', *Journal of Buddhist Studies* 1, 2003: 17–54.

Bhikkhu K. L. Dhammajoti: *Abhidharma Doctrines and Controversies on Perception*, Centre of Buddhist Studies, Hong Kong University, Hong Kong, 2007 (2007a).

Bhikkhu K. L. Dhammajoti: 'Ākāra and direct perception (*pratyakṣa*)', *Pacific World* 9, 2007 (2007b): 245–72.

Bhikkhu K. L. Dhammajoti: *Sarvāstivāda Abhidharma*, 4th revised edn., Centre of Buddhist Studies, University of Hong Kong, Hong Kong, 2009.

Tseten Dorji (ed.): *Five Historical Works of Tāranātha*, Tibetan Nyingma Monastery, Camp No. 5, Dist. Lohit, Arunachal Pradesh, 1974.

Keith Dowman: *Masters of Mahāmudrā: Songs and Histories of the Eighty-four Buddhist Siddhas*, State University of New York Press, Albany, NY, 1985.

David Drewes: Revisiting the phrase '*sa pṛthivīpradeśaś caityabhūto bhavet*' and the Mahāyāna cult of the book', *Indo-Iranian Journal* 50:2, 2007: 101–43.

David Drewes: 'Early Indian Mahāyāna Buddhism', *Religion Compass* 4:2, 2010: 55-65.

Georges Dreyfus: *Recognizing Reality: Dharmakīrti's Philosophy and its*

Tibetan Interpretations, State University of New York Press, Albany, NY, 1997.

Georges Dreyfus and Christian Lindtner: 'The Yogācāra philosophy of Dignāga and Dharmakīrti', *Studies in Central and East Asia Religions* 2, 1989: 27–52.

Georges Dreyfus and Sara McClintock (eds.): *The Svātantrika–Prāsaṅgika Distinction*, Wisdom, Boston, 2003.

Georges Driessens: *Kamalashila: Les étapes de la méditation*, Éditions du Seuil, Paris, 2007.

Douglas Duckworth, Malcolm David Eckel, Jay L. Garfield, John Powers, Yeshe Thabkhas, and Sonam Thakchöe (eds.): *Dignāga's Investigation of the Percept: A Philosophical Legacy in India and Tibet*, Oxford University Press, New York, 2016.

John Dunne: *Foundations of Dharmakīrti's Philosophy*, Wisdom, Boston, 2004.

John Dunne: 'Realizing the unreal: Dharmakīrti's theory of yogic perception', *Journal of Indian Philosophy* 34, 2006: 497–519.

John Dunne: 'Key features of Dharmakīrti's apoha theory', in Mark Siderits, Tom Tillemans, and Arindam Chakrabarti (eds.): *Apoha: Buddhist Nominalism and Human Cognition*, Columbia University Press, New York, 2011: 84–108.

Sukumar Dutt: *Buddhist Monks and Monasteries of India: Their History and Contribution to Indian Culture*, Motilal Banarsidass, Delhi, 1988.

Swami Dwarikadas Shastri: *Ācārya Yaśomitraṁ kṛta sphuṭārthā vyākhyopetam ācārya Vasubandhu viracitam svopajnabhāṣyasahitam abhidharmakoṣam*, vol. 1, Bauddha Bharati, Varanasi, 1970.

David Eckel: *To See the Buddha: A Philosopher's Quest for the Meaning of Emptiness*, HarperCollins, New York, 1992.

David Eckel: *Bhāviveka and His Buddhist Opponents*, Department of Sanskrit and Indian Studies, Harvard University, Cambridge, Mass, 2008.

Helmut Eimer: *Berichte über das Leben des Atiśa (Dīpaṃkaraśrījñāna): eine Untersuchung der Quellen*, Harrassowitz, Wiesbaden, 1977.

Helmut Eimer: *Rnam thar rgyas pa. Materialien zu einer Biographie des Atiśa (Dipamkaraśrījñāna)*, Harrassowitz, Wiesbaden, 1979.

Mircea Eliade: *Yoga: Immortality and Freedom*, Princeton University Press, Princeton, 1969.

Vincent Eltschinger: 'Dharmakīrti', *Revue internationale de philosophie* 3: 253, 2010: 397 –440.

Vincent Eltschinger: *Caste and Buddhist Philosophy: Continuity of Some Buddhist Arguments against the Realist Interpretation of Social Denominations*, Motilal Banarsidass, Delhi, 2012.

Vincent Eltschinger: 'Buddhist esoterism and epistemology: two sixth-century innovations as Buddhist responses to social and religio-political transformations', in Eli Franco (ed.): *Periodization and Historiography of Indian Philosophy*, de Nobili Research Library, Vienna, 2013: 171 –273.

Vincent Eltschinger: *Buddhist Epistemology as Apologetics: Studies on the History, Self-Understanding and Dogmatic Foundations of Late Indian Buddhist Philosophy*, Verlag der Österreichischen Akademie der Wissenschaften, Vienna 2014.

Vincent Eltschinger, Helmut Krasser, and John Taber: *Can the Veda speak? Dharmakīrti against Mīmāṃsā Exegetics and Vedic authority*, Verlag der Österreischen Akademie der Wissenschaften, Vienna, 2012.

Artemus B. Engle: *The Bodhisattva Path to Unsurpassed Enlightenment: A Complete Translation of the Bodhisattvabhūmi*, Snow Lion, Boulder, CO, 2016.

Harry Falk and Seishi Karashima: 'A first-century Prajñāpāramitā manuscript from Gandhāra - parivarta 1 (Texts from the Split collection 1)', *Annual Report of the International Research Institute for Advanced Buddhology at Soka University for the Academic Year 2011 –2012*, 15, 2012: 19 –61.

G. W. Farrow and I. Menon: *The Concealed Essence of the Hevajra Tantra, with the Commentary Yogaratnamālā*, Motilal Banarsidass, Delhi, 2001.

Joel Feldman and Stephen Phillips: *Ratnakīrti's Proof of Momentariness by Positive Correlation*, American Institute of Buddhist Studies, New York, 2011.

Georg Feuerstein: *The Bhagavad-Gītā. A New Translation*, Shambala, Boston and London, 2014.

Aucke Forsten: *Between Certainty and Finitude: A Study of Lankāvatārasūtra*

Chapter Two, LIT Verlag, Münster, 2006.

Eli Franco: 'Once again on Dharmakirti's deviation from Dignāga on *pratyakṣābhāsa*', *Journal of Indian Philosophy* 14, 1986: 79–97.

Eli Franco: 'Did Dignāga accept four types of perception?', *Journal of Indian Philosophy* 21: 3, 1993: 295–9.

Eli Franco: *Dharmakīrti on Compassion and Rebirth*, Arbeitskreis für Tibetische und Buddhistische Studien, Vienna, 1997.

Eli Franco: 'Meditation and metaphysics: on their mutual relationship in South Asian Buddhism', in Eli Franco and Dagmar Eigner (eds.): *Yogic Perception, Meditation, and Altered States of Consciousness*, Verlag der Österreichischen Akademie der Wissenschaften, Vienna, 2009: 93–132.

Eli Franco: 'On the periodization and historiography of Indian philosophy', in Eli Franco (ed.): *Periodization and Historiography of Indian Philosophy*, de Nobili Research Library, Vienna, 2013: 1–34.

Erich Frauwallner: 'Der arische Anteil an der indischen Philosophie', *Wiener Zeitschrift für die Kunde des Morgenlandes* 46, 1939: 267–91.

Erich Frauwallner: 'On the date of the Buddhist master of the law Vasubandhu', *Instituto Italiano per il Medio ed Estremo Oriente*, Rome, 1951.

Erich Frauwallner: *Die Philosophie des Buddhismus*, Akademie-Verlag, Berlin, 1956.

Erich Frauwallner: 'Landmarks in the history of Indian logic', *Wiener Zeitschrift für die Kunde Süd- und Ostasiens* 5, 1961: 125–45.

Erich Frauwallner: 'Kumārila's Bṛhaṭṭīkā', *Wiener Zeitschrift für die Kunde Süd- und Ostasiens* 6, 1962.

Erich Frauwallner: *Materialien zur ältesten Philosophie der Karma-Mīmāṃsā*, Verlag der Österreichischen Akademie der Wissenschaften, Vienna, 1968.

Erich Frauwallner: 'Dignaga, sein Werk und seine Entwicklung', in Gerhard Oberhammer and Ernst Steinkellner (eds.): *Kleine Schriften*, Franz Steiner, Wiesbaden, 1982(1982a): 759–846.

Erich Frauwallner: 'Die Reihenfolge und Entstehung der Werke Dharmakīrtis', in Gerhard Oberhammer and Ernst Steinkellner (eds.): *Kleine Schriften*, Franz Steiner, Wiesbaden, 1982 (1982b): 677–89.

Erich Frauwallner: *Studies in Abhidharma Literature and the Origins of*

Buddhist Philosophical Systems, State University of New York Press, Albany, NY, 1995.

Toru Funayama: 'Kamalasila's distinction between the two sub-schools of Yogācāra. A provisional survey', in Birgit Kellner, Helmut Krasser, Horst Lasic, Michael Torsten Much, and Helmut Tauscher (eds.), *Pramāṇakīrtiḥ. Papers Dedicated to Ernst Steinkellner on the Occasion of his 70th Birthday*, part 1, Vienna 2007: 187 – 202.

Jonardon Ganeri: *The Concealed Art of the Soul*, Oxford University Press, Oxford, 2007.

Jonardon Ganeri: 'Towards a formal regimentation of the Navya-Nyāya technical language I', in Mihir Chakraborty, Benedikt Löwe, Madhabendra Nath Mitra, and Sundar Sarukkai (eds.): *Logic, Navya-Nyāya and Applications: Homage to Bimal Krishna Matilal*, College Publications, London, 2008.

Jonardon Ganeri: 'Sanskrit philosophical commentary', *Journal of the Indian Council of Philosophical Research* 27, 2010: 187 – 207.

Jonardon Ganeri: *The Lost Age of Reason: Philosophy in Early Modern India 1450 – 1700*, Oxford University Press, Oxford, 2011.

Peter Gäng: *Das Tantra der Verborgenen Vereinigung*, Eugen Diederichs Verlag, Munich, 1988.

Jay Garfield: 'Vasubandhu's Treatise on the Three Natures: a translation and commentary', in *Empty Words: Buddhist Philosophy and Cross-Cultural Interpretation*, Oxford University Press, Oxford, 2002: 128 – 51.

Jay Garfield: 'The conventional status of reflexive awareness: what's at stake in a Tibetan debate?', *Philosophy East and West* 56: 2, 2006: 201 – 28.

Jay Garfield: *Engaging Buddhism: Why It Matters to Philosophy*, Oxford University Press, Oxford, 2015.

Jay Garfield and Graham Priest: 'Mountains are just mountains', in Mario D'Amato, Jay Garfield, and Tom Tillemans (eds.): *Pointing at the Moon: Buddhism, Logic, Analytic Philosophy*, Oxford University Press, Oxford, 2009: 71 – 82.

Jay Garfield and Jan Westerhoff (eds.): *Madhyamaka and Yogācāra: Allies or Rivals?*, Oxford University Press, New York, 2015.

Rupert Gethin: 'The mātikās: memorization, mindfulness, and the list', in Janet Gyatso (ed.): *In the Mirror of Memory: Reflections on Mindfulness and Remembrance in Indian and Tibetan Buddhism*, State University of New York Press, Albany, NY, 1992.

Raniero Gnoli: *The Pramāṇavārttikam of Dharmakīrti: The First Chapter with the Autocommentary*, Instituto italiano per il Medio ed Estremo Oriente, Rome, 1960.

Jonathan Gold: *Paving the Great Way: Vasubandhu's Unifying Buddhist Philosophy*, Columbia University Press, New York, 2015 (2015a).

Jonathan Gold: 'Without karma and nirvāṇa, Buddhism is nihilism: the Yogācāra contribution to the doctrine of emptiness' in Garfield and Westerhoff 2015: 213–41.

Richard Gombrich: *What the Buddha Thought*, Equinox, London and Oakville, Conn., 2009.

Luis Gómez: 'Buddhism in India', in Joseph Kitagawa (ed.): *The Religious Traditions of Asia: Religion, History, and Culture*, Routledge, London, 2002.

Charles Goodman: *The Training Anthology of Śāntideva: A Translation of the Śikṣāsamuccaya*, Oxford University Press, New York, 2016.

Emmanuel Guillon: *Les Philosophies bouddhistes*, Presses Universitaires de France, Paris, 1997.

Hiromi Habata: *A Critical Edition of the Tibetan Translation of the Mahāparinirvāṇamahāsūtra*, Dr Ludwig Reichert Verlag, Wiesbaden, 2013.

Paul Hacker: *Inklusivismus: Eine Indische Denkform*, De Nobili Research Library, Vienna, 1983.

Pierre Hadot: *Exercices spirituels et philosophie antique*. Études Augustiniennes, Paris, 1981.

Michael Hahn: *Nāgārjuna's Ratnāvalī. The Basic Texts (Sanskrit, Tibetan, Chinese)*, *Indica et Tibetica*, Hamburg, 1982 (1982a).

Michael Hahn: 'Kumāralātas Kalpanāmaṇḍitikā Dṛṣṭāntapaṅkti, Nr. 1: Die Vorzüglichkeit des Buddha', *Zentralasiatische Studien* 16, 1982 (1982b): 309–36.

Wilhelm Halbfass: *Traditions and Reflection: Explorations in Indian Thought*, State University of New York Press, Albany, NY, 1991.

Bruce Cameron Hall: 'The meaning of vijñapti in Vasubandhu's concept of mind', *Journal of the International Association of Buddhist Studies* 9:1, 1986: 7–23.

Paul Harrison: 'Buddhānusmṛti in the Pratyutpanna-buddha-saṃmukhāvasthita-samādhi-sūtra', *Journal of Indian Philosophy* 6, 1978: 35–57.

Paul Harrison: 'Who gets to ride in the great vehicle? Self-image and identity among the followers of the early Mahāyāna', *Journal of the International Association of Buddhist Studies*, 10: 1, 1987: 67–89.

Paul Harrison: *The Samādhi of Direct Encounter with the Buddhas of the Present: An Annotated English Translation of the Tibetan Version of the Pratyutpanna-buddha-saṃmukhāvasthita-samādhi-sūtra*, International Institute for Buddhist Studies, Tokyo, 1990.

Peter Harvey: *The Selfless Mind: Personality, Consciousness and Nirvana in Early Buddhism*, Curzon Press, London, 1995.

Masaaki Hattori: *Dignāga, On Perception*, Harvard University Press, Cambridge, Mass., 1968.

Richard Hayes: 'The question of doctrinalism in the Buddhist epistemologists', *Journal of the American Academy of Religion* 52:4, 1984: 645–70.

Richard Hayes: Review of Singh 1984, *Journal of the International Association of Buddhist Studies*, 9:2, 1986: 166–72.

Richard Hayes: *Dignāga on the Interpretation of Signs*, Kluwer Academic Publishers, Dordrecht, 1988.

Maria Heim: *The Forerunner of All Things: Buddhaghosa on Mind, Intention, and Agency*, Oxford University Press, New York, 2014.

Akira Hirakawa: 'The rise of Mahāyāna Buddhism and its relationship to the worship of stūpas', *Memoirs of the Research Department of the Toyo Bunko*, 22, 1963: 57–106.

Akira Hirakawa: *A History of Indian Buddhism*, University of Hawaii Press, Honolulu, 1990.

Alexander Hixon: 'Mahāyāna Buddhist Influence on the Gauda School of Advaita Vedānta', Ph.D dissertation, Columbia University, 1976.

Ken Holmes and Katia Holmes: *The Changeless Nature: Mahayana Uttara Tantra Sastra by Arya Maitreya and Acarya Asanga*, Karma Drubgyud Darjay Ling, Eskdalemuir, 1985.

Jeffrey Hopkins: *Buddhist Advice for Living and Liberation. Nāgārjuna's Precious Garland*, Snow Lion, Ithaca, NY, 1998.

Jan E. M. Houben: *The Saṃbandha-Samuddeśa (Chapter on Relation) and Bhartṛhari's Philosophy of Language*, Egbert Forsten, Groningen, 1995.

Johan Huizinga: *Homo Ludens: A Study of the Play-Element in Culture*, Routledge, London, 1949.

Clair W. Huntington: 'The Akutobhayā and Early Indian Madhyamaka', Ph.D dissertation, University of Michigan, 1986.

Clair W. Huntington: 'Was Candrakīrti a Prāsaṅgika?' in Dreyfus and McClintock 2003: 67 – 91.

D. H. H. Ingalls: 'Śaṅkara's argument against the Buddhists', *Philosophy East and West* 3:4, 1954: 291 – 306.

Harunaga Isaacson: 'Yogic perception (*yogipratyakṣa*) in early Vaiśeṣika', *Studien zur Indologie und Iranistik* 18, 1993: 139 – 60.

Takashi Iwata: *Sahopalambhaniyama. Struktur und Entwicklung des Schlusses von der Tatsache, dass Erkenntnis und Gegenstand ausschliesslich zusammen wahrgenommen werden, auf deren Nichtverschiedenheit*, Franz Steiner, Stuttgart, 1991.

R. Iyengar: 'Kumārila and Dignāga', *Indian Historical Quarterly* 3, 1927: 603 – 6.

H. R. Rangaswamy Iyengar: *Pramāṇa samuccaya*, Government Branch Press, Mysore, 1930.

Roger Jackson: 'The Buddha as *pramāṇabhūta*: epithets and arguments in the Buddhist "logical" tradition', *Journal of Indian Philosophy* 16:4, 1988: 335 – 65.

Roger Jackson: *Is Enlightenment Possible? Dharmakīrti and rGyal tshab rje on Knowledge, Rebirth, No-Self and Liberation*, Snow Lion, Ithaca, NY, 1993.

Hermann Jacobi: *Die Entwicklung der Gottesidee by den Indern und deren Beweise für das Dasein Gottes*, Shaker Verlag, Aachen, 2010.

Padmanabh S. Jaini: 'On the theory of the two Vasubandhus', *Bulletin of the*

School of Oriental and African Studies 21, 1958: 48 – 53.

Padmanabh S. Jaini: 'The Vaibhāṣika Theory of Words and Meanings', *Bulletin of the School of Oriental and African Studies* 22, 1959: 95 – 107.

Padmanabh S. Jaini: *The Jaina Path of Purification*, University of California Press, Berkeley 1979.

Padmanabh S. Jaini: 'On the ignorance of the Arhat', in Robert Buswell and Robert Gimello (eds.): *Paths to Liberation: The Mārga and Its Transformation in Buddhist Thought*, University of Hawaii, Honolulu, 1992: 135 – 45.

Ganganatha Jha: *The Tattvasangraha of Śāntarakṣita with the Commentary of Kamalaśīla*, Oriental Institute, Vadodara, 1991.

Christopher Jones: 'The Use of, and Controversy Surrounding, the Term *ātman* in the Indian Buddhist *tathāgatagarbha* Literature', D.Phil. dissertation, Oxford University, 2014.

K. L. Joshi: *The Brahmasūtra Śāṅkara Bhāṣya*, Parimal Publications, Delhi, 2011.

Lal Mani Joshi: *Studies in the Buddhistic Culture of India (during the 7th and 8th Centuries A.D.)*, Motilal Banarsidass, Delhi, 1967.

Lal Mani Joshi: 'Gauḍapāda's rapprochement between Buddhism and Vedānta', *Ṛtam, Journal of Akhila Bhāratīya Sanskrit Parishad*, 1:1, 1969: 11 – 22.

S. D. Joshi and J. A. F. Roodbergen: *Patañjali's Vyākaraṇa-Mahābhāṣya*, University of Poona, Pune, 1986.

Yuichi Kajiyama: 'Controversy between the *Sākāra-* and *Nirākāra-vādins* of the Yogācāra school—some materials', *Indogaku Bukkyogaku Kenkyu* 14:1, 1965: 26 – 37.

Yuichi Kajiyama: 'Later Mādhyamikas on epistemology and meditation', in Minoru Kiyota (ed.): *Mahāyāna Buddhist Meditation: Theory and Practice*, Motilal Banarsidass, Delhi, 1991.

Yuichi Kajiyama: *An Introduction to Buddhist Philosophy: An Annotated Translation of the Tarkabhāṣā of Mokṣākaragupta*, Arbeistkreis fur Tibetische und Buddhistische studien Universitat Wien, Vienna, 1998.

David Kalupahana: *Mūlamadhyamakakārikā of Nāgārjuna: The Philosophy of the Middle Way*, Motilal Banarsidass, Delhi, 1991.

David Kalupahana: *A Sourcebook on Later Buddhist Philosophy*, Dehiwala, 2008.

Matthew Kapstein: *The Tibetan Assimilation of Buddhism: Conversion, Contestation, and Memory*, Oxford University Press, Oxford, 2000.

Matthew Kapstein: 'Mereological considerations in Vasubandhu's "Proof of Idealism" ', in *Reason's Traces: Identity and Interpretation in Indian and Tibetan Buddhist Thought*, Wisdom, Boston, 2001: 181 –96.

Matthew Kapstein: 'Gter-ma as Imperial Treasure: The 1755 Beijing Edition of the Padma bka' thang', *Revue d'Etudes Tibétaines* 31, 2015: 167 –87.

Seishi Karashima: 'Was the *Aṣṭasāhasrika Prajñāpāramitā* compiled in Gandhāra in Gāndhārī?', *Annual Report of the International Research Institute for Advanced Buddhology at Soka University for the Academic Year 2012 – 2013*, 2013: 171 –88.

Kei Kataoka: *Kumārila on Truth, Omniscience, and Killing, Part 1: A Critical Edition of Mīmāṃsā-Ślokavārttika ad 1.1.2 (Codanāsūtra)*, Verlag der Österreichischen Akademic der Wissenschaften, Vienna, 2011.

Birgit Kellner: 'Self-Awareness (*svasaṃvedana*) in Dignāga's *Pramāṇasamuccaya* and *–vṛtti*: a close reading', *Journal of Indian Philosophy* 38, 2010: 203 –31.

Birgit Kellner: 'Self-awareness (*svasaṃvedana*) and infinite regresses: a comparison of arguments by Dignāga and Dharmakīrti', *Journal of Indian Philosophy* 39, 2011: 411 –26.

Birgit Kellner: 'Changing frames in Buddhist thought: the concept of *ākāra* in Abhidharma and in Buddhist epistemological analysis', *Journal of Indian Philosophy* 42, 2014: 275 –95.

Birgit Kellner: 'Proving idealism: Dharmakīrti', in Jonardon Ganeri (ed.): *The Oxford Handbook of Indian Philosophy*, Oxford University Press, Oxford, 2017 (2017a): 307 –26.

Birgit Kellner: 'Proofs of idealism in Buddhist epistemology: Dharmakīrti's refutation of external objects', in Jörg Tuske (ed.): *Indian Epistemology and Metaphysics*, Bloomsbury, London, 2017 (2017b): 103 –28.

Birgit Kellner and John Taber: 'Studies in Yogācāra-Vijñānavāda idealism I: The interpretation of Vasubandhu's *Viṃśikā*', *Asia* 68:3, 2014: 709 –56.

Johan Hendrik Kern: *The Saddharma-Puṇḍarīka or The Lotus of the True Law*, Dover, New York, 1963.

Chitrarekha Kher: *Buddhism as Presented by the Brahmanical Systems*, Sri Satguru Publications, Delhi, 1992.

Kristin Kiblinger: *Buddhist Inclusivism: Attitudes Towards Religious Others*, Ashgate, Aldershot, 2005.

Franz Kielhorn, Kashinath Vasudev Abhyankar, and Vāsudevaśāstrī Abhyankara (eds): *The Paribhāṣenduśekhara of Nāgojībhaṭṭa*, 2nd edn., Bhandarkar Oriental Research Institute, Poona, 1960-2.

Wan Doo Kim: 'The Theravādin Doctrine of Momentariness: A Survey of its Origins and Development', D.Phil. dissertation, University of Oxford, 1999.

Ryukan Kimura: *A Historical Study of the Terms Hīnayāna and Mahāyāna and the Origin of Mahāyāna Buddhism*, University of Calcutta, Calcutta, 1927.

Richard King: *Early Advaita Vedānta and Buddhism. The Mahāyāna Context of the Gauḍapādīya-kārikā*, Sri Satguru Publications, Delhi, 1997.

Richard King: '*Vijñaptimātratā* and the Abhidharma context of early Yogācāra', *Asian Philosophy* 8: 1, 1998: 5-17.

Anne Klein: *Knowing, Naming and Negation: A Sourcebook on Tibetan Sautrāntika*, Snow Lion, Ithaca, NY, 1991: 22-3.

Thomas Kochumuttom: *A Buddhist Doctrine of Experience: A New Translation and Interpretation of the Works of Vasubandhu, the Yogacarin*, Motilal Banarsidass, Delhi, 1982.

Yaroslav Komarowski: *Visions of Unity. The Golden Paṇḍita Shakya Chokden's New Interpretation of Yogācāra and Madhyamaka*, State University of New York Press, Albany, NY, 2011.

Helmut Krasser: 'Dharmakīrti's and Kumārila's refutations of the existence of god: a consideration of their chronological order' in Shōryū Katsura (ed.): *Dharmakīrti's Thought and Its Impact on Indian and Tibetan Philosophy (Proceedings of the Third International Dharmakirti Conference, Hiroshima, Nov. 4-6, 1997)*, Verlag der Österreichischen Akademie der Wissenschaften, Vienna, 1999: 215-23.

Embar Krishnamacharya (ed.): T*arkabhāṣa of Mokṣākara Gupta*, Oriental Institute, Baroda, 1942.

Robert Kritzer: *Rebirth and Causation in the Yogācāra Abhidharma*, Arbeitskreis für Tibetische und Buddhistische Studien, Vienna, 1999.

Robert Kritzer: 'Sautrāntika in the *Abhidharmakośabhāṣya*', *Journal of the International Association of Buddhist Studies* 26:2, 2003 (2003a): 331 – 84.

Robert Kritzer: 'General Introduction', *Journal of the International Association of Buddhist Studies*, 26: 2, 2003 (2003b): 202 – 24.

Robert Kritzer: *Vasubandhu and the Yogācārabhūmi: Yogācāra Elements in the Abhidharmakośabhāṣya*, International Institute of Buddhist Studies, Tokyo, 2005.

Étienne Lamotte: 'Sur la formation du Mahāyāna,' in J. Schubert and U. Schneider (eds.): *Asiatica. Festschrift Friedrich Weller*, Harassowitz, Leipzig, 1954.

Étienne Lamotte: *La somme du Grand Vehicule d'Asaṅga*, Institut Orientaliste Louvainla-neuve, Louvain, 1973.

Étienne Lamotte: *History of Indian Buddhism: From the Origins to the Śaka Era*, Peeters Press, Louvain and Paris, 1988.

Karen Lang: *Āryadeva's Catuḥśataka: On the Bodhisattva's Cultivation of Merit and Knowledge*, Akademisk Forlag, Copenhagen, 1986.

Bimala Churn Law: *The Debates Commentary* (*Kathāvatthuppakaraṇa-aṭṭhakathā*), London, Pali Text Society 1969.

Bimala Churn Law: *The Life and Work of Buddhaghosa*, Pilgrims Publishing, Varanasi, 2007.

Berthold Laufer: 'Indisches Recept zur Herstellung von Räucherwerk', *Verhandlungen der Berliner Gesellschaft für Anthropologie, Ethnologie und Urgeschichte* 18, 1896: 394 – 8.

Sylvain Lévi: *Mahāyānasūtrālaṃkāra, Exposé de la doctrine du Grand Véhicule*, vol. I, H. Champion, Paris 1907.

David Lewis: *Convention*, Harvard University Press, Cambridge, Mass., 1969.

Geshe Lhundup Sopa and Jeffrey Hopkins: *Practice and Theory of Tibetan Buddhism*, Grove Press, New York, 1976.

Rongxi Li: *The Great Tang Dynasty Record of the Western Regions*, Numata Center for Buddhist Translation and Research, Berkeley, 1996.

Xuezhu Li: '*Madhyamakāvatāra-kārikā* Chapter 6', *Journal of Indian*

Philosophy 43:1, 2015: 1–30.
Christian Lindtner: *Nagarjuniana: Studies in the Writings and Philosophy of Nagarjuna*, Akademisk Forlag, Copenhagen, 1982.
Christian Lindtner: 'The *Laṅkāvatārasūtra* in early Indian Madhyamaka literature', *Asiatische Studien* 46, 1992: 244–79.
Christian Lindtner: *Bhavya on Mīmāṃsā: Mīmāṃsātattvanirṇayāvatāraḥ*, Adyar Library and Research Centre, Chennai, 2001.
Christian Lindtner: *A Garland of Light: Kambala's Ālokamālā*, Asian Humanities Press, Fremont, Calif., 2002.
Trevor Ling: *The Buddha: Buddhist Civilization in India and Ceylon*, Temple Smith, London, 1973.
Joseph Loizzo: *Nāgārjuna's Reason Sixty with Chandrakīrti's Reason Sixty Commentary*, American Institute of Buddhist Studies, New York, 2007.
Donald S. Lopez, Jr.: *A Study of Svātantrika*, Snow Lion, Ithaca, NY, 1987.
Donald S. Lopez, Jr.: *The Madman's Middle Way: Reflections on Reality of the Tibetan Monk Gendun Chopel*, University of Chicago Press, Chicago, 2006.
Hong Luo: 'The opening verses of Ratnākaraśānti's *Prajñāpāramitopadeśa*', *Maitreya Studies* 1, 2013: 17–29.
Dan Lusthaus: *Buddhist Phenomenology: A Philosophical Investigation of Yogācāra Buddhism and the Ch'eng Wei-shih lun*, Routledge Curzon, London and New York, 2002.
Anne MacDonald: *In Clear Words. The Prasannapadā, Chapter One*, Verlag der Österreichischen Akademie der Wissenschaften, Vienna, 2015.
Jiryo Masuda: *Der individualistische Idealismus der Yogācāra-Schule: Versuch einer genetischen Darstellung*, Heidelberg, Harrassowitz, 1926.
Bimal Matilal: 'Reference and existence in Nyāya and Buddhist logic', *Journal of Indian Philosophy* 1, 1970: 83–110.
Bimal Matilal: *Perception: An Essay on Classical Indian Theories of Knowledge*, Oxford University Press, Oxford, 1986.
Walter H. Maurer: 'The origin of grammatical speculation and its development in India', *Indo-Pacifica, Occasional Papers*, 1, Honolulu: University of Hawaii Department of Indo-Pacific Languages, 1981: 1–27.
Sengaku Mayeda: 'On the author of the *Māṇḍūkyopaniṣad* and the

Gauḍapādīyabhāṣya', *Adyar Library Bulletin* 31–2, 1968: 73–94.

Sara McClintock: 'The role of the "given" in the classification of Śāntarakṣita and Kamalaśīla as Svātantrika-Mādhyamikas', in Dreyfus and McClintock 2003: 125–71.

Sara McClintock: 'Kamalaśīla on the nature of phenomenal content (*ākāra*) in cognition: a close reading of TSP ad TS 3626 and related passages', *Journal of Indian Philosophy* 42, 2014: 327–37.

A. C. Senape McDermott: *An Eleventh-Century Buddhist Logic of 'Exists'*. Reidel, Dordrecht, 1969.

James McHugh: *Sandalwood and Carrion: Smell in Indian Religion and Culture*, Oxford University Press, New York, 2012.

Carol Meadows: *Ārya-Śūra's Compendium of the Perfections: Text, Translation and Analysis of the Pāramitāsamāsa*, Indica et Tibetica, Bonn, 1986.

Marek Mejor: 'The problem of the two Vasubandhus reconsidered', *Indologica Taurinensia* 15–16, 1989–90: 275–83.

Annette Meuthrath: *Untersuchungen zur Kompositionsgeschichte der Nyāyasūtras*, Oros Verlag, Altenberge, 1996.

Annette Meuthrath: *Die Nāgārjuna zugeschriebene Vigrahavyāvartanī und die Nyāyasūtras. Eine Untersuchung des Verhältnisses beider Texte zueinander*, Dr Inge Wezler Verlag, Reinbek, 1999.

Katsumi Mimaki: '*Jñānasārasamuccaya* kk 20–28. *Mise au point* with a Sanskrit manuscript', in Jonathan Silk (ed.): *Buddhist Studies: The Legacy of Gadjin M. Nagao*, Motilal Banarsidass, Delhi, 2008: 233–44.

Jamgön Mipham: *The Adornment of the Middle Way*, Shambala, Boston and London, 2005.

Yūsho Miyasaka: '*Pramāṇavarttika-Kārikā* (Sanskrit and Tibetan)', *Acta Indologica* 2, 1971–2: 1–206.

Seitetsu Moriyama: 'The Yogācāra-Mādhyamika refutation of the position of the Satyākāra and Alīkākāra-vādins of the Yogācāra school. Part 1: A Translation of Portions of Haribhadra's *Abhisamayālaṃkārālokā Prajñāpāramitāvyākhyā*', *Bukkyō Daigaku Daigakuin kenkyū kiyō* 12, 1984: 1–58.

Shinya Moriyama: 'Ratnākaraśānti's theory of cognition with false mental images (*alīkākāravāda) and the neither-one-nor-many argument', *Journal of Indian Philosophy* 42, 2014: 339 - 51.

Hajime Nakamura: *A History of Early Vedānta Philosophy*, Part I, Motilal Banarsidass, New Delhi, 1983.

Gyaktsen Namdol: *Bhāvanākramaḥ of Ācārya Kamalaśīla*, Central Institute of Higher Tibetan Studies, Sarnath, 1984.

Bhikkhu Ñāṇananda: *The Magic of the Mind. An Exposition of the Kālakārāma Sutta*, Buddhist Publication Society, Kandy, 1974.

Ngawang Gelek Demo (ed.): *Tāranātha's Life of the Buddha and His Histories of the Kālacakra and Tārātantra*, New Delhi, 1971.

Geshe Ngawang Samten: *Illuminating the Threefold Faith: An Invocation of the Seventeen Great Scholarly Adepts of Glorious Nalanda*, Central University of Tibetan Studies, Sarnath, 2011.

Swāmī Nikhilānanda: *The Māṇḍūkyopaniṣad with Gauḍapāda's Kārikā and Śaṅkara's Commentary*, Sri Ramakrishna Mission, Mysore, 1974.

Maheśachandra Nyāyaratna: *The Mīmānsā Darśana: One of the Six Systems of Hindu Philosophy, Or, an Exposition of the Ceremonial Rites of the Vedas by Jaimini, with the Commentary Śavara-Svāmin*, Asiatic Society of Bengal, Calcutta, 1889.

Gerhard Oberhammer: 'Ein Beitrag zu den Vāda-Traditionen Indiens', *Wiener Zeitschrift für die Kunde Süd- und Ostasiens* 7 - 8, 1963 - 4: 63 - 103.

Claus Oetke: *'Ich' und das Ich: Analytische Untersuchungen zur buddhistisch-brahmanischen Ātmankontroverse*, Franz Steiner, Stuttgart, 1988.

Claus Oetke: 'Doctrine and Argument in Vijñānavāda-Buddhism', *Wiener Zeitschrift für die Kunde Südasiens* 36, 1992: 217 - 25.

Patrick Olivelle: *Upaniṣads*, Oxford University Press, Oxford, 1996.

Janardan Shastri Pandey: *Bauddha-stotra-samgraha: A Collection of One Hundred and Eight Old Buddhist Hymns*, Motilal Banarsidass, Delhi, 1994.

Ram Chandra Pandeya: *The Pramāṇavārttikam of Ācārya Dharmakīrti with the Commentaries Svopajñavṛtti of the Author and Pramāṇavārttikavṛtti of Manorathanandin*, Motilal Banarsidass, Delhi, 1989.

Bhikkhu Pāsādika: 'Once again on the hypothesis of the two Vasubandhus', in V.

N. Jha (ed.): *Prof Hajime Nakamura's Felicitation Volume*, Delhi, 1991.

Parimal Patil: *Against a Hindu God: Buddhist Philosophy of Religion in India*, Columbia University Press, New York, 2009.

Daniel Perdue: *Debate in Tibetan Buddhism*, Snow Lion, Ithaca, NY, 1992.

Daniel Perdue: *The Course in Buddhist Reasoning and Debate: An Asian Approach to Analytical Thinking Drawn from Indian and Tibetan Sources*, Snow Lion, Boston, 2014.

Red Pine: *The Lankavatara Sutra*, Counterpoint, Berkeley, 2012.

Sheldon Pollock: 'Mīmāṃsā and the problem of history in traditional India', *Journal of the American Oriental Society* 109: 4, 1989: 603 – 10.

John Powers: *Wisdom of Buddha: The Saṁdhinirmocana Sūtra, Dharma Publications*, Berkeley, 1995.

John Powers: *Hermeneutics and Tradition in the Saṃdhinirmocana-sūtra*, Motilal Banarsidass, Delhi, 2004.

Louis de la Vallée Poussin: *Mūlamadhyamakakārikās (Mādhyamikasūtras) de Nāgārjuna: avec la Prasannapadā commentaire de Candrakīrti*, Académie imperiale des sciences, St Petersburg, 1913.

Louis de la Vallée Poussin: *Vijñaptimatratasiddhi: La Siddhi de Hiuan-tsang*, Paul Geuthner, Paris, 1928 – 9.

Louis de la Vallée Poussin: 'Musīla et Nārada', *Mélanges chinois et boudhiques* 5, 1937: 189 – 222.

Louis de la Vallée Poussin and Leo M. Pruden: *Abhidharmakośabhāṣyam*, Asian Humanities Press, Berkeley, 1988 – 90.

Prahlad Pradhan: *Abhidharmakośabhāṣyam of Vasubandhu*, K. P. Jayaswal Research Institute, Patna, 1975.

Rajendra Prasad: *Dharmakīrti's Theory of Inference*, Oxford University Press, New Delhi, 2002.

Charles S. Prebish: A *Survey of Vinaya Literature*, Jin Luen Publishing House, Taipei, 1994.

Karin Preisendanz: *Studien zu Nyāyasūtra III.1 mit dem Nyāyatattvāloka Vācaspatimiśras II*, Steiner Verlag, Stuttgart, 1994.

Graham Priest and Jay Garfield: 'Nāgārjuna and the limits of thought', in Graham Priest: *Beyond the Limits of Thought*, Oxford University Press,

Oxford, 2002: 249 – 70.

Graham Priest and Richard Routley: 'First historical introduction: a preliminary history of paraconsistent and dialetheic approaches', in Graham Priest, Richard Routley, and Jean Norman (eds.): *Paraconsistent Logic: Essays on the Inconsistent*, Philosophia Verlag, Munich, 1989: 3 – 75.

Leonard Priestley: *Pudgalavāda Buddhism: The Reality of the Indeterminate Self*, Centre for South Asian Studies, University of Toronto, Toronto, 1999.

Jean Przyluski: 'Origin and development of Buddhism', *Journal of Theological Studies* 35, 1934: 337 – 51.

Olle Qvarnström: *Hindu Philosophy in Buddhist Perspective: The Vedāntatattvaviniścaya*
Chapter of Madhyamakahṛdayakārikā, Almqvist Wiksell International, Lund, 1989.

Olle Qvarnström: 'Haribadhra and the beginnings of doxography in India', in N. K. Wagle and Olle Qvarnström (eds.): *Approaches to Jaina Studies: Philosophy, Logic, Rituals, and Symbols*, University of Toronto Centre for South Asian Studies, Toronto, 1999: 169 – 210.

Sarvepalli Radhakrishnan: *The Principal Upaniṣads*, George Allen & Unwin, London 1969.

Michael Radich: 'The doctrine of **Amalavijñāna* in Paramārtha (499 – 569), and later authors to approximately 800 C.E.', *Zinbun* 41, 2008: 45 – 174.

Michael Radich: *The Mahāparinivāṇa-mahasūtra and the Emergence of Tathāgata-*
garbha Doctrine, Hamburg University Press, Hamburg, 2015.

J. Rahder (ed.): *Daśabhūmikasūtra*, J.B. Istas, Paris and Louvain, 1926.

K. Kunjunni Raja: 'On the dates of Śaṃkara and Maṇḍana', *Adyar Library Bulletin* 55, 1991: 104 – 16.

Savarimuthu Rajamanickam: *The First Oriental Scholar*, Diocesan Press, Madras, 1972.

Chakravarthi Ram-Prasad: 'Consciousness and luminosity: on how knowledge is possible' in *Indian Philosophy and the Consequences of Knowledge: Themes in Ethics, Metaphysics and Soteriology*, Aldershot, Ashgate, 2007: 51 – 99.

Vijaya Rani: *The Buddhist Philosophy as Presented in the Mīmāṃsā-śloka-vārttika*, Parimal Publications, Delhi 1982.

Isabelle Ratie: *Une critique bouddhique du Soi selon la Mīmāṃsā: présentation, édition critique et traduction de la 'Mīmāṃsākaparikalpitātmaparīkṣā' de Śāntarakṣita ('Tattvasaṅgraha' 222 – 284 et 'Pañjikā')*, Verlag der Österreichischen Akademie der Wissenschaften, Vienna, 2014.

Noble Ross Reat: 'A Buddhist proof for the existence of God', *Journal of Indian Philosophy* 13, 1985: 265 – 72.

Konstanty Régamey: *Philosophy in the Samādhirājasūtra: Three Chapters from the Samādhirājasūtra*, Motilal Banarsidass, Delhi, 1990.

George N. Roerich: *The Blue Annals*, Motilal Banarsidass, Delhi, 1979.

Alexander von Rospatt: *The Buddhist Doctrine of Momentariness: A Survey of the Origins and Early Phase of this Doctrine up to Vasubandhu*, Franz Steiner, Stuttgart, 1995.

Noa Ronkin: *Early Buddhist Metaphysics: The Making of a Philosophical Tradition*, Routledge, London, 2005.

Walter Ruben: *Geschichte der Indischen Philosophie*, Deutscher Verlag der Wissenschaften, Berlin, 1954.

David Seyfort Ruegg: 'On the dGe lugs pa theory of the *tathāgatagarbha*', in J. C. Heesterman et al. (eds.): *Pratidānam: Indian, Iranian and Indo-European Studies Presented to Franciscus Bernardus Jacobus Kuiper, on his Sixtieth Birthday*, Mouton, The Hague, 1968: 500 – 9.

David Seyfort Ruegg: *La Théorie du Tathāgatagarbha et du Gotra. Études sur la sotériologie et la gnoséologie du Bouddhisme*, École Française d'Extrême-Orient, Paris, 1969.

David Seyfort Ruegg: 'The use of the four positions of the catuṣkoṭi and the problem of the description of reality in Māhāyana Buddhism', *Journal of Indian Philosophy* 5, 1977: 1 – 171.

David Seyfort Ruegg: *The Literature of the Madhyamaka School of Philosophy in India*, Harrassowitz, Wiesbaden, 1981 (1981a).

David Seyfort Ruegg: 'Deux problèmes d'exégèse et de pratique tantriques selon Dīpaṃkaraśrījñāna et le Paiṇḍapātika de Yavadvīpa/Suvarṇadvīpa', *Mélanges chinois et bouddhiques* 20, 1981 (1981b): 212 – 26.

David Seyfort Ruegg: *Buddha-nature, Mind and the Problem of Gradualism in a Comparative Perspective: On the Transmission and Reception of Buddhism in India and Tibet*, School of Oriental and African Studies, London, 1989.

David Seyfort Ruegg: *Two Prolegomena to Madhyamaka Philosophy: Candrakīrti's Prasannapadā Madhyamakavṛttiḥ on Madhyamakakārikā I.1 and Tsoṅ kha pa blo bzaṅ grags pa/Rgyal Tshab dar ma rin chen's Dka' gnad/gnas brgyad kyi zin bris*, Arbeitskreis für Tibetische und Buddhistische Studien, Universität Wien, Vienna, 2002.

David Seyfort Ruegg: 'The Indian and the Indic in Tibetan cultural history, and Tsoṅ Kha Pa's achievement as a scholar and thinker: an essay on the concepts of Buddhism in Tibet and Tibetan Buddhism', *Journal of Indian Philosophy* 32: 4, 2004: 321 – 43.

David Seyfort Ruegg: *The Buddhist Philosophy of the Middle*, Wisdom, Boston, 2010.

Ferenc Ruzsa and Mónika Szegedi: 'Vasubandhu's *Viṃśikā*. A critical edition', *Távolkeleti Tanulmányok* 1, 2015: 127 – 58.

Akira Saito: *A Study of Akṣayamati (=Śāntideva)'s Bodhisattvacaryāvatāra as Found in the Tibetan Manuscripts from Tun-huang: A Report of the Grant-in-aid for Scientific Research* (C), Miye University, 1993.

Akira Saito: 'An inquiry into the relationship between the *Śikṣāsamuccaya* and the *Bodhi(sattva)caryāvatāra*', in Upender Rao, Chodrung-ma Kunga Chodron, and Michelle Dexter (eds.): *Śāntideva and Bodhicaryāvatāra*, Eastern Book Linkers, Delhi, 2013: 1 – 13.

Hidenori Sakuma: 'Remarks on the lineage of the Indian masters of the Yogācāra school: Maitreya, Asaṅga, and Vasubandhu', in Ulrich Timme Kragh (ed.): *The Foundation for Yoga Practitioners: The Buddhist Yogācārabhūmi Treatise and its Adaptation in India, East Asia, and Tibet*, Harvard University Press, Cambridge, Mass., 2013: 330 – 66.

Geoffrey Samuel: *Civilized Shamans: Buddhism in Tibetan Societies*, Smithsonian Institution Press, Washington, DC and London, 1993.

Geoffrey Samuel: *The Origins of Yoga and Tantra: Indic Religions to the Thirteenth Century*, Cambridge University Press, Cambridge, 2008.

Rāhula Sāṅkṛtyāyana: *Dharmakīrti's Pramāṇavārttika: With a Commentary by Manorathanandin*, Bihar and Orissa Research Society, Patna, 1937.

Rāhula Sāṅkṛtyāyana: *Ācārya-Dharmakīrteḥ Pramāṇavārttikam (svārthānumānaparicchedaḥ) svopajñavṛttyā: Karṇakagomiviracitayā ṭaṭṭīkayā ca sahitam*, Kitāb Mahal, Ilāhābād, 1943.

Shizuka Sasaki: 'The *Mahāparinirvāṇa Sūtra* and the origins of Mahāyāna Buddhism', *Japanese Journal of Religious Studies* 26:1-2, 1999: 189-97.

N. Aiyaswami Sastri (ed.): *Ālambanaparīkṣa and Vṛtti*, Adyar Library, Madras, 1942.

Stanisław Schayer: *Ausgewählte Kapitel aus der Prasannapadā* (V, XII, XIII, XIV, Nakładem Polskiej Akademji Umiejętności, Cracow, 1931.

Gregory Schopen: *Bones, Stones, and Buddhist Monks: Collected Papers on the Archaeology, Epigraphy, and Texts of Monastic Buddhism in India*, University of Hawaii Press, Honolulu, 1997: 31-2.

Gregory Schopen: 'The phrase '*sa pṛthivīpradeśaś caityabhūto bhavet*' in the *Vajracchedikā*: notes on the cult of the book in Mahāyāna', in Gregory Schopen: *Figments and Fragments of Mahāyāna Buddhism in India: More Collected Papers*, University of Hawaii Press, Honolulu, 2005: 25-62.

Gregory Schopen: 'Cross-dressing with the dead: asceticism, ambivalence, and institutional values in an Indian monastic code', in Bryan Cuevas and Jacqueline Stone (eds.): *The Buddhist Dead: Practices, Discourses, Representations*, University of Hawaii Press, Honolulu, 2007: 60-104.

Lambert Schmithausen: 'Sautrāntika-Voraussetzungen in *Viṃśatikā* und *Triṃśikā*,' *Wiener Zeitschrift für die Kunde Süd- und Ostasiens* 11, 1967: 109-36.

Lambert Schmithausen: 'Spirituelle Praxis und philosophische Theorie im Buddhismus', *Zeitschrift für Missionswissenschaft und Religionswissenschaft*, 57:3, 1973: 161-84.

Lambert Schmithausen: 'Textgeschichtliche Beobachtungen zum 1. Kapitel der *Aṣṭasāhasrikā Prajñāpāramitā*' in Lewis Lancaster (ed.): *Prajñāpāramitā and Related Systems (Studies in honor of Edward Conze)*, Berkeley Buddhist Series 1, Center for South and Southeast Asian Studies at the University of California, Berkeley, 1977: 35-80.

Lambert Schmithausen: *Ālayavijñāna: On the Origin and the Early Development of a Central Concept of Yogācāra Philosophy*, International Institute for Buddhist Studies, Tokyo, 1987.

Lambert Schmithausen: *On the Problem of the External World in the Ch'eng wei shih lun*, International Institute for Buddhist Studies, Tokyo, 2005.

Lambert Schmithausen: 'Aspects of spiritual practice in early Yogācāra', *Journal of the International College for Postgraduate Buddhist Studies* (JICPBS/Tokyo) 11, 2007: 213–44.

Lambert Schmithausen: *The Genesis of Yogācāra-Vijñānavāda: Responses and Reflections*, International Institute for Buddhist Studies, Tokyo, 2014.

Gregory Seton: 'Defining Wisdom: Ratnākaraśānti's *Sāratamā*', D.Phil. dissertation, Oxford University, 2015.

Robert Sharf: 'Buddhist modernism and the rhetoric of meditative experience', *Numen* 42, 1995: 228–83.

Parmananda Sharma: *Bhāvanākrama of Kamalaśīla*, Aditya Prakashan, New Delhi, 1997.

Richard Sherburne: *The Complete Works of Atīśa Śrī Dīpaṁkara Jñāna, Jo-bo-rje*, Aditya Prakashan, New Delhi, 2000.

Mark Siderits: *Personal Identity and Buddhist Philosophy*, Ashgate, Aldershot, 2003.

Mark Siderits: *Buddhism as Philosophy*, Ashgate, Aldershot, 2007.

Mark Siderits: 'Replacements' (review of Gombrich 2009), *Times Literary Supplement* 5596, 2 July 2010.

Mark Siderits: 'Is everything connected to everything else? What the gopīs know', in The Cowherds: *Moonshadows: Conventional Truth in Buddhist Philosophy*, Oxford University Press, New York, 2011 (2011a): 167–80.

Mark Siderits: 'Śrughna by dusk', in Mark Siderits, Tom Tillemans, and Arindam Chakrabarti (eds.): *Apoha. Buddhist Nominalism and Human Cognition*, Columbia University Press, New York, 2011 (2011b): 283–304.

Mark Siderits: Shōryū Katsura: *Nāgārjuna's Middle way: The Mūlamadhyamakākarikā*, Wisdom, Boston, 2013.

Mark Siderits: 'Deductive, inductive, both, or neither?' in Westerhoff 2016 (2016b): 120–37.

Mark Siderits: '*Apohavāda*, nominalism, and resemblance theories' in Westerhoff 2016 (2016b): 152 – 60.

Lilian Silburn: *Instant et cause. Le discontinue dans la pensée philosophique de l'Inde*, J. Vrin, Paris, 1955.

Jonathan Silk: 'What, if anything, is Mahāyāna Buddhism? Problems of definitions and classifications', *Numen* 49: 4, 2002: 355 – 405.

Amar Singh: *The Heart of Buddhist Philosophy: Dignāga and Dharmakīrti*, Munshiram Manoharlal, New Delhi, 1984.

Amar Singh: *The Sautrāntika Analytical Philosophy*, Dharma Cakra Publications, Delhi, 1995.

Vincent A. Smith: 'Nālandā', in James Hastings (ed.): *Encyclopedia of Religion and Ethics*, T. & T. Clark, Edinburgh, 1908 – 26: 9. 126 – 7.

David Snellgrove: *Indo-Tibetan Buddhism: Indian Buddhists and their Tibetan Successors*, Serindia, London, 1987.

David Snellgrove: *The Hevajra Tantra. A Critical Study*, Orchid Press, Bangkok, 2010.

Frits Staal: *Ritual and Mantras: Rules without Meaning*, Motilal Banarsidass, Delhi, 1996.

Theodore Stcherbatsky: *Buddhist Logic*, Motilal Banarsidass, Delhi, 1994.

Ernst Steinkellner: 'Is Dharmakīrti a Mādhyamika?', in David Seyfort Ruegg and Lambert Schmithausen (eds.): *Early Buddhism and Madhyamaka*, E. J. Brill, Leiden, 1990.

Ernst Steinkellner: *Dharmakīrti's Pramāṇaviniścaya*. Chapters 1 and 2, China Tibetology Publishing House, Austrian Academy of Sciences, Beijing and Vienna, 2007.

Daisetz Teitaro Suzuki: *Studies in the Lankavatara Sutra*, Routledge & Kegan Paul, London and Boston, 1930.

Daisetz Teitaro Suzuki: *The Lankavatara Sutra: A Mahayana Text*, G. Routledge and Sons, London, 1932.

Geshe Sonam Rinchen: *Atisha's Lamp for the Path to Enlightenment*, Snow Lion, Ithaca, NY, 1997.

Frits Staal: *Exploring Mysticism: A Methodological Essay*, Penguin, Harmondsworth, 1975.

Margaret Stutley and James Stutley: *Harper's Dictionary of Hinduism: Its Mythology, Folklore, Philosophy, Literature and History*, Harper & Row, New York, 1977.

John Taber: 'Kumārila's Interpretation of Mīmāṃsāsūtra 1.1.4', *Journal of Indological Studies* 18, 2006: 63–83.

John Taber: 'Dharmakīrti and the Mīmāṃsakas in conflict', in Eltschinger, Krasser, and Taber 2012: 119–66.

Junjirō Takakusu: *A Record of the Buddhist Religion as Practised in India and the Malay Archipelago (A.D. 671–695)*, Clarendon Press, Oxford, 1896.

Junjirō Takakusu: *The Essentials of Buddhist Philosophy*, Motilal Banarsidass, Delhi, 1975.

Jikidō Takazaki: *Nyoraizō shisō no keisei*, Shunjūsha, Tōkyō, 1974.

Kenneth Tanaka: 'Simultaneous relation (*Sahabhū-hetu*): a study in Buddhist theory of causation', *Journal of the International Association of Buddhist Studies* 8:1, 1985: 91–111.

N. V. Thadani: *Mīmāṃsā Sūtra of Jaimini*, Bharatiya Kala Prakashan, New Delhi, 2007.

Bhikshu Thích Thiên Châu: *The Literature of the Personalists of Early Buddhism*, Motilal Banarsidass, Delhi, 1999.

Asaṅga Tilakaratne: 'Authentication of the scripture: a study in the Theravāda hermeneutics', in Ulrich Everding and Asaṅga Tilakaratne (eds.): *Wilhelm Geiger and the Study of the History and Culture of Sri Lanka*, Goethe Institute and Postgraduate Institute of Pali and Buddhist Studies, Colombo, 2000: 1–21.

Tom Tillemans: 'The "neither one nor many" argument for *śūnyatā* and its Tibetan interpretations', in Ernst Steinkellner and Helmut Tauscher (eds.): *Contributions on Tibetan and Buddhist Religion and Philosophy*, Arbeitskreis für Tibetische und Buddhistische Studien Universität Wien, Vienna, 1983: 305–20.

Tom Tillemans: 'Two Tibetan texts on the "neither one nor many" argument for *śūnyatā*', *Journal of Indian Philosophy* 12, 1984: 357–88.

Tom Tillemans: 'Dharmakīrti, Āryadeva, and Dharmapāla on scriptural authority', in Tom Tillemans: *Scripture, Logic, and Language: Essays on*

Dharmakīrti and his Tibetan Successors, Wisdom, Boston, 1999 (1999a).

Tom Tillemans: 'How much of a proof is scripturally based inference?', in Tillemans 1999a (1999b): 37 – 51.

Tom Tillemans: 'Metaphysics for Mādhyamikas', in Dreyfus and McClintock 2003: 93 – 123.

Tom Tillemans: *Materials for the study of Āryadeva, Dharmapāla and Candrakīrti*, Motilal Banarsidass, Delhi, 2008.

Tom Tillemans: 'How do Mādhyamikas think? Notes on Jay Garfield, Graham Priest, and paraconsistency', in Mario D'Amato, Jay Garfield, and Tom Tillemans (eds.), *Pointing at the Moon: Buddhism, Logic, Analytic Philosophy*, Oxford University Press, Oxford, 2009: 83 – 100.

Fernando Tola and Carmen Dragonetti: *Being as Consciousness: Yogācāra Philosophy of Buddhism*, Motilal Banarsidass, Delhi, 2004.

Raffaele Torella: 'Observations on *yogipratyakṣa*', in Chikafumi Watanabe, Michele Desmarais, and Yoshichika Honda (eds.): *Saṃskṛta-sādhutā. Goodness of Sanskrit: Studies in Honour of Professor Ashok N. Aklujkar*, D. K. Printworld, New Delhi, 2012: 470 – 87.

Losang Norbu Tsonawa: *Indian Buddhist Pandits from 'The Jewel Garland of Buddhist History'*, Library of Tibetan Works and Archives, Dharamsala, 1985.

Tsong kha pa: *The Great Treatise on the Stages of the Path to Enlightenment*, Snow Lion, Ithaca, NY, 2002.

Gary A. Tubb and Emery R. Bose: *Scholastic Sanskrit: A Manual for Students*, American Institute of Buddhist Studies, New York, 2007.

Giuseppe Tucci: *On Some Aspects of the Doctrines of Maitreya[nātha] and Asaṅga*, University of Calcutta, Calcutta, 1930.

Hakuju Ui: 'Maitreya as an historical personage', in *Indian Studies in Honor of Charles Rockwell Lanman*, Harvard University Press, Cambridge, Mass., 1929: 95 – 101.

Paraśurāma Lakshmaṇa Vaidya: *Aṣṭasāhasrikā Prajñāpāramitā*, Mithila Institute, Darbhanga, 1960.

Paraśurāma Lakshmaṇa Vaidya: *Saddharmalaṅkāvatārasūtram*, Mithila Institute, Darbhanga, 1963.

Paraśurāma Lakshmaṇa Vaidya: *Daśabhūmikasūtram*, Mithila Institute, Darbhanga, 1967.

Paraśurāma Lakshmaṇa Vaidya: *Bodhicaryāvatāra of Śāntideva with the Commentary Pañjika of Prajñākaramati*, Mithila Institute, Darbhanga, 1988.

Sam van Schaik: *Tibetan Zen: Discovering a Lost Tradition*, Snow Lion, Boston, 2015.

Tilmann Vetter: *Dharmakīrtis Pramāṇaviniścaya: 1. Kapitel: Pratyakṣam. Einleitung, Text der tibetischen Übersetzung, Sanskritfragmente, deutsche Übersetzung*, Österreichische Akademie der Wissenschaften, Vienna, 1966.

Giovanni Verardi: *Hardship and Downfall of Buddhism in India*, Manohar, Delhi, 2014.

Jean-Marie Verpoorten: *Mīmāṃsā Literature*, Otto Harrassowitz, Wiesbaden, 1987.

Kevin Vose: *Resurrecting Candrakīrti: Disputes in the Tibetan Creation of Prāsaṅgika*, Wisdom, Boston, 2009.

William Waldron: 'How innovative is the *ālayavijñāna*? The *ālayavijnāna* in the context of canonical and Abhidharma *vijñāna* theory', *Journal of Indian Philosophy*, 22, 1994: 199–258; 23, 1995: 9–51.

Benjamin Walker: *Hindu World: An Encyclopedic Survey of Hinduism*, Allen & Unwin, London, 1968.

Max Walleser: *The Life of Nāgārjuna from Tibetan and Chinese Sources*, Asian Educational Services, New Delhi, 1990.

Joseph Walser: *Nāgārjuna in Context: Mahāyāna Buddhism and Early Indian Culture*, Columbia University Press, New York, 2005.

Joseph Walser: 'Reading Nāgārjuna as a political philosopher', 2015 (unpublished manuscript).

A. K. Warder: 'Is Nāgārjuna a Mahāyānist?' in Mervyn Sprung (ed.): *The Problem of Two Truths in Buddhism and Vedānta*, D. Reidel, Dordrecht, 1973: 78–88.

A. K. Warder: *Indian Buddhism*, Motilal Banarsidass, Delhi, 2000.

Alex Wayman: 'The Yogācāra idealism', *Philosophy East and West* 15:1, 1965: 65–73.

Alex Wayman and Hideko Wayman: *The Lion's Roar of Queen Śrīmālā: A Buddhist Scripture on the Tathāgatagarbha Theory*, Columbia University Press, New York and London, 1974.

Claudia Weber: 'Wesen und Eigenschaften des Buddha in der Tradition des Hīnayāna Buddhismus', Ph.D dissertation, Bonn, 1994.

Christian Wedemeyer: *Āryadeva's Lamp that Integrates the Practices (Caryāmelāpakapradīpa): The Gradual Path of Vajrayāna Buddhism According to the Esoteric Community Noble Tradition*, American Institute of Buddhist Studies, New York, 2007.

Jan Westerhoff: *Nāgārjuna's Madhyamaka: A Philosophical Introduction*, Oxford University Press, Oxford, 2009.

Jan Westerhoff: *The Dispeller of Disputes: Nāgārjuna's Vigrahyavyāvartanī*, Oxford University Press, Oxford, 2010.

Jan Westerhoff: 'On the nihilist interpretation of Madhyamaka', *Journal of Indian Philosophy* 44:2, 2016 (2016a): 337–76.

Jan Westerhoff (ed.): Mark Siderits, *Studies in Buddhist Philosophy*, Oxford University Press, Oxford, 2016 (2016b).

Jan Westerhoff: *Crushing the Categories: Nāgārjuna's Vaidalyaprakaraṇa*, American Institute of Buddhist Studies, New York, 2018.

Annette Wilke and Oliver Moebus: *Sound and Communication: An Aesthetic Cultural History of Sanskrit Hinduism*, de Gruyter, Berlin and New York, 2011.

Charles Willemen, Bart Dessein, and Collett Cox: *Sarvāstivāda Buddhist Scholasticism*, Brill, Leiden, 1998.

Paul Williams: 'On the Abhidharma ontology', *Journal of Indian Philosoph*y 9, 1981: 227–57.

Paul Williams: *The Reflexive Nature of Awareness: A Tibetan Madhyamaka Defence*, Curzon, London, 1998.

Paul Williams: *Mahāyāna Buddhism: The Doctrinal Foundations*, 2nd edn., Routledge, London, 2009.

Matthew D. Williams-Wyant: 'Nagarjuna's no-thesis view revisited: the significance of classical Indian debate culture on verse 29 of the V*igrahavyāvartanī*', *Asian Philosophy* 3, 2017: 263–77.

Janice Willis: *On Knowing Reality: The Tattvārtha Chapter of Asaṅga's Bodhisattvabhūmi*, Columbia University Press, New York, 1979.
Moritz Winternitz: *Geschichte der Indischen Literatur*, K. F. Koehler, Stuttgart, 1968.
Unrai Wogihara: *Bodhisattvabhūmi: A Statement of the Whole Course of the Bodhisattva (Being the Fifteenth Section of the Yogācārabhūmi)*, Tokyo, 1930-6.
Unrai Wogihara: *Sphuṭārthā Abhidharmakośavyākhya*, Sankibo Buddhist Book Store, Tokyo, 1990.
Jeson Woo: 'Dharmakīrti and his commentators on *yogipratyakṣa*', *Journal of Indian Philosophy* 31, 2003: 439-48.
Ye shes mtsho rgyal: *The Lotus-Born: The Life Story of Padmasambhava*, Rangjung Yeshe Publications, Kathmandu, 1993.
Zhihua Yao: 'Dignāga and four types of perception', *Journal of Indian Philosophy* 32, 2004: 57-79.
Yoshiasu Yonezawa:. '*Vigrahavyāvartanī*: Sanskrit transliteration and Tibetan translation', *Journal of Naritasan Institute of Buddhist Studies* 31, 2008: 209-333.
Alexander Yiannopoulos: 'Luminosity. Reflexive Awareness in Ratnākaraśānti's *Pith Instructions for the Ornament of the Middle Way*', unpublished MS, 2012.
Jan Yün-Hua: 'Nāgārjuna, one or more? A new interpretation of Buddhist Hagiography', *History of Religions* 10, 1970: 139-53.
Volker Zotz: *Geschichte der Buddhistischen Philosophie*, Rowohlt, Reinbek, 1996.

얀 웨스터호프의 『인도 불교 철학』은 소위 인도 불교철학의 황금 시대를 포괄적으로 조명하는 중요한 저작이다. 이 책은 서양 철학사의 범주를 넘어선 더 넓은 철학사의 중요성을 강조하며, 불교 철학의 풍요로운 시기를 깊이 있게 탐구한다. 저자는 불교철학의 발전을 이해하기 위한 네 가지 주요 요소로 논증·텍스트·명상수행·역사적 배경을 제시하며, 이를 탐구하기 위해 전통적인 불교 문헌, 주석서, 학설강요서를 주요 자료로 활용해야 한다고 주장한다. 특히 고대 인도에서의 철학적 논쟁 방식과 주석 전통의 발전 과정을 상세히 설명하면서, 주석 활동이 단순한 과거 텍스트 해석이 아닌 동시대 독자들과 과거의 철학 텍스트를 연결하는 창조적인 작업임을 강조한다. 이를 통해 웨스터호프는 불교철학사에 대한 깊이 있는 이해와 새로운 관점을 제시한다.

그는 이러한 관점에서 아비달마, 중관학파, 유가행파, 디그나가-다르마끼르띠 학파를 중심으로 대략 기원후 1천 년 간의 인도 불교 철학을 다룬다. 그의 접근 방식은 단순히 역사적 사실의 나열을 넘어, 각 학파의 핵심 사상과 서로 간의 상호작용, 그리고 이 학파들이 인도 철학 전반에 미친 영향을 상세히 분석한다. 특히 주목할 만한 점은 저자가 제시하는 불교철학 발전에 대한 '발아(發芽)' 모델이다. 그는 초기 가르침에 다양한 개념적 씨앗이 존재했으며, 불교철학의 다양한 체계는 이러한 씨앗 중 일부를 선택적으로 강조함으로써 생겨났다고 주장한다.

저자는 이러한 '발아' 모델을 통해 불교철학의 발전이 자율적인 사상가들의 독창적인 혁신에만 의지해서가 아니라, 강조되는 개념의 점진적 변화에 의해 이루어졌다는 통찰력 있는 관점을 제시한다. 이는 불교철학의 진화가 특정한 혁신의 결과라기보다는, 특정 개념이 강조되면서 그 시절이 무르익어 철학적 입장으로 발전해 나가는 과정임을 보여준다. 이러한 변화는 단일한 불교 전통에 뿌리를 두고 있으며, 그 정통성을 유지하고자 하는 지속적인 노력을 겸해 이루어져 왔다.

저자의 이러한 시각은 불교철학을 배우고 연구하는 이들에게 새로운 관점을 제시한다. 우리의 과제는 더 이상 '진정한' 불교를 찾기 위해 모든 외부 층을 '벗겨내는' 것이 아니라, 특정 전통과 그 지적 풍토가 어떻게 동시대에서 붓다 가르침의 특정 측면을 발전시켰는지 이해하는 것이다. 이는 샤이에르(Schayer)가 지적한 '프로테스탄트적' 불교 개념, 즉 원본만이 진짜이고 그 이후의 모든 것은 '변질'이라는 생각을 극복하는 데 도움을 준다.

샤이에르(1931)의 비판은 불교를 바라보는 프로테스탄트적 관점이 불교 연구에 부정적인 영향을 미쳤음을 지적한다. 이러한 관점으로 인해 불교 연구가 특정 시대나 학파별로 파편화되었고, 불교 전통의 연속성과 통일성을 간과하게 되었다는 것이다. 샤이에르는 이러한 접근 방식이 불교의 전체적인 맥락과 발전 과정을 이해하는 데 장애가 된다고 주장했다. 불교 연구가 상정된 원본만을 진실로 보고 그 이후의 변화를 변질된 것으로 여기는 오해 속에서 전개되어 왔다는 그의 주장은 많은 의미를 내포한다. 가령 "역사적으로 오염되지 않은 불교를 재발견하겠다는 발상뿐만 아니라, 용수(와 붓다)를 '경험주의 철학자'로 규정하는 것은 모두 순수한 '기본으로 돌아가자'는 외침의 주창자들이 생각했던 것보다는 현대의 지적 배경에 더 큰 빚을 지고 있다."

저자는 불교철학을 이해하는 데 있어 논증과 교리 텍스트뿐만 아니라 명상수행의 차원도 고려해야 한다고 강조했다. 이는 불교 사상이 단순히 이론적 논의에 그치지 않고, 실천적 경험과 깊이 연관되어 있음을 보여준다. 불교철학의 진정한 통찰은 단순히 논증을 통해 대론에서 승리하고는 탁월한 철학적 결론에 도달하는 것이 아니다. 이를테면, 단지 우리에게 나타나는 세계에 대해 생각하는 방식의 변화가 아니라, 세계가 우리에게 나타나는 방식 자체의 변화를 경험하고 이해하는 데 있다고 볼 수 있다. 이런 관점에서 불교철학은 깨달음과 해탈을 위한 실천적 도구로 이해되어야 하며, 철학적 분석과 명상수행이 상호 보완적 관계에 있다고 설명한다. 동시에 이는 서양철학 전통과는 다른 불교철학만의 독특한 특징이라고 지적한다. 또한 저자는 불교사에 대한 전통적인 설명과 현대 역사학적 접근 사이의 충돌에 대해서도 논의한다. 불교 전통에서 역사를 바라보는 관점이 현대의 객관적 역사관과는 다르다는 점을 지적하며, 이를 이해하기 위해서는 불교의 구제론적 관점을 고려해야 한다고 주장했다. 이러한 접근은 불교 사상을 보다 입체적으로 이해하는 데 중요한 요소로 작용한다.

이 책의 또 다른 흥미로운 특징은 불교철학 텍스트들을 '야생화 초원'에 비유한 점이다. 웨스터호프는 불교철학 텍스트가 "야생화 초원처럼 여러 가지 조건에서 싹을 틔울 수 있는 다양한 씨앗을 품고 있으며, 어떤 텍스트의 주어진 특징에 특별히 중점을 둔다면 그 텍스트를 하나의 전통 또는 다른 전통의 관점에서 읽을 수 있다"라고 설명한다. 초원에는 선대부터 내려온 다양한 개념적 씨앗이 묻혀 있고, 시대와 그 요구에 맞게 한 아이디어는 새로운 조건에서 새로운 이념으로 꽃피는 것이다. 이러한 시각은 하나의 텍스트가 다양한 해석의 가능성을 내포하고 있으며, 독자의 관점에 따라 다르게 이해될 수 있음을 시사한다. 이는 불교철학의 풍부성과 다양성을 인정하는 동시에, 특정 해석이 절대적이지 않다는 점을 상기시킨다. 다양한 해석의 가능성과 해석자의 관점을 인정하는 이러한 태도는 불교 전통이 다양하고 풍요롭게 전개되어온 이유를 설명해준다. 특정 텍스트와 특정 인물을 특정 학파에 귀속해 학파적 이념의 재단에 맞게 해석하려는 시도는 전통적 방법론의 장점을 망각한 지극히 현대적인 방식이다.

용수(Nāgārjuna)의 예는 이런 접근법의 중요성을 잘 보여준다. 용수는 아비달마에서 권위 있다고 여기는 삼장(三藏) 텍스트를 대승 불교의 관점에서 새롭게 해석했다. 이를 통해 그는 불교 교리의 새로운 차원을 열었다. 용수의 이런 시도를 '빼꾸기 탁란'처럼 기존 전통을 왜곡하는 것으로 폄훼할 수도 있다. 하지만 용수 자신은 이를 통해 붓다의 진정한 가르침을 회복하려 한다고 믿었을 것이다. 그는 아비달마의 텍스트를 기반으로 하되, 이를 재해석하고 확장했다. 용수의 궁극적인 목표는 붓다의 근본 가르침을 재발견하고, 이를 당시의 맥락에 맞게 재구성하여 동료 사상가들에게 설득력 있게 제시하는 것이었다. 이는 단순한 전통 계승이 아닌, 창조적 재해석과 혁신적 발전을 통한 불교 사상의 심화 과정이었다. 이러한 용수의 접근은 불교 전통 내에서의 연속성과 혁신의 균형, 그리고 시대에 따른 교리의 적응과 발전을 보여주는 중요한 사례다.

이 책은 여러 장점과 충실한 기술에도 불구하고, 일부 리뷰에서 지적된 바와 같이 몇 가지 아쉬운 점이 지적될 수 있다. 초기 불교에 대한 설명이 상대적으로 부족하고, 기술적인 논증을 직접 인용하기보다는 의역하는 경향이 있다는 점이다. 하지만 이는 저자가 의도적으로 선택한 접근 방식으로 볼 수 있다. 저자가 밝힌 바와 같이, 이 책에서 다루는 시기는 기원후 1년부터 1000년 정도로 한정되어 있어 초기 불교 시대를 벗어난다. 또한, 입문하는 독자의 이해를 돕기 위해 현대적인 어법으로 번역을 시도한 점은 오히려 대중 교양서로서의 장점이 될 수 있다. 이러한 선택은 학술적 정확성과 대중적 접근성 사이의 균형을 위한 것으로 보이며, 책의 목적과 대상 독자를 고려할 때 충분히 이해할 만한 접근이라고 할 수 있다.

번역상 밝혀둘 점이 있다. '玄奘(현장)'·'義淨(의정)'·'天部論師(천부논사)'를 제외한 한자 병기는 모두 원서에는 없는 것으로, 독자의 편의를 위해 역자가 추가한 것이다. 또한 범어 원문 등에 해당하는 한역문도 역자가 찾아 넣은 것이다. 이러한 방식이 보기에 다소 번거롭고 과도기적일 수 있으나, 앞으로도 꽤 오래 유지되어야 할 유용한 방편이라고 판단했다. 어림잡아 번역에 1년이 걸렸다. 당분간은 "사방에서 응시하고 꿰뚫어 보는 커다란 눈"에서 벗어나겠다. 간난(艱難)의 길을 가는 이들에게 두려움이 없기를 서원한다.

이 책의 출간을 위해 애써주신 불광출판사 여러분께 감사드린다. 어려운 출판 환경에서 학술서가 세상에 나올 기회를 얻기란 쉽지 않은 일이다. 특히 편집·교정·윤문을 담당해 주신 양민호 차장을 비롯한 편집부에 깊은 감사를 전한다. 불교학에 대한 깊은 이해를 갖춘 편집진의 도움 덕분에 이 책의 많은 부분이 더욱 친절하고 정확한 문장으로 다듬어질 수 있었다. 범어와 티베트어의 한글 표기에 도움을 준 양영순·조석효 선생께도 감사드린다. 끝으로 이 책의 출판은 선연(善緣)인 지용 이율행 거사의 재정 후원에 크게 힘입었음을 밝힌다.

◉

비구 유경과 강병화는 각자 다른 시간에 박상준 선생에게서 원효 스님의 「발심수행장」을 배운 적이 있다. 불교 공부를 막 시작한 그때를 기억하고자, 그의 유고집 『몽유록(夢遊錄)』의 한 구절을 초석(楚石)처럼 괴어둔다.

> 살아가고 있는 이 한순간, 호흡의 중심을 잡고, 마음의 중심은 또 어떻게 되어 있는지 안부를 묻고, 조고각하(照顧脚下) 하면서 발걸음까지 중심을 잡고, 그렇게 한 걸음 내딛어야겠다.

인도
불교
철학

2024년 10월 17일 초판 1쇄 발행

지은이 얀 웨스터호프 • 옮긴이 강병화, 유경
발행인 박상근(至弘) • 편집인 류지호 • 편집이사 양동민
책임편집 양민호 • 편집 김재호, 김소영, 최호승, 하다해, 정유리
디자인 쿠담디자인 • 제작 김명환 • 마케팅 김대현, 이선호 • 관리 윤정안
콘텐츠국 유권준, 김대우, 김희준
펴낸 곳 불광출판사 (03169) 서울시 종로구 사직로10길 17 인왕빌딩 301호
대표전화 02) 420-3200 편집부 02) 420-3300 팩시밀리 02) 420-3400
출판등록 제300-2009-130호(1979. 10. 10.)

ISBN 979-11-7261-088-3 (03220)

값 30,000원